U0510585

国家社会科学基金重大项目（19ZDA078）阶段性成果

浙江省新型重点专业智库重点资助项目阶段性科研成果

浙江省中小微企业转型升级协同创新中心重点资助项目科研成果

浙江工业大学中国中小企业研究院重点资助项目科研成果

浙江智库
ZHEJIANG
THINK TANK

浙江工业大学数字经济研究文库

中小企业研究文库·主编 池仁勇
浙江省新型重点专业智库
中小微企业转型升级协同创新中心
浙江工业大学中国中小企业研究院

面向数字产业创新的知识产权战略研究

王黎萤　黄灿　陈劲　杨幽红　等著

RESEARCH ON INTELLECTUAL
PROPERTY STRATEGY FOR
DIGITAL INDUSTRY INNOVATION

中国社会科学出版社

图书在版编目（CIP）数据

面向数字产业创新的知识产权战略研究/王黎萤等著 . —北京：中国社会科学出版社，2022.11

（浙江工业大学数字经济研究文库）

ISBN 978-7-5227-0756-3

Ⅰ.①面… Ⅱ.①王… Ⅲ.①数字技术—知识产权—研究—中国 Ⅳ.①D923.494

中国版本图书馆 CIP 数据核字（2022）第 145857 号

出 版 人	赵剑英	
责任编辑	刘晓红	
责任校对	周晓东	
责任印制	戴 宽	

出　　版	中国社会科学出版社
社　　址	北京鼓楼西大街甲 158 号
邮　　编	100720
网　　址	http：//www.csspw.cn
发 行 部	010-84083685
门 市 部	010-84029450
经　　销	新华书店及其他书店

印刷装订	北京君升印刷有限公司
版　　次	2022 年 11 月第 1 版
印　　次	2022 年 11 月第 1 次印刷

开　　本	710×1000　1/16
印　　张	40.75
插　　页	2
字　　数	651 千字
定　　价	219.00 元

凡购买中国社会科学出版社图书，如有质量问题请与本社营销中心联系调换
电话：010-84083683
版权所有　侵权必究

序　言

随着新一轮科技革命和产业变革兴起，以数字技术驱动的新的生产方式蓬勃发展，中国社会正快速步入数字经济时代。习近平总书记强调，要"积极发展新一代信息技术产业和数字经济，推动互联网、物联网、大数据、卫星导航、人工智能同实体经济深度融合"，并多次强调要"做大做强数字经济"，建设"数字中国"。党的十九届五中全会审议通过的《中共中央关于制定国民经济和社会发展第十四个五年规划和二〇三五年远景目标的建议》提出，要加快数字化发展，要"发展数字经济，推进数字产业化和产业数字化，推动数字经济和实体经济深度融合，打造具有国际竞争力的数字产业集群。"积极推动数字经济的发展，是新时代推动经济高质量发展的现实路径。

浙江是数字经济发展先发地。2003年，时任浙江省委书记的习近平同志指出："数字浙江是全面推进我省国民经济和社会信息化、以信息化带动工业化的基础性工程。""数字浙江"建设成为"八八战略"的重要内容。党的十八大以来，省委、省政府把发展信息经济作为浙江实现"两个高水平"的重要抓手。2017年年底，省委经济工作会议提出实施数字经济"一号工程"，全面推进经济数字化转型，积极争创国家数字经济示范省。数字经济成为浙江高质量发展的新动能。2020年，习近平总书记在浙江考察时指出，"要抓住产业数字化、数字产业化赋予的机遇，加快5G网络、数据中心等新型基础设施建设，抓紧布局数字经济、生命健康、新材料等战略性新兴产业、未来产业，大力推进科技创新，着力壮大新增长点、形成发展新动能"。目前，浙江正加快推进国家数字经济创新发展试验区建设，着力打造全国领先的数字政府先行区、数字经济体制机制创新先导区、数字社会发展样板区、数字产业化发展引领区和产业数字化转型标杆区，积极抢占数字经济竞争制高点，不断激发高质量发展新动能，为建设"重要窗口"增添澎湃动力。

近年来，浙江工业大学坚持"立足浙江、服务区域，走向全国、对接国际"的办学宗旨，着力彰显"以浙江精神办学，与区域发展互动"的办学特色，努力为区域经济发展、社会进步和国家富强、民族复兴作出应有贡献。广大教师和科研团队坚持把学问做在经济建设主战场上，围绕数字经济相关重点研究方向，聚集大团队、构建大平台、承担大项目、催生大成果，服务区域发展和国家战略，产出了一批具有中国气派和浙江辨识度的人文社科研究成果。比如，我校中小企业团队"技术标准与知识产权协同推进数字产业创新的机理与路径研究"成功获得国家社会科学基金重大招标项目立项。又比如，我校经济学院、全球浙商发展研究院、中国中小企业研究院围绕数字经济强省、数字经济创新发展、数字化人才培养等问题撰写研究报告，多篇获得省委省政府主要领导批示。近期，我校即将与浙江省商务厅合作共建中国数字经济与全球贸易规则研究院，在数字经济发展趋势研判、中国数字经济与全球经贸规则发展新趋势等方面开展研究，为浙江省委、省政府加快数字经济发展，对标全球最高经贸规则、深化改革开放提供系列高质量咨政成果。

基于此，我们挑选了近年来广大教师在数字经济研究方面的代表性成果，策划了"数字经济研究"系列文库。这些成果扎根于中国在数字经济建设中的丰硕经验，尤其是浙江省在数字经济发展中的领先成就，围绕数字经济的发展规律与内在逻辑、数字经济的治理模式等方面展开，期望为构建具有中国特色、浙江风格的数字经济理论做出应有的贡献。由于时间和水平的原因，疏漏在所难免，敬请批评指正。

最后，谨向长期以来关心和支持浙江工业大学人文社会科学研究工作的各级领导和社会各界人士表示衷心的感谢！

浙江工业大学党委书记　蔡袁强

2020 年 11 月

前　言

　　第四次工业革命正在以前所未见的速度迎面而来，突破性数字技术创新和数字产业新型业态正在改写全球竞争新格局。习近平总书记明确指出，要加快推进数字产业化，依靠信息技术创新驱动，不断催生新产业新业态新模式；要推动产业数字化，利用互联网新技术新应用对传统产业进行全方位、全角度、全链条的改造，释放数字对经济发展的放大、叠加、倍增作用。当前，全球数字经济战略大调整对我国数字产业创新发展形成新压力，全球数字产业正处在产业格局规模化扩张的窗口期，世界各国围绕数据、技术、市场、资源等方面的竞争更趋激烈，数据确权、标准引领、互联互通等全球性数字产业发展问题错综复杂，知识产权裹挟的技术标准先行已成为全球数字产业的竞争规则。二十国集团（G20）领导人峰会着重强调应对隐私、数据保护、知识产权和安全相关挑战，基于开放性、透明度和共识原则开发行业主导和市场主导的全球知识产权战略对实现数字经济利益至关重要。中国数字产业已经进入只有加快知识产权与产业创新紧密协同才能高质量发展和提升国际竞争力的成长攻坚期。

　　面对新形势，习近平总书记在党的二十大报告指出："加快实施创新驱动发展战略，加快实现高水平科技自立自强"，在中共中央政治局第二十五次集体学习就"全面加强知识产权保护工作，激发创新活力推动构建新发展格局"发表重要讲话，指出，保护知识产权，就是保护创新，强调要加强知识产权保护工作顶层设计、提高知识产权保护工作法治化水平、强化知识产权全链条保护、深化知识产权保护工作体制机制改革、统筹推进知识产权领域国际合作和竞争、维护知识产权领域国家安全。中国数字产业创新亟须构筑知识产权竞争优势。首先，数字产业化创新需要知识产权竞争优势推动数字技术大跃迁。据中国信息通信研究院测算，2021 年我国数字产业化规模达到 8.4 万亿元，占 GDP 比重为 7.3%，占数字经济比重为 18.3%。新一轮数字技术的大跃迁必然带来知识产权竞争战略的高阶演进，核心知识产权竞争优势会在网络、计算、感知三大主线实现迭代升级，并与大数据的指数级增长相结合，实现新一代数字产业化创新的"机会窗口"。其次，产业数字化创新需要知识产权竞争优势推动数字产业结构大转换，据中国信息通信研究院测算，2021 年我国产业数字化规模达到 37.2 万亿元，占 GDP 比重为 32.5%，占数字经济比重为 81.7%。产业化数字创新中设备连接、数据采集、大数据应用、机理建模分析、开发环境、平台间兼容等重点领域正在成为知识产权融入产业数字化创新的布局重点。再次，数字产业高质量发展需要构建自主可控知识产权与技术标准协同体系。国务院印发的《"十四五"国家知识产权保护和运用规划》中对发挥知识产权和技术标准协同作用来促进产业创新提出了明确要求。紧抓国家推动知识产权与标准化协同发展的时代机遇，深入开展国内外数字产业化和产业数字化知识产权与标准协同发展的战略重点、实施路径、政策制度研究，建立健全知识产权、技术标准与数字产业创新发展的协同机制，推进数字产业构建自主可控的知识产权与技术标准协同体系。最后，数字产业嵌入全球价值链需要擅用知识产权国际竞争规则。随着《区域全面经济伙伴关系协定》（RCEP）生效实施，以及我国申请加入《数字经济伙伴关系协定》（DEPA）和《全面与进步跨太平洋伙伴关系协定》（CPTPP），知识产权规则日益渗透到相关贸易政策中，数字产业国际竞争面临着以国际贸易体制为框架推动的高水平知识产权保护，以争端解决机制为后盾推动的高效率知识产权保护，各国间数字产业国际竞争演变为深层次的知识产权竞争，加快知识产权国际竞争规则有效运用和治理对推进数字产业嵌入全球价值链具有重要战略意义。因此，数字产业创新需要知识产权战略的激励和保护，需要将知识产权战略嵌入数字产业创新的全流程，加强知识产权战略与数字产业创新的协同发展是我国数字经济高质量发展赋予产业创新主体的历史使命。

我国知识产权战略与产业创新协同发展研究最早开始于 20 世纪 80

年代，在 40 多年的发展历程中，国内外学者对知识产权战略在提供创新激励、保护利益相关者权益、促进技术扩散等方面开展了大量调查和研究，在知识产权战略促进创新主体竞争力提升方面形成了丰富的理论和实践成果。进入 21 世纪以来，面向数字产业创新的知识产权战略正在发生深刻变革，知识产权战略呈现出协同性、开放性、整合性、动态性等特征，知识产权战略由适应环境变化为主的竞争定位转向制定或整合治理优势的系统战略，亟须用新视角和新方法全面审视面向数字产业创新的知识产权战略的分析制定、选择评价、实施执行与协同控制的全过程。笔者所著的《面向数字产业创新的知识产权战略研究》正是立足于当前独特的时代发展背景，基于笔者对我国知识产权战略与产业创新协同发展进行的长达 20 年系统研究积累，率先聚焦数字产业知识产权战略的演进与发展，跟踪调查了 ICT、工业互联网、人工智能、区块链、云计算、智能制造等数字产业化创新与产业数字化创新中大量创新主体的知识产权战略资料，旨在通过时代背景分析、前沿理论研讨、制度文本挖掘、实证研究检验、经典案例剖析和实践经验总结等研究方法，对当前全球数字经济发展方兴未艾和新一轮科技革命蓄势待发，以及国际贸易保护主义思潮不断高涨和我国实施"双循环"新发展格局这一复杂双重战略背景下，从数字产业整体和系统视角深入研究和探讨了知识产权战略与数字产业创新协同发展的一系列重大问题，为知识产权战略驱动数字产业创新提供理论指导和实践启发。这在以往研究中是非常少见的。本书的理论价值和社会价值主要体现在以下几个方面。

在理论贡献方面，本书从战略过程视角提出了面向数字产业创新的知识产权战略研究较为系统的理论研究框架，深入探究了知识产权战略推进数字产业创新发展的新理论、新路径、新思路，强调知识产权的竞争内涵在数字产业创新发展中的关键作用，旨在将知识产权战略充分地嵌入数字产业创新的系统进程中，真正将潜在的知识产权优势转化为技术优势、市场优势、竞争优势。本书首先详细论证了面向数字产业创新的知识产权战略理论基础，在此基础上，从知识产权战略识别、知识产权战略选择、知识产权战略实施、知识产权战略协同四个维度全面剖析了知识产权战略影响数字产业创新的战略决策和实施路径，并提出了若干可操作化的对策建议。本书前期阶段性研究成果公开发表在《管理世界》、《科研管理》、《科学学研究》、《管理工程学报》、《求是》、《光明日报》、《经济日报》、《中国社会科学报》、*Research Policy*、*Technological Forecasting and Social Change*、*Management and Organization Review*、*Journal of Technology Transfer*、*World Development* 等国内外优秀学术期刊和三报一刊等重要新闻出版物。这些研究成果为本书系统梳理知识产权战略理论，构建面向数字产业创新的知识产权战略协同发展框架奠定了扎实的学理基础。具体来看：

第一，构建面向数字产业创新的知识产权战略理论新框架。面向数字产业创新的知识产权战略理论框架将当前知识产权战略主导范式（创造、保护、管理、运用、服务）与代表数字时代特征与产业创新趋势的战略新范式（创新观、知识观、动态观）在协同理论指导下实现整合，从知识产权战略分析、知识产权战略选择、知识产权战略实施、知识产权战略协同四个维度架构理论体系，以四大理论研究为基础，包括知识产权战略影响数字产业创新的理论、面向数字产业创新的知识产权战略协同理论、知识产权与技术标准协同推进数字产业创新的理论、基于数字产业嵌入全球价值链的知识产权国际化战略理论等，形成紧紧围绕数字产业创新动态环境中的知识产权战略过程机制研究框架，旨在揭示面向数字产业创新的知识产权战略的动态过程机制"黑箱"，是基于战略过程视角，以协同论为基础，统筹创新管理、知识管理、动态能力的战略内涵，建立内外兼顾、长短期均衡、多元协同的全新知识产权战略理论框架。

第二，深化面向数字产业创新的知识产权战略分析相关研究。本书打破了基于战略内容视角的知识产权创造、保护、管理、运用、服务等内容局限，从战略过程视角将知识产权战略分析作为理论框架的基础维度。知识产权战略分析维度引入环境观、资源观、能力观和知识观对面向数字产业创新的知识产权竞争环境、制度变革、资源整合、动态适应、开放协同开展战略分析和规划，强调知识产权竞争过程中内部与外部制度环境的平衡，专有与共享资源网络的整合，动态与刚性能力的融合，封闭和开放生态系统的统筹。知识产权战略分析维度的引入不仅强化了知识产权战略研究的边缘竞争视角，而且从数字产业创新的模糊前端引入知识产权战略分析框架，对探究知识产权战略对数字产业创新的影响机理和驱动机制提供了新视阈。知识产权战略分析专题重点研究了制度视角下数字产业嵌入全球价值链的知识产权国际规则研究、环境视角下知识产权国际规则对我国数字产业出口影响研究、资源视角下数字产业专利合作网络影响企业创新绩效机理研究、动态能力视角下数字产业知识产权竞争行为研究、知识场视角下面向数字产业开源生态的自主可控知识产权战略研究。

第三，拓展面向数字产业创新的知识产权战略选择相关研究。知识产权战略选择维度着重关注了知识产权创造战略和知识产权保护战略的深度嵌入。首先，阐释了数字产业知识产权组合战略的学理基础，并通过实证研究从战略选择理论视角提出了数字产业知识产权组合战略的模式和路径。其次，构建了面向数字产业创新的知识产权战略评估体系，在实证检验基础上开展了知识产权战略驱动机制研究。再次，针对数字产业创新重点开展知识产权保护风险分析，构建面向数字产业创新的知识产权保护风险评价体系，并针对数字产业化创新和产业数字化创新的不同类型的创新主体开展知识产权保护风险防控体系研究。最后，创新性地提出面向数字产业创新的知识产权双元战略内涵模式，从知识产权探索战略和知识产权利用战略探讨面向数字产业创新的知识产权双元战略选择机制，剖析知识产权双元战略协同推进数字产业突破式创新与渐进式创新有效整合的实现路径。

第四，探索面向数字产业创新的知识产权战略实施相关研究。知识产权战略实施维度着重关注了知识产权运用战略、知识产权管理战略、知识产权服务战略、知识产权治理战略的深度嵌入。首先，在阐述中国高校和科研院所科技成果转化的学理基础上，重点分析数字产业高校和科研院所科技成果转化现状与问题，并通过实证研究从创新扩散理论视角提出了数字产业高校和科研院所科技成果转化的作用机制。其次，构建了面向数字产业创新的知识产权运营服务平台生态体系，着重探讨了数字化技术支撑的知识产权运营服务平台的演进发展。再次，针对数字产业中小企业重点开展知识产权战略管理模式研究，突出异质性数字产业中小企业知识产权战略管理模式和运行机制的差异化特征。最后，创新性地提出面向数字产业创新的知识产权数字治理战略内涵和模式，从系统集成、多元参与、安全智慧、开放共享等维度架构面向数字产业创新的知识产权数字治理的驱动机制。

第五，推进面向数字产业创新的知识产权战略协同相关研究。面向数字产业创新的知识产权战略协同理论丰富了知识产权战略研究，在推进知识产权战略分析、战略选择、战略实施、战略协同的动态过程中，不仅渗透了知识产权创造、知识产权保护、知识产权运用、知识产权管理、知识产权服务五大主导战略，而且补充了知识产权治理、知识产权协同、知识产权联盟、知识产权国际化四大支撑战略，使面向数字产业创新的知识产权战略理论研究形成了更为完整的内容体系。其中知识产权数字治理、知识产权与技术标准协同、知识产权联盟网络、知识产权国际保护与竞争策略都是数字产业创新发展中亟待关注和亟须解决的战略重点和痛点，也是数字产业创新可持续发展具有前瞻性和关键性的新内容。知识产权战略协同专题着重关注了知识产权协同战略、知识产权联盟战略、知识产权国际化战略的深度嵌入，率先开展了面向人工智能产业、物联网产业、工业互联网产业等数字经济核心产业的知识产权战略系统深入研究，重点研究了面向人工智能产业创新生态的知识产权与标准协同战略研究、面向物联网产业创新的专利融入标准化战略研究、面向工业互联网产业创新的知识产权联盟战略研究、面向数字产业创新的区域知识产权协同战略研究和数字产业知识产权国际化战略研究，将知识产权战略协同理论与数字产业创新理论深入融合，对推进数字产业构建自立自强的科技创新体系开展了有益的探索和实践。

在社会价值方面，本书深刻总结了面向数字产业创新的知识产权战略协同策略与实践路径。在对百余项知识产权战略相关政策开展文本分析和政策评价基础上，聚焦新发展格局下数字经济高质量发展、科技自立自强、共同富裕示范区建设、"一带一路"倡议等宏观顶层设计，特别是围绕产业全面数字化转型发展、战略性新兴产业知识产权保护、加强商业秘密保护、改善高校科技成果转化、物联网产业知识产权保护、工业互联网产业安全风险及防范、智能网联汽车领域知识产权挑战、构建多元共治的知识产权治理体系、信息技术产业国际标准体系改革、我国新兴产业技术标准国际化、RCEP 生效实施下企业国际化挑战、对标 DEPA 推进自贸区发展、数字贸易国际协定对高技术产业的安全风险及防范、专精特新中小企业标准化、支持创新主体数字创新的政策体系研究等数字产业创新发展面临的难点、热点问题，在广泛调研基础上提出了一系列具有较强针对性的政策建议，为政府决策部门提出了翔实可靠的政策建议。相关专题研究报告先后获得国家和省部级主要领导批示，并被国家工业和信息化部、浙江省市场监管局、浙江省科技厅、浙江省经信委等政府职能部门采纳及应用，在《求是》、《光明日报》、《经济日报》、《中国社会科学报》等发表并获得广泛社会影响。这些研究成果为本书针对性构建和完善面向数字产业创新的知识产权战略协同发展的多层次政策体系提供了大量的实践"策源池"。

本书由五篇共二十二章内容组成。第一篇是面向数字产业创新的知识产权战略相关理论基础，由第一章至第五章构成，内容包括：面向数字产业创新的知识产权战略理论；知识产权战略影响数字产业创新的理论研究；面向数字产业创新的知识产权战略协同发展理论；知识产权与技术标准协同推进数字产业创新的理论研究；嵌入全球价值链的数字产业知识产权国际化战略研究。第二篇是面向数字产业创新的知识产权战略分析，由第六章至第九章构成，内容包括：环境视角下数字产业嵌入全球价值链的知识产权国际规则研究；资源视角下数字企业专利合作网络影响创新绩效机理研究；动态能力视角下数字产业知识产权竞争行为研究；知识场视角下面向数字产业开源生态的自主可控知识产权战略研究。第三篇是面向数字产业创新的知识产权战略选择，由第十章至第十三章构成，内容包括：面向数字产业创新的知识产权组合战略研究；面向数字产业创新的知识产权战略评估；面向数字产业创新的知识产权保护风险识别与防控体系；面向数字产业创新的知识产权双元战略选择机制研究。第四篇是面向数字产业创新的知识产权战略实施，由第十四章至第十七章构成，内容包括：面向数字产业创新的中国高校科研院所科技成果转化研究；面向数字产业创新的知识产权服务平台研究；面向数字产业创新的中小企业知识产权战略管理研究；面向数字产业创新的知识产权数字治理战略研究。第五篇是面向数字产业创新的知识产权战略协同，由第十八章至第二十二章构成，内容包括：面向人工智能产业创新生态的知识产权与标准协同战略研究；面向物联网产业创新的专利融入标准化战略研究；面向工业互联网产业创新的知识产权联盟战略研究；面向数字产业创新的区域知识产权协同战略研究；我国数字产业的知识产权国际化战略研究。

　　本书是王黎萤首席专家主持的国家社会科学基金重大项目"技术标准与知识产权协同推进数字产业创新的机理与路径研究"（19ZDA078）的主要研究成果，是国家社会科学基金重点项目"聚焦关键核心技术突破的企业技术创新能力提升研究"（21AZD010），国家自然科学基金面上项目"基于专利交易数据的中国高校和科研院所技术转移的机制和政策分析"（71874152）的阶段性研究成果，是国家自然科学基金重点项目（71834006，71732008）、浙江省杰出青年基金（LR19G020001）、国家社会科学基金项目（17BGL224、17CJY067、18BJL040、18BJL013）、国家自然科学基金项目（71672172、L2124030、71772164、71772165）的阶段性研究成果。在研究过程中得到浙江省新型重点专业智库浙江工业大学中国中小企业研究院、浙江省中小微企业转型升级协同创新中心、浙江工业大学工商管理学科重点创新团队、浙江大学、清华大学、中国计量大学等大力支持。全书由王黎萤负责策划、组织、统撰和出版工作。参加本书各章节内容撰写的主要团队成员包括王黎萤、黄灿、陈劲、杨幽红、李兰花、刘珊、萧文龙、金珺、詹爱岚、张化尧、俞锋、王举铎、赵春苗、文佳、高鲜鑫、楼源、吴瑛、谢雯欣、陈霞、魏雯燕、姬科迪、李胜楠、谭兴梅、余佩玲、刘心怡、黄晨妍、郑绮雯等，感谢王举铎、赵春苗、文佳等对初稿进行的编撰和校对工作，王黎萤负责对全书进行了统稿。

　　本书在研究和撰写过程中，得到了国家社科规划办、教育部社科司、国家自然科学基金委、国家工业与信息化部中小企业局、国家商务部投资促进事务局、中国中小企业协会、中共浙江省委办公厅、浙江省政府办公厅、浙江省社科联、浙江省经济与信息化委员会（浙江省中小企业局）、浙江省市场监督管理局、浙江省科技厅、浙江省商务厅、浙江省知识产权保护中心、浙江省知识产权协会、浙江省人工智能知识产权联盟、浙江省工业经济研究所、浙江省标准化研究院、浙江省发明协会、杭州市经济与信息化委员会、中国科学学与科技政策研究会数字创新与管理专委会、中国技术经济学会、中国技术经济论坛、中国电子学会总部、中国电子技术标准化研究院、世界工业与技术研究组织协会（WAITRO）等国内外有关组织机构、部门与领导的指导与支持，使本书内容充实，数据准确，资料丰富，在此一并表达笔者的诚挚感谢。同时，还要由衷感谢中国社会科学出版社编辑部刘晓红女士及其专业团队为本书出版所付出的诸多心血和努力，他们严谨、细致、敬业、高效的工作保证了本书的顺利出版。

　　尽管参加本书撰写的专家、学者以及实际部门的工作者都对撰写的内容进行了专门潜心研究，但由于面向数字产业创新的知识产权战略研究面临众多新问题，加之笔者能力所限，仍然有很多理论需要进一步研究阐释，许多实践经验需要进一步总结。本书内容如有不足或者其他不妥之处，敬请各位读者批评指正。

王黎莹

2022 年 8 月于杭荷轩

目　　录

第三篇　面向数字产业创新的知识产权战略选择

第四篇 面向数字产业创新的知识产权战略实施

第五篇　面向数字产业创新的知识产权战略协同

图目录

表目录

第一篇

面向数字产业创新的知识战略相关理论基础

引 言

　　面向数字产业创新的知识产权战略理论框架是基于战略过程视角，以协同论为基础，统筹创新管理、知识管理、动态能力的战略内涵，建立内外兼顾、长短期均衡、多元协同的全新知识产权战略理论框架。面向数字产业创新的知识产权战略理论框架强调知识产权的竞争内涵在数字产业创新发展中的关键作用，旨在将知识产权战略充分地嵌入到数字产业创新的系统进程中，真正将潜在的知识产权优势转化为技术优势、市场优势、竞争优势和治理优势。面向数字产业创新的知识产权战略理论框架将当前知识产权战略主导范式（创造、保护、管理、运用、服务）与代表数字时代特征与产业创新趋势的战略新范式（创新观、知识观、动态观）在协同理论指导下实现整合，从知识产权战略分析、知识产权战略选择、知识产权战略实施、知识产权战略协同四个维度架构理论体系，以四大理论研究为基础，包括知识产权战略影响数字产业创新理论、面向数字产业创新的知识产权战略协同理论、知识产权与技术标准协同推进数字产业创新理论、基于数字产业嵌入全球价值链的知识产权国际化战略理论等，形成紧紧围绕数字产业创新动态环境中的知识产权战略过程机制研究框架。

第一章

面向数字产业创新的
知识产权战略理论

面向数字产业创新的知识产权战略是从数字产业整体和系统视角来研究知识产权与产业创新协同发展的重大问题。进入 21 世纪以来，全球数字产业正处在产业格局规模化扩张的"窗口期"，面向数字产业创新的知识产权竞争环境正在发生深刻变革，主要表现在知识产权裹挟的技术标准先行已成为数字产业竞争新规则，数字技术知识产权开源创新为数字产业创新发展带来新挑战，知识产权国际规则 TRIPS-plus 趋势推动高水平知识产权保护新风险，知识产权数字治理推动高知识产权全链条保护的新趋势。面向数字产业创新的知识产权战略呈现出协同性、开放性、整合性、动态性的特征，知识产权战略由适应环境变化为主的竞争定位转向制定或整合治理优势的系统战略，亟须用新视角和新方法全面审视面向数字产业创新的知识产权战略的分析制定、选择评价、实施执行与协同控制的全过程，本章从战略过程视角深入探究面向数字产业创新的知识产权战略的理论框架。

第一节　数字产业创新与知识产权竞争优势

第四次工业革命正在以前所未见的速度迎面而来，颠覆性数字技术创新和数字产业新型业态正在改写全球制造业竞争格局。二十国集团（G20）领导人峰会已连续五年向全球呼吁把知识产权与数字产业协同互动当作保障数字经济可持续发展的重要议题。在全球数字经济出现大调整、大跃迁、大转换的新时代背景下，数据确权、标准引领、互联互通等全球性数字产业发展倒逼中国数字产业着力增强数字技术知识产权保护与运用，加快推进数字产业化创新赋能与产业数字化融合再造新业态（王黎萤等，2022）。

一　数字产业创新的内涵

关于数字产业创新目前并没有清晰的概念界定，国内外学者在数字经济或数字创新内涵延伸基础上更为聚焦数字化变革影响产业创新的内在机理和过程机制（余江等，2017）。以往学者对数字产业创新研究主要从信息通信产业创新的系统理论入手（Yoo，2010），进而逐步发展到信息通信产业与其他产业转型升级的融合理论、内在机理及实现路径（Szalavetz，2019）。近年来，对工业互联网、物联网、车联网等数字技术与产业融合创新的机理和路径研究方兴未艾，在数字技术与产业创新的融合机理、行业与组织间战略创新网络、产学研合作的互动类型、行业平台及内外部创新管理、数字产业自我效能管理、数字创新治理体系等方面开展了有益探索（Quinton，2016；Xiao et al.，2020）。而随着数字经济崛起和繁荣，以数据要素作为核心竞争力的数字产业化和产业数字化的新业态新模式不断涌现，在产业贡献计量统计与产业边界界定划分、产业链上下游关系整合及产业治理体系、嵌入全球价值链的创新扩散等方面却不断面临一些新问题和新现象，亟须加强在不同细分场景下的以数据要素为驱动的数字产业创新的理论探索和实践应用（Pagani，2013）。

目前，学术界普遍认为产业创新是通过将过去未有过的关于生产要素与（或）生产条件的"新组合"引入经济体系而产生新的生产函数，构建产业突变的内生基础从而产生创造性破坏过程。在数字产业创新的背景下，同样适用这一理解。数字产业是以数字（或数据）为加工对象，以数字技术（或数据技术）为加工手段，包括以数字技术加工为核心的产业和以数字技术和传统产业结合进行连接和重构的产业。数据作为重要生产要素，从根本上改变了产业创新的作用模式。结合熊彼特提出"建立一种新的生产函数"的重要创新论述（Schumpter，1982），通过将新型生产要素、新型生产条件以及新型生产要素和生产条件的"新组合"引入生产体系，数据重构了原有产业的资源配置状态，原有的产业划分也由此进入了分崩离析的变革之中，数据要素作用下无法严格划分组织边界的新型产业业态伴生出现。为此，研究认为数字产业创新是通过将数据生产要素和数字化生产条件的"新组合"引入经济体系而产生新的生产函数，构建数字产业化与产业数字化的内生基础从而产生新型产业业态的创造性破坏过程。其中，数字产业化创新是基于移动互联网、大数据、云计算、区块链、人工智能、边缘算法等数字技术实现在全球范围内的个性化定制、智能化生产、网络化协同、服务化延伸等持续价值增值的创新过程；产业数字化融合创新是运用工业互联网、智能制造等加速数字技术与垂直行业融合再造新业态新模式的创新过程。这一概念中包含三个关键要素：①数据生产要素和数字化生产条件组合是数字产业的创新投入；②数字产业化和产业数字化通过融合互动形成的新型产业业态是数字产业的创新产出；③新型产业业态突变的内生基础是建立在数字产业化创新与产业数字化融合创新互动的过程机制中，通过多种要素驱动促使产业融合与再造新业态，其中理想的制度机制与政策组合应包括在"创造性破坏"的要素中（Kivimaa et al.，2016）。还有学者关注到数字产业创新涵盖了数字产业化创新与产业数字化融合创新等多重内核和复杂的异质性产业类型，这些异质性特征直接影响数字产业创新的发展方向、创新模式、实现路径及其推进机制，形成了丰富的创新产出体系（Sjödin et al.，2018）。

二 数字产业创新的外延

数字产业创新的外延进一步聚焦数字产业化创新与产业数字化融合创新基于技术变革与组织变革视角下的研究拓展。一方面，已有研究从技术变革视角关注数字化技术的颠覆式创新推动重构产业格局与商业模式、数字化竞争战略、数字分层模块化等数字产业化创新的特征（Nambisan et al.，2017）；从开源技术、产学研合作、价值共创、开放式创新等方面指出数字产业化创新的影响因素（Crupi et al.，2020）；在此基础上进一步关注不同数字技术应用层级（基础层、平台层、应用层）战略模式，实现路径与推进机制的差异（Sandberg et al.，2020）。部分学者认为，各个层级的创新应用都基于标准化的技术，这些技术越来越多地包含标准必要专利，拥有标准必要专利对获得并维持重要的市场份额至关重要（Pohlmann et al.，2016），而且技术标准的核心竞争力、动态能力是推动产业发展的重要影响因素，技术标准的形成可以有效解决技术不连续问题进而促进产业创新和发展，因此技术标准的互联互通、知识产权的保护机制对数字产业创新具有不可忽视的作用（Brunsson et al.，2012）。

另一方面，已有研究从组织变革视角关注传统产业数字化转型、新兴产业数字化、企业数字化转型等产业数字化融合创新的新问题（Sjödin et al.，2018）。关于数字转型平台（Berzosa et al.，2014）、数字网络和数字生态（Benitez et al.，2020）的研究正在试图归纳以智能化为代表的数字技术与产业融合再造基础上的全新业态的生成规律。关于数字服务化、用户共创价值、平台驱动的研究指出了在消费场景引导下，以跨界业态敏捷扩张、数据要素疾速流动、企业经营的多维扩展以及价值链向网状演化等为代表的新业态新趋势呼之欲出（Johansson et al.，2020）。Thomas 等学者在研究中将创新生态系统定义为互联互通的组织间网络，通过创新来创造、占用、分享和维护新价值，同时可以与生态系统内部的其他企业共同缓解外部环境变化带来的冲击（Thomas et al.，2014）。在融合再造新业态的过程中，制度变革与数字治理体系的构建发挥了重要作用，数字治理引领生产关系的深刻变革，是数字经济发展的保障，在治理主体上，部门协同、社会参与的协同治理体系推陈出新，这其中标准化治理、知识产权的运营发挥着重要的作用（Teece et al.，2018）。有学者明确指出，标准治理和知识产权对产业创新发展的重要作用，并认为应关注数字产业组织内部治理协同（Chen et al.，2020）。其中，更有学者指出，标准联盟、知识产权联盟、政府机构等相关组织的协同对数字产业创新的推进具有重要影响（Galasso et al.，2018）。

三　数字产业创新需要构筑知识产权竞争优势

（一）全球数字经济战略大调整对我国数字产业创新发展形成新压力

近年来，国际经济形势错综复杂，贸易摩擦持续升级，全球经济复苏势头减弱，世界经济正处在动能转换的换挡期。作为驱动全球经济发展的新动能，世界各国对数字经济的重视度日渐提升，不断加快数字经济战略部署。美国聚焦前沿技术重点领域，把握制造业产业链高附加值环节，利用数字技术推动制造业革命、激发传统工业的新活力。欧盟通过构建全方位数据法律规则，推动数字化单一市场的建立，充分发挥数据资源禀赋优势，保障数字经济规范发展。日韩等国立足信息通信产业优势，重点推进数字产业化发展。世界各国围绕数据、技术、市场、资源等方面的竞争更趋激烈，数据确权、标准引领、互联互通等全球性数字产业发展问题错综复杂，倒逼中国数字产业着力加强数字技术标准引领规范、增强数字技术知识产权保护与运用、加速推进数字产业化创新与产业数字化创新，促进数字产业与实体产业深度融合，充分发挥大市场优势，通过推进数字产业创新发展促进数字经济高质量发展并形成新的国际竞争优势（陈劲、王黎萤等，2021）。

（二）数字产业化创新需要知识产权竞争优势推动数字技术大跃迁

数字产业化创新是基于移动互联网、大数据、云计算、区块链、集成电路、人工智能、边缘算法等信息通信技术在个性化定制、智能化生产、网络化协同、服务化延伸等典型应用场景持续创造价值增值的创新过程。据中国信息通信研究院测算，2021年我国数字经济规模达到45.5万亿元，占GDP比重为39.8%，其中数字产业化规模达到8.4万亿元，占GDP比重为7.3%，占数字经济比重的18.5%。新一轮数字技术创新的大跃迁必然带来知识产权竞争战略的高阶演进。新一轮核心知识产权竞争优势会在网络、计算、感知三大主线实现迭代升级，并与大数据的指数级增长相结合，推动形成5G（甚至超越5G）、云计算、大数据、物联网、人工智能、区块链、量子信息等标准必要专利池，组建数字技术知识产权联盟和标准联盟，实现新一代数字技术标准的代际跃迁。知识产权融入标准可以为知识产权所有者带来重大战略价值。数字技术标准必要专利的所有者拥有更大的主导话语权和谈判优势，或可要求进行关键数字技术交换，或可通过增设条件阻止大多数企业进入市场从而减轻市场竞争压力，实现在应用驱动、体系融合、开源开放等新兴数字技术领域的竞争优势。从目前看，中国数字技术创新正在从跟跑、并跑向领跑跃迁，在部分数字技术领域具备了较好基础，但是在更多领域的基础还很薄弱，与发达国家的差距仍然较大。亟须以新一代数字技术创新为"机会窗口"，加强数字技术知识产权融入标准化的战略布局，探索数字技术标准国际赶超的新模式，优化赶超战略实施路径，释放数字经济发展新动能。抢占新一轮数字技术发展制高点的竞争日趋激烈，如果应对不当，贻误时机，中国数字产业与发达国家的差距有可能进一步拉大。

（三）产业数字化创新需要知识产权竞争优势推动数字产业结构大转换

产业数字化创新是通过工业互联网等新兴数字产业与各类垂直行业融合再造新业态新模式的创新过程。据中国信息通信研究院测算，2021年我国产业数字化规模达到37.2万亿元，占GDP比重为32.5%，占数字经济比重的80.9%。数字化技术与先进制造技术深度融合，在工业通信、工业软件等技术综合集成应用基础上组建全要素、全产业链、全价值链连接的平台枢纽，实现资源高效配置、海量异构数据汇聚和建模分析、工业经验知识转化复用，涌现出工业互联网平台、数据中台、智能制造等新模式新业态，打造新型产业生态体系。整体来看，全球数字产业新业态发展还处于初级阶段，产业创新与知识产权和技术标准协同发展正在达成共识，产业设备连接、产业数据采集、产业大数据应用、产业机理建模分析、产业微服务、产业应用开发环境、平台间兼容等重点领域正在成为知识产权融入标准化和产业推广布局重点。随着工业App产品推出及试点应用标准化工作成为更为迫切的需求，急需围绕工业App架构、开发部署、运维管理、测试验证等关键领域开展知识产权战略布局、标准研制和产业化推广。数字产业竞争实质是知识产权与标准协同的战略竞争，美国的"再工业化"、德国的"工业4.0"和日本的"创新2025"战略等都把知识产权和标准化作为重要战略支撑。因此，如何构建合适战略路径和机制推动知识产权、技术标准与我国数字产业创新深度融合，驱动数字产业化和产业数字化高阶演进，是实现我国数字产业高质量发展和提升国际竞争力亟须研究的重要问题。

（四）数字产业高质量发展需要构建自主可控知识产权与标准协同体系

作为科技创新活动制度保障的知识产权战略是产业创新的重要支撑基础。产业创新有赖于相关知识产权积累和集成区域内外知识产权资源的能力，知识产权创造、运用、管理和保护相关的因素被分散在产业科学技术、创新活动等不同方面，只有整合和协同知识产权战略与其他经营战略，才能促进产业创新的良性发展（杨幽红，2021）。此外，标准作为国家质量技术基础（NQI）的核心要素，已经成为全球经济贸易活动和产业合作最重要的技术基础和技术规则，在推动全球数字产业创新中发挥重要的桥梁纽带作用。中国在经历了"DVD事件""3G标准之争""中美WAPI之争"等众多"标准之痛"后，政府、企业和社会组织逐步重视和加强知识产权融入标准化战略在经济产业发展中的引领作用。为此，国务院印发的《"十四五"国家知识产权保护和运用规划》中对发挥知识产权和技术标准协同作用来促进产业创新的过程中从制度的顶层设计方面进行了科学规划：推动创新主体加强知识产权管理标准化体系建设，推动实施创新过程知识产权管理国际标准。数字产业应该紧抓国家推动知识产权与标准化协同发展的时代机遇，深入开展国内外数字产业化和产业数字化知识产权与标准协同发展的战略重点、实施路径、政策制度等内容的比较分析，建立健全知识产权、技术标准与数字产业创新发展的协同机制，鼓励数字产业构建自主可控的知识产权与技术标准协同体系，促进我国数字产业高质量发展。

（五）数字产业嵌入全球价值链需要擅用知识产权国际竞争规则

随着知识产权规则日益渗透到各国贸易政策中，《自由贸易协定》（FTA）知识产权规则变革呈现出TRIPS-plus趋势，即以国际贸易体制为框架推动高水平知识产权保护、以争端解决机制为后盾推动高效率知识产权保护，导致各国间经贸摩擦演变为深层次的知识产权竞争。《跨太平洋伙伴关系协定》（TPP）于2016年2月由美国、日本等12个成员方正式签署，2017年美国退出后，2018年日本等11国共同签署了《全面与进步跨太平洋伙伴关系协定》（CPTPP），协定包含高标准知识产权规则达到了知识产权扩张保护、更强保护的目的。亚洲地区的FTA同步跟进，中国作为主要参与国的《区域全面经济伙伴关系协定》（RCEP）已经于2022年1月正式生效实施，其中RCEP知识产权规则呈现海关执法强度加大、执法损害赔偿力度加重、执法向边境后规则渗透等保护升级趋势。自2018年掀起的中美贸易争端实质上也是一场知识产权争端，其中知识产权规则由少至多，保护标准由弱到强。我国与美日等国具有体量巨大的贸易往来，尤其是CPTPP影响下国际知识产权规则正奉行超《与贸易有关的知识产权协定》（TRIPS）标准，通过最惠国待遇及国民待遇原则使出口企业面临比 TRIPS 环境下更为严峻的知识产权贸易壁垒。我国正在加快构建全方位对外开放新格局，当前全球面临经济衰退，但全球化的进程并没有停止，世界经济已经进入全球价值链的时代。基于中国数字经济快速发展所构建的数字化贸易平台，依托"一带一路"倡议和进一步的改革开放，世界各国越来越多的中小企业和个人能在中国的数字化国际贸易平台上获利。推动"一带一路"数字贸易发展重要基础是工业互联网平台，实体公司要完成数字化转型，就需要发展自己的数字生态系统，设计属于自己的机器学习算法、建模和云计算等。由于工业互联网具有多层次终端设备和广覆盖的特性，产品在连接和交互层面会出现知识产权叠加和冲突，例如无人驾驶汽车和车载第三方设备关于数据交互的专利兼容与冲突问题，这种类似在数据应用层的知识产权和标准冲突出现的可能性会越来越大，因此加快知识产权国际竞争规则有效运用和治理对推进数字产业嵌入全球价值链具有重要战略意义。

第二节　面向数字产业创新的知识产权战略内涵与特征

中共中央及国务院高度重视知识产权与数字产业协同互动以引领数字经济高质量发展的推进工作，习近平总书记明确指出要加快推进数字产业化，要推动产业数字化，不断催生新产业新业态新模式，并专门就"保护知识产权，就是保护创新"做出重要部署。中国数字产业已经进入只有加快知识产权与产业创新紧密协同才能高质量发展和提升国际竞争力的成长攻坚期，面向数字产业创新的知识产权战略协同发展模式已成为推进我国数字经济可持续发展的重要抓手。

一　面向数字产业创新的知识产权战略内涵

面向数字产业创新的知识产权战略是从数字产业整体和系统视角来研究知识产权与产业创新协同发展的重大问题。对创新主体在不同条件下的知识产权战略运用是近 30 年研究热点，知识产权组合战略（刘林青、谭力文，2006；Emrah et al.，2019；Magnus et al.，2022）等模式在创新与经济发展中发挥举足轻重的作用（刘立春、朱雪忠，2013；

刘珊、余翔，2016；张平，2019；冯晓青，2020）。知识产权制度产生的最初动机和经济学基础是鼓励创新（Sternitzke，2017；吴汉东，2020；马一德，2020），大量实证指出知识产权保护有利于积累 R&D 资本（Gary et al.，2004；陈劲，2020）、促进企业参与国际竞争（Marcus et al.，2019；刘林青，2020）、提升知识产权密集型产业贡献（姜南等，2014；Toma et al.，2018）。但有研究指出知识产权保护对发展中国家（余长林，2016；郑友德等，2017）、后续创新（祁红梅，2015；Raiser et al.，2017）、技术转移应用（史宇鹏、顾全林，2013；Lee et al.，2017）等产生负面影响。受 Rosenberg 解构技术与经济发展"黑箱"的影响，学者试图探索知识产权保护影响经济发展的异质性及内在机理，指出经济发展不同阶段（李平等，2019）、知识产权保护一体化程度（Daniel et al.，2015）、知识产权政策制度设计（Lee et al.，2015；王黎萤等，2020）、知识产权制度实施时间长短（张平，2019；冯晓青，2020）是影响经济发展的重要因素。但是上述因素主要从宏观环境和政府作用分析，一批学者开始探索知识产权保护影响经济发展的中微观机制。作为传导中介的企业 R&D 投入（Santamaría et al.，2009；池仁勇等，2012）、技术扩散（张鹏、李新春，2002；柴江艺、许和连，2012；Marcus et al.，2018）、融资能力（苑泽明等，2020）、技术转移（杨珍增，2014；DiMasi et al.，2016）等的变化影响着知识产权保护的最终效果。不同类型创新活动（黄鲁成等，2019；柳卸林，2020）、市场成熟程度（Blind et al.，2004；黄先海等，2015）、模仿和创新能力强弱（Gawer et al.，2013；王先林，2016）、外国直接投资和跨国公司扩张（陈晓红、胡小娟，2007；陈国宏、郭玦，2008；Bonadio et al.，2013）是不容忽视的影响因素。综上所述，知识产权战略宏观研究强调政府运用知识产权制度调节来创造竞争优势，而中微观研究指出产业或企业创新主体在知识产权保护影响经济发展中发挥重要的中介作用，其中知识产权战略的权变能力是政府的重要抓手。综上所述，面向数字产业创新的知识产权战略可划分为国家知识产权战略、区域知识产权战略、产业知识产权战略和企业知识产权战略。

从战略层次上，面向数字产业创新的国家层面知识产权战略是为国家数字产业创新发展提供知识产权政策支撑，着重解决数字产业创新发展的全局性、制度性和政策性的问题，实施的主要形式是立法权的使用，实施目的是营造良好推动数字产业创新发展的知识产权制度和市场环境。面向数字产业创新的区域层面知识产权战略是为地方数字产业创新发展提供知识产权分析规划，着重解决重点数字产业和数字企业创新发展的共性问题。面向数字产业创新的产业层面知识产权战略是为数字产业各细分产业创新发展提供知识产权选择、评价、实施、控制等具体策略和实施路径指导，着重解决数字产业行业协会等推动知识产权、技术标准与数字产业创新协同发展中的共性问题。面向数字产业创新的企业层面的知识产权战略是企业为获取与保持数字技术市场竞争优势，运用知识产权全链条保护谋取最佳数字经济效益而进行的整体性筹划和采取一系列策略与手段。面向数字产业创新的国家知识产权战略是对区域知识产权战略、产业知识产权战略和企业知识产权战略制定和实施的指导方略，企业知识产权战略是对国家知识产权战略、区域知识产权战略、产业知识产权战略最终落实的基础，而产业知识产权战略、区域知识产权战略则是联系或指导其他企业知识产权战略的桥梁和纽带。

二　面向数字产业创新的知识产权战略内容

面向数字产业创新的知识产权战略贯穿于知识产权创造、保护、运用、管理、服务等全链条，最终实现数字产业创新主体的知识产权竞争优势。知识产权创造战略是根据数字产业创新主体的自主创新、知识产权价值和外部环境等情况，通过自主研发或与高校、科研机构共同研发将自主创新成果知识产权化、商品化、产业化而采取的一系列策略和手段。知识产权保护战略是使法律规定的数字产业知识产权不被他人不当使用，保护知识产权人的合法权益。知识产权运用战略是运用各种手段来经营知识产权实现充分创利来占领数字产业新兴市场，提升创新主体竞争力。知识产权管理战略是指导监督数字产业创新主体开展知识产权战略规划，并综合运用知识产权创造、运用、保护来获取创新收益。知识产权服务战略通过代理服务、法律服务、信息服务、商用化服务、咨询服务、培训服务等多种策略推进数字产业知识产权成果权利化、商用化和产业化。

面向数字产业创新的知识产权战略全链条中还呈现出知识产权战略的新内容，主要体现在知识产权协同战略、知识产权联盟战略、知识产权国际化战略和知识产权治理战略。知识产权协同战略关注知识产权战略与数字产业创新中相关战略的互动融合和协作发展，其中知识产权战略与技术标准战略协同为数字产业创新提供保护和激励。知识产权联盟战略推动数字产业创新主体开展关键领域知识产权运营，包括建立订单式知识产权研发体系、构筑和运营产业专利池、推进开源创新中知识产权利益相关者共同防御知识产权风险。知识产权国际化战略是数字产业创新主体运用知识产权国际规则开展知识产权国际保护和风险防控的全局性规划和策略。知识产权治理战略是推进知识产权领域数字化改革，构建系统集成、多元参与、安全智慧、开放共享的知识产权治理体系。面向数字产业创新的知识产权协同战略、知识产权联盟战略、知识产权国际化战略、知识产权治理战略的具体内容如下：

（一）知识产权与标准协同战略先行已成为数字产业竞争新规则

知识产权与技术标准协同战略为数字产业创新提供保护和激励，并已成为数字产业竞争新规则。全球数字产业正处在产业格局规模化扩张的窗口期，美、德、日等国围绕核心标准、技术、平台等加速布局。与工业发达国家相比，中国数字产业的工业互联网标准体系不完善成为数字产业创新发展的最重要"短板"。工业设备网络化难、数据采集标准不兼容、多平台间互联互通的接口规范有待建立、工业互联网平台标准亟须统一、缺乏工业 App 标准研制和产业化推广等问题严重制约我国数字产业创新发展。面对新形势，习近平总书记（2016 年 9 月）在第 39 届国际标准化组织大会上明确提出中国将积极实施标准化战略，深化标准合作，加强交流互鉴，共同完善国际标准体系，用标准助推创新发展。2017 年在中国共产党第十九次全国代表大会中专门就"瞄准国际标准提高水平"做出重要部署，对增强技术标准创新能力、增加标准有效供给、提升技术标准创新服务水平提出了更高要求。国家科技部、市场监督管理总局、国家标准化管理委员会联合编制了《"十三五"技术标准科技创新规划》（2017），工信部、国家标准化管理委员会共同印发《国家智能制造标准体系建设指南》（2018）、《工业互联网综合标准化体系建设指南》（2019）等起到了引导数字产业健康规范发展的作用。据国家市场监督管理总局统计，仅 2018 年，在电子信息领域共发布国家、行业标准 369 项，涵盖了物联网、云计算、智慧城市、信息技术服务、大数据、射频识别、生物特征识别、传感器网络等多个新兴技术领域。"十四五"时期，国家标准化委员会将围绕智能硬件、智慧家庭、虚拟/增强现实、新型显示器件、汽车电子和服务、锂离子电池、5G 关键元器件、智能传感器等 16 个领域，组织开展 300 余项重点、热点标准制修订工作。为此，高度重视和发挥知识产权与技术标准协同战略，推进数字产业创新发展已成为政产学研各界共同关注战略变革新主题。

（二）知识产权联盟战略主导已成为数字产业开源创新突破新内容

知识产权联盟战略对指导开源创新中知识产权利益相关者共同构建知识产权竞争优势具有重要作用，是数字产业开源创新突破的新内容。我国数字产业的基础支撑技术如云计算、大数据、区块链、边缘算法等大多是利用开源创新平台开放源码的灵活策略实现广泛的智力汇聚，激发并快速在短期内提升集成创新能力而壮大发展起来的。基于开源软件实施的集成创新和工程创新，意味着后发数字技术企业可以从开源社区中以免费的形式获得软件，并对软件进行免费使用、修改和分发，通过"集体开发""合作创新""技术公开"来打破对领先国际大型专有数字技术公司的依赖，带来了巨大的数字产业创新空间。开源创新不仅诞生出如 Linux 操作系统、Web 服务器 Apache、邮件系统 SendMail，域名服务器 SAND、手机安卓系统等著名的信息技术企业，也培育发展了诸如华为云、阿里云、腾讯云、百度云等一批具有基础支撑作用的数字产业新型业态。但是，开放源代码软件可能涉及复杂的知识产权问题，从而使产业面临不确定的竞争风险。开放源代码软件提倡由分散在世界各地的开发人员自由"组合"在一起开发软件，这使开放源代码软件的版权归属十分复杂和混乱。这种混乱导致了包括 Linux 操作系统在内的不少开放源代码软件时时处于被控侵权的风险之下。另外，开放源代码软件对软件专利的处理态度也是开放源代码软件产业所要担心的知识产权风险。开放源代码软件比封闭源代码软件承担更大的软件专利侵权风险：一是不受开放源代码软件协议约束的第二人拥有某项软件专利，而开放源代码软件的原始开发者或其后的修改者在程序或其衍生作品上使用到了这项专利技术，则可能会导致专利侵权责任；二是自由软件的再发布者以个人名义将自由软件中的某项技术申请获得专利，在事实上将开放源代码软件变为私有，则开放源代码软件协议有权力约束专利申请人，对利用软件专利打击自由软件的公司进行惩罚。为此，通过构建知识产权联盟协调好开源创新中各知识产权利益相关者关系，对促进数字产业开源创新突破是不容忽视的重要内容。

（三）知识产权国际化战略已成为数字产业提升国际竞争力新支撑

知识产权国际化战略对数字产业创新主体运用知识产权国际规则开展知识产权国际保护和风险防控意义重大，已成为数字产业提升国际竞争力新支撑。知识产权在19世纪末21世纪初的百年发展历程中，逐渐从国内立法转向国际合作。TRIPS将知识产权纳入WTO管辖的范围。为平衡发达国家与发展中国家利益，TRIPS实质上更偏向于适应发展中国家的知识产权保护标准。随着以"工业革命4.0"为基础的世界经济新格局雏形渐显，各国经济发展和对外贸易都面临着深层次调整，TRIPS的局限性也随之凸显出来。发达国家开始转移目标，开辟新的谈判途径以促成其知识产权扩张保护的目的，为此大量双边、多边、复边区域自贸协定的知识产权规则不仅是条款力度的简单"升级"，同时也存在发达国家对发展中国家的"规锁"效应。对广大发展中国家来说，知识产权最优保护绝非最大保护。中国在知识产权综合体量上有较大发展和进步，但中国目前仅为知识产权发展中国家，而非严格意义上的知识产权强国。在区域自贸协定知识产权变革中，知识产权强保护已然成为趋势，也是中国未来发展数字产业的需要。面对TRIPS-plus规则，我国数字产业应通过实施知识产权国际化战略，尽早地分类研判、提前谋划，及时开展知识产权保护水平压力测试，做好政策储备。可以针对不同知识产权类别使用从严、适中、宽松等不同力度的保护与规制，选择其中有助于推动数字产业创新发展并具有合理性和先进性的规则。同时运用知识产权国际化战略促进"一带一路"知识产权国际规则的协同。利用好《加强"一带一路"国家知识产权领域合作的共同倡议》，"一带一路"考虑了国家发展水平和制度的差异性，符合丝路精神蕴含的包容发展理念。在"一带一路"中支持各国加强数字产业领域知识产权事务的交流合作同时，作为倡导者的中国可以有针对性地推广数字产业知识产权标准的重要性，提升沿线国家尤其是发展中国家的认知，倒逼其完善国内相关数字产业的知识产权法律法规。"实行更加严格知识产权保护"是我国知识产权强国建设的重要目标，针对大多数数字产业出口企业知识产权国际保护薄弱的现状，亟须开展知识产权国际化战略实施，评估知识产权国际规则对出口企业的影响，引导企业加强应对知识产权国际强保护的风险防控，探索企业加强知识产权国际保护的战略布局与路径选择，在短期内削弱知识产权国际规则的消极影响，长期形成倒逼机制加强提升数字产业的国际竞争力。

（四）知识产权治理战略已成为数字产业高质量发展的新路径

知识产权治理战略对数字产业构建系统集成、多元参与、安全智慧、开放共享的知识产权治理体系至关重要，已成为数字产业高质量发展的新路径。"十四五"时期是知识产权保护由"高速发展"向"高质量发展"转型，司法与行政执法由"衔接不强"向"衔接紧密"转变，知识产权全链条保护由"单一治理"向"多元治理"发展，知识产权保护工作改革由"传统产业"向"数字产业"演进，国际知识产权保护由"规锁壁垒"向"合作共赢"突破，知识产权领域国家安全维护由"跟踪研究"向"风险防控"升级的关键时期。面向数字产业创新的知识产权治理战略，一方面需要探索建立新型立体知识产权全链条治理模式，完善知识产权保护多元化治理机制，具休需要推进的战略内容包括首先建立专业化知识产权调解机构、行业协会（商会）、产业知识产权联盟等社会组织参与知识产权纠纷调解工作机制，完善技术调查官制度和人民陪审员制度，持续推进知识产权领域长三角一体化发展，建立司法与行政等部门一体化会商、一体化跨区域协作、一体化资源共享、一体化队伍建设。其次，推动知识产权全链条治理的线上线下融合发展。利用人工智能、网络监测等新技术手段助力知识产权保护的事前预防、事中化解和事后救济，打造专业知识产权信息大脑，整合优化知识产权公共服务平台、技术与创新中心（TISC）等功能，引进和培育一批从事知识产权数据分析和鉴定评估的平台组织。再者推动知识产权信用体系建设工程。制定知识产权信用评价和惩戒规范，建立和完善行业知识产权信用联合奖惩标准，强化知识产权服务行业信用监管。

另一方面，面向数字产业创新的知识产权治理战略需要加强数字经济领域知识产权保护和运用，主要内容包括重点完善互联网和电子商务领域知识产权制度，健全大数据、人工智能等新领域新业态知识产权保护制度，加快推进《信息网络传播权保护条例》修订，着重防范新技术和新业态背后数据信息不合理集中与独占，注重对人工智能算法监管，防止新技术被用于实施垄断、不正当竞争或其他违法行为。还需要推动数字经济领域知识产权密集型产业发展，建设一批数字经济领域知识产权密集型产业集聚区，在集聚区内培育数字经济高价值专利，建设专利池和高价值专利组合，推行知识产权集聚式管理、保护和服务机制。进一步优化数字经济领域知识产权转化运用平台建设，打造"知识资源（IP）+互联网平台+智能物联网"的"知联网"方式，为知识产权交易提供经纪人服务，为知识产权融资提供评估优化，打造数字知识产权展示交易"一站式"服务平台。

三 面向数字产业创新的知识产权战略特征

数字产业是数字经济全要素、全产业链、全价值链全面连接的枢纽，是支撑数字资源泛在连接、弹性供给和高效配置的载体，正成为推动产业数字化、网络化和智能化发展的重要抓手。面向数字产业创新的知识产权战略是遵守并利用法律制度框架来获得和保持数字产业知识产权竞争优势的策略体系，呈现出协同性、开放性、整合性、动态性等特征。

（一）面向数字产业创新的知识产权战略的协同性

在供给侧与需求侧两端发力的趋势下，面向数字产业创新的知识产权战略是构建在创新基础观上的战略框架，强调知识产权战略与创新战略的协同发展。持续创新既是创新基础观的核心，也是数字产业创新主体在动态环境下应当建立的资源与竞争优势观（陈劲等，2019）。实现持续创新需要数字产业创新主体构建基于知识产权战略的双元能力，一方面，通过知识产权持续创造和运用实现动态市场下创新发展的突破式变革；另一方面，通过知识产权保护和管理实现动态市场下的创新资源协作的渐进式发展。双元能力是知识产权战略协同性特征的基础，是数字产业创新主体战略感知能力、战略领导力与组织结构适应能力的综合，可以帮助数字产业创新主体在渐进式与突破式创新，短期收益与长期收益等目标之间实现战略均衡，同时通过不断创造创新流（Tushman et al.，2010）实现"持续创新"的战略目的，帮助数字产业创新主体获得可持续竞争优势。知识产权战略的协同性既体现在知识产权战略与创新发展战略的互动影响，也包含着知识产权战略具备平衡短期收益与长期收益的能力，是推进渐进式创新与突破式创新协同的重要支撑。

（二）面向数字产业创新的知识产权战略的开放性

知识产权作为数字产业创新主体重要的无形资产之一，既包括所谓的技术指标、方法等显性知识，也包含技术诀窍等隐性知识，塑造数字产业创新主体不可复制的竞争优势与环境适应性。因此，面向数字产业创新的知识产权战略也是构建在知识观基础上的战略框架，强调知识观视角下的知识产权战略过程机制的开放性。知识观作为数字产业创新主体知识产权战略的重要组成部分，根本原因在于其在塑造数字产业创新主体可持续竞争优势过程中所起到的不可替代的重要作用，以及其对于数字产业创新活动等战略行为的重要影响。进入 21 世纪，知识观的战略理论框架也在不断扩充，知识创造 SECI 模型、知识创造"场"（Ba）、实践智慧等核心概念被先后提出（Nonaka et al.，2020），丰富了以知识创造与管理为核心的战略管理理论体系。面向数字产业的开源创新的知识产权战略具有显著的开放性特征。一方面，数字产业开源创新通过外部获取大量的知识产权创造积累，例如开放源代码软件的开发者希望其他人能够理解、改进和修改他们的软件，所以使用源代码的方式发布软件程序，任何人都可以通过互联网免费获得它们的程序源代码，同时这类软件允许其他人对源代码进行修改和再发布，免费和开放是开放源代码软件的基本特点。另一方面，数字产业开源创新需要实现知识产权运用和商业化过程，通过开源协议等对知识产权商业化运用进行评估和监管，例如要成为开放源代码软件还必须满足一些具体条件和限制，包括许可证的发布、版权不能限定于产品、许可证不能影响其他软件、许可证要求技术中立等。面向数字产业创新的知识产权战略开放性特征应当在"知识场"视域下实现全面、协同、开放的知识产权战略资源整合，同时需要组织结构与实施过程上的战略规划与统筹推进。

（三）面向数字产业创新的知识产权战略的整合性

近年来，我国通过出口导向工业化战略推动数字产业国际化发展，但在贸易保护主义上升和全球市场萎缩外部环境下，我国数字产业受到国际市场波动影响，存在经济安全风险大、关键核心技术受限、产业结构转型压力巨大等问题，尤其是以高标准知识产权国际规则等隐性保护措施向"边界后规则"转移,给我国数字产业参与国际竞争带来新挑战。党中央在《国民经济和社会发展第十四个五年规划和二〇三五年远景目标纲要》等多个文件对"推动数字贸易国际化,构架国内国际双循环发展新格局"做出重要部署。我国申请加入的 DEPA、CPTPP,以及生效实施的 RCEP 都是推动数字贸易的重要国际协定。RECP 和 CPTPP 均设有知识产权章节对数字贸易进行规制,DEPA 则是全球首个针对数字经济的专项国际协定。在发达国家频繁以高标准国际经贸新规则向我国施压的情况下,知识产权国际规则博弈成为数字产业国际竞争新战场。新发展格局下的面向数字产业创新的知识产权战略的整合性强调通过战略引领和战略设计,将国际国内知识产权战略环境分析、突破渐进知识产权战略选择、动态静态知识产权战略实施能力等多个方面进行有机整合。面向数字产业创新的知识产权战略整合性还需要强调知识产权战略引领、知识产权组织设计、知识产权资源配置和知识产权文化营造等方面的有机整合,只有将战略、组织、资源与文化进行有机整合实现动态创新,知识产权战略才能帮助数字产业创新主体构建稳定、柔性和可持续的核心竞争力。

(四)面向数字产业创新的知识产权战略的动态性

面向数字产业创新的知识产权战略的动态性体现在数字产业创新主体将知识产权创造、保护、管理、运用、服务等作为一个有机整体融入产业创新整体发展战略中有效抵御竞争对手,开拓和占领国内外市场获得竞争优势的动态过程。面向数字产业创新的知识产权战略的动态性是由知识产权时间性、地域性特点所决定。以时间性而论,与某一知识产权战略相适应的知识产权期限届满或因故提前终止,相关知识产权战略就应及时调整。就地域性而论,数字产业创新主体实施知识产权战略时应考虑到知识产权的权利产生地,这一点对跨国实施知识产权战略,开拓国际市场具有极为重要意义。面向数字产业创新的知识产权战略的动态性还需要关注边缘竞争指导下知识产权战略过程模式。边缘竞争战略是指导创新主体在高速变化的不可预知环境中持续革新以不断获得领先的理论,其核心在于"利用变革的动态本质来构建一系列竞争优势"(Eisenhardt et al.,2000)。为此,知识产权战略的动态性还体现在数字产业创新主体对知识产权战略变革的管理能力,普通创新主体回应变革、优秀创新主体预测变革、卓越创新主体引领变革。知识产权战略变革中创新主体依靠固定结构与松散结构之间的最佳平衡，以及制定半固定的知识产权战略方向来获得灵活性，进而把握时机并控制节奏以实现知识产权战略与数字产业创新战略的均衡发展。知识产权战略的动态性需要数字产业创新主体具有适应知识产权战略变革的动态能力，即数字产业创新主体在快速变化的环境中整合、建立和重构内外知识产权竞争力，获取持续知识产权竞争优势的能力。适应知识产权战略变革的动态能力能够使数字产业创新主体按照环境需求，发挥资源和能力优势而随机应变，并且能抓住转瞬即逝的竞争机会来实现知识产权战略跨越。塑造与构建适应知识产权战略变革的动态能力，不仅重新定义了面向数字产业创新的知识产权战略，也是数字产业创新发展赢得持续竞争优势的必由之路。

第三节　面向数字产业创新的知识产权战略理论框架

　　针对数字产业创新、数字产业嵌入全球价值链、知识产权战略与数字产业创新、知识产权战略与技术标准战略协同、知识产权战略与技术标准战略协同推进数字产业创新等方面的文献研究，国内外学者的研究与探索已经在部分领域取得了较为丰富的研究成果，为面向数字产业创新的知识产权战略研究奠定了良好的理论基础。但是，现有理论研究对面向数字产业创新的知识产权战略分析、选择、实施、协同的理论框架尚缺乏明确清晰的认识，对运用知识产权战略推进数字产业创新尚缺乏系统的理论体系。为此，亟须对面向数字产业创新的知识产权战略理论的新思路与框架体系展开系统研究。

一　面向数字产业创新的知识产权战略研究述评

（一）面向数字产业创新的知识产权战略研究进展

1. 数字产业创新研究由一般性研究向特色研究转换

　　对产业创新的研究已经形成较成熟的理论体系，而对数字产业创新的研究已由以往一般性研究向抽象特色研究转换。对产业创新的研究已有 70 多年历史，研究范式从产业转型升级拓展到产业融合、业态再造，进一步升级到产业创新生态系统；研究内容在已有针对影响因素、作用机理、发展模式、实现路径、评价体系、推进机制等一系列研究基础上进一步向互动关系、融合机理、创新网络、平台组织、动态竞争、治理体系等深层次动因和机制方面探索；研究路线从关注单一主线的产业链上下游创新驱动效应，进一步拓展到关注多元主线的产业链、创新链、价值链等互动协同的创新驱动效应；研究方法从专注面板数据的量化分析到兼容质性研究的案例分析、调查研究的实证分析、先进经验的比较分析，以及政策体系的模拟分析等；研究对象从关注传统的第一、第二、第三产业拓展到对知识产权密集型产业、产业融合的新兴产业，跨区域产业协同，以及产城融合等新型综合业态的新模式和新路径的前沿探索，整体上已形成较成熟的理论体系。而对数字产业创新的前期研究主要从信息通信产业创新的系统理论入手，逐步发展到信息通信产业与其他产业转型升级的融合理论、内在机理及实现路径，在产业融合、动态竞争、治理体系等方面有着较为丰富的研究积累。只是近几年，才开始对工业互联网、物联网、车联网等数字技术与物理产业融合创新的机理和路径开展研究，在互动关系、融合机理、创新网络、平台组织等方面开展了有益探索。而随着数字经济的崛起和繁荣，以数据要素作为核心竞争力的数字化产业和产业数字化的新业态新模式不断涌现，但在产业贡献计量统计、产业边界界定划分、产业链上下游关系整合、产业治理体系、嵌入全球价值链等方面却不断面临一些新问题和新现象，亟须加强在不同细分场景下的以数据要素为驱动的数字产业创新的理论探索和实践应用。由此可见，从产业创新到数字产业创新研究，体现了由浅入深、由一般研究到抽象研究演进过程。

2. 知识产权战略协同发展研究从基础性研究走向垂直细分领域探索

对知识产权与技术标准协同发展的理论研究和实践探索都较为丰富，而对推进知识产权战略与技术标准战略、技术创新战略协同发展的研究正从基础性研究走向垂直细分领域的探索。国内外学者对知识产权战略形成及影响的研究主要从经济、政策、制度与创新互动等维度开展；运用诸如经济学理论、技术创新管理、标准化理论、市场结构理论等研究知识产权战略对经济的正向影响，同时还从知识产权战略可能造成技术锁定、市场垄断的角度研究其对经济的负面影响；进一步关注知识产权战略变革的研究，围绕网络外部性、转移成本、锁定等经济现象研究知识产权竞争特性，进而围绕产业（企业）联盟、正式（非正式）知识产权组织、政府干预等深化不同主体对知识产权战略变革的影响研究，并渗透到知识产权竞争规则背后所隐含的贸易壁垒、国际经济地位、国家利益冲突与维护等深层次动因及动力机制。其中，知识产权与标准化结合是国际知识产权战略新动向。知识产权制度产生的最初动机和经济学基础是鼓励创新，大量实证指出知识产权保护有利于积累R&D 资本、促进企业参与国际竞争、提升知识产权密集型产业贡献。但有研究指出知识产权保护对发展中国家、后续创新、技术转移应用等产生负面影响。受解构技术与经济发展"黑箱"的影响，从宏观视阈学者试图探索知识产权保护影响经济发展的异质性及内在机理，指出经济发展不同阶段、知识产权保护一体化程度、知识产权政策制度设计、知识产权制度实施时间长短是影响经济发展的重要因素。从中微观视阈学者指出国际贸易、外商直接投资、技术许可和人力资本转移等是知识产权保护影响经济发展的主要渠道，作为传导中介的企业 R&D 投入、技术扩散、融资能力、技术转移等的变化影响知识产权保护的最终效果。为此，强化知识产权战略与标准战略的协同，进一步研究二者的互动关系、协同机理、协同模式、协同路径、协同能力、协同效率、协同机制等已成为推进经济发展的不可忽视的研究焦点，其中对标准必要专利、专利池、专利联盟、专利联营、专利许可等专利标准化开展了大量的理论研究与实践探索。而对推进知识产权战略、技术标准战略与技术创新战略协同发展的体制机制研究的文献近几年开始增多，在已有关注法律法规、衔接机制、政策制度等基础性研究的基础上，进一步向垂直细分领域的不同行业，开展基于异质性技术特征和知识产权类型的技术标准与知识产权协同治理的战略规划、治理体系、监管评价等定制化探索。由此可见，知识产权战略协同发展的理论研究和实践探索也体现了由表及里、由一般到抽象的研究发展过程。

3. 知识产权战略推进数字产业创新的研究正处于探索之中

对知识产权战略推进数字产业创新的研究正处于探索之中。知识产权和产业创新之间的协同演化探究已有近 20 年历史，主流研究表明，知识产权战略既推动了产业创新，又在某些方面阻碍了产业创新，而产业创新的发展会促进知识产权战略发展，其中市场导向和利益平衡是互动发展的关键。近几年，国内外学者对面向数字产业创新的知识产权战略研究出现热点，如对数字技术的知识产权保护类型、保护模式、影响因素和评价方法是学者们研究的重点；对数字技术知识产权与技术标准的协同特征、影响因素、推进机制等的研究已经取得了一定成果；对云计算、大数据、区块链等数字技术开源特征的研究正在紧锣密鼓地进行中，其中与技术标准的协同治理是必不可少的重要研究内容。而对知识产权战略与技术标准战略协同推进数字产业创新的研究已经开始规划，在工业互联网、智能制造、物联网等建设指南中都明确提出健全产业创新、专利保护与标准化互动支撑机制，为学术界拓展了数字场景下的知识产权战略理论研究与实践探索的新框架和新思路。

（二）面向数字产业创新的知识产权战略研究不足

综上所述，总体上看，面向数字产业创新的知识产权战略研究还处于探索阶段，尚缺乏相应的理论体系。具体表现在以下三个方面：

1. 理论研究的系统性不足

面向数字产业创新的知识产权战略研究还处在局部研究多、系统性研究少的阶段。国内外研究大多集中于 ICT 产业知识产权战略对产业创新的影响研究，但对工业互联网、智能制造等以数据要素为核心竞争力的数字产业的知识产权战略对数字产业创新影响的系统性研究不足，尚未形成成熟的理论模式与应用路径。二十国集团领导人峰会连续四年呼吁都明确提出，推进知识产权与数字产业协同互动以保障数字经济可持续健康发展是世界经济增长的重要议题。然而，现有理论研究对知识产权战略如何与以云计算、大数据、区块链、物联网、边缘算法为代表的数字产业化创新，以及与以工业互联网、智能制造为代表的产业数字化创新之间的互动作用机理、深度融合再造国际竞争能力的模式与战略方向选择等问题都缺乏明确具体的认识。

2. 理论研究的侧重点与深度不够

数字产业涵盖数字产业化与产业数字化新业态等多重内核和复杂的异质性产业类型，在典型应用和垂直行业应用的不同类型数字产业往往又具有知识产权的异质性特征，这些异质性特征直接影响数字产业创新的发展方向、创新模式、实现路径及其推进机制。对数字经济时代多种异质性数字产业如何运用知识产权战略促进产业创新发展和提升国际竞争力的模式与推进机制尚缺乏深入研究。由于各种异质性数字产业创新和提升国际竞争力的模式不同、各自实现路径不同、推进机制不同，研究的侧重点也不同，导致数字产业在不同应用层级（基础层、平台层、应用层）上对知识产权战略作用存在差异，需要开展不同类型数字产业的知识产权战略模式与作用机制的差异化研究。现有研究尚未对上述差异的内在规律开展深入研究，尤其缺乏具有中国特色的面向数字产业创新的知识产权战略理论的解构和重塑。

3. 理论研究的水平落后新时代数字产业发展现实

当前，世界面临百年未有之大变局，变局中"危"和"机"同生并存，加快经济结构优化升级、提升科技创新能力、变压力为加快推动经济高质量发展的动力至关重要。数字经济以数字化的知识和信息为生产要素，以数字技术创新为核心驱动力，以现代信息网络为重要载体，通过数字技术与实体经济深度融合再造数字产业新业态新模式，加速重构经济发展与政府治理模式的新型经济形态。数字经济的快速发展已对我国数字产业创新发展和提升国际竞争力的新机理产生重要影响，而我国正在实施的"一带一路"倡议与数字贸易战略，又给我国数字产业嵌入全球价值和"一带一路"区域价值链带来深刻的战略机遇，它们将共同促进我国数字产业创新发展和提升国际竞争力的新思路、新模式、新路径的产生。在全球经贸发展大变局的背景下，数字产业如何高效融入技术标准、知识产权这一国际通行惯例准则和话语体系，为我国数字产业创新发展和提升国际竞争力提供中国解决方案和最佳实践分享是中国数字经济实现领跑的重要抓手。但是，上述问题的研究尚未形成理论体系，理论研究的水平还落后新时代数字产业的发展现实，从中国特殊国情以及新时代加强我国数字产业创新发展和提升国际竞争力战略角度出发的研究还远远不够，缺乏相应的理论指导与决策支持。

（三）面向数字产业创新的知识产权战略研究发展

现有理论研究对面向数字产业创新的知识产权战略分析、选择、实施、协同的理论框架尚缺乏明确清晰的认识，对运用知识产权战略推进数字产业创新尚缺乏系统的理论体系，为此，亟须对面向数字产业创新的知识产权战略理论的新思路与框架体系展开系统研究。

1. 面向数字产业创新的知识产权战略理论框架待完善

随着全球经贸发展格局的瞬息万变，如何充分运用知识产权这一国际通行惯例准则和话语体系来促进我国数字产业创新发展，已成为加速我国数字产业从"跟跑"、"并跑"到"领跑"的战略转型的新思路。现有知识产权战略研究主要关注知识产权创造、保护、运用、管理、服务等战略选择、实施和评价，缺乏从战略过程机制对知识产权战略分析、选择、实施、评价等的系统整合，尤其缺乏针对数字产业创新发展的知识产权战略分析所需要的外部环境与内部资源的统筹平衡，缺乏针对数字产业创新异质性的知识产权战略规划所需的开放资源与动态能力的协同整合。数字产业创新快速发展使知识产权战略服务的"动态市场"内涵发生了根本变化，环境的变化已经从单纯的"速度提升"转为"范式迭代"，专注于"当下"而忽略产业创新主体"未来"持续竞争优势已不能满足知识产权战略研究与实践的需求，面向数字产业创新的知识产权战略理论的全新框架亟待建立。

2. 面向数字产业创新的知识产权与技术标准战略协同理论待丰富

产业的异质性是其竞争优势的根本来源，而基于知识产权与技术标准协同的数字产业创新表现出很高的异质性特征。以数据要素为驱动的数字产业的知识产权和技术标准具有与其他产业明显的差异特征，例如ICT产业关注专利与技术标准的协同，云计算、大数据、区块链等数字产业化创新则聚焦软件著作权、专利、开源协议等与技术标准的协同问题，工业互联网、智能制造等产业数字化新业态不仅关注数据技术的标准化，还要关注平台网络的互联互通协议的标准化问题。异质性数字产业需要根据产业知识产权和技术标准的特征在典型应用和垂直应用场景实行创新化、特色化、专业化的生产和服务，才能形成推进数字产业创新的有效模式。现有研究尚未对基于知识产权与技术标准的异质性数字产业创新的内在规律开展深入研究，因此，对数字经济时代知识产权与技术标准协同推进我国异质性数字产业创的战略模式与驱动机制问题有待进行深入重点研究与突破。

3. 面向数字产业创新的知识产权国际化战略理论待补充

全球价值链的快速发展已成为近年来世界经济格局的显著变化趋

势，发达国家跨国大型公司主导着当前全球价值链，而我国数字产业嵌入全球价值链研究尚未形成系统理论体系，对基于知识产权战略推进数字产业嵌入全球价值链的机理与关键影响因素需要开展研究补充。其中，有三个新问题、新现象值得引起高度重视：一是我国数字产业如何运用自由贸易协定中知识产权新规则嵌入全球价值链的新路径问题；二是我国数字产业如何通过知识产权国际保护和标准联通嵌入"一带一路"区域价值链的新模式问题；三是知识产权技术和贸易壁垒属性导致不容忽视的竞争风险，如何构建一套面向数字产业嵌入全球价值链的知识产权国际化风险预警与防范机制，更是一项亟须研究与解决的重要理论与应用问题。

4. 面向数字产业创新的知识产权数字治理战略理论待构建

为保障运用知识产权战略推进数字产业创新发展，亟须构建推进知识产权数字治理的支撑体系和保障措施。数据已成为数字产业创新的重要生产要素，没有产权保护，很有可能因为交易成本过高而滞留在数据采集和加工者手中。面向数字产业创新的知识产权数字治理战略需要构建数据产权保护制度，明确数据权属，不仅能够激励数据的采集加工，而且可以鼓励数据处理者创新数据的利用方式，促进数据流通交易、实现数据资产化，这对于我国数字产业可持续创新发展至关重要。面向数字产业创新的知识产权数字治理战略还需要进一步明确基于数字化技术和数智化平台的知识产权创造、保护、运用、管理、服务等全链条的治理战略的分析规划、选择评价、实施评估、协同发展等的系统体系的构建。

二　面向数字产业创新的知识产权战略理论框架

面向数字产业创新的知识产权战略理论框架是基于战略过程视角，以协同论为基础，统筹创新管理、知识管理、动态能力的战略内涵，建立内外兼顾、长短期均衡、多元协同的全新知识产权战略理论框架（见图1-1）。面向数字产业创新的知识产权战略理论框架是从战略过程视角深入探究知识产权战略推进数字产业创新发展的新框架、新视阈、新内容、新路径、新探索、新思路，强调知识产权的竞争内涵在数字产业创新发展中的关键作用，旨在将知识产权战略充分地嵌入数字产业创新的系统进程中，真正将潜在的知识产权优势转化为技术优势、市场优势、竞争优势和治理优势。

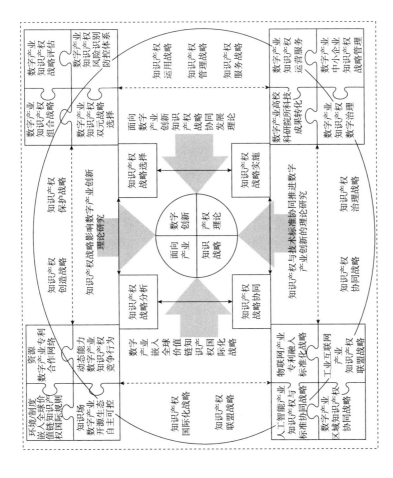

图 1-1 面向数字产业创新的知识产权战略理论框架

资料来源：由笔者整理。

27

　　面向数字产业创新的知识产权战略理论的新框架之"新"在于将当前知识产权战略主导范式（创造、保护、管理、运用、服务）与代表数字时代特征与产业创新趋势的战略新范式（创新观、知识观、动态观）在协同理论指导下实现整合，旨在揭示面向数字产业创新的知识产权战略的动态过程机制"黑箱"。

　　第一，面向数字产业创新的知识产权战略理论的核心是从知识产权战略分析、知识产权战略选择、知识产权战略实施、知识产权战略协同四个维度架构理论体系，以四大理论研究为基础，包括知识产权战略影响数字产业创新的理论、面向数字产业创新的知识产权战略协同理论、知识产权与技术标准协同推进数字产业创新的理论、基于数字产业嵌入全球价值链的知识产权国际化战略理论等，形成紧紧围绕数字产业创新动态环境中的知识产权战略过程机制研究的新框架。

　　第二，面向数字产业创新的知识产权战略理论打破基于战略内容视角的知识产权创造、保护、管理、运用、服务等战略内容局限，从战略过程视角将知识产权战略分析作为理论框架的基础维度。知识产权战略分析维度引入环境观、资源观、能力观和知识观对面向数字产业创新的知识产权竞争环境、制度变革、资源整合、动态适应、开放协同开展战略分析和规划，强调知识产权竞争过程中内部与外部制度环境的平衡，专有与共享资源网络的整合，动态与刚性能力的融合，封闭和开放生态系统的统筹。知识产权战略分析维度的引入不仅强化了知识产权战略研究的边缘竞争视角，而且从数字产业创新的模糊前端引入知识产权战略分析框架，对探究知识产权战略对数字产业创新的影响机理和驱动机制提供了新视阈。

　　第三，面向数字产业创新的知识产权战略理论丰富了知识产权战略内容。在推进知识产权战略分析、战略选择、战略实施、战略协同的动态过程中，不仅渗透了知识产权创造、知识产权保护、知识产权运用、知识产权管理、知识产权服务五大主导战略，而且补充了知识产权治理、知识产权协同、知识产权联盟、知识产权国际化四大支撑战略，使面向数字产业创新的知识产权战略理论研究形成了更为完整的内容体系。其中，知识产权数字化治理、知识产权与技术标准协同、知识产权联盟网络、知识产权国际保护与竞争策略都是数字产业创新发展中亟待关注和亟须解决的战略重点和痛点，也是数字产业创新可持续发展具有前瞻性和关键性的新内容。

第四，面向数字产业创新的知识产权战略理论构建了更为系统完整的战略逻辑和内在连接。知识产权战略理论框架的四个维度有效整合了知识产权战略的九大内容，从知识产权战略分析维度到知识产权战略选择维度，着重关注知识产权创造战略和知识产权保护战略的深度嵌入；从知识产权战略选择维度到知识产权战略实施维度，着重关注知识产权运用战略、知识产权管理战略、知识产权服务战略的实施过程；从知识产权战略实施维度到知识产权战略协同维度，着重关注知识产权治理战略、知识产权协同战略的系统整合；从知识产权战略协同维度重新反馈到知识产权战略分析维度，着重关注知识产权联盟战略、知识产权国际化战略的动态响应，为知识产权战略在新一阶段的递进跃迁构筑演进基础和动力机制。基于战略过程视角的知识产权战略分析、战略选择、战略实施和战略协同四个维度的循环演进，正是循序推进知识产权创造、保护、运用、管理、服务、治理、协同、联盟、国际化九大战略的系统进程，同时也是将"由外向内"知识产权战略匹配和"由内向外"的知识产权战略竞争进行有效整合的动态决策，对构筑基于知识产权战略的数字产业创新优势提供新路径。

第五，面向数字产业创新的知识产权战略理论框架具有鲜明的特色内容。其中，知识战略识别专题重点研究了环境视角下数字产业嵌入全球价值链的知识产权国际规则、资源视角下数字产业专利合作网络影响企业创新绩效机理、动态能力视角下数字产业知识产权竞争行为、知识场视角下面向数字产业开源生态的自主可控知识产权战略。知识产权战略选择专题重点研究了知识产权创造和保护战略在知识产权组合、知识产权评估、知识产权风险防控、知识产权双元战略选择上的实施目标、影响因素、模式选择、驱动机制与策略体系。知识产权战略实施专题重点研究了知识产权运用、管理、服务、治理战略深度渗透在科技成果转化、运营服务平台、企业知识产权战略管理、知识产权数字治理等过程中的作用机制、实现路径和策略支撑。知识产权战略协同专题重点研究了知识产权协同、联盟、国际化战略在异质性数字产业创新中开展知识产权与技术标准协同、知识产权融入标准化、知识产权联盟、区域知识产权协同、知识产权国际化进程中的影响因素、作用机理和演化路径。该理论框架使数字产业创新主体从关注知识产权单一创造转向对创造策略的组合运用，从强调知识产权静态保护转向对保护策略的动态评估，从关注知识产权被动保护转向聚焦全链条保护的主动防控，从平衡知识产权创造数量和质量转向优化知识产权创造的自主可控能力，对推动数字产业的突破创新与渐进创新的整合和跃迁提供了新探索。

第六，面向数字产业创新的知识产权战略理论框架开创了知识产权战略研究的新思路。把知识产权创造、保护、运用、管理、服务基本战略内容按照战略过程框架进行系统整合，同时拓展了知识产权治理、协同、联盟、国际化等战略内容。并从战略管理的制度观、环境观、能力观、资源观、知识观等视角对知识产权战略理论进行解构和重塑，对推进知识产权战略研究做出了突出的理论贡献。该理论框架率先开展了面向人工智能产业、物联网产业、工业互联网产业等数字经济核心产业的知识产权战略系统深入研究，将知识产权战略协同理论与数字产业创新理论深度融合，为数字产业构建自立自强的科技创新生态提供了新思路。

三 面向数字产业创新的知识产权战略理论研究创新

针对数字产业创新发展的痛点与难点，构建自主可控的知识产权与技术标准协同战略是知识产权战略协同性特征的重要内容之一，攻克数字产业的核心关键技术亟须构建知识产权与技术标准的协同战略体系。工业互联网等数字产业的关键工业软件、底层操作系统、嵌入式芯片、开发工具等技术领域基本被国外垄断。我国能够生产的工业传感器与控制产品大多集中在低端市场，控制系统、平台数据采集开发工具等领域的专利多为外围应用类，缺少核心专利。但我国工业互联网等数字产业具有全工业门类的应用场景，在运用国内外先进标准支撑平台落地实施和应用推广的同时，需要建立自主知识产权和可控技术标准的协同战略体系，运用自主知识产权攻克数字孪生、平台管理、微服务框架、建模分析等关键技术"瓶颈"，同时通过自主知识产权标准化来实现可控技术标准在不同应用场景的主导应用和复制推广。与此同时，推进数字产业融通发展生态亟须健全知识产权和技术标准的协同战略过程机制。知识产权与技术标准协同发展仍缺乏合理配套政策，尚未形成健全完善管理机制，间接地打击了知识产权所有者创造创新的积极性，也打击了技术标准采纳知识产权的积极性，阻碍了知识产权与技术标准协同推进科技成果产业化的进程。此外，知识产权联盟和标准必要专利池的建设相对滞后，标准专利池既可能促进自主可控的知识产权与标准协同战略发展，但也可能存在知识产权融入标准化后的垄断风险，因此需要加强探索适合数字产业创新的标准必要专利许可协议，形成自主可控的知识产权与标准协同发展的战略过程机制。

面向数字产业创新的知识产权战略理论框架构建由松散渗透向紧密融合发展、由数量积累向质量升级发展、由基础支撑向互动引领发展、由规范协同向服务共创发展的理论体系。为此，需要拓展与促进数字经济时代下的战略管理、全球价值链理论、信息科学管理学研究领域与研究方法的创新，推进知识产权战略影响ICT、工业互联网、智能制造等数字产业嵌入全球价值链和"一带一路"区域价值链的新机理、新模式、新路径的理论研究和方法创新，丰富和拓展管理学、应用经济学、法学、公共管理、信息科学等研究领域的理论和方法创新。对ICT产业知识产权战略与嵌入全球价值链已有较丰富的研究，但对以工业互联网、智能制造为代表的数字产业化创新和产业数字化创新中的知识产权协同战略研究尚未构建成熟的理论模式与应用路径，仅仅是国际组织与少数发达国家政府在发表宣言文件，呼吁全社会引起高度重视，在理论与实务方面都处于研究探索与试验阶段。构建数字经济新时代知识产权战略协同推进数字产业创新的新思路和理论框架，从而为构建异质性数字产业运用知识产权战略协同推进数字产业创新发展的模式与推进机制，为中国数字产业提供基于知识产权战略视角的嵌入全球价值链和"一带一路"区域价值链的战略模式及实现路径，以及建设面向数字产业创新的知识产权战略的支撑体系和保障机制，提供重要的理论基础。研究还需要进一步丰富中国特色知识产权战略推进数字产业创新的理论体系，也是对国家实施创新驱动重大战略，壮大经济发展新动能，实现经济高质量发展理论的拓展与延伸。

聚焦国家重大战略任务，为我国知识产权战略推进数字产业创新提供系统深入的理论体系与实现机制。在全球数字经济出现大调整、大跃迁、大转换的新时代背景下，创新性地构建面向数字产业创新的知识产权战略理论体系，运用多学科交叉和量化质性方法有机结合的手段，深入探索加强知识产权战略协同推进数字产业创新的战略思路、重构机理、发展模式、驱动机制、实现路径、支撑保障体系等突出问题，将直接为我国数字产业创新发展与提升国际竞争力提供理论支撑与决策支持。基于经济学、管理学、法学、公共管理和信息经济学等综合视角，从协同理论、网络外部性理论、竞争优势理论、全球价值链理论等相关理论入手，构建知识产权与创新链、产业链、标准链、价值链、服务链融合模型，提出知识产权与技术标准协同推进数字产业创新的新思路，为我国数字产业创新发展和获取国际竞争力新动能，推动数字经济高质量增长提供理论支撑与实践指导。研究创建的基于知识产权战略协同的异质性数字产业创新的模式与驱动机制，有助于将知识产权战略协同推进数字产业创新的模式落地生根。重点研究人工智能产业、工业互联网产业在典型应用和垂直行业应用中的基于知识产权战略协同的创新模式与驱动机制，提出基于纵横向细分应用场景的知识产权战略协同推进数字技术产业创新的思路与相关政策支持体系，为我国数字产业基于灵活细分场景进行产业创新提供新思路，也为增强我国数字产业发展韧性融入全球价值链提供重要决策依据。研究还从主观、客观、内生和外生四个角度聚焦数字产业国际发展的重要趋势，创建与探索知识产权战略协同推进数字产业嵌入全球价值链的传导机理、动力机制与实现路径，为各国运用知识产权战略推进数字产业创新提供一套系统的新理论、新思路与新的实施方案，为各国加强数字经济发展的新动能，实现高质量增长，做出"中国最佳实践"的贡献。

面向数字产业创新的知识产权战略理论框架重点需要解决以下几个问题：第一，国内外数字产业快速发展对知识产权战略协同推进数字产业创新形成倒逼机制，特定的数字产业创新发展环境需要相应的知识产权战略理论与之相适应，为此构建面向数字产业创新的知识产权战略已成为推进数字产业创新的重要问题。第二，我国数字产业正面临创新发展攻坚期，构建合适的知识产权战略路径和机制，推进数字产业高质量发展，是面向数字产业创新的知识产权战略理论研究和实践的重点。第三，数字产业创新不仅涉及行业繁杂，而且知识产权异质性特征明显，深入剖析面向数字产业创新的知识产权战略的作用机制与实现路径是研究难点。第四，知识产权与技术标准的冲突与协调在新一轮全球数字产业竞争中凸显，亟须制定完善的面向数字产业创新的促进知识产权与技术标准协同的支撑体系和保障机制。第五，我国数字产业在构建自主可控知识产权战略体系方面还存在较大差距，探索知识产权战略推进数字产业嵌入全球价值链的实现路径，对推进我国数字产业通过创新发展向全球价值链高端攀升具有重要意义。

第二章

知识产权战略影响数字
产业创新的理论研究

面对数字技术的蓬勃发展，加强新兴技术及其与传统产业融合中的相关知识产权战略保护对数字产业创新具有积极意义。本章基于知识产权战略影响数字产业创新研究述评，探析知识产权战略影响数字产业创新的关键影响因素，深入分析知识产权战略影响数字产业创新的作用机理。

第一节 知识产权战略影响数字
产业创新的研究述评

知识产权和数字产业创新之间的关系是当前研究的热点问题之一，通过对国内外文献梳理分析发现，数字经济下的知识产权战略正呈现新特征，已有研究不仅对数字经济下知识产权所呈现新特征展开讨论，而且围绕知识产权战略对数字产业创新的影响及互动关系展开探讨。未来还将对面向数字产业创新的知识产权战略、知识产权协同推进数字产业创新效果、国际竞争中知识产权战略对数字产业创新的影响等问题开展研究。

一 数字经济下的知识产权战略研究

传统意义上知识产权具有权利受限制性和地域性特征（刘春田，2003），主要体现在时间性、地域性、专有性、国家授予性（吴汉东，2009），还具有可复制性、无形性、时间性、专有性、地域性等特征

（郑成思，2011）。随着数字技术的蓬勃发展以及数字技术与传统产业的融合，网络的开放性、交互性、全球性等特性使知识产权产生了许多新特点，并不断表现出知识产权保护范围扩大化的发展态势，呈现专有性弱化、无形性加深、地域性模糊等新特征。具体来说，第一，传统知识产权的专有性使权利人享有排他性的权利，主体可以独占其智力成果，但在法律将独占权赋予权利主体的同时，又对权力主体划定限制范围。在数字环境下，知识产权存在形式的数字化以及高效率的网络传播，使人们可以轻易地进行数字产品的复制和传播，知识产权的专有性限制了网络的某些作用，网络的性质同样弱化了知识产权的专有性，因而呈现专有性弱化的特征（宋志国等，2010；刘冠华，2017）。第二，在传统环境中，智力成果总要与一定的物质载体相结合，通过具体的产品或者文字说明表现出来。但在数字背景下，智力成果都以数字化形式储存在计算机中并通过网络进行传播，因而知识产权在网络中的载体也是虚拟的、无形的，这给知识产权侵权的认定和保护带来了新的困难，使知识产权无形性的特质加深（宋志国等，2010；赵维哲，2010；王珍，2018）。第三，传统的知识产权具有显著的地域性特点，即权利的产生、使用以及侵权认定都依据本国法律制度。在数字环境中，国家与国家之间的界限越来越模糊和淡化，智力成果信息可以以极快速度在全球范围传播并被不同的计算机用户所接受和使用，这使知识产权的地域特征逐渐模糊（刘冠华，2017）。第四，传统意义中，各国法律都规定了知识产权的保护期限，在保护期内知识产权权利人享有专有权并以此获利。但在数字环境下，信息传播速度加快、传播范围更广，如果仍然采用传统知识产权保护期限，就会出现某一项技术已经过时或被淘汰，其保护期限却还未超出法律规定的情形。这不仅对该技术的所有者或使用者收回成本毫无益处，还会妨碍技术进步，因而知识产权的时间性较以往有所缩短（刘冠华，2017；王珍，2018）。第五，传统意义中，知识产权虽具有无形性特征，但是受制于法律等保护，其无形资产属于企业专属资产，可复制性弱。但是在网络环境下，数字化使知识产权相关信息很容易被存储、复制和传播，且这种传播方式很难加以管制，信息特征使知识产权的可复制性增强（赵维哲，2010；Shireen，2015）。

基于上述知识产权新特征，知识产权战略也呈现新的发展特点。从内容层面看，面向数字产业创新的知识产业战略不仅关注专利战略、商标战略、商业秘密战略等（冯晓青，2001），对知识产权协同战略、知识产权治理战略、知识产权国际化战略的关注程度日渐提升。从具体实施策略看，知识产权战略的进攻型战略、防御型战略、虚实相间型战略等根据产业与企业发展不同阶段进行动态调整的特征日益明显（张兰，2018）。知识产权战略管理过程更加关注战略联盟等利益共享机制（高瑞雪，2016），特别是数字产业更加关注通过联盟、合作达成的长期利益。同时数字产业知识产权战略呈现组合性特征，知识产权的创造、运用、管理、保护等功能在产业不同环节以组合性特征共同促进产业的创新发展，而且知识产权战略同技术创新战略、技术标准战略等其他战略一起协同推动创新主体发展的趋势越来越显著。

二 知识产权战略对数字产业创新的影响研究

企业组织结构、技术能力和创新水平等因素是产业创新发展的典型动力。苏秦（2016）研究了技术创新和产业组织对重大装备产品质量竞争力的动力作用。陆国庆（2003）从传统产业和衰退产业角度入手，详细论述了产业创新的动力机制。范太胜（2005）将协同创新的动力机制划分为外部动力机制和内部动力机制，同时提出外部动力机制促进了产业创新网络的"哺育"，而内部动力机制则促进了产业创新网络的提升。还有的学者认为，可以从产业转型升级的角度探讨产业创新的演进动力。陈耀（2016）指出，要发挥各地产业比较优势，在国际合作中提升产业层次和技术水平，推进产业转型升级。也有学者提出要从产业链整合的角度促进产业创新。李健（2007）认为，产业链研究的核心问题是如何整合产业链，完成产业创新和实现产业价值。还有的学者认为，应当从产业创新系统的角度促进产业创新发展。熊学兵等（2010）指出，诸多因素促使产业创新系统向更高级有序的方向演化。王明明等（2009）、林冬（2010）从产业系统演化过程视角，对中国石化产业创新系统进行研究，认为其演化路径是一个较为复杂的变异过程，并据此指出产业创新的可行路径。

数字经济背景下，产业的创新更多呈现系统性特征，产业的发展不是单一产业的演进过程，而是更多地同其他产业融合发展，数字产业的创新呈现系统性演进特征。例如，Malerba 等（1997）模拟了生物和半导体产业演化过程，发现两大产业相互促进、共同发展。在这样的创新系统中，存在典型的系统组成要素。Malerba（2005）认为，产业创新系统由知识与技术、行为者与网络以及制度三个模块组成。后来，学者基于这一观点分别从多个维度探讨影响数字产业创新系统的影响因素。部分学者强调系统之间的相互联系作用，如陈劲（2011）认为，产业创新体系也可以通过推动创新主体之间的协作和知识的流动来推动产业创新发展。还有更多学者强调平台的作用。Iansiti等（2004）、Boud-reau（2010）、Eosemann等（2006）认为，涉及多边行为契约的平台是许多行业实现有效组织的途径。Iansit等（2006）指出，平台提供者在创新生态系统中十分重要，其对于创新成功有促进作用。张利飞（2013）通过对微软、英特尔等案例研究，提出多种创新生态系统平台领导战略。李鹏等（2016）则指出，平台企业演化为平台生态系统依赖平台企业的成长、派生、衍化以及网络外部性的不断增强。黄速建（2010）认为，产业集群优势的发挥在于"共享"和"互动"，产业集群公共服务平台就是"共享"和"互动"的重要载体，在这个载体上各种要素得到更加有效的配置。数字经济背景下，跨越组织边界的去中心化组织模式使学习型网络组织对于数字产业创新具有重要的影响作用。杨惠馨（2005）认为，现代的产业集聚创新是按照企业在纵向价值链与横向产业链上的相关性关系来构建的一种学习型网络组织。其中，创新领导者引领下的创新系统演化对于系统中的产业创新发展具有重要的作用。Zhong等（2015）认为，组织间联合创新比自身创新更具有优势，在产业创新生态系统中，创新领导者起着重要的作用。在此基础上，产业创新呈现共享互动模式下的价值创造的特征，Heam等（2006）认为，创新生态系统强调的是网络价值而非产品价值。

在多主体融合的系统创新环境下，知识产权战略从促进产业创新发展、促进数字产业创新系统资源的充分流动和配置角度推动了数字产业的创新。知识产权通过专利、商标、地理标志、集成电路等工具手段推进了数字技术创新及应用视野中的主体的创新能力和水平，推进了产业的转型与升级。在数字产业创新生态系统中，数字技术的作用促进多主体更加便捷地共同合作参与产业创新，主体之间的权益保护机制就成为产业创新的重要影响因素。吴绍波等（2014）认为，鉴于知识产权信息的不完全性等多方面的原因，在新兴产业平台创新生态系统成员间较易产生冲突。吴绍波（2015）探究了平台企业的资源投入性质（互补或替代）对配套企业的研发努力程度以及收益共享系数的影响。由于特定产业的属性不同而使作品性质、权责归属等知识产权保护成为核心要素，影响产业创新的路径选择（车树林、王琼，2022）。在数字经济时代，随着数字技术的创新扩散，围绕着数字技术的知识产权以及数字技术产业应用的知识产权战略，助推创新主体实现主导专利的形成以及对产业技术的引领作用，并随着数字产业创新的动态变化，知识产权战略不断演进变化与数字产业创新之间呈现更多的互动特征。

三　知识产权战略与数字产业创新的互动关系研究

在知识产权战略与数字产业创新的互动关系研究中，学者从知识产权战略与技术创新的视角、知识产权与产业创新的视角展开分析。知识产权战略与技术创新视角下：Lin 等（2010）认为，提高知识产权保护将促进技术转移使利润增加，会导致更多的资源用于技术创新。具体来说，一方面，知识产权管理具有激励机制，通过企业内部网络实现信息传递的高效便捷，为技术创新提供知识支持和动力来源；另一方面，技术创新能力的提升能为企业带来一定的经济和社会效益，从而为企业知识产权管理提供支持，充实力量（Palmqvist，2012；李伟等，2015；王黎萤等，2015；高瑞雪，2016）。知识产权管理与技术创新的关系分为直接关系和间接关系，直接互动关系体现在我国知识产权获取仍旧是以自主研发为主，缺乏合作、联盟、兼并等手段获得核心技术和知识产权（张雯君等，2017；姜红等，2018）。数字经济下，组织之间关系日益渗透、复杂化，有效的知识产权管理能够帮助企业整合不同参与者的资源、技术、能力等要素，以促进技术创新能力；间接关系体现在知识产权管理通过中介因素对技术创新产生影响（Scotchmer，2004；赵红、杨震宁，2017；Johan et al.，2017；王黎萤等，2017），其中包括知识产权管理通过 RD 活动、跨国技术转移、发展能力指标、信息传递、组织活动、外部竞争性等中介因素，实现全球范围内技术信息的互通和共享，有助于创新主体更好地把握本领域技术发展动态和方向，在更高起点上推进技术创新。

知识产权与产业创新的视角下：余长林（2016）指出，较强的专门性 R&D 投入，利用专利获得保护和获取与对手讨价的能力，尽早构思或识别有潜力的市场，资源可获得性，知识产权制度成为产业创新的关键因素；Galasso（2018）在创新主体发展战略的制定、创新主体结构的调整和创新主体在市场中的竞争状态等方面，知识产权制度发挥重要的调节作用。知识产权对不同产业创新实际影响。Park 等（1997）利用 1960—1990 年的跨国数据，研究发现知识产权能够通过刺激 R&D 和物质资本投入和积累而间接影响经济增长；Sattar 等（2011）学者对美国制造业的实证研究表明，美国大企业所创造价值的 2/3 与无形资产有关，加强知识产权制度能够带来显著的经济增长；Bican（2017）提出知识产权的滥用也往往使技术创新无法在使用者间扩散，制约技术创新成果形成现实的生产力。国内学者余长林（2010）通过实证研究得出不同经济水平地区、不同时期的产业创新对知识产权保护带来的影响不同；马宪民等（2014）通过实证证实中国的知识产权保护对产业创新和经济增长发挥了显著的促进作用；王黎萤等（2017）研究了知识产业制度与创新驱动的协同机制与实现路径。作为传导中介的 R&D 投入（俞立平等，2016）、技术传播及扩散（李江雁等，2016）、企业融资能力（Ho，2017）、FDI 及技术转移（毕克新等，2015）、国家（经济体）的发达程度（侯俊军，2019）等因素如何变化直接决定着知识产权制度的最终效果。

数字产业创新的过程同时影响着知识产权的发展。由于技术的创新过程本身就是知识产权产生的过程（范在峰，2003），知识产权战略的内容随着创新的过程不断演进。在数字产业创新中，网络知识产权的出现不仅为知识产权的保护提供了更多新的内容，而且知识产权战略的作用也因此演化发展。在数字产业创新中，知识产权规范知识产权秩序、激励知识创新、保障知识产权利益实现、提高资源配置效率等职能继续存在，即通过法律和经济手段为数字产业创新主体提供权益保护和创新激励（吴汉东，2014；Robert，2014）；维护了权利人的利益，保障产业内各主体的应得利益使各主体可发挥自身的创新潜力与优势，有效配置资源以加速技术创新过程（Branstetter et al.，2005；洪银兴，2018）；以知识产权的专利导航功能为合理配置技术创新资源、正确选择技术创新的方向和途径提供了科学的依据。与此同时，知识产权随着数字产业的创新不断演进，知识产权制度随着数字技术的突破性发展以及数字技术成果的转化运用不断创新（刘鑫，2021）。企业的知识产权战略随着资源配置的变化实现了知识产权能力的升级，推进了知识产权相关活动的组合；产业层的知识产权实践也同时从被动保护转变为主动保护（徐亚星、文穗，2022），并在不断更新发展中成为推动数字产业创新的重要力量。

四　研究述评

目前研究对于数字产业创新背景下的知识产权特征及知识产权战略演化、知识产权战略与数字产业创新的研究都给予了一定的关注，在以下方面还存在不足：

第一，现有研究对于面向数字产业创新的知识产权战略研究的系统性还不足。面对数字化产业创新迅速发展形势，以及工业互联网、智能制造等数字技术与传统产业融合实践及业态再造，还需要深入分析知识产权战略的理论研究，重点关注面向数字产业创新的知识产权在产业平台层、应用层、技术层的战略理论研究。

第二，知识产权协同推进数字产业创新的效果还需评估。现有研究尽管对于知识产权和数字产业创新之间的关系给了了一定的关注，但是对于知识产权影响数字产业化、产业数字化的内在机理研究匮乏，尤其是知识产权影响数字产业创新的模式、路径还缺乏相对完整的研究框架，对于知识产权影响数字产业创新的效果还需要进一步强化理论分析和实证检验。还需要结合数字产业不同业态特征，探索知识产权对于数字产业创新的影响机制和作用路径。

第三，还需重点关注国际竞争中的知识产权战略对数字产业创新的影响。当前研究关注了全球视野下的知识产权规则变化。从实践来看，发达国家已经抓紧知识产权战略对于数字产业引领，并且在互联网等核心数字领域与关键领域构建知识产权保护壁垒。面对数字技术的爆发式发展，围绕数字产业的全球竞争进一步加剧，未来如何构建新型知识产权战略框架来提升我国全球价值链中我国数字产业的地位还需要进行深入探讨。

第二节　知识产权战略影响数字
产业创新的关键因素

数字经济发展背景下，知识产权战略在产业发展的战略内容不断演进，推动了知识产权战略内容的多样化发展，并以战略组合推动数字产业创新资源的优化配置和产业创新主体的关键能力提升。伴随知识产权战略与技术标准战略、技术创新战略的协同发展，知识产权战略促进数字产业创新从技术层面向产业链高价值创造层面不断提升。

一　知识产权战略功能是影响数字产业创新的关键因素之一

不同于传统产业创新，数字产业创新在技术发展和组织结构等领域呈现新的特征，贯穿于数字产业创新的知识产权战略的内容不断更新迭代。传统意义上，知识产权战略以规范功能、激励功能、协调功能推进产业创新进程。知识产权战略以规范功能对于产业创新主体形成约束机制并规范其创新行为。知识产权战略的规范功能是对创新环境维护，是激励和服务功能的前提。知识产权战略以激励功能促进创新成果产出，知识产权战略通过法律和经济手段为权利人提供了最经济、有效和持久的创新激励，知识产权价值维护了权利人利益和推进创新发展（王黎萤等，2017）。知识产权战略通过对创新资源有效配置加速创新发展，不仅为技术创新提供法律保证，同时为合理配置技术创新资源，正确选择创新方向提供科学依据（洪银兴，2018）。知识产权战略通过协调和完善主体内部之间的关系促进产业创新主体发展。知识产权战略的有效实施能够完善产业内协同主体间的内部关系、高效整合资源、形成优势互补。知识产权战略保障产业内各主体利益，协同创新系统下的各主体优势，实现协同创新活动长期稳定推进（马一德，2014；宋河发等，2016）。

数字技术的全球化发展颠覆了传统创新来源、创新方式及创新治理，数字产业以技术标准为创新耦合纽带，在全球范围内形成了基于构件模块的知识异化、协同配套、共存共生、共同进化的创新生态系统（张利飞，2009）。知识产权战略功能随着大数据等技术发展不断扩宽，知识产权战略功能逐渐多样化，对大数据知识产权属性、归属原则、数据分类、不同领域数据保护策略等均需要新的功能进行规范。大数据、云计算、区块链、边缘算法等开源创新对知识产权保护较之以往产业创新的难度再提升，亟须加强自主可控知识产权战略功能的研究推进。数字产业在基础支撑技术如 5G 等的作用下，产业随着互联网技术的发展以及智能制造的深入推进呈现出具有产业链和价值链攀升的潜在可能，需要建立更为综合的知识产权战略功能，构筑包含"互联网+知识产权"的全方位知识产权战略功能组合。面对数字产业创新中联盟载体正式或非正式治理联动效应，知识产权战略治理功能强化对推动数字产业链补链和强链具有重要意义。

二　知识产权战略组合是影响数字产业创新的关键因素之一

知识产权以组合战略的特征与产业创新呈现互动关系（马一德，2013；詹爱岚等，2013；王黎萤等，2018；Marcus，2018；姜懿珈，2019）。知识产权战略的组合性体现为以区域知识产权战略核心目标的实现为目的，将知识产权主体多元化、工具多样化和控制过程动态化引入知识产权战略中，从而呈现出区域产业知识产权战略系统的组合性特征（李平，2006）。在数字经济背景下，基于寻求在全球范围内配置创新资源从而降低创新成本和风险来获得竞争优势、促进产业创新的目的，可以先进的知识管理为基础推进知识产权组合战略。围绕着产业创新的目的以及技术创新的实现，知识产权可以在互动过程中进行并且实现组合运用（冯晓青，2014）。不同类型的组合策略对于产业创新的广度和深度会产生不同的影响，其中进攻型知识产权战略适配于原始创新与集成创新，防御型知识产权战略适配于模仿创新与引进、消化、吸收和再创新模式，混合型知识产权战略适配于对产品、工艺等实施模仿创新战略。知识产权战略组合运用为加速 5G、云计算、大数据等技术与产业的融合渗透、促进新型数字技术对新领域新业态数字商业模式的加速演化提供了关键思路。充分利用专利、商标、软件著作权、商业秘密等多种类型知识产权组合，对于培育强竞争力的数字产业具有积极的影响。

数字产业创新背景下，将继续围绕国家数字产业创新能力的提升，以优化创新资源配置、积极进行资源的整合为出发点，围绕防范知识产权风险，防止知识产权滥用，加强自主创新和运用自主知识产权以加强产业竞争力等关键战略跟进，以知识产权战略联盟等为重要组织载体、兼顾知识产权内容和功能等层面组合以及多种运营方式的灵活运用，创新和完善知识产权战略组合的形式和效果机制，提高从主体到区域层级的知识产权运营体系，保障数字产业创新主体在生产方式和创新模式法律制度层面的要求，驱动数字产业高质量发展（杨幽红，2018）。

三 知识产权战略协同是影响数字产业创新的关键因素之一

中国数字产业已经进入只有加快技术标准、知识产权与产业创新紧密协同才能高质量发展和提升国际竞争力的成长攻坚期。数字产业创新不仅涉及的行业繁杂、数量众多，在知识产权等方面的异质性特征明显，而且数据确权、标准引领、互联互通等全球性数字产业发展倒逼中国数字产业着力加强数字技术标准引领规范、增强数字技术知识产权保护与运用、加快推进数字产业化创新赋能与产业数字化融合再造新业态，这使数字产业运用知识产权推进创新发展进程中演化出不同的战略推进形式，知识产权战略逐渐与其他战略融合一同促进数字产业的创新发展。典型表现在知识产权战略与技术标准战略的融合、知识产权战略与技术创新战略的融合等。

知识产权战略与技术标准战略的融合正从诸多方面推动数字产业创新。数字产业创新过程需要技术标准的规范引领，大量的系统接口等基础通用标准正成为数字产业创新的关键内容，产业的安全运营和无缝对接需要数据采集、数据挖掘以及业务对接等领域实现知识产权与技术标准的衔接。随着以用户需求为导向的数字产业创新模式的改变，运用技术标准打造以用户群为支点的、以新型组织管理模式为载体的、以网络驱动的数字产业创新生态体系对于数字产业的创新至关重要。围绕着数字产业创新的资源共享、互联互通、信息集成、新兴业态构建的发展要求，知识产权和技术标准从基础层、平台层、应用层交互演进协同推进，促进基于数据同质化、设备可编程、软件无形性和组件自参考等基础上的数字技术生发和数字产业化创新，并且围绕数字创新的自生长性和模块化创新趋势，以平台体系为支撑迅速融入企业智能制造过程，基于弹性供给、泛在连接、高效配置的创新发展模式推进新一代信息技术与传统产业的融合创新，促进在产业数字化层面的创新生发，并持续以技术标准和知识产权的协同推进数字产业化和产业数字化的融合交互，以知识、技术、管理等生产要素的全面渗透推动数字产业创新的全过程实现。

知识产权战略与技术创新战略的交互演进推动数字产业从技术层面、产业链层面、价值链层面的发展提升。数字产业的创新需要发展关键核心技术、基础共性技术、数字技术等成为基础支撑。以数字技术为关键突破点，创造性地把关键信息资源整合成新的生产要素，把创新生产要素的市场信号更准确、更高效地传递到创新者手中，依赖技术创新战略的推进以及知识产权战略的跟进，创新主体能够有效地将创新资源转化为企业的现实生产力，推进产业生产和制造技术的突破创新，促进创新主体对信息和知识的消化利益以及合理权益保护基础之上的创新促进。知识产权以独特的利益平衡机制，在与技术创新战略协同中，推动产业基础再造和产业链发展。知识产权战略和技术创新战略通过协同机制推动行业以及跨行业的关键技术解决，并促进行业共性技术平台的有效搭建，以产业合作技术攻关、自主创新能力的提升推动产业上下游的聚集式、整合式创新发展，帮助推动形成产业的基础能力，在此基础上推进形成具有高质量发展特征的数字产业创新链。在合理确定创新主体边界和强度的前提下，知识产权战略和技术创新战略的协同能够有效应对新技术、新产品和新业态不断涌现的价值链分解、创新、融合过程，以知识产权战略有效协同推进全球研发创新进程，通过平台引领的价值创造跻身全球数字产业创新的价值链提升进程。

第三节　知识产权战略影响数字产业创新的作用机理

知识产权战略作用于数字产业创新因数字产业化创新和产业数字化创新的差异而呈现战略模式的差异，围绕知识产权组合战略运用推进ICT等产业的关键能力提升，以专利战略等多种策略组合作用于产业创新主体、通过组织机构和政策环境的传导机制来推进数字产业个性化定制、智能化生产、网络化协同、服务化延伸等创新发展过程。

一　数字产业创新不同模式下的知识产权战略研究

数字产业化和产业数字化是数字产业创新的两种典型模式，对其差异化创新模式的分析形成了对知识产权战略的不同需求，对不同创新模式的差异分析是探讨知识产权战略影响数字产业创新作用机理的基础。

（一）数字产业化创新

数字产业化创新是主要发达工业国家都非常重视的产业创新发展战略，如美国的"国家创新战略"培育计划，德国的"数字德国2015"ICT战略等。我国已出台"电子信息产业规划"等多层面培育政策，信息技术领域的PCT专利等也快速增长，在此基础上数字产业化创新形成了特定的产业创新模式（见表2-1）。在这类产业的创新过程中，不仅需要关注知识产权运营能力，包括知识产权创造、布局、保护、运用、管理等方面的能力，而且需要以专利布局和知识产权战略的有效运用促进实现数字化引领能力的提升。例如，通过ICT产业的知识产权组合、知识产权联营策略、知识产权联盟等内容及其组合策略，聚焦以ICT市场份额的提升推进市场领导地位，而且通过业务聚焦实现数字化创新引领产品发展趋势的能力，并且进一步推动ICT产业的高成长性和稳定性，以实现国际化水平和利用全球资源洼地的整合能力基础上的ICT产业创新能力。进一步结合企业创新战略及创新中存在的知识产权"瓶颈"，为5G、物联网、云计算等数字产业中代表性企业数字化创新过程中知识产权重难点问题提供解决方案，为ICT产业创新构建有效的产业创新生态系统提供良性支撑。

表2-1 主要发达国家ICT产业创新模式

发展模式	主要特征	ICT产业企业实例
德系模式	①德国制造技术支撑；②覆盖工业产品、消费产品、技术服务等，关键零部件制造是其特色领域；③更多核心产品以技术为主导；④技术标准的共识性	西门子股份、德国电信、SAP、T-Systems等ICT企业 云计算准入标准、ISO27001、ISO9000、SAS70等技术标准 专利申请数量和主要领域、建立与数字化和制造业高端发展的知识产权战略
日系模式	①覆盖工业产品等多领域，精密加工为其特色领域；②标准体系相对完善；③技术标准和知识产权管理中政府作用较大	富士通、Tmsuk、佳能、软银、日本电气等企业 嵌入式产品标准、信息安全标准、云端技术标准 加强数据和智能制造等新型信息财产的知识产权战略、建立与数字化和网络化的著作权系统

发展模式	主要特征	ICT产业企业实例
美系模式	①覆盖工业产品、消费产品、技术服务等，电子技术是其特色领域；②更多核心产品体现出客户导向；③掌控ICT主要标准并输出；④靠知识产权为生	IBM、微软、思科、ADP、AT&T、高通等ICT企业 CDMA、CDMA/OFDM等诸多移动技术标准 知识产权利器、标准必要专利策略等

资料来源：由笔者整理。

(二) 产业数字化创新

产业数字化创新模型如图 2-1 所示，大数据、工业互联网等为代表的数字产业是工业经济全要素、全产业链、全价值链全面连接的枢纽，是支撑制造资源泛在连接、弹性供给和高效配置的载体，正成为推动制造业数字化、网络化和智能化发展的重要抓手。随着工业互联网等数字技术的应用促进要素的整合、企业互联互通的形成，进一步通过融合共享、系统集成推进新兴业态的生成。产业数字化创新中通过在工业互联网等领域密集申请专利构筑产业数字化转型的基础。例如，美国企业的做法最为成功、最富特色和典型意义，其在网络互联、网络标识解析和工业平台三个方向以及现场总线、工业以太网、OPC/OPC UA、TSN 等领域制定多项技术标准并密集申请专利，并把控了 Handle、Ecode、OId、Ons 等技术热点关键。针对国内工业互联网专利申请质量不高等问题，知识产权战略将进一步以专利导航战略完善专利申请领域分析技术发展方向，并通过专利池构建、标准联盟组织等分析协同模式和协同组织保障推动工业互联网产业的发展。

在数字技术与产业的融合发展中，除了进一步完善知识产权战略，促进产业数字化转型中关键核心技术的创新、关键技术的保护外，知识产权战略还将不断提升智能制造企业创造知识产权、保护研发成果、运用专利技术、促进转化实施的能力，建立全球知识产权服务团队，提高专利质量和创新水平。在此过程中，知识产权战略与技术创新战略、技术标准战略开始融合，与技术标准战略融合促进产业的开放式创新和融合创新，并且与技术创新战略融合促进数字技术的创新发展及其在产业中的运用。将通过知识产权战略与技术创新战略的融合推进从智能制造

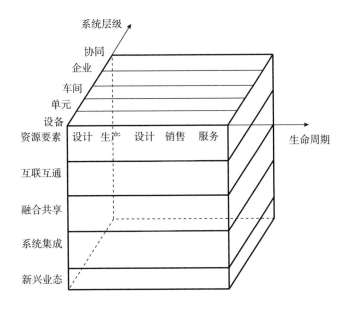

图 2-1 产业数字化创新模型

资料来源：由笔者整理。

企业创新主体、技术创新中心、营造创新环境、创新人才、产业创新联盟等方面的技术创新能力（杨幽红，2021），在此基础上深入推进两化融合，在研发设计、生产制造、经营管理、市场开拓等主要业务环节有效应用互联网、大数据、云计算等数字化手段，提高管理水平和经营效率，从而实现产业发展在关键数字技术领域的突破。另外，知识产权战略运用中，通过建立自有标准与自主知识产权协同体系，运用自主知识产权攻克数字孪生、平台管理、微服务框架、建模分析等关键技术"瓶颈"，同时通过自主知识产权标准化来实现自有标准在不同应用场景的主导应用和复制推广（杨幽红，2019）。并通过知识产权战略与技术创新战略的融合，促进移动互联网、大数据、云计算、区块链、集成电路、人工智能、边缘算法等信息通信技术的发展，实现数字产业化创新；并进一步促进数字技术在个性化定制、智能化生产、网络化协同、服务化延伸等典型应用场景持续创造价值增值的创新，推动产业数字化创新。

根据数字技术特征类型（数字化、网络化、智能化）与数字产业结构层级（基础层、平台层、应用层）的二维多级分类体系，ICT（工业互联网的基础支撑）、工业互联网（面向制造业的工业互联网及平台）、智能制造（工业互联网的智能应用）等数字产业的资源与能力、产业创新形态呈现差异，在运用知识产权战略时呈现不同的特征，导致不同的战略模式，驱动机制也有差异，未来还需要结合实践开展知识产权促进数字产业创新的差异化战略模式与驱动机制研究。

二　基于创新动机的知识产权战略影响数字产业创新的中介作用

在知识产权推动数字产业创新发展的过程中，知识产权会直接作用于数字产业主体，并通过产业主体的创新动机对数字产业创新产生影响。既有研究认为知识产权通过 R&D 投入、信息披露、企业融资能力、技术转移等的传导作用对于数字产业创新产生作用（Bican，2017；Galasso，2018）。第一，R&D 投入方面，由于 R&D 投入直接影响企业的创新产出效率，一般来说，创新效率与 R&D 投入同步增长。因此，知识产权保护有助于保护主体利益，促进 R&D 投入的增加，进而提高创新产出。在数字产业创新中，面临数字环境下的企业创新不确定性增加，知识产权保护通过明确主体之间的资源分配及利益机制，促进企业从数字产业化、产业数字化层面的效率提升。尤其是较强的专门性 R&D 投入，利用专利获得保护和获取与对手讨价的能力，尽早构思或识别有潜力的市场，资源可获得性，使知识产权战略通过这些因素的作用对产业创新构成影响（余长林，2016）。在此过程中，由于技术传播及扩散（李江雁等，2016）、企业融资能力（Ho，2017）、FDI 及技术转移（毕克新等，2015）等的差异会进一步影响知识产权战略的作用效果。第二，信息披露方面，企业对于专利信息的披露，能够实现全球范围内技术信息的互通和共享，也有助于同相关主体加强联系与合作，从而有效配置创新资源、避免重复投资（杨幽红，2013）。因此在既有制度框架下，知识产权战略既能够保障创新活动的回报，也能够通过公开的信息披露促进知识的获取和扩散，从而在更高的起点上推进创新（Scotchmer et al.，1990；Scotchmer，2004）。现实中，学者曾对于1851—1915 年英美两国博览会的创新产品数据，发现专利信息披露制度（相比各种企业内部的技术诀窍）明显地促进了技术信息的传播和扩散（Moser，2013）。叶静怡等（2012）基于中国发明专利数据的计量分析，也支持"专利信息提前公开有利于优质技术传播"的判断。

第三，企业的技术吸收及转移水平。数字技术极大地促进了全球开放经济的进一步发展，在跨国技术流动和转移的情境下，知识产权战略借助企业的技术吸收、转移而促进数字产业创新。例如，现实中发达国家有着更为先进的技术和更为严格的知识产权保护制度，发展中国家加强知识产权保护将通过本土的技术吸收能力提升以及相伴随的跨国技术转移，对技术创新和经济增长产生影响。随着发展中国家知识产权保护力度的加大，本土企业的技术吸收能力、再创新能力、人力资源禀赋、市场规模等因素进一步对知识产权与数字产业创新的影响产生作用。对于人力资源禀赋、技术吸收能力较弱的国家来说，虽然跨国公司转移过来更多技术，但缺少必要的承接能力，自主创新能力仍然难以提高。而对于自身技术吸收能力较强的国家来说，虽然单项技术的扩散速度由于加强知识产权保护而减缓，但由于带来更多的技术转移，整体技术创新反而可能加快。

除此之外，企业的策略行为会影响知识产权对于产业创新效率的改变。学者发现，由于创新主体战略制定的不同、创新主体在市场竞争中的状态不同会使知识产权的作用效果产生差异（Galasso，2018）。Bican（2017）提出，知识产权的滥用也往往使技术创新无法在使用者间扩散，制约技术创新成果形成现实的生产力。在这种情况下，企业经常会采取一些策略性行为来应对产业创新的过程。尤其是在数字产业创新的标准大量汇聚中，企业通常利用专利和标准的捆绑组合策略来谋求自身利益最大化，从而使知识产权在这类中介机制的作用下对于数字产业创新的影响产生与当初设想不同的结果。由于数字产业创新中涉及大量的基础支撑技术如云计算、大数据、区块链、边缘算法等大多是利用创新平台开放源代码的灵活策略实现广泛的智力汇聚，开放源代码软件不仅需要较高的知识产权保护要求，而且专利技术只有上升为标准才更有可能获取广泛收益并以领先的标准主导市场。同时，数字经济产业中需要大量的系统和组件接口等基础通用标准、集成电路等数字化产业关键技术标准、互联网等在传统产业融合应用的生产服务标准，这使在运用知识产权推动产业创新发展中会受到技术标准等多方面因素的影响。此时，企业会通过技术标准和知识产权协同策略的运用，来影响专利在其中作用的发挥。那些拥有标准制定权利的企业，其知识产权策略的运用会随着标准的推广而获得较好的技术创新扩散效果，从而有利于数字产业的创新过程（杨幽红等，2013）。反之，对于策略行为不能恰当运用的企业，其知识产权战略对于产业创新会受到一定的抑制。综上所述，包括企业的 R&D 投入能力、信息披露方面、技术吸收及转移水平、企业在知识产权运用中的策略行为等创新动机是驱动企业创新的关键动力要素，其作为关键的传导因素在知识产权战略影响数字产业创新中发挥着重要中介作用。

三　基于组织支持的知识产权战略影响数字产业创新的调节作用

作为知识产权战略的核心内容，知识产权具有规范性、激励性、服务性等功能，并以这些典型职能作用的发展促进产业主体的创新过程。于海云等（2015）认为，创新支持情境是创新动机转化为创新行为的重要外在激励，创新情境能够阻碍创新动机向创新行为的转化从而影响创新绩效。实践中，知识产权制度的制定、实施、运用和反馈都是在特定的环境下完成的，受到产业组织、中介组织、政府组织等的影响，组织支持的作用会影响知识产权战略对于产业主体创新的效果。

第一，组织层面的因素首先表现在行业组织、知识产权联盟组织等非政府组织在促进企业推进知识产权战略中的作用。行业组织的作用在于充分整合和集成知识产权信息资源，整合专利数据库、标准数据库、知识产权政策等专业信息，提供快捷便利的免费查询、咨询和交流服务，整合知识产权服务体系和信息平台，提供高附加值的知识产权服务，满足创新主体对知识产权信息和服务的需求。知识产权联盟组织围绕数字产业创新关键领域的技术研发和产业技术应用进程，整合和协调产业和社会资源，为关键技术的创新研发提供组织支持、融资支持，推进产业高质量发展。孙颖、包海波（2013）指出，专利联盟有助于战略新兴产业中各种知识产权关系的合理调整，从而加速了新兴技术转化和创新。依赖于组织的运行机制，产业主体的互联互通以及资源共享在很大程度上得到改善，信息不对称问题得以缓解，推动知识产权战略对于数字产业创新效率的提升。

第二，金融机构、司法部门及相关中介机构等组织在促进知识产权战略影响数字产业创新中的作用。金融机构帮助企业及产业创新获得便捷的资金融通渠道，有助于企业创新动机的实现，并且为企业在知识产权保护情境下开展数字创新活动提供了资金支持，促进了产业创新能力的提升。具体来说，金融机构从降低市场主体的融资门槛、促进知识产权相关的衍生投资、推进企业主体无形资产价值的提升等角度产生影响，降低了企业主体的融资门槛。在高效发展的金融体系中，银行、证券、保险等通过多元化的创新服务为企业提供了成本较低的融资，有利于企业在知识产权制度保护中积极投入研发创新，从而产生积极的创新激励效应。非金融中介可以为企业提供知识产权融资相关保障，使那些金融机构成熟度高、金融市场发达程度高的地区知识产权在产业创新发展中的潜力得以迅速显现。同时，在金融市场活跃的地区，各类金融组织能够借助于便利的金融环境开展知识产权资产支持证券的投资，为企业提供了开放和高效的资金融通途径，促进了知识产权战略向企业实际竞争力的转化，促进了知识产权对于产业创新影响力的提升。Amore（2013）研究认为，外部金融环境中的经济基础越好、知识产权保护程度越高，越有利于激发科技型企业的技术创新，增强其不断加大研发投入强度的信心。狄方馨（2018）认为，外部金融环境与科技型企业研发投入之间显著正相关，也就是企业面临的外部金融环境越好，越有利于促进研发投入强度的提升，也同时通过对知识产权的有效保护激发了企业的技术创新效率。李后健、张宗益（2014）认为，金融生态环境的优化有利于企业以较低的成本获取知识产权融资，促进产业创新效率提升。知识产权的司法部门围绕知识产权制度实施的最基本保障构建了强有力的政策法律体系和司法救济手段，对于充分发挥知识产权保护的整体效能、保护权益人的合法权益、推进知识产权战略实施的力度和效度具有重要的支撑作用，是在数字产业创新中推动知识产权战略的重要节点因素。面向知识产权援助的骨干中介机构通过深化服务内容，规范服务行为，尽快适应国际化进程等方式推进知识产权在专业领域的深度应用以及在产业范围扩大化应用。

第三，政府的作用体现为政府支持政策可以降低知识产权相关交易成本并对数字产业创新构成影响。任涛（2022）认为，政府政策扶持力度不够、资金投入不足和科研成果转化体制不健全是知识产权转化能力偏低的主要原因。实践中，政府通过在知识产权制度推进中发挥主导功能，通过知识产权制度的运用实现对企业的创新激励、资源配置、竞争规范和政府管理。其中，知识产权法律体系作为国家一项重要的法律制度，其完善需要政府的引导和推动。我国目前已经形成了包括专利、版权、商标、商业秘密、植物新品种、集成电路布图设计在内的完整的法律体系，同时政府不断完善现行知识产权保护体系，注重技术政策、科技规划和知识产权保护相结合，促进企业知识产权成果的转化。包括产业规划政策、管理运营政策、收益分配政策、人才培养政策等相关政策的出台和运用，为知识产权战略的实施提供了良好的工作机制以及制度保障，有利于知识产权的管理能力的提升。梁亚琪等（2022）指出，政府的补贴行为不仅对企业创新有直接影响，还会通过影响企业在创新中的 R&D 投入来间接影响创新绩效。在区域完善的产业发展规划政策引领下，企业和产业在知识产权战略运用中能够迅速借鉴国内外数字产业发展的实践和先进经验，加快科技发展和产业布局，推动前瞻性制定产业发展规划，吸引相关资源投入企业和产业的创新中，推动构建效率高、质量优、稳定安全性好的数字产业创新体系。综上所述，行业组织、知识产权联盟等产业类组织，金融机构、司法部门等中介机构作为典型的组织支持力量，能够促进知识产权战略的实现并提升其在数字产业创新中的作用。政府层面的相关政策有利于知识产权管理能力的提升，并吸引相关资源在数字产业创新中的优化配置。从而认为组织支持在知识产权战略影响数字产业创新中存在重要的调节作用。

第三章

面向数字产业创新的知识
产权战略协同发展理论

我国数字经济持续快速发展，数字产业化结构不断优化，产业数字化深入推进，与国外数字产业逐步展开国际性竞争。但我国数字产业尚处于发展的起步阶段，发展中仍面临核心关键能力不足、数据开放共享水平待提高、数据安全有待保障等诸多挑战与问题，数据确权、开放、流通、交易等环节相关标准尚不完善等问题尤为突出，已经成为数字产业乃至数字经济发展的制约因素，加强知识产权战略协同来引导和规范数字产业创新已经迫在眉睫。"十四五"时期以来，数字产业发展的国内外经济环境已发生重大变化，面对数字产业集聚化发展和国际化趋势，知识产权战略必须与数字技术创新战略、数字市场创新战略和数字技术标准战略紧密结合、协同发展，通过构建知识产权战略协同发展模式，逐步适应新形势的发展要求，将知识产权优势真正转化为数字产业创新主体的竞争优势。

第一节　知识产权与技术创新协同发展研究述评

知识产权在数字经济发展中变得越来越重要，数字创新主体制定创新战略的一个关键因素就是确定如何通过知识产权保护维护技术创新成果。传统上，经济和战略研究强调大力保护创新以收获其回报的重要性，但是否以及如何保护某项创新的决策却相当复杂。Fisher 等（2013）认为，公司利用知识产权获取创新回报的方式取决于公司的经营战略、竞争局面以及业务所在国日新月异的知识产权法律体系。

一　无形资产与创新活动

知识产权是指法律赋予指定所有人对知识创造的垄断权益（Markman et al.，2004）。知识产权的表现形式非常丰富，包括版权、商标、专利、工业设计和商业秘密等。尽管几个世纪以来一直受到法律的界定和保护，但知识产权直到近几十年才开始成为许多组织价值创造的源泉（Aali et al.，2013）。在商业实践中，知识产权通过融入组织的整体业务模式进而在创新活动中发挥越来越大的作用。越来越多的管理学和经济学研究以知识产权为中心，分别研究其对企业战略、组织行为、经济发展、创新和竞争等方面的影响。知识产权保护可以为创新提供激励（Mazzoleni et al.，1998）。如果创新者不能从创新中获得回报，他们就没有动力投资研发活动。亚伯拉罕·林肯对知识产权法的简洁描述"为天才之火增添利益之火"点明了知识产权在民间资本投资创新方面的重要作用。然而，如果竞争者能够对创新进行模仿和改进，社会福利就会因此增加（Levin et al.，1987）。为知识产权保护立法，就是旨在解决创新激励与创新公益间的紧张关系。例如，大多数国家的专利法提供20年的专利保护；专利申请提交18个月后，许多国家的专利局将公开申请文件，向社会披露发明；专利在20年保护期结束到期后，专利创新成为公众知识，任何人都可以实践。

随着公司的业务活动越来越趋向知识密集型，无形资产在上市公司总价值中所占份额不断上升。Teece（2007）提出了动态能力框架认为在开放经济下公司竞争需要构建动态能力来感知与技术变革相关的机会和威胁，抓住这些机会并通过保护、增强和重新配置其无形和有形资产提升竞争力。为了提高动态能力，一个公司需要提高技能，改进流程、程序、组织结构、决策规则和纪律，以实现公司层面的感知、掌握和重新配置能力。公司不仅需要适应商业生态系统，而且需要通过与其他公司和机构的创新与协作来塑造商业生态系统。

O'Reilly等（2004）强调成熟的公司需要在开发现有业务潜力的同时探索新的商机。公司需要建立一个灵活的组织架构，其中新型的探索部门与传统的开发部门分开，但这两个部门的高级管理人员是紧密联系的。Roberts等（2002）通过分析动态模型证明，具有良好声誉（一种无形资产）的公司能够在一段时期内维持出色的财务绩效。声誉数据来自对 Fortune 1000 家公司的年度调查，该调查包括 8 个维度：资产利用、社区和环境友好性、培养和留住关键人才的能力、财务稳健性、创新程度、投资价值、管理质量和产品质量。作者将整体声誉得分分解为可以由先前的财务绩效解释的部分和可以被视为残差的另一个部分，并发现随着时间的流逝，这两个部分都有助于企业长期保持高于平均水平的财务绩效。

基于 1489 家日本企业的纵向数据集和其国际化业务活动，Lu 等（2004）研究了跨国公司与公司绩效之间的关系。他们发现，公司国际化活动与绩效之间的关系可以很好地用水平"S"曲线来描述。具体而言，公司绩效首先会随着国际化活动的增加而下降，其中国际化活动是通过企业海外子公司的数量和企业海外子公司落户的国家数量来衡量的；其次会随着地域多样化的增加而提高，接着在很高的跨国公司水平上公司绩效又会下降。作者还发现，在技术和广告等无形资产上投资更多的公司在海外投资中获得了更多的利润。

Delios 等（2001）研究了以研发投入和广告强度衡量的企业无形资产及其经验如何影响子公司的生存和盈利能力，建议跨国公司应该在新的海外投资市场充分利用其现有的无形资产优势，东道国的经验在跨国公司无形资产与子公司盈利能力之间产生正向影响。

Hitt 等（2000）研究了新兴和发达市场企业的国际合作伙伴选择问题，并提出选择联盟伙伴是为了获取资源和组织学习机会。他们发现，与发达市场公司相比，新兴市场公司更重视金融资产、技术能力、无形资产（包括技术和管理能力、独特的竞争力、市场知识和准入）以及在选择合作伙伴方面分享专业知识的意愿。相反，与新兴市场公司相比，发达市场公司在选择合作伙伴时更强调自身的能力和本地市场知识以及获取合作伙伴的机会。研究结果表明在国际战略联盟选择中有形资产和无形资产都很重要。

二　知识产权与技术创新

发明是知识创造的集中表现。经过专利局专利审查员审查后，发明可以通过专利的形式得到保护。正如多项研究证明（Trajtenberg，1990；Hagedorn et al. , 2003），专利是知识创造有力且有效的指标。在接下来的研究中，专利活动被认为是企业层面和国家层面创新活动的代理，专利文件中包含的信息，如引文，经常被用来研究企业的创新活动。Sorensen 等（2000）提出两个看似相互矛盾的理论，即用专利来衡量公司年龄和创新之间的关系。一种理论认为，企业的创新会随着其年龄增长而增加；另一种则是企业的创新会随着其年龄增长而减少，因为技术领先是暂时的，处于技术前沿的企业很快就会被新的竞争对手所超越。基于半导体和生物技术行业公司的专利数据为它们提供了证据证明，随着组织年龄的增长，企业能够更好地产生新的创新（专利）。然而作者还指出，随着企业的老龄化，它们很大程度上会利用现有的能力改进旧的技术领域，因此，与较年轻的公司拥有的专利相比，它们的专利被其他公司引用的可能性较小。

Benner（2002）研究了过程管理与技术创新（通过专利衡量）之间的关系，即过程管理将减少组织惯例中的差异，从而鼓励开发性创新，但会减少探索性创新。作者使用 ISO 9000 质量计划认证来代表过程管理活动，并根据公司专利引用自己的专利或者以前引用专利的程度制定了几种开发和勘探的措施。实证证据支持这样的假设：随着组织惯例的建立和重复，企业倾向于利用现有的知识和能力，而不是从事探索性活动。

Ahuja 等（2001）利用技术创新、组织学习和资源基础观等理论，研究了收购对化工行业企业后续创新绩效的影响。他们通过收购公司的专利申请频率来衡量创新绩效，并根据技术是不是被收购公司资产的组成部分来区分技术性收购和非技术性收购。Ahuja 发现，对于技术收购，所获得知识库的绝对规模与创新产出呈正相关，而所获得知识库的相对规模与创新产出呈负相关。收购和获取知识库的相关性与收购企业创新产出之间的关系是非线性的。随着关联度的增加，收购公司的创新绩效先增加后降低。

Song 等（2003）研究了从美国公司转移到非美国公司工程师的专利活动，认为从其他公司聘请专家能够获得超越其当前技术和地理界限的知识。作者称这种机制为"按需学习"，并发现，如果聘用公司对路径的依赖性较小，并且聘用的工程师拥有与聘用公司相距较远的技术知识，或者雇用的工程师在非核心技术领域工作，则流动性更有可能导致企业间的知识转移。Rosenkopf 等（2001）认为，发明人的流动性和战略联盟的形成可以使企业在寻找新知识时克服地理和技术限制。他们发现，发明人的流动性促进了企业间的知识流动，而与地理位置无关，而且联盟和流动性的效用随着技术距离的增加而增加。

Almeida 等（2004）通过对美国半导体企业的抽样调查发现，跨国集团（MNCs）子公司与东道国企业的知识联系以及东道国内部的技术多样性对跨国集团子公司的创新产生了积极的影响。Frost（2001）对海外集团位于美国的子公司进行了研究，认为基于母公司现有技术的子公司创新更有可能引用源自母公司本土的专利。子公司产生的专利份额越大，这些专利就越有可能引用来自东道国的专利。此外，如果母公司在东道国有更多的业务，子公司更有可能从东道国环境中汲取知识。

Fleming（2001）对技术新颖性来源理论做出综述：发明是资源重组和局部搜索的过程，纯粹的技术不确定性来自发明人对不熟悉的部件和部件组合的搜索过程。通过分析 17264 项美国专利，Fleming 发现对新组件和新组合进行试验大体上会降低发明人的用处，但同时也可能导致可变性增加，从而导致突破。Fleming 等（2004）分析了科学研究如何提高技术进步的速度。他们认为，当发明家使用相对独立的组件工作时，科学研究不会产生实质性的影响，但当发明家试图组合高度耦合的组件时，科学研究会变得有益。

Rosenkopf 等（2001）推进了有关开发和探索活动的研究，认为超越局部搜索需要跨越界限的探索活动。作者通过区分组织边界和技术边界创建了探索活动的类型学：局部探索既不跨越组织边界也不跨越技术边界，跨越外部边界的探索仅跨越组织边界，跨越内部边界的探索只跨越技术边界，激进探索跨越两个边界。通过分析光盘公司的专利数据，Rosenkopf 发现，不跨越任何边界的探索对后续的技术发展影响较小。当探索跨越两个边界时，它将对后续的技术发展产生最大的影响。

专利除了被用作衡量公司创新的指标外，还被用作衡量国家创新的指标。Acs 等（2002）比较了美国地理聚集的最低水平（大都市统计区域）创新计数数据和专利计数数据，并确认美国专利商标局开发的专利数据是区域层面创新活动的有效代表。Furmanet 等（2002）提出了一个基于国家创新能力概念的框架，国家创新能力被定义为一个国家长期生产和商业化新技术的能力。国家创新能力取决于强大的共同创新基础设施、一国产业集群的创新环境以及共同创新基础设施与特定集群之间的联系。他们还发现，国家创新能力的估计水平会影响全要素生产率的增长以及一个国家在高科技产品出口中所占的份额，并认为一个国家的国际专利受到决定该国国家创新能力的少数因素驱动。

三　知识产权战略与技术创新战略

在以知识产权战略与创新为主题的热引论文中主要囊括了几类主题，其中包括如何在开放的创新环境中保护和利用知识产权（Huizingh，2011；Hippel et al.，2003；Bouty，2000；Gans et al.，2003）；如何保护和推动创新，提高公司业绩（Cohen et al.，2002；Romijn et al.，2002；Youndt et al.，2004；Subramaniam et al.，2005）；以及专利价值的决定因素（Harhoff et al.，2003）。

开放式创新已成为过去 20 年来创新管理中最热门的话题之一（Huizingh，2011）。Hippel 等（2003）描述了两种创新模式。一是私人投资模式，其创新成果来自私人产品生产和有效的知识产权保护。二是创新者合作创造公益产品的合作创新模式。他们认为，开源软件开发是横亘在私人投资和集体行动模式之间的"私人—集体"复合创新模式的一个例子。Bouty（2000）研究了研发人员间跨组织边界进行人际资源交换时会促进创新和提高知识产权泄露潜在风险的悖论，认为社会资本是资源获取过程中的关键成功因素，战略资源只能在熟人互信的条件下进行交换，社会资本是这些特定组织学习过程中的主要成功因素，社区是分享资源和知识的重要渠道。

Gans 等（2003）主张建立一个综合框架以确定初创企业商业化战略的动机，他们认为对于许多初创企业家而言，控制互补资产的合作者最有可能是当前的市场参与者，他们的动机是征用初创企业的技术。因此，决定初创企业创新者和成熟公司之间互动模式的一个关键因素是，是否有市场存在这一想法。作者的主要见解是，当知识产权保护是有效的，重要的补充资产由现有公司持有时，初创企业家如果寻求与现有公司的合作，可以产生更多的租金。相比之下，当知识产权保护薄弱，进入壁垒低时，初创企业家可能会推行具有竞争力的商业化战略。

为了调查企业用于保护和促进创新的方法，Cohen 等（2002）对美国和日本制造公司研发单位的管理人员进行了调查。他们发现，保密似乎是美国公司的主要侵占策略，而不是日本公司的。相比之下，专利是日本信息流通最重要的渠道。这可能是由于日本每个专利的索赔数量减少，要求范围狭窄，这就使竞争公司的专利组合之间更加相互依赖，从而促进竞争对手之间更大的信息共享。Romijn 等（2002）于 1998 年调查了英国 33 家小型软件和电子制造公司。他们发现，决定创新绩效的重要内部因素包括所有者或经理在科学环境中的先验经验以及员工的科学和工程学位。科学实验室或大学部门的初始支持是推动公司创新绩效的重要外部因素。

Youndt 等（2004）采用一种配置方法研究对构成智力资本的人力、社会和组织资本的投资如何影响企业绩效。人力资本是指员工的知识、技能和能力。社会资本描述了公司建立的关系网络中可用的资源。组织资本代表公司在专利、数据库、指南和章程等媒介中存储的制度化知识和编纂经验。Youndt 等（2004）发现，人力资源管理和 IT 投资对智力资本形成的影响大于研发投资，在一小批具有高水平人力、社会和组织资本的高绩效公司中，人力资源管理、IT 投资和研发投资都很高。Subramaniam 等（2005）发现，人力、社会和组织资本对公司渐进和激进的创新能力产生了不同的影响。具体来说，社会资本对渐进创新能力和激进创新能力都有积极影响，而组织资本只对渐进创新能力产生积极影响。Subramaniam 也发现，人力资本与社会资本相互作用，影响激进创新能力。

四 联盟网络与创新战略

公司建立战略联盟是为了通过交换和共享资源以开发产品和服务（Hoang et al., 2005; Krishnan et al., 2006）。尽管联盟在许多行业中都是一种普遍使用的战略工具，但是学者对联盟影响企业创新活动或绩效格外关注。此外，一种联盟关系将一个行业或集群中的企业联系在一起形成一个网络，其结构、特征和特性对企业绩效有各自不同的影响。

Stuart（2000）研究并提出了用销售增长和专利授权数衡量技术联盟和公司绩效之间的关系。他认为，中心公司从战略联盟的投资组合中获得的优势取决于其联盟伙伴的资源禀赋。大型或领先的公司是最有价值的合作伙伴，因为它们可靠、声誉好、绩效出色。对于年轻或小型公司，与大型创新合作伙伴结盟可被视为一种认可，因为要形成这样的联盟，年轻或小型公司必须要在杰出合伙人的尽职调查下生存下来。

Ahuja（2000a）研究了公司在企业间协作联系的产业网络中的位置与其创新产出之间的关系，认为直接关系、间接关系和结构漏洞对企业后续创新产出的影响存在差异。直接关系和间接关系对创新都有正向影响，但间接关系的影响会受到直接关系影响的中和。加大结构性漏洞也会对创新产生负面影响。Ahuja（2000b）认为，企业之间的联系形成可以通过动机和机会来解释。他借鉴资源基础观和社会网络理论，确定了三种形式的资本积累—技术、商业和社会，它们可以影响企业形成联系的动机和机会。Fleming 等（2007）研究了由 35400 名合作专利发明者形成的网络，发现在凝聚网络（网络中大多数个体之间有着直接的联系）中的协作只为创造新型专利子类组合产生边际效益。此外，凝聚力的边际收益仅为凝聚力对新型专利子类组合产生负面一阶效应的 2/3。

Sampson（2007）对企业能够向合作伙伴学习程度的问题感兴趣，研究了合作伙伴技术多样性和联盟的组织形式对公司创新绩效的影响。她发现当联盟企业的技术能力之间的差异适中而非低或高时，无论联盟选择何种组织形式，对公司的创新贡献都更大。就联盟组织形式的影响而言，当合作伙伴之间的技术多样性较高时，采用股权合资形式的组织联盟会使公司受益。以合资企业的形式组织的合作活动所带来的利益要比以具有中等或高水平多样性的双边合同形式组织的合作所带来的利益要大。

Schilling 等（2007）基于 11 个行业级别联盟网络中运营公司组成的小组，研究了联盟网络结构对其知识创造潜力的影响，提出以高集群度（平均路程较短）和高覆盖率（公司数量较多）为特征的联盟网络中嵌入的公司比那些网络中没有表现出这些特征的公司具有更大的创新能力。这是因为群集的密集连接会在网络中创建传输容量，这使大量信息能够迅速传播，而覆盖范围则确保了可以在相对较近范围内将信息带给网络中的公司。

知识流通往往受限于区域和公司边界。Singh（2005）将这一现象归因于人际网络的分布。他使用在美国专利商标局（USPTO）注册的专利协作信息来构建自 1975 年以来 USPTO 记录的所有发明者之间的人际关系数据库，通过专利引用来衡量知识流通，发现在区域和公司的内部实现的知识流通比在区域和公司的边界更强健。但是 Singh 还发现地理邻近和公司边界对协作网络中已经紧密联系的发明者之间的知识流通几乎没有额外作用。对于没有或几乎没有联系的发明者之间的知识流通，区域和公司的边界仍然重要。Smith 等（2004）研究了位于波士顿都会区的人类治疗生物技术公司并指出正式的组织间网络的两个特征（地理位置和组织形式）改变了通过网络的信息流，从而使公司能够利用其在大型网络中的地位来增强其创新绩效。

综上所述，技术创新推动了知识产权的出现，并产生了许多新的权利载体和财富源泉，使知识产权的保护范围逐渐超出原有的界限向新的领域扩展，由单一性向综合性方向演变。知识产权制度也大大激励和推动了技术创新。从技术创新活动的诱因来看，无论哪种技术创新轨迹都包含技术研究、产品开发和商品化阶段，都涉及知识产权的保护问题。知识产权战略是保证技术创新成果权利化、资本化、商品化和市场化的基本前提之一，为技术创新活动提供了制度保障，使创新主体既可以生产有形商品获得高额利润，又可以通过无形商品进入市场，并采取知识产权转让方式获得高额投资回报率，增强了再创新的积极性，形成了技术创新的良性循环机制。因此，知识产权战略与技术创新战略是相互融合和协同发展的。

第二节 面向数字产业创新的知识产权战略协同发展模式

习近平总书记重要讲话强调要加强知识产权保护工作顶层设计、提高知识产权保护工作法治化水平、强化知识产权全链条保护、深化知识产权保护工作体制机制改革、统筹推进知识产权领域国际合作和竞争、维护知识产权领域国家安全。面向数字产业创新的知识产权战略协同发展呈现协同发展的新趋势。数字产业创新主体需要准确地把握知识产权战略协同发展的实质，在掌握知识产权协同发展规律基础上，实现数字产业创新发展的提质增效。

一　面向数字产业创新的知识产权战略协同发展趋势

（一）知识产权保护战略强化司法与行政执法的协同发展

数字产业发展过程中存在知识产权侵权多发、易发现象未能得到有效遏制，存在维权周期长，权利人举证负担重，损害赔偿力度轻，知识产权维权成本高等问题。造成行政、民事和刑事执法方面存在障碍导致衔接不够紧密的主要原因在于对侵权假冒行为的制度约束不够严格，行政、民事和刑事执法之间缺乏规范的证据标准。面向数字产业创新的知识产权保护战略亟须深化知识产权行政执法和司法的有效衔接，加快推进知识产权行政、民事和刑事审判"三合一"改革，有效改善知识产权保护环境。加快智慧法院建设，利用区块链、人工智能、网络等新技术手段完善举证责任分配和侵权损害赔偿制度，明确电子证据的审查认定标准，依法灵活运用举证责任分配、举证妨碍推定、文书提供命令等证据规则，减轻当事人举证责任负担，全面提升电子诉讼的应用和服务水平。加强知识产权保护中心线上线下一体化快速维权机制，强化关键领域、重点环节、重点群体行政执法专项行动中数据化打假情报导侦工作机制，健全侵权假冒线索智能发现机制，强化大数据诉源治理。

（二）知识产权治理战略强化多元治理的协同发展

数字产业发展中亟须综合运用社会治理等多种手段完善知识产权全链条保护，构建大保护工作格局。实现知识产权治理多元化，既要发挥知识产权调解和仲裁等传统替代性纠纷解决机制的作用，更要探索利用行业协会、社会信用机制、互联网平台等新型社会化纠纷解决机制，探索建立知识产权新型替代性纠纷解决机制。知识产权保护多元化治理机制不仅需要专业化知识产权调解机构建设，还需要建立行业协会（商会）、产业知识产权联盟等社会组织参与知识产权纠纷调解的工作机制，完善技术调查官制度和人民陪审员制度，持续推进知识产权领域区域一体化发展，建立司法与行政等部门的一体化会商、一体化跨区域协作、一体化资源共享、一体化队伍建设。同时，推动知识产权全链条保护线上线下融合发展，利用人工智能、网络监测等新技术手段助力知识产权保护的事前预防、事中化解和事后救济，探索构建在线纠纷解决机制，打造专业知识产权信息大脑，整合优化知识产权公共服务平台、技术与创新中心（TISC）等功能，引进和培育一批从事知识产权数据分析和鉴定评估的平台组织，加快推进知识产权信用体系建设。

（三）知识产权运用战略强化新兴产业与传统产业的协同发展

以人工智能、光电芯片、信息技术、航空航天、新材料、新能源、智能制造、生物医药等为核心的新兴产业发展迅猛，无论是对新技术的知识产权运用，还是围绕新技术的知识产权国际竞争，以及新技术在知识产权保护、审查等领域中的应用，都给知识产权战略及其运行带来前所未有的机遇和挑战。一方面互联网和电子商务领域知识产权运用制度需要加强建设，健全大数据、人工智能等新领域新业态知识产权战略体系，着重防范新技术和新业态背后数据信息的不合理集中与独占，注重对人工智能算法的监管，防止新技术被用于实施垄断、不正当竞争或其他违法行为。另一方面推动数字经济领域知识产权密集型产业发展进程中，需要在集聚区内培育数字经济高价值专利，建设专利池和高价值专利组合，推行知识产权集聚式管理、保护和服务机制。同时，还需要优化数字经济领域知识产权转化运用平台建设，打造"知识资源（IP）+互联网平台+智能物联网"的"知联网"方式，为知识产权交易提供经纪人服务，为知识产权融资提供评估优化，从知识产权增值保值中获取经济效益，打造数字经济领域知识产权展示交易的"一站式"服务平台。

（四）知识产权国际化战略强化跨区域跨法域的协同发展

自由贸易协定知识产权规则变革呈现 TRIPS-plus 趋势，即以国际贸易体制为框架推动高水平知识产权保护、以争端解决机制为后盾推动高效率知识产权保护。《区域全面经济伙伴关系协定》（RCEP）等知识产权规则不仅保护力度"升级"，同时也存在"规则锁定"壁垒。为此，需要促进人工智能、大数据、区块链等新技术知识产权的国际协作，推动遗传资源、传统知识、民间文艺等传统领域的知识产权国际立法，推动知识产权国际信息服务平台的建设。同时，加强与"一带一路"沿线国家的知识产权国际合作。加强跨区域、跨法域的知识产权协同机制建设，开展对文书送达与互认、证据共认等方面的研究。在知识产权审查、人才培训、信息服务等方面加强交流合作和能力提升。加快推进海外知识产权纠纷应对指导中心地方分中心的建设工作，优化整合多方资源，建立企业海外知识产权纠纷应对指导与协助机制，重点做好涉外知识产权纠纷信息收集与报送、纠纷案件业务指导等战略决策支撑。

（五）知识产权联盟战略强化知识产权与技术标准的协同发展

知识产权对一国的科技安全、经济安全以及其他许多领域的安全和利益问题都产生日益重要的影响。数字产业发展的基础支撑技术如云计算、大数据、区块链、边缘算法等大多是利用开源创新平台开放源代码的灵活策略实现广泛的智力汇聚，开放源代码软件不仅需要较高的知识产权保护要求，而且专利技术只有上升为标准才更有可能获取广泛收益并以领先的标准主导市场。与此同时，数字经济产业中需要大量的系统和组件接口等基础通用标准、集成电路等数字化产业关键技术标准、互联网等在传统产业融合应用的生产服务标准，以及包括金融在内的服务类标准等，这些标准中可能包含对于产品功能的规定或指标要求，需要专利技术的支持（王黎萤等，2020）。除了内生性因素，政府、企业、联盟等成为技术标准与知识产权协同的重要推动因素。政府不仅能协调利益相关者需求有效整合各方资源推进技术标准与知识产权的协同发展以及专利与技术标准的转化，而且能够以政策法规的形式为二者的协同发展提供积极的制度支持和环境保障。从源头上提升关键领域技术硬实力，深化核心技术成果转化和高价值专利培育工作，掌握新兴产业技术标准话语权，完善技术、专利、标准"三位一体"的创新体系，以开放式战略联盟方式推进数字产业国际化，提高风险应对能力。

二　面向数字产业创新的知识产权战略协同发展模式构建

数字产业的知识产权战略协同发展模式是一种系统模式。该模式以知识产权战略为核心，以数字产业内部竞争资源（竞争战略、管理、要素和效益）和外部竞争资源（政府、产业和机会）的两种资源整合为基础，通过与三大功能战略的协同发展（数字技术创新战略、数字市场创新战略和数字技术标准战略），促进知识产权九大战略内容（知识产权创造、知识产权保护、知识产权运用、知识产权管理、知识产权服务、知识产权治理、知识产权协同、知识产权联盟、知识产权国际化）的有序作用和持续发展（见图3-1）。数字产业的知识战略协同发展模式需要树立知识产权战略推进系统观，协调数字产业内外资源，通过一个中心、两个基础、三个协同和九大功能的实施，积极促进知识产权战略与数字技术创新、数字市场创新和数字技术标准的有机结合，最终实现高质量推进数字产业创新发展和提升国际竞争力。

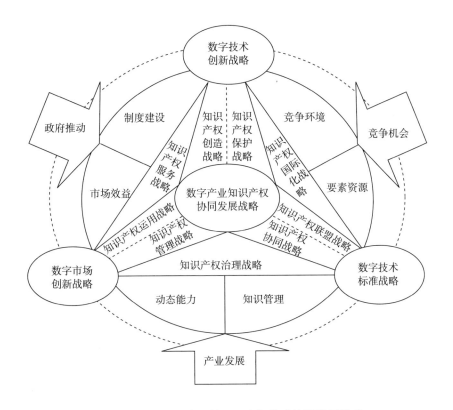

图 3-1　面向数字产业的知识产权战略协同发展模式

资料来源：由笔者整理。

三　面向数字产业创新的知识产权战略协同发展模式特征

数字产业的知识产权战略的协同发展模式是以知识产权战略为中心，强调与数字技术创新战略、数字市场创新战略和数字技术标准战略的相互融合和协同发展。数字产业创新主体实施知识产权战略的目标就是促进创新成果的产出和保护，协调创新成果的扩散，将丰富的技术创新潜力转化为知识产权资源优势和市场竞争优势，因此推进知识产权战略与技术创新战略的协同发展，对提升创新能力具有十分重要的意义。数字产业创新主体实施知识产权战略的目的还在于利用知识产权制度最大限度地保护、占有本竞争市场，增强市场竞争力。同时，实施以市场为导向的知识产权战略，也是数字产业创新主体进行国际化发展的战略选择。因此，知识产权战略与数字市场创新战略的协同发展有利于知识

65

产权成果的转化、扩散，同时也促进知识产权成果的成功商业化。知识产权的竞争优势根源于技术或知识的市场垄断，技术标准作为数字技术和知识的高标形态，具有将知识产权垄断性质放大和增值的效应。技术创新是促进企业发展的根本，知识产权制度是技术创新的激励制度，而数字技术标准更需要创新技术和知识的依托。因此，数字产业创新发展中必须关注知识产权战略、技术标准战略与产业创新的协同发展。

数字产业的知识产权战略的实施还必须关注产业内外资源的整合和协同。在政府政策支持和推动下，探寻产业发展的竞争机会，通过产业集聚获取外部竞争资源；同时通过产业内部竞争战略的运用和管理手段的丰富，对生产要素资源进行合理的优化配置，逐步通过技术、专利、标准、商标和品牌的外在效应实现产业竞争力的提升。此外，数字产业创新主体获取商标价值增值则是通过先进的技术、完善的服务、有序的管理来综合体现，最终形成"品牌效应"，获取市场优势，进而提升竞争力。作为功能性子战略之一的知识产权战略不能离开其他战略的配合而独立实施。当然，其他战略如果没有知识产权战略这一有利武器，在实施的过程中也必然遇到困难，从而影响战略实施的效果。因此，知识产权战略的推进与数字技术创新战略、数字市场创新战略和数字技术标准战略是紧密结合和协同发展的。

数字产业的知识产权战略协同发展路径则是通过知识产权战略的九大功能得以实现，即通过知识产权创造战略、知识产权保护战略、知识产权运用战略、知识产权管理战略、知识产权服务战略、知识产权治理战略、知识产权协同战略、知识产权联盟战略、知识产权国际化战略的应用和整合来逐步推进和实现数字产业的知识产权战略与数字技术创新战略、数字市场创新战略、数字技术标准战略的协同发展。其中，知识产权创造战略、知识产权保护战略、知识产权运用战略、知识产权管理战略、知识产权服务战略渗透到数字技术创新从研究开发、技术产业化到技术商业化的创新全流程。同时，知识产权创造战略与市场战略相结合、知识产权运用战略与技术许可战略相结合、知识产权管理战略与企业投资战略相结合、知识产权保护战略与企业品牌战略相结合，对数字产业创新主体创造、优化配置、有效利用市场资源，协调市场创新中各相关者利益，利用技术优势来构建品牌效应的无形资产，进而通过商标、专利技术的购买、转让、许可等知识产权手段的运用，为数字产业创新主体不断开辟新的市场，促成商业模式创新。此外，知识产权治理战略、知识产权协同战略、知识产联盟战略、知识产权国际化战略则是适应数字产业知识产权与技术标准竞争态势的有益战略补充，从强化数字产权治理、推进知识产权融入标准化、构建联盟网络、增强国际规则主动权等策略行动来倒逼我国数字产业着力加强数字技术标准制定与引领，增强数字技术知识产权组合与运营，促进技术标准与知识产权协同发展，通过打造主导型产业联盟、引领型标准联盟、自主型知识产权联盟和战略型政府，形成具有竞争力的自主可控的数字产业创新系统。

第三节　面向数字产业创新的知识产权战略协同发展路径

累积和提升面向数字产业的知识产权战略竞争能力不仅是数字产业发展的外在要求，更是数字产业创新的内在需求。知识产权战略的推进和实施已经成为能否克服短期技术困境、促进数字产业创新发展的关键策略和手段。推进知识产权战略与数字技术创新战略、数字市场创新战略、数字技术标准战略协同发展是面向数字产业创新的知识产权战略协同发展的主要路径。

一　知识产权战略与数字技术创新战略的协同发展

（一）培育高价值专利是知识产权战略与数字技术创新战略协同发展的主要目标之一

知识产权战略与数字技术创新战略协同发展的目标之一是建设高价值专利培育体系。全流程指导数字产业创新主体的高价值专利引育，形成一批高价值专利组合和标准必要专利池。支持数字产业打造自主品牌，培育发展高价值商标品牌和地理标志产品，坚持质量导向，从产品生产、标准、管理、宣传、推广全方位帮助数字产业创新主体走品牌建设之路。倡导数字产业加强与高校、新型研发机构、知识产权服务机构协同创新，引导服务机构在项目立项、研发过程、推广应用等技术全生命周期深入挖掘和培育高价值专利。组建数字产业知识产权优势企业培育库，建立健全分层孵化体系。实施"知识产权雁阵"培育计划，鼓励数字产业大中小企业组建"知识产权雁阵联盟",发挥行业龙头和标杆型企业领军作用,构建创新链、产业链、供应链、标准链联动的优势产业集群。强化以数字产业数据为基础的专利导航决策机制,开展区域规划类、产业规划类专利导航工作,将知识产权大数据分析嵌入关键核心技术攻关。

(二)知识产权全链条保护是知识产权战略与数字技术创新战略协同发展的关键环节

知识产权战略与技术创新战略的协同发展推进数字产业创新主体知识产权保护升级。构建数字产业创新主体海外知识产权风险防控平台,预警监测海外知识产权风险。建设知识产权海外维权信息库,建立政府、行业、企业"三位一体"的海外知识产权争端处理机制,支持数字产业中小企业建立海外知识产权联盟。打造数字产业创新主体知识产权维权援助"一张网",建立多家知识产权快速维权中心,推广"互联网+"专利执法维权系统,健全侵权线索智能发现机制,创新网上网下一体化维权模式。鼓励数字产业创新主体加大知识产权保护资金投入,支持通过市场化方式设立知识产权维权互助基金。

(三)知识产权人才培育是知识产权战略与数字技术创新战略协同发展的重要支撑

知识产权战略与数字技术创新战略协同发展的重要支撑是推动数字产业知识产权人才培育。完善知识产权人才激励机制,加强对知识产权先进部门及个人激励,提高薪资待遇,增加相关福利,创建良好的知识产权人才发展环境。针对数字产业细分领域优先开展多层次知识产权培训工作,加强对数字创新主体高管、技术骨干、知识产权专员的培训。健全国际知识产权人才生态,鼓励中小企业积极参加国际知识产权机构组织的人才交流与合作活动,挖掘具有国际视野的技术人才,大力培养本地优秀创新人才,形成适用于数字产业国际化发展的梯度知识产权人才队伍。

二 知识产权战略与数字市场创新战略的协同发展

(一)发展知识服务业是知识产权战略与数字市场创新战略协同发展的主要内容

知识产权领域"放管服"改革既是国家"放管服"改革总体部署

的重要组成部分，也是实施创新驱动发展和知识产权强国战略，优化营商环境和实现科技自立自强的有力支撑。知识产权服务业涵盖代理服务、法律服务、信息服务、商用化服务、咨询服务、培训服务等多种领域，涉及专利、商标、版权、植物新品种等各类智力成果的权利化、商用化和产业化，在科技进步与经济发展中具有"促进技术转让投资、推动研发创新、催生新产业与商机、集聚并交易知识资产"等作用。知识产权服务业在数字产业创新中的作用疲软，尚未形成促进产业链和创新链相互衔接的现代产业集聚业态，现有理论研究和政策体系不能完全适用于面向数字产业的知识产权服务业发展需求。推进知识产权战略与市场创新战略的协同发展，可以引导创新主体进一步关注知识产权战略与技术许可战略、投资战略、品牌战略相结合，有利于推进知识产权服务业集聚发展模式，构建基于产业链、创新链、资金链和价值链"四链融合"的知识产权运营平台创新生态，为知识产权战略推动数字产业创新发展提供了路径参照和理论涵养源。

（二）"互联网+知识产权"服务生态是知识产权战略与数字市场创新战略协同发展的新趋势

数字技术催生了知识产权领域的新业态和新模式，知识产权数字化为知识产权创造、保护、管理、运用提供了新途径（金江军等，2013）。由政府或民营资本等主导的一批知识产权运营服务平台型组织正在崛起，如国家知识产权运营中心、江苏佰腾网、中高知识产权运营平台、六棱镜等（宋河发，2018）。这些服务平台不仅提升了知识产权运用效率，加快实现了专利等知识产权的商业价值，还通过协同创新实现了知识产权创造与运用。国内学者对中国知识产权运营服务在法律与风险规制（张冬，2015）、运营模式总结归纳（许玲，2018）及运营效率评价（张月花等，2020）等方面开展研究，指出知识产权运营服务平台未来发展趋势是信用化服务、精准化服务、资本化服务、大生态圈服务等（马蕾等，2020）。建立城市网络、区域性网络和国际化网络为载体的知识产权服务生态是重要发展趋势。例如，覆盖全欧洲的创业和创新中心网，包括 68 个中心，通过互联网方式互通信息、互相支持，现已成为欧洲最成功的知识产权服务网络。采用网络服务方式，搭建政府、研究院所、高校、企业之间的知识产权商用化服务平台，建设公共及民间研究机构间有效的知识产权服务体系，搞活知识产权服务贸易，通过联盟集聚模式构建知识产权服务创新生态是重要发展趋势。

（三）区域技术市场协同是知识产权战略与数字市场创新战略协同发展的重要路径

拥有强大资源整合能力且高效的技术交易市场，能够有效地推动区域科技创新一体化，减少信息不对称带来的成本、提高技术的转化率以及推动技术创新，是数字产业知识产权战略与数字市场战略协同的重要路径。数字经济发展和互联网技术应用推动技术市场进入跨越式发展阶段，呈现出联通化、数字化和生态化特征，技术跨区域转移、人才资金等生产要素在区域间流通促使技术市场生态辐射范围进一步扩大，技术市场生态系统多主体交互、多链条融合、多模式并存的特征越发显著，其主体由技术供给方、技术需求方、服务机构以及政府所构成，创新要素包括技术、资金、人才、信息等，技术市场协同发展离不开各主体交互与要素的流通。技术市场的协同不仅取决于各类资源投入的影响，还受到系统内结构性因素的制约，高校院所技术研发能力、平台服务能力、企业技术应用吸收能力和外部支撑环境之间的协同度一定程度上影响技术市场功能的发挥。

三　知识产权战略与数字技术标准战略的协同发展

（一）知识产权与技术标准协同战略是支撑数字产业创新发展的重要内容

立足新发展阶段，打造知识产权与技术标准协同发展战略是知识产权赋能数字产业创新发展的重要内容。《知识产权强国建设纲要（2021—2035年）》指出要"推动专利与国际标准制定有效结合"。《"十四五"国家知识产权保护和运用规划》指出"促进技术、专利与标准协同发展，研究制定标准必要专利许可指南，引导创新主体将自主知识产权转化为技术标准"。《国家标准化发展纲要（2021—2035年）》指出要"健全科技成果转化为标准的机制，完善标准必要专利制度""鼓励企业构建技术、专利、标准联动创新体系"。知识产权与技术标准协同发展已成为数字产业创新发展的重要趋势。

（二）知识产权融入团体标准是知识产权与技术标准协同发展的主要路径

知识产权可以融入国际标准，国家标准、行业标准、地方标准，团体标准和企业标准，当年不同标准对知识产权融入协调难度存在差异。

第一，国际标准组织在标准制定过程中表示："原则上不反对用包括采用专利权覆盖的专利项目的条款制定国际标准。"这表明国际标准化组织不会因某技术方案含有专利权而否定其成为国际标准的可能性，但其会要求证明引用该专利技术方案是合理的而且是不可替代的。同时，专利权人或者专利申请人必须作出专利实施许可（免费或收费）声明。通过上述方式，国际组织将尽最大可能无差别、无歧视地将知识产权保护成果纳入标准中，从而保障科技创新成果的应用和推广。但知识产权融入国际标准的实施难度与协调难度较大，需要数字产业创新主体具备较强的技术积累和一定的市场地位才有可能具备话语权。

第二，对于知识产权融入国家标准、行业标准和地方标准，国家政策不明确支持，同样协调难度较大。《国家标准涉及专利的管理规定（暂行）》指出，国家标准在制修订过程中涉及专利的，全国专业标准化技术委员会或者归口单位应当及时要求专利权人或者专利申请人作出专利实施许可声明。除强制性国家标准外，未获得专利权人或者专利申请人做出的专利实施许可声明的，国家标准不得包括基于该专利的条款。此外，知识产权融入企业标准虽然实施难度低，但对企业市场地位要求高，通常只有当企业标准成为"事实标准"后，才有可能发挥出真正的协同效应。

第三，国家鼓励支持知识产权融入团体标准。国家标准委、民政部印发了《团体标准管理规定》（国标委联〔2019〕1号），共有5章（43条）和1个附录，对团体标准的制定、实施、监督、格式等做出了详细规范要求。其中第十六条指出，社会团体应该合理处置团体标准中涉及的必要专利问题，应当及时披露相关专利信息，获得专利权人的许可声明。团体标准作为新《中华人民共和国标准化法》修订后增加的一种市场标准，时效性、适用性和市场灵活性较强。面向数字产业创新的知识产权直接融入国家标准或国际标准较为困难，但可以通过知识产权联盟共同制定团体标准，推进知识产权融入团体标准，通过逐层示范应用来扩大占领市场份额，再为后续把团体标准推向国际标准化组织提供实施基础。

（三）联盟协作是推动知识产权与数字技术标准战略协同发展的关键支撑

知识产权联盟或标准联盟是建设共同富裕示范区重要路径之一，打造富有创新能力的"产学研用金"协作平台样板。在高效运用、有效创造、立体保护、规范管理和专业服务等知识产权各环节加强协同优化整合，探索知识产权与标准有效融合路径。以联盟为载体，构建由学会、协会、商会、联合会组成的团体标准制定的组织机构，通过头部企业牵头，中小企业参与的战略协作模式，打通高价值专利布局、高效益成果转化、高层级标准制定全链。知识产权融入团体标准相关的制度规范、立项计划、标准起草、信息披露以 FRAND 政策等均需要知识产权联盟或标准联盟协调制定和统筹实施，鼓励数字产业创新主体建立技术研发、专利申报和标准制定同步推进机制，完善研发成果转化全链条体系。鼓励数字产业创新主体主导参与各类标准的修订，支持将优势技术转化为各类标准，开展知识产权与标准融合发展的专利池建设，为后续知识产权转化运用奠定基础。此外，知识产权融入技术标准的主体通常为技术标准的提案人，含有专利技术的相关提案能否被采纳并形成标准，取决于创新主体的技术研发实力、知识产权能力以及市场地位。

第四章

知识产权与技术标准协同推进
数字产业创新的理论研究

颠覆性数字技术创新和数字产业新型业态正在改写全球制造业竞争格局，知识产权裹挟的技术标准先行已成为全球数字产业的竞争规则，缺乏互联互通的标准协议导致的"数据孤岛"等成为数字产业发展的"卡脖子"问题，因此加强数字技术标准引领规范、增强数字技术知识产权保护与运用、对于加速推进数字产业创新至关重要。研究通过对2000—2020年发表于国际重要期刊的268篇文章进行系统归纳，总结出"互动关系（协同推进）—内在机理（八力驱动）—作用路径（双向互动）"的技术标准和知识产权协同推进数字产业创新的框架，提出数字产业创新融合再造新业态的四种模式以及未来研究方向，旨在推动数字产业创新研究的进一步发展。

第一节　知识产权与技术标准协同推进
数字产业创新的研究进展

一　知识产权与技术标准协同推进数字产业创新的重要意义

第四次工业革命正在以前所未见的速度迎面而来，颠覆性数字技术创新和数字产业新型业态正在改写全球制造业竞争格局。二十国集团领导人峰会已连续五年向全球发出号召，呼吁标准、知识产权与数字产业协同互动是保障数字经济可持续发展的重要议题。党中央和国务院高度重视推进技术标准、知识产权与数字产业协同互动以引领数字经济高质量发展,习近平总书记明确指出要加快推进数字产业化,要推动产业数字化,不断催生新产业新业态新模式,并专门就"瞄准国际标准,提高水平"做出重要部署。

虽然中国 ICT 产业在全球 5G 标准必要专利申请占比已超过 30%,但是知识产权裹挟的技术标准先行已成为全球数字产业的竞争规则,中美经贸摩擦导致华为被要求退出 Wi-Fi 联盟等国际技术标准化组织,加大了 ICT 产业未来发展的不确定性。而缺乏互联互通的标准协议导致的"数据烟囱""信息孤岛""平台割裂"等正成为以工业互联网为代表的数字产业发展的"卡脖子"问题;数字技术的知识产权开源创新或成为"双刃剑"为数字产业创新发展带来新挑战;当下"经济内循环为主、双循环促进发展"的新格局也对数字产业创新发展提出新要求。中国数字产业已经进入只有加快技术标准、知识产权与产业创新紧密协同才能高质量发展和提升国际竞争力的成长攻坚期。在全球数字经济出现大调整、大跃迁、大转换的新时代背景下,数据确权、标准引领、互联互通等全球性数字产业发展倒逼中国数字产业着力加强数字技术标准引领规范、增强数字技术知识产权保护与运用、加速推进数字产业化创新与产业数字化融合创新。

为此,聚焦面向制造业的技术标准与知识产权协同嵌入数字产业创新的理论框架,并阐述未来可能的研究方向,以期引起更多学者关注和开展数字产业创新相关研究,构建一套符合科学性、前瞻性、可操作性的技术标准与知识产权协同推进我国数字产业创新和提升国际竞争力的研究框架体系,进一步通过总结"世界经验"、凝练"中国智慧"、提出"解决方案",对推进我国数字经济高质量发展和培育国际竞争优势具有举足轻重的作用。基于此,研究总结了 20 年来有关数字产业化、产业数字化、技术标准、知识产权相关的文献,梳理现有相关研究进展,提出技术标准与知识产权协同推进数字产业创新研究的理论框架和模式选择,并阐述了未来可能的研究方向,以期引起更多中国学者关注和开展数字产业创新相关研究,为中国数字经济的发展做出贡献。

二 知识产权与技术标准协同推进数字产业创新研究的文本挖掘

研究选择标准抽样方法来确定文献范围。具体方法分为 5 个步骤。

第一,研究以 Web of Science 数据库为依据,着重于检索包括一般管理、创新管理和信息系统管理等领域的学术刊物。以"Digital indus-

try innovation""ICT""Digital transformation""Intellectual property"
"Technical standards""Standard essential patent"等为关键词,以文章主
题为依据在目标刊物中检索英文文献相关文章。

第二,分别阅读每篇文章摘要和全文,删除与研究主题不符的文
献,增加文献中被遗漏的参考文献和该领域高频率被引的论文,最终将
符合条件的 2000—2020 年 268 篇英文文献作为核心分析对象。

第三,对 268 篇文献采用 VOS Viewer 软件进行了初步的计量分析。
共词结果(见图 4-1)显示 5 类边界相对清晰的关键词聚类:产业创新
(创新、产业、系统、公司、战略、影响、模式等)、数字产业化创新
(数字技术、服务化创新、数字化、商业模式创新等)、产业数字化创
新(数字化转型、"工业 4.0"、物联网、大数据等)、技术标准与数字
产业创新(技术标准、标准化、区块链、标准联盟、创新绩效等)、知
识产权与数字产业创新(知识产权、专利、标准必要专利、知识产权
联盟、创造与保护、管理与运营等)。

共引分析的结果(见图 4-2)显示 5 类相对清晰的研究方向:①产
业创新视角下对其基本理论、基本方法和竞争战略的研究,以 Eisen-
hardt(1989)、Chesbrough(2002)、Teece(2007)、Porter(2014)、Barney

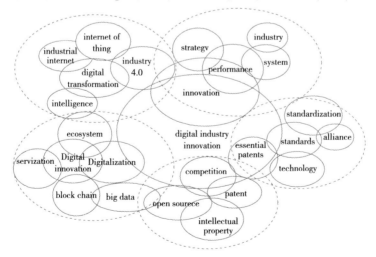

图 4-1 共词分析结果

注:为了保证图像清晰性,本图只保留了共词较多的关键词,并删除了共词连接线,圆
圈大小表示关键词出现的相对多少,仅做象征展示。
资料来源:由笔者整理。

（1991）等为核心共引文献。②在技术变革视角下对数字基础设施、创新平台、创新生态系统等问题的研究，以 Gawer（2014）、Yoo（2010）、Tilson（2010）、Tiwana（2010）等为核心共引文献。③在组织变革视角下对商业模式变革、创新网络效应、企业创新学习与吸收能力等问题的研究，以 Cohen（1990）、Teece（1986）、Katz（1994）等为核心共引文献。④在数字技术治理视角下，对技术标准、技术与主导设计、制度同构等方面进行研究，以 Anderson（1990）、Dimaggo（1983）、Nelson（1982）等为核心共引文献。⑤在数字创新治理视角下，对知识产权的创造与保护、竞争战略、知识产权与创新绩效、知识产权与技术标准协同等方面进行研究，以 Rysman（2008）、Bekkers（2002）、Lemley（2002）、Simcoe（2009）等为核心共引文献。

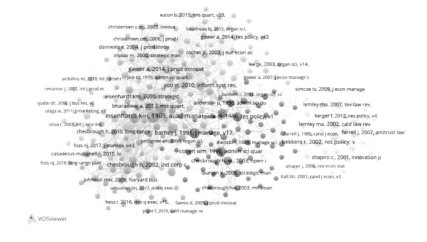

图 4-2　共引分析结果

资料来源：由笔者整理。

第四，通过文献计量分析对数字创新管理领域研究有一个全景图之后，研究遵循文献内容分析的典型步骤，创建了一份列有 268 篇文献的文档，包含题目来源期刊、研究视角、主要结论等信息，这一过程借鉴了数据编码思路，从原始数据出发，依次进行初级编码和聚焦编码，归纳相关概念以创建相应理论框架。在表 4-1 中展示了一些代表性论文的编码结果。

表 4-1　数字产业创新代表文献编码

研究视角	研究内容	主要作者	发表期刊	研究问题	研究方法	代表性观点
数字产业创新	战略视角：数字化技术的颠覆式创新、数字化产业竞争战略、数字模块化、数字化联盟等	Nambisan（2017）	MIS Quarterly	基于数字技术管理的新管理理论是什么？	理论研究	创新过程和成果的快速演变数字化已经颠覆了现有的创新管理理论。迫切需要基于数字创新管理的新颖理论，研究以四个新的理论逻辑形式为这种理论化提供了建议
		Porter（2014）	Harvard Business Review	智能互联背景下如何制定企业战略及实现竞争优势的框架？	理论研究	智能互联产品改变了竞争、行业结构、行业边界和战略，智能互联产品实质上改变制造公司中几乎所有职能部门的工作
		Yoo 等（2010）	Ifformation into System Reserach	新兴的数字创新组织逻辑框架如何？	理论研究	数字化催生了一种新型的产品架构。分层的模块化架构通过合并四个数字技术创新的耦合的设备、网络、服务和由数字技术产品的模块化架构内容层来扩展物理产品的模块化架构
	协同视角：开源技术、产学研合作、共创、开放式创新等	Crupi 等（2020）	Journal of Knowledge Management	数字开放式创新中心如何通过触发开放式创新来支持中小型企业数字化转型？	实证研究	欧洲数字创新中心（DIH），作为知识来源，引起数字印记过程转型（OI）的数字化转型支持中小型企业（SME）
		Abadi 等（2016）	OSDI 16	TensorFlow 用于大规模机器学习的系统如何运作？	理论研究	TensorFlow 支持各种应用程序，被用作开源项目发布，并且已广泛用于研究，在多种实际应用中实现出色性能
		Trantopoulos 等（2017）	MIS Quarterly	外部知识源和信息技术中的知识吸收搜索如何影响创新过程绩效？	实证研究	获取和整合来自企业外部的知识，如客户、竞争对手、大学或顾问，对企业的创新成功至关重要

续表

研究视角	研究内容	主要作者	发表期刊	研究问题	研究方法	代表性观点
数字产业创新	分层视角：基础层、平台层、应用层，战略模式，实现路径与推进机制的差异	Iyytinen 等 (2016)	*Information Systems Journal*	信息基础结构具有何种动态复杂性？	定性与定量结合	数字技术影响创新网络的影响，数字技术通过支持的四类创新网络以影响数字产品创新
		Sandberg (2020)	*MIS Quarterly*	平台组织逻辑中如何进行数字化和相变？	定性与定量结合	利用复杂的自适应系统（CAS）理论对产品平台数字化如何导致相变提供了新的经验分析，并展示 CGP 的三种机制的中介作用：交互规则，设计控制和刺激激响应多样性
		Sousa (2020)	*International Journal of Operation Management*	如何评价企业的动态能力和数字化转型能力？	理论研究	研究对数字转换基本能力—数字转换能力的相关因及其对企业竞争优势的影响具体化，提出了数字转换能力框架，一次测量和评估企业的数字化转型能力
产业数字化创新	战略视角：传统产业数字化转型、新兴产业数字化、企业数字化的数字化转型	Chamias 等 (2019)	*Journal of Strategic Information Systems*	欧洲金融服务提供商如何制定和实施 DTS？	理论研究	数字化转型策略的制定和实施，是一个高度动态的过程，涉及学习制定和制作之间制作的迭代演进
		Petruzzelli 等 (2020)	*California Management Review*	企业如何从数字化转型中获取价值？	案例研究	企业应统一战略实施，从数字化转型型中获取价值。通过对企业数字化转型的三个案例研究提供了企业实施其数字化转型战略从而革新其业务模型框架
		Sjodin 等 (2019)	*Journal of Business Review*	服务化中如何实现卓越的财务绩效？	定性与定量结合	与物联网相连的新数字型技术的发展，以及人工智能和自动化技术的进步，正在催生一波新的制造业创新

续表

研究视角	研究内容	主要作者	发表期刊	研究问题	研究方法	代表性观点
产业数字化创新	协同视角：数字服务化、用户共创价值、平台驱动	Sklyar 等（2018）	Journal of Business Review	公司以服务为主导对营销和技术能力及其绩效的影响？	理论研究	强调了必须以服务为中心，以充分利用数字化带来的纯技术优势以外的优势
		Johansson 等（2020）	Journal of Manufacturing Technology Management	数字化生产创新项目在高度复杂性和不确定性下如何进行管理控制？	调查研究	研究强调了数字生产创新项目必须重视与决策过程相关的管理控制以及组织外部利益相关者的参与如何客户和合作伙伴应该确保更全面地参与决策过程的管理控制
		Paiola 等（2020）	Industrial Marketing Management	物联网技术对公司业务转型的面向服务的影响？	定性研究	物联网等技术迫使企业创造全新的商业模式，从传统的以产品为中心的方法转变为以数字化为基础的面向服务的方法
	平台视角：数字转型平台、数字网络、数字生态等研究	Gawer 等（2014）	MIS Quarterly	企业应该如何管理公司内外的创新？	理论研究	企业应管理企业内外的创新，及时应对技术和市场环境随着时间的推移而发生的变化
		Autio 等（2014）	The Academy of Management Perspectives	如何利用架构杠杆作用的概念来理解平台演进	定性与定量相结合	先进制造技术通过支持具体的研发活动和促进创新合作，推动了附属机构研发能力的提升，创造了一个整合的开发环境
		Benitez 等（2020）	International Journal of Production Economics	中小企业生态系统如何巩固和发展，以及如何在其中共同创造价值	实证研究	创新生态系统使中小企业可以整合资源并共同创建"工业 4.0"解决方案，生态系统的使命已从获取创新资金转变为"工业 4.0"解决方案，然后再转向智能业务解决方案联合

续表

研究视角	研究内容	主要作者	发表期刊	研究问题	研究方法	代表性观点
数字产业治理	技术、组织、控制等数字产业组织内部治理协同	Chen 等 (2020)	Journal of Management	区块链技术下数字平台以何种方式治理？	定性与定量结合	随着区块链技术不断兴起，分散式平台较少由平台所有者管理，而通过社区的努力，数字平台更加分散，但这种趋势可以领导层应用程序层相比，基础结构层经验来弥补。
		Brous 等 (2016)	Electronic Government, EGOV (2016)	数据治理有怎样的作用？	理论研究	数据治理使组织能够确保适当地管理数据和信息，从而在适当的时间内为适当的人员提供适当的信息
		Bazarhanova 等 (2019)	Electronic Markets	数字平台治理模式如何演变？	多案例研究	数字平台的演变过程是从具有集中控制结构的主导阶段到更加联合的治理方法，在平台及应用户之间引入中介中会削弱主导平台所有者
	政府、社会力量与企业数字产业协同治理	Mahony 等 (2020)	Strategic Management Journal	开发平台的参与如何演变？	定性与定量相结合	在一个结构化开发和治理流程中，外部参与者增加了他们的贡献可以承担项目领导角色，在许多公司中分配弱主导平台的领导地位
		Benfeldt 等 (2019)	Information Systems Frontiers	研究探讨了为什么在地方政府组织中难以管理数据？	实证案例研究	将地方政府数据治理归因于相互关联的挑战，感知价值、促进协作、增强能力、数据概述
		Venkatesh 等 (2019)	MIS Quarterly	欠发达国家 ICT 产业应采取何种治理模式？	实地调研	为了获得嵌入公民咨询网络中的本地信息和知识资源的潜在利益，需要将地方政府和技术赞助商的领导相结合的混合治理

续表

研究视角	研究内容	主要作者	发表期刊	研究问题	研究方法	代表性观点
技术标准与数字产业创新	核心能力、动态能力、标准治理等影响因素	Warne 等 (2008)	*IJITSR*	如何利用公司组织的实际选择权和动态能力理论来开发一个集成框架?	实证研究	我们提出关于某些公司属性的命题, 作为技术标准可以收购时机的预测指标
		Coreynen 等 (2020)	*Industrial Market Management*	在企业战略应变性观点下数字服务的内部和外部驱动因素?	多案例研究	开发和探索、技术动荡都与数字化呈正相关, 为了充分理解企业向数字服务的战略转型, 应该同时考虑两者, 建议公司应密切注意调整其战略以适应不断变化的环境
		Brunsson 等 (2012)	*Organization Studies*	从标准化的视角对组织动态能力的研究的关注点?	理论研究	从组织研究的角度研究发现标准化现象和标准化, 应突出三个方面: 组织标准、组织标准化和作为组织形式的标准化
		Hoisl (2014)	*Research Management and Planning*	技术标准如何促进产业创新和发展?	案例研究	对 ICT 产业进行研究发现技术不连续问题, 有效解决技术不连续问题, 进而促进产业的创新和发展
	标准影响产业规范参与、国家标准、团体标准	Blind 等 (2004)	*Research Policy*	保护知识产权的策略对加入正式标准化过程的可能性影响	实证研究	Probit 模型的结果解释了加入标准化过程的可能性, 公司的专利强度越高, 其加入标准化过程的趋势就越低
		Hui (2017)	*Business and Management*	国际管理咨询标准对中国咨询服务业有何影响?	案例研究	中国的管理咨询企业与发达国家的企业之间仍然存在很大差距。服务差距的主要原因是中国管理咨询服务行业竞争无于节制是造成此类问题的重要原因是行业缺乏相应的标准

续表

研究视角	研究内容	主要作者	发表期刊	研究问题	研究方法	代表性观点
技术标准与数字产业创新	产业影响标准：与推进引领、标准联盟、事实标准	Kale 等 (2007)	Strategic Management Journal	标准联盟功能与企业的联盟成功之间的"黑箱"研究	调查研究	内部化的联盟学习过程与公司的整体联盟成功成正比
		Motika 等 (2012)	Computer Standards & Interfaces	网络半虚拟化驱动程序中事实标准的实现和性能研究	定性与定量结合	KVM 是 Linux 内核模型，它取决于硬件支持，可基于内核的虚拟机（KVM）完成的网络虚拟化
		Tauman 等 (2018)	International Journal of Industrial	专利，准入条件对企业创新的影响	实证研究	嵌入联盟网络中表现出高集群性和高触及性（企业平均路径长度较短）的企业将比不具有这些特征的企业拥有更大的创新产出
知识产权与数字产业创新	核心能力、动态能力等影响因素	Miric (2019)	Research Policy	移动应用程序开发人员的专有性数据策略的影响	定性研究	较多的开发人员使用版权、专利和商标将非正式机制与正式知识产权结合起来，这将影响企业数字平台的策略
		Teece (2018)	Research Policy	互补资产和互补技术在数字平台中作用的有效用分析	定性与定量结合	技术和创新的互补性给创新者带来了协调和市场设计方面的挑战，这些挑战通常会导致私人收益失灵，表现为社会收益超过私人收益
		Furr 等 (2016)	Harvard Business Review	大公司如何开发自己的生态系统和创新能力？	案例研究	领导者应抓住宝贵的机会，使公司能够极其多样的想法、技能和资源汇集在一起，迅速解决生态系统级的问题

续表

研究视角	研究内容	主要作者	发表期刊	研究问题	研究方法	代表性观点
知识产权与数字产业创新	知识产权创造和保护影响数字产业创新	Berzosa 等 (2014)	Technovation	如何在数字经济中管理集体创新？	实证研究	基本专利、FRAND 和最高许可费率的组合政策有助于克服竞争环境下与集体创新相关的特定挑战
		Zhao (2006)	Management Ence	企业所在地知识产权保护能力的强弱与研发能力如何相关性如何？	抽样调查	知识产权薄弱会导致创新收益低下和创新机制的替代用不足，拥有保护其知识产权的跨国公司在这些地区研发具有吸引力
		Galasso (2018)	Rand Journal of Economics	专利在企业创新发展中有何种作用？	实证研究	在创新主体发展战略的制定、创新主体结构的调整和创新在市场中的竞争状态等方面，知识产权制度发挥重要的调节作用。知识产权对不同产业创新的实际影响
	产业组织运营、突破创新方式等影响知识产权	Kim 等 (2018)	Sustainability	如何构建合作网络战略和知识产权（IP）管理能力？	实证研究	新的 ICT 公司需要使用多个外部资源来构建技术创新网络，并增强其 IP 管理能力，以提高其技术创新绩效
		Moser (2012)	Journal of Law & E-conomics	研究探讨了专利与创新之间的关系	案例研究	大多数创新展品没有专利，英国和美国数据的比较表明专利权多少不受专利法的影响。断面证据表明，高质量城市展示更有可能获得专利
		Farrar 等 (2011)	International Journal of Industrial Organization	现代专利池具有何种利润共享规则？	实证研究	拥有专利和下游业务的垂直整合的公司更有可能加入专利池中，而在那些确实加入了专利的公司和专利对标准的贡献就价值而言相对合理的公司更容易接受

续表

研究视角	研究内容	主要作者	发表期刊	研究问题	研究方法	代表性观点
技术标准与知识产权协同推进数字产业创新	引领型标准联盟、战略型政府自主型知识产权联盟、战略网络型产业联盟等协同推进数字产业融合平台	Wen 等 (2020)	*Journal of Product Innovation Management*	标准化联盟如何在网络地位、行业标准制定和新产品成果方面发生变化？	实证研究	在标准化联盟网络中跨越结构漏洞的企业在关注早期新产品推出时会获得优势，而针对更具创新性的产品则会处于劣势
		Hu (2012)	*International Conference on Management Science & Engineering 19th Annual Conference Proceedings*	数字经济下战略性政府职能机制如何构建？	理论分析法	战略性新兴产业尚处于起步阶段，工业在发展之初，需要来自包括政府在内的外部支持。政府应充分发挥其优势，在适当的位置上做出正确的选择
		Chaturvedi 等 (2020)	*Research Policy*	数字时代产品的设计及联盟收购	实证研究	动态地改善产品设计与不断发展的主导设计的一致性，并提高其产品市场生存的可能性，我们建议公司使用联盟和收购实现行问题的搜索，以减小功能实现方面的差距
	用户驱动、创新驱动、数据驱动、服务驱动、网络驱动等协同推进策略	Wang 等 (2004)	IEEM	探究技术标准、知识产权和技术创新三者之间的协同演化关系？	定性研究	技术创新促进技术标准战略和知识产权战略的相互融合，技术标准战略和知识产权战略的融合对技术创新具有"双刃剑"作用，三者只有协同发展，才能实现良性循环

续表

研究视角	研究内容	主要作者	发表期刊	研究问题	研究方法	代表性观点
技术标准协同推进数字产业创新	用户驱动、创新驱动、数据驱动、服务驱动、网络驱动等协同推进知识产权策略	Wang（2020）	Management, Innovation and Development	高科技企业领域各模块之间如何形成创新体系	定性与定量相结合	在高科技企业领域，基于异化、共生共存或共进化的组件/模块的公司已经形成了"以客户为中心"的需求、协同研发，"知识产权"、"技术标准"、"战略"的创新体系
	技术标准、知识产权与产业创新的互动关系	Reis 等（2020）	Proceedings of the European Conference on Intellectual Capital	知识产权如何对数字创新产生作用？	实证研究	在数字网络驱动下，创造性表达与对知识产权的保护相结合，可以刺激和促进创新
		Teece（2018）	Research Policy	技术视角下数字经济中创新者的价值获取问题与平台和生态系统的动态问题	定性与定量相结合	应将技术标准视为能够进行大量新的下游经济活动和大量研发工作的体现，否则奖励的标准可能太低，无法支持适当水平的未来创新，防止潜在的被许可人免费"搭便车"
		Galasso（2018）	Rand Journal of Economics	专利在企业创新发展中有何种作用？	实证研究	在创新主体发展战略的制定，创新主体在市场中的竞争状态等方面，调整和创新主体知识产权制度发挥重要的调节作用。知识产权对不同产业创新的实际影响
		Drahos 等（2004）	Information Economics and Policy	创新、竞争、标准与知识产权的互动关系	诠释研究	研究确定了管理创新，知识产权、竞争法背后的监管复杂性的根源。技术标准制定过程背后的根源

注：篇幅所限，我们通过综合考虑文章核心议题相关度、期刊影响、文章引用率等指标选取了代表性文件。

资料来源：由笔者整理。

85

第五，根据计量分析结果和编码结果，初步形成了研究流派，并深入阅读对应研究流派的所有文章，总结每个流派的核心观点，最后基于系统性综述的方法形成了数字创新管理的理论框架，并提出未来研究展望。当然，在以上 5 个步骤过程中，多次进行了迭代，例如，在深入阅读文献过程中发现有些参考文献被遗漏，会把这些遗漏文献重新加入进来回到第三步等。

三　知识产权与技术标准协同推进数字产业创新研究的文献综述

有关知识产权与技术标准协同推进数字产业创新研究的文献综述，如表 4-1 所示。

第二节　知识产权与技术标准协同推进
数字产业创新的理论框架

结合共词分析和共引分析的结果，以及对"技术标准与知识产权协同推进数字产业创新"主题下各类文献的深入分析，提出了一个"技术标准与知识产权协同推进数字产业创新"的理论框架。针对这一理论框架的论述可以围绕"互动关系（协同推进）—内在机理（八力驱动）—作用路径（双向互动）"的逻辑展开（见图 4-3）。其中，技

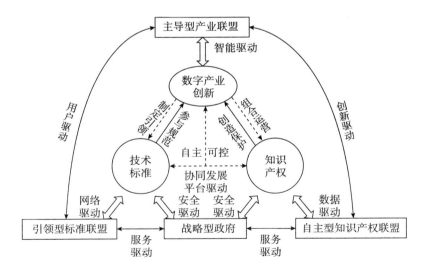

图 4-3　技术标准与知识产权协同推进数字产业创新的理论框架

资料来源：由笔者整理。

术标准、知识产权和数字产业创新之间协同推进的互动关系是这一理论框架得以发展的基础；标准联盟、知识产权联盟、产业联盟和政府组织是技术标准与知识产权协同推进数字产业创新的支撑载体，探究数据驱动、智能驱动、网络驱动、安全驱动、用户驱动、创新驱动、平台驱动、服务驱动八种驱动因素对四大支撑载体影响的内在机理是这一理论框架的核心；基于技术变革与组织变革双重嵌套的技术标准与知识产权协同推进数字产业创新的双向互动路径是这一理论框架的实践。

一 知识产权与技术标准协同推进数字产业创新的互动关系

已有研究指出技术标准促进产业规范发展，知识产权保护激励产业创新（Teece，2018）。有学者认为，技术标准与知识产权由分离走向协同是产业创新的重要趋势，知识产权是技术标准竞争与合作的基本要素（Galasso，2018），例如美国高通公司采用 1400 多项标准必要专利组合的专利池成功使 CDMA 成为移动通信国际标准，并通过向电信设备制造商发放专利许可实现了事实标准对通信产业垄断。近年来，传统意义上"专利—产品"的生产结构已被"研究开发（知识产权）、技术集成（标准）、元器件制造、整机制造、品牌销售"的多元产业链结构所替代，专利池和标准联盟通过事实标准推进产业创新的趋势更多显现（Kale et al.，2007）。我国传统产业技术标准与知识产权协同不紧密，多数产业联盟缺乏专利池机制，产业政策较少使用技术标准政策，知识产权政策缺乏对专利联营和专利组合的指导，导致自主可控的创新型产业不多（杨幽红等，2014）。由数据要素驱动的数字产业由于基础支撑 5G 技术具备国际领先优势，使以 ICT 产业为基础的工业互联网、智能制造等产业具备实现产业链和价值链攀升的潜在优势（Nuccio et al.，2019）。同时数字产业创新面临"互联网+知识产权"的新形态和新内容，需要建立更为综合的知识产权组合策略与运营策略来推进数字产业创新发展。在技术标准与知识产权协同作用模式下，依赖于协同效应及支配原理的系统自组织运行机制，引领型标准联盟运用事实标准和团体标准打造互联互通产业生态，依托特定标准产生的网络外部性效应引领产业发展，规范政府机构服务模式（Coreynen et al.，2020）。自主型知识产权联盟通过知识产权创造保护和组合运营影响产业创新演进，知识产权增长导致产业创新系统正反馈效应，通过与技术标准迭代互动的无序到有序的重复过程推进数字产业创新的非线性增长。部分学者认为主导型产业联盟结合产业变革需求影响标准联盟决策，通过知识产权交易等市场激励机制影响知识产权联盟决策（王洋，2019），促进标准联盟与知识产权联盟协同互动（Chaturvedi et al.，2020）。也有学者指出，战略型政府关注数字产业创新对技术标准与知识产权协同发展的公共治理诉求，通过构建支撑体系和保障机制进一步推进技术标准化与知识产权制度的协同发展，形成一系列引导、支持和保障数字产业创新发展和提升国际竞争力的综合治理体系（Benfeldt et al.，2019）。综上所述，研究得出如下命题：

命题4-1：技术标准与知识产权协同能够显著推进数字产业创新，其中数字技术标准通过参与规范和制定引领等方式与数字产业创新形成双向互动关系，数字技术知识产权通过创造保护和组合运营等方式与数字产业创新形成双向互动关系，而促进技术标准与知识产权协同发展有利于推进形成具有竞争力的自主可控的数字产业创新系统。

二　知识产权与技术标准协同推进数字产业创新的内在机理

在"创新、共享、绿色、开放、协调"五大发展理念引导下，传统产业通过创新驱动实现转型升级，互联网与电子商务加速制造业和服务业的融合，制造型中小企业在创新链的各个环节发挥积极作用，尤其在创意前端和商业化后端催生新型业态，在生产性服务业和消费性服务业领域成为提供公共产品、公共服务的新力量和经济发展的新源泉。

对技术标准与知识产权协同推进数字产业创新的内生与外生驱动因素研究是技术标准与知识产权协同推进数字产业创新内在机理的核心。与传统产业相比，技术标准与知识产权协同推进数字产业创新的过程受到了更多非典型因素的影响。从内因来看，作为数字产业化的创新对象和产业数字化的管理工具，数据驱动通过云计算、大数据、区块链、边缘算法等开放源代码的灵活策略实现数据分析和价值发现，开放源代码软件不仅需要较高的知识产权保护，同时通过自主知识产权联盟形成标准必要专利组合来主导数字产业创新。与此同时，大量的系统和组件接口等基础通用标准、工业互联网等数字产业创新所需要的关键技术标准，以及包括金融科技在内的服务类标准中可能包含对于产品功能的规定或指标要求，需要知识产权保护与运营来维护数据确权与数据安全，因此安全驱动旨在实现数据采集、数据挖掘、业务对接过程中的知识产权保护与标准衔接，打造满足数字产业创新的安全技术体系和相应管理机制。随着用户角色由创新客体向创新主体的转变，以用户需求为中心，以用户群和技术团队为支点的社会网络正在逐渐形成（Wang et al.，2020），依托数字产业创新形成的新型组织管理模式已经呈现高度虚拟化和网络化特征，而这一特征还会逐渐蔓延至其余传统要素中，因此网络驱动运用技术标准制定打造互联互通的数字产业生态有利于提升数字产业竞争力。数字产业创新呈现数字化、网络化、智能化的需求，以平台与数据、工业 App 等关键技术为代表的平台体系成为支撑制造资源泛在连接、弹性供给、高效配置的服务载体，因此平台驱动是在技术综合集成应用基础上延伸出来的新型技术体系，支撑实现海量异构数据汇聚和建模分析、经验知识转化复用、智能应用开发运行，其中设备连接、数据采集、大数据应用、机理建模分析、微服务、平台间兼容等重点领域成为标准化布局的重点。而数据要素与传统要素充分整合实现对知识、技术、管理等各方面生产要素流转的全面智能化改造，因此智能驱动是指基于新一代信息通信技术使制造活动具有自感知、自学习、自决策、自执行、自适应等一个或多个功能的层级划分，包括资源要素、互联互通、融合共享、系统集成和新兴业态五层智能化要求。云计算、大数据、区块链、人工智能、边缘算法等数字技术在数据驱动、安全驱动、网络驱动、平台驱动、智能驱动等内生影响因素作用下，进一步强化技术标准与知识产权的协同特征，并对基于上述数字技术形成的数字产业创新形成双向互动作用机理，才更有可能获取广泛收益并以领先的标准主导市场。

从外因来看，随着数字技术标准的扩散和数字技术知识产权的迭代，数字产业创新相较传统产业而言呈现更强的动态性，即数字产业创新更注重创新主体与受体（用户）的动态变化（Brunsson et al.，2012），因此用户驱动依托海量数据助推创新主体实现主导专利和技术标准的转化，满足产业联盟对统一标准和知识产权共享的需求，逐步推进数字产业化创新与产业数字化融合创新打造新型产业业态。同时，数字技术创造性地把成本低廉的信息资源整合成为新的生产要素，通过组织变革减少中间环节和沟通成本，把创新要素的市场信号更好、更快地传递到创新者的手中，充分降低了创新资源的获取门槛，因此创新驱动提升数字产业技术创新、布局自主知识产权联盟、增强数字产业创新发展与价值链攀升能力，从基础层、平台层、应用层三个技术跃迁层级分析技术标准与知识产权协同的演进机理，尤其基于数据同质化、设备可编程、软件无形性和组件自参考等数字技术特性衍生形成的数字创新自生长和模块化特点，数字产业化创新越发倾向于向多层次模块化架构的形态演变。政府也是技术标准与知识产权协同的重要推动因素。政府不仅能协调利益相关者需求有效整合各方资源推进技术标准与知识产权的协同发展，而且能够以政策法规的形式为二者的协同发展提供积极的制度支持和环境保障。服务驱动正是驱动战略型政府通过转变职能和完善公共治理的政策支撑体系和优化保障措施促进技术标准与知识产权协同均衡（Venkatesh et al.，2019）。综上所述，研究得出如下命题：

命题4-2：数据驱动、安全驱动、网络驱动、平台驱动、智能驱动、用户驱动、创新驱动、服务驱动八种驱动是影响技术标准与知识产权协同推进数字产业创新的重要因素，这八种驱动因素通过标准联盟、知识产权联盟、产业联盟和政府组织这四大支撑载体的协同互动影响数字产业化创新和产业数字化融合创新。

三　知识产权与技术标准协同推进数字产业创新的作用路径

在分析不同类型数字产业、具有差异化特性的技术标准与知识产权协同特征基础上，探索技术标准与知识产权协同推进数字产业化创新和产业数字化融合创新的作用路径。从技术变革视角来看，基于数字产业互联互通的发展诉求，数字产业创新依赖产业链各环节紧密衔接且支撑其发展的标准、知识产权与创新链的互动融合（Alexy et al.，2012）；当各个环节标准、知识产权与创新链不断提升并应用到相应产业，便会促进产业链价值增值；而标准、知识产权与创新链、产业链、价值链上的各个环节的升级再造，都需要一系列相关的物料流、信息流、资金流、人才流等供应环节链接支撑（Reis et al.，2019）；标准、知识产权与创新链、产业链、价值链和供应链的融合共同推进了服务链的有机衔接和代际迭代。标准、知识产权和创新链、产业链、供应链、价值链、服务链交互融合，为推进数字产业化创新提供基于典型应用的实现路径。从组织变革视角来看，技术标准与知识产权协同推进数字产业创新的治理机制是以数字产业创新为目标，以技术标准与知识产权协同为对象，因循技术标准形成机理，通过若干途径以协调技术标准制定过程中与知识产权互动行为的制度性安排。在垂直应用场景下，构建适应技术标准与知识产权协同推进数字产业创新的多元主体，包括主导型产业联盟、引领型标准联盟、自主型知识产权联盟和战略型政府，加强标准化战略、知识产权战略与数字产业创新战略的制度衔接和治理协同，为推进产业数字化融合再造新业态提供基于垂直应用的实现路径。在此过程中开放式创新系统运行的技术标准等支持性驱动因素有助于将资源转化为创新动力（Nuccio et al.，2019），并进一步发挥战略型政府的第三方监管职能，通过完善公共治理政策体系和优化创新保障措施等，增强市场机能、有效维护市场秩序、促进要素释放与主体培育。综上所述，研究得出如下命题：

命题 4-3：技术变革视角下标准、知识产权和创新链、产业链、供应链、价值链、服务链交互融合，为推进数字产业化创新提供基于典型应用的实现路径；组织变革视角下构建适应技术标准与知识产权协同推进数字产业创新的多元主体，包括主导型产业联盟、引领型标准联盟、自主型知识产权联盟和战略型政府，为推进产业数字化融合再造新业态提供基于垂直应用的实现路径。

第三节　知识产权与技术标准协同推进数字产业创新的组合模式

一　知识产权与技术标准协同推进数字产业融合再造新业态组合模式

基于数字产业创新产出和技术标准与知识产权协同能力构建数字产业融合再造新业态的效率组合四象限分析框架，针对数字产业的不同类型，依据融合效率和关键动因，分析基于数字产业创新融合效率的差异化再造新业态的四种模式：基于知识产权驱动型个性化定制的新业态、基于技术标准驱动型智能化生产的新业态、基于技术标准主导型网络化协同的新业态、基于二者协同引领型服务化延伸的新业态，构建能够解释和预测技术标准与知识产权协同推进数字产业融合再造新业态的组合策略（见图4-4）。

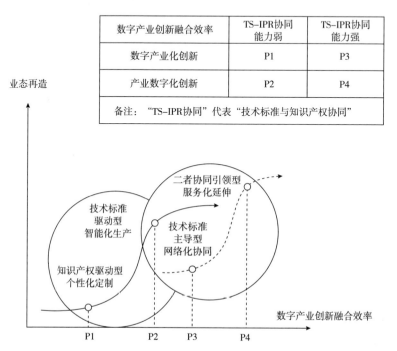

数字产业创新融合效率	TS-IPR协同能力弱	TS-IPR协同能力强
数字产业化创新	P1	P3
产业数字化创新	P2	P4
备注："TS-IPR协同"代表"技术标准与知识产权协同"		

图4-4　知识产权与技术标准协同推进数字产业融合再造新业态组合模式
资料来源：由笔者整理。

数字产业创新能使技术的变革与衍生正在不断创造数字产业化生态、重塑产业数字化业态，两化融合的不同倚重形成了数字产业创新融合效率的不同表征，即数字产业化创新和产业数字化创新两种形态。伴随数字产业创新融合效率整体水平的变化，业态再造表征由数字产业化创新向产业数字化融合创新呈递增趋势。随着技术标准与知识产权协同能力强弱的改变，数字产业化创新和产业数字化融合创新分别呈现不同发展阶段。在总结数字经济领域标准与知识产权的演变规律后（Damien et al.，2013；Baron et al.，2018），针对数字产业创新产出差异与技术标准和知识产权协同程度差异组合形成四种数字产业创新融合效率，从而构建多层级的新业态组合模式：模式一是知识产权驱动型个性化定制的新业态模式。数字产业化创新过程中，当技术标准与知识产权协同能力较弱时（P1），竞争呈现较大的同质化特征，市场产品很难满足不同人群的需求，因为不同需求的针对性设计专利被不同的市场主体各自持有（Belderbos et al.，2014），从而催生出知识产权驱动型个性化定制的新业态模式，利用互联网平台和智能工厂，将用户需求直接转化为生产排单，实现以用户为中心的个性定制与按需生产。模式二是技术标准主导型网络化协同新业态模式。数字产业化创新过程中，当技术标准与知识产权协同能力较强时（P3），数字技术已经发展到较为通用的水平，形成一套符合生产实际、满足市场需求、不断发展完善的标准化体系，此时市场竞争的核心在于重塑生产过程，因此技术标准主导型网络化协同新业态逐步涌现，借助互联网、大数据和工业云平台发展协同研发、众包设计、供应链协同等新模式（Bekkers et al.，2002）。模式三是技术标准驱动型智能化生产新业态模式。产业数字化创新过程中，当技术标准与知识产权协同能力较弱时（P2），传统产业数字化转型的发力点在于构建符合生产规范的标准化方案，并由诸多方案的市场竞合过程中实现集成创新，因此技术标准驱动型智能化生产新业态成为主导模式，利用先进制造工具和网络信息技术对生产流程进行智能化改造，实现数据跨系统流动、采集、分析、优化，完成设备性能感知、过程优化、智能排产等智能化生产方式。模式四是技术标准与知识产权协同引领型服务化延伸的新业态模式。产业数字化创新过程中，当技术标准与知识产权协同能力较强时（P4），市场主体间已经形成较为成熟的技术标准，知识产权通用性得到大幅提升，市场的竞争特性逐渐由产品主导向服务主导延伸，从而形成技术标准与知识产权协同引领型服务化延伸的新业态，通过在产品上添加智能模块，实现产品联网与运行数据采集，利用大数据分析提供多样化智能服务，实现用户价值共创。因此，从技术标准战略、知识产权战略与数字产业创新战略协同发展的基础上提出数字产业创新生态体系构建策略，对推进数字产业价值链"高端攀升"提升国际竞争力具有重要的理论价值和实践指导意义。

二　知识产权与技术标准协同推进数字产业创新的未来研究展望

至此，研究基于文献综述构建了一个初步的技术标准与知识产权协同推进数字产业创新及其融合再造新业态的理论框架。基于这一技术标准与知识产权协同推进数字产业创新的理论框架，研究将重点从互动关系、内在机理、作用路径这三个方面展望未来的研究方向。

第一，进一步探索数字产业创新背景下技术标准与知识产权协同互动的新方向。随着全球经贸发展格局的瞬息万变，如何充分运用技术标准、知识产权这一国际通行惯例准则和话语体系来促进我国数字产业创新发展和提升国际竞争力，也已成为加速我国数字产业从"跟跑"、"并跑"到"领跑"的战略转型新思路。现有理论研究对技术标准与知识产权协同互动以保障数字经济可持续健康发展缺乏明确具体的认识。伴随着数字技术复杂度增强、技术生命周期缩短和国际市场竞争激烈等多重因素影响，技术标准生命周期和存在方式发生变化，其与知识产权的协同模式也发生改变，专利池、专利联盟、标准必要专利、专利联营、专利许可等协同模式的适应性和作用机制有待进一步深化研究。就技术标准与知识产权协同互动关系的发展，研究呼吁未来研究可以关注以下问题：①对技术标准与知识产权协同互动的影响因素、作用机理、驱动机制、评价指标体系、实现路径等问题开展探索，对数字经济时代加强技术标准与知识产权协同的新思路与框架体系展开系统研究。②以数据要素为驱动的数字产业的技术标准和知识产权具有与其他产业明显的差异特征，例如 ICT 产业关注专利与技术标准的协同，云计算、大数据、区块链等数字产业化创新则聚焦软件著作权、专利、开源协议等与技术标准的协同问题，工业互联网、智能制造等产业数字化新业态不仅关注数据技术的标准化，还要关注平台网络的互联互通协议的标准化问题，因此亟须根据产业技术标准与知识产权特征差异对不同协同模式开展重点研究与突破。

第二，进一步洞察技术标准和知识产权协同推进数字产业创新过程机制的新内容。由于数字技术特性造成在创新中获益变得异常困难（Teece，2018），有关技术标准和知识产权要素发生的数字产业创新实证研究相对较少，缺乏成熟的量表开展系列实证。学者普遍认为，市场导向是基础，通过知识产权密集创造，广泛应用得到认可成为事实技术标准带动产业创新，从而促使知识产权、标准与创新同步（Galasso，2018）。技术标准与知识产权协同对数字产业的影响主要有促进价值链升级、规范对产业技术发展以及助力新兴产业形成（王黎萤等，2017；Bekkers et al.，2002）。因此，研究呼吁未来研究可以关注以下问题。①开展系列实证研究方法和构建量表设计的探讨和尝试，不断完善对技术标准和知识产权协同推进数字产业创新的投入、产出及过程"黑箱"的变量测度。②通过多案例研究不断探索数字产业化创新和产业数字化融合创新过程中的技术标准与知识产权协同作用的内在机理和驱动机制。③从业务驱动、领域聚焦、机会导向、组织变革、协同治理等方面进一步提出数字产业化创新与产业数字化融合创新的优化策略。

第三，进一步拓展技术标准和知识产权协同推进数字产业创新作用路径的新场域。全球数字贸易背景下的数字产业化创新是基于移动互联网、大数据、云计算、区块链、人工智能、边缘算法等数字技术实现在全球范围内的个性化定制、智能化生产、网络化协同、服务化延伸等新业态并持续创造价值增值的过程（Bilgeri et al.，2019；Luca et al.，2020）。正在形成中的全球数字贸易平台（如 eWTP）是数字产业化创新的典型代表，是促进数字产业嵌入全球价值链的有效手段，对构建开放、多维、立体的数字产业国际多边合作模式意义重大。全球价值链的快速发展已成为近年来世界经济格局的显著变化趋势，发达国家跨国大型公司主导着当前全球价值链，而我国数字产业嵌入全球价值链研究尚未形成理论体系，对基于技术标准与知识产权协同推进数字产业嵌入全球价值链的机理与关键影响因素值得进一步探讨。有三个新问题新现象值得引起我们高度重视：①我国数字产业如何运用 FTA 中技术标准与知识产权新规则嵌入全球价值链的新路径问题；②我国数字产业如何通过标准联通和知识产权国际保护嵌入"一带一路"区域价值链的新模式问题；③技术标准与知识产权的技术和贸易壁垒属性导致不容忽视的竞争风险，如何构建一套面向全球价值链嵌入的技术标准与知识产权协同推进数字产业创新和提升国际竞争力的风险预警与防范机制，更是一项亟须研究与解决的重要理论与应用问题。

三　知识产权与技术标准协同推进数字产业创新研究结论与讨论

通过对 2000—2020 年发表于国际顶级期刊和会议的 268 篇数字产业创新相关的文献进行系统归纳，研究构建了技术标准和知识产权协同推进数字产业创新的理论框架，指出技术标准与知识产权的协同发展的互动关系能够显著推进数字产业创新，数据驱动、安全驱动、网络驱动、平台驱动、智能驱动、用户驱动、创新驱动、服务驱动八种驱动因素通过四大支撑载体的协同互动影响数字产业化创新和产业数字化融合创新，通过八力驱动形成的双向互动路径促进技术标准与知识产权协同打造主导型产业联盟、引领型标准联盟、自主型知识产权联盟和战略型政府，有利于推进形成具有竞争力的自主可控的数字产业创新系统。研究初衷在于引起更多学者关注和开展有关技术标准与知识产权协同推进数字产业创新研究。为此，除了第二节提出的具体研究方向外，研究从产业异质性、国际竞争力和数智化治理等视角重点指出可持续深化的研究主题和研究内容。

第一，技术标准与知识产权协同推进异质性数字产业创新的战略模式及驱动机制。数字产业创新不仅涉及的行业繁杂，数量众多，而且在技术标准与知识产权等方面的异质性特征明显，这使异质性因素成为技术标准与知识产权协同推进数字产业创新必须考虑的重要因素，也使数字产业运用技术标准与知识产权协同推进创新发展进程中演化出不同的战略模式和驱动机制。虽然产业同质化竞争影响新技术标准采纳的意愿，但是正如 Yoo 的研究所见异质性特征直接影响技术标准的实施规则、方式及作用效果（Yoo，2010），行业异质性也往往导致知识产权保护在各个行业中的创新效应差异（Tauman et al.，2018）。根据数字技术特征类型（数字化、网络化、智能化）与数字产业结构层级（基础层、平台层、应用层）的二维多级分类体系，ICT、工业互联网、智能制造等数字产业在不同应用层级上对技术标准与知识产权协同的要求不同，导致不同的战略模式和驱动机制的差异，需要开展基于技术标准与知识产权协同的典型异质性数字产业创新的战略模式与驱动机制研究。重点从技术标准领域、专利申请领域分析技术发展方向及协同模式，从专利池构建、标准联盟组织等分析协同模式和协同组织保障，归纳总结发达国家技术标准与知识产权协同成功经验，以期为中国以技术标准和知识协同推动异质性数字产业创新提供借鉴。

第二，嵌入全球价值链的技术标准与知识产权协同推进数字产业创新的新路径研究。如何促进数字产业嵌入全球价值链（GVC）是受到各界高度重视的热点难题。与发达国家相比，我国数字产业在增强技标准创新能力、增加标准有效供给、技术标准与国际对接水平方面还存在较大差距。因此，亟须分析技术标准与知识产权协同推进数字产业嵌入全球价值链的关键影响因素，何种模式和路径能够有效突破数字产业化和产业数字化创新下的制约"瓶颈"，又如何推进这一机制有效运行等研究问题。数字产业嵌入 GVC 必然受到多重因素的共同影响，从宏观、中观和微观三个层次出发，结合 GVC 嵌入绩效模型和产业创新体系，分析包括政府政策制度支持、国际组织规则话语权、跨国企业控制权、技术创新能力、国际标准制定能力、国际标准对接能力、标准联盟进入能力、知识产权保护能力、知识产权运营能力、知识产权创造能力等多层次关键因素的影响效应。全球价值链中的跨国公司、政府、国际组织构成"权力三角"，探索跨国公司利用控制权选择技术标准锁定的背景环境（制度环境、法律环境、社会环境等），并对接跨国公司所在国或地区的知识产权（专利、商标、著作权等）的储备密度和保护强度，政府通过政策、联盟等推进全球价值链在本国优化发展的政策导向和博弈过程。

第三，技术标准与知识产权协同推进数字产业创新的支撑体系与保障机制研究。创建技术标准与知识产权协同推进数字产业创新的新思路、新模式、新路径需要创新积极的支撑体系和保障机制。从数字产业对技术标准与知识产权协同发展的公共治理诉求与制度体系研究入手，分析现存制度与政策存在的缺陷与不足，再通过对发达国家和发展中国家成功经验和失败教训的总结，掌握主要国家运用技术标准与知识产权协同推进数字产业创新的政策动态和实施效果，进而构建技术标准与知识产权协同推进数字产业创新的"政府—制度—市场—平台—文化""五位一体"的支撑体系和"资金—人才—技术—法律—服务—财税""六位一体"的保障机制，为政府相关部门进一步完善技术标准化与知识产权制度的协同发展机制，制定引导、支持和保障数字产业创新发展和提升国际竞争力的相关政策制度提供理论指导和决策依据（Drahos et al.，2004）。通过聚焦国家重大战略任务，为技术标准与知识产权协同推进我国数字产业创新提供系统深入的理论体系与实现机制，深入探索技术标准与知识产权协同推进我国数字产业创新的战略思路、重构机理、发展模式、驱动机制、实现路径、支撑保障体系等突出问题，为我国数字产业创新与增强国际竞争力提供理论支撑和决策支持（Nambisan et al.，2017）。通过聚焦二十国集团领导人峰会及其他国际组织的重要号召和呼吁，为各国技术标准与知识产权协同推进数字产业创新战略提供一套系统的、行之有效的新理论和新思路，可为二十国集团领导人峰会及其他国际组织提供"中国最佳创新实践"，做出"中国智慧"的贡献。

　　总之，西方情境下数字产业创新的研究迅猛增长，中国数字产业创新实践蓬勃发展，但基于中国情境下的数字产业创新的研究却相对沉寂。本章在梳理了 20 年国际期刊上数字产业创新研究进展基础上，初步提出了技术标准和知识产权协同推进数字产业创新的"互动关系（协同推进）—内在机理（八力驱动）—作用路径（双向互动）"的理论框架，以及融合再造新业态中数字产业创新融合效率和业态再造组合的"四象限"分析模式。尽管存在许多不足，但本章更重要的意义在于期望引发中国创新管理学者对于数字产业化创新和产业数字化融合创新再造新业态的过程机制这一议题的关注，以及其中技术标准和知识产权作为数字治理手段的推进作用，以期丰富数字产业创新理论框架，并为相关产业决策提供路径支持。

第五章

嵌入全球价值链的数字产业
知识产权国际化战略研究

在中国数字产业相关企业嵌入全球价值链的大背景下，周边发展中国家包括部分发达国家，都可能成为我国数字企业的重要国际市场。然而，嵌入过程是一个复杂的非线性动态过程，嵌入行为不一定能够带来经济效益。此外，各国政治制度、经济水平、技术能力等存在巨大差异，再加上数字产品贸易本身涉及的知识产权贸易壁垒、技术贸易壁垒（TBT）等，而我国自身法律体系和监管机制存在的不足，我国数字产业创新发展同时面临历史机遇和巨大风险。如何促进数字产业嵌入全球价值链（GVC）是受到各界高度重视的热点难题。然而，我国各行业中数字经济所占比重仍大大低于二十国集团国家的平均值；与发达国家相比，我国数字产业在增强原始创新能力、知识产权国际化能力、技术标准与国际对接水平方面还存在较大差距。因此，本章通过嵌入全球价值链的数字产业知识产权国际化战略研究动态、理论构建和实现路径三个方面展开，以期为推进我国数字产业通过创新发展向全球价值链"高端攀升"提供相关理论指导与对策建议。

第一节　嵌入全球价值链数字产业知识
产权国际化战略研究动态

通过检索国内外关于嵌入全球价值链的数字产业知识产权国际化战略相关的文献资料与政策规则文本，本节较为系统地梳理了国内外数字产业嵌入全球价值链与国内外知识产权国际化战略与产业创新两部分的研究动态，以期发现现有研究基础，为相关理论模型的提出奠定基础。

一　国内外数字产业嵌入全球价值链研究动态

通过检索数字产业嵌入全球价值链相关的 566 篇国内文献和 437 篇国外文献，最终确定 74 篇强相关文献进行综述撰写，其中国内文献 53 篇，国外文献 21 篇，发现关于数字产业嵌入全球价值链的研究，前期始于对全球价值链形成机理的探讨，包括概念界定补充、区域价值链研究、全球价值链地位影响因素研究、全球价值链的测度方法等，近期主要集中于数字经济下全球价值链的特征变化，以及全球价值链的产业升级模式理论、发展数字经济提升我国全球价值链分工地位对策研究等方面（见表 5-1），相关学者分别从面向数字产业的知识产权的界定与特征、知识产权制度与产业创新、知识产权管理与产业创新、知识产权战略与产业创新等视角研究了知识产权促进数字产业创新的内涵、理论、评价与维度、作用机制和影响关系等，为研究提供了丰富的理论基础。现有研究认为知识产权制度、知识产权管理和知识产权战略是促进产业创新的重要方式，但针对面向数字产业的知识产权制度、管理、战略与数字产业创新的作用机制和影响关系研究有待进一步加深，因此数字背景下知识产权如何推进数字产业创新，将对我国数字产业发展有重要的启示意义。

表 5-1　　国内外学者关于全球价值链演进过程的相关研究

研究视角	主要人物	代表观点
全球价值链理论演进	Kaplinsky 等 （2002）；张辉（2004）；刘志彪（2007）；李维安（2016）；肖序（2017）；卢峰（2004）	价值链增值活动串联构造而成的即是价值链；价值在哪儿创造、由谁创造和分配问题；战略环节是最为重要的一环；国家价值链布局问题
区域价值链的相关研究	Koopman 等 （2010）；Kaplinsky 等 （2011）；Baldwin （2012）；Baldwin （2013）；孔凡斌（2016）；刘世庆（2018）	商品或服务的价值创造环节更多体现在区域内；当价值链下游的主要市场变为新兴经济体后，带来新兴经济体产业升级

续表

研究视角	主要人物	代表观点
全球价值链地位影响因素	Hummels（2001）；Grossman 等（2001）；Humphrey（2004）；汤碧（2012）；杨高举、黄先海（2013）；韩明华等（2014）；容金霞等（2016）；唐晓华（2019）	削减关税和运输成本提高垂直专业化水平，提升全球价值链地位；基础设施改进、技术水平的提升是保障全球价值链地位提高的重要因素；自主创新能力是影响制造业分工地位的关键因素
全球价值链的测度方式	Hummels（2001）；王增涛（2005）；Hausmann（2007）；Koopman（2010）；丁勇（2010）；周升起等（2014）；王金亮（2014）；樊茂清等（2014）；鞠建东等（2014）；孟祺（2014）；陈雯等（2014）；Shin 等（2016）；赖伟娟等（2017）	垂直专业化指数衡量国际分工地位；GVC指数；VSS发现中国处于全球价值链中利润较低的劳动密集型制造环节；GVC地位指数发现我国劳动密集型行业 GVC 地位较高，且明显高于资本密集型和资源密集型行业
数字经济下的全球价值链表现	何枭吟等（2017）；赵西三（2017）；杜传忠等（2017）；华强森等（2018）	全球价值链出现新特征；数字经济助推企业整合资源，为制造业服务化和创新提供可能
全球价值链的产业升级模式理论	Humphrey 等（2000）；Gereffi（2005）；Frederick 等（2011）；Frederick 等（2012）；刘维林（2015）；Frederick（2016）	全球价值链的产业升级；全球商品链运行的生产者驱动型和采购者驱动型；全球价值链分析框架抓住了新的产业现实；平台经济驱动的产业升级和全球价值链分工
发展数字经济提升我国 GVC 分工地位对策	尚涛（2015）；干春晖（2016）；陈立敏（2016）；余心玎等（2016）；何枭吟（2017）；赵西三（2017）；杜新建（2017）；王盛勇、李晓华（2018）；刘友金（2018）；黄群慧（2019）	提升电子产业国际分工地位需构建技术供给体系；全面取消中间品进口关税有利于提高贸易竞争力；建立完善的智能制造标准体系、发展工业互联网平台、信息基础建设、培养具备专业技能和数字技术的复合人才

资料来源：由笔者整理。

二 知识产权国际化战略与产业创新

国内外知识产权国际化战略与产业创新研究方面，通过对国内外知识产权国际化战略与产业创新的相关文献和规则梳理，发现关于国内外知识产权战略的研究，前期始于对知识产权战略理论、类型与作用机制的探讨，近期主要集中于知识产权国际合作规则的梳理比较与国际化战略研究（见表5-2），并从发展数字经济提升我国全球价值链分工地位对策的角度研究了面对技术大变革，全球经济不确定性增强等背景形势下，为中国数字产业更好地嵌入全球价值链并争取位于价值链高端提供了丰富的对策建议。但是，鲜有文献从技术标准与知识产权协同推进数字产业创新的角度出发，为数字产业嵌入全球价值链提供理论依据和政策支持。

表5-2　　　　国内外学者关于全球价值链演进过程的相关研究

研究视角	主要人物	代表观点
知识产权战略理论	迈克尔（2005）；美章（2004）；徐明华（2009）；周晓辉（2003）；韩为友等（2003）；夏清瑕（2004）；张志成（2012）；冯晓青（2013）	中国对知识产权战略的研究包括对知识产权战略内涵的研究，主要从国家知识产权战略和企业知识产权战略两个层面展开；企业层面知识产权战略的核心是将专利等知识产权相关的法律法规用来指导企业竞争以谋求企业价值的最大化
知识产权战略类型	冯晓青（2001）；倪蕙文（2003）；魏纪林等（2001）；孔令兵（2005）；沈志澄（2004）；彭学龙（2006）；吴汉东（2008）陈振国（2011）；陈维琨（2015）；张兰（2018）	企业知识产权战略可以划分为专利战略、商业秘密战略、商标战略三个类型；从防御型战略、进攻型战略及虚实相间型战略三个方面总结了企业知识产权战略；划分为专利开发战略、专利信息战略、专利申请战略、专利诉讼战略、专利贸易战略五个类型
知识产权战略促进产业创新的作用机制研究	马一德（2013）；詹爱岚等（2013）；Mukundan（2013）；冯晓青（2014）；李顺德（2014）；王黎萤等（2018）；Marcus（2018）；姜懿珈（2019）；李平（2006）	在数字产业背景下，知识产权战略作为组合战略能与产业创新呈现互动关系；企业进攻型知识产权战略导向原始创新与集成创新，企业防御型知识产权战略导向模仿创新与引进、消化、吸收和再创新模式，从产业创新驱动发展与知识产权战略之间的关系入手，切实强化和完善知识产权体系，优化创新资源配置，积极进行资源的富集和发展的辐射，以知识产权战略带动创新驱动发展

资料来源：由笔者整理。

全球价值链的快速发展已成为近年来世界经济格局的显著变化趋势，发达国家跨国大型公司主导着当前全球价值链，而我国数字产业嵌入全球价值链研究尚未形成理论体系，对基于标准国际化战略推进数字产业嵌入全球价值链的机理与关键影响因素值得进一步探讨。有四个新问题新现象值得引起我们高度重视：一是我国数字产业如何运用 FTA 中知识产权国际化规则嵌入全球价值链的新路径问题；二是我国数字产业如何通过标准联通和知识产权国际保护嵌入"一带一路"区域价值链的新模式问题；三是技术标准与知识产权的技术和贸易壁垒属性导致不容忽视的竞争风险，我国数字产业嵌入全球价值链中如何增强风险控制意识、健全管控体系、培育风险应对能力等都有待进一步深入探讨，如何构建一套面向全球价值链嵌入的技术标准与知识产权协同推进数字产业创新和提升国际竞争力的风险预警与防范机制，更是一项急需研究与解决的重要理论与应用问题；四是"一带一路"倡议为我国数字产业通过标准联通嵌入全球价值链提升国际竞争力创造了新的战略机遇，但是我国标准治理与全球贸易规则重构的实践基础较为薄弱，我国主导制定国际标准数量仅占国际标准总数的 0.7%，这对推动中国标准治理参与双边、多边、复边贸易规则重构带来更大的挑战。亟须深入研究考察我国数字产业运用技术标准与知识产权协同推进数字产业嵌入"一带一路"全球制造业价值链的发展模式和实施路径的战略机遇问题。

三 知识产权国际化战略研究

（一）知识产权国际合作类型

知识产权条约的形成和表现方式形式多样，在形成范围上，兼具全球性、地区性与双边性条约或协议；在表现形式上，有固定设置的知识产权条约，也有些在相关投资或贸易协定中被规定的条款或章节，通过双边或多边的区域 FTA 中的特定知识产权条款来协调区域间的知识产权事宜，以及各国的国内法详细规定，从而使国际知识产权法律制度呈现出体系化和多样性的趋势。因此，目前国际知识产权的制度结构愈加复杂，在内容上既包含形式各异、不同范围的国际法律规范，也包含不同的国家国内法规等（见表 5-3），马忠法（2018）将其划分为双边性、区域性、全球性三种知识产权合作机制。

表 5-3　　　　　　　　　　知识产权国际合作的主要类型

合作类型	内涵	分类与典型代表
全球性知识产权合作机制	除少数协议外，关于知识产权的多边条约多是由国际知识产权组织 WIPO 管理	除《建立 WIPO 公约》之外，依照不同条约或协议所调整的范围及规范的内容，可划分为三个类别：（1）以实质内容为主的条约或协议，规定了不同种类的知识产权保护的基本原则、标准或要求等，以《巴黎公约》为代表；（2）主要涉及程序方面事宜的知识产权保护条约，以 PCT 和马德里体系为代表；（3）知识产权分类的国际条约，将有关发明、商标和工业设计的资料信息组织编入索引、可管理的结构等，以《尼斯协定》和《斯特拉斯堡协议》为代表
区域性知识产权合作	此类合作主要指在特定地区有关国家通过地区性的专门国际条约或综合性的贸易、投资协定中知识产权条款	具有代表性的有《欧洲专利公约》等；同时区域贸易协定中设立知识产权条款也可以归入此类，如《跨太平洋伙伴关系协定》（TPP）、《反假冒贸易协定》（ACTA）、《跨大西洋贸易与投资伙伴协议》（TTIP）、《全面与进步跨太平洋伙伴关系协定》（CPTPP）、《美国—墨西哥—加拿大协定》（USMCA）《区域全面经济伙伴关系协定》（RCEP）等设专章规定知识产权方面的内容
双边知识产权合作机制	双边协定主要是通过两个国家或独立关税区通过专门的知识产权合作协议	专门的知识产权协定较少，如 1992 年的《中美知识产权保护备忘录》。更多的是那些包含知识产权事宜的双边贸易或投资协定等，通过投资、贸易协定中有知识产权协调的章节来对知识产权事宜进行规定，以促进双边多方面的经贸合作

资料来源：由笔者整理。

（二）知识产权国际化战略研究

知识产权国际化理论的国内研究研究上，大多数研究跨国公司作为研究知识产权国际化的主体，研究认为，知识产权国际化是企业将其知识产权的投资活动扩展到本国以外的国家或地区，以充分利用不同国家的研发资源，在区域以及全球范围内广泛地组织知识产权相关活动。

跨国公司是先进技术创新和扩散的主体，东道国通过获取技术、提高技术能力的重要渠道来广泛开展与跨国公司的合作。景劲松等（2003）指出，中国企业知识产权国际化尚处于起步阶段，主要战略动机是基于项目的技术学习和技术搜索，主要形式是和小规模海外知识产权机构建立技术联盟，母公司是其资源投入的主体。黄鲁成等（2006）提出了分析评价跨国公司知识产权国际化的理论框架和基本方法，对我国知识产权国际化、北京地区知识产权国际化状况进行了详细分析与评价，对知识产权国际化可能对我国产生的影响以及我国应当采取的应对措施及如何有效利用国际研发资源进行了系统分析。在企业层面的研究主要集中于跨国公司知识产权国际化的历史演进、动机和结构、区位选择等方面。刘辉群等（2006）研究表明，跨国公司知识产权投资对国家创新系统的知识创造能力、企业技术创新能力和创新绩效作用并不明显，但它显著地促进了东道国的知识流动能力和技术创新环境。跨国公司研发投资对国家创新系统的作用，并不简单地表现在直接影响上，而是通过溢出效应以及带动国内企业自身研发投资来间接影响国家创新系统。同时，外国研发通过国际贸易渠道促进了各行业的技术进步，并且开放度越高的行业受益越大，但是却阻碍了各行业的技术效率的增长，并且开放度越大的行业受阻碍的影响也越大。樊纲等（2006）通过对国际贸易结构分析，得出虽然欧盟在与中国的竞争中处于明显的优势，但是欧盟却是中国在中高技术领域真正的竞争者。

同时，相关研究也发现"一带一路"倡议为我国数字产业通过标准联通嵌入全球价值链提升国际竞争力创造了新的战略机遇。当前，世界面临百年未有之大变局，发达国家都把标准治理作为支撑全球经贸战略的重要手段，通过其在国际标准化组织（ISO）、国际电工委员会（IEC）、国际电信联盟（ITU）等国际标准化组织中的影响力和话语权，充分运用 TBT 将标准治理优势转化为国际贸易规则制定的主导优势，推动着国际贸易规则体系新一轮的重构。但是我国标准治理与全球贸易规则重构的实践基础较为薄弱，我国主导制定国际标准数量仅占国际标准总数的 0.7%，这对推动中国标准治理参与双边、多边、复边贸易规则重构带来更大的挑战。我国正在加快构建全方位对外开放新格局，国家发改委发布的《标准联通"一带一路"行动计划（2018—2020）》正是推动中国标准治理与全球贸易规则重构的重大实践。当前全球面临经济衰退，但全球化的进程并没有停止，世界经济已经进入全球价值链的时代。基于中国数字经济快速发展所构建的数字化贸易平台，借助"一带一路"倡议和改革开放的不断深化，世界各国越来越多的中小企业及个人能够在中国数字化的国际贸易平台上不断获利。其中由阿里巴巴领衔倡导的世界电子贸易平台（eWTP）已摸索出了许多嵌入"一带一路"全球价值链的重要经验,其所提供的基于标准先行的数字新动能平台化发展模式应进行大面积推广。综上所述,国内学术界对于知识产权国际化行为的研究尚停留在理论探析和方法的引入阶段,研究深度尚且不足,因此如何在全球化浪潮中更好地应对知识产权国际化的挑战,并能够识别和控制知识产权国际化相关风险,构建适应数字经济发展的国家创新系统并融入全球价值链,将是学术界面临的全新课题。

第二节 嵌入全球价值链数字产业知识产权国际化战略理论构建

近年来,随着数字产业竞争的加剧,知识产权成为企业技术创新的核心,成为我国数字产业参与国际竞争的必然选择。因此,通过知识产权国际化推进数字产业嵌入全球价值链来提升国际竞争力,具有重要的理论和现实意义。本节通过建立基于知识产权国际化的数字产业化创新嵌入全球价值链的理论模型,探索发展基于知识产权国际化战略的数字产业化创新嵌入全球价值链的时代机遇、倒逼机制与理论模型。

一 嵌入全球价值链的数字产业构建知识产权国际化战略的时代机遇

（一）企业国际化进程中的知识产权战略管理面临的新要求

在传统产业向现代产业转型的过程中,企业的自主创新不仅承受着来自产业内部的知识产权压力,还承受着来自产业外部的国际竞争的知识产权压力。在开放经济条件下,《与贸易有关的知识产权协定》(TRIPS)的实施和国际知识产权保护的加强意味着企业在国际市场上的竞争难度将进一步加剧。在技术领域存在领先地位的企业在市场上的垄断权力将不断加强,而其后跟进及仿制企业则难以得到知识产权保护所带来的收益,甚至发展速度不断降低,在国际市场上,随着外国对我国企业的产品关税和数量限制等传统贸易壁垒大幅度降低,它们转而利用其占优势的知识产权作为技术壁垒阻挡我国产品和服务的出口。知识产权日益成为国外跨国企业争夺我国国内外市场份额、遏制我国企业参与竞争的重要战略。

因为发达国家企业在知识产权战略的运用方面起步时间较早,企业市场竞争优势得以在知识产权保护的作用下表现得更加明显。例如，美、日、欧等先后制定并实施的知识产权战略，将知识产权的创造、保护和利用置于产业的基础地位，旨在提升国家和产业竞争力。在政府的支持下，这些发达国家的企业通过研究开发不断扩大其科技优势，并把这种优势尽可能地以"知识产权"的形式加以巩固，把科技优势提升为知识产权优势，并将市场的垄断权力进一步加强。企业在国际竞争中由于知识产权保护所带来的经济损失主要体现在以下两个方面：首先，法律的完善和执行力度的加强将扩大知识产权保护在本地企业所在市场的有效覆盖面，使许多原本免费使用的国外技术置于知识产权保护的范围内。技术使用者不得不支付专利许可费用，这会造成本地企业的生产成本上升，从而导致国内供给曲线的上移以及市场均衡价格的上升。其次，对已受保护的专利技术而言，加强知识产权保护会提高专利的价值。由于本地企业是潜在的模仿者，因而国外发明者会针对本地模仿成本的大小，选择一个专利许可费率恰好使本地企业放弃模仿而选择技术许可。而TRIPS的实施将导致本地企业模仿成本上升和模仿率减少，这使国外发明者能索取更高的专利许可费用，从而让专利权人得到更多的国际租金转移，因此知识产权竞争正成为国家之间产业竞争的重要形式。

此外，在以知识经济和信息网络发展为主题的今天，技术标准正逐渐成为经济全球化竞争的重要手段，在"技术专利化—专利标准化—标准垄断化"的全球技术许可战略中，谁掌握了标准的制定权，谁的技术成为主导标准，谁就掌握了市场的主动权。技术标准的基础是技术，技术创新正是技术发展的重要因素，因此技术创新推动技术标准的发展，技术标准也直接或间接地推动技术创新。技术标准又包含了专有技术，利用知识产权的垄断性和技术的标准化最终实现在技术和产品上的竞争优势。由此可见，技术创新是促进企业发展的根本，知识产权制度是技术创新的激励制度，技术标准更需要创新技术的依托。因此，企业作为技术创新的主体，在提高自身竞争力的过程中，必须关注技术标准战略、知识产权战略与技术创新的协同发展。与此同时，现代服务的振兴还带来了服务标准化的盛行，而作为知识和信息的服务标准同样存在着作权等知识产权法律权益。将知识产权战略与服务标准有效结合，对于推动现代服务业健康有序地发展具有举足轻重的意义，因此，在产业发展的大背景下，知识产权战略与标准战略的结合则是企业未来发展的大方向。

（二）RCEP 规制知识产权变革对我国企业全球化发展中带来的新挑战

RCEP 于 2020 年正式签署，是我国参与的成员最多、规模最大、影响最广的自贸区域谈判。"实行更加严格知识产权保护"是我国知识产权强国建设的重要目标，针对大多数出口企业知识产权保护薄弱的现状，亟须评估 TPP 对出口企业的影响，引导企业加强应对 TPP 的知识产权风险防控，探索企业加强知识产权国际保护的战略布局与路径选择，在短期内削弱 TPP 的消极影响，长期形成倒逼机制加强企业知识产权保护以应对国际贸易体系变革。

第一，我国高低端制造业受到其他 RCEP 成员国产业冲击的风险增加，虽然 RCEP 生效会给我国纺织服装等劳动密集型产业带来降本红利，给我国机电产业等高新技术高端制造业带来拓市红利，但是日本、韩国、越南等国家产品同样享受这些红利。若借 RCEP 关税优惠措施，日本和韩国等国可以依赖其技术优势，扩大电子产品、芯片等高新技术产品对我国的出口；澳大利亚和新西兰等国依靠其自然资源，扩大对我国资源类等产品出口；越南、泰国、柬埔寨、印度尼西亚、马来西亚等借助其劳动力和能源等成本优势，加大对我国的劳动密集型低端产品出口。这些会对我国的高端制造产业链和低端制造产业链产生强烈冲击，影响我国相关产业的转型升级。

第二，产业链供应链外溢风险加大进而影响我国产业链和供应链的稳定性和韧性，虽然 RCEP 生效会带来拓市红利，但是外贸需求增加将凸显外贸企业产业链和供应链协同不足的问题。此外，后疫情初期，企业仍会在一段时间内持续面临物流运输成本居高不下、货柜难订、产品积压、原材料成本上涨、汇率波动压缩利润空间等问题。再者，我国企业须谨防其他 RCEP 成员国利用低成本优势吸引产业链集群式转移从而出现国内产业"空心化"问题，也须警惕进口关税降低带来的低价使一些高新技术产品对日韩进口过度依赖而忽略产业链独立性和安全性问题。另外，RCEP 区域内东南亚各国均在加快产业链回迁和供应链布局，如越南、柬埔寨、印度等都在加大吸引医药产业链回迁，我国药品产业链上游的西药原料药出口面临挑战。

第三，我国企业合规风险和贸易全球化治理多元风险加大。首先，涉及其他 RCEP 成员国的知识产权保护升级。RCEP 知识产权的海关执法强度加大。例如，2022 年 1 月，杭州海关在出口环节共查获涉及 RCEP 国家侵犯知识产权货物 6 批次，数量 2.19 万件。此外，我国企业在其他 RECP 成员国的知识产权布局不足，不利于我国产品在其他 RCEP 成员国的知识产权保护。其次，部分 RCEP 成员国存在营商环境较差和物流基础设施参差不齐等问题，部分成员国地缘政治风险较高，这要求我国企业在外贸交易与境外投资过程中有较高的合规和风控能力。而我国许多企业缺乏对国际规制的充分了解，并未对此做好充分认识和准备。最后，在其他 RCEP 成员国的投资和出口增加将会强化我国一些行业龙头企业的国际领先地位，既可能会存在其他国家企业联合攻击，类似青山镍矿期货事件可能会重现，也可能会面临更多类似我国在非洲资源类投资所面临的一些问题。

因此，自 2012 年中国政府在中国共产党第十八届全国代表大会上宣布了促进国家经济社会发展的"创新驱动"发展战略以来，中国在实施该战略方面却面临着诸多严峻的挑战。其中之一是知识产权保护不足，侵权行为猖獗。中国政府承认了这一问题，并承诺实施"更严格的知识产权保护"。《中华人民共和国专利法》修正案、《服务发明条例》草案和专门知识产权法院的设立表明，中国政府确实在朝着承诺的方向认真努力。同样重要的是，中国本土发明者、大学、研究机构和行业作为创新体系的利益相关者，要求更严格的知识产权保护，并更严格地执行保护。Peng 等（2017）认为，中国可以遵循（并正在遵循）美国已经采取的道路，从一个知识产权保护薄弱的国家，转型成为一个拥有有效知识产权保护的国家。

二 嵌入全球价值链的数字产业构建知识产权国际化战略的倒逼机制

在厘清了嵌入全球价值链的数字产业构建知识产权国际化战略的时代机遇之后，本小节通过分析知识产权国际化战略的内在逻辑、知识产权规则的演化动因两个方面，进一步解构嵌入全球价值链的数字产业构建知识产权国际化战略的相关倒逼机制。

（一）知识产权国际化战略的内在逻辑

回溯知识产权国际保护的演变历程，其大致由以下三个阶段构成：一是缺乏国际知识产权保护规则的国内保护时期；二是自由契约式知识产权低水平的国际保护时期；三是贸易规则式知识产权高标准的全球保护时期。诞生于 1883 年的《巴黎公约》是国际知识产权合作的标志性时间。在此之前，虽然有一些国家制定有专利法和商标法，但对外国人的保护仍主要通过特定的双边协议来达成。保护工业革命成果、推动国际贸易是国际知识产权规则建立之初的主要目的。随着欧洲工业革命的开启，国际知识产权规则率先在欧洲诞生，1860 年第一次工业革命后，随着工业技术的不断发展，欧洲国家在工业革命仅数年后就推动签订了《巴黎公约》《伯尔尼公约》，并建立起了马德里体系以对企业的商标权进行保护，形成了集专利、商标、版权保护于一体的全方位知识产权国际规则体系，而第二次工业革命以及两次世界大战，使世界经贸格局发生翻天覆地的变化，这种经贸格局的变化直接影响了知识产权国际规则的产生与变化，《巴黎公约》《伯尔尼公约》、马德里体系以及 TRIPS 协定构成了全球范围内的知识产权秩序。

在国际知识产权规则的演变历程中，以美国等发达国家的利益诉求为典型代表的国家间经贸往来发展需求，逐渐成为知识产权国际规则产生和发展的主要动力来源。"二战"结束后，美国逐步成为超级大国，因此也希望能够在国际知识产权规则和国际贸易中享有绝对话语权。因此，其着力推动 TRIPS 协定的签订，从而使国际贸易与知识产权国际保护之间实现了"贸易逻辑"与"知识规则"的强强联合（武汉东，2005）。

随着 TRIPS 协定的达成，知识产权保护程序开始从各国国内法问题过渡到国际法问题。随着 1979 年 4 月关贸总协定第 7 轮多边贸易谈判（东京回合）的结束，主要工业制造国的产成品关税大幅度降低，关税不再是国际贸易往来的重大障碍，在这一背景下，美国等发达国家要求国际规则中将知识产权与贸易相联系。在乌拉圭回合的谈判中，美国等国提出了以下三项要求，一是将知识产权保护看作是贸易问题，如果不能对保护知识产权进行有效保护，将扭曲贸易交往，进而减少关税及贸易总协定带来的福利；二是其将知识产权保护标准不断提高，不再局限于关税及贸易总协定下传统国民待遇的标准；三是 TRIPS 协定要求成员国有义务在国内实施知识产权实体规定，包括民事及行政程序、临时性措施、边境措施及相关刑事程序（马忠法等，2020）。

（二）知识产权国际规则确立与演变的动因

第一，国际经贸格局的演变，对知识产权国际规则的发展具有内在的塑造作用。国际经贸格局的演变，不仅调节着商品、服务和资本的贸易、投资活动，而且塑造着知识产权国际规则的保护水平和范围（刘劭君，2019）。随着科技发展和国际化水平的不断深化，在如今国际经贸格局下，国际经贸规则的演进逐渐呈现出拓展化、区域化和差异化的特点，国际知识产权规则的变化甚至为在当前出现"逆全球化"或"碎片化"提供了解释（张晓军，2014）。通过世界大战以及工业革命对于国际经贸格局的影响，《巴黎公约》《伯尔尼公约》、马德里体系以及 TRIPS 协定构成了全球范围内的知识产权秩序。21 世纪以来，广大发展中国家开始寻求在利益平衡之上建立知识产权新秩序，而以美国为首的发达国家则开始通过"场所转移"的手段探索新的规则体系。

第二，国际力量对比、国家实力变化直接影响了国际知识产权规则的变化。国际关系中实力对比的"话语逻辑"推动了知识产权国际规则的不断演进，知识产权规则作为现代国际经济贸易体系中的重要一环，是发达国家在国际分工下取得控制地位的核心要素。因此，美国等发达国家占有制定国际知识产权规则的重要优势，以此为基础，要求发展中国家遵守其制定的更高标准的知识产权保护规则，并通过知识产权输出，以实现知识产权保护的核心目的（李俊等，2015）。当然，与此同时发展中国家也并未停止争取利益平衡的脚步，新时代的发展中国家越愿意为自身的知识产权相关诉求而奋斗，就越有可能让这些诉求在国际知识产权的未来立法活动中得到尊重。《关于 TRIPS 协议与公共健康的宣言》的达成，即是广大发展中国家成功运用"国际话语实力"所争取的结果（Reichman，2009）。

第三，私人资本力量的加入。国家意志总能较好地体现国民意志，而从当下市场经济环境下的全球贸易局势来看，私人资本集团在医疗、科技、文化等与知识产权相关度极高的产业中具有重要利益，尤其对于资本主义发达国家，私人资本的力量对国家政策的影响十分重大。知识产权全球化并非自然选择的必然结果，从一个动态的角度来追踪制度底层的立法动机及过程，可以看出当今世界正处在一个"资本控制"而非"国家控制"的时代，知识产权国际保护制度的发展是私人资本集团推动的结果。以企业为代表的私人资本集团在21世纪正面临着全球市场的激烈竞争，其中还杂糅着国际关系、国家政策等诸多因素的影响。私人资本集团也正努力通过各种运作手段以对政府公共政策和国际关系的走向产生影响，进而操纵全球化进程中的利益分配。私人资本集团通过影响国际关系和政府公共政策的走向，以提高知识产权的国际保护水平。

三　嵌入全球价值链的数字产业知识产权国际化战略的理论框架

全球价值链分析框架关注全球产业结构的变化，呈现开放性、依赖性以及非均衡性等特征，其核心是产业的治理与升级。技术进步为全球价值链的发展注入了活力，为发展中国家提供了进入全球产业链、实现经济发展的重要途径。通过建立基于知识产权国际化的数字产业化创新嵌入全球价值链的理论模型，探索发展基于知识产权国际化战略的数字产业化创新嵌入全球价值链的传导机制和动力机制。

（一）嵌入全球价值链的数字产业知识产权国际化战略的内涵

企业国际化经营战略是指世界经济一体化进程中，企业从全球战略出发，为了寻找更广阔的市场、更优质的资源与更丰厚的利润，走出国门参与新的国际分工与交换，实现产品交换的国际化、生产过程的国际化、信息利用与传播的国际化以及企业组织形态的国际化过程。近年来，企业国际化经营战略也不断扩展，从单向的行为转换为一个双向的过程，包括外向国际化经营战略和内向国际化经营战略两个方向。所谓"外向"即是"走出去"，是传统意义上的企业国际化经营战略，其主要是通过契约经营、产品出口、对外直接投资等方式将其资本与产品等推向国外。而"内向"即是"引进来"，是指企业引进国外的资金与技术等加入本企业国内的生产经营之中，通过技术、资金、管理水平的引进以弥补与发展本企业在国内的生产经营。企业的内、外向国际化是相互联系的，前者是后者的基础与条件，后者则是前者发展的必然趋势与结果。在此基础上，知识产权国际化战略是在企业国际化经营过程中公司决策层围绕企业战略设置，通过优化与配置知识产权相关的技术、人力、资本等内部资源、建立和完善知识产权相关管理制度和管理机构，对企业知识产权进行开发、保护、运营及管理，从而帮助企业生产出拥有核心专利的品牌产品，增强企业专利、商标等知识产权开发、保护及运营能力，提高企业知识产权的战略意识，以最终形成企业的核心竞争能力、提高企业的国际竞争能力与国际化过程中的有利地位。企业知识产权国际化战略是企业国际化战略的重要组成部分，是企业对知识产权进行的一种综合性管理和系统化的谋划活动。

（二）嵌入全球价值链的数字产业知识产权国际化战略的作用机制

全球价值链中的跨国公司、政府、国际组织构成"权力三角"，跨国公司利用控制权选择技术标准锁定的积累环境（制度环境、法律环境、社会环境等），并对接跨国公司所在国或地区的知识产权（专利、商标、著作权等）的储备密度和保护强度，政府通过政策、联盟等推进全球价值链在本国优化发展的政策导向，以及国际组织制定游戏规则三者之间的博弈过程和利益相关者分析，为此构建嵌入全球价值链的数字产业知识产权国际化战略的理论框架如图5-1所示。

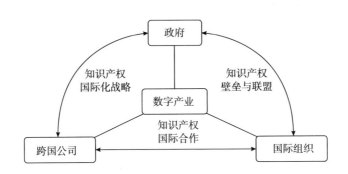

图5-1　基于知识产权国际化战略的数字产业嵌入
全球价值链的"权力三角"及关键因素

资料来源：由笔者整理。

从政府、国际组织与跨国公司三者的互动关系上看，首先，政府与跨国公司作为共同推进知识产权国际化战略的宏观与微观主体，通过全球化战略催生了国际经营的新模式，促进了数字产业创新发展。新一代信息技术革命等现代技术革命的发展，重构了全球产业布局，全球化战略已成为指导各跨国企业占领国际市场的首选战略。信息技术革命以来，企业组织形式、管理方法与思想已经发生了颠覆性的改变，这些变化体现在对于其他国家的资本、技术与生产设施的广泛利用上，从而制造出最终产品并在全球范围内进行销售。其次，跨国公司与国际经济组织，通过不断加强知识产权国际合作，通过国际规则与知识产权战略为国际经营保驾护航，通过在国际化经营中运用知识产权战略不断提升其在全球化经营中的垄断地位。中国加入世界贸易组织以来，随着我国不断加快的市场化进程，日益增强的国内实力和出口竞争力，使海外跨国企业在华专利战略采取更多的联盟化的措施，从而不断实现其国际化经营的整体性战略目标，从而实现数字产业创新发展。最后，政府和国际组织通过联盟的方式，不断抵消国际经营中的知识产权战略对我国企业的"知识产权壁垒"，从而保障数字产业的高质量发展。近几年来，随着数字产业竞争的加剧，技术标准与知识产权成为企业技术创新的核心，技术标准与知识产权协同成为我国数字产业参与国际竞争的必然选择。因此，探究技术标准与知识产权协同如何推进数字产业嵌入全球价值链来提升国际竞争力，具有重要的理论和现实意义。

（三）嵌入全球价值链的数字产业知识产权国际化战略模式与动力机制

首先，在战略模式方面，结合国内外相关文献，围绕全球价值链理论与数字产业化业态（包括基础层、平台层及应用层等），研究通过采用纵向案例分析的方法，从全球数字贸易中的移动应用商店、云计算服务、社交服务等数字服务平台切入，聚焦投入产出结构、价值链治理、价值链升级等核心维度，研究苹果、亚马逊及脸书等发达国家数字产业企业、华为、阿里巴巴、腾讯等中国本土典型数字化产业企业在 GVC 嵌入的演进过程及嵌入情况，比较两者存在的核心技术、标准化、知识产权规则方面的主要差异及可能原因，在此基础上，结合目标企业自身的要素禀赋和异质性特征，归纳出不同数字产业化企业嵌入 GVC 的技术驱动、网络协同驱动、市场驱动等战略模式、发展路径及其对中国数字产业化创新发展的若干启示。研究内容框架如图 5-2 所示。其次，在动力机制方面。技术标准战略与知识产权战略对数字产业化创新嵌入全球价值链的作用，特别是在全球数字贸易平台的背景下，往往需要通过一定的传导机制，创造新的供给、满足新的需求，进而体现为相应的全球价值链嵌入绩效。研究先行构建了一个包含嵌入位置、嵌入控制、嵌入层级、嵌入收益等维度的全球价值链嵌入绩效评价模型。在此基础上，本书研究从知识产权保护、知识产权国际化战略、协同治理、业态创新、技术演进、要素供给、研发投入等因素切入，围绕全球数字贸易平台中的典型企业案例，分析技术标准战略与知识产权战略推进数字产业化创新 GVC 嵌入的动力机制，揭示知识产权国际化战略数字产业化创新嵌入全球价值链内在机理。

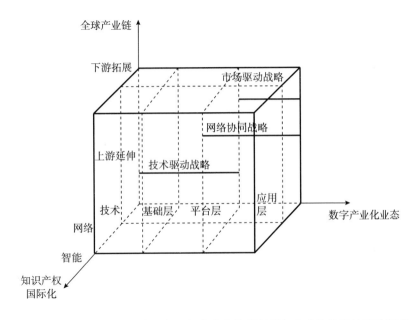

图 5-2　知识产权国际化战略推进数字产业化创新嵌入全球价值链的战略模式
资料来源：由笔者整理。

第三节　嵌入全球价值链数字产业知识产权国际化战略实现路径

全球数字贸易背景下的数字产业化创新是基于移动互联网、大数据、云计算、区块链、物联网、边缘算法等数字技术实现在全球范围内的个性化定制、智能化生产、网络化协同、服务化延伸等新业态并持续创造价值增值的过程。本节通过分析基于知识产权国际化战略的中国数字产业化创新嵌入全球价值链的优化路径，探寻其风险预警与防范。

一　基于知识产权国际化战略的数字产业嵌入全球价值链的路径研究

从行为、模式与障碍等维度出发，结合我国数字产业化创新的典型特征与比较优势，提出相应的全球价值链嵌入升级的四大路径选择，主要内容如图5-3所示，具体包括：一是知识产权驱动型个性化定制（P）路径。利用互联网平台和智能工厂，将用户需求直接转化为生产排单，实现以用户为中心的个性定制与按需生产。二是技术标准驱动型智能化生产（A）路径。指利用先进制造工具和网络信息技术对生产流程进行智能化改造，实现数据的跨系统流动、采集、分析、优化，完成设备性能感知、过程优化、智能排产等智能化生产方式。三是技术标准主导型网络化协同（N）路径。指借助互联网、大数据和工业云平台，发展协同研发、众包设计、供应链协同等新模式。四是二者协同引领型服务化延伸（S）路径。通过在产品上添加智能模块，实现产品联网与运行数据采集，并利用大数据分析提供多样化智能服务，实现由制造向服务拓展。在此基础上，从技术标准战略与知识产权战略协同、技术创新同知识产权与技术标准融合互动、产业创新生态体系构建等方面提出优化策略，创新推进数字产业向全球价值链"高端攀升"路径，提升我国数字产业创新的国际竞争力。

二　嵌入全球价值链的知识产权国际化战略风险识别

中国数字产业嵌入全球价值链的大背景下，嵌入过程是一个复杂的非线性动态过程，各国政治制度、经济水平、技术能力等存在巨大差异，数字产品贸易涉及的知识产权贸易壁垒、技术贸易壁垒（TBT）均对数字产业创新发展带来一定的风险。为探究出数字产业全球价值链嵌入中的内生性和外生性战略风险，研究构建了数字产业嵌入全球价值链的知识产权战略风险评价指标体系（见图5-4）。指标体系包括数字产业运用知识产权与技术标准嵌入全球价值链的内生性风险、外生性风险等战略风险，分析宏观经济形势、政策制度支撑态势、产业发展趋势、数字产业创新发展状况等信息，构建基于知识产权国际化战略视角下的

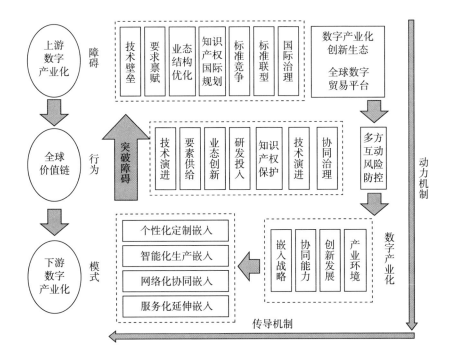

图 5-3 知识产权国际化战略推进数字产业创新嵌入全球价值链的实现路径
资料来源：由笔者整理。

数字产业嵌入全球产业链的风险特征模型，包括技术贸易壁垒、知识产权规锁、标准竞争制衡、制度法律、经济发展、技术创新、资源环境、文化体制、产业竞争等。在数字产业嵌入全球价值链的知识产权战略风险指标体系基础上，开发并完善知识产权国际化战略推进数字产业嵌入全球价值链风险评价体系，对基于知识产权国际化战略推进我国数字产业嵌入全球价值链的风险进行识别诊断。根据风险诱因—萌芽—积累—爆发—演化机理进行风险特征建模，对不同阶段中不同风险等级，如低风险、中风险和高风险等，确定战略风险容忍区域并创建风险对策树。

三 嵌入全球价值链的知识产权国际化战略多方主体协同治理机制

对参与全球价值链的中国数字产业的风险数据完成不同路径下产业风险动态调整算法设计，基于敏感系数模型构建知识产权国际化战略推进数字产业嵌入全球价值链、特别是嵌入"一带一路"区域价值链可视

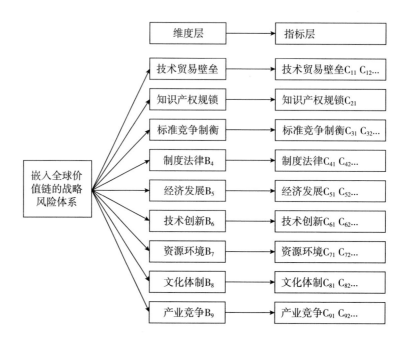

图5-4 知识产权国际化战略推进数字产业嵌入全球价值链的战略风险指标体系
资料来源：由笔者整理。

化动态风险数据库。重点研究分析数字产业嵌入"一带一路"区域价值链风险对数字产业创新绩效的影响，梳理各种风险治理机制理论与方法，建立企业、政府部门、中介组织、标准联盟等在内的多方主体协同的风险治理机制。具体研究框架如图5-5所示。实施知识产权战略目的之一就是认清发展空间和状态，采用适当的知识产权竞争策略赢得竞争和发展优势。知识产权战略的制定、实施、运用和反馈都是在特定的环境下完成的。因此，营造良好的知识产权战略的实施环境对数字产业创新发展是至关重要的。影响知识产权战略实施的环境是多方面的，总体可以归纳为两类：一是体制机制环境，表现在政府、中介机构和司法部门、产业组织、行业组织等非政府组织在推进知识产权战略中的政策、制度、法规、规范等的作用。二是知识产权管理体制机制，包括知识产权人员、组织结构、规划和制度等的综合作用。因此，明确实施知识产权战略的内外部环境是实施知识产权战略的前提。从其他国家实行的知识产权战略来看，完善的知识产权制度对知识产权战略的成功实施起到良好的保障作用。政府通过在知识产权战略的推进中发挥着主导的功能，通过知识产权制度的运用实现对知识产权的创新激励、资源配置、竞争规范和政府管理。其中，知识产权法律体系作为国家一项重要的法律制度，其完善需要政府的引导和推动。

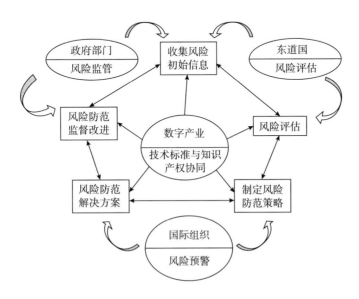

**图 5-5　知识产权国际化战略推进中国数字产业嵌入
全球价值链的多主体风险治理机制**

资料来源：由笔者整理。

同时，还需要强化知识产权国际化战略推进数字产业嵌入全球价值链的多层次风险意识培育与精准调控对策，构建嵌入全球价值链的数字产业知识产权国际化战略的可视化动态风险数据库，对中等风险等级以上的风险特征进行预警，梳理各种风险治理理论与方法，结合风险特征的来源，建立数字产业、政府部门、东道国和国际组织等多方协同的风险应对策略与防控机制。更进一步地，对我国面向全球化的数字产业进行风险教育和风险意识培育，构建相应的精准调控对策。

第二篇

面向数字产业创新的知识产权战略分析

引　言

　　面向数字产业创新的知识产权战略分析必须充分考虑数字产业与传统工业产业的巨大差异，必须充分考虑如何在数字产业创新复杂、多维的创新场景下，通过嵌入全球价值链，打造专利合作网络，构建核心技术知识场，培育动态能力等方法，推进面向数字产业创新的知识产权创造战略，赢得知识基础产业竞争环境下的持续竞争优势。从环境视角看，在面向数字产业的知识产权战略设计中，国家差异、市场格局、区域体制都会对引导知识产权战略的国际规则产生影响。从资源视角看，数字产业与生俱来且日益精进的复杂性、系统性正在不断削弱企业对创新资源的独享概率，在面向数字产业的知识产权战略设计中，竞合构造的企业网络成为重要主题。从动态环境视角看，如何适应知识产权资源时间性、地域性、边缘竞争等动态环境特征是数字产业多元创新主体首要考虑的问题，逐步适应不断变化的环境制度要素发展要求，将知识产权优势转化为整体竞争优势是数字创新主体培育知识产权全链条动态能力的核心诉求。从知识场视角看，西方主导的开源发展已经形成了国际范围的新型知识产权垄断态势，中国数字产业开源生态发展亟须构建自主可控的知识产权战略，保障数字产业开源生态良性发展，推进数字产业繁荣。

第六章

环境视角下数字产业嵌入全球
价值链的知识产权国际规则研究

在数字产业嵌入全球价值链的发展趋势下，其越发受到知识产权国际规则的影响。随着知识产权规则日益渗透到各国贸易政策中，《自由贸易协定》（FTA）知识产权规则变革呈现出 TRIPS-plus 趋势，导致各国间经贸摩擦演变为深层次的知识产权竞争。世界经济已经进入全球价值链的时代，基于中国数字经济快速发展所构建的数字化贸易平台，依托"一带一路"倡议和进一步的改革开放，世界各国越来越多的中小企业和个人能在中国的数字化国际贸易平台上获利。然而，工业互联网具有的多层次终端设备和广覆盖的特性，也使产品在连接和交互层面出现知识产权叠加和冲突，数据应用层的知识产权和标准冲突出现的可能性会越来越大，因此加快知识产权国际竞争规则的有效运用和治理对推进数字产业嵌入全球价值链具有重要战略意义。

第一节　知识产权国际规则研究述评

在对知识产权国际规则的形成及特征，知识产权保护对数字产业影响基础上，研究指出国别差异、市场竞争格局、区域体制的重叠都会影响知识产权国际规则扩散时效，并通过对《与贸易有关的知识产权协定》（TRIPS）、《全面与进步跨太平洋伙伴关系协定》（CPTPP）、《区域全面经济伙伴关系协定》（RCEP）、《反假冒贸易协议》（ACTA）、《美国—墨西哥—加拿大协议》（USMCA）、《数字经济伙伴关系协定》

（DEPA）等主要国际协定中的知识产权规则比较分析，阐述知识产权国际规则的发展趋势。

一　知识产权国际规则研究进展

20 世纪 90 年代以来，软件技术、互联网技术、电子商务以及基因技术飞速发展。这些新技术的发展及产业化应用冲击着传统知识产权保护客体和制度观念（吴汉东等，2018）。从经济视角出发，一批学者引入经济学的方法，用微观经济学中通常使用的计量方法评价知识产权制度的实施效果，核心是分析知识产权保护效果。从管理视角出发，知识产权保护体现在政策、制度、法律制定方面，其有利于创新实践发展，促进"知识创新"的价值目标实现，体现了尊重创新、保护智力成果、规制知识经济市场秩序的主旨。

研究在 Web of Science 数据库中对 "Intellectual Property Protection" "International Trade" "Digital industry" 进行从 1996 年 1 月至 2022 年 3 月的文献检索。

经检索，研究主题为 "Digital industry & Intellectual Property Protection" 共计 187 篇文献，其中 2018 年发文数量最多（见图 6-1）。相关研究主要讨论 FTA、CPTPP、TRIPS 等协定发展背景下的技术、商业和知识产权等问题。其中关注度高的主题内容涉及数字家庭网络、网络安全风险、软件产品的版权保护、数字权利管理、数字作品保护、知识产权盗版、软件保护技术、软件盗版等方面。数字时代的发展将会加剧盗版、网络安全等风险问题，解决数字产业问题的关键在于技术和立法，有学者提出在数字参考咨询服务中构建知识产权保护机制。Kim 等（2015）提出，在数字化制造时代，非法数字设计文件的网上共享和交易、非法设计商品的制造和分销等问题都需要明确的标准和适当的管理方法。Martines（2019）提出了一个模型驱动工程（Model-Driven Engineering，MDE）以加强数字时代的共享资产知识产权保护。

研究主题为 "Intellectual Property Protection & International Trade" 共计 757 篇文献，自 2002 年起被持续广泛讨论（见图 6-2）。相关研究主要讨论知识产权（包括专利权、商标权、版权等）、知识产权保护、知识产权制度的发展，以及知识产权保护对企业管理、平行进口、对外贸易等的影响。知识产权保护对国际贸易的影响存在"双刃剑"作用

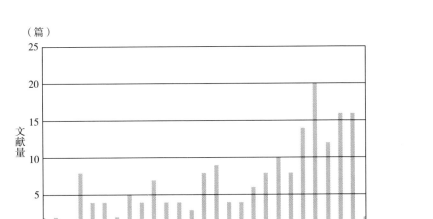

图 6-1 数字产业与知识产权相关发文数量

资料来源：由笔者整理。

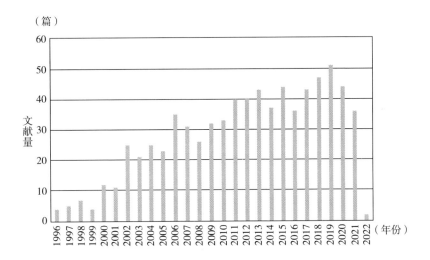

图 6-2 知识产权保护与国际贸易相关发文数量

资料来源：由笔者整理。

（余长林，2010；李楠等，2018）。Maskus 是较早开始研究知识产权保护和贸易关系的学者，Maskus 等（1995）提出，知识产权保护对贸易有两种完全相反的作用途径，即"市场扩张效应"和"市场支配力效应"。后续更多研究从地域特征、行业特征两个不同视角展开。基于地域特征，Rafiquzzaman（2002）研究了知识产权保护对加拿大出口的影响效应，发现市场扩张效应在模仿威胁较强的国家中明显，市场支配力效应在模仿威胁较弱的国家中明显。Rod 等（2004）的研究证实上述观点，同时发现在模仿能力较低时展示出市场扩张效应的国家，加强知识产权保护会加强该效应。根据行业特征，Co（2004）指出，美国的研发密集型产品出口对知识产权保护更敏感，表现为市场扩张效应；而非研发密集型产品出口对知识产权保护不敏感，表现为市场支配力效应。Ivus（2008）进一步证实知识密集度高的行业具有更强的市场扩张效应。Titus 等（2010）同样指出，知识密集型行业的市场扩张效应更明显。Fukui 等（2013）对美国的不同行业进行研究，提出进口国的知识产权保护对专利密集型行业的出口具有更显著的市场扩张效应。

关于"数字产业""知识产权保护""国际贸易"的相关研究主要集中在计算机科学、政治学、商业经济学与国际关系领域（见表6-1、表6-2）。

表6-1　　　　　　　　　数字产业与知识产权涉及研究领域

研究领域	发文量（篇）	占比（%）
Computer Science	107	57.219
Engineering	81	43.316
Government Law	69	36.898
Business Economics	51	27.273
Communication	23	12.299

资料来源：由笔者整理。

表6-2　　　　　　　　　知识产权保护与国际贸易涉及研究领域

研究领域	发文量（篇）	占比（%）
Business Economics	416	54.954
Government Law	405	53.501
International Relations	160	21.136
Computer Science	127	16.777
Agriculture	75	9.908

资料来源：由笔者整理。

从国内外的研究对比看出，我国数字产业知识产权规则研究起步较晚。通过在中国知网以"数字产业""知识产权"为主题关键词进行快速检索，结果显示，自 2005 年起逐渐有相关文献专门研究数字产业知识产权规则，共 89 篇。随着我国对数字产业的重视及知识产权规则的应用，数字产业知识产权规则发文量在近 5 年增长迅速。

综合上述分析，知识产权国际规则经历了一个与多边贸易体制的联合（如 TRIPS）到逐渐转向双边体制（如 FTA），再到介于多边体制与双边体制之间的"准多边"体制（如 CPTPP、USMCA、RCEP 等）的反复过程。随着我国于 2021 年 11 月 1 日正式提出加入 DEPA，将开始探索数据知识产权保护立法研究。故研究选择最具代表性的 CPTPP、RCEP、DEPA 与亚太区域主要经济体（CPTPP 成员国及美国和 RCEP 成员国）签订双边自贸协定为样本，探析自贸协定知识产权规则变革特征与趋势。鉴于 2000 年后自贸协定中开始广泛出现知识产权规则，研究将双边自贸协定的收集期间定于 2000—2022 年。

二 知识产权国际规则溯源与发展

国际知识产权保护的多边框架以世界贸易组织（WTO）的 TRIPS 为基础，1995—2005 年超过 100 个 WTO 成员方签署了 TRIPS 协定。然而，发达国家认为 TRIPS 最低保护标准降低了世界范围知识产权保护整体效率，为更好地维护自身利益诉求，转而在双边、区域等场域推行知识产权规则 TRIPS-plus 标准。截至 2022 年 3 月，WTO 已生效多达 354 份区域贸易协定，大部分 WTO 成员方被纳入一个及以上的自贸协定体制内。

《跨太平洋伙伴关系协议》（TPP）于 2016 年 2 月由美国、日本等 12 个成员方正式签署，2017 年美国退出后，2018 年日本等 11 国共同签署了 CPTPP，协定包含了更高标准知识产权规则，体现知识产权扩张保护、更强保护的趋势。亚洲地区的 FTA 同步跟进，中国作为主要参与国的 RCEP 已经于 2022 年 1 月正式生效实施，其中 RCEP 知识产权规则呈现海关执法强度加大、执法损害赔偿力度加重、执法向边境后规则渗透等保护升级趋势。自 2018 年掀起的中美贸易争端实质上也是一场知识产权争端，其中知识产权规则由少至多，保护标准由弱到强。我国与美、日等国具有体量巨大的贸易往来，尤其是在 CPTPP 影响下国际知识产权规则正奉行超 TRIPS-plus 标准，通过最惠国待遇及国民待遇原则使出口企业面临比 TRIPS 环境下更为严峻的知识产权贸易壁垒。

表 6-3 FTAs 基本情况

协定名称	启动时间	落实时间	参与国（地区）	知识产权条款数（条）	覆盖范围
TRIPS	1992 年达成草案	1994 年签署	世贸组织成员国	73	世贸组织管辖范围
TPP	2002 年	2016 年签署	新西兰、新加坡、智利、文莱、美国、秘鲁、越南、澳大利亚、马来西亚、日本、墨西哥、加拿大	83（第 18 章）	（跨太平洋）北美、东南亚等地区
CPTPP	2017 年	2018 年签署	新西兰、新加坡、智利、文莱、秘鲁、越南、澳大利亚、马来西亚、日本、墨西哥、加拿大	83（第 18 章）	（跨太平洋）北美、东南亚等地区
ACTA	2007 年	2011 年签署	美国、日本、欧盟 27 国、韩国、澳大利亚、加拿大、新西兰、新加坡、瑞士、摩洛哥、墨西哥	45	包括欧盟、美国在内近 40 个国家
RCEP	2012 年	2020 年签署	东盟十国、中国、日本、韩国、澳大利亚、新西兰（印度退出）	83	亚洲、大洋洲地区
USMCA	2018 年	2018 年签署	美国、墨西哥、加拿大	89（第 20 章）	北美地区
中美第一阶段经贸协议	2019 年	2020 年签署	中国、美国	36（第 1 章）	中国、美国
DEPA	2019 年	2020 年签署	新加坡、智利、新西兰	——	新加坡、智利、新西兰

资料来源：由笔者整理。

（一）TRIPS 协定中的知识产权规则

TRIPS 协定在国际知识产权规则发展进程中发挥着重要作用，是目前参与国家最多、影响范围最大的一项国际协定。TRIPS 协定将知识产权纳入 WTO 管辖的范围。为平衡发达国家与发展中国家利益，TRIPS

协定实质上更偏向于适应发展中国家的知识产权保护标准。余长林（2009）、Delgado 等（2013）研究 TRIPS 协定生效对不同国家、不同产品进出口贸易的影响，结果显示 TRIPS 协定生效对高技术、专利密集型产品的影响高于对低技术密集型产品的影响，这一趋势在中等收入国家中尤为显著。随着以工业革命 4.0 为基础的世界经济新格局雏形渐显，各国经济发展和对外贸易都面临着深层次调整，TRIPS 的局限性也随之凸显出来。发达国家开始转移目标，试图开辟新的谈判途径以促成其知识产权扩张保护的目的，如通过双边、复边或区域谈判等。知识产权国际保护的多边框架以 TRIPS 协定为基础（武长海，2010）。签署于1994 年的 TRIPS 协定变革性地将其变成各缔约方必须履行的国际义务（Fink，2016），并通过贸易制裁的方式使知识产权国际规则具有效力。但对于发达国家而言，TRIPS 协定最低保护标准会降低世界范围知识产权保护整体效率，出于自身利益诉求转向双边、区域等场域，利用FTAs 推行 TRIPS-plus 标准（Gaisford，2010；张猛，2012）。商标申请规范、药品及农用化学品测试数据排他权、数字领域版权、侵权刑事制裁、边境措施扩大适用等多项 TRIPS-plus 规则（Petri，2012；金中夏，2015；董涛，2017），昭示了知识产权国际保护趋势越来越强的同时，也为经济发展带来新挑战。凸显 TRIPS-plus 特征的自贸协定，是美日欧等发达国家将知识产权保护与贸易政策结合并进行国际推广以实现国家利益最大化的战略举措（丛立先，2014），也是知识产权强国战略的关键环节（徐修德，2015；Drahos，2016；Weatherall，2016）。

（二）CPTPP 协定中的知识产权规则

CPTPP 协定以 TPP 协定为基础形成，2017 年美国退出 TPP 协定后，剩余 11 个缔约国对原协定做出修改，并于 2018 年 3 月签署 CPT-PP。新架构共保留原 TPP 超过 95% 的项目，最大区别在于 CPTPP 搁置了 TPP 中 22 项条款，其中 11 项与知识产权有关，协定中第 18 章知识产权章节共 83 项条款。知识产权规则更加宽松，给予政府更多自主裁决权（袁波，2018）。CPTPP 第 18.37 条国际协定中说明设定新增《专利合作条约》、《WIPO 表演和录音制品条约》等近十个相关国际公约，仍在讨论的 RCEP 囊括国际公约从趋势看或将超过十个。CPTPP 第18.37 条授予专利的客体延伸到符合产品的新用途、新方法、新程序三性其一即可。专利保护内容上，CPTPP 第 18.37 条将植物新品种纳入保护客体。CPTPP 更是明确了对新农业化学产品、人或动物的疾病诊断治疗及外科手术方法等生物技术提供保护。在专利领域 CPTPP 新增最新修订授予专利的发明条件只要满足新用途、新程序、新方法之一即可申请授予。而在商标领域客体新纳入"域名"，彰显出该领域数字新形势。CPTPP 的生效对我国的影响程度很小，且我国可以通过推动 RCEP 来抵消 CPTPP 的不利影响（王孝松，2018）。

（三）RCEP 协定中的知识产权规则

RCEP 是由东盟国家发起，并邀请中国等 6 国共同构建统一市场的 FTA。截至目前，已经举行了 21 轮的谈判。RCEP 是一个涵盖 16 国的自由贸易协定，协定内人口总和达到 35 亿，GDP 总和将达 23 万亿美元，涉及货物贸易、服务贸易以及新兴的国有企业和竞争等议题，并且具有维护东盟在亚太区域一体化进程的核心战略作用（张建平，2014）。RCEP 也对提高知识产权保护方面做出了不少努力，其中的知识产权章节包括了版权、商标、专利、反不正当竞争、传统知识的保护等方面的问题。此外，RCEP 也试图建立新的国际贸易规则，在各自的形式和地位上对经济和地缘政治都起着重要作用。RCEP 的大多数参与者都是发展中国家，因此更关心发展中国家的特殊和差别待遇，更符合发展中国家经济发展的实际情况（叶波，2017）。在农业方面，各国具有比较优势的农产品种类差别较大，成员国整体上都将受益（薛坤，2017；刘艺卓，2017）。在纺织服装产业国内转型、国外主要市场份额出现下滑的情况之下，RCEP 实施具有重要意义，不仅可促进我国企业利用自贸区关税优惠来开拓亚太市场，还可推动重点企业"走出去"，同时有利于我国企业进行更有效的资源配置（袁宝华，2017）。对于服务贸易的开放，短期内中国面临巨大的挑战，但从长远来看，RECP 有助于推动中国更便捷和自由的贸易投资，实施更加积极的对外开放战略（张建平，2014）。

（四）ACTA 协定中的知识产权规则

ACTA 最初只是美国和日本就打击假冒和盗版形成的一个协议。然而，随着假冒行为的日益猖獗和盗版产品的持续扩散，逐渐威胁到各国经济的健康发展，各国也希望通过新协定的制定来打击假冒和盗版产品。2011 年 10 月 1 日在日本东京举行的 ACTA 谈判方签字仪式上，美国、澳大利亚、加拿大、日本、韩国、摩洛哥、新西兰、新加坡的代表签署了 ACTA 协议。随后，欧盟及其 22 个成员方的代表于 2012 年 1 月 26 日在日本东京签署了 ACTA 协议，使 ACTA 的签署方扩大到 30 个国家。但随后各国在进入国内批准环节陷入了争议，美国国内多名学者联名反对该协议；欧洲议会也否决了 ACTA 的批准申请；墨西哥参议院也反对 ACTA 的批准；瑞士则选择暂缓签署 ACTA。根据 2011 年 4 月 15 日公布的正式文本，ACTA 共六章 45 条，重点在知识产权执法领域，主要包括知识产权民事执法措施、行政执法措施、刑事执法措施以及数字环境下知识产权执法措施等在内的多种执法措施。ACTA 的谈判过程一直以美国、欧盟、日本等知识产权强国为核心，一旦 ACTA 生效施行无疑会对广大发展中国家造成不利影响，发展中国家的出口企业将遭受重大打击，同时会弱化以 TRIPS 为框架的多边知识产权保护体系，也有可能成为新的贸易壁垒，阻碍国际贸易发展（杨书庆，2016）。

（五）USMCA 协定中的知识产权规则

2018 年 11 月，美国、墨西哥、加拿大三国在阿根廷签署 USMCA 协定，2019 年 12 月修订版签署，辐射范围为北美地区。USMCA 旨在取代北美自由贸易协定（NAFTA），是三国之间建立的一种较新的自由贸易体系，涵盖诸如电子商务、知识产权保护法规体系和法规体系等问题。同时 USMCA 反映了被 CPTPP 搁置的高标准知识产权条款，特别是对商业秘密给予了有史以来最强有力的保护，代表了当今贸易协定中对知识产权保护的最高标准和全面综合执法（张小波等，2019）。其中知识产权在第 20 章，共 89 条相关条款，涉及的类别主要包括商标、国名、地理标志、专利、版权及相关权等，但未涉及集成电路、遗传资源、传统知识和民间艺术保护。协定提出不得要求商标在视觉上可感知，可以注册声音商标；进一步延长了商标保护期限，但未对地理标志客体范围作出明确规定；提出对葡萄酒和烈酒地理标志采用相对一般地理标志较宽松的保护或承认机制，加强了对葡萄酒和烈酒地理标志的保护。USMCA 在 TRIPS 基础上扩大未披露信息保护客体范围，将数据类型明确到未公开的测试数据或有关产品安全性和有效性的其他数据，尤其增加对新临床信息、生物制药的保护。

（六）DEPA 协定中的知识产权规则

DEPA 由新加坡、智利、新西兰于 2020 年 6 月 12 日线上签署。由 16 个主题模块构成，包括商业和贸易便利化、处理数字产品及相关问题、数据问题、更广阔的信任环境等。DEPA 作为全球首个数字经济国际协定，虽未有具体知识产权章节，但纳入了数字知识产权保护的相关规则，对数字产业知识产权国际规则的研究具有重要意义。其中，第 3.3 条数字产品的非歧视性处理中，要求缔约方确认其对数字产品非歧视待遇的承诺水平，任何一方不得对所创造的数字产品给予较不利的待遇。但不适用于与一方的任何不一致的范围，如一缔约方参与的另一项国际协议中有关知识产权的权利和义务。第 9.3 条公共领域，提出双方需要认识到一个丰富和可访问的公共领域的重要性，并且双方还应承认信息材料的重要性。例如，注册知识产权的公共可访问数据库，有助于识别已属于公共领域的主题事项。第 10.3 条信息共享，提出各方应建立或维护自己的免费、公开的网站，包含有关本协议的信息和相关知识产权的规定或者程序。

第二节　知识产权国际规则对数字产业嵌入全球价值链的影响

随着知识产权规则日益渗透到各国贸易政策中，知识产权国际规则对数字产业嵌入全球价值链的影响愈加显著，知识产权保护制度对于出口贸易、创新能力、数字产业发展的重要性逐步凸显，通过对知识产权国际规则的文本挖掘，比较分析知识产权国际规则的范围、功能和变革特征，对提升我国数字产业嵌入全球价值链的竞争力具有重要意义。

一　知识产权国际规则的文本挖掘与分析

从 WTO 官网对应贸易协定信息系统中搜索 FTA。截至 2022 年 3 月，共有 354 个 FTA 登记在册，其中明确提及知识产权议题的有 189 个，FTA 数量在 2000 年以后迅猛上涨。图 6-3 显示自 1960 年起 FTA 生效情况。左边对应明确提及知识产权议题并生效的 FTA 历年数量，右边对应生效的 FTA 历年数量，可见知识产权议题逐渐成为 FTA 谈判内容的固定一部分，其经济贸易地位不断攀升。

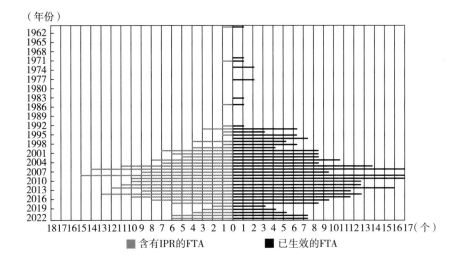

图 6-3 1960—2022 年 FTA 生效情况

资料来源：由笔者整理。

研究以亚太区域主要经济体（CPTPP 成员国及美国、RCEP 成员国、DEPA 成员国），共 21 个国家为对象。21 国及对应贸易国占全球经济总量 60% 以上，具有一定代表性。首先，收集 21 国在 2000 年之后生效的所有自贸协定文本，收集方式见表 6-4。其次，为匹配精准的知识产权规则内容，对所选文本进一步筛选，保留明确含有知识产权固定章节的 FTA，共计文本数量 64 个。

表 6-4 　　　　　　　　　　自贸协定文本获取方式

检索科目	检索内容
获取时间	2022 年 3 月
检索时间范围	2000—2022 年
检索国家范围	CPTPP 成员国及美国（12 个）：美国、马来西亚、澳大利亚、日本、秘鲁、越南、文莱、墨西哥、新加坡、智利、新西兰、加拿大 RCEP 成员国（16 个）：东盟（新加坡、文莱、马来西亚、印度尼西亚、越南、老挝、缅甸、柬埔寨、泰国、菲律宾）、中国、澳大利亚、新西兰、印度、日本、韩国 DEPA 成员国（3 个）：新加坡、智利、新西兰

检索科目	检索内容
数据库	Regional Trade Agreements Information System
检索类型	FTA（明确包含知识产权）

资料来源：由笔者整理。

运用文本挖掘方法，比较 FTA 知识产权国际规则范围和功能。文本挖掘方法，是以探寻新知识为主要目的，基于大量文本数据，通过一定的方法找出隐藏模式的过程。通过对 FTA 中知识产权文本的研究能够反映出全球自贸协定知识产权变革的趋势及特征。由此建立文本挖掘模型如图 6-4 所示。

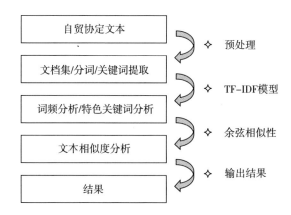

图 6-4　知识产权国际规则文本挖掘模型

资料来源：由笔者整理。

关键词是文本挖掘的核心切入点，本书运用 NVivo12 软件进行词频分析，并选用"同义词"的分组方式筛选，按照关键词频次降序进行排序。根据 Donohue（1973）提出的关于词频高低的界分公式：$T=\left(-1+\sqrt{1+8I_1}\right)/2$（其中 T 为关键词个数的阈值，$I_1$ 是词频为 1 的关键词数量），自上而下选取 T 个 FTA 中有关知识产权的高频关键词，按词频高低顺序排列。

以 Python 语言在文本分析中的应用为基础，利用 TF-IDF（Term

Frequency-Inverse Document Frequency）模型，准确甄别各个 FTA 的特色关键词。TF-IDF 模型能测量关键词语在不同文本集中的特殊性及重要程度。以 TF×IDF 表示权重值，TF×IDF 值越高表示该词在某文本中出现次数多而在其他文本中出现次数少，这个词则作为某文本的代表关键词。

$$TF_{ij} = \frac{n_{ij}}{\sum_k n_{kj}} \qquad IDF_{ij} \frac{|D|}{|\{j: t_i \in d_j\}|}$$

上式中，$|D|$ 表示语料库中的文件总数；$|\{j: t_i \in d_j\}|$ 表示词语的文件数目。

研究将 2000—2022 年分为 4 个阶段，分别计算 4 个阶段知识产权高频关键词 TF-IDF 值，并由此制作不同年份自贸协定知识产权规则高频词 TF-IDF 等值线图（见图 6-5）。

图 6-5 显示，2000—2022 年全球自贸协定知识产权规则关注焦点正逐渐转移。第一阶段，2000—2005 年自贸协定对知识产权规则落实在传统知识产权客体上，包括"版权（0.0808）、商标（0.1386）、专利（0.1000）"等，其中"录音制品（0.1166）、表演作品（0.1147）"一直是版权领域的关注焦点。知识产权执法有较为全面的囊括，具体包括"民事（0.0459）、司法措施（0.0424）"的运用。1995 年签署的 TRIPS 协定未关注到数字议程，与其相关的如网络侵权管辖、判决执行等问题均未涉及。在 2000 年之后，更多 FTA 关注到数字技术，尤其提及"网络服务提供商（0.0358）"，对其义务做了较为详细的阐述。第二阶段，2006—2010 年 FTA 中不断丰富了知识产权客体内容，新增"化学品（0.0137）、植物（0.0287）"等客体。在商标保护范围中注册商标标记类型不断纳入"域名（0.0312）、声音/气味（0.0405）"。在知识产权执法方面，提及了诸如"赔偿（0.0127）、补偿（0.0165）"等措施，可见在侵权损害处理上更加突出细节。另外，该时期随着 ACTA 的讨论，强调希望遏制"盗版（0.0386）"侵权等行为。第三阶段，2011—2015 年"药品（0.0118）、生物（0.0191）、试验数据（0.0046）"等更多新型知识产权客体不断涌现。商标分类中"驰名商标（0.0219）"在部分区域自 FTA 中被尤为强调。执法措施上

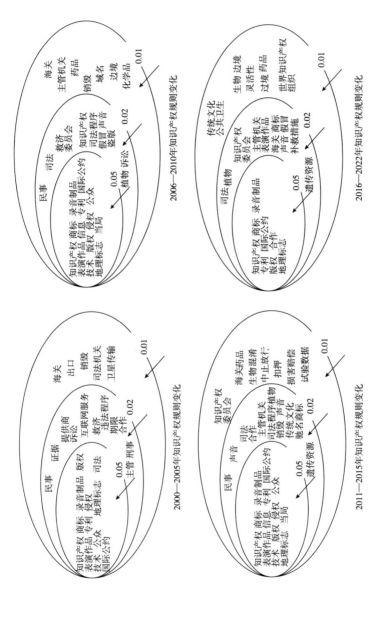

图 6-5 不同年份 FTA 知识产权规则高频词 TF-IDF 等值线

更为多样，尤其是边境措施不断强调"海关（0.0143）"执法重要性，并赋予其"中止放行（0.0170）"等更多自主权利。货物关注重心由盗版延伸至"嫌疑、混淆（0.0157）"货物，在举措上丰富了"扣押（0.0129）"等措施。第四阶段，2016—2022 年发展中国家崭露头角，原先 TRIPS 偏技术性特征对发展中国家的传统文化、民间文艺与遗传基因等资源的保护相当不利，故在最新 FTA 知识产权讨论中，"遗传资源（0.0237）和传统文化（0.0159）"被提及的频次迅速增加。在知识产权执法中，在执行单位上重点提及"主管机关（0.0466）"，对其赋权更加广泛。研究发现近 20 年的区域自贸协定演化历程中，对国际公约与知识产权委员会发挥的作用关注度越来越强，表现在知识产权委员会 TF－IDF 值由 0.0073 提升至 0.0375，国际公约 TF－IDF 值由 0.0505 提升至 0.1445，侧面表现出某些新型条款不断演变成为国际通行准则的一部分。

二 知识产权国际规则的变革趋势及特征

知识产权国际保护的多边框架以 TRIPS 协定为基础（武长海，2010）。截至 2022 年 3 月，WTO 接收并生效的各种双边或区域贸易协定多达 579 个，绝大部分 WTO 成员被纳入一个及以上的自贸协定体制内。如此错综复杂的 FTAs 带来"意大利面条碗"效应并没有取得预期效果，2007 年发达国家借助复边体制推行 ACTA，但在欧盟遭遇滑铁卢（詹映，2016）。TPP 紧随其后在亚太地区 12 国讨论签署，TPP 所讨论的知识产权规则更着眼于边界后规则，影响成员国国内外市场与知识产权法律制度环境（蔡鹏鸿，2013；刘会芳，2015）。2017 年美国退出 TPP，日本紧随其后在 2018 年年初主导完成了 CPTPP 签署。同期，2018 年 11 月美加墨三国领导人签署 USMCA，保存了原《北美自由贸易协定》基本框架，同时 CPTPP 被搁置的高标准知识产权条款如数反映在 USMCA 中，特别是对商业秘密给予了有史以来最强有力的保护（张小波等，2019）。亚洲地区自贸协定同步跟进，RCEP由东盟十国在 2011 年首次提出并发起，随后邀请中国、日本、韩国、澳大利亚、新西兰、印度共同参与。中国主推的中日韩自由贸易协定自 2013 年启动谈判以来，至今已进行 15 轮协商，未来可能向中日韩和东盟（10+3）自由贸易协定演化发展（刘宇，2018）。自贸协定知识产权规则变革迅猛，亟须对其发展变革进行归纳、对其未来趋势做出预判。

　　凸显 TRIPS-plus 特征的自贸协定，具体见表 6-5。发达国家的实力及其影响，尤其在投资、技术和市场准入等方面较之发展中国家优势明显，使得国际知识产权规则主导权仍掌握在发达国家手中，这一形势短期内不会改变（张惠彬，2015）。但发展中国家也在不断推动多边体制下的国际知识产权制度变革，促进知识产权国际保护与保护生物多样性、传统文化资源、公共健康和人权等相平衡，如 RCEP 的讨论充分体现发展中国家"包容、平衡、普惠"的利益诉求（李俊、崔艳新，2015；Townsend et al.，2016）。现有研究围绕自贸协定知识产权规则，多关注于单一时点、单一协议特征，缺乏针对自贸协定知识产权规则多维度与结构化的跨时期探索。

表 6-5　　　　　　　　　知识产权规则变革特征及趋势归纳

内容	TRIPS-plus 规则	TRIPS 协定	新趋势	新困境
体制演变	双边体制、复边体制（后续可增加成员）等	多边体制，WTO 所有成员需要共同遵守	知识产权强保护的区域一体化进程加快	向边界后规则等国内法规法制转移，增加 FTAs/RTAs 的复杂性和不确定性
国际协定	巴黎公约，伯尔尼公约，新加坡条约，布达佩斯条约，专利合作条约，马德里协定，保护植物新品种国际公约，WIPO 版权条约，WIPO 表演和录音制品条约	巴黎公约，伯尔尼公约，罗马公约，关于集成电路的知识产权条约	扩散区域知识产权保护规则，影响中日韩 FTA，东盟（10＋3），RCEP，FTAAP 中的知识产权规则	打破 TRIPS 协定提供的平衡；知识产权利益冲突加剧；增加企业贸易成本和贸易风险
商标	不能以标志由声音或气味构成为由拒绝商标注册；注册和续展期限至少 10 年；明确域名抢注争端解决程序	注册视觉感觉到商标；注册和续展期限至少 7 年；无域名抢注规定	商标权向无形标记延伸；延长商标续展期；加强互联网域名保护	对无形商标、数字环境保护、商标网络盗版缺乏风险预警和防控
专利/未披露试验数据	因专利局延迟的专利权期限调整；农业化学品数据保护期至少 10 年；药品数据排他权至少 5 年，生物药为 8 年	无专利审查延迟导致期限调整；无数据保护期调整的权利要求	药品数据排他权起到专利保护同样作用；推行专利延长保护制度	限制仿制药的制造和出口，影响企业技术学习、集成创新的效率

续表

内容	TRIPS-plus 规则	TRIPS 协定	新趋势	新困境
版权	禁止以数字形式复制他们的作品、表演和录音制品的权利；保护期限不少于该作者终身加上其死后的 70 年	无数字知识产权保护；权利保护期自作品出版起不得少于 50 年	关注数字技术应用版权保护；扩大复制权范围；延长版权保护期限	限制网络阅读、网络电影等消费行为；加重海外版税支出
知识产权执法	打击假冒盗版；惩罚性赔偿；扩大刑事执法范围；边境执法增强	在商标版权案件中使用刑事处罚	扩大边境执法范围；加大侵权刑事处罚力度	扩大边境执法范围；加大侵权刑事处罚力度

资料来源：由笔者整理。

三 知识产权国际规则对数字产业嵌入全球价值链的影响

随着知识产权规则日益渗透到各国贸易政策中，知识产权与贸易关系更加紧密，健全的知识产权保护制度对于出口贸易、创新能力、数字产业发展的重要性更加显著，亟须融合法学、管理学、经济学理论探索自贸协定知识产权规则对数字产业的影响，为日后中国在自贸协定谈判中，建立一套既遵循知识产权国际规则变革趋势，又符合本国贸易发展利益的战略安排提供理论支撑，同时为我国数字产业在全球价值链背景下发展提高竞争力。

TRIPS 协定在国际知识产权规则发展进程中发挥着重要作用，是目前参与国家最多、影响范围最大的一项国际协定。余长林（2009）、Delgado 等（2013）研究 TRIPS 协定生效对不同国家、不同产品进出口贸易的影响，结果显示 TRIPS 协定生效对数字产业产品的影响高于对传统行业产品的影响，这一趋势在中等收入国家中体现得尤为显著。这一阶段较少有学者独立研究 FTA 知识产权规则对贸易的影响。随着新一代贸易投资规则从边界规则延伸至后边界规则，开始有研究专门针对自贸协定条款。知识产权规定可能对贸易问题以外的贸易流产生影响，因为知识产权制度的变化可能影响创新回报，影响企业在不同市场进行贸易的决策。Campi 等（2019）在研究自贸协定生效的贸易效应后发现，无论是否包含知识产权规则，自贸协定签署生效对总体贸易流量有直接积极影响。含有知识产权条款的自贸协定签署生效对知识产权密集型贸易存在显著滞后积极影响。发展中国家市场准入利益会因产业结构不具备竞争优势而并未大幅增加（贾引狮，2013）。未参与大型自贸协定（如 CPTPP、RCEP 等）的发展中国家更容易面临区域贸易被边缘化进而引发贸易转移等负面影响（余楠，2015）。自贸协定扩散效应会加剧全球知识产权利益冲突（亢梅玲等，2013；范超，2014），阻碍发展中国家创新、削减制造业能力并可能导致公共健康危机（刘重力等，2012），与创新相关的生产率增长总体上会倾向于减少就业，中国仍然受益于与主要工业化国家的强劲追赶（Huang et al.，2019）。在自贸协定知识产权规则影响国际经贸研究中，现有研究一方面较多关注自贸协定本身签署生效对国际经贸影响，缺乏对知识产权规则的焦距；另一方面局限于对贸易总量的影响，亟须更多地将视角转移到如贸易结构、产业结构等问题上。

自贸协定知识产权规则对中国的影响研究发现，短期看 CPTPP、ACTA 的签署对我国的影响有限，中国不加入 CPTPP 未来十年的实际损失仅为 GDP 的 2.2%（马骏等，2015），负面影响相对有限（吴涧生等，2014）。而中国自身签订含有知识产权规则的自贸协定，经测算会使我国进出口更多数字产品，尤其是专利和版权密集型的产品贸易（刘雪凤等，2014；韩剑等，2018）。长期来看，国际自贸协定知识产权保护水平提升影响大于经济影响（陈淑梅等，2014），其专利规则（彭瑞骊，2015）、药品知识产权（张磊等，2016；吕苏榆等，2017）、版权（何荣华，2016）、数字知识产权（尚妍，2014）、执法标准（夏玮，2014）会扩散成为区域知识产权保护新标准。具有高标准知识产权规则的区域自贸协定生效后带来的关税削减和技术标准提高可能会使我国中低端制造企业面临比现有纠纷更大规模的知识产权壁垒（赵娜等，2016；冯帆等，2018）。

知识产权国际规则的签署生效能够提升数字产品占总出口贸易比重，有利于优化出口产品的结构，提升出口产品的竞争力。知识产权国际规则对知识产权密集型数字产品的促进作用最为显著，具体有 ICT 服务、金融服务和其他商业服务的数字产品。由于数字产品复制成本较低，在数字产业嵌入全球价值链的过程中，侵权行为频发。因此，采取强有力的知识产权保护，对激励数字产业发展十分关键。同时，知识产权国际规则保护强度的提升对不同经济发展水平成员出口贸易结构均有优化提升作用，但相较于发展中国家，发达国家优化的效果更加迅速与显著。

发达国家正不断强化国际贸易中知识产权的作用，关键动因源于发达国家（如美国）技术力量处于高水平，出口产品中知识产权密集型数字产品尤其是专利密集型数字产品出口额较大。但贸易伙伴国国内知识产权保护不充分，使其技术优势在国际贸易中没有得到有效反映，故其签订的知识产权国际规则保护强度越高，越有利于降低其花费在阻止国外企业模仿本地企业产品上的成本，加强其创新动力和收益，从而扩展出口数字产品结构，提升出口数字产品技术含量与价值含量。综合反映以美国为代表的发达国家试图利用其庞大的经济体量、广阔的开放市场、尖端科学技术所形成的压倒性优势对其他国家进行各个击破，同时以巨大的经济体量与市场机会迫使中国等发展中国家加入接受知识产权高标准，约束发展中国家行动与发展。

对发展中国家来说，知识产权国际规则仅针对商标密集型数字产品出口贸易比重优化较为显著。一个原因是发展中国家经济、科技实力有限，整体出口产品结构本身较为单一，知识产权含量低。另一个原因是高水平知识产权国际规则要求在一定程度上会限制发展中国家模仿能力，从而缩减其数字出口产品种类，尤其是专利密集型数字产品。发展中国家大多处于签订自贸协定打开全球贸易合作的初始阶段，出口数字产品技术强度不高，同时国内知识产权保护水平也处于渐进上升阶段，受知识产权国际规则的积极影响还未明显体现。在当前多边主义面临冲击、贸易摩擦频繁的背景下，发展中国家更应主动作为、用好机遇、练好"内功"，以知识产权国际规则为抓手，推动数字产业更好更快地发展。

政府首先应加强知识产权国际规则的政策建议及支撑体系。紧抓数字产业全球化发展契机，促进国内知识产权规则适应性变革，以渐进方式提升知识产权保护水平。其次，跳出原设框架，加快知识产权国际规则适应性变革，建设特色区域知识产权范式。结合自身利益诉求、优势资源，形成立场鲜明、形式稳定的知识产权范式。

产业首先应全力推进知识产权与技术标准协同，加快知识产权打造新经济。发展具有自主知识产权、具有影响力和控制力的创新型产业，凭借知识产权不断培育和发展新经济。其次，加强知识产权密集型数字产业规划指导，完善产业整体布局，促进协同发展。在数字行业构建知识产权密集型产业动态监测体系，掌握国际最新动态以完善数字产业整体布局，促进知识产权密集型数字产业与其他产业协同发展。

企业首先应不断加强自主创新，创造更多自主知识产权。出口企业亟须拥有独创的核心技术，要强化其自主创新能力，才能从根本上解决问题，冲破发达国家构筑的知识产权壁垒束缚和封锁。其次，设立知识产权管理专门机构，加强培育高端复合型人才。企业可结合自身规模、发展战略等情况考虑设独立知识产权管理机构，由专人负责，决策层直接领导。最后，研究知识产权国际规则，强化风险防范与预警机制。密切关注各个知识产权国际规则及国内知识产权制度内容，争取最大限度地避免撞入知识产权壁垒。企业与行业协会应构建知识产权预警机制，使出口企业在国际贸易中遭受知识产权纠纷中能够积极应诉并吸取经验，并及时对行业内其他企业预警。

第三节　嵌入全球价值链的数字产业知识产权国际保护战略研究

通过对知识产权国际规则中的知识产权保护类型进行比较分析，进行数字产业嵌入全球价值链时的专利国际保护、商标国际保护及其他知识产权国际保护战略分析，提出嵌入全球价值链的数字产业知识产权国际治理在民事和行政措施保护深度、临时措施保护深度、边境措施保护深度、刑事诉讼措施保护深度等方面的战略。

一　知识产权国际规则中知识产权保护类型比较

由于各FTA框架具有较大的差异性，为比较FTAs知识产权保护类别，本节将对各协定单独设节的知识产权保护类别进行讨论。经过对各协定文本的梳理，FTAs知识产权保护类别比较详见表6-6。

表6-6　　　　　FTAs覆盖区域及知识产权保护类别比较

协定名称	覆盖区域	商标	地理标志	专利	未披露信息	工业设计	版权及相关权	商业秘密	集成电路
TRIPS	欧美亚	√	√	√	√	√	√		√
USMCA	欧美亚	√	√	√	√	√	√	√	

续表

协定名称	覆盖区域	商标	地理标志	专利	未披露信息	工业设计	版权及相关权	商业秘密	集成电路
TPP	亚太	√	√	√	√	√	√		
CPTPP	亚太	√	√	√	√	√	√		
DEPA	亚太				√			√	
RCEP	亚洲	√	√	√		√	√		

资料来源：由笔者整理。

比较 TRIPS、TPP、CPTPP、RCEP、USMCA 等知识产权保护类别，发现均对商标、地理标志、专利单独设节进行保护。其他知识产权保护类别中：①"未披露信息"保护未在 RCEP 中单独设节，但嵌入在防范不正当竞争小节中；②"工业设计"保护未在中美第一阶段经贸协议中体现；③"版权及相关权"保护未在中美第一阶段经贸协议中单独设节，但嵌入在对电子商务平台上的保护、知识产权案件司法执行和程序小节中；④"商业秘密"保护未在 TRIPS、TPP、CPTPP、RCEP中单独设节，但在 TRIPS 中嵌入在未披露信息保护小节中，在 TPP、CPTPP 中嵌入在执法条款中，未在 RCEP 中体现；⑤"集成电路"保护未在 TPP、CPTPP、RCEP、USMCA 中体现。本研究侧重专利、商标、地理标志、未披露信息、工业设计、版权及相关权六个在 FTAs 中普遍涉及并重点保护的知识产权类别，以 TRIPS 协定为基准，深入比较具体的规则文本内容。

二 嵌入全球价值链的数字产业的专利国际保护战略分析

当数字产业面向欧美亚进行全球价值链嵌入时，以 USMCA、TRIPS为代表的知识产权国际规则，提出具备新颖性的技术领域产品和方法发明都可被授予专利，并要求专利保护期限为 20 年。欧美亚地区的专利国际保护战略可在所有技术领域任何发明的基础上，重点关注有新颖性、包含发明性步骤且可供工业应用的产品和方法，但要在自申请之日起计算的 20 年期满前关注其增加内容。欧美亚地区的专利保护宽度在 TRIPS 规定 20 年的基础上进一步强化，同时应注意因专利局延迟调整保护期限的条款。

当数字产业面向亚太区域进行全球价值链嵌入时，以 CPTPP 为代表的知识产权国际规则，将原本 TPP 对已知产品的二次用途及源自植物的专利保护条款搁置，重回 TRIPS 标准，并明确规定专利保护期限在 20 年保护基础上进一步强化，但调整专利保护期限的灵活性条款在 CPTPP 中被搁置。亚太区域的专利国际保护战略不适用于已知产品的新用途、使用已知产品的新方法、新工序和源自植物的发明。专利国际保护战略期限在 TRIPS 规定 20 年的基础上进一步强化，但不适用因专利局的延迟调整保护期限的灵活性条款。

当数字产业面向亚洲区域进行全球价值链嵌入时，以 RCEP 为代表的知识产权国际规则更多站在发展中国家利益的角度，将"遗传资源、传统知识、民间艺术"纳入专利保护范围。同时，在 TRIPS 的标准上将植物新品种也纳入专利保护客体范围。因此，亚洲区域的专利国际保护战略在技术领域的任何无论是产品还是方法发明的基础上，还可关注保护植物新品种，但战略保护期限未有明确规定。

三 嵌入全球价值链的数字产业商标国际保护战略分析

当数字产业面向欧美亚区域进行全球价值链嵌入时，以 USMCA、TRIPS 为代表的知识产权国际规则，加强对驰名商标、域名的保护：驰名商标保护方面，提出对驰名的认定不得以商标注册为条件，且申请注册与驰名商标相同或近似的商标应被驳回或撤销。欧美亚区域商标国际保护战略范围为任何标记或标记的组合，只要能够将一企业的货物和服务区别于其他企业的货物或服务，即能够构成商标。同时可要求，作为注册商标的条件，标记应为视觉上可感知的。但要注意商标的首次注册及每次续展的期限均不得少于 7 年。

当数字产业面向亚太区域进行全球价值链嵌入时，以 CPTPP 为代表的知识产权国际规则提出不得要求商标在视觉上可感知，可以注册声音商标，同时提出努力注册气味商标。要求进一步延长保护期限，商标的首次注册及每次续展期限不得少于 10 年。亚太区域商标国际保护战略不得要求商标在视觉上可感知，不能以标志由声音构成为由拒绝商标注册，应当努力注册气味商标、加强驰名商标、域名保护。商标国际保护战略的首次注册及每次续展的期限均不得少于 10 年。

当数字产业面向亚洲区域进行全球价值链嵌入时，以 RCEP 为代表的知识产权国际规则亦提出不得要求商标在视觉上可感知，可以注册声音商标，提出努力注册气味商标。此外，在域名保护方面，提出缔约国应明确域名抢注争端解决程序，且应建立在线公开的域名注册者信息数据库。亚洲区域商标国际保护战略不得将标记可被视觉感知作为一项注册条件，也不得仅因该标记由声音组成而拒绝商标注册，但战略保护期限未有明确规定。

四 嵌入全球价值链的数字产业其他知识产权国际保护战略分析

当数字产业面向欧美亚区域进行全球价值链嵌入时，以 USMCA、TRIPS 为代表的知识产权国际规则对"商业秘密"单独设节强化保护，并加强"对载有加密节目的卫星和有线电视信号的保护"；同时提出"地理标识"指识别一货物源于一成员领土或该领土内一地区或地方的标识，该货物的特定质量、声誉或其他特性主要归因于其地理来源。欧美亚区域电子商务国际保护战略范围遵行《电子商务示范法》（1996），主要涉及数字产品、电子签名、政府信息、交互式计算机服务等内容。地理标志保护战略范围来源于领土或领土内地区的标识，货物的特定质量、声誉或其他特性。保护期限与商标同等保护水平，保护或承认地理标志应不早于缔约方的申请或注册日期。

当数字产业面向亚太进行全球价值链嵌入时，以 CPTPP、DEPA 为代表的国际规则未对地理标志客体范围作出明确规定，但提出对葡萄酒和烈酒地理标志采用相对一般地理标志较宽松的保护或承认机制，加强了对葡萄酒和烈酒地理标志的保护。亚太区域电子商务国际保护战略范围包括数字产品、电子认证、电子传输、个人信息、贸易管理等，保护期限在马来西亚、越南生效之日起 2 年内。地理标志保护战略期限与商标同等保护水平，保护或承认地理标志应不早于缔约方的申请或注册日期。

当数字产业面向亚洲进行全球价值链嵌入时，以 RCEP 为代表的知识产权国际规则提出缔约方可根据国内法和 TRIPS 协定确定地理标志。但未对地理标志客体范围作出明确规定，但提出对葡萄酒和烈酒地理标志采用相对一般地理标志较宽松的保护或承认机制，加强了对葡萄酒和烈酒地理标志的保护。亚洲区域电子商务国际保护战略范围包括计算设施、电子认证、电子签名、无纸化贸易、线上消费者保护等。地理标志保护战略范围应根据国内法和 TRIPS 协定确定。同时，电子商务国际保护战略期限符合 TRIPS 要求，通过商标制度或专门制度或其他法律途径保护。

五　嵌入全球价值链的数字产业知识产权国际治理战略分析

（一）民事和行政措施保护深度比较方面

TRIPS 协定有关赔偿金额的规定为侵权人应向权利人支付足以补偿其因知识产权侵权所受损害的赔偿，包括有关的律师费用。然而，TRIPS-plus 标准的 FTAs 在民事侵权损害处理上更加突出细节，损害赔偿方式上更为严格，赔偿金额较 TRIPS 执法更偏向于权力持有人，例如，ACTA、RCEP 协定以权利人价值衡量为标准，提出应考虑权利人所提交的任何合法的价值评估，包括利润损失、侵权商品价值或以市场价格衡量的服务；TPP、CPTPP、USMCA 协定在此基础上将赔偿方式规定为法定赔偿和额外赔偿两种形式，并且注明额外赔偿包括惩罚性赔偿。相比而言，我国知识产权法律体系规定民事赔偿金额按照权利人因被侵权所受到的实际损失，或侵权人因侵权所获得的利益，或参照商标许可/专利许可使用费的倍数合理确定，应包括权利人为制止侵权行为所支付的合理开支，与 TRIPS-plus 协定尚有较大差距。

当数字产业面向欧美亚进行全球价值链嵌入时，在赔偿金额方面，在规定侵权人向权利人支付足以补偿其所受损害的赔偿时，应考虑权利人提交的任何合理价值评估。在赔偿方式方面，需规定法定赔偿和额外赔偿两种，并注明额外赔偿包括惩罚性赔偿。其他补救方面，司法机关有权责令将侵权的货物清出商业渠道。当数字产业面向亚太进行全球价值链嵌入时，在赔偿金额方面，应规定侵权人向权利人支付足以补偿其所受损害的赔偿，同时考虑权利人提交的任何合理价值评估。在赔偿方式方面，规定法定赔偿和额外赔偿两种，并注明额外赔偿包括惩罚性赔偿。当数字产业面向亚洲进行全球价值链嵌入时，赔偿金额方面，应规定侵权人向权利人支付补偿其所受损害的赔偿，并考虑权利人任何合理价值评估。此外，败诉方向胜诉方支付法院、律师费用。

（二）临时措施保护深度比较方面

TRIPS 协定要求司法机关责令采取迅速和有效的临时措施以防止侵犯任何知识产权，特别是防止货物进入其管辖范围内的商业渠道，并保存关于被指控侵权的有关证据；后续 TRIPS-plus 标准协定在此基础上，对司法当局有权扣押或保管的物品做出更加具体的要求。

当数字产业面向欧美亚进行全球价值链嵌入时，司法机关应责令采取迅速有效的临时措施以防止侵犯任何知识产权，司法当局有权扣押或保管与侵权有关的涉嫌商品、材料和工具，以及对于商标假冒而言，与侵权有关的文件证据。当数字产业面向亚太进行全球价值链嵌入时，应对知识产权侵权请求迅速采取行动，司法当局有权扣押或保管与侵权有关的涉嫌商品、材料和工具，以及对商标假冒而言，与侵权有关的文件证据。当数字产业面向亚洲进行全球价值链嵌入时，司法当局有权责令扣押涉嫌侵权货物，以及与侵权有关的材料和工具、被指控侵权有关的书面证据。

（三）边境措施保护深度比较方面

TRIPS 协定要求采取程序使有正当理由怀疑假冒商标或盗版的货物，在进口环节，要求海关中止放行此类货物进入自由流通，RCEP 协定遵循 TRIPS 协定标准，ACTA 协定要求与缔约国国内知识产权制度相一致且不损害 TRIPS 协定要求。然而，TRIPS-plus 标准的 FTAs 使货物在边境环节侵权可能性进一步增大，边境措施上海关执法范围和权力进一步扩张。例如，TRIPS-plus 标准赋予了海关更多自主权利及可实施措施，货物侵权标准也由盗版延伸至"嫌疑、混淆"货物；TPP、CPTPP 协定明确边境措施适用于进口、拟出口和在途过境三个环节，USMCA 协定将边境措施扩展到进口、拟出口、在途过境、进入或离开自由贸易区或保税仓库四个环节。相比而言，《中华人民共和国海关法》的过境措施规定在 TRIPS 协定上有所提高，将海关执法范围扩大到进口、出口两个环节，但与 TRIPS-plus 标准尚有较大差距。

当数字产业面向欧美亚进行全球价值链嵌入时，应采取程序使有正当理由怀疑假冒商标或盗版的货物，对进口、拟出口、在途过境、进入/离开自贸区或保税仓库四个环节采取边境措施，要求海关中止放行可疑假冒或令人混淆的商品进入自由流通。当数字产业面向亚太进行全球价值链嵌入时，应对进口、拟出口、在途过境三个环节的货物采取边境措施，并要求海关中止放行可疑假冒或令人混淆的相似商标或盗版版权商品进入自由流通。当数字产业面向亚洲进行全球价值链嵌入时，应采取程序使有正当理由怀疑假冒商标或盗版的货物，在进口环节，中止放行此类货物进入自由流通。

（四）刑事诉讼措施保护深度比较方面

TRIPS 协定要求对具有商业规模的蓄意假冒商标或盗版案件开展刑事程序和处罚，救济应包括足以起到威慑作用的监禁和/或罚金，在适当情况下还应包括扣押、没收、销毁侵权货物和主要用于侵权活动的任何材料和工具，RCEP 协定遵循 TRIPS 协定标准。然而，TRIPS-plus 标准的 FTAs 在刑事诉讼措施方面未对"商业规模"进行定量界定，实践中降低刑事措施的启动标准，且刑罚措施更为具体和强化，例如，ACTA 协定定性界定"商业规模"是为商业利益或经济利益而进行的直接或间接行为，刑罚包括监禁和足够高的罚款以对未来的侵权行为具有威慑力；TPP、CPTPP、USMCA 协定在此基础上对"商业规模"增加"对版权持有人的利益具有重大市场不利影响的行为"界定范围。对"商业规模"的界定更加宽泛使刑事制裁的起刑点更低，同时刑罚措施得以强化。相比而言，我国知识产权法律体系对"商业规模"界定必须同时达到定性和定量两个要求，即侵权行为必须是为了直接或间接的商业或经济利益且需情节严重、销售数额较大、违法所得数额较大的情况才追究刑事责任，我国法律中未对具体刑罚措施做出规定。

除此之外，TPP、USMCA 协定明确"技术保护措施（TPM）""权利管理信息（RMI）""法律救济和安全港"条款：①技术保护措施条款规定任何人承担未经授权行为而规避有效技术措施的责任，且若任何人故意为商业利益或财务收益从事上述活动，则适用刑事程序和刑罚。②权利管理信息条款规定任何人未经授权且明知或有理由知道其行为会诱使、促成、便利或包庇侵权作者的版权或相关权利，应承担责任并受制于民事和行政救济措施。③法律救济和安全港条款规定了互联网服务提供商对版权侵权内容采取行动（如通知和删除）的义务。此类条款一方面扩大了知识产权执法的范围，另一方面强化了知识产权执法实施的保护力度和有效性。

当数字产业面向欧美亚进行全球价值链嵌入时，应对具有商业规模的侵权案件开展刑事处罚，包括足以起到威慑作用的监禁和/或罚金，可扣押、没收、销毁侵权货物和任何材料和工具。当数字产业面向亚太进行全球价值链嵌入时，"商业规模"定性界定：为商业利益或经济利益而进行的行为或对版权持有人的利益具有重大市场不利影响的行为。刑罚包括监禁和足够高的罚款，威慑未来的侵权行为。当数字产业面向亚洲进行全球价值链嵌入时，应对具有"商业规模"著作权或盗版或商标侵权采取刑罚，包括与同等程度犯罪的刑罚威慑力相一致的有期徒刑和罚金。

第七章

资源视角下数字企业专利合作
网络影响创新绩效机理研究

新一代数字信息技术加快赋能数字产业创新，数字产业化和产业数字化创新同步推进，数字企业参与创新的复杂程度同步提升，并且随着创新资源的分散和创新成本的提高，数字企业越来越倾向于寻求创新合作的方式实现资源共享和知识流动。以 ICT 产业和制药产业为典型代表的数字产业企业专利产出成果丰硕，且与大学、科研院所等通过专利合作形成了创新网络，通过专利合作网络促进了资源共享和扩散，专利合作网络日益成为影响数字企业提升创新绩效的重要因素。

第一节　数字企业专利合作网络的内涵与模式

在专利激增背景下，专利合作已经成为合作创新的重要形式，为了提升数字企业的创新能力和获取创新资源，企业间相互合作申请专利、转让专利、购买专利或许可专利技术构建专利合作网络，通过与多样的异质性创新主体合作并且不断深化合作频次累积技术创新资源，促进企业创新绩效提升（王黎萤等，2021）。ICT 产业和制药产业是数字产业化创新的典型代表，其专利产出丰富且与外部创新主体合作较为频繁，形成了具有鲜明特色模式的数字企业专利合作网络。

一　数字企业专利合作网络的内涵

数字经济时代，以大数据、云计算、工业互联网等为代表的数字产业化和促进传统产业数字化转型升级的产业数字化的步伐加快，数字企业加快申请专利保护。在专利激增背景下构建和运用专利合作网络已成为数字企业提升创新绩效的重要举措。数字企业通过合作申请专利、购买或许可相关专利技术等方式逐步建立专利合作网络，进而获取异质性创新资源和提升创新能力（王黎萤等，2018）。专利合作网络基于资源的交互整合和知识的流动，通过专利申请人在网络中进行知识共享，既降低了企业研发费用又获得了外部的异质性创新资源（杨勇等，2020）。随着专利数据库相关专利信息的完善和社会网络分析工具的发展（Margherita et al.，2004），越来越多的学者开始研究企业与多主体之间的专利合作网络创新模式，从多种角度对数字企业专利合作网络进行界定。在 Freeman（1991）提出创新网络是在创新过程中，创新个人或组织通过正式或非正式的网络关系形成的基于制度的安排，Bercovitz 等（2007）认为，专利合作网络是由研发机构、企业和高校等不同组织形成的致力于专利成功获取的产学研团队。在上述研究基础上，国内学者基于某一产业领域的专利数据对专利合作网络也做了深入探讨。王吉（2017）通过专利合作网络概念梳理，将专利合作网络总结为高校、企业或政府等为了丰富创新链条，在特定的创新目标、知识和各种资源的共享交流的基础上，以正式或非正式、直接或间接的合作方式建立的一种有机关系集合。新一代数字技术快速发展，专利合作的参与主体逐渐增多，企业、高校科研院所等多主体协同创新的趋势越发明显（关鹏等，2021）。基于上述分析，本书将"数字企业专利合作网络"界定为数字企业在研发合作、产学研合作、技术转移过程中通过合作申请专利而形成企业与企业之间、企业与高校之间或企业与科研机构之间的多维度的复杂网络。

二 数字企业专利合作网络的形成机理

数字技术广泛赋能数字产业创新，单一企业难以拥有全部的创新资源，专利作为技术创新的重要成果，数字企业越发通过专利合作网络进行知识的互动，进而获得更多的异质性创新资源（虞微佳，2017）。Paier（2011）认为，地理接近性、技术接近性和社会接近性是企业专利合作网络形成的原因。刘斌等（2016）的研究发现，研究型和专业型高校合作与专业型和专业型的高校合作相比，地理接近性对其有显著的阻碍作用。也有学者发现，地理空间并没有显著阻碍企业间的跨国专利合作。开放式创新模式下，通过知识产权联盟进行合作创新模式越发普遍，技术联盟或专利池体现了数字企业间的合作关系，是建立在契约关系基础上的复杂的网络。

（一）数字企业专利合作网络指标构建

数字产业化创新趋势较为明显的产业集中在 ICT 和制药产业，选取主板、中小板和创业板上市的 ICT 和制药企业为研究对象。选择上市公司是由于其具有良好的外部网络资源，同时 ICT 和制药产业具有较为丰富的专利产出，而且更倾向于与研究机构开展合作研发。鉴于发明专利具有较高的技术含量和创造性水平，选取有效授权发明专利数据，为数字企业专利合作网络研究提供基于专利数量、专利质量和合作网络资源的基本保证。从中国知识产权局专利数据库中下载 ICT 和制药产业上市企业所对应的合作专利信息，将申请日、分类号、发明人、专利权人等信息进行筛选和数据净化处理，共计有效授权合作专利 5169 项的基本信息，其包括两个及两个以上专利申请人，且有一个专利申请人为 ICT 或制药产业上市企业。

（二）数字企业专利合作网络特征分析

1. 复杂网络分析指标

（1）节点度。网络的节点度反映了节点在网络中与之相连的节点个数。节点的度分为入度和出度，入度指的是进入该节点度边的条数，出度指的是从该节点出发的边的条数。

（2）加权度。网络的加权度综合了节点在网络中和与之相连的节点间边等信息，反映节点与其他节点联系的强度，表征企业在专利合作网络中的专利合作能力。

（3）网络直径和网络密度。在网络图中，任意两个节点连线的最大距离即是网络直径。网络密度指的是网络中节点实际存在的连线数量占最大可能连线数量的比例，反映了网络中节点之间的紧密程度。

（4）聚类系数。表征网络中的小团体现象。网络中的节点 i 有 k_i 条边和其他节点相连，相连的节点称为 i 的邻居。同时邻居间又会有边相互连接，实际存在的边数 E_i 和总的可能边数之比为节点 i 的聚类系数 C_i：

$$C_i = \frac{E_i}{k_i(k_i-1)/2} = \frac{2E_i}{k_i(k_i-1)}$$

整个网络的聚类系数 C 是所有节点的聚类系数的平均值。

（5）度中心性。度中心性分为入度和出度，为一个节点度入边数，反映网络图中节点之间内容流动度直接程度。对有 n 个节点的图 $G=(V, E)$，节点 v 的度中心性 $C_D(v)$ 为：

$$C_D(v) = \frac{\deg(v)}{n-1}$$

（6）介数中心性。节点在网络中的纽带程度通常用介数中心性衡量。介数中心性的公式为：

$$C_B(v) = \sum_{s \neq v \neq t \in V} \frac{\sigma_{st}(v)}{\sigma_{st}}$$

其中，σ_{st} 是节点 s 到节点 t 的最短路径数，$\sigma_{st}(v)$ 是从 s 到 t 的最短路径中经过节点 v 的数量。

（7）紧密中心性。紧密中心性为节点间的接近程度，是某节点到其他所有节点的平均距离。被定义为节点 v 到其他可达节点的平均测地距离，计算公式为：

$$C_c = \frac{\sum_{t \in V \setminus v} d_G(v, t)}{n-1}$$

其中，$n \geq 2$ 是从 v 出发在网络中连通部分 V 的大小。紧密度可以看作从给定节点传播信息到网络中其他可达节点时间长短的度量。

（8）特征向量中心性。特征向量中心性表征一个节点的重要程度，决定于相邻节点的数量和重要性。使用邻接矩阵来寻找特征向量中心性，对于第 i 个节点，中心性指数 x_i 与所有连接它的节点度指数和成比例。计算公式为：

$$x_i = \frac{1}{\lambda} \sum_{j \in M(i)} x_j = \frac{1}{\lambda} \sum_{j=1}^{N} A_{i,j} x_j$$

其中，$A_{i,j}$ 为网络的邻接矩阵，当第 i 个节点是第 j 个节点的邻节点时，$A_{i,j}=1$ 或者相反，$A_{i,j}=0$，$M(i)$ 是连接到 i 节点的节点集合，N 是总节点数，λ 是常数。举证形式表示为 $X = \frac{1}{\lambda}AX$，或者特征方程

$AX = \lambda X$。

2. 整体数字企业专利合作网络个体网络指标分析

进一步分析数字企业整体专利合作网络中的每个企业的网络指标，其中对于网络中节点的中心性以度中心性、介数中心性、紧密中心性及特征向量中心性衡量。度中心性指的是网络中的一个节点和另外的组织连接的数目，映射在网络中可以获取流动信息内容的直接程度特征，其数值越大越显示此节点位于网络结构的中心焦点，也就有更大的话语权干涉其他节点的连接情况；介数中心性指的是网络中所有其他顶点之间的测地线（两点之间平均最短路径）中，经过该顶点的测地线所占的比例，表示某一节点在网络中发挥纽带作用的水平大小；紧密中心性表示网络中节点与节点间的图上距离；特征向量中心性表征了节点在网络中的重要性，利用 gephi 0.9.1 软件测算整体网络中每个企业的网络指标，从指标排名获得整体数字企业专利合作网络中的核心组织。

（三）数字企业专利合作网络模式构建

随着产学研合作的不断深入，企业、高校、科研机构等创新主体间的联系日益紧密，数字企业间的合作次数和合作主体不断增多，形成网络化发展趋势。随着数字技术的日新月异，越来越多的数字企业通过构建专利合作网络提升竞争力（王黎萤、池仁勇，2015）。尤其是数字产业的快速发展，使数字企业间通过购买、联合专利申请、专利联盟等形成多维度的合作网络，段欣等（2020）分析人工智能领域的专利演化，发现专利合作网络规模呈爆发式增长；区块链产业的专利合作网络同样呈现出不同的发展阶段，且专利合作网络的规模不断扩大（王德胜，2021）。从自我中心网络和企业能力的交互视角出发，Corsaro（2012）基于专利合作的广度和深度对专利合作网络进行划分。因此，基于企业合作网络视角，把与数字企业合作申请专利的外部主体数量定义为合作广度，与外部主体的平均合作频次定义为合作深度。依据合作广度和合作深度划分不同模式的数字企业专利合作网络，将拥有广泛的新的外部知识资源的网络，并且与已有专利合作企业有较高的合作频次的网络定义为"紧密型专利合作网络"，与已有专利合作企业的合作频次相对较低的网络定义为"探索型专利合作网络"；将通过增强专利合作深度构建具有低异质性网络资源，目的是利用更紧密合作关系对已有外部知识资源进行更深层次运用，并且与已有专利合作企业有较高的合作频次，这种网络定义为"利用型专利合作网络"，与已有专利合作企业的合作频次相对较低的网络定义为"松散型专利合作网络"。

研究用网络距离 Dis_{ij} 测度专利合作广度，用紧密中心性测度网络距离 Dis_{ij}。紧密度是中心性的衡量，其中某一节点 v 的紧密度 C_c 指的是节点 v 到其他可达节点的平均测地的距离：

$$C_c = \frac{\sum_{t \in V \setminus v} d_G(v, t)}{n - 1}$$

紧密度表征一个节点的中心性，当某一节点到其他可到达节点的平均测地距离越大时，则其紧密中心性的数值就相应越大，说明合作网络的广度越广。利用 gephi 软件获得 485 家数字企业以自我为中心的紧密中心性，取平均值 0.912 作为合作网络的平均合作广度基值。采用合作创新指标表示专利合作的深度，则数字企业间通过专利合作次数越多，相应的合作创新指标越大，说明合作深度越大。研究获取合作专利数为 5169 个，取平均合作专利量 8.717，作为合作网络的平均合作深度基值。合作广度和深度均高于两者基值的数字企业所构成的网络为"紧密型专利合作网络"；高于平均合作广度基值但低于平均合作深度基值的数字企业所构成的网络为"探索型专利合作网络"；低于平均合作广度基值但高于平均合作深度基值的数字企业所构成的网络为"利用型专利合作网络"；专利合作网络中合作广度和深度均低于两者基值的数字企业所构成的网络为"松散型专利合作网络"。基于数字企业专利合作网络的模式划分，利用 Ucinet 绘制以数字企业为节点，数字企业与合作单位之间的专利合作关系为联系的数字企业专利合作网络模式的网络图（见图 7-1）。

可以看出，图 7-1（a）紧密型专利合作网络注重合作深度和广度的双向运用，具有高异质性网络资源和高专利合作频次的网络特征；图 7-1（b）利用型专利合作网络虽具有低异质性网络资源特征，但其注重利用更紧密合作关系对已有外部知识资源进行更深层次运用，具有高的专利合作频次；图 7-1（c）探索型专利合作网络相较专利合作频次偏低；图 7-1（d）松散型专利合作网络相较专利合作频次偏低。此外，通过 Ucinet 可以获得四种专利合作网络模式中各样本企业的网络特征值

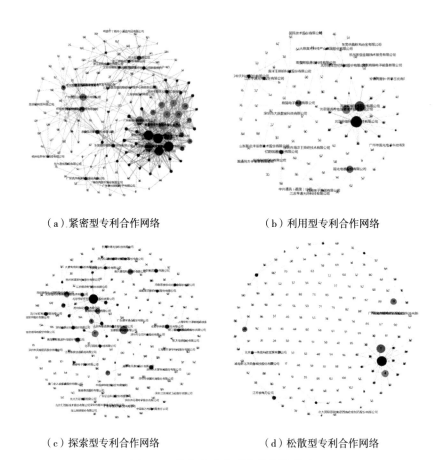

（a）紧密型专利合作网络　　　　　　（b）利用型专利合作网络

（c）探索型专利合作网络　　　　　　（d）松散型专利合作网络

图7-1　数字企业专利合作网络模式

资料来源：由笔者整理。

以此分析各专利合作网络模式特征（见表7-1），从中可以发现紧密型
专利合作网络和利用型专利合作网络的结构特征指标要优于探索型专利
合作网络和松散型专利合作网络，说明紧密型专利合作网络和利用型专
利合作网络是两个比较成熟的数字企业专利合作网络模式。

表7-1　　　数字企业专利合作网络模式的基本拓扑结构特征

网络模式	平均节点度	平均加权度	网络密度	平均聚类系数
紧密型专利合作网络	8.24	11.02	0.14	0.95
利用型专利合作网络	6.12	15.30	0.09	0.83

网络模式	平均节点度	平均加权度	网络密度	平均聚类系数
探索型专利合作网络	4.51	8.06	0.08	0.62
松散型专利合作网络	3.27	8.5	0.06	0.50

资料来源：由笔者整理。

第二节　数字企业专利合作网络影响
创新绩效的机理研究

基于数字企业专利合作网络划分为紧密型专利合作网络、利用型专利合作网络、探索型专利合作网络和松散型专利合作网络四种模式，以网络能力和吸收能力作为关键能力视角为切入，深入分析数字企业专利合作网络通过网络能力对创新绩效的作用机理，以及吸收能力作为中介的调节效应，为数字企业专利合作网络影响企业成长的过程机制提供基于关键能力作用的研究。

一　数字企业专利合作网络影响创新绩效的机理分析

针对企业专利合作网络对创新绩效的影响研究，不同学者持有不同的观点。资源观概念的学者提出专利合作有利于异质性创新资源的整合和利用，促进企业创新绩效的增长。Corey（2010）通过对国际通信设备产业上市公司的专利数据实证分析发现专利合作深度和广度的结合正向影响企业创新。Bae（2012）分析韩国的开放式创新和封闭式创新，认为获得外部技术和知识对创新绩效具有积极的影响。而部分学者基于演化观，认为专利合作对企业创新绩效的影响效应呈倒"U"形，合作强度过高或过低会对创新绩效产生负向影响。Chen（2010）实证研究发现，发明人合作网络的小世界现象正向影响国家创新作用局限在一定范围内。Tom（2012）认为，区域合作强度对区域创新绩效的影响存在倒"U"形曲线效应，具有平均合作强度的区域比那些合作过密或缺乏合作区域的创新绩效要高。此外，持能力观观点的学者指出企业创新绩效的提升依赖于企业能力与外部网络资源的有效整合。韵江等（2010）认为，企业创新绩效受网络能力和开放程度的影响，网络能力越强，开放程度越高，企业创新绩效提升越显著。

　　数字企业专利合作网络直接影响创新绩效存在一定的局限性，受网络能力、吸收能力等因素的制约。因此，要全面理解数字企业专利合作网络对创新绩效的影响机理，需要考虑网络能力等关键能力对创新绩效影响的间接作用。赵驰等（2011）通过分析科技型中小企业成长的自组织结构模型提出企业须具有与组织变化匹配的网络能力。网络能力概念在专利合作网络中的提出将研究从网络层面推进到企业微观层面，为专利合作网络发挥关键作用影响创新绩效提供了微观基础。范均等（2011）指出，隐性知识正向影响企业绩效，而且网络配置能力和网络占位能力在隐性知识获取对新创企业绩效中产生间接正向影响。此外，在针对企业成长过程机制的研究中，学者也考虑了吸收能力在创新成长中发挥的作用，进一步指出吸收能力在企业网络结构和创新绩效关系间起部分中介作用，但部分学者更关注吸收能力在其他因素对创新绩效影响中的调节作用。张振刚等（2015）实证研究，提出潜在吸收能力显著调节开放式创新对创新绩效的作用。基于企业能力与网络资源交互视角研究数字企业专利合作网络模式与企业成长关系，是探索数字企业专利合作网络影响创新绩效的重要研究方向。

　　二　不同模式专利合作网络对创新绩效的影响效应

　　数字企业通过专利合作网络获取创新资源，合作次数和合作深度的差异对创新绩效的影响不同（Wang et al.，2020）。Hagedoorn 等（2006）指出，创新网络是企业获取和吸收知识的重要渠道。何文兵（2014）指出，网络规划能力、网络配置能力、网络运作能力及网络占位能力等网络能力对企业创新绩效有促进作用。Tom 等（2012）对德国电子产业研究发现专利合作对企业创新绩效的影响呈现倒"U"形，企业具有平均合作强度区域的创新绩效高于那些合作过密或缺乏合作区域的创新绩效。Ting 等（2009）回归验证了网络能力对集群企业创新绩效的正向影响作用，认为网络能力越高，企业的创新绩效随之增高。由此可见，数字企业专利合作网络通过资源共享，弥补自身知识缺口以及创造新的知识，进而提升数字企业创新绩效。基于此，提出以下假设：

　　H7-1：紧密型专利合作网络正向影响数字企业创新绩效。

　　H7-2：利用型专利合作网络正向影响数字企业创新绩效。

H7-3：探索型专利合作网络正向影响数字企业创新绩效。

H7-4：松散型专利合作网络负向影响数字企业创新绩效。

（一）网络能力的中介效应

数字企业专利合作网络既为企业带来新的创新资源，同时也要求企业具有开放性不断吸收外部知识，将潜在的资源和能力转化为企业核心竞争优势。网络位置和网络关系是企业网络能力的主要体现，网络位置的差异影响企业从网络中识别、获取和利用环境中知识的机会（Burt，2000；Koka et al.，2008）。网络位置与网络关系在网络中同时存在，共同影响网络中企业的网络能力。曹鹏等（2009）验证了网络能力在内部资源要素和学习能力与企业创新绩效之间发挥的中介效应。方刚（2011）指出，在网络能力正向影响企业创新绩效中知识转移起到部分中介作用。基于以上分析，认为不同模式的数字企业专利合作网络中各企业通过自身占据的独特的网络中心位置以及拥有的网络关系，更利于获取外部合作中共享的知识、互补的技术资源等，从而促进数字企业创新绩效的提高，据此提出以下研究假设：

H7-5：网络能力在紧密型专利合作网络影响数字企业创新绩效中发挥中介作用。

H7-6：网络能力在利用型专利合作网络影响数字企业创新绩效中发挥中介作用。

H7-7：网络能力在探索型专利合作网络影响数字企业创新绩效中发挥中介作用。

（二）吸收能力的调节效应

开放式创新环境下，数字企业通过网络位置和网络关系获取异质性的创新资源，但最终的创新产出成果受自身吸收能力的制约。资源的吸收是进行创新活动的前提，吸收能力是过程性能力和以学习为核心能力的共同体，在网络资源流向中，数字企业吸收能力得以体现，知识实现了有效转移。各种不同类型数字企业专利合作网络模式为企业获取外部知识提供渠道，但其对创新绩效的影响取决于企业对外部新知识的消化吸收程度。通过对217家跨国制造企业进行研究，Zahra等（2008）提出，国际经营活动对企业财务绩效的影响受到企业吸收能力调节作用。如果数字企业没有消化吸收网络中资源的能力，那么数字企业通过专利合作网络获取的资源信息也无法充分运用到自身的创新活动中。因此，吸收能力可能在数字企业专利合作网络对创新绩效的影响中发挥调节作用，提出以下研究假设：

H7-8：吸收能力越强，紧密型专利合作网络通过网络能力正向影响数字企业创新绩效越显著。

H7-9：吸收能力越强，利用型专利合作网络通过网络能力正向影响数字企业创新绩效越显著。

H7-10：吸收能力越强，探索型专利合作网络通过网络能力正向影响数字企业创新绩效越显著。

综上所述，提出研究理论框架模型（见图7-2）。

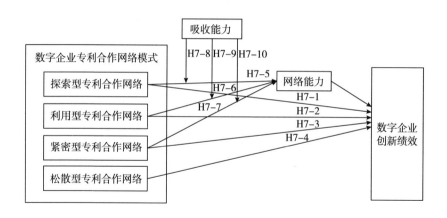

图7-2 理论框架模型

资料来源：由笔者整理。

三 数字企业专利合作网络影响创新绩效的实证分析

（一）研究方法与研究对象

利用社会网络分析工具，基于专利合作的广度和深度将数字企业整体专利合作网络划分成四种模式，合作广度采用平均网络距离，以紧密中心性测度；合作深度采用合作创新指标来进行表征，以平均合作专利数量测度。选取ICT产业和制药产业中小板以及创业板上市企业作为数字企业研究主体，基于中国国家知识产权局（SIPO）专利数据，选取2005—2014年涉及485家企业的5169个有效合作发明专利。

（二）变量设定与测度

以数字企业创新绩效作为被解释变量，使用"专利申请数""授权发明专利数""授权专利占比"和"发明专利占比"，再由 SPSS24.0 软件主成分分析获得数字企业创新绩效测度值。四种专利合作网络模式是解释变量，SPSS24.0 软件探索性因子分析获得数字企业网络特征因子值。运用网络位置和网络关系衡量网络能力，网络位置用中心性测度，网络关系用限制度测量，以吸收能力表征研发强度。选取企业年龄、企业规模、资产负债率作为控制变量（见表7-2）。

表7-2 变量定义

变量类型	变量名称	符号	变量测度
因变量	数字企业创新绩效	IP	利用 SPSS 对"专利申请数""授权发明专利数""授权专利占比"和"发明专利占比"四项指标进行主成分分析
自变量	紧密型专利合作网络	CN	由 UCINET 获得网络指标向量数据，利用 SPSS 进行因子分析，得到网络特征因子值
	利用型专利合作网络	UN	
	探索型专利合作网络	EN	
	松散型专利合作网络	LN	
中介变量	网络能力	NP	由 UCINET 计算中心性的点度中心度和结构洞的限制度指标，取两者均值作为网络能力指标
调节变量	吸收能力	AP	各样本企业年报中"研发投入/营业收入"所得
控制变量	企业年龄	Age	公司成立年数
	企业规模	Size	企业拥有员工人数的自然对数
	资产负债率	Lev	企业期末总负债/企业总资产

资料来源：由笔者整理。

（三）实证结果

运用 SPSS24.0 软件对所涉及的变量进行描述性统计和 Pearson 相关性分析。变量间两两相关系数不超过 0.7，不存在严重的共线性（见表7-3、表7-4、表7-5、表7-6）。回归前将所有变量实施均值中心化，减少研究误差。相关系数表明四种专利合作网络模式与数字企业创新绩效间的相互关系符合预期。探索型、利用型、紧密型网络模式均与

数字企业创新绩效呈正相关关系（r 分别为 0.683、0.667、0.709，p<
0.01）；松散型专利合作网络与数字企业创新绩效之间存在负相关关系
（r=−0.406）。

表 7-3　　　　　描述性统计和相关系数——探索型专利合作网络

变量	均值	标准差	IP	EN	NP	AC	Years	Size	Lev
IP	90.375	235.108	1						
EN	2.720	3.430	0.683**	1					
NP	0.946	0.691	0.124*	0.328*	1				
AC	6.159	5.052	−0.193	−0.162	0.143	1			
Years	16.40	7.152	0.069	−0.126	−0.007	−0.112	1		
Size	7.778	1.095	0.300	−0.213	−0.154	0.147	−0.166	1	
Lev	0.401	0.184	0.111	0.336	0.174	−0.280	−0.277	0.170	1

注：**、*分别表示在1%、5%的显著水平下通过显著性检验（双尾检验）。

资料来源：由笔者整理。

表 7-4　　　　　描述性统计和相关系数——利用型专利合作网络

变量	均值	标准差	IP	UN	NP	AC	Years	Size	Lev
IP	102.646	149.216	1						
UN	6.706	7.682	0.667**	1					
NP	2.566	2.089	0.135*	0.406**	1				
AC	7.203	6.375	0.020	0.422	−0.044	1			
Years	18.36	13.810	0.019	0.213	0.404	−0.166	1		
Size	20.814	1.619	−0.293	−0.420	−0.461	−0.542*	0.008	1	
Lev	0.361	0.209	−0.343	−0.452	−0.098	−0.608*	0.259	0.579*	1

注：**、*分别表示在1%、5%的显著水平下通过显著性检验（双尾检验）。

资料来源：由笔者整理。

表 7-5　　　　　描述性统计和相关系数——紧密型专利合作网络

变量	均值	标准差	IP	CN	Np	AC	Years	Size	Lev
IP	114.878	73.098	1						
CN	5.387	4.628	0.709**	1					

续表

变量	均值	标准差	IP	CN	Np	AC	Years	Size	Lev
NP	3.089	2.241	0.503 **	0.479 **	1				
AC	4.827	2.333	0.056	−0.047	−0.230	1			
Years	24	17.896	0.638 **	0.216	0.549 *	−0.003	1		
Size	8.546	1.049	0.055	−0.051	−0.382	0.230	−0.199	1	
Lev	0.361	0.225	−0.212	−0.090	−0.132	0.111	−0.314	0.060	1

注：＊＊、＊分别表示在1%、5%的显著水平下通过显著性检验（双尾检验）。

资料来源：由笔者整理。

表 7-6　　　　描述性统计和相关系数——松散型专利合作网络

变量	均值	标准差	IP	LN	Np	AC	Years	Size	Lev
IP	64.823	103.084	1						
LN	1.387	2.602	−0.406 **	1					
NP	0.504	0.401	0.036	0.143	1				
AC	3.260	2.048	0.204	0.005	0.340	1			
Years	15.60	12.176	0.025	0.105	0.432	0.014	1		
Size	10.836	1.342	−0.107	−0.043	−0.245	−0.030	−0.202	1	
Lev	0.328	0.186	0.204	−0.082	0.022	0.128	−0.317	0.035	1

注：＊＊、＊分别表示在1%、5%的显著水平下通过显著性检验（双尾检验）。

资料来源：由笔者整理。

建立八个多元线性回归模型验证数字企业不同模式专利合作网络对创新绩效的影响效应，结果如表 7-7 所示。结果表明，探索型专利合作网络与数字企业创新绩效正相关（模型 1，$\beta = 0.68$，$p < 0.01$），数据进一步显示两者间呈"U"形曲线作用关系（模型 2，$\beta = 1.48$，$p < 0.05$），H7-1 假设成立。利用型专利合作网络与数字企业创新绩效正相关（模型 3，$\beta = 0.67$，$p < 0.01$），且两者间存在倒"U"形曲线关系（模型 4，$\beta = -1.68$，$p < 0.05$），H7-2 假设成立。紧密型专利合作网络与数字企业创新绩效正相关（模型 6，$\beta = 0.60$，$p < 0.01$），两者间不存在曲线效应（模型 7，$\beta = -0.05$，$p = 0.84$），H7-3 假设部分成立。松散型专利合作网络与数字企业创新绩效负相关（模型 8，$\beta = -0.41$，$p < 0.01$），H7-4 假设得到验证。

表 7-7　数字企业专利合作网络模式影响创新绩效的回归分析

变量	模型 1		模型 2		模型 3		模型 4		模型 5		模型 6		模型 7		模型 8	
	β	Sig.	β	Sig.	β	Sig.	β	Sig.	β	Sig.	β	Sig.	β	Sig.	β	Sig.
Year	0.68	0.00							0.64	0.01	0.51	0.00	0.53	0.02		
EN			-0.73	0.04												
EN²			1.48	0.00												
UN					0.67	0.00	0.96	0.02								
UN²							-1.68	0.01								
CN											0.60	0.00	0.63	0.01		
CN²													-0.05	0.84		
LN															-0.41	0.00
R²	0.47		0.67		0.44		0.63		0.41		0.75		0.75		0.69	
ΔR²	0.45		0.65		0.41		0.58		0.37		0.71		0.69		0.37	
F	29.65 (0.00)		33.00 (0.00)		14.28 (0.00)		14.39 (0.00)		9.62 (0.01)		19.52 (0.00)		12.07 (0.00)		18.02 (0.00)	

注：上述数字企业专利合作网络模式与创新绩效关系回归模型略去常数项。

资料来源：由笔者整理。

164

对不同模式数字企业专利合作网络中网络能力的中介效应分析，采用 Bootstrap 方法进行。结果如表 7-8 所示，数据显示，探索型专利合作网络中网络能力中介效应区间（Boot LLCI，Boot ULCI）不包括 0 说明网络能力中介效应显著；控制了中介变量后，区间（LLCI，ULCI）包括 0，探索型专利合作网络对数字企业创新绩效的直接影响不显著，说明网络能力在探索型专利合作网络对数字企业创新绩效的影响中发挥完全中介作用，H7-5 得到验证。同理，网络能力在利用型专利合作网络对数字企业创新绩效的影响中发挥完全中介作用，H7-6 得到验证。网络能力在紧密型专利合作网络对数字企业创新绩效的影响中发挥完全中介作用，效应大小为 2.79，H7-7 得到验证。进一步利用 Amos 结构方程对上述模型进行验证性分析。数据显示 RMR = 0.04，GFI = 0.89，AGFI = 0.91，NFI = 0.94，IFI = 0.95，CFI = 0.95，NFI = 0.94，IFI = 0.95，CFI = 0.95，PGFI = 0.81，PNFI = 0.56，所有数据均满足模型拟合度良好的临界值要求。

表 7-8　　数字企业专利合作网络模式 Bootstrap 中介检验结果

对象	变量	紧密型专利合作网络	利用型专利合作网络	探索型专利合作网络
Direct effect of X on Y（控制中介后，自变量对因变量的直接影响）	*Effect*	−2.50	9.83	3.56
	se	2.09	5.23	6.42
	t	1.20	1.85	0.55
	p	0.26	0.10	0.58
	LLCI	−7.16	−23.06	−9.70
	ULCI	2.15	8.71	16.81
Indirect Eeffect（s）of X on Y（中介路径的作用）	*Effect*	2.79	6.52	7.89
	Boot SE	7.24	151.14	12.59
	Boot LLCI	3.25	−62.27	23.06
	Boot ULCI	19.66	−17.06	42.86

资料来源：由笔者整理。

对不同模式数字企业专利合作网络中吸收能力的调节效应分析，结果如表 7-9 所示。数据显示，探索型专利合作网络中，无论吸收能力高或低，调节效应（LLCI，ULCI）区间均包括 0，说明吸收能力调节网络能力对数字企业创新绩效的作用不显著，H7-8 未得到验证。利用型专利合作网络中，无论吸收能力高或低，吸收能力调节效应（LLCI，ULCI）区间均不包括 0，且效应均为正值，说明吸收能力正向调节网络能力对数字企业创新绩效的作用显著，当吸收能力越高，专利合作网络通过网络能力影响数字企业创新绩效的正向调节效应越显著，H7-9 得到验证。紧密型专利合作网络中，当吸收能力较低时吸收能力调节效应（LLCI，ULCI）区间包括 0，吸收能力对网络能力中介作用调节效应不显著；当吸收能力较高时吸收能力调节效应（LLCI，ULCI）区间不包括 0，吸收能力对网络能力中介作用调节效应显著，H10 得到验证。

表 7-9　　　　数字企业专利合作网络模式吸收能力的调节效应

模式	Ap	Effect	SE	t	p	LLCI	ULCI
INDIRECT EFFECT：CN→NP→IP 紧密型专利合作网络	−2.03	−8.04	6.24	−1.29	0.21	−20.99	4.91
	0.00	3.30	5.30	0.62	0.54	−7.70	14.31
	11.21	5.16	8.45	3.24	0.00	9.87	44.93
INDIRECT EFFECT：UN→NP→IP 利用型专利合作网络	−3.30	112.97	36.43	3.10	0.02	23.76	202.18
	0.00	117.25	33.15	3.54	0.01	36.06	198.43
	4.13	122.60	38.98	3.24	0.01	27.14	218.06
NDIRECT EFFECT：EN→NP→IP 探索型专利合作网络	−1.71	−4.53	2.42	−1.87	0.10	−10.12	1.06
	0.00	1.11	3.31	0.33	0.75	−6.53	8.74
	3.67	13.19	11.39	1.16	0.28	−13.09	39.46

资料来源：由笔者整理。

（四）结论与讨论

基于合作广度和合作深度对数字企业专利合作网络模式划分，开展数字企业专利合作网络—关键能力—创新绩效的研究。数字企业不同模式专利合作网络对创新绩效的影响效应存在差异，并不是所有模式的专利合作网络都能对创新绩效产生正向影响。紧密型专利合作网络中，企业通过与更多的异质性创新主体合作、深化合作深度增加创新资源和技术的积累，从而形成稳定的持续创新增长路径。而对于探索型专利合作网络，数字企业虽然保持了与大量的外部主体的专利合作，但是由于合作深度不够，导致企业陷入技术"空心化"的困境，难以在短期内提升创新绩效。在低广度高深度的专利合作网络中，数字企业长期与同一合作主体进行专利合作，短期内可以快速提升创新绩效，但长期容易形成技术路径依赖使企业创新速度放缓。对于松散型专利合作网络，其既不能与广泛的外部主体合作获取异质性创新资源又不能进行深度合作累积创新资源，因而不能提升创新绩效。对于数字企业而言，紧密型专利合作网络提升创新绩效的效果最显著，已经开展广泛专利合作的企业需深化合作频次，合作频次较高的企业须寻求更多样的合作主体，通过动态调整专利合作行为提升创新绩效。

网络能力和吸收能力是动态平衡数字企业专利合作行为的关键能力，在数字企业专利合作网络影响创新绩效中发挥重要机理作用。其中，网络能力在紧密型、探索型和利用型专利合作网络中对数字企业创新绩效的影响中发挥完全的中介效应。具备较强网络能力的数字企业通过占据独特的网络中心位置，高效识别和整合外部网络的资源，易与创新主体间建立有价值的合作关系。同时吸收能力发挥调节效应，在紧密型和利用型专利合作网络模式影响数字企业创新绩效中发挥显著的调节效应。但在探索型专利合作网络中，吸收能力的调节效应并不显著，说明吸收能力和数字企业专利合作网络模式存在适应性。在利用型专利合作网络中，由于数字企业间的专利合作次数较为频繁，因而吸收能力可以促进知识资源的共享，发挥网络能力对数字企业创新绩效的正向影响。然而在探索型专利合作网络中，企业间的合作频次较低，无法形成有效的吸收能力，而有限的吸收能力无法通过知识获取和资源配置来巩固自身网络位置，不利于数字企业创新绩效的提升。因此，吸收能力较强的数字企业可以优先采用紧密型或利用型的专利合作网络模式提升企业创新绩效。

第三节 数字企业专利合作网络提升
创新绩效的突破路径

数字企业专利合作网络呈现合作广度和合作深度不断扩张的趋势，探索型专利合作网络的演化规律是打破原有小团体集聚合作，逐步向外扩张合作的范围，实现广泛而低频次的合作；利用型专利合作网络的演化规律是深化合作深度，网络中数字企业间合作次数增长的速度大于网络规模的扩张速度。对于不同模式数字企业专利合作网络提升创新绩效的路径存在差异，注重培养形成与企业动态匹配的网络能力和吸收能力，实现数字企业资源的共享，为提升数字企业创新绩效提供多路径选择。

一 数字企业专利合作网络演化规律

选取 ICT 产业和制药产业的专利文献数据作为数据来源，分析企业专利合作网络演化。表 7-10 统计了 1999—2014 年数字企业专利合作网络部分网络结构特征，从表中数据可知，随着时间的递进，企业专利合作网络中的节点的数量呈现整体快速递增的态势，从 1999 年节点数 3 个递增到 2014 年节点数 244 个，专利合作网络规模不断扩张。专利合作网络的合作边由 1999 年的 3 条增加到 2014 年的 249 条，网络的联结次数与网络边数均大幅增加，企业专利合作网络逐步形成。随着专利合作越来越频繁，通过知识共享和交流在知识创造中的作用不断增强。然而专利合作网络的密度呈现一个下降趋势，说明专利合作网络中合作关系的增加速度小于网络节点增加的速度，数字企业主体间仍有较大的合作空间。企业专利合作网络演变趋势的网络拓扑图见图 7-3，网络中节点越大表示与数字企业合作的组织数越多，连线越粗表示合作次数越多。

表 7-10

数字企业专利合作网络指标

指标	年份 1999	2000	2001	2002	2003	2004	2005	2006	2007	2008	2009	2010	2011	2012	2013	2014
节点数（个）	3	4	17	12	34	37	28	77	98	143	177	222	269	291	248	244
边（条）	3	2	11	6	20	20	124	52	63	98	129	171	278	234	202	249
平均度	1	0.5	0.674	0.5	0.588	0.541	4.429	0.675	0.643	0.685	0.729	0.77	0.78	0.804	0.815	1.02
平均加权度	1	1	0.674	0.667	0.794	1.054	2.536	1.312	1.561	1.573	2.921	4.599	6.401	3.684	4.706	2.25
网络直径	1	1	1	1	2	2	2	4	3	4	4	5	3	3	5	3
图密度	1	0.33	0.04	0.045	0.018	0.015	0.164	0.009	0.007	0.005	0.004	0.003	0.004	0.003	0.003	0.004
平均聚类系数	1	0	0.088	0	0	0	0.268	0.036	0.018	0.004	0.077	0.084	0.086	0.089	0.121	0.179
平均路径长度	1	1	1	1	1.13	1.048	1.101	1.53	1.221	1.286	1.302	1.424	1.208	1.178	1.154	1.096

资料来源：由笔者整理。

169

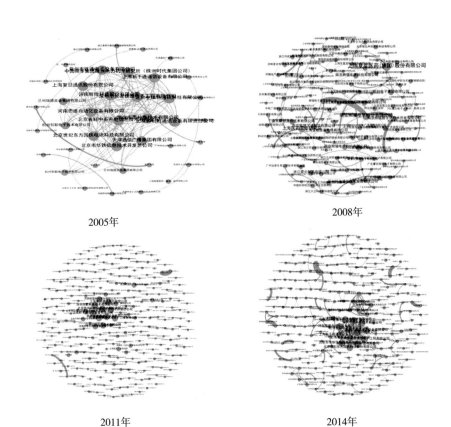

图7-3　数字企业专利合作网络演化拓扑图

资料来源：由笔者整理。

　　由表7-10和图7-3可知，2007年以后，特征向量中心度呈下降态势，平均聚类系数逐渐上升，说明数字企业专利合作网络集中程度降低，网络权力在核心节点间的分配趋向平衡，多数数字企业在网络中占据核心位置并从中获益。分析平均聚类系数和平均路径长度，发现2007年后网络平均聚类系数和平均路径长度变动较小，且平均聚类系数2008年后呈上升趋势，网络平均路径长度在2010年开始逐渐下降，说明数字企业专利合作网络逐步呈"小世界"特征。网络的平均度自2007年始逐步上升，数字企业间专利合作的次数和频繁度逐渐增加。随着网络规模的迅速扩张，网络中的核心组织与其他组织建立了密切的合作关系，专利合作过程中数字企业间的交互作用不断增强。由数字企业专利合作网络模式的划分和实证分析结果可以看出，探索型和利用型专利合作网络具有更好的网络结构特征，指标优于紧密型和松散型的专利合作网络。因此，选取具有代表性的探索型和利用型数字企业专利合作网络进一步探讨演化规律。

（一）探索型专利合作网络演化规律

为研究探索型专利合作网络模式的演化规律，每隔 3 年作为一个特征年，利用 gephi 软件绘制网络图谱。拓扑图中节点越大表示该单位与不同单位合作数量越多，节点连线越粗表示单位间合作次数越多。由表 7-11 和图 7-4 可知，探索型专利合作网络中的节点数量整体快速增加，专利合作网络规模逐渐扩大，但网络边数保持相对稳定。2005 年的网络拓扑图表明，专利合作网络企业数量较少，但数字企业间的合作增加，整个网络趋向于全面连通。2008 年网络的规模呈现扩张态势，全面连通的集聚小团体范围萎缩，合作企业数量减少，但整个专利合作网络的连通程度保持高水平。2011 年专利合作网络的规模进一步扩大，小团体的集聚仍旧缩小。2014 年，数字企业平均合作对象仅为 3.22家，集聚的小团体进一步缩小，说明网络的连通程度较低。同时发现网络密度逐渐减小，平均聚类系数也逐渐降低，表征数字企业探索型专利合作网络的演化趋势趋向于打破原有小团体的集聚合作，进而向外扩张数字企业的合作对象，使企业间的合作范围较广但频次较低。

表 7-11　　　　　　　　探索型专利合作网络指标

指标＼年份	1999	2002	2005	2008	2011	2014
节点数（个）	—	—	16	47	60	77
边（条）	—	—	242	297	250	248
平均度（合作量）	—	—	15.13	6.32	4.27	3.22
平均加权度（合作量）	—	—	15.13	10.36	7.88	38.08
网络直径	—	—	1.00	7.00	3.00	4.00
图密度	—	—	1.05	0.15	0.10	0.06

续表

指标 ＼ 年份	1999	2002	2005	2008	2011	2014
平均聚类系数	—	—	0.97	0.72	0.70	0.68
平均路径长度	—	—	1.00	1.72	1.74	1.82

资料来源：由笔者整理。

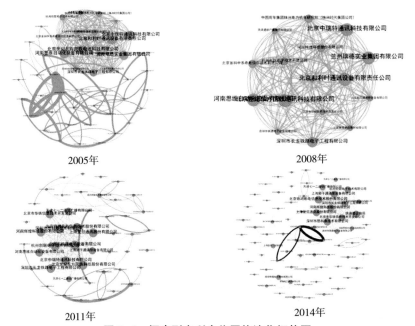

2005年　　　　　　　　　　　　2008年

2011年　　　　　　　　　　　　2014年

图7-4　探索型专利合作网络演化拓扑图

资料来源：由笔者整理。

（二）利用型专利合作网络演化规律

从表7-12和图7-5可知，数字企业利用型专利合作网络中的节点数量、合作边和平均加权度（合作量）都呈现整体递增的趋势，利用合作的关系对已有外部知识资源进行更深层次运用，增强数字企业间的合作深度构建具有低异质性网络资源。企业利用型专利合作网络的网络密度呈逐渐下降的态势，自2008年平均聚类系数趋向于上升，但平均路径长度开始下降，说明在利用型专利合作网络中企业间合作越发频繁，合作的次数增长的速度高于合作对象的扩张速度，专利合作网络的"小世界"特性显现。随着企业专利合作网络的演化，网络中的核心组织与其他组织建立了密切的合作关系，使得网络整体联系更加紧密，专利合作过程中数字企业间的交互作用不断增强。

表 7-12   利用型专利合作网络指标

指标 ＼ 年份	1999	2002	2005	2008	2011	2014
节点数（个）	—	—	16	15	53	56
边（条）	—	—	50	45	199	246
平均度（合作量）	—	—	5.375	4.4	4.393	3.755
平均加权度（合作量）	—	—	5.375	9.733	15.089	20.396
网络直径	—	—	2	3	2	2
图密度	—	—	0.592	0.171	0.09	0.083
平均聚类系数	—	—	0.836	0.769	0.856	0.9
平均路径长度	—	—	1.408	1.529	1.236	1.148

资料来源：由笔者整理。

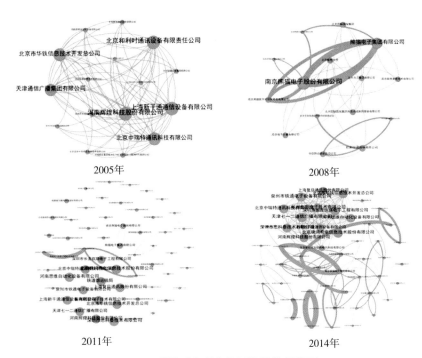

2005年   2008年

2011年   2014年

图 7-5   利用型专利合作网络演化拓扑图

资料来源：由笔者整理。

二　数字企业专利合作网络提升创新绩效的突破路径

现有研究大多依据不同专利合作主体，以及不同国家等对专利合作网络分类，忽视了企业通过网络资源主动建构的多样性专利合作网络的研究。本书从数字企业网络行为视角出发，基于专利合作的广度和深度对企业专利合作网络进行二元结构分类，利用网络规模、网络密度、网络多样性等表征专利合作广度，利用网络关系强度、网络节点距离、网络中心性等表征专利合作深度。通过增强专利合作广度构建具有高异质性网络资源，目的是获得更广泛的新的外部知识资源的网络定义为"探索型专利合作网络"；将通过增强专利合作深度构建具有低异质性网络资源，目的是利用更紧密合作关系对外部知识资源进行更深层次运用的网络定义为"利用型专利合作网络"，从而构建多重专利合作网络。数字企业多重专利合作网络在企业各成长阶段形成动态演化（见图7-6）。

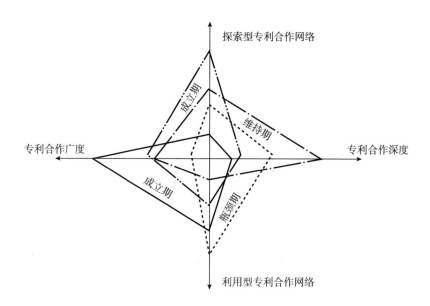

图7-6　数字企业不同成长阶段的专利合作网络动态演化

资料来源：由笔者整理。

数字企业通过专利合作广度和合作深度的动态调整有助于通过整合内外部创新资源而实现向探索型和利用型两种专利合作网络模式的相互

转化，最终趋向于形成紧密型专利合作网络。企业对不同模式的合作广度和合作深度的选择具有差异性，对于自身具有多样化的外部合作主体的数字企业而言，基于多主体的合作更容易形成探索型专利合作网络，也是多数数字企业优先选择的专利合作创新方式。基于企业间知识互动的日益广泛，企业倾向于固定合作主体，深化双方的合作关系，从而演化形成利用型专利合作网络。伴随数字企业成长阶段的演变，部分企业一方面既保持与多样性外部合作主体的合作关系，另一方面又不断深化与少数优质主体的合作，发展成为紧密型专利合作网络。可以看出，数字企业专利合作网络在企业成长发展的不同阶段呈现不同的发展模式，企业可以选择探索型、利用型和紧密型的专利合作网络模式。

以往研究聚焦于企业创新绩效的网络结构特征，但网络结构特征如何影响企业创新绩效则存在相悖的结论。部分学者研究认为弱联系、结构洞和网络多样性因其能带来多样化非冗余的信息有利于提升企业创新绩效（Granovetter，1973；Burt，2004）；也有学者发现强联系、网络闭合和网络相似性形成的密集同质性网络加速知识转移，进而提升企业创新绩效（Bengtsson et al.，2004）。因此，有学者指出全面理解网络结构特征对企业创新绩效的影响，需要分析其对企业创新绩效可能引发的曲线效应（周浩军，2011）。而数字企业创新发展面临着两大问题：一是专利合作广度过高而深度过低将导致企业管理资源配置分散、对外部技术的过度依赖等问题；二是专利合作广度过低而深度过高将使企业仍局限在已有的创新范式下，无法从根本上实现专利合作网络的优势，说明不同模式专利合作网络对数字企业创新绩效存在曲线效应（见图7-7）。

从企业网络行为视角研究专利合作网络，对于如何平衡专利合作的广度与深度就成为影响数字企业创新绩效不容忽视的重要问题。尤其处于成长瓶颈期的数字企业，通过培育网络能力实现对多重专利合作网络的选择性嵌入及动态调整，进而重新整合企业外部资源，为企业突破技术创新能力陷阱提供一条可能的突破路径（见图7-8）。数字企业通过平衡专利合作广度与深度的过程机制及协同演化过程，以及网络能力、吸收能力与不同模式专利合作网络的协同演化，为数字企业提升创新绩效探索基于网络能力与吸收能力培育的具有正向反馈和自组织效应的多重专利合作网络演化的成长模式及突破路径。

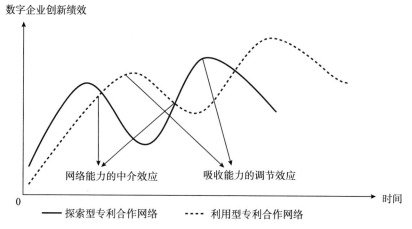

图 7-7　不同模式专利合作网络影响数字企业创新绩效的曲线效应

资料来源：由笔者整理。

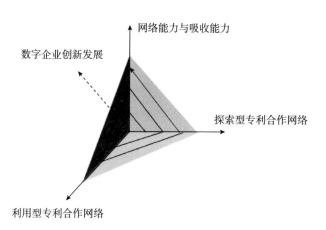

图 7-8　不同模式专利合作网络提升数字企业创新绩效的突破路径

资料来源：由笔者整理。

不同模式数字企业专利合作网络提升企业创新绩效的路径存在差异。紧密型专利合作网络既具有多样性的外部创新合作主体以获取异质性的创新资源，又同时具备深度的合作关系进而累积技术创新资源。利用型专利合作网络中网络能力的中介效应和吸收能力的调节效应显著优于其他专利合作网络，表明数字企业可以优先选择构建利用型专利合作网络模式，强调注重形成与企业动态匹配的网络能力和吸收能力，强化创新主体与外部异质性主体的互动沟通，进一步扩展企业专利合作网络的合作广度和深度，实现向紧密型专利合作网络的转变。对于探索型专利合作网络而言，其需要加强网络能力的建设，通过不断增强的网络能力建构高效的专利合作网络协同创新平台，扩张创新主体间的合作范围和合作频次，逐渐向紧密型专利合作网络演化，不断提升数字企业的创新绩效。松散型专利合作网络不利于提升数字企业的创新绩效，需加快专利合作模式转变的步伐，通过尝试与更多的异质性创新主体合作或是深化与同一主体的合作，逐步向探索型或利用型专利合作网络模式转化。

三 数字企业专利合作网络提升创新绩效的具体策略

随着数字技术赋能数字产业化进程的加快，数字企业间通过专利合作网络整合资源，促进创新知识的互动融合，进而提升企业创新绩效。为更好地促进数字企业专利合作网络发挥更大的影响效应，提出如下提升策略：

第一，不断优化数字企业专利合作网络结构。依托大数据、云计算、工业互联网等数字技术的赋能产业创新，构筑数字产业集群，促进产业链与创新链的耦合；构建面向数字企业的专利合作网络平台，提供专利合作申请、许可、购买的渠道，平台及时公布、更新相关信息，促成数字企业间的高效合作；注重强化培育数字企业的网络能力和吸收能力，网络能力是提升数字企业创新机制路径中的关键能力，通过占据独特的网络中心位置，获取更多的异质性创新主体资源。同时企业自身的吸收能力有利于企业提升创新绩效，促进创新资源更深层次地运用，使数字企业间开展更有效的合作，为提升数字企业创新绩效提供多路径选择。

第二，构建多重知识网络嵌入的专利合作网络模式。基于合作广度与深度不同组合的多重专利合作网络的构建，有利于数字企业准确评估现有专利合作资源及其利用程度，识别由于广泛合作产生的对外部技术过度依赖问题，或是数字企业合作资源匮乏等成长"瓶颈"的问题；积极开展对数字企业专利合作网络中的专利权人或发明人关联关系等研究，探索企业未曾开发利用的专利合作网络资源。通过多重知识网络有利于数字企业充分运用外部网络资源共享专利技术优势，避免在对抗性竞争中的资源与能力的消耗，实现数字企业间的共同成长，为数字企业的专利研发的投资战略、技术转移战略和商业化创新战略提供实时动态的决策参考。

第三，推动数字企业专利合作广度和深度的扩张。紧密型专利合作网络对数字企业的创新绩效作用相对显著。高强度的企业间交流合作，可以释放创新极辐射效应，借助频繁的深化合作积累技术创新资源。通过宣传国家、省和各地推进知识产权战略的政策举措，打造支持数字企业专利合作的氛围。同时加快建构中小企业产业研合作基地，强化"官、产、学、研、用"的协同创新模式，引导社会团体、企业或个人等组建开源项目，支持建设开源社区和开源基金会等相关组织。数字技术日益赋能数字产业创新，鼓励企业依托工业互联网开源模式构建新型产业生态，进行开源创新，促进工业互联网开源社区与技术标准规范、知识产权等专业机构的协作。

第四，打造以大数据、区块链、物联网、人工智能等支撑的新型数字企业专利合作网络协同创新平台。随着数字技术的日新月异，技术创新迭代速度加快，对相关的技术创新需加快申请专利，完善专利申请流程，强化知识产权保护技术创新成果，同时可以尝试开展专利融入技术标准工作。协同创新平台还需要多方组织的融通互动合作，包括政府、企业、高校、科研机构等创新主体，要求熟练运用数字技术实现知识产权管理的信息化、智能化、网络化，实现信息的及时有效共享。培育知识产权创造、运用、保护和管理服务模式，引导政府和企业双发力，不断强化制度创新和管理创新，高效支持和满足数字产业在新时期数字创新引发的新需求。

第五，培养专业知识产权服务人才。数字企业间的专利合作需要大量专门从事知识产权代理、知识产权许可贸易、知识产权转让、知识产权运营的专业化人才。高等院校需要明确培养"懂法律、晓科技、知管理、会贸易"的人才的定位（杨幽红，2011），强化其对知识产权硕士或非法学专业知识产权法律硕士及以上层次的人才培养力度；同时强调及时引进国际化的知识产权服务人才和服务机构，深化国际交流合作，塑造一批具有国际视野、能熟练运用知识产权国际规则等的国际化人才队伍；建构人才评聘机制，优化知识产权服务人才资格制度和职称评聘制度，持续加强对知识产权服务人才的激励，锻造高质量发展的知识产权服务人才职业规划道路。

第八章

动态能力视角下数字产业
知识产权竞争行为研究

近年来，我国数字产业创新加速形成，数字产业化结构不断优化，产业链不断完善，尤其是以 5G 为代表的通信产业与国外相关产业竞争日趋激烈。数字产业创新主体间及国家体制间竞争干预表现突出，尤其是针对知识产权竞争正成为全球数字产业的中心话题。相关创新主体如何把握知识产权大势，实现知识产权创造、运用、管理、保护、服务全链条打通，加强知识产权战略协同引导和规范数字产业创新已经迫在眉睫。数字产业的多元创新主体如何适应知识产权资源时间性、地域性、边缘竞争等影响因素，更好地构建在产业竞争中的角色定位问题亟待解决。"十四五"时期以来，数字产业发展的国内外经济形势已发生重大变化，面对数字产业集聚化发展和国际化趋势，数字产业创新主体通过构建知识产权全链条动态能力，逐步适应不断变化的制度要素发展要求，将知识产权优势转化为整体竞争优势。

第一节　动态能力视角下数字产业
知识产权竞争行为内涵

面向数字产业创新的知识产权战略动态性体现在数字产业创新主体将知识产权创造、保护、管理、运用、服务、国际化、治理、联盟等作为一个有机整体融入产业创新整体发展战略中有效抵御竞争对手，开拓和占领国内外市场获得竞争优势的动态过程。边缘竞争战略指导下的知

179

识产权战略变革中创新主体依靠固定结构与松散结构之间的最佳平衡，以及制定半固定的知识产权战略方向来获得灵活性，进而把握时机并控制节奏以实现知识产权战略与数字产业创新战略的均衡发展。由此，本节构建了动态能力视角下数字产业知识产权竞争行为的互动关系。

一　数字产业创新主体知识产权竞争行为的内涵界定

数字产业创新主体要想持续发展，拥有持久的竞争力，必须拥有话语权资源，而传统一般性的物理资源是可以被替代和跨区域流动的，难以使各类创新主体具有独特的竞争优势。知识产权资源作为 21 世纪经济增长的最重要的源泉，已成为数字产业创新主体综合实力的重要体现，是经济全球化过程中维持产业整体竞争优势的必备力量。拥有自主知识产权优势，是数字产业创新主体能够长期取得垄断利润的关键。知识资本的积累很大程度上改变了竞争的性质，其价值主要体现在对知识产权的创造、保护、运用等层面。技术创新所占的份额将越来越大，知识产权已成为知识经济时代主要的生产要素和创造新竞争优势的基础。知识产权机制对企业的专利技术、商标等无形资产提供法律保护，赋予企业以排他权打击侵权行为，可以有效地劝阻竞争对手，从根本上决定并制约企业生存和持续发展以及持久竞争优势的能力。同时，我们注意到企业拥有诸如商标权、专利权、商业秘密权等知识产权恰恰具有这种专有性，它是未经知识产权所有人许可或授权，他人不得擅自使用的有法律保障的企业重要的战略性资源。正是这种无形资产代表了企业产品和服务的竞争力，与企业利益息息相关，能为企业创造长期性的竞争主动权，并为企业创造超过同业平均利润水平的超额利润。显而易见，知识产权优势能够在很大程度上反映核心竞争力的特征，是企业竞争优势的最主要的源泉之一。

知识产权战略组合是指在经济全球化的国内外市场竞争中，通过培育和发挥拥有自主知识产权的优势，在创造、保护、管理和运用知识产权资源及服务其他生产要素的过程中，最大限度地提升核心竞争能力，从而获取长远的、直接利益的创新主体策略模式。其中，知识产权创造战略是根据数字产业创新主体的自主创新、知识产权价值和外部环境等情况，通过自主研发或与高校、科研机构共同研发将自主创新成果知识产权化、商品化、产业化而采取的一系列策略和手段。知识产权保护战略是使法律规定的数字产业知识产权不被他人不当使用，保护知识产权人的合法权益。知识产权运用战略是运用各种手段来经营知识产权实现充分创利来占领数字产业新兴市场，提升创新主体竞争力。知识产权管理战略是指导监督数字产业创新主体开展知识产权战略规划，并综合运用知识产权创造、运用、保护来获取创新收益。知识产权服务战略通过代理服务、法律服务、信息服务、商用化服务、咨询服务、培训服务等多种策略推进数字产业知识产权成果权利化、商用化和产业化。企业知识产权优势可以分为软、硬两类优势。"软"优势体现在决定企业核心竞争力的法律制度、管理体制、市场规则、运行机制以及教育和文化等方面的优势。它们的作用主要是通过法律法规和市场机制优化配置创新资源，引导和规范市场，激励和保护创新，并保障知识产权拥有者的权益等。"硬"优势体现在涉及知识产权资源的创造、管理、运用等方面的优势。其主要作用是在前类知识产权优势的保障下，始终掌握高新技术领域、关键产业领域的核心技术，不断培育自主品牌，通过对其知识产权资源的使用、许可、投资和资产重组等方式，获取高额垄断利益，并始终使企业处于国内外产业领域市场竞争的有利地位。

知识产权战略优势是在经济全球化大背景下诞生的，任何一个国家或地区，要在国际经济贸易体系中寻求动态的经济贸易利益，就必须开放其国内市场，进行体制对接和机制转换，逐渐实现经济贸易关系的全球化。在 WTO 框架下，知识产权规则已成为最重要的国际经济贸易准则，贸易和合作双方（无论是规则的制定者，或是规则的被动接受者）都必须把知识产权资源的创造、使用、运营和保护作为国际经济、技术、贸易和文化等合作与交流的主要内容和形式予以传承和遵守，否则将承受国际或国内法律的制裁。市场主体（产业领导者）通过一定的法律程序和规则，把专利、商标、品牌以及其他无形资产优势转化为市场垄断优势，并通过知识产权运营达到许可转让、投资控股、兼并重组、技术升级联盟、限制竞争对手和获取垄断利益的目的。知识产权的创造、使用、运营、保护和服务，能为国家、地区尤其是市场主体的经济发展带来现实的、长远的和（一定时限内）垄断的经济利益，并且不断提升国家、区域和市场主体的自主创新能力和核心竞争力，这一点在数字产业领域尤为突出。知识产权优势带来的利益性不仅具有较长法定时限，更重要的是，这种优势能够把发展经济的基点放在知识资源和人力资源之上，从而减少经济发展对自然资源的依赖和对环境的破坏，并对传统产业和支柱产业起到渗透辐射、提升和带动作用，达到保障经济和社会全面、健康、协调和可持续发展的目的。数字产业领域的知识产权全链条在赋能传统工业制造企业数字化转型，自身数字产业发展中发挥了至关重要的作用，尤其是以 5G 为代表的通信产业领域，我国通过前期的"跟跑"到 4G 时代的"并跑"，并在 5G 阶段实现了"领跑"，大大增强了我国通信科技领域的话语权和产业收益。

基于数字产业创新知识产权竞争优势的创造、运用、管理、保护、服务全链条资源组合，数字产业得以通过数字要素实现产业链的深度参与共建。数字产业创新主体的知识产权创造涉及多产业的融合互通，不再是传统工业领域单一产业的专利技术的研发过程，而是依托于通信、互联网、物联网等新一代信息技术领域的工业技术的再更新，对创新主体的研发能力提出了更高的要求，通过知识产权创造所获得的市场回报也更加凸显。知识产权的运用是数字产业创新主体投入巨额研发和人力成本进行创新实践的目的之一。创新主体通过自主可控的研发成果更好地参与市场需求的满足，抓住市场机会获得自身领先优势。知识产权的管理是创新主体内部一项复杂的知识产权参与过程活动，它涉及创新主体对知识产权创造前的研判、数据分析，市场评估以及自身战略部署，还涉及专利技术的自用、许可、转让等一系列知识产权盈利活动。知识产权保护受制于国内外整体知识产权政策的规制，在数字产业领域知识产权保护行为越发严重，跨产业的诉讼和纠纷愈演愈烈，原有的交叉许可模式不再适合数字产业领域企业来实行，需要更完善的保护机制来减少不需要的纠纷问题。知识产权服务主要涉及一系列第三方知识产权运营服务主体，他们致力于帮助创新主体（知识产权拥有者和知识产权需求者）之间进行符合市场价值规律的交易许可活动，同时也承接企业的知识产权诉讼纠纷等法律服务。

二 影响数字产业知识产权竞争行为的因素

面向数字产业创新的知识产权战略的动态性是由知识产权时间性、地域性特点所决定的。以时间性而论，与某一知识产权战略相适应的知识产权期限届满或因故提前终止，相关知识产权战略就应及时调整。时效性是专利的重要特征，每个专利都具有一定时间限定，从专利申请开始到被授予专利权以及维持和使用专利权整个专利运作过程中，有众多的时间限定。创新主体必须动态关注和跟进相关时间节点的变化，根据这些限定的时间，调整自身专利战略。就地域性而论，数字产业创新主体实施知识产权战略时应考虑到知识产权的权利产生地，这一点对于跨国实施知识产权战略，开拓国际市场具有极为重要的意义。创新主体在制定实施专利战略时，必须充分考虑到产品市场而选择申请专利的国家，避免市场和权属问题出现偏差。另外，数据作为数字产业中全新的生产要素，已成为数字经济时代的"石油"，数据要素驱动的创新创业正成为新发展阶段实现高质量发展的关键引擎。数据要素作为全新一代知识产权提升的重要基础资源，在市场化配置、数据权属界定与存储流动规则、数据价值识别与发现、数据赋能企业创新与社会治理等数据要素价值化过程中的动态性特征值得关注。面向数字产业创新的知识产权战略的动态性还需要关注边缘竞争指导下知识产权战略过程模式。边缘竞争战略是指导创新主体在高速变化的不可预知要素中持续革新以不断获得领先的理论，其核心在于"利用变革的动态本质来构建一系列竞争优势"（Eisenhardt et al.，2000）。为此，知识产权战略的动态性还体现在数字产业创新主体对知识产权战略变革的管理能力，普通创新主体回应变革、优秀创新主体预测变革、卓越创新主体引领变革。

面向数字产业创新的知识产权战略的动态性体现在数字产业创新主体将知识产权创造、保护、管理、运用、服务、国际化、治理等作为一个有机整体融入产业创新整体发展战略中有效抵御竞争对手，开拓和占领国内外市场获得竞争优势的动态过程。知识产权战略变革中创新主体依靠固定结构与松散结构之间的最佳平衡，以及制定半固定的知识产权战略方向来获得灵活性，进而把握时机并控制节奏以实现知识产权战略与数字产业创新战略的均衡发展。由此，本章构建了数字产业创新主体动态能力视角下知识产权竞争行为框架图（见图8-1）。

（一）影响知识产权竞争行为的制度与法律因素

2021年9月，党中央、国务院发布的《知识产权强国建设纲要（2021—2035）》和2021年10月发布的《"十四五"国家知识产权保护和运用规划》明确提到要全面提高知识产权的创造质量、运用效益、

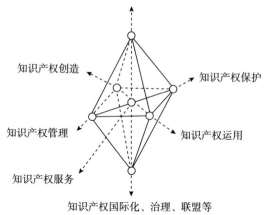

数据产业竞争的知识产权制度、产业特征、经济贸易因素

知识产权创造

知识产权保护

知识产权管理

知识产权运用

知识产权服务

知识产权国际化、治理、联盟等

图 8-1　数字产业动态能力视角下知识产权竞争行为

资料来源：由笔者整理。

保护效果、管理能力和服务水平，更大力地加强知识产权保护国际合作，扎实推进知识产权事业高质量发展，为建设创新型国家和社会主义现代化强国提供坚实保障。该战略是数字产业推进知识产权战略的基础和依据，也为数字产业知识产权的推进创建了好的制度基础和平台。在促进我国数字经济发展的制度中，知识产权保护方面的制度是主要内容之一。我国对数字相关产业知识产权保护日益重视，数字产业创新主体内部制度的制定涵盖了激励知识产权创造、保护和成果转化的相关制度内容，对推进数字产业创新和提升主体知识产权战略具有积极的意义。但是，由于我国知识产权保护方面的制度起步较晚，相关法律制度尚不完善，针对数字产业知识产权保护的制度效果还不是很理想，政府相关制度还需不断完善。目前，我国知识产权中介服务虽有所发展，但无论其数量、规模，还是服务能力等方面都远不能适应数字产业发展的需要。现阶段亟须扩大从事知识产权代理的服务机构和代理人。特别是在知识产权增长或发展较快的省、市和高新技术开发区，应适当充实加强代理力量，以更好地提供多种形式的知识产权中介代理服务，帮助产业相关创新主体职务发明人做好知识产权申请、维持和纠纷调解工作等。加强知识产权评估评价机构建设也是政府制度制定的重要内容，数字产

业知识产权的评价、评估工作复杂，它既不同于具有确定方法确定其价值的一般商品，又不同于具有天然明确排他性的实物资产。此外，大力实施知识产权信息工程，加快知识产权信息服务平台的建设，发展信息网络，拓宽网络布局，加强基础统计工作，充实信息数据库是重要的基础性工作也是政府制度支持的重要内容之一。

（二）影响知识产权竞争行为的数字产业创新特征

数字产业创新基本可以分为数字产业化创新和产业数字化创新两大部分。数字产业化创新是基于移动互联网、大数据、云计算、区块链、集成电路、人工智能、边缘算法等信息通信技术在个性化定制、智能化生产、网络化协同、服务化延伸等典型应用场景持续创造价值增值的创新过程。据中国信息通信研究院测算，2021年我国数字经济规模达到45.5万亿元，占GDP比重为39.8%，其中数字产业化规模达到8.4万亿元，占数字经济比重的11.9%。新一轮数字技术创新的大跃迁必然带来知识产权竞争战略的高阶演进。新一轮核心知识产权竞争会在网络、计算、感知三大主线实现迭代升级，并与大数据的指数级增长相结合，推动形成5G（甚至超越5G）、云计算、大数据、物联网、人工智能、区块链、量子信息等标准必要专利池，组建数字技术知识产权联盟和标准联盟，实现新一代数字技术标准的代际跃迁。

产业数字化创新具有量大、面广，但起点不高的特点，整体产业也正面临着结构调整和转型升级的挑战。产业自主创新能力薄弱，缺乏自主知识产权的技术和产品依然是制约传统产业数字化转型发展的"瓶颈"。同发达国家相比，我国传统工业、制造型产业普遍规模大，品类多，但整体来看自主创新能力不强。同时，由于产业自主创新能力较弱，市场同质化现象严重，加剧恶性竞争，进一步压缩行业盈利空间。大部分制造产业新产品、新技术的转化能力差，缺少自主知识产权的产品中试、放大技术平台，不能迅速地把实验室成果转化为工业产品，致使许多企业的生产过程与发达国家相比普遍存在能耗高、资源综合利用率低、环境污染严重、产品质量差、工业放大周期长等问题。由此可见，加强自主创新，促进自主知识产权的产品扩散，仍是我国产业数字化过程中未来发展的重中之重。我国传统工业产业需要不断提升自己的资源和要素禀赋，从劳动密集型到资金密集型再向技术密集型和知识密集型转型升级。传统产业数字化转型升级的重点是在研究开发、技术输入、技术合作、技术购买、专利授权、人才培训、建立国际品牌形象等"技术密集"和"知识密集"方面。

（三）影响知识产权竞争行为的经济贸易因素

经济全球化对国际范围内的专利保护产生了重大而深刻的影响，知识产权保护在国际经济贸易中占有重要的地位。数字产业化方面，目前我国数字技术创新正在从"跟跑"、"并跑"向"领跑"跃迁，在部分数字技术领域具备了较好基础，但是在更多领域的基础还很薄弱，与发达国家的差距仍然较大。亟须以新一代数字技术创新为"机会窗口"，加强数字技术知识产权融入标准化的战略布局，探索数字技术标准国际赶超的新模式，优化赶超战略实施路径，释放数字经济发展新动能。目前抢占新一轮数字技术发展制高点的竞争日趋激烈，如果应对不当，贻误时机，中国数字产业与发达国家的差距有可能进一步拉大。产业数字化方面，整体传统产业知识产权运营能力仍然薄弱，相关产业创新主体的领导和员工知识产权运营意识淡薄，知识产权购买、转让、许可等运用方式还不普遍，企业知识产权保护和运用水平较低。我国科技计划管理方面尚未形成有效务实的知识产权评价和考核机制。这些问题的存在影响了传统产业数字化相关知识产权成果的保护和应用。另外，由于以美国为代表的贸易保护主义"逆全球化"主张抬头，我国传统产业数字化面临的市场竞争环境日益严峻，出现了部分关键核心技术外部供给"断供"，内部供给"跟不上"的技术困境。国内外相关产业竞争的焦点也从贸易壁垒转移到技术壁垒上，以知识产权及其派生内容为手段，突破产品层面而成为国际竞争的利器。由此可见，知识产权日益成为跨国企业争夺我国国内外市场份额、遏制我国竞争对手的重要战略和策略。外国企业凭借大量拥有自主知识产权的高技术及其产品对我国企业和经济发展已构成巨大挑战。国外企业同时还注重利用手中的技术和品牌优势占领我国国内市场。面对这种新形势，我国传统产业数字化必须充分认识到知识产权制度在国内外竞争中的重要作用，切实加强知识产权制度建设和实施，具有极大的必要性。

第二节 区域数字产业创新中知识产权竞争行为现状

本节在分析讨论珠三角、长三角区域数字产业中小企业知识产权创造、运用、保护、服务现状的基础上，比较分析了以新一代信息技术产业、节能环保产业、新材料产业、生物产业、高端装备制造产业、新能源产业、数字创意产业、新能源汽车产业等为代表的数字产业整体产业的专利授权量分布情况。对中国 31 个省（市、区）截至 2020 年年底数字产业知识产权相关统计数据分析发现，广东省和江苏省数字产业中小企业知识产权发展水平全国领先，并进一步提出了我国长三角区域数字产业中小企业知识产权方面的现存问题。

一 我国区域数字产业中小企业知识产权竞争现状分析

中小企业是国民经济和社会发展的生力军，是扩大就业、改善民生、促进创业创新的重要力量。全国来看，广东省以 586.5 万家的中小企业总量位居第一，山东省拥有中小企业数 361.4 万家，江苏省 360.1 万家，浙江省以 275.3 万家位居第四。就数字产业相关中小企业拥有量来看，广东省以 11.5 万家拥有量位居第一，江苏省 9.6 万家，浙江省 6.9 万家分别位居第二、第三。就有专利的中小企业数量来看，广东、江苏、浙江以 20 万家、13.9 万家、11.9 万家位列前三。总体而言，中国数字产业领域中小企业应抓住数字经济时代的红利，大力推进企业整合内外部资源，培育企业知识产权竞争能力，打通数字产业领域企业知识产权创造、运用、保护、管理、服务全链条。

（一）全国区域数字产业中小企业知识产权创造情况

发明专利情况来看，珠三角区域，广东省数字产业领域中小企业发明专利授权量 11.2 万件，占全国总量（65.6 万件）的 17.1%；有效发明专利量 10.7 万件，占全国总量（64.7%）的 16.5%，在全国 31 个省（市、区）中均排名第一。发明专利授权量近五年复合增速 19.5%，高出全国平均 4.7%，增长势头强劲。珠三角地区发明专利授权量主要集中在深圳市（5.4 万件）、广州市（2.3 万件），发明专利增长较快的地市包括阳江市、河源市和梅州市。长三角区域，江苏省、浙江省、上海市、安徽省三省一市发明专利授权量分别排名全国第 2 位、第 4 位、第 5 位和第 7 位，整体发展均衡，发明专利授权量近五年复合增速分别为 9.7%、223%、13.4% 和 19.1%，浙江省增速明显。

从数字产业发明专利授权来看，由表 8-1 可知，数字产业大致分为新一代信息技术产业、节能环保产业、新材料产业、生物产业、高端装备制造产业、新能源产业、数字创意产业、新能源汽车产业等。珠三角区域，广东省在新一代信息技术产业的发明专利授权量最多，从全国 31 个省（市、区）的排名来看，其中 8 个产业排名全国第 1 位（汽车、前沿新材料、生物医药与健康、精密仪器设备、超高清视频显示、智能机器人、半导体与集成电路、智能家电），10 个产业排名全国第 2 位（新一代电子信息、软件与信息服务、新能源、安全应急与环保、先进材料、现代轻工纺织、数字创新、绿色石化、激光与增材制造、区块链与量子信息），2 个产业排名全国第 3 位（高端装备制造、现代农业与食品）。长三角区域发明专利授权量情况，从全国 31 个省（市、区）的排名来看，6 个产业排名全国第 1 位（安全应急与环保、绿色石化、先进材料、高端装备制造、激光与增材制造、新能源），均为江苏省所有。4 个产业排名全国第 2 位，其中江苏有 3 个产业（智能机器人、前沿新材料、生物医药与健康），浙江省有 1 个产业（高端装备制造）。15 个产业排名全国第 3 位，其中江苏省有 7 个产业（新一代电子信息、智能家电、超高清视频显示、区块链与量子信息、半导体与集成电路、精密仪器设备、汽车），上海市有 3 个产业（软件与信息服务、绿色石化、数字创意），浙江省有 5 个产业（安全应急与环保、先进材料、前沿新材料、激光与增材制造、新能源）。

表 8-1　　区域数字产业中小企业知识产权发明专利授权量比较

相关数字产业		数量（件）/ 排名（位）	广东省	江苏省	北京市	上海市	浙江省
新一代信息技术产业	新一代电子信息	发明专利授权量	44532	19315	45869	16306	11417
		全国排名	2	3	1	4	5
	智能家电	发明专利授权量	2321	975	1207	623	823
		全国排名	1	3	2	5	4

续表

相关数字产业		数量（件）/排名（位）	广东省	江苏省	北京市	上海市	浙江省
新一代信息技术产业	软件与信息服务	发明专利授权量	16128	5270	22259	6123	3427
		全国排名	2	4	1	3	5
	超高清视频显示	发明专利授权量	7413	3025	5154	2455	1470
		全国排名	1	3	2	4	5
	智能机器人	发明专利授权量	6372	4979	3817	2644	2991
		全国排名	1	2	3	5	4
	区块链与量子信息	发明专利授权量	468	384	492	177	366
		全国排名	2	3	1	5	4
节能环保产业	安全应急与环保	发明专利授权量	12961	15397	10754	6321	11741
		全国排名	2	1	4	6	3
	绿色石化	发明专利授权量	5807	6237	2589	3355	3316
		全国排名	2	1	5	3	4
新材料产业	先进材料	发明专利授权量	11303	15258	5107	5807	9042
		全国排名	2	1	6	5	3
	半导体与集成电路	发明专利授权量	6104	4714	4829	3948	1810
		全国排名	1	3	2	4	5
	前沿新材料	发明专利授权量	14607	14590	6485	5794	8010
		全国排名	1	2	4	5	3
生物产业	生物医药与健康	发明专利授权量	11788	9676	9566	6335	6040
		全国排名	1	2	3	4	5
	现代农业与食品	发明专利授权量	3892	3627	2460	1302	3272
		全国排名	3	4	6	11	5
高端装备制造产业	高端装备制造	发明专利授权量	9478	14074	5021	3991	10436
		全国排名	3	1	4	6	2
	激光与增材制造	发明专利授权量	2055	2584	1401	834	1693
		全国排名	2	1	4	8	3
	精密仪器设备	发明专利授权量	9911	8842	9735	4626	5489
		全国排名	1	3	2	5	4
新能源产业	新能源	发明专利授权量	15478	15974	11473	5614	11948
		全国排名	2	1	4	7	3

189

续表

相关数字产业		数量（件）/排名（位）	广东省	江苏省	北京市	上海市	浙江省
数字创意产业	数字创意	发明专利授权量	7772	2312	9013	2492	1564
		全国排名	2	4	1	3	5
新能源汽车产业	汽车	发明专利授权量	21408	12733	21300	9222	9459
		全国排名	1	3	2	5	4

资料来源：《2021 广东省战略性产业集群中小企业知识产权发展状况白皮书》。

从海外专利布局来看，截至 2020 年年底，全国数字产业相关中小企业海外布局专利共 13.4 万件，占全国中小企业海外专利布局总量（21.2 万件）的 62.9%。珠三角区域，广东省数字产业中小企业海外专利布局积极，海外布局专利共 5.1 万件，在全国 31 个省（市、区）中排名第 1 位，占比为 37.8%，数量呈上升趋势。长三角区域，江苏省和上海市数字产业相关中小企业海外布局专利均不到 2 万件，浙江省不到 1 万件，总体发明专利海外布局水平不如珠三角。从产业分布来看，珠三角数字产业相关中小企业海外布局专利主要分布在新一代电子信息（2.6 万件）、汽车（1.1 万件）、软件和信息服务（8285 件）等产业。其中世界知识产权组织（2.2 万件）、美国专利商标局（1.8 万件）、欧洲专利局（3726 件）、日本特许厅（2838 件）、韩国知识产权局（1282 件）。

（二）全国区域数字产业中小企业知识产权运用情况

从专利转让来看，截至 2020 年年底，全国数字产业相关中小企业涉及转让的专利共 52.6 万件。其中，珠三角区域，广东省数字产业相关中小企业涉及转让的专利共 11.6 万件，占全国总量的 22%，在全国 31 个省（市、区）中排名第 1 位。出让的专利共 6.1 万件，主要分布在新一代电子信息（2.2 万件）、汽车（1.3 万件）、新能源（9408 件），从相关专利的受让人地域分布来看，主要集中在珠三角区域内，共涉及 3.8 万件，面向外省的出让对象中，江苏省数量最多，达 4893 件，浙江省排第 3 位，上海市排第 5 位。珠三角内部作为受让人的专利共计 9.3 万件，主要分布在新一代电子信息（2.8 万件）、安全应急与环保（1.6 万件）以及汽车（1.6 万件）等产业，相关出让人也主要集中在珠三角区域内部，共涉及 6 万件，其次为浙江省。在长三角区域，江苏省数字产业相关中小企业涉及转让的专利数不到 10 万件，浙江省数字产业相关中小企业涉及转让的专利数不到 7 万件，上海市数字产业相关中小企业涉及转让的专利数达 4 万件，分别在全国 31 个省（市、区）中排名第 2 位、第 3 位和第 5 位。整体来看，数字产业相关中小企业进行新技术的研发往往需要投入较大的时间成本，部分主体为了在较短时间内获得有价值的技术方案和完善专利布局，会通过受让专利获得专利权，对于自身不使用的专利，可以通过出让的方式来获得剩余价值。

从专利许可来看，截至 2020 年年底，全国数字产业相关中小企业涉及备案的专利实施许可次数为 5.5 万次，涉及专利 4.8 万件。其中，在珠三角区域，广东省数字产业相关中小企业涉及备案的专利实施许可次数 1 万次，涉及 8766 件专利，占全国比重 18.8%，在全国 31 个省（市、区）中排名第 2 位。从长三角区域来看，江苏省数字产业相关中小企业涉及备案的专利实施许可次数在全国 31 个省（市、区）中排名第 1 位，略高于广东省总量，浙江省排名第 3 位，达 6000 余次，上海市排名第 5 位，达 3000 余次。

从专利质押来看，截至 2020 年年底，全国数字产业相关中小企业专利质押次数为 6.7 万次，涉及专利 5.1 万件。其中，在珠三角区域，广东省数字产业相关中小企业专利质押次数 8547 次，涉及专利 7318 件，占全国总量的 12.8%，在全国 31 个省（市、区）中排名第一。在长三角区域内，江苏省数字产业相关中小企业专利质押次数不到 7000 次，在全国 31 个省（市、区）中排名第 3 位，浙江数字产业相关中小企业专利质押次数超过 6000 次，在全国 31 个省（市、区）中排名第 4 位，长三角区域的知识产权质押融资有待加强。

（三）全国区域数字产业中小企业知识产权保护情况

从专利无效情况来看，截至 2020 年年底，全国数字产业相关中小企业被提起无效宣告的专利共 2301 件。其中，在珠三角区域，广东省数字产业相关中小企业被提起无效宣告的专利共 545 件，占全国总量的 23.7%，在全国 31 个省（市、区）中排名第 1 位。在长三角区域，江苏省数字产业相关中小企业被提起无效宣告的专利达 300 件，在全国 31 个省（市、区）中排名第 2 位；浙江省数字产业相关中小企业被提起无效宣告的专利不到 250 件，在全国 31 个省（市、区）中排名第 3 位；上海市数字产业相关中小企业被提起无效宣告的专利超 200 件，在全国 31 个省（市、区）中排名第 5 位。总体来看，全国数字产业相关中小企业在提高专利稳定性和应对无效宣告策略方面的能力还有待加强。

从专利诉讼情况来看，截至 2020 年年底，全国数字产业相关中小企业涉及诉讼的专利共 5131 件。其中，在珠三角区域，广东省数字产业相关中小企业涉及诉讼的专利共 1686 件，占全国总量的 32.9%，在全国 31 个省（市、区）中排名第 1 位。长三角区域，江苏省数字产业相关中小企业涉及诉讼的专利达 600 件，浙江省略少于江苏省，上海市不到 400 件，安徽省在 200 件左右，分别在全国 31 个省（市、区）中排名第 3 位、第 4 位、第 6 位和第 7 位。整体数字产业相关中小企业维权意识较强，在新一代电子信息、汽车、生物医药与健康等产业领域较为活跃。

（四）全国区域数字产业中小企业知识产权服务情况

从专利代理情况来看，截至 2020 年年底，全国数字产业相关中小企业专利申请公开量共 557.2 万件，其中通过专利代理机构申请的专利公开量为 395.5 万件，占专利申请公开总量的 71%。其中，在珠三角区域，广东省数字产业相关中小企业专利申请公开量为 91.4 万件，其中通过专利代理机构申请的专利公开量为 67.9 万件，占比 74.3%，高出全国 3.3%。从广东省数字产业分布来看，区块链与量子信息产业的中小企业通过专利代理机构申请专利的比例最高，占专利申请公开总量（4009 件）的 84%，软件与信息服务业占 78.9%，数字创意产业占 77.2%，其他产业也均超过 70%。

从专利代理机构来看，在珠三角区域，为广东省数字产业相关中小企业提供过服务的专利代理机构共计 2205 家，其中珠三角范围内 516 家，集中在深圳和广州，占比 23.4%。其他专利代理机构主要集中在北京市（579 家）、江苏省（166 家）、上海市（121 家）和浙江省（106 家），占比 76.6%。

二　我国长三角区域数字产业中小企业知识产权现存问题

（一）知识产权数量优势待提升

全国数字产业中小企业的发明专利授权量排名前三位分别为广东省

20.97 万件、北京市 17.85 万件、江苏省 15.99 万件，浙江省 10.43 万件排名第 4 位。浙江省数字产业中小企业商标注册量近五年增速处于全国领先，但专利授权量、计算机软件著作权、集成电路布图设计近五年增速均落后于广东省和江苏省。

（二）知识产权质量优势待强化

全国数字产业中小企业创新人才每百人专利密度排名前四位分别为北京市 65.52 件、广东省 40.01 件、上海市 37.73 件、江苏省 32.85 件，浙江省 32.56 件排名第 5 位。高价值专利中维持 5 年及以上专利数量广东省 18 万件、江苏省 16.8 万件、北京市 11.3 万件、浙江省 10.6 万件；高被引专利数量广东省 1364 件、江苏省 1077 件、北京市 1061 件、浙江省 661 件；获奖专利数量广东省 520 件、江苏省 269 件、北京市 237 件、浙江省 121 件。

（三）知识产权密集产业布局待改进

数字产业中发明专利授权量全国第一的知识产权密集产业广东省有 8 个，布局在新一代信息技术、新材料、生物、高端装备制造、新能源汽车等产业；江苏省有 6 个，布局在节能环保、新材料、高端装备制造、新能源等产业；北京市有 4 个，布局在新一代信息技术、数字创意等产业；浙江省仅在高端装备制造产业发明专利授权量排名全国第 2 位，在新一代信息技术、生物、数字创意、新能源汽车等知识产权密集产业布局滞后。

（四）知识产权运营能力待提高

浙江省数字产业中小企业专利转让、专利实施许可、专利质押等指标虽然全国均排名第 3 位，但与广东省、江苏省仍存在差距。其中专利转让广东省、江苏省均超 9 万件，浙江省仅 6 万件。江苏省、广东省专利实施许可次数均超 1 万次，浙江省 0.6 万次。广东省专利质押次数超 0.8 万次，浙江省有 0.6 万次。

（五）知识产权全链条保护待加强

数字产业中小企业遭遇 337 调查次数，广东省、江苏省和浙江省连续 4 年均呈现增长趋势，加强知识产权海外布局是应对该挑战的重要手段之一。广东省海外专利超 5 万件、江苏省超 1.5 万件，但浙江省不足 1 万件。浙江省数字产业中小企业被宣告无效的专利数量占全国总量

9.2%，高于北京市、上海市。

（六）知识产权服务体系待完善

数字产业中小企业对知识产权公共服务需求更为迫切，需求最多的三项是公益培训、信息咨询、专利分析。知识产权政策方面需求最大的是知识产权质量提升，其次是知识产权运营和企业知识产权管理。但是浙江省企业接受高校知识产权信息服务、知识产权快速维权服务、技术与创新支持中心（TISC）服务相对较少，公共服务覆盖面有待提高。"十四五"时期推进全国数字产业发展需要健全面向中小企业的知识产权政策支撑体系，统筹推进数字产业中小企业的知识产权综合发展优势，使中小企业在推动数字产业高质量发展方面发挥更大作用。

第三节　知识产权制度比较与数字产业
知识产权竞争的对策建议

我国在知识产权制度实践上才刚刚起步，借鉴欧盟、美国、日本和韩国等国家的知识产权制度实践的成功经验和教训，对促进我国突破成长"瓶颈"，规避成长风险，实现数字产业知识产权竞争具有一定启示。知识产权制度已经成为数字产业知识产权竞争行为的重要影响因素，逐步提升和完善知识产权制度是促进产业创新、提高数字产业竞争力，适应产业竞争的重要保证。但由于产业生存和发展的内外部要素差异，产业必须选择适合其发展的知识产权制度，才能真正提高产业的竞争力和知识产权战略优势。在明确知识产权制度与数字产业知识产权竞争行为存在一定程度的互动影响基础上，进一步对提升区域数字产业知识产权竞争优势提出相关对策建议。

一　知识产权国际规则对各国知识产权制度影响比较

（一）欧盟各国知识产权制度的实践

欧洲是现代知识产权制度的发源地，也是世界上区域性知识产权制度发展最快的地区之一。欧盟在区域性知识产权制度发展方面遇到的困难主要有两方面：一方面，其成员国国内立法中在知识产权保护方面存在差异；另一方面，除了需要协调法律本身之外，更需要平衡与调和各国的经济利益及政治立场。为建设知识型欧洲，2005 年欧盟提出"第七研究框架计划建议",并于 2007 年签署《里斯本条约》,取代原有的《欧盟宪法条约》,《里斯本条约》的签订为欧盟的知识产权一体化进程提供了良好的制度保障。完善知识产权制度已经成为欧盟各国创新发展的重要主题。针对加强知识产权保护和推行技术转让的新方式,欧盟各国的知识产权制度主要建立在改善企业法律环境和推进知识产权扩散的行动上。

此外,欧盟地区致力于确保企业低成本地利用知识产权制度,例如欧盟近年来商标战略的发展集中体现在减少商标注册与续展费用方面。2005 年欧盟减少了商标注册及续展的费用,当时估计每年将减少 3.7 亿—4 亿欧元的相关费用。而事实上,欧盟所节省的资金远远高于其预期估计值,仅就 2006 年而言,因 2005 年费用折扣欧盟产业将节省近 5.5 亿欧元。欧盟的著作权战略也在 2008 年取得一些新的进展,集中体现在以下方面。拟制订计划,推进在线市场发展。拟出台著作权保护规定,打击非法下载。非法下载行为会打击很多音乐、电影和游戏等在线服务提供商在互联网上提供作品的积极性,其目的在于能在在线音乐、电影和游戏领域创造一个统一的欧洲市场,防止非法下载音乐、电影和游戏。同时,让创意作品的作者愿意将自己的劳动成果在互联网上共享,形成适合欧盟境内的多个或所有欧盟成员国的著作权许可证,提高不同的"数字权利管理技术"之间的相互兼容性,禁止盗版侵权行为。中国是欧洲最大的进口来源地,同时也是欧盟在边界查获的假冒、盗版产品的最大来源国。因而欧盟在知识产权问题上对华采取强硬的措施,持续对我国施压,要求我国建立符合欧盟利益的知识产权法律制度和司法体系,并设置了一系列的标准来衡量中国的知识产权保护程度。近年欧盟致力于解决强迫技术转让、盗版和制假等问题,要求中国严格禁止非自愿技术转移和无偿使用版权等行为,并在此问题上加强国际合作。欧盟还将与中国合作开发加强海关控制的风险评估系统,以期更有力地打击造假行为。

（二）美国知识产权制度的实践

擅用知识产权制度已经成为美国在知识经济时代巩固其领先地位的主要方式。在美国,知识产权的概念包括专利、商标、企业名称、装潢设计、著作权、商业秘密等。美国企业的知识产权战略一定会与公司基本的全球性贸易战略或经营战略紧密结合，目标定位于某些具有商业价值的国际和国内市场。美国政府主导推进知识产权制度实施。知识产权制度上升到国家、地区和产业层面，政府就必须担负起指导实施的主导作用，甚至直接出面行使法律赋予政府的权利，运用知识产权和贸易规则保护本国企业的利益，这是市场经济条件下政府职能的要务之一。美国政府在实施国家知识产权战略中的主导作用有目共睹，并且不断建构保护本国利益的法律基础，长期积累运用知识产权取得战略优势的经验和能力，使美国的知识产权制度具有明显的国际竞争优势。美国企业运用知识产权制度的具体特点有：企业重视知识产权战略、企业充分利用专利法，最大限度地限制竞争对手、企业关注知识产权的运营和扩散、企业利用知识产权战略获取全球竞争优势。

（三）日本知识产权制度的实践

日本在产业竞争力下降时采用了"知识产权立国"战略，这一战略的实施给日本经济发展注入了新的活力。日本企业普遍重视知识产权的保护和管理工作，日本企业的知识产权保护意识非常强，企业通常都设置知识产权管理机构，并负责本企业专利、商标的申请、授权后的管理，以及专利技术的应用、实施、转让等。

1. 日本企业的领导具有较强的知识产权意识

对知识产权重视是企业实施知识产权战略的关键。知识产权战略作为日本的一项国策，涉及的部门众多，经过这几年的实施，日本社会各界都在积极参与知识产权战略的实施，保护知识产权正在变成日本全社会的行动。日本企业在保护知识产权方面积极出击，律师协会正在讨论建立知识产权价值评估机构。日本企业的知识产权战略的价值定位强调服务于"特色产品"和"高新技术"。实施知识产权战略的另一个关键因素就是区别于其他企业的特点，使企业建立核心竞争的能力。对于企业来讲，重要的是要分析其在生产工艺、产品和产品质量、销售渠道、品牌等方面的能力，才能选择一个优于其他企业的领域，确定企业发展方向。

2. 日本企业的知识产权部门参与研发

在许多公司，与研究和开发活动相关的知识产权战略会根据研究和开发的类型是 How-to R&D 还是 What-to R&D 来进行调整。知识产权部门通过专利检索、专利跟踪来参与研究和开发。通过专利检索，可以得到准确的评估。检索和评估必须是客观的，常常要使用专利管理分析与规划系统（PATENT MAPS）适当地进行综述，并且要基于对专利检索结果的理解，自然地阐明计划的研究和开发课题相对于现有专利或专利申请的地位。从事制造业的公司通常具有大量的技术含量高的任务，各种各样的问题会对知识产权战略产生影响。日本企业设置知识产权管理部门的主要工作是不断关注更新的专利、再评价已有专利和对开发项目最佳保护模式的选择。

3. 日本企业采用综合的知识产权战略

具有技术比较优势不明显的日本企业通常采用防御型知识产权战略。以防御为主的知识产权战略的主要特征是企业善于运用法律提供的便利条件申请大量的外围专利，构建专利网。由于基本发明完成后如果忽视以后的开发，基本专利的权利就会变成孤立状态，会受到改进发明或应用发明的侵入，正是基于这一点，日本企业在技术创新能力尚未能与其他同行企业抗衡，企业技术比较优势不明显的阶段，通过申请改进专利、应用专利等外围专利形成专利网，在市场上牵制其他企业的基本专利。此外，企业与其他企业进行知识产权战略合作，提高市场竞争力。知识产权战略合作的一个显著特征是实施专利交叉许可战略，可以使许可双方获得"双赢"。

（四）韩国企业实施灵活的知识产权战略

20 世纪 80 年代中期，韩美之间发生的一系列知识产权争端给韩国企业造成了危机，韩国政府和企业认识到：实施灵活的专利战略是在激烈的国际技术竞争中取胜的一大关键举措。由于韩国企业的技术能力比较弱，因此其专利战略的首要目标是在跨国企业以技术优势为手段的攻势面前保护自己，并尽量引导技术转让。外国公司虽拥有核心专利，但要在一个新市场生产产品，还需要使用一系列配套技术，因此韩国企业就采取层层围堵的办法，争取在跨国企业技术含量较高的专利周围编织专利网，申请一系列技术含量较低的配套专利，以此遏制跨国企业垄断市场。这一战略不仅使韩国企业防御了外国企业的攻势，也获得宝贵的时间来提高核心的技术实力，加强韩国专利技术的国际地位。此外，韩国企业已经逐步意识到，只有将专利实现商业化，才能开发出专利技术的经济价值，增加对发明者的经济回报，实现知识产权制度既激励技术创新又促进技术扩散的基本目标。因此，韩国企业比较注重加强专利商业化，在政府《促进技术转让法》的保障下，通过政府设置的知识产权市场和网上专利技术市场的平台进行专利技术的扩散。韩国企业还积极运用核心专利技术的购买、许可等知识产权战略。

（五）中国知识产权制度的实践

中国已签署自贸协定，中国—格鲁吉亚、中国—澳大利亚、中国—韩国、中国—哥斯达黎加、中国—秘鲁、中国—新西兰、中国—冰岛、中国—智利涉及单独知识产权章节，中国—东盟自由贸易协定仅提及了知识产权方面合作。中国签署的其他自由贸易协定则未对知识产权做任何承诺。中国目前正在与包括海合会、日韩、斯里兰卡、以色列、挪威、摩尔多瓦、巴拿马、巴勒斯坦等国家进行自由贸易谈判，预计这些协议或将包含知识产权内容。

改革开放后我国的知识产权制度开始完善，知识产权法律开始经历修改、不断完善的过程，逐渐覆盖到商标、专利、版权、集成电路等知识产权内容，如2008年《中华人民共和国专利法》第三次修订、2010年《中华人民共和国版权法》第二次修订、2013年《中华人民共和国商标法》第三次修订。在不断完善国内法律体系建设的同时，自1980年加入《建立世界知识产权组织公约》（WIPO公约）起，我国不断新增参与与其他新型有关知识产权保护国际公约，如《巴黎公约》《马德里协定》《伯尔尼公约》《布达佩斯条约》等。知识产权制度的完善有助于提高我国自主创新能力，助力我国迈向创新型国家。2008年《国家知识产权战略纲要》（以下简称《纲要》）的出台，是中国知识产权制度发展史上的重要节点，标志着知识产权战略开始上升至国家战略。《纲要》旨在通过修订侵权责任法律法规、降低执法成本、增加侵权成本等措施加强知识产权保护，有效遏制侵权行为。时隔7年，2015年国家又印发了《关于在新形势下加快知识产权强国建设的若干意见》，不断深化知识产权领域改革。我国在完善知识产权制度过程中付出的努力，包括国内知识产权法律体系搭建、提升知识产权执法水平，都为我国在涉及知识产权议题自由贸易协定的灵活谈判打下较为坚实的基础。

中国签署的自贸协定知识产权规则与亚太区域其他国家无论是发达

国家还是发展中国家相似度均较低，佐证中国自贸协定知识产权规则处于起步阶段，虽与不同国家签署时灵活变通，总体中也缺乏了一致性，难以掌握规则制定话语权。

二 提升数字产业知识产权竞争行为的路径与对策研究

（一）数字产业领域企业创新路径

1. 促进开放式创新

开放式创新跨越组织边界实现技术、资源等互通合作的过程，数字产业相关主体既可以通过资源由外而内地补充创新，也可以将技术由内而外流出以实现共创。整体来看，中国企业受传统文化影响，创新思维普遍比较保守，开放式创新模式在中国现有企业之中的推行面临一定的实现障碍。数字产业领域转型过程中面临传统工业企业对开放式创新认识不足，存在开放式创新一定会影响自身绩效的错误观点。事实上，近年来，诸多研究几乎都支持了开放式创新有利于企业创新发展的论断。相关学者收集了有关开放式创新对企业绩效影响研究的相关文献，基于元分析方法，现有研究普遍认为开放式创新对企业绩效存在显著正向效应，并且研究结论证实由外而内的开放创新和由内而外的开放创新都对企业绩效存在促进作用。迈入数字经济时代，相关企业不应简单依赖内部技术创新，而应抓住数字经济转型的关键红利期，搭建企业自身开放式创新平台，建立内外部创新生态体系，加速推进企业内外部创新资源的流动，放弃传统创新思维模式和企业内部对外部知识及创新的抵制，不断吸收消化外部创新向企业内部的流入。

研究发现，具备强创新能力的企业大多有效践行了开放式创新的组织发展模式，比较典型的例如西门子，该企业在关注到当今社会发展变化速度快、多元化特点突出的现实背景下，提出坚持开放创新的企业文化，目标是要抓住机遇以期在全球创新网络中扮演中心角色。另外，华为作为本土企业，也构建了自身全球化的开放创新平台，在世界各地布局了较大的创新中心，以期汇聚全球创新资源，更好地实现企业创新的包容性发展。数字经济时代改变了企业的生存之道，打造共赢的局面才是未来企业创新发展的目标。因此，在经济全球化发展的格局下，中国数字产业领域企业创新主体要想实现赶超，必须要加速融入世界创新的创新网络中去。

2. 发展数字驱动的创新

近年来，国内的移动互联网及通信行业获得了较好的成绩，例如阿里巴巴、腾讯和华为等互联网巨头纷纷通过自身业务稳居全球最具创新力企业榜单，但是这些企业的创新发展目前只体现在自身企业的壮大层面，还未形成对其他产业领域的辐射带动效果，我国传统工业领域的创新水平仍然较低。以制造业为代表的传统行业对于整体国民经济的发展具有不可替代的意义，现阶段必须重视传统制造行业的创新发展。数字经济转型的重要性和急迫性对以制造业为代表的传统行业提出了急切要求。面对这一巨大挑战，各个国家都提出了要将数字信息技术与传统制造业融合发展的战略部署，积极探索传统制造业在数字化时代下的转型路径。比较典型的有，德国推出了"工业4.0"计划，旨在通过构建完善的数字技术体系，实现智能工厂和智能生产的目标，主要通过将关键核心技术应用于原有产品、设备及管理全过程，探索出数字技术赋能传统制造业的路径与红利。从国内来看，多家典型的传统制造企业也已经开始探索数字技术赋能的新型创新模式。如海尔通过建立物联网生态品牌，实现从传统的家电制造企业向物联网生态的转型。但整体来看，BCG最具创新力企业报告中数据表明，我国传统制造企业在创新方面的整体表现较为落后。相比而言，西方国家的传统制造企业已经表现出较强创新，因此中国的传统制造企业创新意识亟待提升。数字化时代，企业要充分利用数字技术实际满足用户的需求，实现数字化创新发展。

3. 关注创新的社会价值

创新为现代企业带来了"熊彼特租金"效应，逐步变成了现代企业不可替代的一种动态能力。但传统企业的创新也具有一定的负面性。20世纪30年代，熊彼特将创新视为创造性破坏，因为创新在创造新的经济价值的同时，也会对现有的商业模式和市场秩序造成破坏。经济的发展对不同阶段的创新提出了不同的要求，消费者的需求也在动态变化，当下，创新不再只是创造物质财富的手段，创新的现实意义值得关注。有意义的创新要求数字产业领域企业主体关注社会和人类长远发展，强调商业价值以外的价值，如社会价值及未来价值。现有研究诸多都支持创新应该关注社会价值，例如 Von Hippel 的民主创新将创新受众的利益视为企业创新必须关注的部分，Peter Swann 的公共创新强调非商业性质之外的创新，认为这些创新才是创新者及其所在社区创造的真正财富。据 BCG 最具创新力企业榜单数据显示，世界创新前沿的企业实际都非常关注创新的社会价值，如丰田汽车，致力于通过汽车创造造福社会，技术及产品的研发都仅仅围绕客户的需求和社会与经济体的价值创造进行。数字经济时代，企业竞争日趋激烈，消费者的需求变幻莫测，唯有关注消费者利益和重视社会价值创造的创新才能为现代企业创造可持续的价值。

（二）提升区域数字产业知识产权竞争优势的对策建议

1. 统筹实施数字产业知识产权优势企业提质工程

一是组建数字产业知识产权优势企业培育库，建立健全分层孵化体系。构建中小企业从专精特新到细分市场"单项冠军"、从"单项冠军"到"小巨人"，从"瞪羚"到"独角兽"的成长培育机制。二是建议实施"知识产权雁阵"培育计划，鼓励数字产业大中小企业组建"知识产权雁阵联盟"，发挥行业龙头和标杆型企业领军作用，构建创新链、产业链、供应链、标准链联动的优势产业集群。三是优化知识产权人才发展环境，建设数字产业知识产权人才培育库，推进高校、产业、企业、研究院所等知识产权人才交流合作，加强国际化知识产权人才队伍的梯度培育。

2. 加强数字产业中小企业高价值专利引育

一是支持数字产业中小企业打造自主品牌，培育发展高价值商标品牌和地理标志产品，坚持质量导向，从产品生产、标准、管理、宣传、推广全方位帮助中小企业走品牌建设之路。二是倡导数字产业中小企业加强与高校、新型研发机构、知识产权服务机构协同创新，引导服务机构在企业项目立项、研发过程、推广应用等技术全生命周期深入挖掘和培育高价值专利，知识产权成果惠及中小企业。三是全流程指导中小企业聚焦数字产业高价值专利引育，形成一批高价值专利组合和标准必要专利池。

3. 优化数字产业知识产权密集型产业布局

一是建议开展数字产业生态布局的全盘统筹，强化以产业数据、专利数据为基础的战略性新兴产业专利导航决策机制，开展区域规划类、产业规划类专利导航工作，优化知识产权密集产业布局。二是促进知识产权信息分析与产业运行决策深度融合，将知识产权大数据分析嵌入产业技术创新、产品创新、组织创新、商业模式创新，通过重点产业知识产权布局实现对产业链竞争保障和产业运行效益支撑。三是引导数字产业中小企业开展知识产权海外布局，加强海外市场知识产权布局导航，开展海外市场专利和商标组合布局。

4. 强化数字产业中小企业知识产权运营增效

一是鼓励知识产权优势企业建立专利与标准联动机制，构建数字产业核心技术共享专利池，采用或参照开放许可方式对中小企业开展专利技术许可，鼓励企业与协会商会、新型研发机构等组建标准联盟，开展专利标准融合试点示范。二是实施专利转化专项行动，加快知识产权服务平台与浙江网上技术交易平台协同联动，推广数字化运营平台，开展大数据精准对接，唤醒未充分实施的"沉睡专利"。三是鼓励商标、专利、地理标志混合质押，优先给予数字产业中小企业知识产权质押融资政策扶持，建立知识产权质押融资供需数据库，开展知识产权质押融资"入园惠企"行动。

5. 推进数字产业中小企业知识产权保护升级

一是构建数字产业中小企业海外知识产权风险防控平台，预警监测海外知识产权风险。建设知识产权海外维权专家库、案例库、法律库等，建立政府、行业、企业"三位一体"的海外知识产权争端处理机制。支持数字产业中小企业建立海外知识产权联盟，在重点国家（地区）设立知识产权维权援助服务点。二是打造数字产业中小企业知识产权维权援助"一张网"，在全国范围建立多家知识产权快速维权中心，推广"互联网+"专利执法维权系统，健全侵权线索智能发现机制，创新网上网下一体化维权模式，加大侵权打击力度。三是鼓励数字产业中小企业加大知识产权保护资金投入，支持通过市场化方式设立知识产权维权互助基金。

6. 促进数字产业中小企业知识产权服务普惠

一是深化知识产权"一件事"改革，实现"一站式"服务全覆盖，推动国内高校知识产权信息服务中心和国家知识产权信息公共服务网点建成落地，建设数字产业协同运营中心，为中小企业提供一体化、一站式服务。二是大力培育引进知识产权服务机构，培育对接数字产业中小企业知识产权运营的专业化机构和产业化平台，支持自贸区引进国外知识产权代理机构的常驻代表机构，培育本地化知识产权数据服务提供商。三是鼓励服务机构为数字产业中小企业提供知识产权投融资、保险、资产评估、IPO 辅导、FTO 检索、海外布局与维权等增值服务。

第九章

知识场视角下面向数字产业开源生态的自主可控知识产权战略研究

知识场视角下面向数字产业开源生态具有开放性特征，数字产业开源创新通过外部获取大量的知识产权创造积累，开源生态通过知识迭代获取创新速度优势和多主体跨边界整合优势。在国际竞争形势严峻的背景下，以西方国家主导的开源发展通过开源许可限制，形成知识产权垄断，使我国开源生态发展面临断供风险。由此数字产业开源生态发展急需构建自主可控的知识产权战略，保障数字产业开源生态良性发展，推进数字产业繁荣。

第一节　数字产业开源生态的溯源及发展

近年来，开源生态快速发展，推动着企业技术创新，促进产业发展。随着开源在全球范围内的发展及应用，开源正推动云计算、物联网、移动终端、大数据、智慧城市、区块链和人工智能等数字产业创新发展，是重要途径也是核心动力。研究开源生态溯源及发展对数字产业创新具有重要意义。

一　数字产业开源生态的内涵

"开源"（Open Source）一词兴起于软件行业，是指遵循开源许可证的方式，将源代码进行使用、复制、修改、再发布（陆首群，2017）。随着开源运动的不断发展，如今开源不单单是开放源代码，也可以是源数据、源资产，还可以是各个产业的技术和产品。开源不仅覆盖软件等行业领域，而且还发展至开源硬件、开源设计、开源产业互联网等诸多领域。开源实际上是技术或资源的共享，能提高企业生产效率，扩大社会效益（何宝宏，2020）。

"开源生态"可以理解为"开源"与"生态系统"结合。关于"开源生态"的定义，目前学术界并没有统一的界定。有学者认为，开源生态系统是企业、开源项目与开源社区以及开源独立设计者等不同主体之间的复杂网络关系（Jullien et al.，2018）。也有学者指出开源生态包含"人机料法环"五个要素，"人"指开源项目贡献者和使用者、"机"指开源代码托管平台和开源组成分析工具等、"料"指源代码、"法"指开源许可证和社区管理办法等开源生态规则、"环"指开源项目的环境即开源社区（何宝宏，2020）。开源生态可以看作一个集结各方资源的技术创新生态圈（何婷等，2022），是一种自下而上的创新驱动发展方式，由政府、开源基金会等生态治理架构者、开源创新主体、开源互补竞争者等生态外围群体通过松散耦合的创新网络联结而形成的复杂创新系统。中国信通院研究认为，开源生态以开源项目为构建中心，包含开源贡献者、开源社区、行业开源者和开源使用者五大要素以及开源商业模式、开源社区运营和开源风险治理三大环节。以人工智能产业为例，人工智能开源生态是以开源项目为中心，由开源贡献者、开源服务者、开源使用者、开源运营者等主体共同组成的，各主体间彼此依存、相互影响、共同发展形成人工智能技术创新生态圈（何婷等，2022）。

综上所述，本书研究认为开源生态包括开源开发和开源经营活动中的每个环节每个角色。最初由最基本的开源开发者包括企业和个人，发起开源项目，随着开源项目不断发展壮大逐步形成开源社区，产生扶持和孵化的开源基金会，通过开源教育吸引培养大量的开源人才加入，在开源项目和组织发展到一定规模后由基金会推动产业生态，同时不断发展和完善开源商业模式，通过开源许可证对开源风险进行治理。其中开源基金会是开源生态中的重要组成部分，拥有着开源项目的知识产权，推动开源框架的搭建，建立沟通国际的开源社区，为各类开源项目提供中立的知识产权托管服务，促进开源生态繁荣和良性发展。

二 数字产业开源生态的溯源

开源是 1998 年 2 月 3 日由 Chris Peterson 提出的，"Open Source"的概念出自当时著名的黑客社区 Debian 的社长 Bruce Perens 起草的"自由软件指导方针"。开源源于计算机软件行业，与 Unix 的发展息息相关。开源软件的前身是自由软件，随着行业发展，自由软件已难以满足大生产、大流通的需求，自由软件规模化受到开发、复制、修改、发行、服务、维护、升级等各环节的制约，也难以形成流通的商业模式。由此，开源应运而生，开源软件是对自由软件的继承和发扬，两者均支持自由传播，但具有的自由度不同。开源软件的传播需遵循不同开源许可证的规定，而自由软件拥有完全的自由度。

我国开源的起源于 1991 年中美合作正式引进 Unix SVR4.2，这一历史事件被作为中国开源诞生的标志性事件。据中国开源软件推进联盟研究发现，我国开源的发展大致分为启蒙（1991—1998 年）、萌芽（1999—2008 年）、发展（2009—2018 年）和加速（2019 年至今）四个阶段。随着 Unix、Linux 技术在我国的快速普及，我国出现一批开源社区和开源企业，开源开发者也开始尝试向国际开源社区贡献代码。2004 年中国开源软件（OSS）推进联盟成立，加强与国际开源的合作。在开源发展阶段，我国经历了从开源使用者到开源贡献者的巨大转变。随着云计算、物联网、大数据、移动互联网的快速发展，中国一批知名科技 IT 企业、互联网公司纷纷选择拥抱开源。开源开发者数量激增，开源社区呈现多样化，开源渗透至云计算、人工智能、区块链等数字产业。中国开源云联盟（COSCL）和云计算开源产业联盟（OSCAR）便是典型的开源与云计算技术融合的产业联盟。而如今，我国开源生态发展已进入全新阶段。开发者贡献已居全球之首，开源社区不断成熟，开源基金会和开源协议也有较大突破。我国诞生首个开源协议"木兰宽松许可证"，开放原子开源基金会的建立也填补了中国没有开源基金会的空白，中国开源生态逐渐趋于完整。

据红帽公司于 2021 年发布的调查数据报告显示，如今"最具创新能力的企业都在拥抱开源"。国际传统软件巨头和我国领军科技企业都纷纷拥抱开源，开源逐渐成为全球科技创新的重要渠道。据 Black Duck《2020 年开源安全和风险分析报告》统计，近 99% 的企业代码库中存在着开源组件，代码库中的开源比例高达 70%（Synopsys，2021），开源推动着云计算、大数据、人工智能、区块链等数字产业蓬勃发展。

三　数字产业开源生态的发展

（一）开源生态相关研究

开源生态近 20 年来受到国内外学者广泛关注，大多学者聚焦开源创新研究。国外学者主要集中于开源创新理论和概念定义进行探究解释，对开源社区架构、治理模式、开源参与动因以及开源影响后果开展全面研究，国内学者则主要聚焦实践和现实导向，通过分析西方国家开源发展历史、国外企业典型开源运营案例，并基于我国现有开源基础提出本土开源创新发展存在问题及政策建议。

开源研究的主要理论视角包括资源基础观（Lerner et al.，2006）、交易成本理论（Demil et al.，2006）、组织控制理论（O'Mahony et al.，2007）、社会网络理论（Maruping et al.，2019）、组织学习理论等（Hippel et al.，2003；Nagle et al.，2018）。开源驱动创新发展，开源生态凭借快速迭代的创新速度优势和多主体跨边界的组织渗透优势，正成为数字产业发展的关键支撑。云计算、区块链、人工智能等基础数字技术的复杂性、互操作性、快速迭代等特征凸显了开源生态集成创新模式的先导赋能作用，目前全球将近有 99% 的企业和超过 97% 的软件开发者都在使用开源软件。学者们聚焦开源动因、开源治理、开源风险、开源知识产权等方面展开研究。

在开源动因方面，研究表明可分为由个人参与和企业参与。个人参与开源运动的动机可以是基于探索的乐趣，基于利他主义的美德、为了争取软件自由实现个人价值（Rossi et al.，2010）。企业参与开源可以降低创新成本（Colombo et al.，2014）、通过技术共建实现产品完善和提升，提升创新质量与速度（Kapoor et al.，2017）、满足用户异质性需求，从开源范式中获利（Rossi et al.，2010），同时能塑造负责任的开源开放企业形象（Osterloh et al.，2001），借助开源项目扩大企业名气。

开源社区呈现六大特征：主体多样性，技术可视性，动态性，创新性，开放性与共享性，社会网络与团队合作（田颖等，2021）。随着开源社区不断发展，开源治理研究进一步展开。有学者提出用教堂与集市来形容企业与开源社区，与严格遵守制度的商业组织不同，开源社区更像是一个拥有各种各样治理规则和结构的巨大"集市"（Raymond et al.，1999；魏江等，2020）。在此基础之上，有学者用"集市化治理"来定义开源社区，通过弱组织控制这一核心特征区别开源社区与市场、企业的治理模式（Demil et al.，2006）。目前开源社区已形成了以开源基金会为核心权力，以共同决议的方式实施决策手段，通过技术委员会机构联合监督，保障开源项目有序推进的开源组织架构体系（陈大庆等，2011；陈光沛、魏江等，2021）。其中开源社区的知识产权治理机制主要通过开源许可证协议、规范性准则、商标注册等方式来实现（O'Mahony et al.，2003）。

基于开源风险的研究，中国开源软件推进联盟主要将其分为技术风险、法律风险和供应链风险三大类。技术风险指开源项目、开源组件存在安全漏洞会造成个人及企业重要信息泄露。法律风险主要涉及开源许可证风险（未明确许可证或许可证冲突风险）和知识产权风险（著作权风险、专利风险、商标风险）。开源许可证的体系混乱，不同的许可证的限制条件各不相同，如果使用多个绑定不同许可证，将会导致许可证规则冲突，面临法律风险（齐越等，2021；隆云滔等，2021）。同时开源软件的相关工作人员对开源许可协议具有的法律效力以及相关权益认知较为模糊，可能会导致用开源代码申请专利的侵权事件（王晓东，2021）。供应链风险是指我国开源技术存在"卡脖子"风险，依赖国外开源代码，依托国外开源社区，依附性强，自主性弱，存在较大的产业供应链断供风险。面对复杂的国际形势与竞争压力，加快开源生态建设势在必行。数字产业开源生态建设如今已成为我国有效应对竞争激烈、复杂易变的国际贸易环境，抢占新一轮科技革命技术制高点，向全球价值链中高端迈进的重要支撑（黄鹏等，2021）。

（二）数字产业开源生态发展现状

近年来，数字产业不断加大投入进行开源生态建设，根据 Open Source Contributor Index 公布的 2020 全球开源厂商 GitHub 开源贡献排名，谷歌和微软两大互联网巨头排在榜单前二位，参与开源贡献的活跃贡献者人数都超 5000 人，参与的开源社区超过 10000 个。微软、谷歌、IBM、Oracle、Facebook 五家科技巨头企业开源项目数超过 2 万个。国内华为、腾讯、阿里、百度等互联网企业也纷纷加入开源生态建设之中。随着数字化进程，开源渗透至我们生活的方方面面，在很多领域，开源成为趋势。在数字产业开源生态建设中，云计算开源目前主要有 Iaas 和 PaaS 两个方面，包括 OpenStack、CloudStack、OpenShift、Cloud Foundry 等开源生态，其中 OpenStack 在研究机构、政府、电信和金融等重点行业广泛应用。在大数据领域，亚马逊 EMR、谷歌 Dataproc、阿里云 E-MapReduce 和 AzureHDlnsight 均基于 Hadoop 构建。近年来大多企业也选择在人工智能领域开源，谷歌把 TensorFlow 开源，百度把深度学习平台 PaddlePaddle 开源。近几年兴起的区块链领域开源也得到了较好发展。Bitcoin、Ethereum、Hyperledger 等开源平台快速发展，中国也出现了京东 JD Chain、百度超级链、微众银行 FISCO BCOS 等自主技术平台（何宝宏，2020）。

过去 30 年，开源生态以开放、共享、协同的新型生产方式，成为全球数字产业发展的强大推动力。2021 年，《中华人民共和国国民经济和社会发展第十四个五年规划和二〇三五年远景目标纲要》（以下简称《纲要》）明确要求大力支持数字技术"开源"发展。这是首次将"开源"纳入国家发展战略。国务院、中央网信办、工信部连续发布国家信息化规划和数字经济发展规划等文件，明确支持具备自主核心技术、安全可控的开源生态建设，推动我国数字产业开源生态进入新的篇章。

近年来，中国开源生态发展正处于加速阶段，中国开源角色也逐渐从使用者到贡献者转变，开源贡献在全世界得到认可。但同时我国开源生态还存在诸多薄弱环节，开源社区、开源托管平台、开源项目、开源教育体系、开源基金会运营、企业开源治理以及开源风险防范体系等方面都需进一步加强完善。同时开源生态的良好发展离不开知识产权的保驾护航。开放源代码可能涉及复杂的知识产权问题，版权归属十分复杂和混乱，从而使产业面临不确定的竞争风险，知识产权侵权也会对开源项目绩效产生不利影响。开源社区中的知识创造与传播需要知识产权的保护，开源许可协议的发布能有效保护开源贡献者的创新成果不被侵占。开源知识产权发展能促进开源生态知识共享，因此加强开源知识产权研究与保护有助于开源生态健康持续发展。

第二节　知识场视角下数字产业开源
生态的知识产权战略研究

《纲要》提出："支持数字技术开源社区等创新联合体发展，完善开源知识产权和法律体系。"开源知识产权和法律体系在我国开源事业发展建设中的作用日渐凸显。开源生态已成为引领开放创新和数字创新的重要载体，开源生态的发展离不开知识产权保驾护航。本节将从知识场视角下研究数字产业开源生态的知识产权内容，对比分析国内外数字产业开源生态知识产权战略模式，学习国外优秀经验，找寻我国开源生态知识产权发展的不足。

一　知识场视角下数字产业开源生态的知识产权内容

（一）知识场下的开源知识产权

知识场视角下，面向数字产业开源生态的知识产权具有开放性特征，数字产业开源创新通过外部获取大量的知识产权创造积累。知识场可以看作企业创新主体与外部合作者之间通过知识流动和辐射形成的场（金珺等，2020）。数字产业领域中核心知识群体形成的知识场发挥重要作用（Xiao，2021）。开源软件的开发者开放源代码，任何人都可以获取源代码，并在此基础之上使用、复制、修改和再发布。开源软件在研发、发布和使用的全过程中，会涉及大量与著作权、专利权和商标权相关的产权归属、保护模式、授权范围和争议解决问题。因此，所有参与开源活动的市场主体，无论是开源项目发起者、开源代码贡献者还是开源软件使用者，都需要高度重视与开源软件相关的知识产权问题，避免因不当使用开源软件而引起的法律纠纷。开源以"公开"和"共享"为核心理念，但并不代表参与开源项目的所有主体在向社会公共开放源代码的过程中都放弃了开源软件中的知识产权。知识的创造与传播需要知识产权的保护，开源知识产权是为了扩大开源生态中源代码的共同享用而并非限制（Steven，2007）。

开源产品在对其自身知识产权保护方面主要是通过开源许可协议来实现的，开源许可协议明确了使用、修改和再发布的方式和程度。开源许可协议依靠一种明确的知识产权体系，但该体系不同于传统的知识产权，从保护一位权利人的权利变为保护几代用户的权利。开源许可协议通过保证用户获取源代码来实现授权，将关于代码使用的大部分权利转让给用户而并非保留给作者。开源许可协议是解决知识产权专有性和源代码共享二者之间矛盾的关键（何婷等，2022）。对于开发者，开源许可证赋予了其发表权和署名权等权利，起到一定的激励作用；对于使用者而言，开源许可证可以帮助其避免侵权等可能的法律纠纷；对于整个开源生态而言，开源许可证规定了生态参与者的权利和义务，是生态运行的核心规则，促进了开源项目的规范化发展。

开源生态知识产权主要通过以下几个方面体现。

1. 版权

开源生态的版权是指获得代码后拥有的权利，如是否可以商用、是否可以闭源等。开源生态以 CopyLeft 呈现，其版权体现在扩大用户的自由和权益方面，关注用户在再传播或再发布时的许可授权。它与传统的 CopyRight 在保护所有权人法定特权方面有所不同。开源协议不同于传统的书面签字或网上点击"接受许可"的方式，只要具有相应行为就是默认接受的。如果被许可人没有遵守协议，许可将随时终止。与此同时，被许可人所持有的开源软件权利也将自动终止。

2. 专利权

开源协议其实都有明确或隐性地指出专利相关的权益。侵犯专利权，不仅要追究"发行者"的法律责任，也要追溯"使用者"的责任。需要注意的是，在国内，对软件实行的是发明专利，而且对软件种类有严格要求。软件体现的系统结构、各组件间功能和运行流程和技术方法等技术手段，可以申请技术专利。

3. 商标权

开源的商标分为两种类型：开源社区的商标和开源软件的商标。许多开源软件都申请了注册商标，如 Linux、Android 等，开源软件的权利人公开源代码并不代表商标的使用授权，一般开源软件的权利人都会保留商标的授权。因此，如果未经授权使用了开源软件的商标，可能会构成商标侵权。通常包括服务商标和商品商标，前者主要是为了区别软件提供者伴随源代码一起提供的增值服务，如技术支持、个性化定制等；而后者则包括除源代码之外的硬件设备、与免费开放的源代码刻录在同一载体上的私有软件等。

（二）开源许可协议的发展

开源许可协议是指开源社区为了维护开源贡献者的合法权利，保证源代码不被企业或个人窃取，影响开源发展而制定的协议。开源许可协议可以看作是一种契约或授权合同，也可称为授权协议书，具有合同和著作权的双重法律性质，是开源用户合法使用开源作品的一个凭证。开源许可协议指导和规范许可人和被许可人在处理开源作品时的权利、义务和责任，是解决开源生态知识产权风险的核心机制。开源许可协议规定了开源代码的知识产权所有人对于代码使用者的限制条件，明确了能否对该开源软件进行使用、修改和再发布的方式和程度，明确了是否允许用于商业用途、是否允许用于某些特定领域、是否允许专利授权等（齐越，2021）。违反开源协议将侵犯专利所有人的知识产权，专利所有人可以提起诉讼。开源生态的协作前提是遵守开源许可协议。

开源许可证数量很多，经过 Open Source Initiative（OSI）认证的开源许可证有 100 多种。从宽松到严格开源许可证可分为四大类：开放型开源许可证、弱传染型开源许可证、传染型开源许可证、强传染型开源许可证，如表 9-1 所示。

表 9-1 开源许可证类型

许可证类型	许可证特点	典型代表
开放型开源许可证	用户修改代码后可闭源	MIT 许可证 BSD 许可证 Apache 许可证
弱传染型开源许可证	修改代码后需要将源代码依照该许可证开源	LGPL 许可证 MPL 许可证 EPL 许可证
传染型开源许可证	如果软件包含许可证下的部分代码，完全发布时需作为整体适用该许可证	GPL 许可证
强传染型开源许可证	修改代码用于提供云服务或其他远程网络交互，修改代码需开源	AGPL 许可证

资料来源：由笔者整理。

部分开源许可证内容如下：

　　GPL 许可证（GNU General Public License）是开源软件领域对被许可人权利限制严格的许可证。GPL 许可证要求凡是作品某个部分以 GPL 许可证修改、发布的，那么整个项目及派生作品都必须受 GPL 许可证的约束，需继续遵守相关规定。BSD 许可证（Berkly Software Distribution）相对来说较为宽松。只要求被许可者标明源代码出处，允许被许可人使用、修改、再发布或再许可。Apache 许可证是著名的非营利开源组织 Apache 采用的协议。该协议和 BSD 类似，同样鼓励代码共享和尊重原作者的著作权，同样允许代码修改，再发布作为开源或商业软件。MPL 许可证（Mozilla Public License）同 GPL 许可证和 BSD 许可证相比，允许被许可人将经过许可证获得的源代码同自己其他类型的代码混合得到自己的软件程序。

二　知识场视角下国内外数字产业开源生态的知识产权战略模式比较

（一）国际开源生态知识产权战略发展模式

　　国际开源生态处于领先知识产权战略模式，在知识产权创造、运用、管理和保护等方面均处于领先地位。目前，在国际上具有较大影响力的开源生态基本由以美国为首的西方发达国家所掌控。同时全球主流成熟的开源基金会、核心开源项目、代码托管平台以及大多开源许可证均诞生于美国或由美国公司运营，因此美国具有先发优势。以美国为首的西方国家掌握核心知识产权，开源贡献者积极性高，拥有在开源社区绝大多数的源代码，垄断开源技术，拥有更高的开源生态话语权。同时由于绝大多数开源组织注册于美国，大部分开源软件受美国法律管辖，随时可通过出口管制闭源，导致其他国家存在断供风险，如果产生知识产权法律纠纷需受到美国法律的管辖，美国将占据主导优势。

　　目前国际主流的开源基金会如 Linux 基金会、Apache 基金会和 OpenStack 基金会均由美国主导，近年来开源基金会会员数、托管项目数均快速增长，成为开源生态运营中的关键角色。美国等西方国家在开源生态发展中拥有极大的主导权，占据了绝大多数基金会董事成员和技术委员会，掌握着对开源核心技术发展的最终决策权。Github、SourceForge 等国外大型开源代码托管平台为载体形成的主流开源软件生态，则均由微软、Gitlablnc 等欧美企业掌控。与此同时，美国还主导了开源许可协议的发展，经 OSI 审核通过的开源许可协议有 100 多个，其中 90% 以上来自美国，通过开源许可协议美国主导开源生态运营发展。Linux 为开源建立了至今难以逾越的丰碑，Android 依靠开源的方式与强大的 IOS 生态分庭抗礼。云计算与云原生领域的 OpenStack、Kubernetes 及 Docker，大数据和人工智能领域的 Hadoop、Spark、TensorFlow 等更是凭借开源模式，在各自领域构建起强大的开源生态。

谷歌、红帽、微软等美国企业积极布局开源生态，率先在基础软件领域发力，知识产权创造、运用活跃，引领开源生态发展。据中国信息通信研究院调查统计，谷歌有 5500 人参与开源，通过公开 Android Open Source Platform（AOSP），建立安卓操作系统的开源生态。谷歌的操作系统 Android 市场占有率高达近 80%。红帽公司通过免费的开源 Linux 系统，快速占领市场并形成生态优势，同时通过附加相关技术支持与维护服务，推出功能更强大、性能更稳定的付费版 Linux 系统，从而在企业级市场形成垄断优势。

与此同时，西方国家重视开源知识产权风险问题，政府部门采取相关措施引导产业关注。据中国信通院调查显示，欧盟实施"IDABC"计划，解决开源许可证存在的风险问题。通过制定欧盟公共许可证 EU-PL 更好地推动成员国共享知识产权。澳大利亚政府发布《开源软件许可风险框架》，分析开源许可协议的重要性，为识别、管理、控制开源知识产权风险和指导开源许可协议使用提供方法。英国和美国政府也相应发布《开放代码的安全注意事项指导》《开源软件风险管理指引》，指导开源知识产权风险防控与保护。

综上所述，国际开源生态知识产权战略处于主导领先模式。以美国、欧盟为主的西方国家主导开源生态发展，政府、企业通过加大开源投入激发开源知识产权创造，为开源社区贡献更多的优质源代码。积极推进开源基金会、开源许可协议建设与制定，推进知识产权在开源生态共享，保护知识产权不受侵犯。国际开源生态良性发展的优秀经验值得我国借鉴。

（二）国内开源生态知识产权战略发展模式

目前，我国开源生态整体发展落后于全球开源的发展，且受到以美国为首的西方国家的制约。好比我国在纳米技术发展时期，落后于美国、日本、欧洲等发达国家，处于跟随的发展模式（Huang et al.，2011）。我国开源起步晚，开源生态构建缺乏经验，开源生态主导力较弱，我国开源生态整体战略发展处于跟随模式，开源开发者是"在别人田地里种庄稼"，开源生态呈现高依附性、低自主性的特点。

我国开源企业自发的开源项目较少，据中国信息通信研究院 2020 年调查显示，仅有 4.4% 的企业开源项目超过 100 个，40.1% 的企业开源项目数量小于 10 个。由我国主导的开源基金会和开源许可协议较少，目前仅有开放原子基金会和木兰宽松许可协议，在国际上开源生态影响力较弱。国内的开源基金会与代码托管平台还处于模仿跟随阶段，生态构建支撑能力不足。并且我国开源企业选择知识产权代码托管平台最多的是美国运营的 GitHub 和 GitLab，自主知识产权创造还需加强。

近年来国内企业积极参与国际知名开源社区的建设，实现从开源使用者到开源贡献者的转变，学习国外优秀成功经验，向开源引领者迈进。据中国开源软件（OSS）推进联盟统计，截至 2020 年，Apache 软件基金会源自中国的活跃开源项目共有 21 个，其中有 9 个项目入围中国开源项目排行榜 Top50，知识产权创造活跃。Linux 基金会董事会现有成员共 25 人，其中中国成员 2 人，占比为 8%。CNCF 理事会现有成员共 29 人，其中中国成员 4 人，占比为 14%，国际开源参与度不断提高。同时我国企业也积极参与开源发明网络社区（OIN）的建设，保护开源知识产权不受侵犯。

截至目前，我国开源技术和产业在总体上与全球其他国家相比尚有差距，仍然处于追赶状态。我国企业在国际开源生态治理缺乏影响控制力，本土开源社区起步晚、发展缓慢，尚未形成生态管理和运营能力。因开源基础研究欠缺，导致技术创新严重依赖国外技术，我国尚未建立有效的开源自主知识产权创新机制。近年来，我国开源发展正处于加速阶段，中国开源的贡献在全球逐渐得到了认可。国内部分科技企业加强与国际开源的交流合作，逐步从跟随者向领跑者迈进。

华为公司早在 2008 年就成立了开源能力中心，对使用开源代码进行严格的合规管理，积极参与国际主流社区，建立规范的知识产权管理和开源社区协同创新机制，并在华为内部建立了《安全合规使用开源软件的规则与流程机制》，积极推动开源知识产权创造及保护。2012 年开始，华为陆续成为各主流基金会顶级会员，同时也是大量国际开源项目的初创成员和核心贡献者。2019 年以来，华为主动发起创立的 Mind-Spore、EdgeGallery、OpenHarmony 等开源项目，在国内外引起巨大反响，围绕着计算、联接和移动终端等数字领域的多个开源项目生态系统正在快速形成。多年来，华为开源生态发展经历了从开源使用者成为开源贡献者，从开源参与向开源主导演变。

阿里是国内贡献于开源技术的企业典范。阿里开源项目累计超过 2600 个，自主知识产权创造活跃，同时阿里积极参与开源社区建设，是 Linux、MySQL、JVM、K8s、etcd、Apache Flink 等国际知名开源项目的核心贡献者。同时，阿里也积极与开源基金会及开源组织合作，受邀成为十多个国内外开源基金会或开源组织的成员，推动开源许可协议不断规范完善，加强知识产权保护，共同推进开源生态创新发展。

腾讯多年来积极拥抱开源生态，目前，腾讯在 Github 上贡献 130 多个开源项目。腾讯开源生态良好发展得益于公司内部完善的开源管理组织结构，能较好地识别开源知识产权风险并进行防范治理。腾讯设立了开源管理办公室，其下设项目管理委员会、腾讯开源联盟和开源合规组三个机构。腾讯在内部建立和完善了代码开源所需的平台和工具，协助业务团队进行规范的开源审核。

小米的开源理念是"不仅要站在巨人的肩膀上，还要为巨人指方向"。从智能手机的移动操作系统，到云计算、大数据、人工智能，开源都在小米扮演了极其重要的角色。小米积极参与多个国际重大的开源项目，比如 HBase、Hadoop、Spark、TensorFlow 等，积极与国际开源社区进行合作交流，为其做出了很多重要贡献。同时小米积极将自研的、具有通用性的软件系统回报开源社区。

综上所述，虽然少数领先科技企业开源发展良好，但我国开源生态发展总体还处于跟随模式。我国开源企业自发的开源项目较少，知识产权创造不足，我国主导的开源许可协议和开源基金会少，对开源知识产权风险的识别、保护、治理还有待提高。近年来，我国企业在积极拥抱开源，参与国际开源社区建设，贡献开源项目，学习国外优秀经验，逐步实现从开源使用者到开源贡献者转变。但在国际竞争形势不断加剧的背景下，以美国为主的西方国家主导开源生态发展，通过开源许可协议裹挟下的源代码控制形成知识产权垄断，严重威胁我国开源生态发展。由此，构建自主可控的知识产权战略对我国数字产业开源生态发展有重要的战略意义。

第三节 数字产业开源生态的自主可控知识产权战略研究

随着开放原子开源基金会成立、工信部兴建 Gitee 代码托管平台、华为全面开源鸿蒙操作系统，国内开源生态崭露头角，但同时也暴露出开源生态治理发展缓慢、核心技术难以突破等关键问题。谷歌断供华为安卓系统，美国国会启动对华开源生态隔离，欧盟发布开源竞争和技术独立政策，释放知识产权侵权、产业链断供等多重开源风险，对我国开源生态发展造成极大威胁。其关键原因在于国内开源生态缺乏自主可控的知识产权战略，加快提升我国开源生态自主可控的知识产权迫在眉睫。本节通过识别开源生态知识产权存在的风险，阐述构建自主可控知识产权战略的必要性及意义，提出自主可控知识产权战略构建框架并解释其内容。

一 构建数字产业开源生态自主可控知识产权战略的必要性

（一）开源生态知识产权风险

开源生态存在复杂知识产权问题，从而使数字产业面临竞争风险。开源社区是由来自世界各地的开发者共同组成一起开发软件，这会造成开放源代码软件的版权归属问题十分复杂和混乱，将导致开源软件处于被控侵权的风险。为此，协调好知识产权保护与开源创新之间的关系对于促进数字产业创新发展是不容忽视的重要问题。随着国际竞争不断加大，开源生态知识产权风险趋于复杂。目前，我国开源生态面临的风险主要有自主知识产权创造不足，存在较大的开源断供风险；开源代码存在较大的安全风险，关于开源生态知识产权保护的相关法律法规建设落后，须推动开源许可协议进一步发展。

1. 开源断供风险

我国数字产业开源生态总体还是国际开源生态的次生社区，具有强依附性、弱自主性的特点。国内的开源社区分散且体量小，一些由企业主导的开源社区竞争性不强，存在技术创新弱、研发力量分散等问题，难以打破国外开源技术的垄断。国内开源生态发展主要还是依托国外开源社区，利用国外开源代码，存在较大的开源产业链断供风险。同时国际主流开源基金会、开源许可证均由以美国为首的西方国家所掌控，开源供应链也受到美国法律管辖、出口管制，随时会因为掌控方需求而面临闭源断供的风险（王晓东，2021）。

2. 自主知识产权创新风险

数字产业开源生态缺乏自主性。国内科技企业对开源研发投入与国际龙头企业差距巨大，BAT 研发综合不足 80 亿美元，而亚马逊年均投入均超 200 亿美元。在研发投入的巨大差距下，国内企业推出的操作系统、数据库等开源生态构建所需要的底层核心技术缺乏原生性，大多是基于国外开源软件技术二次开发而成，版本迭代和技术演进高度依赖国外主导的开源社区。例如，我国企业研发的麒麟、深度等操作系统都是基于 Linux 开发而成，大多移动操作系统则以 Andriod 为基础，中间件厂商大多基于 OracleJDK 开源项目。多数云计算厂商基于 OpenStack 开源云计算平台进行二次开发，超过半数的数据库厂商则是以开源数据库系统 PostgreSQL 为基础（黄鹏等，2021）。

由于我国开源起步晚且开发贡献者积极性不高，导致我国在国际主流的开源生态社区原代码拥有量较少，自主知识产权不足，影响力不高（齐佳音等，2021）。我国是全球最大的开源技术消费国，而国际主要开源项目均由西方国家所主导，我国在开源领域缺乏话语权与领导力。在国际主流开源生态初始发展阶段，均是通过具有原创性高而可替代性低的基础性技术占得开源先发优势，形成开源生态支点，打造开源生态基础。然而我国的多数企业却忽视底层基础创新侧重上层应用场景，对基础软件的研发重视不足，只会依托国外开源技术软件进行二次开发。例如，在人工智能领域，我国应用的 Google 和 Facebook 的免费开源人工智能框架 Tensor - Flow 和 PyTorch 份额超过 85% 以上（王晓冬，2021）。

3. 开源知识产权治理风险

很多人误以为开源等同于免费，这一观念导致我国开源生态的知识产权保护长期处于薄弱阶段（齐佳音等，2021）。与此同时，开源社区还存在知识产权保护、开源协议风险、开源软件质量、代码安全检测等配套性机制不健全问题，导致开源社区的治理和可持续运营能力不足（王晓冬，2021）。目前，由我国主导的开源许可协议仅仅只有中国电子技术标准化研究院和北大等联合研发的木兰宽松许可证。开源生态的相关法律法规体系建设存在滞后性，同时开源从业人员对开源许可协议具有的法律效力认知不清晰，导致出现相关开源知识产权侵权事件。国内开源生态治理和标准化工作尚未成体系，开源相关法律案例判决经验欠缺，严重时会导致中国企业在发生知识产权纠纷时处于不利地位。开源许可证复杂的演变也增加了开源知识产权违约、侵权和垄断等风险。开源的相关规则在理念层面不同于传统知识产权体系，但在行动上需寻求知识产权的综合保护。涉及人工智能、云计算、大数据等开源许可协议的演变，使开源正在成为国家之间新的竞争领域，而在开放硬件和开放数据的环境下更是有诸多的复杂知识产权保护问题。

（二）构建开源生态自主可控知识产权战略的意义

数字产业所涉及核心技术知识产权大多为美国等发达国家所掌握，导致国内企业对外技术依存度高，随着国外企业加速在中国实施知识产权布局，以创新和技术升级为主要特征的竞争日趋激烈，国内企业在知识产权方面受制于人的局面日趋严峻，难以形成长远可持续发展的生存空间和生态环境。开源世界仍然有主导相互依赖关系的作用，在一个生态中，谁在生态位的高端即中心端，谁就最有机会利用相互依赖对对方实施打击。在当前的国际竞争格局下，为提高抵御相互依赖的打击能力，知识产权自主可控十分重要，做不到则一定会受制于人。

知识产权自主可控是保障国家安全的必要条件（邹琴等，2018）。数字产业中核心部件的处理器和操作系统基本来自国外厂家，且广泛应用在我国关系国计民生的关键领域以及人们日常使用的各种形态产品。处理器、操作系统均有可能被"做手脚"，成为国外监视和控制中国信息安全的中枢。"棱镜门"电子监控、Windows 蓝屏、美国国安局监控华为等事件的接连发生均验证了这些问题。在关系国家安全关键领域的数字化建设中，必须使用自主可控的知识产权，以减少安全漏洞，消除安全隐患。

知识产权自主可控是国家创新发展的必要条件。例如 21 世纪初，我国纳米技术的发展离不开自主创新的知识产权（Huang et al.，2012）。从数字产业开源生态发展中，大部分核心技术都掌握在以美国为首的发达国家手中，我们随时面临着开源断供的风险。全球主流的开源基金会、代码托管平台、核心开源项目以及多数开源许可证均诞生于美国或由美国公司运营。美国对华加大科技封锁，将制约我国数字产业创新发展。要从根本上摆脱技术受制于人的局面，必须大力推进自主可控知识产权建设，形成核心技术的自主创新能力。

知识产权自主可控是国家经济发展的重要支撑。数字产业创新性强、带动性大、渗透性广，后续将呈高速增长态势，推动物联网、人工智能、云计算等各个行业进入新的发展周期，对拉动国家经济增长、促进社会发展具有十分重要的作用。而知识产权是数字产业的核心，没有自主知识产权就没有数字产业的竞争优势，也就没有数字产业的发展空间。

在当前日益激烈的国际竞争环境下，实现知识产权自主可控是数字产业开源创新的关键。自主可控知识产权战略要求数字产业的关键核心技术牢牢掌握在自己手中，通过自主研发创新，形成自有知识产权，避免开源断供的风险。同时通过风险识别、防范、治理，使数字产业开源创新过程中的知识产权得到更好的保护。自主可控的知识产权战略可以让我国的开源生态发展无后顾之忧，将主动权把握在自己手里，不用受制于人。开源生态良性发展有效推动数字产业创新，汇聚全球创新智慧，获取竞争优势。

二 数字产业开源生态自主可控知识产权战略框架

自主可控是指掌握关键元器件的关键原材料、核心研发及自主生产技术，即通过自主设计研发，掌握某项产品的核心技术，达到产品设计、研发、生产、维护、升级的全流程可控（詹剑锋，2019）。自主可控的知识产权，顾名思义，就是要拥有自主知识产权，掌握关键核心技术，在技术上不受制于人，并具有持续改善和创新的能力，能够识别知识产权风险，并采取措施进行防范治理。只有形成自主设计、自主制造和自主的生态体系才能实现知识产权自主可控。

开源生态自主可控知识产权战略主要可分为"自主创新战略"和"可控治理战略"双重维度，两者耦合强化最终实现开源生态可持续高质量发展。自主创新战略强调通过开源生态中参与主体的高效创新推动自主开源项目研发，形成我国开源技术的自主知识产权。可控治理战略强调通过制度设计、开放合作、风险防控等措施对开源生态发展过程中的知识产权风险进行有效保护，保护知识产权人的合法权益。与此同时，开源生态还需加强制度合规战略设计、开放合作战略以及人才战略发展，"五位一体"共同驱动数字产业开源生态良性发展。

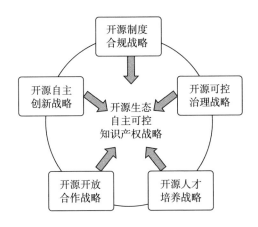

图 9-1　开源生态自主可控知识产权战略框架

资料来源：由笔者整理。

三　数字产业开源生态自主可控知识产权战略内容

（一）知识产权自主创新战略推动开源生态高质量发展

1. 推动开源项目创新发展

开源生态以开源项目为中心构建，以高质量发展为导向，推动我国自发开源项目持续增长，扩大开源项目影响力，构建自发开源生态。深入推进数字产业开源生态关键技术领域知识产权创造，推动数字产业加强基础研究和原始创新。鼓励开源参与者加快提升技术创新能力，切实掌握开源技术核心代码，形成自主知识产权，夯实产业支撑能力。

2. 加强自主开源许可协议的制定

开源许可协议是项目开源的核心规则，但目前基本都被美国所垄断。在中美科技竞争日益激烈的背景下，若国内在开源领域继续过度依赖美国的基础设施，可能也会遭遇"断供"或法律风险。同时部分开源许可证也规定其适用美国法律，不利于我国开源生态发展。为保障我国开源环境的安全性与自主性，需要发展本土开源许可协议的制定及推广，发挥产业联盟的作用，研制并推广符合中国开源发展特点的开源许可协议。

3. 多方市场力量推进开源自主

鼓励第三方市场力量参与国内开源生态建设，推进开源自主，尽快掌控开源软件资源应用的主动权。建议在网信、工信部门的主持下，明确开源软件的安全责任，建立监管方、软件供应方、软件使用方、网络安全服务力量多方共治协调机制。统筹布局，以灵活的机制加大对国内开源社区的投入，鼓励第三方市场力量参与、加快培育我国开源协议、开源项目、开源社区、开源基金会，从源头强化供给。

（二）知识产权可控治理战略保障开源生态健康发展

1. 构建安全风险评估机制

加强对开源软件的代码审查，构建开源软件生态的安全风险评估机制。对中国参与的开源软件生态持续开展代码漏洞安全审查，开展关键信息基础设施和重要信息系统普查，摸清开源软件使用情况"家底"，精确掌握其类型、协议、来源等基础信息，形成全量使用关系视图，布局安全风险管理。

2. 建立开源风险防控体系

开源生态依法建立开源风险防控体系，加强开源项目托管网站管理，实施开源风险全流程管控，建立健全数字产业知识产权侵权风险应对机制和监控机制，提高风险防范和处置能力，保障数字产业安全发展。建立开源生态全生命周期风险管控机制，对开源软件的全流程管理（引入、使用、运维、更新和退出）做出详细规范，落实各个环节的主体责任（隆云滔等，2021）。加强开源规则和知识产权的培训，提升国内开源产业的风险防范意识，建立跨部门跨领域的开源风险综合防范体系。

3. 加强开源许可协议规范认知

为实现开源知识产权合规，需加强国内开源企业对开源许可协议的规范认知，加强数字产业开源参与者对于各类型许可协议的解读和理解，正确使用开源许可协议，遵循相关义务。完善开源许可协议的管理制度，建立开源知识产权审核机制，规范开源参与者操作流程，规范内部知识产权争议处理机制，维护市场公平竞争秩序。

（三）知识产权制度合规战略指导开源生态有序发展

1. 加强开源组织合规管理

为加强开源合规管理组织建设，开源企业可以在企业内部设立专门的开源管理组织机构。例如开源管理办公室、开源项目管理委员会等部门。开源管理相关部门加强开源软件管理流程建设，通过建立和完善开源软件规章制度防范知识产权侵权等风险。例如百度、腾讯等国内企业通过成立开源管理办公室进行开源项目管理。

2. 加强开源政策规范治理

在开源生态发展良好的欧美国家，政府已经出台相关开源政策推动其发展。在过去 20 年来，欧盟共出台了 75 份如政府计划、战略文件等政策文件以及 25 份如议会决议、法律、法规等法律文件推动着开源发展。在此之中有 25 份政策文件和 6 份法律文件是专门针对开源而制定的（隆云滔等，2021）。因此，我国也需加强开源软件相关科技政策、产业政策、教育政策、知识产权政策等工作的协同衔接，形成政策合力，政府出台配套政策要求使用开源软件的组织机构加强开源治理，共同推进开源生态发展。2021 年，在《纲要》中，明确提出，"支持数字技术开源社区等创新联合体发展，完善开源知识产权和法律体系"。这也是开源首次被写入国家总体规划纲要之中。

3. 加强开源法律法规制定

开源生态虽在理念上反抗传统知识产权的保护，但在行动上却逐渐演化成寻求包括版权法、商标法、专利法、商业机密保护在内的知识产权综合保护。随着许可协议的演变，开源许可证的知识产权主张正在使开源社区成为一个软件商业帝国，同时为开源世界带来了知识产权违约、侵权和反垄断等各类风险。目前，我国亟须建立开源许可协议相关的法律法规制度，通过立法来明确开源许可协议的法律属性，同时在传统知识产权内容中增加开源的相关内容，如在知识产权许可中规定开源许可协议等。由于开源知识产权保护具有特殊性，需要研究制定与开源产业发展相匹配的法律法规，完善开源知识产权及法律体系建设，完善知识产权评估制度，形成激励与监管相协调的管理机制，推动整个开源生态链上下游建立规范化的操作模式。与此同时，还需进一步明确开源案件的司法管辖权和法律适用。

（四）知识产权开放合作战略助力开源生态快速发展

1. 推进开源生态创新联合体建设

除了国家主导的开源基金会外，还应鼓励华为、腾讯、阿里巴巴、百度等企业联合科研院所，积极推进开源生态创新联合体建设，建立政产学研协作的开源实践平台，产学研联合起来交叉赋能，发挥各自优势，共同助力开源生态发展。构建知识产权联盟对指导开源创新中知识产权利益相关者共同防御知识产权风险具有重要作用，是数字产业开源创新突破的新内容。鼓励以开放创新、共享应用为导向，推动建立数字产业知识产权联盟合作，建立创新前端充分对接、研发过程紧密结合、后续知识产权保护严密的协作机制，引导联盟成员在产业关键领域深化合作。推动知识产权联盟的建立，为开源知识产权保护提供战略指导。

2. 加强开源生态国际合作

建立自主可控的开源生态并不是要与国际开源生态相脱离或相对抗，而是在开放共享的基础上加强与国际开源生态等合作，从而构建我国自主开源创新体系。我国需积极推动高质量自主研发的开源项目走出国门，走向海外，培育一批具有国际影响力的开源项目（隆云滔等，2021）。我国需加强与国际发展领先的开源生态创新合作，推进国内开源社区、开源基金会与国际主流开源社区和开源基金会的合作，提升我国在国际开源生态中的影响力。与此同时，还可吸引一批国外知名开源项目、主流开源社区、开源基金会在我国设立分支机构，大力支持国际开源精英参与我国开源生态建设。此外，鼓励国内科技企业、科研院所和高校主办和承接国际开源交流活动（王晓东，2021）。

（五）知识产权人才战略培养保障开源生态稳定发展

1. 加强开源教育

开源发展的最根本力量源于开源开发者的贡献，在开源生态中，得开发者得天下。因此，加强开源人才培养与发展尤为关键。开源教育作为开源生态建设人才培育的催化剂，是开源事业可持续发展的基础，是产学研一体化创新人才培养体系的重要组成部分，对我国融入全球开源技术生态系统具有重要意义。开源人才培养，需要融合各方力量合力推进。开源软件开发者中一大部分都来自高校学生，因此可以将开源知识纳入学科建设之中，构建形成开源知识体系和文化，为我国开源生态培养高水平的开源人才。与此同时，科研院所可以联合高校成立开源联合实验室，促进开源技术发展、培训及相关人才培养。

2. 完善开源激励措施

开源具有公益创新等本质属性，为了激发开源开发者知识产权创造的积极性，可以财政资金激励开源生态突出贡献者，激发开源生态的发展动力。通过优化调整现有制度中对开源人才的薪酬限制，提高开源从业人员薪酬待遇，使其与国内科技企业薪酬待遇相一致，让优秀的开源人才获得合理奖励，从而释放开源人才的创新活力，支持我国开源生态的可持续发展（隆云滔等，2021）。

第三篇

面向数字产业创新的知识产权战略选择

引　言

　　面向数字产业创新的知识产权战略选择专题主要围绕知识产权战略组合、知识产权战略评估、海外知识产权保护风险防控、知识产权双元战略选择四方面内容开展研究。在数字产业创新时代，结合技术创新战略、市场战略、技术标准战略和产业类型差异等多层次战略视角综合制定形成的面向数字产业创新的知识产权组合战略是数字产业创新主体获取竞争优势的重要路径，是知识产权战略选择的重要内容之一。面向数字产业创新的知识产权战略评估则是通过构建不同层次的知识产权战略指标评估体系，从宏观区域、中观产业、微观企业三个视角对知识产权战略及战略组合的科学性和可持续性进行的全面、多层次的科学评估，充分保障知识产权战略实施效率和效益最大化。面向数字产业创新的知识产权保护风险防控，是从数字产业的知识产权海外保护角度出发，基于知识产权海外风险的科学性分析，提出企业层面、政府部门的具体防控策略与方案，为新形势背景下中国数字产业出口企业在国际贸易中可持续发展提供理论指导意义和实践价值。并且，创新性地提出面向数字产业创新的知识产权双元战略模式，为数字产业创新主体在复杂动态市场环境下，实现内外创新资源协调、平衡长期和短期收益，提供了重要的知识产权战略选择模式。

第十章

面向数字产业创新的知识
产权组合战略研究

　　伴随数字化经济的快速发展，全球化加快，技术发展加快，技术贸易快速增长，世界进入新的竞争时代。知识产权演变为世界各国和企业在综合实力竞争中的主要手段和工具，发达国家正从科技立国向知识产权立国演变。世界知识产权组织的研究结果表明，全世界最新的发明创造的信息 90% 以上首先通过专利文献反映出来。因此在研发过程中，有效地运用专利文献，提高研究起点的同时，还能节约 40% 的科研费用和 60% 的研发时间。专利不仅仅局限于法律性或者技术性方面，更成为创新主体决策者制定战略时考虑的关键内容。专利战略和商标战略的结合，使创新主体可以获得双重的保险并赢得市场竞争优势。知识产权战略中技术与标准的结合，使创新主体获得更大的市场空间。而知识产权战略与市场创新战略的协同，使知识产权不仅作为保护创新成果的有效方式，而且成为创新主体获取市场价值的重要利器。因此，研究知识产权组合战略具有重要意义。面向数字产业创新的知识产权组合战略必然受到市场特征维度、制度特征维度、企业特征维度和知识产权价值等方面的影响。因此，在数字产业创新时代，制定知识产权组合战略应与数字技术创新战略、数字市场创新战略、数字技术标准战略以及产业类型差异等紧密结合来综合制定，从而不仅实现保护创新主体创新成果的目的，而且提升了创新主体的竞争优势，使创新主体真正获得可持续的发展。

第一节　面向数字产业创新的知识产权
组合战略研究溯源及发展

自 1991 年德国研究者 Brockhoff 首次提出"专利组合分析"的概念之后，各国管理界的研究者对专利组合理论不断深入研究，该理论有效地解决了困扰已久的"专利悖论"问题。如今，专利组合已经转变为创新主体重要的战略规划和决策工具。伴随管理学研究的发展，越来越多的学者从专利组合策略的视角拓展到了知识产权组合战略研究，因知识产权中专利、商标、版权和商业秘密等都具有一定的局限性。通过有效的知识产权组合战略，能够实现知识产权收益最大化。本节将从知识产权组合战略的起源、知识产权的内涵与特征以及知识产权组合战略的发展三个方面，展开面向数字产业创新的知识产权组合战略的研究。

一　知识产权组合战略研究的溯源

知识产权制度自诞生以来，一直被认为是促进产业创新主体持续投入研发创新的重要宏观手段。然而，Kortum 等观察得出 20 世纪 80 年代以来美国专利数量激增的同时，创新主体的研发强度并没有随之上升，甚至出现下降的趋势（Kortum et al.，1998）。此现象意味着随着专利数量的增加，专利的平均研发成本却不断减少，单个专利的价值远远达不到预期。这就是"专利悖论"现象。学者试图用专利内部评价标准、专利信号、创新彩票等理论解释该现象，然均不理想。在 Brockhoff 首次提出"专利组合分析"之后，学者对知识产权组合的研究进入活跃时期。德国的学者 Ernst 等在 1998 年首次运用专利组合法对创新主体的专利配置进行分析和管理，之后在 2003 年提出使用"相对技术地位"和"相对专利增长率"形成专利二维组合图的方法来分析和评价竞争对手。Parchomovsky 等综合提出了专利组合理论，认为专利组合的价值远远大于单个专利价值（Parchomovsky et al.，2004）。自此，国内外学者从专利组合理论、专利组合策略模式、内在机理以及企业绩效等各个方面展开了广泛且深入的研究，并将研究的视角拓展到知识产权组合战略的研究。

刘林青和谭力文于 2005 年首次将知识产权组合理论引入我国。知识产权组合的整体价值大于其中单项知识产权的价值之和，产生"1+1>2"的协同效应。国内将知识产权组合理论引入时在概念翻译上存在差异，部分学者将知识产权组合译为知识产权投资组合（刘婷婷、朱东华，2006）、知识产权布局（胡海国、丁志新，2020）。除了知识产权组合，其他常见的术语包括技术组合（Technology Portfolio）。Pilkington 提出基于知识产权信息来分析技术组合，将技术组合与知识产权组合视为相互替换的概念（Pilkington，2004）。刘杰和宋江蔚于 1997 年提出专利网战略，即创新主体围绕主要技术的基础性专利和其他应用性或改进性的外围专利交织在一起形成的专利保护网络。此概念聚焦于专利之间的网络关系，相对于专利网这一概念，知识产权组合的概念能够更全面地体现创新主体整体知识产权布局情况。

二 知识产权组合战略的内涵与特征

知识产权竞争行为的变化也导致了整体竞争态势的转变，即单项知识产权为主导的竞争态势已转变为以知识产权组合为特征的战略竞争。知识产权组合战略是产业创新主体以知识产权组合为中心进行战略决策、开展各项知识产权活动，从而在技术和产品市场等领域赢得竞争优势、获取经济价值以及形成行业壁垒等。该战略下知识产权仅作为构建知识产权组合的基本元素，而非知识产权决策中关注的主要对象。因此，即使单项专利的平均研发成本和预期回报有限，创新主体仍会在知识产权组合战略的指导下不断扩张知识产权申请活动，"专利悖论"正反映了创新主体对知识产权组合战略的重视。

知识产权组合战略的核心目标在于创新主体利用知识产权组合来构建高价值知识产权优势，从而提高创新主体的市场竞争优势，最终赢得最佳的经济效益，促进产业的可持续发展壮大。本节将学者已识别出创新主体的知识产权组合不同维度的特征，作为知识产权组合内涵的外在表现。接下来将着重从组合的规模特征、技术多样性以及组合总体质量这三个维度阐述知识产权组合战略的特征及其内涵。

（一）规模特征

不同知识产权类别都有其相应的局限性，如发明专利的保护期为20 年，专利的主权利要求不超过 3 项，商业秘密所获得的法律保护较弱等。知识产权组合可以通过大量相关专利、商标和版权等有效的整合形成规模效应，从而避免了单项知识产权保护范围中时间和空间的局限性。Parchomovsky 等（2005）提出，规模特征是知识产权组合战略最根本的特征，规模化是创新主体实施知识产权组合战略的基础，知识产权组合的规模特征能够提升创新主体整体的知识产权防御和进攻能力。不同行业对知识产权组合所需的数量略有差别，但都有相通之处，即知识产权组合所能发挥的各种作用都需要建立在数量基础上。例如，专利组合战略是在生物医药行业比较典型的知识产权组合战略，而一个药品组合平均包含 10 个专利。全球 Top1 的辉瑞制药其年度专利申请量在 200 件以上。当然，创新主体的知识产权组合规模化的形成并非一蹴而就，需要耗费大量的资源，由创新主体多年持续的知识产权积累逐步形成。IBM 历经近 20 年才构建起较大规模的专利组合。

知识产权组合的规模特征可以帮助数字产业的创新主体获得至少四项优势。

1. 更为全面的法律保护

凭借知识产权的规模优势以及其关联性，可以形成一个完整的、保护范围更大的"超级知识产权"，给创新主体的技术和产品提供更为完备有效的保护盾牌，从而促进了创新主体积极开展创新，避免卷入知识产权侵权纠纷的风险。

2. 规避代价高昂的诉讼并促进和解的达成

无论是知识产权侵权还是被侵权的情况下，大规模的知识产权组合都能给竞争对手施加足够的威慑，促使竞争对手放弃高代价的诉讼程序，转而达成谈判和解。

3. 经营相关优势

首先，知识产权组合的体量优势可以进一步提升数字产业创新主体专利对外许可或交叉许可优势。以 IBM 公司为例，该公司的知识产权收益从 1990 年的 3000 万美元增长到目前的 17 亿美元，专利许可、转让费的年增长率约为 25%。其次，大规模的知识产权组合可以显示创新主体的市场及技术主导地位，其他企业可能采取相互合作方式，例如上下游企业之间开展技术互补开发。另外，由于研发过程具有不确定性，大规模的知识产权组合可以向外部投资者传达技术能力的信号，从而吸引资本进行投资。

4. 对知识产权法律法规以及相关政策施加影响

持有庞大知识产权组合的创新主体通常被政府等监管部门视为知识产权领域的重要行业参与者，因此更有可能参与法律修订讨论、行业标准的制定以及发表符合自身利益的意见提案。

（二）多样性特征

多样性主要指知识产权组合体内部的知识产权之间关系呈现出互补性和替代性等多种关系。技术分布的多样性是研究学者重点关注之一。Parchomovsky 等（2005）研究表明，组合内知识产权可能来自不同技术领域，因此知识产权组合的技术多样化，可以帮助创新主体抵御技术、市场等不确定性风险（Parchomovsky et al.，2005；Dosi，2019）。不同的学者对知识产权组合中的技术多样性特性细分有所不同。根据组合层次的不同，Lin 等（2006）将知识产权组合的多样化特征分为广义技术多样性和核心技术多样性，前者为创新主体知识产权组合在六项技术大类中的多样化程度，后者为创新主体知识产权组合在布局最多的一项技术大类下不同子类别布局的多样化程度（Lin et al.，2006）。而Chen 等（2012）则将知识产权组合的技术多样性特征细分为相关技术多样性与非相关技术多样性。

知识产权组合的技术多样性需要创新主体通过对技术发展路径展开广泛的知识产权保护来降低技术风险。由于创新具有周期长且不确定的特定，因此创新主体需要同时对多种竞争性技术开展知识产权布局，以降低技术投资决策失误的风险。但一味地追求知识产权组合的技术多样化，可能产生负面影响，例如降低知识产权组合整体的协同度，技术过于多样化的知识产权组合难以向外部评估者传达显著的、清晰的技术概况等。因此，数字产业的创新主体在追求技术多样性的时候需要有所权衡。

（三）质量等其他价值相关的特征

实现知识产权组合的价值最大化是创新主体的目标。质量特征是实现这一目标的关键点。在实施知识产权组合战略的过程中，往往需要从单个知识产权的质量以及知识产权组合的质量两个维度来判断。对于单项知识产权而言，权利要求数量越多意味着知识产权的法律保护范围越广，知识产权的质量越高。有学者认为，能以使用权许可或出售的知识产权是高质量的知识产权。也有学者从引用数量来评价知识产权的质量。Ernst（1998）构建了企业层面的知识产权组合分析模型，从专利申请数量、授权专利比例、有效专利比例、国际专利申请占比、平均引用量这五个指标可以综合衡量企业的专利质量和专利活跃度。Grimaldi等（2018）提出，知识产权组合的战略利用价值可以从前向引用频率、技术范围、国际化范围、战略以及经济相关度四个维度来衡量，其中战略以及经济相关度的数据需要从问卷调查中获得。Yang 等（2016）基于技术相关性和价值独占性两个维度将创新主体的知识产权组合分为四种状态：黑暗状态、云朵状态、恒星状态和星座状态（Yang et al.，2016）。其中第四种星座状态的知识组合最具战略和经济价值，同时包括核心技术的知识产权以及外围的保护性知识产权，如同星座一样形成不可分割的体系。

曹勇等（2015）认为，知识产权组合的互补性和替代性影响组合价值的高低。不同的行业和产业采取不同的组合方式。对于信息通信等数字产业的行业，技术发展具有积累性且不同或新旧产品和系统需要兼容性，互补性的知识产权组合往往是首选；而对医药化工等产业数字化的行业，如一项能够治疗同一种疾病但副作用更小的新药专利可能完全取代已普遍商业化的旧药专利，则更倾向于采用替代性知识产权组合。创新主体可自主研发构建、技术并购、专利池等专利联盟或产学研等方式实现互补性或替代性的知识产权组合。为实现并购后的创新业绩，创新主体多选择与之知识产权组合互补程度高的企业作为并购对象。例如，2019 年百时美施贵宝宣布以 740 亿美元收购新基制药。通过此次收购，百时美施贵宝获得新基在肿瘤、免疫、炎症领域的多个具有重磅炸弹潜力的管线资产，包括 TYK2、Ozanimod、Luspatercept、Liso‐cel（JCAR017）、Bb2121、Fedratinib 等。对于替代性专利，已有研究显示知识产权组合的技术替代性越高，知识产权组合的总体价值越低。

三　面向数字产业创新的知识产权组合战略的发展

以大数据、人工智能、云计算、工业互联网等为代表的数字时代的到来，加快了知识的流动速度，从根本上改变了数字产业的研发方式，从而带来数字产业知识产权的新变化。数字产业的技术创新出现了跨界性、融合性、互动性和前瞻性。而这也决定了知识产权呈现融合度高、种类多和速度快三大新特征。与此同时，知识产权制度对数字产业的创新成果的保护起到了重要作用，因其创新主体的创新成果一般都是无形财产，竞争者对其创新成果窃取、模仿、复制的成本很低。大数字产业下的各细分产业的创新成果需要转化为不同形式的知识产权。例如，基因工程、软件等领域往往倾向于转化为专利，而人工智能、大数据、短视频、直播等新兴产业则往往与著作权有着紧密的联系（闫文军，2020）。

在数字化产业创新背景下，知识产权组合战略的管理主要由 3 个环节构成，利用知识产权的数据挖掘了解自身以及竞争者的优劣势，检测和评估投资总体情况，研发人力资源的战略性管理。

（1）Ernst 提出从相对专利位势、技术吸引度、技术领域三个技术层面的重要维度分析知识产权组合（Ernst，1998）。其中相对专利位势为某一领域创新主体自身专利申请数量与申请最多创新主体的专利申请量之比；技术吸引力由该领域专利申请量的增长率所衡量；技术重要度则为企业创新主体在该技术领域的专利申请量除以创新主体专利申请总量。创新主体可以利用以上指标来客观评估自身的技术组合。Ernst 等（2021）进一步提出专利资产指标模型，从组合规模、市场覆盖和技术相关度三方面来评估创新主体知识产权组合的价值。Li 等（2020）则在 Ernst 学者模型的基础上，同时采用专利指标和社会网络分析方法来构建知识产权组合和技术组合的管理分析模型。具体为从专利优势、全球保护强度、技术整合能力三方面指标来衡量知识产权组合；从整体规模、影响力和多样化程度三方面来衡量技术组合。通过综合知识产权组合和技术组合的战略规划和发展情况，从而动态监测组织机构的创新活动。

（2）通过对知识产权组合的管理来监测和评估技术投资总体情况。将知识产权组合作为创新主体的技术组合的外在表现，通过建立一系列细化指标体系来评估创新主体技术投资和管理情况，帮助创新主体制定研发投资战略、技术转移和商业化规划。技术管理中最重要的决策之一是研发资源的投资决定，即分别在何种技术上投资多少研发资源，组合式管理得以促进这一决策过程。在数字化背景下，挖掘专利信息可为技术管理的定量分析提供原始资料。

（3）根据知识产权组合的信息来开展研发人力资源的战略性管理。Ernst 解构了发明人与专利组合的关系（Ernst，2003），将研发人员分为：高数量和高质量的核心发明人；数量有限但有重要专利的潜力型发明人；较高数量但一般质量的勤奋型发明人；低数量和低质量的低绩效发明人。7% 的核心发明人完成企业 80% 的专利产出（Ernst et al.，2000）。因此，高度重视核心发明人，培养潜力型发明人，积极开展研发人员的战略性管理，是创新主体保持知识产权组合持续扩张和优化的能力。

国内学者按照管理流程将知识产权组合管理分为不同阶段。王玲等（2007）从创新出发，从知识产权的产出管理和运用管理这两个层面实施创新主体的知识产权组合管理。知识产权的产出管理主要关注知识产权创造这一环节，即侧重于知识产权组合的形成和构建过程；知识产权运用管理则关注创新主体知识产权组合的价值化，创新主体运用知识产权组合积极开展诉讼或许可谈判等方式维权，或开展知识产权交易或合作。曹勇等（2015）提出，基于产品流程的知识产权组合管理，主要包含前端、事中以及事后三个环节的知识产权组合管理。具体为：前端知识产权组合管理主要涉及创新的研发与新产品研发；事中知识产权组合管理则包括对技术成果进行专利申请，将商业秘密与专利进行结合以达到技术保护的目的，不同的产业知识产权组合策略呈现出不同；事后知识组合管理意味着创新主体需要应对产品售出后可能出现的专利纠纷和损失赔偿等。

第二节 面向数字产业创新的知识产权组合战略的影响因素研究

知识产权组合战略受到多个因素的影响，充分了解这些影响因素，将对数字产业的知识产权战略的成功制定与实施具有重要的意义。在面向数字产业创新下，知识产权组合战略的影响因素有市场特征维度、制度特征、产业及创新主体特征三个维度。

一 市场特征维度对数字产业知识产权组合战略的影响

在数字产业的发展进程中，技术创新速度日益加快，创新主体需要不断地扩张自身的知识产权组合规模，以赢得更加有利的市场，促进创新主体的持续向上发展。反之，市场特征也影响着知识产权组合战略的形成与实施。市场特征维度对数字产业知识产权组合战略的影响主要体现在以下几个方面：

（一）市场谈判

Arundel 和 Cohen 的调查研究提出，创新主体申请专利还有利用大规模专利布局作为谈判筹码、提高企业声誉以及拓展国际市场等重要目的（Arundel et al.，1995；Cohen et al.，2002）。经合组织（OECD）2003 年的调查显示，随着知识经济的蓬勃发展，更多创新主体将专利作为知识资产，专利在市场竞争、技术合作谈判、证券化投资等活动中发挥着愈加显著的作用。另外，创新主体越来越重视知识产权组合的构建，利用知识产权组合的威慑性避免高成本专利诉讼、增加交易砝码提升谈判位势、以更优惠的条款获得外部技术，并且通过广泛的知识产权保护降低创新中的不确定性风险（刘林青等，2006）。

（二）市场规模

创新主体构建知识产权组合时不仅需要考虑技术发展情况，同时也需要考虑知识产权组合布局与市场环境的匹配情况，根据市场的总体增长率以及企业占据的市场份额对知识产权布局进行动态调整（Ernst，2003）。Rassenfosse（2010）提出所在国的市场规模以及财富水平是创新主体开展大规模专利申请活动的重要考虑因素。在市场规模较大且市场购买力强的情形下，创新主体更有可能从专利投资中获得充足的回报，即使发明本身的技术价值较低，创新主体也会选择广泛申请专利。市场化程度较高的地区中创新主体的总体专利申请量也相应较高，越倾向于知识产权组合战略，并且这些地区创新主体的专利交易和技术合作也较为频繁。

（三）战略性技术市场布局

Torrisi 等（2016）发现，创新主体基于封锁竞争者的战略性动机，会布局大量的不会在后续技术和产品开发中使用的知识产权。尤其在市场竞争较为激烈的情形下，创新主体更有可能频繁开展战略性的知识产权组合布局。毛昊等（2014）基于中国创新主体的调研数据分析得出，利用知识产权形成交换资本或谈判筹码、参与标准制定、塑造企业产品形象以及抑制或封锁竞争对手构成了创新主体知识产权申请的多样化战略动机。相对于欧洲和日本企业，美国企业基于战略性动机申请非实施类知识产权的可能性更低。

二　制度特征维度对数字产业知识产权组合战略的影响

制度特征维度对数字产业知识产权组合战略的影响主要为两个方面，第一层面为知识产权制度体系保障以及激励影响，第二层面为国家政策层面的激励作用。

创新主体的知识产权活动取决于国家的知识产权系统设计，具体为知识产权系统的有效性、知识产权活动的成本特征以及知识产权获得授权的难易程度三个维度的影响（Rassenfosse et al.，2009）。高效的知识产权保护体系能够在专利受到侵权时有效地维护发明人的利益，从而促进创新主体积极知识产权的申请。相反地，处于弱知识产权保护环境的创新主体更有可能选择技术秘密、领先时间等其他方式来实现创新的独占性。较为典型的制度影响的例子为 20 世纪 80 年代美国实施"亲专利"制度，加强专利保护，弱化反垄断。这一制度促使创新主体的专利申请大幅度上升，也触发了专利组合竞赛。中国自 1992 年首次修改《中华人民共和国专利法》（以下简称《专利法》）以来，专利保护制度不断加强，我国企业专利申请数量逐年递增。2020 年 10 月第四次《专利法》修订，本次修订增加了专利侵权赔偿数额，进一步完善了外观设计保护制度等，修改后的《专利法》能更好地与国际接轨，将进一步促进创新主体发展知识产权。中国除了知识产权制度的有效性，知识产权活动的成本高低也会影响创新主体构建知识产权组合的决策。若所在国提升知识产权申请费用，创新主体扩张知识产权组合的意愿将降低（Rassenfosse，2010）。最后，在知识产权系统设计上，知识产权审查等流程的复杂程度也会影响创新主体知识产权申请决策（Rassenfosse et al.，2009）。例如，审查标准的降低使创新主体更容易获得专利授权，专利获取的时间和人力成本的大大降低让创新主体更愿意大量申请专利。

政策激励对创新主体知识产权活动影响显著。根据我国相关政策规定，高新技术企业可以按照 15% 税率缴纳企业所得税，而普通企业的所得税税率高达 25%。而高新技术企业的资格认定中，要求企业必须持有核心知识产权，实际评审中一项发明专利的持有可帮助企业在满分100分中直接获得24—30分。部分企业为获得税收减免或政府研发资助，会大量申请专利以获得高新技术企业认定。Li（2012）提出政府实施的专利资助政策也起到了重要的影响。Dang 等（2015）对中国工业创新主体的知识产权组合进行分析，发现超过三成的知识产权申请受到政策激励的推动，进一步实证了政策对知识产权以及知识产权组合的促进作用。但同时也发现这其中包括不少低价值知识产权，说明知识产权补贴等激励政策虽然促进了企业知识产权组合的发展，但需优化知识产权质量和知识产权组合结构。

三 创新主体特征维度对数字产业知识产权组合战略的影响

除了外部的市场及制度因素，数字产业的知识产权组合的形成也受到行业差别、创新主体的规模、技术创新能力、知识产权价值，以及知识产权管理能力这些创新主体维度特征的影响。

（一）行业特征

不同行业类型对知识产权战略的影响不同。分析创新主体所处的产业特征和产业环境，选择与之发展相适应的知识产权战略，是创新主体制定知识产权战略组合的前提要素。处于丰富技术机会的行业内创新主体倾向于积极开展专利布局（Brouwer et al.，1999）。Cohen 等（2000）进一步研究分析提出对于技术复杂性较高的行业，如制药和信息通信等，知识产权的组合运用尤其重要。但不同行业知识产权组合的目的有所差别。对于化学制药等离散技术行业，创新主体通过申请专利以阻止竞争对手研发生产替代技术和产品的目的，而在信息通信、半导体等复杂性数字行业，创新主体一般使用自身的大规模和高价值的专利组合作为筹码迫使竞争对手达成技术合作、专利许可等谈判要求。

（二）创新主体的规模

规模大小也会影响创新主体实施知识产权组合战略。一般而言，大企业拥有规模的知识产权数量，也包含正规的知识产权管理能力，因此更倾向于积极展开知识产权组合战略。反之，小企业由于资源和能力的局限性，一般只能策略性地申请和维持重要且高质量的知识产权，加之缺乏知识产权的人才以及管理体系，较难实现知识产权组合战略。已有研究显示风险投资与初创企业的知识产权组合规模存在正相关关系。风

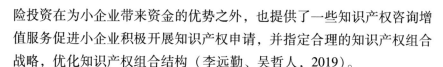

险投资在为小企业带来资金的优势之外，也提供了一些知识产权咨询增值服务促进小企业积极开展知识产权申请，并指定合理的知识产权组合战略，优化知识产权组合结构（李远勤、吴哲人，2019）。

（三）技术创新能力

创新主体技术创新能力的强弱决定企业知识产权价值的高低，同时也是创新主体不断扩张知识产权组合的前提。学者实证了创新能力对知识产权战略的影响。创新主体研发效率的提升不仅能够增加可申请专利的技术发明数量，同时也能增强创新主体的专利申请意愿（Rassenfosse，2010）。研究投入对不同类型的创新产出作用的效果差异是明显的，研发强度越高的创新主体越倾向于申请发明专利，研发强度越低的创新主体则越倾向于申请实用新型专利（金潇等，2020）。数字产业创新主体的技术创新能力主要体现在知识产权价值和知识产权管理这两方面。

1. 知识产权价值

数字产业的知识产权价值包括专利价值、商标价值、软件著作权价值和商业秘密价值等。其中，专利和商标是比较重要的两类。

（1）专利价值。创新主体可根据专利数量、专利质量、存活周期、运营和效益这几个方面评价创新主体的专利价值。专利数量指标通常以专利申请量来衡量。专利的质量指标包括专利的授权量、授权率和专利的成活率。数量和质量都多说明创新主体的创新能力强。专利存活周期越长，专利所产生的价值就越高。运营包括专利的实施率和转移率。效益就是专利的实施给创新主体带来的经济效益，包括专利产品产值和增加值。

（2）商标价值。商标由于其自身的依附本性，需要和商品一起，才能实现其价值。因此，商标的价值是隐性的，是被商品价值覆盖了的。因此，商标的价值可以从商品自身的属性、消费者的效用感知和社会评价三个方面来评价。

2. 知识产权管理

知识产权组合战略的构建和实施还受到创新主体知识产权综合管理能力的制约。创新主体知识产权管理是一种综合性管理和系统化的谋划活动，它通过有计划的组织、协调、谋划进行知识产权的创造、保护和运营等活动，从而提高创新主体运营知识产权的水平，强化创新主体对知识产权的保护，提高市场竞争力。创新主体知识产权管理是创新主体整体经营发展范畴的一个重要组成部分。创新主体知识产权综合管理水平的差异体现在企业自身知识产权的战略意识、制度建设、人才储备、平台建设等方面。创新主体高层若拥有知识产权背景，能够提升创新主体知识产权战略意识，指导创新通过组织架构和流程的调整来促进知识产权部门与研发部门的协作，从而有利于创新主体知识产权组合的扩张。创新主体拥有知识产权专家能够与技术研发人员密切配合，识别专利机会并且更高效地将技术成果转化为专利。

第三节　面向数字产业创新的知识产权组合战略模式与构建策略

大数据、人工智能、云计算、大数据、物联网、区块链等新兴产业和新业态的迅速发展，对知识产权以及知识产权组合战略带来了新挑战。数字化产业创新主体构建知识产权战略组合模式的主要目的是根据创新主体所拥有知识产权的使用率与潜在价值，以创新主体核心知识产权为中心，建构量体裁衣式的知识产权组合战略，从而最大限度地发挥创新主体的技术优势、市场优势和知识产权优势。知识产权组合战略的构建和应用不仅最大限度地发挥知识产权作用，并且能为创新主体决策提供一套科学合理的可视化工具，使创新主体在决定知识产权 R&D 的投资战略、技术转移和商业化上能够依据科学指标进行动态监测。因此，研究面向数字产业创新的知识产权组合战略模式和构建策略将具有重要的意义。

一　面向数字产业创新的知识产权组合战略模式

数字产业各细分产业的技术水平差异大，知识产权的侧重点不同，针对数字产业的知识产权制度有待完善，知识产权战略管理能力有待提高。在构建数字产业创新的知识产权组合模式时，对于上述四点可划归到自主创新和知识产权战略这两大要素上。自主创新是知识产权战略的出发点和根本目的，知识产权战略则为自主创新提供扎实的运行基础和动力，只有通过完善的知识产权战略管理体系，自主创新才能具有更好的投入激励机制，才能更好地将科技研究成果转化为市场经济的发展力量。同时，创新主体基于技术创新能力强弱和知识产权价值高低选择的知识产权战略并非一成不变。因此，创新主体往往会构建动态的知识产权战略组合模式以适应数字产业的融合度高、种类多和速度快的特点。

数字产业知识产权战略的动态组合模式（见图10-1）由三个维度组成，其核心是创新主体的技术进步，关键点是知识产权价值增值，而基础则为知识产权综合管理水平提升。三者相辅相成，形成良性循环，最终促进创新主体的可持续发展。只有增强创新主体的知识产权战略管理的意识、构建知识产权实施的管理平台、不断提升创新主体知识产权

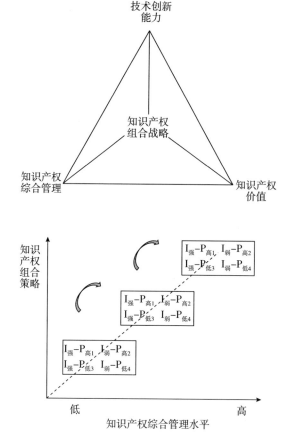

图10-1 数字产业创新的知识产权战略动态组合模式

资料来源：由笔者整理。

综合管理实力，才能优化创新主体的知识产权组合策略，使技术创新能力得到保证和激励，进而通过知识产权价值增值来提升创新主体的竞争力。因此，数字产业知识产权战略的动态组合模式强调创新主体的知识产权战略与数字技术创新战略、数字市场创新战略和数字技术标准战略的协同发展。

强强联合的 $I_{强}—P_{高1}$ 象限的数字产业创新主体通常是在资金和技术等方面都有雄厚实力的技术型大企业，其竞争力非常强大。$I_{弱}—P_{高2}$ 象限的数字产业创新主体由于高价值的知识产权弱创新能力的特性，使创新主体的整体竞争力不强，这类创新主体通常是一些中小型企业。$I_{强}—P_{低3}$ 象限的创新主体整体创新能力较强，但创新主体拥有的知识产权价值低，这类创新主体大多走的是通过技术引进和消化再创新的技术路线。$I_{弱}—P_{低4}$ 象限的数字产业创新主体创新能力弱，所拥有的知识产权价值也不高。这类创新主体以一般的中小技术型企业为主，其规模不大，在资金和技术开发等方面都不具备明显优势。根据不同象限企业的特点，建立创新主体的动态知识产权组合模式（见表10-1），整合自身优势，有效避开不利因素，从而提高创新主体的效益。

表 10-1   数字产业创新主体技术创新能力与知识产权价值

相匹配的组合策略

知识产权组合策略	技术创新能力强	技术创新能力弱
知识产权价值高	$I_{强}—P_{高1}$ 基本专利与专利网、专利收买、知识产权诉讼、知识产权转让、知识产权许可、与品牌结合、专利池、与标准结合等	$I_{弱}—P_{高2}$ 专利网、知识产权转让、知识产权许可、知识产权交叉许可、专利保护、商业秘密、软件著作权等
知识产权价值低	$I_{强}—P_{低3}$ 技术秘密、技术公开、纠纷预防、在后申请、在先申请、专利保护等	$I_{弱}—P_{低4}$ 技术公开、利用失效专利、放弃知识产权等

资料来源：由笔者整理。

二　面向数字产业创新的知识产权组合战略模式的实施

在具体实施知识产权战略动态组合模式时，数字产业创新主体需要客观评估各维度的参数，具体评价指标和应用方式如下。

（一）依据产业类型差异实施知识产权战略组合

基于创新主体类型和特点的产业差异，可分为如下：

1. 供应商主导型的数字产业以进行过程创新的规模运作的创新主体为代表

其创新主体通常具有较强的生产能力和工程化能力，通过工艺创新和过程创新，逐步提升创新主体产品创新能力。对于处于 $I_{强}$—$P_{低3}$ 象限的创新主体，选择绕过障碍专利、申请取消对手专利、将技术公开等组合策略避开不利因素，同时促进知识产权战略与技术创新战略和市场创新战略的协同发展，才能逐步提升创新主体知识产权价值。对于处于 $I_{强}$—$P_{高1}$ 象限的创新主体可采用专利与技术标准结合战略、基本专利与专利网战略、专利收买战略、主动提起专利诉讼战略、战略转让和许可战略及专利与品牌结合的组合战略来增强创新主体的综合竞争力。但这类创新主体的知识产权管理水平是制约创新主体知识产权组合战略的关键因素。

2. 科学推动型的数字产业主要以新材料研发、生物与新医药研发的创新主体为代表

其创新主体研发成果通常具有较高的知识产权价值，创新主体通常需要提升技术创新能力来推动创新成果的市场化。对处于 $I_{弱}$—$P_{高2}$ 象限的创新主体，可通过知识产权保护、专利网战略、与产品结合战略等组合战略为以后产品的规模化应用提供保证。也可以通过转让与许可战略、交叉许可战略组合战略获得资金和市场优势。当创新主体提升至 $I_{强}$—$P_{高1}$ 象限时，可采用专利与技术标准结合战略、基本专利与专利网战略、专利收买战略、主动提起专利诉讼战略、战略转让和许可战略及专利与品牌结合的组合战略来增强创新主体的综合竞争力。

3. 专业供应商型的数字产业主要以电子信息技术、资源与环境技术、新能源及节能技术开发为主的创新主体为代表

这类创新主体的创新焦点是产品创新，因此实用新型和外观设计专利是创新主体知识产权的主要类型，导致创新主体知识产权价值不高，知识产权容易被模仿。对处于 $I_{弱}$—$P_{低4}$ 象限的创新主体，可通过技术公开、充分利用失效专利或放弃知识产权等防御型策略来抵御其他创新

主体的知识产权进攻。当创新主体技术创新能力较强时，转化为 $I_{强}$—$P_{低3}$ 象限，则选择绕过障碍专利、申请取消对手专利、将技术公开等策略避开不利因素，同时促进知识产权战略与技术创新战略和市场创新战略的协同发展，才能逐步提升创新主体知识产权价值。

4. 信息密集型的数字产业主要以高技术服务型的创新主体为代表

创新主体偏重于对产品的有效利用和改进，技术创新的综合实力不强。当创新主体处于 $I_{弱}$—$P_{高2}$ 象限时，可通过知识产权保护、专利网战略、与产品结合战略等为以后产品的规模化应用提供保证。还可以通过转让与许可战略、交叉许可战略获得资金和市场优势。而创新主体处于可选择 $I_{弱}$—$P_{低4}$ 象限，则可通过技术公开、充分利用失效专利或放弃知识产权等防御型策略来抵御其他创新主体的知识产权进攻。

5. 服务业等非制造型的数字产业的主要任务是通过商标战略、商业秘密战略等知识产权战略的运用来保护创新主体的知识产权

由于创新主体的产品更多以知识和信息存在，所以创新主体加强知识产权的战略管理是非常重要的。对处于 $I_{弱}$—$P_{高2}$ 象限的创新主体，通过知识产权保护、与产品结合战略等为产品的市场应用提供保证。

6. 规模密集型数字产业主要以升级改造传统技术的创新主体为代表

创新主体通常具有一定的技术优势，但作为策略性的知识产权价值仍可能良莠不齐，创新主体参与市场程度大，对市场变动的敏感度也大，一般需要制定全方位的知识产权战略。对处于 $I_{强}$—$P_{高1}$ 象限的创新主体，可通过基本专利与专利网、专利收买、专利转让与许可相结合等多种策略来维持其竞争优势。技术领先创新主体还可以将知识产权战略的重心，从传统的垄断战略转变为许可与合作战略，而创新主体的知识产权管理部门也从成本支出转变为利润获取。对处于 $I_{强}$—$P_{低3}$ 象限的创新主体，可选择绕过障碍专利、申请取消对手专利、将技术公开等策略避开不利因素，阻止对手进攻。当中小创新主体知识产权综合管理水平较高时，创新主体可以在产学研合作和技术联盟中积累更多的知识产权成果，促进创新主体自主创新能力的提升。

（二）依据知识产权管理差异实施知识产权战略组合

正如前所述，不同类型的数字产业，不同发展阶段的数字产业创新

主体，其知识产权综合管理水平存在天壤之别，因此创新主体需要根据自身的知识产权管理水平的高低实施知识产权组合战略。

当数字产业创新主体知识产权综合管理水平较高时，创新主体一般具有明显的技术优势，但具备策略性的知识产权价值仍可能参差不齐。这类创新主体的知识产权战略逐渐上升为主导战略，通常选择进攻型或攻守兼备型知识产权战略。对高价值的知识产权，创新主体可选择 $I_{强}$—$P_{高1}$ 组合策略，通过基本专利与专利网、专利收买、专利转让与许可相结合等多种策略来维持其竞争优势。欧美领先的数字创新主体已将知识产权战略从侧重于排他垄断战略转变为许可与合作战略，从而实现知识产权管理部门从成本支出到高盈利的转变。如美国高通公司80%以上的收入来自专利转让。对低价值的知识产权，创新主体可选择 $I_{强}$—$P_{低3}$ 组合策略，选择绕过障碍专利、申请取消对手专利、将技术公开等策略避开不利因素，阻止对手进攻。当创新主体知识产权综合管理水平较高时，创新主体可以在产学研合作和技术联盟中积累更多的知识产权成果，促进创新主体自主创新能力的提升。

当数字产业创新主体知识产权综合管理水平不高时，通常创新主体的技术比较优势不明显，知识产权的价值可能参差不齐。创新主体通常选择防守型知识产权战略，通过市场跟随战略和实用工程战略获得市场。对高价值的知识产权，创新主体可选择 $I_{弱}$—$P_{高2}$ 组合策略，通过专利网、专利转让、交叉许可等策略充分发挥知识产权效用，或者获得同类创新主体专利技术使用权以提升创新主体竞争能力。对低价值的知识产权，创新主体可选择 $I_{弱}$—$P_{低4}$ 组合策略，通过技术公开、充分利用失效专利或放弃知识产权等防御型策略来抵御其他创新主体的知识产权进攻。当创新主体知识产权综合管理水平不高，但创新主体具有一定的技术优势时，只有提高这些创新主体的知识产权综合管理水平，促进知识产权战略与技术创新战略和市场创新战略的协同发展，创新主体才能保持持续的竞争优势。

三 面向数字产业创新的知识产权组合战略的实施策略

（一）数字产业创新主体推进知识产权组合战略的基本原则

近年来，数字产业飞速发展，作为创新主体核心资产的知识产权，对数字产业的创新主体竞争力的形成起到了关键作用，但是竞争优势的形成仍然取决于公司管理层对于包括知识产权在内的公司资源的合理配置。因此，不同类型的知识产权战略将有助于不同的创新主体竞争战略的实现，知识产权组合战略实施对于更好地实现数字产业的企业战略具有重要意义。数字产业的创新主体知识产权组合战略的实施应该体现以下几个原则。

1. 数字产业的创新主体知识产权战略应与数字技术创新战略紧密结合

技术创新是数字产业发展、生产率增长以及人们生活水平提高的基本推动力。创新主体技术创新的能力取决于创新主体的技术研究开发能力，创新主体知识产权已成为创新主体知识产权战略一个非常重要的方面。不同于传统产业，数字产业的技术创新面临诸多挑战：一方面，数字产业的技术创新不仅仅依赖于数据和信息，其已转向跨学科的发展与融合，打破了时空限制，延伸产业链条。另一方面，数字产业的技术创新呈现了快速发展的趋势。因此，创新主体知识产权战略与数字技术创新战略需要紧密结合。创新主体知识产权战略与数字技术创新战略的结合可以体现于研发战略和技术联盟战略的结合过程中。

技术创新的发展推动了与知识产权战略的相互融合，在研究开发的整个过程中涉及知识产权战略的运用是多方面的，如知识产权数据挖掘、评价研发成果、申请知识产权以及对竞争对手采取的策略等。与此同时，通过知识产权制度保护技术创新，数字产业创新主体会更积极主动地整合、改进和创新各技术环节及要素，使创新主体保持竞争优势。而保持技术创新连续性的至关重要路径为知识产权制度保护，拥有相关的知识产权，通过持续地创新，形成延展技术并保护衍生专利，就能最大程度地拓展创新主体的技术创新生命力，持续为创新主体赢得利润。如果创新主体的知识产权战略不能和数字技术创新战略相结合，创新主体仅对关联技术进行创新，而忽略了核心技术的创新，则自主知识产权和基本专利难以形成，在新的产品推出后可能面临被迫退市的不利局面。

另外，创新主体知识产权与数字技术联盟相结合战略。创新主体进行技术创新的方式主要有：自主研究开发、技术引进并改进和组成联盟协同研发。数字技术联盟降低了创新主体对知识产权的获取成本，同时也增加了新的知识产权获得的可能性，进而使联盟的创新主体参与者都获得了有利的竞争优势。但犹如硬币的正反面，在采用数字技术联盟战略时，也要积极使用知识产权战略，避免知识外泄的风险问题。

2. 数字产业的创新主体知识产权战略应与数字市场创新战略紧密结合

数字产业的知识产权战略与数字市场创新战略的紧密结合主要体现为：技术转让战略、进入市场战略和创新主体投资战略之间的相互融合。通过知识产权战略的实施，达到最大限度地保护、巩固创新主体的产品市场，增强创新主体的市场竞争力。

（1）知识产权与技术转让紧密结合战略。不同国家或地区对于技术的需求是不平衡的，这取决于国家或地区的技术水平高低，体现在技术转移上，表现为技术持续从技术水平高的国家或地区转移到技术水平相对低的国家或地区。正是源于这种客观存在的趋势，跨国集团倾向于采用国际经营的方式对专利进行管理。对于跨国创新主体而言，知识产权管理和技术转移相结合的战略具有最高效率。在知识产权的法律保护期限内，跨国集团将知识产权通过其子公司在其经营的范围内流动，从高技术水平国家向低技术水平国家转移，在实施技术转移的过程中持续地为该跨国集团创造丰厚收益。创新主体通常采用这四种路径对外输出技术，即产品输出、专利出售、与政府合作以及国外投资。这四类路径都可使创新主体在技术输出的过程中获取较高的利润。对于同一种技术产品，出售给较低技术水平的市场，显然更有竞争优势。专利出售也是创新主体延长专利使用寿命的手段。技术转移是创新主体全球经营战略的需要，通过跨国、跨地区的技术转移来获取其知识产权的最大收益，从而实现其战略目标。

（2）专利申请与进入市场相结合战略。这个战略在跨国企业体现得尤为明显。在华的跨国企业纷纷通过成立知识产权部，从而科学有效地管理在华的知识产权活动。并且，跨国企业前几年在华申请的专利往往正是几年后在华重点发展的项目，可以说跨国公司在开拓和占有市场方面奉行的是专利先行战略。

（3）创新主体知识产权战略与创新主体投资战略都加快了创新主体的技术进步，促进了创新主体发展。数字产业创新主体在投资决策之前，对产品的市场供需情况、市场竞争能力、项目建设条件、技术独占性、先进性、可靠性等进行评估，这个过程离不开知识产权战略的运用。从发达国家的技术型创新主体经营成功的经验来看：计算机等数字技术行业为10%—15%；而投资知识产权保护工作则一般占其研发投入的10%左右。一般而言，与数字技术创新战略密切相关的投资有两部分：一是投资技术创新相关工作；二是投资知识产权相关工作，如专利和商标申请费、维续费、侵权诉讼费等。

3. 数字产业的创新主体知识产权战略应与数字技术标准战略紧密结合

技术标准是对技术活动中需要统一协调的事物制定的标准，是创新主体进行生产技术活动的基本依据（孙公绪等，2002）。近年来，技术标准与专利技术结合得越来越紧密。现代的技术标准，成功地利用专利技术和标准化工作的特点，通过"专利联营"等手段将技术专利写入标准，巧妙地将全球技术许可战略构建在技术标准战略中，形成一条"技术专利化—专利标准化—标准许可化"的链条，从而实现在技术和产品上的竞争优势（王黎萤，2004）。同时，对于数字产业来说，经济效益更多地取决于技术创新和知识产权，技术标准逐渐发展为专利技术的最高体现形式。此外，技术标准逐渐成为产业竞争的制高点（杨幽红，2021）。专利影响的只是创新主体，而标准影响的却是一个行业，甚至是一个国家的竞争力。因而，数字技术标准战略具有重要的意义。数字技术标准战略是指创新主体从自身的发展出发，通过建立和推广技术标准，在技术竞争和市场竞争中谋求利益最大化的策略。国外大型的数字产业创新主体积极地推进了知识产权战略与数字技术标准的紧密结合，如高通、IBM等。

综上所述，知识产权战略和其他经验战略相辅相成。数字产业创新主体将知识产权战略和其他重要的经营战略相结合，能够更有效地实现组织的战略目标。

（二）数字产业创新主体推进知识产权组合战略实施的具体策略

数字产业创新主体必须依据创新主体的技术创新能力、知识产权价值以及知识产权管理能力等选择有效的策略推进知识产权组合战略的动态实施，以实现创新主体的可持续发展。而在具体的实施策略上则需要从构建知识产权组合机制、多元方式提升创新主体的知识产权创新能力等方面推进知识产权组合战略实施。

1. 构建知识产权组合机制，有效推进数字产业创新主体知识产权组合战略实施

数字产业创新主体知识产权组合战略的成功实施，需要创新主体构建有效的知识产权组合机制。创新主体可通过知识产权组织设立、知识产权制度制定以及知识产权人才的引进与培养等方式来构建数字产业创新主体的知识产权组合机制。而创新主体将知识产权组合机制落实在操作层面则体现为进行知识产权数据挖掘、知识产权组合分析以及建立、知识产权组合监控机制等。知识产权数据挖掘有两大优势：可以缩短60%时间，节省40%研究经费，同时能及时掌握国内外的研发趋势、技术水平、专利权状况，避免重复研究和侵权。通过知识产权组合分析，能有效地确定知识产权的组合价值，从而充分发挥知识产权组合战略的优势。知识产权组合监控机制则为创新主体在推进知识产权组合战略过程中定时评估效果，并根据内外部的变化及时评估和调整。

2. 多元方式提升创新主体的知识产权创新能力，有效推进数字产业创新主体知识产权组合战略实施

知识产权的数量和质量是数字产业创新主体实施知识产权组合战略的核心和关键。创新主体可通过专利购买和许可等方式获取知识产权，但这只能作为补充方式。创新主体可通过研发投入、人才吸引和培养等方式提升创新主体的技术创新能力，进而转化为创新主体的知识产权。创新主体也可以与高校、科研院所以产学研结合的方式等提升知识产权创造能力。创新主体通过多元方式提升自身的知识产权创造能力，将进一步提高知识产权的数量与质量，从而有效地推进数字产业创新主体知识产权组合战略。

3. 知识产权多样性组合方式，有效推进数字产业创新主体知识产权组合战略实施

知识产权中各个类别的保护都具有局限性，如专利权的保护期较短（发明20年，实用新型和外观设计10年），商标保护期限为10年，商业秘密所获得的法律保护较弱等。因此创新主体可以通过"专利组合、

专利+商标组合"、"专利+版权+商业秘密组合、商标+商业秘密组合"等，来拓展知识产权组合的宽度和广度。根据数字产业创新主体技术创新能力与知识产权价值选择相匹配的组合策略，创新主体采取多样性组合方式，有效地推进数字产业创新主体知识产权组合战略实施。

第十一章

面向数字产业创新的
知识产权战略评估

面向数字产业创新的知识产权战略评估是落实《"十四五"国家知识产权保护和运用规划》中知识产权战略顶层设计的重要抓手。本章分别从宏观区域、中观产业、微观企业三个视角，探究数字产业创新知识产权战略的全面性、科学性、多层次的知识产权战略评估内容。其中，面向数字产业创新的区域层面的知识产权战略评估是引导数字产业知识产权创新发展的全局性、制度性的战略评估内容。面向数字产业创新的产业层面的知识产权战略评估则是聚焦数字产业化和产业数字化两个角度，着重引领数字产业及其细分产业创新发展和共性战略问题解决的系统性、科学性的战略评估内容。面向数字产业创新的企业层面的知识产权战略评估是把握企业知识产权创新发展顶层制度设计的重要策略。本章从上述三个知识产权战略指标体系评估角度出发，分别构建不同层次的面向数字产业创新的知识产权战略指标评估体系，并对构建的指标体系进行一致性判断和权重计算，为数字产业创新的知识产权战略评估提供科学、可持续、可操作的新内容和新思路。

第一节　面向区域的数字产业创新
知识产权战略评估

面向区域的数字产业创新知识产权战略指标评估是从省域或区域的宏观视角探究该省域或区域内的数字产权创新的知识产权战略评估指

标，是面向数字产业创新的知识产权战略评估的重要视角和重要组成部分之一。因此，本节围绕面向区域的数字产业创新知识产权战略指标评估，分析面向区域的数字产业创新知识产权战略指标评估的意义，基于平衡计分卡理论的过程评估视角，以科学性、适应性、可持续性为原则，构建符合产业发展动态可控的面向区域的数字产业创新知识产权战略评估体系。使用层次分析法（Analytic Hierarchy Process，AHP）对建立的战略指标体系进行一致性判定和权重分析，并针对分析后的战略指标体系提出未来可应用的意义。

一 面向区域的数字产业创新知识产权战略评估意义

面向数字产业创新的知识产权战略是贯彻落实《关于促进知识产权创新发展的政策措施》等国家知识产权战略的重要抓手。完善知识产权战略是数字产业创新发展的前提，科学性的知识产权战略评估体系是创新驱动发展的要务。面向数字产业创新的区域层面的知识产权战略是为地方数字产业创新发展提供知识产权分析规划，着重解决重点数字产业和数字企业创新发展的共性问题。从区域的宏观角度探究数字产业创新的知识产权战略评估，是知识产权战略全面性规划、精准投入部署以及高质量践行的重要探究视角。宏观的知识产权战略评估视角及科学性战略评估方案是知识产权创造成本最小化、知识产权管理最优化、知识产权保护最大化和知识产权运用合理化的重要保障，是引领数字产业创新的知识产权战略落实的效率和效益最大化的重要基石。数字产业较传统产业知识产权具有载体无形性、无边界和动态不确定性，加之数字知识产权国际规则呈现国际公约嵌入程度升级，规则保护客体、保护内容不断丰富，保护期限不断延伸，执法立法不断深化等趋势特征，数字产业知识产权保护格外严峻（Huang et al.，2014）。因此，充分结合国外知识产权形式和国内数字产业知识产权诉求等战略环境因素的知识产权战略评估体系，是数字产业创新宏观指导的重要驱动力和精准把控数字产业创新方向的风向标。

二 面向区域的数字产业创新知识产权战略评估指标体系构建原则

当前，区域知识产权战略评估指标体系多聚焦于结果评价论，重点围绕战略实施结果进行战略指标的相关评估。但数字产业创新是新时代下动态性和特异性较强的过程行为，因此，传统的结果导向的评价体系不能适应数字产业化和产业数字化的动态创新行为。本节采用平衡计分卡理论构建面向区域的数字产业创新的知识产权战略评估指标体系，从知识产权战略分析、知识产权战略选择、知识产权战略实施和知识产权战略协同四个知识产权战略实施全过程视角构建战略评估指标体系，在充分研判国外知识产权形式和国内数字产业知识产权诉求的战略制度环境基础上，将传统的知识产权投入、知识产权创造、知识产权保护、知识产权运用、知识产权管理、知识产权服务等区域知识产权战略评价指标融入该指标体系中，同时将知识产权协同、知识产权治理和知识产权国际化等知识产权治理过程作为知识产权战略协同的重要组成部分，进一步丰富面向区域的数字产业创新的知识产权战略评估指标体系的构建。综上所述，该指标体系从战略事前、事后和事后全过程出发，以科学性、适应性、可持续性为原则，制定符合产业发展动态可控的面向区域的数字产业创新知识产权战略评估体系。

三　面向区域的数字产业创新知识产权战略评估指标体系来源及筛选

（一）面向区域的数字产业创新知识产权战略评估指标体系的来源

研究以中国知网、万方数据库、维普数据库等中文数据库和 Web of Science 外文数据库为主要检索依据，检索关键词包括：数字产业、数字产业创新、区域数字产业创新、区域、省域、知识产权、专利、版权、软件、战略分析、战略选择、战略实施、战略协同、战略评估指标体系、测评、测量、指标、量表、问卷等各种组合，查阅了中国国家知识产权局网、中国统计局网、中国专利网、世界知识产权组织（WIPO）、产业知识产权联盟主页等多家网站。经文献调研，统计相关文献研究中所涉及的相关评价指标，从知识产权战略分析、知识产权战略选择、知识产权战略实施、知识产权战略协同四个方面考虑，战略体系中充分融合知识产权创造、保护、运用、管理、服务等传统知识产权战略，结合知识产权国家战略、知识产权地区战略、数字产业知识产权战略，遵循全面性、独立性、科学性、指导性和可持续性原则（刘夏、黄灿，2019），结合产业成长期和维持期、短期阶段和长期阶段、制度性和财务性，对区域的数字产业知识产权战略制定的科学性、可实施性、实施的效果进行全面评估，综合制定定性定量指标设计体系。

（二）面向区域的数字产业创新知识产权战略初始评估指标体系构建

现初步构建了面向区域的数字产业创新知识产权战略评估体系。该体系由 4 个维度、11 个二级指标和 52 个三级指标构成（见表 11-1）。

表 11-1 面向区域的数字产业创新知识产权战略初始评估体系构建

一级指标	二级指标	三级指标	指标说明
A1 知识产权战略分析	B1-1 制度环境分析	C1-1-1 知识产权国际规则适应	数字产业知识产权制度与国际规则适应性评估（定性研究）
		C1-1-2 知识产权国内制度衔接	数字产业知识产权制度与国家及区域知识产权制度统一性和适应性评估（定性研究）
	B1-2 制度建设	C1-2-1 制度类型	新兴产业领域知识产权制度法规数量
		C1-2-2 制度目标	按照数字产业知识产权战略实施目标赋值
A2 知识产权战略选择	B2-1 知识产权投入	C2-1-1 科研人员数量（万人）	数字产业科技人员总数
		C2-1-2 平均每万人中科技人员数量（人）	平均每一万人中所包含的数字产业科技人员数
		C2-1-3 R&D 经费支出（亿元）	政府投入用于数字产业科技研发的经费总额
		C2-1-4 R&D 经费支出占 GDP 比重（%）	用于数字产业创新研发的经费/本地生产总值×100%
	B2-2 知识产权创造	C2-2-1 专利年申请量（件）	数字产业一年内申请专利的总数
		C2-2-2 专利申请增长率（%）	数字产业专利申请的增长量/上年专利申请量×100%
		C2-2-3 每万人专利年申请量（件）	数字产业平均每万人中专利年申请量

续表

一级指标	二级指标	三级指标	指标说明
A2　知识产权战略选择	B2-2　知识产权创造	C2-2-4　发明专利年申请量（件）	数字产业一年内发明专利申请的总数
		C2-2-5　发明专利年授权量（件）	数字产业被授权的发明专利总数
		C2-2-6　发明专利授权率（%）	发明专利授权量/发明专利申请量×100%
		C2-2-7　每万人口高价值发明专利拥有量（件）	平均每一万人中所拥有的数字产业高价值发明专利数
		C2-2-8　计算机软件著作权年登记数量（件）	数字产业一年内计算机软件著作权年登记总数
		C2-2-9　PCT 国际专利年申请量（件）	数字产业一年内申请 PCT 专利的总数
		C2-2-10　PCT 国际专利年授权量（件）	数字产业一年内被授权 PCT 专利的总数
		C2-2-11　海外发明专利授权量（件）	数字产业海外发明专利授权总数
		C2-2-12　技术成果数（件）	数字产业一年内技术成果总数
		C2-2-13　国外期刊收录科技论文数（件）	数字产业在国外期刊发表的科技论文数
	B2-3　知识产权保护	C2-3-1　知识产权局专利纠纷案件结案数量（万件）	知识产权局处理数字产业有关专利纠纷案件数
		C2-3-2　法院知识产权案件结案数量（万件）	法院处理数字产业有关知识产权案件数
		C2-3-3　海外知识产权侵权数量（万件）	知识产权局、行政机关、法院处理数字产业知识产权海外侵权案件数
		C2-3-4　知识产权民事一审案件服判息诉率（%）	数字产业知识产权民事一审案件服判息诉率

续表

一级指标	二级指标	三级指标	指标说明
A2 知识产权战略选择	B2-3 知识产权保护	C2-3-5 知识产权纠纷调解组织数量（家）	数字产业知识产权纠纷调解组织总数
		C2-3-6 省级以上商业秘密保护示范基地（家）	省级以上商业秘密保护示范基地总数
		C2-3-7 知识产权保护社会满意度（分）	统计数字产业整体知识产权保护满意度评分
		C2-3-8 国际知识产权保护指数排名	国际知识产权保护指数中所排名次
A3 知识产权战略实施	B3-1 知识产权运用	C3-1-1 知识产权质押融资年登记额（亿元）	一年内数字产业知识产权质押融资登记总金额
		C3-1-2 知识产权使用费年进出口额（亿元）	一年内数字产业知识产权使用费年进出口总金额
		C3-1-3 核心专利产品年产值（亿元）	一年内核心专利产品年产值总金额
		C3-1-4 软件专利年产值（亿元）	一年内软件专利年产值总金额
		C3-1-5 专利密集型产业增加值占 GDP 比重（%）	数字产业专利密集型产业增加值/本地生产总值×100%
		C3-1-6 版权产业增加值占 GDP 比重（%）	数字产业版权增加值/本地生产总值×100%
		C3-1-7 知识产权运营公共服务平台（个）	知识产权运营公共服务平台总数
	B3-2 知识产权管理	C3-2-1 开展知识产权管理的企业数量（家）	数字产业开展知识产权管理的企业数量
		C3-2-2 高新技术企业中建立知识产权管理制度的企业比重（%）	高技术企业中有知识产权制度企业占全部高技术企业比重
		C3-2-3 知识产权示范优势企业数量（家）	数字产业知识产权示范优势企业总数

续表

一级指标	二级指标	三级指标	指标说明
A3 知识产权战略实施	B3-2 知识产权管理	C3-2-4 知识产权机构数量（个）	数字产权知识产权机构总量
		C3-2-5 知识产权大数据库构建数量（个）	数字产业知识产权大数据库总量
	B3-3 知识产权服务	C3-3-1 知识产权公共服务标准数量（个）	数字产业公共服务制定标准总数
		C3-3-2 知识产权公共服务机构建设数量（个）	知识产权交易、成果转化等数字产业知识产权服务机构总数
A4 知识产权战略协同	B4-1 知识产权协同	C4-1-1 知识产权联盟数量（家）	数字产业知识产权联盟总数
		C4-1-2 专利池数量（个）	数字产业专利池总数
		C4-1-3 技术标准联盟数量（家）	数字产业技术标准联盟总数
		C4-1-4 标准必要专利数量（个）	数字产业标准必要专利总数
	B4-2 知识产权治理	C4-2-1 专利代理机构数量（个）	数字产业专利代理机构总数
		C4-2-2 知识产权数据中心建设数量（个）	数字产业知识产权数据中心总数
	B4-3 知识产权国际化	C4-3-1 四方同族专利数量（件）	欧洲专利局、日本专利局、美国专利与商标局和中国国家知识产权局同一数字产业发明专利族总数
		C4-3-2 知识产权国际协定签订数量（件）	数字产业相关知识产权国际协定签订总数
		C4-3-3 参与知识产权国际组织的人员数量（人）	与数字产业相关知识产权国际组织人员总数

资料来源：由笔者整理。

（三）面向区域的数字产业创新知识产权战略评估指标体系构建及修正

研究通过德尔菲法来修正初始面向区域的数字产业创新知识产权战略评估指标体系。选择国家及地方知识产权局、专利服务机构、企业知识产权部门及高校法学院、经济管理学院部门的 18 位专家开展专家咨询工作。制定专家函询表，以 E-mail 或面访方式实施德尔菲法专家咨询。专家咨询共进行三轮，发放问卷 54 份，回收 54 份，有效问卷 54 份。问卷回收率为 100%，表明专家对面向数字产业创新知识产权战略评估体系指标构建持积极态度。遵循文献科学性、各级指标可靠性原则，专家函询表采用李克特 7 点量表，对各指标的重要性程度进行打分，并于每项指标后留存空白表格供专家给予相关建议。整理汇总第一轮专家咨询的结果，对各级各项指标内容进行调整，据此制作第二轮专家函询表实施第二轮专家意见咨询。依此程序在第三轮专家咨询后，将问卷数据采用 SPSS13.0 进行分析，结果表明，两轮专家咨询权威系数为 0.85 和 0.83，专家咨询结果具有较高的信度和效度。此外，三轮 Kendall 协调系数均大于 0.6（p<0.001）呈现较高水平，表明专家意见具有较高一致性。同时，对统计指标的平均数、标准差、中位数和变异系数，以重要性赋值均数大于 3.50 和变异系数小于 25% 为基准，形成最终面向数字产业创新的知识产权战略评估体系。

表 11-2　三轮专家咨询的 Kendall 协调系数及其显著性检验

轮次	指标	Kendall 协调系数	χ^2	p
第一轮	一级指标	0.623	25.21	<0.001
	二级指标	0.605	58.34	<0.001
	三级指标	0.614	26.71	<0.001
第二轮	一级指标	0.612	28.90	<0.001
	二级指标	0.620	49.80	<0.001
	三级指标	0.533	70.81	<0.001
第三轮	一级指标	0.611	112.1	<0.001
	二级指标	0.600	30.9	<0.001
	三级指标	0.615	22.3	<0.001

注：专家权威系数为专家评价指标依据和专家指标熟悉度的平均值。

资料来源：由笔者整理。

表 11-3　　　　　　　　　**专家问卷调查的统计数据分析**

测量条款	样本量	最小值	最大值	均值	标准差	指标状态
	统计	统计	统计	统计	统计	
A1	54	1	7	5.24	0.086	保留
A2	54	1	7	5.37	0.089	保留
A3	54	1	7	5.45	0.080	保留
A4	54	1	7	5.11	0.076	保留
B1-1	54	1	7	4.61	0.095	保留
B1-2	54	1	7	4.21	0.075	保留
B2-1	54	1	7	5.60	0.071	保留
B2-2	54	1	7	4.01	0.085	保留
B2-3	54	1	7	4.83	0.072	保留
B3-1	54	1	7	5.34	0.088	保留
B3-2	54	1	7	5.17	0.085	保留
B3-3	54	1	7	4.97	0.085	保留
B4-1	54	1	7	5.83	0.082	保留
B4-2	54	1	7	5.05	0.086	保留
B4-3	54	1	7	5.21	0.076	保留
C1-1-1	54	1	7	4.62	0.085	保留
C1-1-2	54	1	7	5.37	0.076	保留
C1-2-1	54	1	7	5.66	0.073	保留
C1-2-2	54	1	7	5.32	0.077	保留
C2-1-1	54	1	7	3.60	0.317	删除
C2-1-2	54	1	7	5.54	0.076	保留
C2-1-3	54	1	7	5.04	0.072	保留
C2-1-4	54	1	7	2.21	0.297	删除
C2-2-1	54	1	7	2.11	0.293	删除
C2-2-2	54	1	7	3.31	0.353	删除
C2-2-3	54	1	7	1.24	0.374	删除
C2-2-4	54	1	7	2.27	0.228	删除
C2-2-5	54	1	7	3.08	0.386	删除
C2-2-6	54	1	7	2.29	0.278	删除
C2-2-7	54	1	7	5.93	0.087	保留

续表

测量条款	样本量	最小值	最大值	均值	标准差	指标状态
	统计	统计	统计	统计	统计	
C2-2-8	54	1	7	5.68	0.071	保留
C2-2-9	54	1	7	4.93	0.087	保留
C2-2-10	54	1	7	2.98	0.219	删除
C2-2-11	54	1	7	5.93	0.087	保留
C2-2-12	54	1	7	1.42	0.384	删除
C2-2-13	54	1	7	2.98	0.219	删除
C2-3-1	54	1	7	1.07	0.371	删除
C2-3-2	54	1	7	1.45	0.378	删除
C2-3-3	54	1	7	2.07	0.271	删除
C2-3-4	54	1	7	4.68	0.128	保留
C2-3-5	54	1	7	2.47	0.255	删除
C2-3-6	54	1	7	1.45	0.378	删除
C2-3-7	54	1	7	4.93	0.093	保留
C2-3-8	54	1	7	2.69	0.254	删除
C3-1-1	54	1	7	4.82	0.113	保留
C3-1-2	54	1	7	4.45	0.178	保留
C3-1-3	54	1	7	2.82	0.213	删除
C3-1-4	54	1	7	2.45	0.278	删除
C3-1-5	54	1	7	5.32	0.083	保留
C3-1-6	54	1	7	5.45	0.078	保留
C3-1-7	54	1	7	2.33	0.253	删除
C3-2-1	54	1	7	2.61	0.225	删除
C3-2-2	54	1	7	2.67	0.228	删除
C3-2-3	54	1	7	2.67	0.228	删除
C3-2-4	54	1	7	4.67	0.083	保留
C3-2-5	54	1	7	4.61	0.125	保留
C3-3-1	54	1	7	5.67	0.067	保留
C3-3-2	54	1	7	5.23	0.080	保留
C4-1-1	54	1	7	5.42	0.078	保留
C4-1-2	54	2	7	5.34	0.078	保留

续表

测量条款	样本量	最小值	最大值	均值	标准差	指标状态
	统计	统计	统计	统计	统计	
C4-1-3	54	1	7	1.27	0.371	删除
C4-1-4	54	1	7	1.65	0.382	删除
C4-2-1	54	1	7	5.27	0.071	保留
C4-2-2	54	1	7	5.37	0.069	保留
C4-3-1	54	1	7	5.33	0.081	保留
C4-3-2	54	1	7	5.73	0.087	保留
C4-3-3	54	1	7	2.96	0.203	删除

资料来源：由笔者整理。

经过三轮专家调查，专家咨询得到科学性、可靠性、信度较高的专家意见，构建面向区域的数字产业创新知识产权战略指标评估体系。该体系由 4 个维度和 11 个二级指标及 26 个三级指标构成（见表 11-4）。

表 11-4　　面向区域的数字产业创新知识产权战略评估体系构建

一级指标	二级指标	三级指标	指标说明
A1　知识产权战略分析	B1-1　制度环境分析	C1-1-1　知识产权国际规则适应	数字产业知识产权制度与国际规则适应性评估（定性研究）
		C1-1-2　知识产权国内制度衔接	数字产业知识产权制度与国家及区域知识产权制度统一性和适应性评估（定性研究）
	B1-2　制度建设	C1-2-1　制度类型	新兴产业领域知识产权制度法规数量
		C1-2-2　制度目标	按照数字产业知识产权战略实施目标赋值

续表

一级指标	二级指标	三级指标	指标说明
A2 知识产权战略选择	B2-1 知识产权投入	C2-1-1 科研人员数量（万人）	数字产业科技人员总数
		C2-1-2 R&D经费支出（亿元）	政府投入用于数字产业科技研发的经费总额
	B2-2 知识产权创造	C2-2-1 每万人口高价值发明专利拥有量（件）	平均每一万人中所拥有的数字产业高价值发明专利数
		C2-2-2 海外发明专利授权量（件）	数字产业海外发明专利授权总数
		C2-2-3 PCT国际专利年申请量（件）	一年内申请PCT专利的总数
		C2-2-4 计算机软件著作权年登记数量（件）	数字产业一年内计算机软件著作权年登记总数
	B2-3 知识产权保护	C2-3-1 知识产权保护社会满意度（分）	统计数字产业整体知识产权保护满意度评分
		C2-3-2 知识产权民事一审案件股判息诉率（%）	数字产业知识产权民事一审案件股判息诉率
A3 知识产权战略实施	B3-1 知识产权运用	C3-1-1 知识产权质押融资年登记额（亿元）	一年内数字产业知识产权质押融资登记总金额
		C3-1-2 知识产权使用费年进出口额（亿元）	一年内数字产业知识产权使用费年进出口总金额
		C3-1-3 专利密集型产业增加值占GDP比重（%）	数字产业专利密集型产业增加值/本地生产总值×100%
		C3-1-4 版权产业增加值占GDP比重（%）	数字产业版权增加值/本地生产总值×100%
	B3-2 知识产权管理	C3-2-1 知识产权机构数量（个）	数字产权知识产权机构总量
		C3-2-2 知识产权大数据库构建数量（个）	数字产业知识产权大数据库总量

一级指标	二级指标	三级指标	指标说明
A3 知识产权战略实施	B3-3 知识产权服务	C3-3-1 知识产权公共服务标准数量（个）	数字产业公共服务制定标准总数
		C3-3-2 知识产权公共服务机构建设数量（个）	知识产权交易、成果转化等数字产业知识产权服务机构总数
A4 知识产权战略协同	B4-1 知识产权协同	C4-1-1 知识产权联盟数量（家）	数字产业知识产权联盟总数
		C4-1-2 专利池数量（个）	数字产业专利池总数
	B4-2 知识产权治理	C4-2-1 专利代理机构数量（个）	数字产业专利代理机构总数
		C4-2-2 知识产权数据中心建设数量（个）	数字产业知识产权数据中心总数
	B4-3 知识产权国际化	C4-3-1 四方同族专利数量（件）	欧洲专利局、日本专利局、美国专利与商标局和中国国家知识产权局同一数字产业发明专利族总数
		C4-3-2 知识产权国际协定签订数量（件）	数字产业相关知识产权国际协定签订总数

资料来源：由笔者整理。

（四）面向区域的数字产业创新知识产权战略评估指标体系权重判定

为进一步说明所确定的知识产权战略评估指标的影响程度，本书研究采用 AHP 探究面向区域的数字产业创新知识产权战略评估体系中各级各项指标的权重。同时结合专家调研法进一步避免个人主观色彩，确定真实、可靠的指标体系权重。AHP 是美国运筹学教授 T. L. Saaty 提出的因素层次化确定权重方法。采用 AHP 方法首先要厘清指标间的逻辑关系，建立相关性层次系统结构，通过对同一层次的指标进行判断矩阵元素（指标）两两比较，测评其相对重要性；其次，据此来确定权重，计算层相对排序权重和一致性检验；最后，计算总的面向区域的数字产业创新知识产权战略评价体系的相对排序权重和一致性检验。该方法可将杂乱无序的定性问题实现量化处理。表11-5采用1—9分制反映了两个测评指标之间的相对重要程度。

表11-5 判断尺度

定义	比较标度	
	说明	R
同样重要	两个因素具有相同重要性	1
稍微重要	该因素比另一因素稍微重要	3
明显重要	该因素比另一因素明显重要	5
最为重要	该因素比另一因素重要得多	7
绝对重要	该因素比另一因素绝对重要	9
	2、4、6、8表示上述相邻判断的中间值	

资料来源：由笔者整理。

AHP分析首先要构建一个面向区域的数字产业创新知识产权战略评估体系的递阶结构模型。评价体系的目标层为"面向区域的数字产业创新知识产权战略评估体系构建"，准则层分为三个层级：一级指标根据面向区域的数字产业创新知识产权战略过程分为知识产权战略分析、知识产权战略选择、知识产权战略实施、知识产权战略协同，在此基础上划分11个二级指标和26个三级指标（见图11-1）。

其次，面向区域的数字产业创新知识产权战略评估指标体系层次结构模型建立后，采用AHP方法分配评估指标的权重。将采用1—9标度取值对层级结构模型中一级指标、二级指标和三级指标分别打分，并构造各层的判断矩阵。根据专家询问函调研结果，对专家所给出的成对比较结果进行算术平均，初步建立面向数字产业创新的知识产权战略评估指标的成对比较矩阵，各级指标的成对判断矩阵如表11-6至表11-21所示。

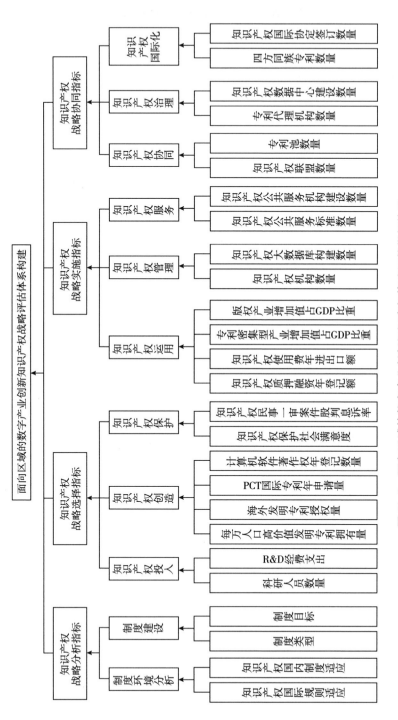

图 11-1　面向区域的数字产业创新知识产权战略评估指标体系

资料来源：由笔者整理。

表 11-6 面向区域的数字产业创新知识产权战略评估指标
一级指标的判断矩阵

面向区域的数字产业创新知识产权战略	知识产权战略分析指标	知识产权战略选择指标	知识产权战略实施指标	知识产权战略协同指标
知识产权战略分析指标	1	13/10	9/5	11/5
知识产权战略选择指标	10/13	1	3	33/10
知识产权战略实施指标	5/9	1/3	1	2
知识产权战略协同指标	5/11	10/33	1/2	1

资料来源：由笔者整理。

表 11-7 知识产权战略分析指标的二级指标的判断矩阵

知识产权战略分析	制度环境分析	制度建设
制度环境分析	1	13/10
制度建设	10/13	1

资料来源：由笔者整理。

表 11-8 知识产权战略选择指标的二级指标的判断矩阵

知识产权战略选择	知识产权投入	知识产权创造	知识产权保护
知识产权投入	1	21/10	21/10
知识产权创造	10/21	1	2
知识产权保护	10/21	1/2	1

资料来源：由笔者整理。

表 11-9 知识产权战略实施指标的二级指标的判断矩阵

知识产权战略实施	知识产权运用	知识产权管理	知识产权服务
知识产权运用	1	23/10	13/4
知识产权管理	10/23	1	13/5

续表

知识产权战略实施	知识产权运用	知识产权管理	知识产权服务
知识产权服务	4/13	5/13	1

资料来源：由笔者整理。

表 11-10　　　知识产权战略协同指标的二级指标的判断矩阵

知识产权战略协同	知识产权协同	知识产权治理	知识产权国际化
知识产权协同	1	7/4	2
知识产权治理	4/7	1	2
知识产权国际化	1/2	1/2	1

资料来源：由笔者整理。

表 11-11　　　制度环境分析指标的三级指标的判断矩阵

制度环境分析	知识产权国际规则适应	知识产权国内制度适应
知识产权国际规则适应	1	11/10
知识产权国内制度适应	10/11	1

资料来源：由笔者整理。

表 11-12　　　制度建设指标的三级指标的判断矩阵

制度建设	制度类型	制度目标
制度类型	1	3/5
制度目标	5/3	1

资料来源：由笔者整理。

表 11-13　　　知识产权投入指标三级指标的判断矩阵

知识产权投入	科研人员数量	R&D 经费支出
科研人员数量	1	9/10

续表

知识产权投入	科研人员数量	R&D 经费支出
R&D 经费支出	10/9	1

资料来源：由笔者整理。

表 11-14   知识产权创造指标三级指标的判断矩阵

知识产权创造	每万人口高价值发明专利拥有量	海外发明专利授权量	PCT 国际专利年申请量	计算机软件著作权年登记数量
每万人口高价值发明专利拥有量	1	12/5	7/4	13/4
海外发明专利授权量	5/12	1	5/2	3
PCT 国际专利年申请量	4/7	2/5	1	13/4
计算机软件著作权年登记数量	4/13	1/3	4/13	1

资料来源：由笔者整理。

表 11-15   知识产权保护指标三级指标的判断矩阵

知识产权保护	知识产权保护社会满意度	知识产权民事一审案件股判息诉率
知识产权保护社会满意度	1	8/5
知识产权民事一审案件股判息诉率	5/8	1

资料来源：由笔者整理。

表 11-16   知识产权运用指标三级指标的判断矩阵

知识产权运用	知识产权质押融资年登记额	知识产权使用费年进出口额	专利密集型产业增加值占 GDP 比重	版权产业增加值占 GDP 比重
知识产权质押融资年登记额	1	6/5	2/5	3/5
知识产权使用费年进出口额	5/6	1	11/10	8/5

续表

知识产权运用	知识产权质押融资年登记额	知识产权使用费年进出口额	专利密集型产业增加值占 GDP 比重	版权产业增加值占 GDP 比重
专利密集型产业增加值占 GDP 比重	5/2	10/11	1	9/4
版权产业增加值占 GDP 比重	5/3	5/8	4/9	1

资料来源：由笔者整理。

表 11-17　　　　知识产权管理指标三级指标的判断矩阵

知识产权管理	知识产权机构数量	知识产权大数据库构建数量
知识产权机构数量	1	2
知识产权大数据库构建数量	1/2	1

资料来源：由笔者整理。

表 11-18　　　　知识产权服务指标三级指标的判断矩阵

知识产权服务	知识产权公共服务标准数量	知识产权公共服务机构建设数量
知识产权公共服务标准数量	1	5/4
知识产权公共服务机构建设数量	4/5	1

资料来源：由笔者整理。

表 11-19　　　　知识产权协同指标三级指标的判断矩阵

知识产权协同	知识产权联盟数量	专利池数量
知识产权联盟数量	1	1
专利池数量	1	1

资料来源：由笔者整理。

表 11-20　　　　知识产权治理指标三级指标的判断矩阵

知识产权治理指标	专利代理机构数量	知识产权数据中心建设数量
专利代理机构数量	1	11/10
知识产权数据中心建设数量	10/11	1

资料来源：由笔者整理。

表 11-21　　　　知识产权国际化指标三级指标的判断矩阵

知识产权国际化	四方同族专利数量	知识产权国际协定签订数量
四方同族专利数量	1	11/10
知识产权国际协定签订数量	10/11	1

资料来源：由笔者整理。

再次，运用 Yaahp 分别对各级指标进行权重和一致性判断。软件 Yaahp 是以层次分析法为基础的科学决策支持工具，输入对应判断矩阵数据，即可获得该软件运行得到的相应的权重及一致性判断。在完成层次结构模型后，分别输入各判断矩阵，得到其相应指标的权重值及一致性指标如表 11-22 至表 11-37 所示。

表 11-22　　　　面向区域的数字产业创新知识产权战略评估体系
一级评价指标的权重值及一致性指标

面向数字产业创新的知识产权战略评估体系构建	知识产权战略分析指标	知识产权战略选择指标	知识产权战略实施指标	知识产权战略协同指标	Wi
知识产权战略分析指标	1.0000	1.3000	1.8000	2.2000	0.3383
知识产权战略选择指标	0.7692	1.0000	3.0000	3.3000	0.3735
知识产权战略实施指标	0.5556	0.3333	1.0000	2.0000	0.1742
知识产权战略协同指标	0.4545	0.3030	0.5000	1.0000	0.1141

一致性比例：0.0388；对"面向区域的数字产业创新知识产权战略评估体系构建"的权重：1.0000；λmax：4.1037

资料来源：由笔者整理。

一致性比率 CR=0.0388<0.1，通过一致性检验。

同理，使用 Yaahp 软件得出二级指标的权重及一致性检验结果如表 11-23 至表 11-26 所示。

表 11-23　　　　知识产权战略分析指标二级评价
指标的权重值及一致性指标

知识产权战略分析指标	制度环境分析	制度建设	Wi
制度环境分析	1.0000	1.3000	0.5652
制度建设	0.7692	1.0000	0.4348

一致性比例：0.0000；对"面向区域的数字产业创新知识产权战略评估体系构建"的权重：
0.3383；λmax：2.0000

　　资料来源：由笔者整理。

　　　一致性比率 CR＝0.0000<0.1，通过一致性检验。

表 11-24　　　　知识产权战略选择指标二级
评价指标的权重值及一致性指标

知识产权战略选择指标	知识产权投入	知识产权创造	知识产权保护	Wi
知识产权投入	1.0000	2.1000	2.1000	0.5056
知识产权创造	0.4762	1.0000	2.0000	0.3033
知识产权保护	0.4762	0.5000	1.0000	0.1911

一致性比例：0.0516；对"面向区域的数字产业创新知识产权战略评估体系构建"的权重：
0.3735；λmax：3.0536

　　资料来源：由笔者整理。

　　　一致性比率 CR＝0.0000<0.1，通过一致性检验。

表 11-25　　　　知识产权战略实施指标二级评价
指标的权重值及一致性指标

知识产权战略实施指标	知识产权运用	知识产权管理	知识产权服务	Wi
知识产权运用	1.0000	2.3000	3.2500	0.5606
知识产权管理	0.4348	1.0000	2.6000	0.2987
知识产权服务	0.3077	0.3846	1.0000	0.1408

一致性比例：0.0399；对"面向区域的数字产业创新知识产权战略评估体系构建"的权重：
0.1742；λmax：3.0415

　　资料来源：由笔者整理。

一致性比率 CR＝0.0399<0.1，通过一致性检验。

表 11-26 知识产权战略协同指标二级评价
指标的权重值及一致性指标

知识产权战略协同指标	知识产权协同	知识产权治理	知识产权国际化	Wi
知识产权协同	1.0000	1.7500	2.0000	0.4754
知识产权治理	0.5714	1.0000	2.0000	0.3274
知识产权国际化	0.5000	0.5000	1.0000	0.1972

一致性比例：0.0336；对"面向区域的数字产业创新知识产权战略评估体系构建"的权重：0.1141；λmax：3.0349

资料来源：由笔者整理。

一致性比率 CR＝0.0336<0.1，通过一致性检验。

同理，使用 Yaahp 软件得出三级指标的权重及一致性检验结果如表 11-27 至表 11-37 所示。

表 11-27 制度环境分析指标三级评价指标的
权重值及一致性指标

制度环境分析	知识产权国际规则适应	知识产权国内制度适应	Wi
知识产权国际规则适应	1.0000	1.1000	0.5238
知识产权国内制度适应	0.9091	1.0000	0.4762

一致性比例：0.0000；对"面向区域的数字产业创新知识产权战略评估体系构建"的权重：0.1912；λmax：2.0000

资料来源：由笔者整理。

一致性比率 CR＝0.0000<0.1，通过一致性检验。

表 11-28 制度建设指标三级评价指标的权重值及一致性指标

制度建设	制度类型	制度目标	Wi
制度类型	1.0000	0.6000	0.3750
制度目标	1.6667	1.0000	0.6250

一致性比例：0.0000；对"面向区域的数字产业创新知识产权战略评估体系构建"的权重：0.1471；λmax：2.0000

资料来源：由笔者整理。

一致性比率 CR = 0.0000<0.1，通过一致性检验。

表 11-29　　　　知识产权投入指标三级评价指标的
权重值及一致性指标

知识产权投入指标	科研人员数量	R&D 经费支出	Wi
科研人员数量	1.0000	0.9000	0.4737
R&D 经费支出	1.1111	1.0000	0.5263

一致性比例：0.0000；对"面向区域的数字产业创新知识产权战略评估体系构建"的权重：0.1888；λmax：2.000

资料来源：由笔者整理。

一致性比率 CR = 0.0000<0.1，通过一致性检验。

表 11-30　　　　知识产权创造指标三级评价
指标的权重值及一致性指标

知识产权创造指标	每万人口高价值发明专利拥有量	海外发明专利授权量	PCT 国际专利年申请量	计算机软件著作权年登记数量	Wi
每万人口高价值发明专利拥有量	1.0000	2.4000	1.7500	3.2500	0.4173
海外发明专利授权量	0.4167	1.0000	2.5000	3.0000	0.2928
PCT 国际专利年申请量	0.5714	0.4000	1.0000	3.2500	0.2005
计算机软件著作权年登记数量	0.3077	0.3333	1.1111	1.0000	0.0893

一致性比例：0.0827；对"面向区域的数字产业创新知识产权战略评估体系构建"的权重：0.1133；λmax：4.2209

资料来源：由笔者整理。

一致性比率 CR = 0.0827<0.1，通过一致性检验。

表 11-31　知识产权保护指标三级评价
指标的权重值及一致性指标

知识产权保护指标	知识产权保护社会满意度	知识产权民事一审案件股判息诉率	Wi
知识产权保护社会满意度	1.0000	1.6000	0.6154
知识产权民事一审案件股判息诉率	0.6250	1.0000	0.3846

一致性比例：0.0000；对"面向区域的数字产业创新知识产权战略评估体系构建"的权重：0.0714；λmax：2.0000

资料来源：由笔者整理。

一致性比率 CR = 0.0000 < 0.1，通过一致性检验。

表 11-32　知识产权运用指标三级评价
指标的权重值及一致性指标

知识产权运用指标	知识产权质押融资年登记额	知识产权使用费年进出口额	专利密集型产业增加值占 GDP 比重	版权产业增加值占 GDP 比重	Wi
知识产权质押融资年登记额	1.0000	1.2000	0.4000	0.6000	0.1814
知识产权使用费年进出口额	0.8333	1.0000	1.1000	1.6000	0.2673
专利密集型产业增加值占 GDP 比重	2.5000	0.9091	1.0000	2.2500	0.3553
版权产业增加值占 GDP 比重	1.6667	0.6250	0.4444	1.0000	0.1960

一致性比例：0.0752；对"面向区域的数字产业创新知识产权战略评估体系构建"的权重：0.0976；λmax：4.2007

资料来源：由笔者整理。

一致性比率 CR = 0.0752 < 0.1，通过一致性检验。

表 11-33　　　　　　　知识产权管理指标三级评价
指标的权重值及一致性指标

知识产权管理指标	知识产权机构数量	知识产权大数据库构建数量	Wi
知识产权机构数量	1.0000	2.0000	0.6667
知识产权大数据库构建数量	0.5000	1.0000	0.3333

一致性比例：0.0000；对"面向区域的数字产业创新知识产权战略评估体系构建"的权重：
0.0520；λmax：2.0000

资料来源：由笔者整理。

一致性比率 CR＝0.0000<0.1，通过一致性检验。

表 11-34　　　　　　知识产权服务指标三级评价指标的
权重值及一致性指标

知识产权服务指标	知识产权公共服务标准数量	知识产权公共服务机构建设数量	Wi
知识产权公共服务标准数量	1.0000	1.2500	0.5556
知识产权公共服务机构建设数量	0.8000	1.0000	0.4444

一致性比例：0.0000；对"面向区域的数字产业创新知识产权战略评估体系构建"的权重：
0.0245；λmax：2.0000

资料来源：由笔者整理。

一致性比率 CR＝0.0000<0.1，通过一致性检验。

表 11-35　　　　　　　知识产权协同指标三级评价
指标的权重值及一致性指标

知识产权协同指标	知识产权联盟数量	专利池数量	Wi
知识产权联盟数量	1.0000	1.0000	0.5000
专利池数量	1.0000	1.0000	0.5000

一致性比例：0.0000；对"面向区域的数字产业创新知识产权战略评估体系构建"的权重：
0.0542；λmax：2.0000

资料来源：由笔者整理。

一致性比率 CR＝0.0000＜0.1，通过一致性检验。

表 11-36 知识产权治理指标三级评价
指标的权重值及一致性指标

知识产权治理指标	专利代理机构数量	知识产权数据 中心建设数量	Wi
专利代理机构数量	1.0000	1.1000	0.5238
知识产权数据 中心建设数量	0.9091	1.0000	0.4762

一致性比例：0.0000；对"面向区域的数字产业创新知识产权战略评估体系构建"的权重：0.0373；λmax：2.0000

资料来源：由笔者整理。

一致性比率 CR＝0.0000＜0.1，通过一致性检验。

表 11-37 知识产权国际化指标三级评价
指标的权重值及一致性指标

知识产权国际化指标	四方同族专利数量	知识产权国际 协定签订数量	Wi
四方同族专利数量	1.0000	1.1000	0.5238
知识产权国际 协定签订数量	0.9091	1.0000	0.4762

一致性比例：0.0000；对"面向区域的数字产业创新知识产权战略评估体系构建"的权重：0.0225；λmax：2.0000

资料来源：由笔者整理。

一致性比率 CR＝0.0000＜0.1，通过一致性检验。

最后，面向区域的数字产业创新知识产权战略评估体系的权重如表11-38 所示。

表 11-38　面向区域的数字产业创新知识产权战略评估指标权重

一级指标		二级指标		三级指标		权重	对总目标的权重分配
指标	权重	指标	权重	指标			
A1 知识产权战略分析	0.3383	B1-1 制度环境适应	0.5652	C1-1-1	知识产权国际规则适应	0.5238	0.1001
				C1-1-2	知识产权国内制度适应	0.4762	0.0910
		B1-2 制度建设	0.4348	C1-2-1	制度类型	0.3750	0.0552
				C1-2-2	制度目标	0.6250	0.0919
A2 知识产权战略选择	0.3735	B2-1 知识产权投入	0.5056	C2-1-1	科研人员数量	0.4737	0.0894
				C2-1-2	R&D 经费支出	0.5263	0.0994
		B2-2 知识产权创造	0.3033	C2-2-1	每万人口高价值发明专利拥有量	0.4173	0.0473
				C2-2-2	海外发明专利授权量	0.2928	0.0332
				C2-2-3	PCT 国际专利年申请量	0.2005	0.0227
				C2-2-4	计算机软件著作权年登记数量	0.0893	0.0101
		B2-3 知识产权保护	0.1911	C2-3-1	知识产权保护社会满意度	0.6154	0.0439
				C2-3-2	知识产权民事一审案件服判息诉率	0.3846	0.0275
A3 知识产权战略实施	0.1742	B3-1 知识产权运用	0.5606	C3-1-1	知识产权质押融资年登记额	0.1814	0.0177
				C3-1-2	知识产权使用费年进出口额	0.2673	0.0261
				C3-1-3	专利密集型产业增加值占 GDP 比重	0.3553	0.0347
				C3-1-4	版权产业增加值占 GDP 比重	0.1960	0.0191

续表

一级指标		二级指标		三级指标		权重	对总目标的权重分配
指标	权重	指标	权重		指标		
A3 知识产权战略实施	0.1742	B3-2 知识产权管理	0.2987	C3-2-1	知识产权机构数量	0.6667	0.0347
				C3-2-2	知识产权大数据库构建数量	0.3333	0.0173
		B3-3 知识产权服务	0.1408	C3-3-1	知识产权公共服务标准数量	0.5556	0.0136
				C3-3-2	知识产权公共服务机构建设数量	0.4444	0.0109
A4 知识产权战略协同	0.1141	B4-1 知识产权协同	0.4754	C4-1-1	知识产权联盟数量	0.5000	0.0271
				C4-1-2	专利池数量	0.5000	0.0271
		B4-2 知识产权治理	0.3274	C4-2-1	专利代理机构数量	0.5238	0.0196
				C4-2-2	知识产权数据中心建设数量	0.4762	0.0178
		B4-3 知识产权国际化	0.1972	C4-3-1	四方同族专利数量	0.5238	0.0118
				C4-3-2	知识产权国际协定签订数量	0.4762	0.0107

资料来源：由笔者整理。

四 面向区域的数字产业创新知识产权战略评估指标体系应用意义

面向区域的数字产业创新知识产权战略评估指标体系是基于平衡计分卡理论的全过程视角对区域宏观层面的知识产权战略进行评估和指导的指标体系。面向区域的数字产业创新知识产权战略评估指标体系具有指标评估内容和构建指标体系方法两方面的应用意义。首先，知识产权战略评估体系内容应用意义。科学性、严谨性和动态性的知识产权战略评估框架，可以更好地调节和引导数字经济核心产业创新方向以及制造业传统产业数字化转型创新的变革方向，既是知识产权战略全面性规划、精准投入部署以及高质量践行的重要战略评估方法，也是数字产业创新知识产权战略实施效率和效益最大化的重要基石。其次，知识产权战略评估体系方法应用意义。过程性、全面性、独立性、科学性、指导性和可持续性为原则的战略指标构建体系，可以适用于其他动态性较强的战略问题评估分析，充分围绕战略实施情境，构建科学性的战略指标体系。

第二节 面向数字产业的知识产权战略评估

面向数字产业创新的产业层面知识产权战略评估是国家数字产业创新发展的重要战略支撑，既是数字产业各细分产业知识产权战略联系和指导的桥梁和纽带，也是面向数字产业创新的知识产权战略评估的重要视角和重要组成部分之一。因此，本节围绕面向数字产业的知识产权战略指标评估，分析面向数字产业的知识产权战略指标评估的意义，基于平衡计分卡理论的过程评估视角，以科学性、代表性、客观性、有效性和可操作性为原则，制定聚焦数字产业各细分领域的数字产业创新知识产权战略评估体系。使用 AHP 层次分析法对建立的战略指标体系进行一致性判定和权重分析，最后针对分析后的战略指标体系提出未来可应用的意义。

一 面向数字产业的知识产权战略评估意义

面向数字产业创新的产业层面知识产权战略评估是为工业互联网、两化融合、智能制造、车联网、平台经济等融合型新产业和数字经济核心产业在内的各细分产业创新发展提供知识产权战略分析、选择、实施和协同等具体策略和实施路径的有效指导的重要策略，是着重解决当前知识产权制度和市场环境下数字产业战略发展的共性问题，为国家数字产业创新发展提供知识产权战略评估支撑，是数字产业各细分产业知识产权战略联系和指导的桥梁和纽带。结合数字产业特点，构建具有全局性、制度性和政策性特点的面向数字产业创新的产业层面知识产权战略评估体系（Huang et al.，2021），能全面、客观、科学地反映数字产业创新知识产权战略现状和发展态势，有助于把握数字产业创新发展的主要进程，为数字产业发展提供中观指导和战略运行结果效度的评价支持，有利于数字产业在清晰的战略指导下获取国际竞争优势。

二 面向数字产业的知识产权战略评估指标体系构建原则

面向数字产业创新的产业层面知识产权战略评估体系构建是基于平衡计分卡过程视角，从知识产权战略分析、知识产权战略选择、知识产权战略实施和知识产权战略协同四个主要过程出发，具体围绕数字产业两大细分领域数字经济核心产业和传统产业数字化转型的新生融合业态，以科学性、代表性、客观性、有效性和可操作性原则，建立的面向数字产业层面的中观视角的知识产权战略评估体系。其中，指标体系的科学性和客观性是从多维度、多视角、多方验证形成的战略评估内容。指标体系的代表性特征是战略评估指标内容具有全面性和覆盖性。指标体系的有效性是在知识产权战略评估指标应用中具有多层次和动态性的战略指导功能，评估指标具有高度的信度和效度。另外，指标体系的可操作性是在国家知识产权战略和产业知识产权战略的基础上，具有较强的中心性和实践性的指标体系内容。

三 面向数字产业的知识产权战略评估指标体系来源及筛选

（一）面向数字产业的知识产权战略评估指标体系的来源及构建

研究以中国知网、万方数据库、维普数据库等中文数据库和 Web of Science 外文数据库为主要检索依据，经文献调研，统计知识产权国家战略、知识产权地区战略、数字产业知识产权战略和相关文献研究中所涉及的相关评价指标，基于平衡计分卡过程指标构建理论，从知识产权战略分析、知识产权战略选择、知识产权战略实施、知识产权战略协同四个方面考虑，结合知识产权创造、保护、运用、管理、服务等传统知识产权战略，遵循科学性、代表性、客观性、有效性和可操作性原则，构建如表 11-39 所示的面向数字产业的知识产权战略初始评估体系。

表 11-39　　　面向数字产业的知识产权战略初始评估体系构建

一级指标	二级指标	三级指标	指标说明
A1　知识产权战略分析	B1-1　产业环境评估	C1-1-1　产业数字化专利合作网络融合性	产业数字化专利合作网络数量
		C1-1-2　数字经济核心产业专利合作网络融合性	数字经济核心产业专利合作网络数量
	B1-2　制度环境评估	C1-2-1　知识产权国内制度环境适应性	数字产业战略与国内制度适应性评估（定性研究）
		C1-2-2　知识产权国际制度环境适应性	数字产业战略与国际制度适应性评估（定性研究）
A2　知识产权战略选择	B2-1　知识产权投入	C2-1-1　产业数字化领域R&D经费支出（亿元）	工业互联网、两化融合、智能制造、车联网、平台经济等融合型新产业 R&D 总支出
		C2-1-2　数字经济核心产业R&D经费支出（亿元）	数字经济核心产业 R&D 总支出
		C2-1-3　R&D 经费总支出（亿元）	政府投入用于数字产业科技研发的经费总额
	B2-2　知识产权创造	C2-2-1　数字经济核心产业有效发明专利数量（件）	数字核心产业有效发明专利总数
		C2-2-2　产业数字化领域有效发明专利数量（件）	工业互联网、两化融合、智能制造、车联网、平台经济等融合型新产业有效发明专利总数
		C2-2-3　马德里国际注册商标拥有量（件）	数字产业马德里国际注册商标拥有总量
		C2-2-4　计算机软件著作权年登记数量（件）	数字产业一年内计算机软件著作权年登记总数
		C2-2-5　集成电路布图设计年登记量（件）	数字产业一年内集成电路布图设计年登记总数
		C2-2-6　PCT 国际专利年申请量（件）	一年内申请 PCT 专利的总数
		C2-2-7　技术市场合同成交数（件）	签订成交技术合同的总数
		C2-2-8　技术市场合同成交金额（亿元）	签订成交技术合同的总金额

续表

一级指标	二级指标	三级指标	指标说明
A2 知识产权战略选择	B2-3 知识产权保护	C2-3-1 专利纠纷案件结案数量（万件）	知识产权局和法院处理数字产业领域专利纠纷案件总数
		C2-3-2 工商局商标查处侵权假冒案件数量（万件）	工商局商标查处侵权假冒案件数量
		C2-3-3 版权行政机关查处案件结案数（万件）	行政机关查处版权侵权案件总数
		C2-3-4 版权行政机关收缴盗版制品数量（万件）	行政机关缴获盗版品数量
		C2-3-5 商业秘密纠纷案件数量（万件）	知识产权局、行政机关、法院处理商业秘密案件总数
		C2-3-6 知识产权保护中心数量（家）	知识产权保护的举报、投诉、维权、援助平台或组织总数
A3 知识产权战略实施	B3-1 知识产权运用	C3-1-1 数字经济核心产业知识产权运用标杆企业（家）	数字经济核心产业知识产权运用标杆企业总数
		C3-1-2 产业数字化领域知识产权运用标杆企业（家）	工业互联网、两化融合、智能制造、车联网、平台经济等融合型新产业知识产权运用标杆企业总数
		C3-1-3 知识产权示范县（市、区）数量（家）	数字产业市级/区级知识产权试点示范企业总数
		C3-1-4 开源社区构建（个）	开源社区基金会数量、开源社区贡献者及参与者企业数量
	B3-2 知识产权管理	C3-2-1 数字产业开展知识产权管理的企业数量（家）	数字产业开展知识产权管理的企业数量
		C3-2-2 数字产业知识产权贯标企业数量（家）	数字产业知识产权贯标企业总数
		C3-2-3 数字产业知识产权示范优势企业数量（家）	数字产业知识产权示范优势企业总数
	B3-3 知识产权服务	C3-3-1 知识产权服务业营业收入平均增长（%）	本年度与上年度数字产业知识产权服务业营业收入差值/本年度数字产业知识产权服务业营业收入×100%
		C3-3-2 知识产权公共服务运营平台建设数量（个）	数字产业知识产权交易、融资等公共服务运营平台总数

续表

一级指标	二级指标	三级指标	指标说明
A4 知识产权战略协同	B4-1 知识产权协同	C4-1-1 数字经济核心产业知识产权联盟数量（家）	数字经济核心产业知识产权联盟总数
		C4-1-2 产业数字化领域知识产权联盟数量（家）	工业互联网、两化融合、智能制造、车联网、平台经济等融合型新产业知识产权联盟总数
	B4-2 知识产权治理	C4-2-1 数字经济核心产业数据产权登记系统建设数量（个）	数字产业数据产权登记系统总数
		C4-2-2 产业数字化领域数据产权登记系统建设数量（个）	工业互联网、两化融合、智能制造、车联网、平台经济等融合型新产业数据产权登记系统总数
	B4-3 知识产权国际化	C4-3-1 搭建国际知识产权智库数量（个）	搭建数字产业国际知识产权智库总数
		C4-3-2 加入数字产业领域知识产权国际组织数量（个）	加入数字产业领域知识产权国际组织总数
		C4-3-3 参与标准国际组织数量（个）	与数字产业相关标准国际组织人员总数

资料来源：由笔者整理。

（二）面向数字产业的知识产权战略评估指标体系构建及修正

经过三轮专家调查，通过专家咨询，整理专家意见，得到科学性、可靠性的指标筛选结果，从而构建面向数字产业的知识产权战略指标评价体系（见表11-41）。面向数字产业的知识产权战略指标评价体系共由4个维度和11个二级指标及29个三级指标构成。

表11-40　　　　　　　　　专家问卷调查的统计数据分析

测量条款	样本量	最小值	最大值	均值	标准差	指标状态
	统计	统计	统计	统计	统计	
A1	54	1	7	5.38	0.076	保留
A2	54	1	7	5.25	0.083	保留
A3	54	1	7	5.45	0.073	保留
A4	54	1	7	5.11	0.085	保留

续表

测量条款	样本量	最小值	最大值	均值	标准差	指标状态
	统计	统计	统计	统计	统计	
B1-1	54	1	7	5.61	0.070	保留
B1-2	54	1	7	5.21	0.082	保留
B2-1	54	1	7	5.60	0.071	保留
B2-2	54	1	7	5.01	0.087	保留
B2-3	54	1	7	5.83	0.069	保留
B3-1	54	1	7	5.34	0.077	保留
B3-2	54	1	7	5.17	0.084	保留
B3-3	54	1	7	5.26	0.083	保留
B4-1	54	1	7	5.83	0.084	保留
B4-2	54	1	7	5.25	0.083	保留
B4-3	54	1	7	5.21	0.080	保留
C1-1-1	54	1	7	5.02	0.087	保留
C1-1-2	54	1	7	5.22	0.081	保留
C1-2-1	54	1	7	2.66	0.368	删除
C1-2-2	54	1	7	2.23	0.350	删除
C2-1-1	54	1	7	5.60	0.070	保留
C2-1-2	54	1	7	5.54	0.076	保留
C2-2-1	54	1	7	5.93	0.087	保留
C2-2-2	54	1	7	5.68	0.071	保留
C2-2-3	54	1	7	5.25	0.082	保留
C2-2-4	54	1	7	5.34	0.078	保留
C2-2-5	54	1	7	5.16	0.084	保留
C2-2-6	54	1	7	5.40	0.075	保留
C2-2-7	54	1	7	1.24	0.374	删除
C2-2-8	54	1	7	2.29	0.278	删除
C2-3-1	54	1	7	5.22	0.080	保留
C2-3-2	54	1	7	4.68	0.128	保留
C2-3-3	54	1	7	5.27	0.082	保留
C2-3-4	54	1	7	2.07	0.271	删除
C2-3-5	54	1	7	4.82	0.113	保留

续表

测量条款	样本量	最小值	最大值	均值	标准差	指标状态
	统计	统计	统计	统计	统计	
C2-3-6	54	1	7	4.45	0.178	保留
C3-1-1	54	1	7	4.91	0.101	保留
C3-1-2	54	1	7	4.66	0.126	保留
C3-1-3	54	1	7	2.32	0.232	删除
C3-1-4	54	1	7	2.33	0.231	删除
C3-2-1	54	1	7	2.61	0.225	删除
C3-2-2	54	1	7	2.67	0.228	保留
C3-2-3	54	1	7	5.42	0.078	保留
C3-3-1	54	1	7	5.34	0.078	保留
C3-3-2	54	1	7	5.23	0.080	保留
C4-1-1	54	1	7	5.27	0.071	保留
C4-1-2	54	2	7	5.33	0.081	保留
C4-2-1	54	1	7	5.27	0.071	保留
C4-2-2	54	1	7	5.37	0.069	保留
C4-3-1	54	1	7	5.33	0.081	保留
C4-3-2	54	1	7	5.73	0.087	保留
C4-3-3	54	1	7	2.83	0.113	删除

资料来源：由笔者整理。

表 11-41　　面向数字产业的知识产权战略评估体系构建

一级指标	二级指标	三级指标	指标说明
A1　知识产权战略分析	B1-1　产业环境评估	C1-1-1　产业数字化专利合作网络融合性	产业数字化专利合作网络数量
		C1-1-2　数字经济核心产业专利合作网络融合性	数字经济核心产业专利合作网络数量
	B1-2　制度环境评估	C1-2-1　知识产权国内制度环境适应性	数字产业战略与国内制度适应性评估（定性研究）
		C1-2-2　知识产权国际制度环境适应性	数字产业战略与国际制度适应性评估（定性研究）

续表

一级指标	二级指标	三级指标	指标说明
A2 知识产权战略选择	B2-1 知识产权投入	C2-1-1 产业数字化领域R&D经费支出（亿元）	工业互联网、两化融合、智能制造、车联网、平台经济等融合型新产业R&D总支出
		C2-1-2 数字经济核心产业R&D经费支出（亿元）	数字经济核心产业R&D总支出
	B2-2 知识产权创造	C2-2-1 数字经济核心产业有效发明专利数量（件）	数字核心产业有效发明专利总数
		C2-2-2 产业数字化领域有效发明专利数量（件）	工业互联网、两化融合、智能制造、车联网、平台经济等融合型新产业有效发明专利总数
		C2-2-3 PCT国际专利年申请量（件）	一年内申请PCT专利的总数
		C2-2-4 马德里国际注册商标拥有量（件）	数字产业马德里国际注册商标拥有总量
		C2-2-5 计算机软件著作权年登记数量（件）	数字产业一年内计算机软件著作权年登记总数
		C2-2-6 集成电路布图设计年登记量（件）	数字产业一年内集成电路布图设计年登记总数
	B2-3 知识产权保护	C2-3-1 专利纠纷案件结案数量（万件）	知识产权局和法院处理数字产业领域专利纠纷案件总数
		C2-3-2 工商局商标查处侵权假冒案件数量（万件）	工商局商标查处侵权假冒案件数量
		C2-3-3 版权行政机关查处案件结案数（万件）	行政机关查处版权侵权案件总数
		C2-3-4 商业秘密纠纷案件数量（万件）	知识产权局、行政机关、法院处理商业秘密案件总数
		C2-3-5 知识产权保护中心数量（家）	知识产权保护的举报、投诉、维权、援助平台或组织总数

续表

一级指标	二级指标	三级指标	指标说明
A3 知识产权战略实施	B3-1 知识产权运用	C3-1-1 数字经济核心产业知识产权运用标杆企业（家）	数字经济核心产业知识产权运用标杆企业总数
		C3-1-2 产业数字化领域知识产权运用标杆企业（家）	工业互联网、两化融合、智能制造、车联网、平台经济等融合型新产业知识产权运用标杆企业总数
	B3-2 知识产权管理	C3-2-1 数字产业知识产权贯标企业数量（家）	数字产业知识产权贯标企业总数
		C3-2-2 数字产业知识产权示范优势企业数量（家）	数字产业知识产权示范优势企业总数
	B3-3 知识产权服务	C3-3-1 知识产权服务业营业收入平均增长（%）	本年度与上年度数字产业知识产权服务业营业收入差值/本年度数字产业知识产权服务业营业收入×100%
		C3-3-2 知识产权公共服务运营平台建设数量（个）	数字产业知识产权交易、融资等公共服务运营平台总数
A4 知识产权战略协同	B4-1 知识产权协同	C4-1-1 数字经济核心产业知识产权联盟数量（家）	数字经济核心产业知识产权联盟总数
		C4-1-2 产业数字化领域知识产权联盟数量（家）	工业互联网、两化融合、智能制造、车联网、平台经济等融合型新产业知识产权联盟总数
	B4-2 知识产权治理	C4-2-1 数字经济核心产业数据产权登记系统建设数量（个）	数字产业数据产权登记系统总数
		C4-2-1 产业数字化领域数据产权登记系统建设数量（个）	工业互联网、两化融合、智能制造、车联网、平台经济等融合型新产业数据产权登记系统总数
	B4-3 知识产权国际化	C4-3-1 搭建国际知识产权智库数量（个）	搭建数字产业国际知识产权智库总数
		C4-3-2 加入数字产业领域知识产权国际组织数量（个）	加入数字产业领域知识产权国际组织总数

资料来源：由笔者整理。

（三）面向数字产业的知识产权战略评估指标体系权重判定

如本章第一节相同分析过程，采用 AHP 层次分析法，首先，对照第一节使用的判断尺度表对指标体系进行专家打分；其次，计算面向数字产业的知识产权战略评估体系中各级各项指标的权重，并分析各级指标的一致性检验结果（由于篇幅原因只做结果的文字阐述）；最后，计算出总的面向数字产业的知识产权战略评估体系的相对排序权重和一致性检验结果。

构建一个面向数字产业的知识产权战略评估体系的递阶结构模型。评价体系的目标层为"面向数字产业的知识产权战略评估体系构建"，准则层分为三个层级：一级指标根据面向数字产业的知识产权战略过程分为知识产权战略分析、知识产权战略选择、知识产权战略实施和知识产权战略协同，在此基础上划分 11 个二级指标和 29 个三级指标，如图 11-2 所示。

面向数字产业的知识产权战略评估指标体系层次结构模型建立后，采用 AHS 方法分配评估指标的权重。将采用 1—9 标度取值对层级结构模型中一级指标、二级指标和三级指标分别打分，并构造各层的判断矩阵。根据专家询问函调研结果，对专家所给出的成对比较结果进行算术平均，初步建立面向数字产业创新的知识产权战略评估指标的成对比较矩阵，各级指标的成对判断矩阵如表 11-42 至表 11-57 所示。

表 11-42　　　　面向数字产业的知识产权战略评估
指标一级指标判断矩阵

面向数字产业的 知识产权战略	知识产权战略 分析指标	知识产权 战略选择指标	知识产权 战略实施指标	知识产权 战略协同指标
知识产权战略 分析指标	1	21/10	13/8	2
知识产权战略 选择指标	10/21	1	2	9/5
知识产权战略 实施指标	8/13	1/2	1	1/3
知识产权战略 协同指标	1/2	5/9	3	1

资料来源：由笔者整理。

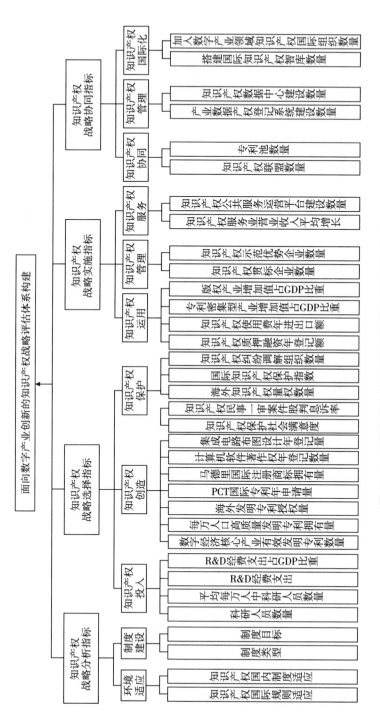

图 11-2　面向数字产业的知识产权战略评估指标体系

资料来源：由笔者整理。

表 11-43　　知识产权战略分析指标二级指标的判断矩阵

知识产权战略分析	产业环境评估	制度环境评估
产业环境评估	1	11/9
制度环境评估	9/11	1

资料来源：由笔者整理。

表 11-44　　知识产权战略选择指标二级指标的判断矩阵

知识产权战略选择	知识产权投入	知识产权创造	知识产权保护
知识产权投入	1	6/5	1
知识产权创造	5/11	1	2
知识产权保护	1/2	10/33	1

资料来源：由笔者整理。

表 11-45　　知识产权战略实施指标二级指标的判断矩阵

知识产权战略实施	知识产权运用	知识产权管理	知识产权服务
知识产权运用	1	2/3	3/4
知识产权管理	2/3	1	2
知识产权服务	4/3	1/2	1

资料来源：由笔者整理。

表 11-46　　知识产权战略协同指标二级指标的判断矩阵

知识产权战略协同	知识产权协同	知识产权治理	知识产权国际化
知识产权协同	1	3/4	2/3
知识产权治理	4/3	1	2
知识产权国际化	3/2	1/2	1

资料来源：由笔者整理。

表 11-47　　产业环境评估指标三级指标的判断矩阵

产业环境评估	产业数字化专利合作网络融合性	数字经济核心产业专利合作网络融合性
产业数字化专利合作网络融合性	1	1
数字经济核心产业专利合作网络融合性	1	1

资料来源：由笔者整理。

表 11-48　　　　　制度环境评估指标三级指标的判断矩阵

制度环境评估	知识产权国内制度 环境适应性	知识产权国际制度 环境适应性
知识产权国内制度环境适应性	1	10/13
知识产权国际制度环境适应性	13/10	1

资料来源：由笔者整理。

表 11-49　　　　　知识产权投入指标三级指标的判断矩阵

知识产权投入	产业数字化领域 R&D 经费支出	数字经济核心产业 R&D 经费支出
产业数字化领域 R&D 经费支出	1	1
数字经济核心产业 R&D 经费支出	1	1

资料来源：由笔者整理。

表 11-50　　　　　知识产权创造指标三级指标的判断矩阵

知识产权创造	数字经济核心产业有效发明专利数量	产业数字化领域有效发明专利数量	PCT 国际专利年申请量	马德里国际注册商标拥有量	计算机软件著作权年登记数量	集成电路布图设计年登记量
数字经济核心产业有效发明专利数量	1	1	8/5	4/3	3/2	2
产业数字化领域有效发明专利数量	1	1	8/5	4/3	5/3	7/4
PCT 国际专利年申请量	5/8	5/8	1	13/4	1/2	1/3
马德里国际注册商标拥有量	3/4	3/4	4/13	1	1/4	1/3
计算机软件著作权年登记数量	2/3	3/5	2	4	1	1
集成电路布图设计年登记量	1/2	4/7	3	3	1	1

资料来源：由笔者整理。

表 11-51 知识产权保护指标三级指标的判断矩阵

知识产权保护	专利纠纷案件结案数量	工商局商标查处侵权假冒案件数量	版权行政机关查处案件结案数	商业秘密纠纷案件数量	知识产权保护中心数量
专利纠纷案件结案数量	1	2	1/2	1/3	3/4
工商局商标查处侵权假冒案件数量	1/2	1	5/6	5/7	3/2
版权行政机关查处案件结案数	2	6/5	1	1	2
商业秘密纠纷案件数量	3	7/5	1	1	2
知识产权保护中心数量	4/3	2/3	1/2	1/2	1

资料来源：由笔者整理。

表 11-52 知识产权运用指标三级指标的判断矩阵

知识产权运用	数字经济核心产业知识产权运用标杆企业	产业数字化领域知识产权运用标杆企业
数字经济核心产业知识产权运用标杆企业	1	1
产业数字化领域知识产权运用标杆企业	1	1

资料来源：由笔者整理。

表 11-53 知识产权管理指标三级指标的判断矩阵

知识产权管理	数字产业知识产权贯标企业数量	数字产业知识产权示范优势企业数量
数字产业知识产权贯标企业数量	1	1
数字产业知识产权示范优势企业数量	1	1

资料来源：由笔者整理。

表 11-54   知识产权服务指标三级指标的判断矩阵

知识产权服务	知识产权服务业营业 收入平均增长	知识产权公共服务 运营平台建设数量
知识产权服务业营业 收入平均增长	1	5/3
知识产权公共服务运营 平台建设数量	3/5	1

资料来源：由笔者整理。

表 11-55   知识产权协同指标三级指标的判断矩阵

知识产权协同	数字经济核心产业知识 产权联盟数量	产业数字化领域知识 产权联盟数量
数字经济核心产业知识 产权联盟数量	1	1
产业数字化领域知识 产权联盟数量	1	1

资料来源：由笔者整理。

表 11-56   知识产权治理指标三级指标的判断矩阵

知识产权治理指标	数字经济核心产业数据 产权登记系统建设数量	产业数字化领域数据 产权登记系统建设数量
数字经济核心产业数据 产权登记系统建设数量	1	1
产业数字化领域数据 产权登记系统建设数量	1	1

资料来源：由笔者整理。

表 11-57   知识产权国际化指标三级指标的判断矩阵

知识产权国际化	搭建国际知识 产权智库数量	加入数字产业领域知识 产权国际组织数量
搭建国际知识 产权智库数量	1	5/6
加入数字产业领域知识 产权国际组织数量	6/5	1

资料来源：由笔者整理。

运用 Yaahp 分别对各级指标进行权重和一致性判断。软件 Yaahp 是以层次分析法为基础的科学决策支持工具，输入对应判断矩阵数据，即可获得该软件运行得到的相应的权重及一致性判断。经分析，一级指标的一致性比例按顺序分为 0.0000、0.0825、0.0355、0.0707；二级指标的一致性比例按顺序分别为：0.0000、0.0000、0.0000、0.0866、0.0547、0.0000、0.0000、0.0000、0.0000、0.0000、0.0000。上述一级指标和二级指标比例均<0.1，通过一致性检验。在完成层次结构模型后，分别输入各判断矩阵，得到其相应指标的权重值及一致性指标如表 11-58 所示。

四 面向数字产业的知识产权战略评估指标体系应用意义

本节构建的面向数字产业的知识产权战略评估指标体系是对数字经济核心产业以及工业互联网、两化融合、智能制造、车联网、平台经济等融合型新产业的知识产权战略现状和发展的有效研判和评估策略。聚焦细分产业的知识产权战略评估是联结国家、区域知识产权宏观战略和企业知识产权战略的有效桥梁。通过该数字产业层面的知识产权战略评估体系结合未来的定量和其他定性研究分析，可揭示不同数字产业知识产权战略的实施应用现状和存在的主要问题，可为阶段性的产业知识产权战略调整提供有力科学依据。该数字产业知识产权战略评估体系构建方法和构建思维亦为其他产业战略评估体系构建提供了新方法和新思路。

第三节 面向企业的知识产权战略评估

企业作为数字产业创新的重要主体，其知识产权创新高质量发展是数字产业创新可持续性发展的基础力量。面向数字产业创新的企业层面的知识产权战略指标评估是面向数字产业创新的知识产权战略评估的重要组成部分之一。因此，本节首先围绕面向数字产业创新的企业层面的知识产权战略指标评估，聚焦数字化转型企业和平台型企业，分析面向企业的知识产权战略指标评估的意义，以科学性、系统性、实用性为基本指标构建原则，构建符合企业创新发展的可操作性强、实用可控的知识产权战略评估体系。其次，使用 AHP 层次分析法对建立的战略指标体系进行一致性判定和权重分析。最后，针对分析后的战略指标体系提

表11-58　　面向数字产业的知识产权战略评估指标权重

一级指标		二级指标		三级指标		对总目标的权重分配
指标	权重	指标	权重	指标	权重	
A1 知识产权战略分析	0.3759	B1-1 产业环境评估	0.5500	C1-1-1 产业数字化专利合作网络融合性	0.5000	0.1034
				C1-1-2 数字经济核心产业专利合作网络融合性	0.5000	0.0846
		B1-2 制度环境评估	0.4500	C1-2-1 知识产权国内制度环境适应性	0.4348	0.0735
				C1-2-2 知识产权国际制度环境适应性	0.5652	0.0957
A2 知识产权战略选择	0.2629	B2-1 知识产权投入	0.3493	C2-1-1 产业数字化领域 R&D 经费支出	0.5000	0.0459
				C2-1-2 数字经济核心产业 R&D 经费支出	0.5000	0.0459
		B2-2 知识产权创造	0.3898	C2-2-1 数字经济核心产业专业有效发明专利数量	0.2111	0.0216
				C2-2-2 产业数字化领域有效发明专利数量	0.2087	0.0214
				C2-2-3 PCT 国际专利年申请量	0.1241	0.0304
				C2-2-4 马德里国际注册商标拥有量	0.0833	0.0022
				C2-2-5 计算机软件著作权登记数量	0.1864	0.0191
				C2-2-6 集成电路布图设计年登记量	0.1864	0.0191
		B2-3 知识产权保护	0.2609	C2-3-1 专利纠纷案件结案数量	0.1548	0.0028
				C2-3-2 工商局商标查处侵假案件数量	0.1653	0.0113
				C2-3-3 版权行政机关查处案件结案数	0.2529	0.0173
				C2-3-4 商业秘密纠纷案件结案数量	0.2887	0.0488
				C2-3-5 知识产权保护中心数量	0.1384	0.0095

一级指标		二级指标			三级指标		对总目标的
指标	权重	指标	权重	指标		权重	权重分配
A3 知识产权战略实施	0.1346	B3-1 知识产权运用	0.2552	C3-1-1	数字经济核心产业知识产权运用标杆企业	0.5000	0.0171
				C3-1-2	产业数字化领域知识产权运用标杆企业	0.5000	0.0171
		B3-2 知识产权管理	0.4638	C3-2-1	数字产业知识产权贯标企业数量	0.5000	0.0312
				C3-2-2	数字产业知识产权示范优势企业数量	0.5000	0.0312
		B3-3 知识产权服务	0.2809	C3-3-1	知识产权服务业营业收入平均增长	0.6250	0.0236
				C3-3-2	知识产权公共服务运营平台建设数量	0.3750	0.0142
A4 知识产权战略协同	0.2266	B4-1 知识产权协同	0.2569	C4-1-1	数字经济核心产业知识产权联盟数量	0.5000	0.0291
				C4-1-2	产业数字化领域知识产权联盟数量	0.5000	0.0291
		B4-2 知识产权治理	0.4489	C4-2-1	数字经济核心产业数据产权登记系统建设数量	0.5000	0.0509
				C4-2-1	产业数字化领域数据产权登记系统建设数量	0.5000	0.0509
		B4-3 知识产权国际化	0.2941	C4-3-1	搭建国际知识产权智库数量	0.4545	0.0303
				C4-3-2	加入数字产业领域知识产权国际组织数量	0.5455	0.0364

资料来源：由笔者整理。

297

出未来可应用的意义。

一　面向企业的知识产权战略评估的意义

面向数字产业创新的企业层面的知识产权战略评估是企业数字化战略持续性作用、保持企业数字技术市场竞争优势的重要战略导向性策略与手段。当前，企业的数字创新知识产权评估多聚焦于专利评价体系研究和企业战略实施结果研究，存在较强的主观性和经验主义，无法保证评估结果的科学性和指导性。处于新一代科技革命的国内国际大环境下发展的企业，亟须构建面向企业数字创新的知识产权科学性、实用性的战略评估体系，为企业充分利用数字红利，以系统性和全面性的知识产权战略引领和指导企业的可持续性发展，同时为平台新业态下的新生企业突破性创新提供良好的战略指导和制度保障。

二　面向企业的知识产权战略评估指标体系构建原则

面向企业的知识产权战略评估体系聚焦企业知识产权的创造、保护、运用、管理、协同和国际化六个方面，以科学性、系统性、实用性为基本指标构建原则，构建稳定性和动态性相结合、定性与定量相结合的具有较高指标信度和效度的企业知识产权战略指标体系。其中，构建指标的科学性原则是采用科学、严谨的构建方法，参考多维度、多层次的专家意见和文献参考形成指标体系内容。指标构建的系统性是以系统原则出发，从知识产权战略的选择、实施和协同全面性、系统性构建指标体系内容。指标构建的实用性是真正落实企业的发展现状和数据的可获得性，形成的具有一般性和概括性效果的指标内容。

三　面向企业的知识产权战略评估指标体系的来源及筛选

（一）面向企业的知识产权战略评估指标体系的来源及构建

研究以中国知网、万方数据库、维普数据库等中文数据库和 Web of Science 外文数据库为主要检索依据，经文献调研，统计知识产权国家战略、知识产权地区战略、数字产业知识产权战略和相关企业知识产权战略文献研究中所涉及的相关评价指标，从知识产权战略选择、知识产权战略实施和知识产权战略协同的系统性视角出发，以科学性、系统性、实用性为基本指标构建原则，构建如表 11-59 所示的面向企业的知识产权战略初始评估体系。

表 11-59   面向企业的知识产权战略初始评估体系构建

一级指标	二级指标	三级指标	指标说明
A1 知识产权战略选择	B1-1 知识产权创造	C1-1-1 专利生产率（%）	企业当年专利授权数/R&D 人员数×100%
		C1-1-2 R&D 经费支出（亿元）	企业投入数字产业领域科技研发的经费总额
		C1-1-3 R&D 人员比重（%）	企业研发人员总数/企业员工总数×100%
		C1-1-4 专利授权率（%）	企业专利授权数量/企业专利申请数量×100%
	B1-2 知识产权保护	C1-2-1 专利纠纷案件结案数量（件）	知识产权局和法院处理企业版权、商业秘密专利纠纷案件结案总数
		C1-2-2 商业秘密保护制度建设情况（分）	企业商业秘密保护制度建设程度打分
		C1-2-3 企业设置知识产权应急机制、预警方案指标（分）	企业设置知识产权应急机制、预警方案程度打分
		C1-2-4 企业知识产权纠纷维权费用（万元）	企业每年知识产权纠纷维权费用总数
		C1-2-5 企业知识产权专业人员管理数量（个）	企业知识产权专业人员管理总数
		C1-2-6 专利存续率	企业有效专利的平均维持年限（从其申请日至评价年之间的时间跨度）
A2 知识产权战略实施	B2-1 知识产权运用	C2-1-1 知识产权许可合同数量（件）	企业知识产权普通许可合同数量、知识产权排他许可合同数量、知识产权独占许可合同数量、知识产权交叉许可合同数量的总和
		C2-1-2 知识产权转让数量（件）	企业知识产权转让登记总量

续表

一级指标	二级指标	三级指标	指标说明
A2 知识产权战略实施	B2-1 知识产权运用	C2-1-3 知识产权质押数量（件）	企业知识产权质押登记总量
		C2-1-4 企业知识产权投资利润率（%）	知识产权产品销售利润总额/R&D 经费投入×100%
		C2-1-5 专利产品收入占企业销售收入比重（%）	企业专利产品收入额/企业总销售额×100%
	B2-2 知识产权管理	C2-2-1 企业开展知识产权宣讲次数（次）	企业知识产权宣讲总数
		C2-2-2 企业技术核心人员知识产权培训率（%）	企业核心技术人员知识产权培训人员/企业职工总数×100%
		C2-2-3 企业知识产权管理部门建设情况（分）	企业建设知识产权管理部门打分
		C2-2-4 企业贯标程度（分）	企业通过国家标准《企业知识产权管理规范》（GB/T29490—2013）认证程度打分
A3 知识产权战略协同	B3-1 知识产权协同	C3-1-1 标准必要专利数量（件）	企业专利成为标准必要专利总数
		C3-1-2 参与制定标准数量（件）	企业参与行业标准、团体标准、行业标准、国家标准、国际标准总数
	B3-2 知识产权国际化	C3-2-1 PCT 专利授权数量（件）	企业 PCT 授权总量
		C3-2-2 四方同族专利数量（件）	企业专利为欧洲专利局、日本专利局、美国专利与商标局和中国国家知识产权局同一数字产业发明专利族总数
		C3-2-3 企业设海外知识产权应急机制、预警方案指标（分）	企业设海外知识产权应急机制、预警方案程度打分

资料来源：由笔者整理。

（二）面向企业的知识产权战略评估指标体系构建及修正

经过三轮专家调查，专家咨询得到信效度较高的专家指标筛选意见，构建面向数字产业创新的企业层面的知识产权战略指标评估体系（见表11-61）。该体系由 4 个维度和 6 个二级指标及 19 个三级指标构成。

表 11-60 专家问卷调查的统计数据分析

测量条款	样本量	最小值	最大值	均值	标准差	指标状态
	统计	统计	统计	统计	统计	
A1	54	1	7	5.03	0.090	保留
A2	54	1	7	5.11	0.088	保留
A3	54	1	7	5.45	0.078	保留
B1-1	54	1	7	5.17	0.089	保留
B1-2	54	1	7	5.33	0.074	保留
B2-1	54	1	7	5.56	0.070	保留
B2-2	54	1	7	5.11	0.088	保留
B3-1	54	1	7	5.23	0.076	保留
B3-2	54	1	7	5.17	0.085	保留
C1-1-1	54	1	7	5.13	0.088	保留
C1-1-2	54	1	7	5.43	0.070	保留
C1-1-3	54	1	7	5.56	0.069	保留
C1-1-4	54	1	7	2.14	0.321	删除
C1-2-1	54	1	7	2.33	0.316	保留
C1-2-2	54	1	7	5.54	0.076	保留
C1-2-3	54	1	7	5.04	0.089	保留
C1-2-4	54	1	7	5.12	0.087	保留
C1-2-5	54	1	7	2.01	0.297	删除
C1-2-6	54	1	7	5.31	0.074	保留
C2-1-1	54	1	7	5.22	0.076	保留
C2-1-2	54	1	7	5.07	0.089	保留
C2-1-3	54	1	7	5.41	0.069	保留
C2-1-4	54	1	7	2.14	0.293	删除
C2-1-5	54	1	7	5.55	0.068	保留
C2-2-1	54	1	7	5.72	0.063	保留
C2-2-2	54	1	7	5.93	0.061	保留

续表

测量条款	样本量	最小值	最大值	均值	标准差	指标状态
	统计	统计	统计	统计	统计	
C2-2-3	54	1	7	2.98	0.219	删除
C2-2-4	54	1	7	5.14	0.087	保留
C3-1-1	54	1	7	5.42	0.079	保留
C3-1-2	54	1	7	5.98	0.060	保留
C3-2-1	54	1	7	5.17	0.088	保留
C3-2-2	54	1	7	2.67	0.228	删除
C3-2-3	54	1	7	5.21	0.087	保留

资料来源：由笔者整理。

表 11-61　　　　面向企业的知识产权战略评估体系构建

一级指标	二级指标	三级指标	指标说明
A1　知识产权战略选择	B1-1　知识产权创造	C1-1-1　专利生产率（%）	企业当年专利授权数/R&D 人员数×100%
		C1-1-2　R&D 经费支出（亿元）	企业投入数字产业领域科技研发的经费总额
		C1-1-3　R&D 人员比重（%）	企业研发人员总数/企业员工总数
	B1-2　知识产权保护	C1-2-1　专利纠纷案件结案数量（件）	知识产权局和法院处理企业版权、商业秘密专利纠纷案件结案总数
		C1-2-2　商业秘密保护制度建设情况（分）	企业商业秘密保护制度建设程度打分
		C1-2-3　企业设置知识产权应急机制、预警方案指标（分）	企业设置知识产权应急机制、预警方案程度打分
		C1-2-4　企业知识产权纠纷维权费用（万元）	企业每年知识产权纠纷维权费用总数
		C1-2-5　专利存续率	企业有效专利的平均维持年限（从其申请日至评价年之间的时间跨度）

续表

一级指标	二级指标	三级指标	指标说明
A2 知识产权战略实施	B2-1 知识产权运用	C2-1-1 知识产权许可合同数量（件）	企业知识产权普通许可合同数量、知识产权排他许可合同数量、知识产权独占许可合同数量、知识产权交叉许可合同数量的总和
		C2-1-2 知识产权转让数量（件）	企业知识产权转让登记总量
		C2-1-3 知识产权质押数量（件）	企业知识产权质押登记总量
		C2-1-4 专利产品收入占企业销售收入比重（%）	企业专利产品收入额/企业总销售额×100%
	B2-2 知识产权管理	C2-2-1 企业开展知识产权宣讲次数（次）	企业知识产权宣讲总数
		C2-2-2 企业技术核心人员知识产权培训率（%）	企业核心技术人员知识产权培训人员/企业职工总数×100%
		C2-2-3 企业贯标程度（分）	企业通过国家标准《企业知识产权管理规范》（GB/T29490—2013）认证程度打分
A3 知识产权战略协同	B3-1 知识产权协同	C3-1-1 标准必要专利数量（件）	企业专利成为标准必要专利总数
		C3-1-2 参与制定标准数量（件）	企业参与行业标准、团体标准、行业标准、国家标准、国际标准总数
	B3-2 知识产权国际化	C3-2-1 PCT专利授权数量（件）	企业PCT授权总量
		C3-2-2 企业设海外知识产权应急机制、预警方案指标（分）	企业设海外知识产权应急机制、预警方案程度打分

资料来源：由笔者整理。

（三）面向企业的知识产权战略评估指标体系权重判定

与前两节相同分析过程相同，采用层次分析法，对照使用相同的判断尺度表对指标体系进行专家打分。首先，构建一个面向企业的知识产权战略评估体系的递阶结构模型（见图11-3）。其次，计算面向数字产业创新的企业层面的知识产权战略评估体系中各级各项指标的权重，并分析各级指标的一致性检验结果（由于篇幅原因只做结果的文字阐述）。最后，计算出总的面向数字产业创新的企业层面的知识产权战略评估体系的相对排序权重和一致性检验结果。

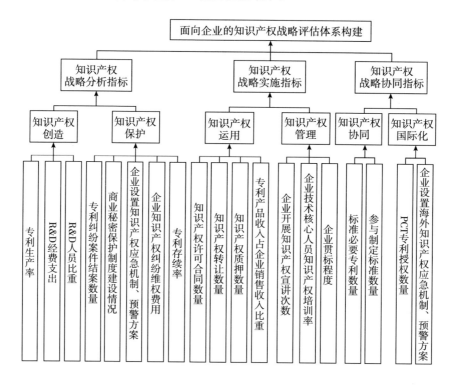

图11-3　面向企业的知识产权战略评估指标体系

资料来源：由笔者整理。

　　面向数字产业创新的企业层面的知识产权战略评估指标体系层次结构模型建立后，采用AHS方法分配评估指标的权重。将采用1—9标度取值对层级结构模型中一级指标、二级指标和三级指标分别打分，并构建各层的判断矩阵。根据专家询问函调研结果，对专家所给出的成对比较结果进行算术平均，初步建立面向企业创新的知识产权战略评估指标的成对比较矩阵，各级指标的成对判断矩阵如表11-62至表11-71所示。

表 11-62　　　　　　面向企业的知识产权战略评估指标

一级指标判断矩阵

面向企业的知识产权战略	知识产权战略 选择指标	知识产权战略 实施指标	知识产权战略 协同指标
知识产权战略选择指标	1	7/6	5/3
知识产权战略实施指标	6/7	1	2
知识产权战略协同指标	3/5	1/2	1

资料来源：由笔者整理。

表 11-63　　　　知识产权战略选择指标二级指标的判断矩阵

知识产权战略选择	知识产权创造	知识产权保护
知识产权创造	1	4/5
知识产权保护	5/4	1

资料来源：由笔者整理。

表 11-64　　　　知识产权战略实施指标二级指标的判断矩阵

知识产权战略实施	知识产权运用	知识产权管理
知识产权运用	1	11/10
知识产权管理	10/11	1

资料来源：由笔者整理。

表 11-65　　　　知识产权战略协同指标二级指标的判断矩阵

知识产权战略协同	知识产权协同	知识产权国际化
知识产权协同	1	1/2
知识产权国际化	2	1

资料来源：由笔者整理。

表 11-66　　　　知识产权创造指标三级指标的判断矩阵

知识产权创造	专利生产率	R&D 经费支出	R&D 人员比重
专利生产率	1	5/4	7/5
R&D 经费支出	4/5	1	1

续表

知识产权创造	专利生产率	R&D 经费支出	R&D 人员比重
R&D 人员比重	5/7	1	1

资料来源：由笔者整理。

表 11-67　　　　知识产权保护指标三级指标的判断矩阵

知识产权保护	专利纠纷案件结案数量	商业秘密保护制度建设情况	企业设置知识产权应急机制、预警方案指标	企业知识产权纠纷维权费用	专利存续率
专利纠纷案件结案数量	1	2	13/7	11/9	2
商业秘密保护制度建设情况	5/8	1	1/2	1	3/2
企业设置知识产权应急机制、预警方案指标	7/13	2	1	2/3	5/4
企业知识产权纠纷维权费用	9/11	1	3/2	1	2
专利存续率	1/2	2/3	4/5	1/2	1

资料来源：由笔者整理。

表 11-68　　　　知识产权运用指标三级指标的判断矩阵

知识产权运用	知识产权许可合同数量	知识产权转让数量	知识产权质押数量	专利产品收入占企业销售收入比重
知识产权许可合同数量	1	1/2	1/4	1/5
知识产权转让数量	2	1	2/3	3/5
知识产权质押数量	4	3/2	1	4/5
专利产品收入占企业销售收入比重	5	5/3	5/4	1

资料来源：由笔者整理。

表 11-69 知识产权管理指标三级指标的判断矩阵

知识产权管理	企业开展知识产权宣讲次数	企业技术核心人员知识产权培训率	企业贯标程度
企业开展知识产权宣讲次数	1	1	1/3
企业技术核心人员知识产权培训率	1	1	1/3
企业贯标程度	3	3	1

资料来源：由笔者整理。

表 11-70 知识产权协同指标三级指标的判断矩阵

知识产权协同	标准必要专利数量	参与制定标准数量
标准必要专利数量	1	2
参与制定标准数量	1/2	1

资料来源：由笔者整理。

表 11-71 知识产权国际化指标三级指标的判断矩阵

知识产权国际化	PCT 专利授权数量	企业设海外知识产权应急机制、预警方案指标
PCT 专利授权数量	1	5/4
企业设海外知识产权应急机制、预警方案指标	4/5	1

资料来源：由笔者整理。

运用 Yaahp 分别对各级指标进行权重和一致性判断。软件 Yaahp 是以层次分析法为基础的科学决策支持工具，输入对应判断矩阵数据，即可获得该软件运行得到的相应的权重及一致性判断。经分析，一级指标的一致性比例按顺序分为 0.0000、0.0000、0.0000；二级指标的一致性比例按顺序分别为：0.0014、0.0266、0.0061、0.0000、0.0000、0.0000、0.0000。上述一级指标和二级指标比例均<0.1，通过一致性检验。在完成层次结构模型后，分别输入各判断矩阵，得到其相应指标的权重值及一致性指标如表 11-72 所示。

表 11-72　面向企业的知识产权战略评估指标权重

一级指标		二级指标		三级指标		对总目标的
指标	权重	指标	权重	指标	权重	权重分配
A1 知识产权战略选择	0.4008	B1-1 知识产权创造	0.4444	C1-1-1 专利生产率	0.3981	0.0709
				C1-1-2 R&D 经费支出	0.3066	0.0546
				C1-1-3 R&D 人员比重	0.2953	0.0526
		B1-2 知识产权保护	0.5556	C1-2-1 专利纠纷案件结案数量	0.2933	0.0653
				C1-2-2 商业秘密保护制度建设情况	0.1603	0.0357
				C1-2-3 企业设置知识产权应急机制、预警方案指标	0.1915	0.0426
				C1-2-4 企业知识产权纠纷维权费用	0.2283	0.0508
				C1-2-5 专利存续率	0.1265	0.0282
A2 知识产权实施	0.3843	B2-1 知识产权运用	0.4444	C2-1-1 知识产权许可合同数量	0.0863	0.0174
				C2-1-2 知识产权转让数量	0.2052	0.0413
				C2-1-3 知识产权质押数量	0.3196	0.0638
				C2-1-4 专利产品收入占企业销售收入比重	0.3889	0.0783
		B2-2 知识产权管理	0.4762	C2-2-1 企业开展知识产权宣讲次数	0.2000	0.0366
				C2-2-2 企业技术核心人员知识产权培训率	0.2000	0.0366
				C2-2-3 企业贯标程度	0.6000	0.110

续表

一级指标		二级指标		三级指标		对总目标的权重分配
指标	权重	指标	权重	指标	权重	
A3 知识产权战略协同	0.3249	B3-1 知识产权协同	0.3333	C3-1-1 标准必要专利数量	0.6667	0.0722
				C3-1-2 参与制定标准数量	0.3333	0.0361
		B3-2 知识产权国际化	0.6667	C3-2-1 PCT专利授权数量	0.5556	0.1203
				C3-2-2 企业设海外知识产权应急机制、预警方案指标	0.4444	0.0963

资料来源：由笔者整理。

309

四　面向企业的知识产权战略评估指标体系应用意义

企业是数字产业创新的重要主体，是市场主体的重要组成部分。在数字化时代的市场竞争中，科学有效的企业知识产权战略部署是企业创新发展的重要前提，也是企业有效利用数字化赋能提高企业绩效和发展的重要方式。若将片面、主观战略应用于企业知识产权创造中，必然面临无可挽回的窘境。因此，本节构建的面向企业的知识产权战略评估体系是数字产业创新企业层面的战略评估内容，通过对数字产业中企业的知识产权战略布局、实施和协同分析，制定科学性、客观性的全面企业知识产权战略评估体系，在企业知识产权原有战略体系中丰富了有关数字产业企业战略指标，并以知识产权国际化和协同视角，提升企业知识产权战略高度，有助于提高我国传统企业数字化转型过程中的战略顶层部署和平台型新兴业态企业的综合能力和可持续发展能力的跟踪和建设。

第十二章

面向数字产业创新的知识产权
保护风险识别与防控体系

在数字技术驱动下，数字经济正以前所未有的速度向前发展，成为主导全球经济格局的重要支撑力量。中国正努力从知识产权大国向知识产权强国发展，但我国数字产业知识产权保护起步较晚，总体处于较薄弱的阶段，在享受数字经济红利的同时，也面临较严峻的知识产权保护风险。本章针对数字产业创新重点开展分析了数字经济快速发展背景下面临的知识产权保护风险，构建了面向数字产业创新的知识产权保护风险评价体系，并针对数字产业不同类型创新主体开展知识产权保护风险防控体系研究，旨在为新形势下中国数字产业提升可持续竞争优势提供指导。

第一节　面向数字产业创新的知识
产权保护风险分析

随着数字经济在全球经济发展中占据越来越重要的地位，在享受数字经济红利的同时，我国数字产业创新主体面临着较为严峻的知识产权保护风险。基于此，研究知识产权保护风险的内涵、分类及数字产业不同属性创新主体面临的主要风险类别和风险程度差异。根据已有成果基础，结合第六章基于数字产业嵌入全球价值链的知识产权国际规则研究，整理得到面向数字产业创新的知识产权保护风险分类框架。

一　面向数字产业创新的知识产权保护整体态势

随着数字经济发展日益渗透到各行业、各领域、各环节，《自由贸易协定》（FTA）中的数字产业知识产权规则变革呈现区域化和多边化发展趋势，知识产权保护整体上呈现向 TRIPS-plus 更高保护标准发展的态势，具体表现为保护客体范围扩大、保护期限延长、权利内容丰富、执法力度加强等特点。我国的知识产权法律体系在商标保护、专利保护期限、工业设计保护、数字版权保护、版权及相关权保护期限、民事和行政执法损害赔偿方式、临时执法具体要求、边境执法范围和海关权力、刑事执法启动标准上都与 TRIPS-plus 标准 FTAs 存在较大的差距。对于数字产业而言，现有研究成果已证实知识产权保护从弱到强的阶段明显影响数字产业创新绩效；对于发展中国家的创新主体而言，知识产权保护过于严苛会使其效益下降，进口国的知识产权保护抑制出口国的总出口，阻抑低技术行业企业出口，促进高技术行业企业出口。

随着数字经济快速发展和知识产权规则变革，数字产业在自主经营发展的过程中，一方面会面临外部知识产权立法（知识产权保护广度、知识产权保护宽度）、执法（知识产权保护深度）环境带来的风险，另一方面由于自身内部知识产权管理、运营和保护方面的问题同样使其面临风险。基于此，亟须对其形成的面向数字产业创新的知识产权保护风险开展分析，为引导数字产业创新主体积极识别和评估知识产权保护风险、加强风险预判和风险防控，短期内削弱高标准知识产权保护对数字产业产生的消极影响，长期倒逼数字产业加强整体知识产权保护以应对数字贸易体系变革。

二 面向数字产业创新的知识产权保护风险界定与分类

（一）面向数字产业创新的知识产权保护风险界定

基于管理学研究视角，将数字产业创新主体作为研究对象，界定面向数字产业创新的知识产权保护风险为：在数字经济快速发展和知识产权规则变革背景下，由于规则呈现保护客体范围扩大、保护期限延长、权利内容丰富、执法力度加强等特点，数字产业创新主体在自主经营发展过程中，可能会遇到并会给创新主体带来不利影响和后果的知识产权事项。

（二）面向数字产业创新的知识产权保护风险分类

梳理知识产权风险分类的研究成果，发现根据风险来源大致可以区分为以下研究视角：①外部环境相关引发的风险，包括知识产权制度、知识产权执法等；②内部管理相关引发的风险，包括知识产权泄露等；

③内部运营相关引发的风险，包括知识产权运营、知识产权交易与评估、知识产权壁垒等；④内部保护相关引发的风险，包括知识产权侵权与被侵权、知识产权诉讼等。

基于已有成果基础，结合第六章对数字产业嵌入全球价值链的知识产权国际规则研究，整理得到数字经济发展和知识产权规则变革背景下知识产权保护风险分类框架，如图 12-1 所示。

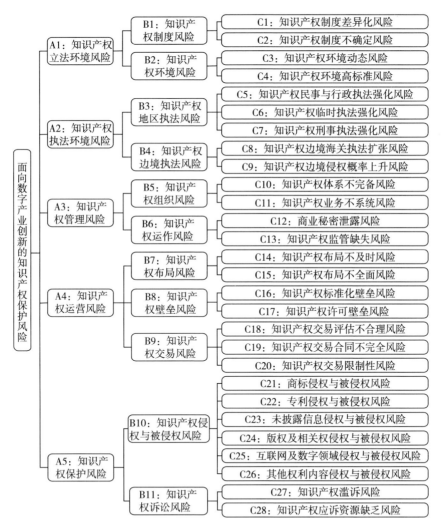

图 12-1 面向数字产业创新的知识产权保护风险分类框架

资料来源：由笔者整理。

三 面向数字产业创新的知识产权保护风险内容

研究认为，对于知识产权外部环境相关风险而言，有必要就其立法环境与执法环境进行区分，加上考虑数字产业创新主体自身内部知识产权管理、运营和保护方面的风险来源，可初步分为5个一级风险。A1、A2两类风险来源于知识产权外部环境，A1反映知识产权规则保护广度、保护宽度变革影响整体立法环境，给数字产业创新主体带来不利影响和后果的知识产权事项。A2反映知识产权规则保护深度变革影响整体执法环境，给数字产业创新主体带来不利影响和后果的知识产权事项。A3、A4、A5三类风险来源于数字产业创新主体内部，在数字经济发展和知识产权规则变革、保护标准提升的背景下，A3反映数字产业创新主体知识产权组织体系、运作等管理相关的给创新主体带来不利影响和后果的知识产权事项。A4反映数字产业创新主体知识产权布局、壁垒、交易等运营相关的给创新主体带来不利影响和后果的知识产权事项。A5围绕主要知识产权保护类别，反映数字产业创新主体知识产权侵权与被侵权、诉讼等保护相关的给创新主体带来不利影响和后果的知识产权事项。紧接着，在面向数字产业创新的知识产权保护风险的一级分类的基础上，研究进一步将风险拓展为11个二级风险（B1—B11）和28个三级风险（C1—C28），并对具体风险内容作出解释。面向数字产业创新的知识产权保护风险的三级指标内容如表12-1所示。

表 12-1   面向数字产业创新的知识产权保护风险
三级指标内容

三级风险指标	内容
C1：知识产权制度差异化风险	数字经济快速发展和知识产权规则变革加深制度差异化对数字产业创新主体带来不利影响的风险
C2：知识产权制度不确定风险	数字经济快速发展和知识产权规则变革加深制度不确定性对数字产业创新主体带来不利影响的风险
C3：知识产权环境动态风险	数字经济快速发展和知识产权规则变革加深环境动态变化对数字产业创新主体带来不利影响的风险

续表

三级风险指标	内容
C4：知识产权环境高标准风险	数字经济快速发展和知识产权规则变革提升环境保护标准对数字产业创新主体带来不利影响的风险
C5：知识产权民事与行政执法强化风险	数字经济快速发展和知识产权执法标准提升，部分国家和地区实行更强化的民事与行政执法措施对数字产业创新主体带来不利影响的风险
C6：知识产权临时执法强化风险	数字经济快速发展和知识产权执法标准提升，部分国家和地区实行更强化的临时执法措施对数字产业创新主体带来不利影响的风险
C7：知识产权刑事执法强化风险	数字经济快速发展和知识产权执法标准提升，部分国家和地区实行更强化的刑事执法措施对数字产业创新主体带来不利影响的风险
C8：知识产权边境海关执法扩张风险	数字经济快速发展和知识产权执法标准提升，边境环节海关执法范围和权力扩张对数字产业创新主体带来不利影响的风险
C9：知识产权边境侵权概率上升风险	数字经济快速发展和知识产权执法标准提升，边境环节货物侵权标准降低、概率上升对数字产业创新主体带来不利影响的风险
C10：知识产权体系不完备风险	数字经济快速发展和知识产权保护标准提升，数字产业创新主体由于知识产权体系不完备引起的对创新主体带来不利影响的风险
C11：知识产权业务不系统风险	数字经济快速发展和知识产权保护标准提升，数字产业创新主体由于知识产权业务不系统引起的对创新主体带来不利影响的风险
C12：商业秘密泄露风险	数字经济快速发展和知识产权保护标准提升，数字产业创新主体由于知识产权管理运作不当引起的商业秘密泄露的风险
C13：知识产权监管缺失风险	数字经济快速发展和知识产权保护标准提升，数字产业创新主体由于知识产权监管缺失引起的对创新主体带来不利影响的风险
C14：知识产权布局不及时风险	数字经济快速发展和知识产权保护标准提升，数字产业创新主体由于知识产权布局不及时引起的对创新主体带来不利影响的风险
C15：知识产权布局不全面风险	数字经济快速发展和知识产权保护标准提升，数字产业创新主体由于知识产权布局不全面引起的对企业带来不利影响的风险
C16：知识产权标准化壁垒风险	数字经济快速发展和知识产权保护标准提升，竞争对手将知识产权上升为技术标准以构建知识产权壁垒对数字产业创新主体带来不利影响的风险

续表

三级风险指标	内容
C17：知识产权许可壁垒风险	数字经济快速发展和知识产权保护标准提升，竞争对手在知识产权许可方面构建知识产权壁垒对数字产业创新主体带来不利影响的风险
C18：知识产权交易评估不合理风险	数字经济快速发展和知识产权保护标准提升，知识产权交易评估不合理引起的对数字产业创新主体带来不利影响的风险
C19：知识产权交易合同不完全风险	数字经济快速发展和知识产权保护标准提升，知识产权交易合同不完全引起的对数字产业创新主体带来不利影响的风险
C20：知识产权交易限制性风险	数字经济快速发展和知识产权保护标准提升，知识产权交易中的限制性因素引起的对数字产业创新主体带来不利影响的风险，包括进出口管制等
C21：商标侵权与被侵权风险	数字经济快速发展和知识产权规则变革保护客体范围扩大、保护期限延长，商标侵权与被侵权事件更易发生对数字产业创新主体带来不利影响的风险
C22：专利侵权与被侵权风险	数字经济快速发展和知识产权规则变革保护客体范围扩大、保护期限延长，专利侵权与被侵权事件更易发生对数字产业创新主体带来不利影响的风险
C23：未披露信息侵权与被侵权风险	数字经济快速发展和知识产权规则变革保护客体范围扩大、保护期限延长，未披露信息侵权与被侵权事件更易发生对数字产业创新主体带来不利影响的风险
C24：版权及相关权侵权与被侵权风险	数字经济快速发展和知识产权规则变革保护客体范围扩大、保护期限延长，版权及相关权侵权与被侵权事件更易发生对数字产业创新主体带来不利影响的风险
C25：互联网及数字领域侵权与被侵权风险	数字经济快速发展和知识产权规则变革保护权力内容更丰富，互联网及数字领域侵权与被侵权事件更易发生对数字产业创新主体带来不利影响的风险
C26：其他权利内容侵权与被侵权风险	数字经济快速发展和知识产权规则变革保护权力内容更丰富，其他权利内容侵权与被侵权事件更易发生对数字产业创新主体带来不利影响的风险
C27：知识产权滥诉风险	数字经济快速发展和知识产权保护标准提升，竞争对手利用知识产权规则进行滥诉对数字产业创新主体带来不利影响的风险
C28：知识产权应诉资源缺乏风险	数字经济快速发展和知识产权保护标准提升，诉讼事件更频发，数字产业创新主体对相关制度、法律程序不熟悉，因应诉资源缺乏对创新主体带来不利影响的风险

资料来源：由笔者整理。

第二节 面向数字产业创新的知识 产权保护风险评价体系

研究构建了在数字经济快速发展和知识产权规则变革背景下形成的面向数字产业创新的知识产权保护风险的评价体系。从风险影响因素分析开始，设计评价指标体系，运用层次分析法确定指标权重，模糊综合评价法进行评价，最终构建相对客观、合理的面向数字产业创新的知识产权保护风险评价体系，以更有针对性地提出风险防控策略。

一 面向数字产业创新的知识产权保护风险评价意义

风险评价是对风险存在和发生的可能性以及风险损失的范围与程度进行评估衡量，其目的在于识别、分析并找出潜在威胁和后果严重的风险，预先有针对性地制定和选择恰当的风险管理方式与防范策略。与发达国家相比，我国整体知识产权制度建设起步较晚，数字产业创新主体面临着客观和主观上多方位、多层面的知识产权风险因素，为更好地应对数字经济快速发展和知识产权规则变革大环境，亟须构建面向数字产业创新的知识产权保护风险评价体系，结合知识产权风险评价的现有方法，吸纳经过大量验证相对精确、合理、客观的度量指标。面向数字产业创新的知识产权保护风险评价体系的构建，能够帮助数字产业创新主体加强研判数字经济快速发展和知识产权规则变革引发的知识产权保护风险程度，识别出重要影响因素，预先有针对性地选择适合的风险防范策略并有效规避。

二 面向数字产业创新的知识产权保护风险评价体系设计

（一）影响因素分析

通过对"知识产权风险"影响因素的相关文献进行梳理，发现根据影响因素来源可以分为客观因素、主观因素两个视角：①客观因素包括企业外部知识产权制度、知识产权环境、知识产权壁垒、知识产权服务、知识产权特性等；②主观因素包括企业内部知识产权保护意识、知识产权保护实力、自主创新、知识产权管理、知识产权运营、知识产权纠纷应对等。

研究融入数字经济快速发展和知识产权规则变革的背景，根据已有影响因素成果基础，从风险的客观影响因素、主观影响因素两个视角，整理得到数字经济快速发展和知识产权规则变革下的面向数字产业创新的知识产权保护风险的影响因素，如表 12-2 所示。

表 12-2   面向数字产业创新知识产权保护风险的影响因素

研究主题	因素来源	具体影响因素	依据
面向数字产业创新的知识产权保护风险的影响因素	客观因素	知识产权制度差异化	方琳瑜、宋伟（2018）；辜凌云（2019）；许新承（2019）
		知识产权环境高标准	彭绍华、刘介明（2013）；陆彩丽（2017）
		知识产权执法强化	根据前文风险分析补充
		知识产权规则滥用	根据前文风险分析补充
		知识产权新型壁垒构成	徐慧、周婕（2022）；陆彩丽（2017）
		知识产权信息平台不完备	张婷等（2022）；辜凌云（2019）
		知识产权维权机制不健全	张婷等（2022）；陆彩丽（2017）；辜凌云（2019）
		知识产权地域性特征限制	辜凌云（2019）
	主观因素	知识产权基础实力较弱	武伟（2022）；张婷等（2022）
		自主知识创新能力较弱	徐慧、周婕（2022）；陆彩丽（2017）
		知识产权制度不熟悉	辜凌云（2019）
		知识产权战略意识不强	方琳瑜、宋伟（2018）；张婷等（2022）
		知识产权组织体系不完备	根据前文风险分析补充
		知识产权运作监管缺失	根据前文风险分析补充
		知识产权应对风险长效协同机制缺乏	武伟（2022）；方琳瑜、宋伟（2018）；张婷等（2022）；许新承等（2019）
		知识产权布局不足或滞后	武伟（2022）；方琳瑜、宋伟（2018）；陆彩丽（2017）；许新承等（2019）

续表

研究主题	因素来源	具体影响因素	依据
面向数字产业创新的知识产权保护风险的影响因素	主观因素	知识产权交易经验缺乏	根据前文风险分析补充
		知识产权保护意识薄弱	徐慧、周婕（2022）
		知识产权纠纷应对不积极	陆彩丽（2017）
		知识产权应诉资源缺乏	徐慧、周婕（2022）

资料来源：由笔者整理。

（二）指标构建原则及初步确定

面向数字产业创新的知识产权保护风险的评价是一个综合性的概念，从对知识产权保护风险的影响因素分析中可以发现，多数影响因素较难以"程度"进行衡量，风险的表现因客观因素、主观因素的不同具有特殊性。因此研究认为，对面向数字产业创新的知识产权保护风险的评价可在定性指标的基础上，运用有效的方法将指标转化为定量指标，以此确立面向数字产业创新的知识产权保护风险评价体系，该体系须遵循系统性、典型性、可行性、实用性原则。

基于影响因素分析，初步确定面向数字产业创新的知识产权保护风险的评价指标体系并解释指标含义（见表12-3）。评价体系的目标层为"面向数字产业创新的知识产权保护风险 R"，准则层分为三个层级：一级指标根据客观风险因素和主观风险因素分为 R1 和 R2，在此基础上，划分二级指标 8 个（R11—R14、R21—R24）和三级指标 20 个（r1—r20）。

表 12-3　　　面向数字产业创新知识产权保护风险的
评价体系指标初步确定及含义

目标层	准则层			指标含义
	一级指标	二级指标	三级指标	
面向数字产业创新的知识产权保护风险 R	客观风险因素 R1	立法执法 R11	知识产权制度差异化 r1	知识产权制度差异程度越高，知识产权保护风险越大
			知识产权环境高标准 r2	知识产权保护环境标准越高，知识产权保护风险越大
			知识产权执法强化 r3	知识产权执法力度越强化，知识产权保护风险越大

续表

目标层	准则层			指标含义
	一级指标	二级指标	三级指标	
面向数字产业创新的知识产权保护风险 R	客观风险因素　R1	竞争关系R12	知识产权规则滥用 r4	竞争对手滥用知识产权规则限制数字产业创新主体，知识产权保护风险增大
			知识产权新型壁垒构成 r5	竞争对手构建新型知识产权壁垒限制数字产业创新主体，知识产权保护风险增大
		服务机制R13	知识产权信息平台不完备 r6	信息平台不完备导致数字产业创新主体可获取服务不足，知识产权保护风险增大
			知识产权维权机制不健全 r7	维权机制不健全导致数字产业创新主体可获取服务不足，知识产权保护风险增大
		知识特性R14	知识产权地域性特征限制 r8	知识产权保护受到地域的限制，地域性加大知识产权保护风险
	主观风险因素　R2	企业能力R21	知识产权基础实力较弱 r9	数字产业创新主体知识产权基础实力越弱，面临的知识产权保护风险越大（包括企业知识产权制度建设、人才资源等）
			自主知识创新能力较弱 r10	数字产业创新主体自主知识创新能力越弱，拥有自主知识产权数量越有限，面临的知识产权保护风险越大
			知识产权制度不熟悉 r11	数字产业创新主体对知识产权制度熟悉程度越低，面临的知识产权保护风险越大

续表

目标层	准则层			指标含义
	一级指标	二级指标	三级指标	
面向数字产业创新的知识产权保护风险 R	主观风险因素 R2	企业管理 R22	知识产权战略意识不强 r12	数字产业创新主体知识产权战略意识越弱，面临的知识产权保护风险越大
			知识产权组织体系不完备 r13	数字产业创新主体组织体系不完备导致知识产权管理存在漏洞，知识产权保护风险增大
			知识产权运作监管缺失 r14	数字产业创新主体运作监管缺失导致知识产权管理存在漏洞，知识产权保护风险增大
			知识产权应对风险长效协同机制缺乏 r15	数字产业创新主体应对风险时难以有效借助政府机构、行业协会、服务机构、同行企业等力量，知识产权保护风险增大
		企业运营 R23	知识产权布局不足或滞后 r16	数字产业创新主体知识产权布局越不足或滞后，面临的知识产权保护风险越大
			知识产权交易经验缺乏 r17	数字产业创新主体知识产权交易经验缺乏，评估合理程度越低、合同完全程度越低、交易限制性越大，面临的知识产权保护风险越大
		企业保护 R24	知识产权保护意识薄弱 r18	数字产业创新主体知识产权保护意识越薄弱，面临的知识产权保护风险越大
			知识产权纠纷应对不积极 r19	数字产业创新主体应对纠纷不积极，导致败诉或助长部分竞争对手恶劣行径，知识产权保护风险增大

续表

目标层	准则层			指标含义
	一级指标	二级指标	三级指标	
面向数字产业创新的知识产权保护风险 R	主观风险因素　R2	企业保护 R24	知识产权应诉资源缺乏 r20	数字产业创新主体知识产权应诉资源缺乏，行业内部未形成联盟，政府支撑力量不足，知识产权保护风险增大

资料来源：由笔者整理。

客观风险因素（R1）细分为 4 个二级指标，代表源自企业外部的 4 个影响因素，分别是立法执法（R11）、竞争关系（R12）、服务机制（R13）和知识特性（R14）。主观风险因素（R2）细分为 4 个二级指标，代表源自企业内部的 4 个影响因素，分别是企业能力（R21）、企业管理（R22）、企业运营（R23）和企业保护（R24）。

三　面向数字产业创新的知识产权保护风险评价体系构建

（一）评价方法选择

1. 确定指标权重

在风险评价体系中，各个指标的重要程度和所起作用是不同的，重要程度的高低通过不同权重大小加以体现。科学确定风险指标权重，数字产业创新主体对知识产权保护风险的评价效果以及组织决策的可靠性和有效性才能得以保证。研究采用层次分析法（Analytic Hierarchy Process，AHP）来确定指标权重。基本步骤为：①建立层次分析结构模型。②构建判断矩阵。③层次单排序（计算权向量）及一致性检验。④层次总排序及一致性检验。

2. 进行综合评价

在风险评价体系中，对各个定性指标进行分析、判断时，人们通常无法用精确的、绝对量化的数值衡量，而使用模糊的语言进行表述，如很好、较好、一般、较差、很差或很大、较大、一般、较小、很小等表示程度性的模糊评语。科学融入模糊评价，有助于数字产业创新主体在进行知识产权保护风险评价时获得较符合客观实际的结论，以便后续作出应对风险的正确决策。

研究采用模糊综合评价法（Fuzzy Comprehension Evaluation Method，FCE）来进行综合评价。基本步骤：①建立评价指标因素集 U。因素集用 $U = \{U1, U2, \cdots, Um\}$ 表示，因素集合中的各个指标是能全面、系统反映待评价目标的所有指标，且各个指标彼此独立，相互之间不影响。②确定评价等级论域 V。等级论域用 $V = \{V1, V2, \cdots, Vn\}$ 表示，是评价专家对被评价对象可能做出的评价结果等级集合，通常划分为3—5个等级。③确定评价指标权重集 A。权重集用 $A = \{a1, a2, \cdots, am\}$ 表示，反映各个评价因素的重要程度，通过层次分析法得到各个指标的权重结果，其中 ai 表示评价指标 Ui 的权重值。④进行单因素模糊评价，建立评价矩阵（模糊关系矩阵）R。计算单因素隶属度 rij，表示第 i 个评价因素对应第 j 个评价等级的概率，其中 $i = 1, 2, \cdots, m$，$j = 1, 2, \cdots, n$，集合全部单因素隶属度，得到评价矩阵 R。⑤合成模糊综合评价结果矢量 B。利用合适的模糊合成算子将权重集 A 与评价矩阵 R 进行归一化处理得到被评价对象的模糊综合评价结果矢量 B。

3. 评价总体思路

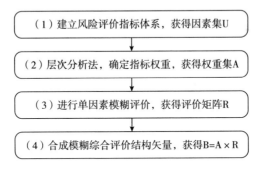

（1）建立风险评价指标体系，获得因素集U

（2）层次分析法，确定指标权重，获得权重集A

（3）进行单因素模糊评价，获得评价矩阵R

（4）合成模糊综合评价结构矢量，获得B=A×R

图 12-2 面向数字产业创新的知识产权保护风险评价的总体思路

资料来源：由笔者整理。

（二）问卷设计、发放与回收

"面向数字产业创新的知识产权保护风险评价指标问卷"共分为三个部分，第一部分 A 为填写说明，第二部分 B 为调研评价，第三部分 C 为基本信息。面向数字产业创新的知识产权保护风险的评价体系指标如图 12-3 所示。

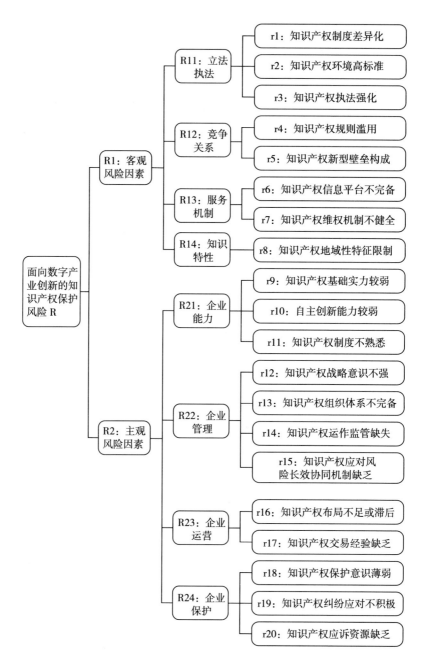

图 12-3 面向数字产业创新的知识产权保护风险评价体系指标

资料来源：由笔者整理。

层次分析阶段，采用Saaty重要性标度规则对同一层级两两指标之间用1—9或其倒数打分，计算得到各个指标的权重结果，重要性标度含义如表12-4所示。

表 12-4 **Saaty 重要性标度含义**

重要性标度	含义
1	指标 i 和指标 j 具有同等的重要性
3	指标 i 比指标 j 稍重要
5	指标 i 比指标 j 明显重要
7	指标 i 比指标 j 强烈重要
9	指标 i 比指标 j 绝对重要
2、4、6、8	表示上述判断的中间值
上列各数的倒数	若指标 i 和指标 j 的重要性之比为 a_{ij}，则指标 j 与指标 i 的重要性之比为 $a_{ji} = 1/a_{ij}$

资料来源：张炳江编著：《层次分析法及其应用案例》，电子工业出版社 2014 年版。

调研问卷有针对性地发放给来自政府部门、科研机构、高等院校、企业和社会中介等主体的知识产权领域专家/学者、管理人员和从业人员等，共回收有效问卷 20 份。对回收问卷的来源进行分析，主体类型方面，高等学校和企业分别占比为 30%，政府部门占比为 20%，科研机构占比为 15%，社会中介占比为 5%；人员类型方面，知识产权领域的专家/学者占比为 45%，知识产权领域管理人员占比为 30%，知识产权领域从业人员占比为 20%，其他相关人员占比为 5%。根据问卷回收情况，研究认为回收数据能够较全面地反映政产学研用不同视角对知识产权保护风险的考量和判断，以此为基础面向数字产业创新的知识产权保护风险评价体系能够较客观地反映实际问题和需求，因此将采用该回收数据构建评价体系。

（三）层次分析法确定指标权重

1. 基本公式

AHP 方法的基本步骤是：建立层次分析结构模型—构建判断矩阵—层次单排序及一致性检验—层次总排序及一致性检验。层次单排序步骤中，对于每一个判断矩阵计算最大特征根及对应特征向量，获得同一层因素对上一层因素相对重要性的排序权值。利用公式 $SW = \lambda_{max} W$，其中 S 为判断矩阵，λ_{max} 为判断矩阵的最大特征根，W 为对应特征向量，组成特征向量的每一个元素 W_i 即为所求的层次单排序的权重值。研究利用 MATLAB 软件计算判断矩阵的最大特征根以及指标权重值。由于专家对各因素进行两两比较时有可能会出现自相矛盾的现象，因此必须在层次单排序和层次总排序步骤之后进行一致性检验，以保证数据的准确性。一致性检验步骤如下：

（1）计算一致性指标 CI（Consistency Index）。

$$CI = \frac{\lambda_{max} - n}{n-1} \quad (n \text{ 为判断矩阵的阶数}) \tag{12-1}$$

指标 CI 衡量判断矩阵 S 对其主特征向量 W 所对应矩阵的偏离程度。

（2）对照平均随机一致性指标 RI（Random Index）。

对于 $n = 1$，2 的判断矩阵，因矩阵具备完全一致性，其 RI 值为 0；对于 $n = 3—10$ 的判断矩阵，经过相应计算，可通过查找取值参考（见表 12-5）获取 RI 取值。

表 12-5　　　　　　平均随机一致性指标 RI 取值参考

阶数	1	2	3	4	5	6	7	8	9	10
RI	0.00	0.00	0.58	0.90	1.12	1.24	1.32	1.41	1.45	1.49

资料来源：张炳江编著：《层次分析法及其应用案例》，电子工业出版社 2014 年版。

（3）计算一致性比率 CR。

$$CR = \frac{CI}{RI} \tag{12-2}$$

对于 $n \geq 3$ 的判断矩阵 S，将计算得到的 CI 与同阶（指 n 相同）的 RI 相比，比值即为 CR，当比值小于或等于 0.1（即 CR ≤ 0.1）时，认为 S 的不一致程度在容许范围之内，通过检验；反之，当比值大于 0.1（即 CR > 0.1）时，认为 S 没有通过一致性检验，需要对判断矩阵作适当的修正并继续检验直至通过。

2. 排序结果

通过相乘对应的一级指标权重、二级指标权重、三级指标权重得到全部三级指标的综合权重排序。指标权重排序结果如表 12-6 所示。

表 12-6　　　　　　　　　　指标权重排序结果

一级指标	权重	二级指标	权重	三级指标	权重	综合权重	权重排序
R1	0.5	R11	0.4874	r1	0.4286	0.1044	1
				r2	0.1429	0.0348	12
				r3	0.4286	0.1044	1
		R12	0.2762	r4	0.5	0.0691	5
				r5	0.5	0.0691	5
		R13	0.1182	r6	0.5	0.0296	14
				r7	0.5	0.0296	14
		R14	0.1182	r8	1	0.0591	7
R2	0.5	R21	0.3310	r9	0.2098	0.0347	13
				r10	0.2403	0.0398	10
				r11	0.5499	0.0910	3
		R22	0.2407	r12	0.2407	0.0290	16
				r13	0.1876	0.0226	19
				r14	0.3310	0.0398	10
				r15	0.2407	0.0290	16
		R23	0.1876	r16	0.75	0.0704	4
				r17	0.25	0.0235	18
		R24	0.2407	r18	0.4286	0.0516	8
				r19	0.4286	0.0516	8
				r20	0.1429	0.0172	20

资料来源：张炳江编著：《层次分析法及其应用案例》，电子工业出版社 2014 年版。

(四) 模糊综合评价法进行评价

研究目前已获得评价指标因素集 U、评价等级论域 V 和评价指标权重集 A。在综合评价中，判断面向数字产业创新的知识产权保护风险各因素指标对风险的影响等级，根据影响程度的大小，评价论域分为：很大、较大、一般、较小、很小5个等级，并赋值为 V＝ {1，2，3，4，5}。

根据问卷数据，获得第三层各个指标对应5个评价等级的概率（即隶属度），建立三级指标单因素模糊评价矩阵，如表12-7所示。

表 12-7　　　　　　　　　三级指标单因素模糊评价矩阵

第三层指标	很小	较小	一般	较大	很大
r1	0	0.05	0.45	0.35	0.15
r2	0.05	0.05	0.20	0.60	0.10
r3	0	0	0.35	0.50	0.15
r4	0	0.15	0.30	0.45	0.10
r5	0	0.05	0.45	0.45	0.05
r6	0	0.10	0.35	0.50	0.05
r7	0	0.05	0.15	0.70	0.10
r8	0	0.05	0.40	0.40	0.15
r9	0.05	0	0.15	0.60	0.20
r10	0	0.20	0.15	0.45	0.20
r11	0	0.05	0.25	0.60	0.10
r12	0	0.05	0.35	0.35	0.25
r13	0.05	0.05	0.35	0.50	0.05
r14	0	0	0.45	0.45	0.10
r15	0.05	0.10	0.20	0.55	0.10
r16	0	0.10	0.25	0.55	0.10
r17	0	0.10	0.30	0.55	0.05
r18	0	0.05	0.20	0.70	0.05
r19	0.05	0.05	0.40	0.35	0.15
r20	0	0.15	0.40	0.30	0.15

资料来源：张炳江编著：《层次分析法及其应用案例》，电子工业出版社2014年版。

为获得二级指标对应5个评价等级的隶属度，须通过对三级指标隶属度进行计算，以此获得完整的二级指标单因素模糊评价矩阵 R1 和 R2。

$$R1 = \begin{bmatrix} 0.0071 & 0.0286 & 0.3715 & 0.4501 & 0.1429 \\ 0.0000 & 0.1000 & 0.3750 & 0.4500 & 0.0750 \\ 0.0000 & 0.0750 & 0.2500 & 0.6000 & 0.0750 \\ 0.0000 & 0.0500 & 0.4000 & 0.4000 & 0.1500 \end{bmatrix}$$

$$R2 = \begin{bmatrix} 0.0105 & 0.0755 & 0.2050 & 0.5639 & 0.1450 \\ 0.0214 & 0.0455 & 0.3470 & 0.4594 & 0.1267 \\ 0.0000 & 0.1000 & 0.2625 & 0.5500 & 0.0875 \\ 0.0214 & 0.0643 & 0.3143 & 0.4929 & 0.1072 \end{bmatrix}$$

最终，将二级指标 R11—R14 的权重集 A1 和二级指标 R21—R24 的权重集 A2 分别与评价矩阵 R1 进行归一化处理得到客观风险因素的模糊综合评价结果矢量 B1 和 B2：

$B1 = A1 \times R1 = (0.4874, 0.2762, 0.1182, 0.1182)$

$$\times \begin{bmatrix} 0.0071 & 0.0286 & 0.3715 & 0.4501 & 0.1429 \\ 0.0000 & 0.1000 & 0.3750 & 0.4500 & 0.0750 \\ 0.0000 & 0.0750 & 0.2500 & 0.6000 & 0.0750 \\ 0.0000 & 0.0500 & 0.4000 & 0.4000 & 0.1500 \end{bmatrix}$$

$\qquad = (0.0035, 0.0563, 0.3615, 0.4618, 0.1169)$

$B2 = A2 \times R2 = (0.3310, 0.2407, 0.1876, 0.2407)$

$$\times \begin{bmatrix} 0.0105 & 0.0755 & 0.2050 & 0.5639 & 0.1450 \\ 0.0214 & 0.0455 & 0.3470 & 0.4594 & 0.1267 \\ 0.0000 & 0.1000 & 0.2625 & 0.5500 & 0.0875 \\ 0.0214 & 0.0643 & 0.3143 & 0.4929 & 0.1072 \end{bmatrix}$$

$\qquad = (0.0138, 0.0702, 0.2763, 0.5190, 0.1207)$

将一级指标 R1、R2 的权重集 A 与评价矩阵 R 进行归一化处理得到整体模糊综合评价结果矢量 B：

$B = A \times R = (0.5, 0.5)$

$$\times \begin{bmatrix} 0.0035 & 0.0563 & 0.3615 & 0.4618 & 0.1169 \\ 0.0138 & 0.0702 & 0.2763 & 0.5190 & 0.1207 \end{bmatrix}$$

$\qquad = (0.0086, 0.0633, 0.3189, 0.4904, 0.1188)$

整体模糊综合评价值 F：

$$F = V \times B = (1, 2, 3, 4, 5) \times \begin{bmatrix} 0.0086 \\ 0.0633 \\ 0.3189 \\ 0.4904 \\ 0.1188 \end{bmatrix} = 3.6476$$

面向数字产业创新的知识产权保护风险评价体系整体模糊综合评价值为 3.6476，意味着各因素指标整体上对知识产权保护风险产生的影响介于"较大"与"一般"之间。

第三节　面向数字产业创新的知识产权保护风险防控体系

知识产权保护是关涉各国核心利益的全球性问题，目前数字经济快速发展、知识产权规则变革奉行 TRIPS-plus 标准，在此背景下我国数字产业创新主体面临不同类别和程度的知识产权保护风险，本节选取了数字产业两个典型企业作为案例，研究其面临的主要风险类别和风险程度差异。因此，数字产业创新主体应顺应时代、主动作为，积极识别风险影响因素，评估、预判和防控知识产权保护风险，提升可持续发展竞争优势。

一　面向数字产业创新的知识产权保护风险防控的案例研究

（一）案例研究对象选取

本节采用多案例研究方法，对数字经济快速发展和知识产权规则变革形成的面向数字产业创新的知识产权保护风险开展分析，剖析数字产业中数字产业化与产业数字化不同属性创新主体面临的主要风险类别和风险程度差异。研究选取 2 家典型企业作为面向数字产业创新的知识产权保护风险的案例研究对象，具体选择标准如下：①由于研究主要解决的是中国数字产业在数字经济快速发展和知识产权规则变革背景下面临的风险，因此所选择的案例限定为中国本土企业；②由于规模较大的企业遇到的风险事件较为典型且更容易获得，因此所选择的案例为成立久、发展成熟的典型企业，这些企业在数字产业中更具代表性；③由于探究数字产业中不同属性创新主体面临的风险能增加研究的普适性，因此所选择的案例包括数字产业化和产业数字化两种不同类型。简单来说，软件和信息技术服务业正作为典型的数字产业化企业，为整个社会数字化、智能化、网络化提供驱动力。而专用服务制造业作为传统行业，正面临数字化转型关键阶段。为了保护企业商业信息，研究隐去了企业的具体名称，而用字母代码表示。2 个案例研究对象的基本概况如表 12-8 所示。

表 12-8 数字产业创新主体案例的基本概况

所属类型与行业	数字产业化 软件和信息技术服务业	产业数字化 专用设备制造业
企业名称	A 公司	B 公司
企业规模	市值超 1000 亿元 员工总数超 7 万人	市值超 1500 亿元 员工总数超 2 万人
主要业务/产品	无线基站与核心网、IMS、固网接入与承载、光网络、芯片等	工程机械、起重机械、通用设备及机电设备、金属制品等

资料来源：由笔者整理。

（二）案例一：数字产业化——A 公司知识产权保护风险分析

1. 案例内容

事件一：2016 年，日本某公司以专利侵权为由将 A 公司诉至美国地方法院。日本公司认为，A 公司侵犯其 8 项美国专利，主要涉及智能手机省电控制、拍照功能、导航功能及音频解码等领域，多属于智能手机应用类技术专利。A 公司对专利侵权予以否认，提出它们没有涵盖新发明。2017 年，A 公司在中国境内寻求对相关涉案专利予以反击，提起了专利无效宣告请求。2018 年，美国地方法院裁定 A 公司故意侵犯日本公司专利权罪名成立，A 公司被责令赔偿 4330 万美元（约合人民币 2.89 亿元）。此事件反映，A 公司遇到专利侵权与被侵权风险。

事件二：美国纽约的某家专利运营公司，其专利资产主要是 2012 年以 2200 万美元从诺基亚购买的 500 项专利。此类专利流氓公司凭借无产品、无市场的特点，向实业公司屡屡提出不合理专利许可费要求，知识产权屡遭滥用。2012 年，该公司依靠"多战场全球专利诉讼"，在美国、英国、巴西、印度、德国等 10 余个国家对 A 公司提起诉讼，多地法院颁布临时禁令，禁止 A 公司使用、引用或泄露保密信息，并在欧洲等地边境环节实施海关扣押措施。2014 年，A 公司先后在深圳、欧盟提交反垄断诉讼，并在全球范围内发起针对专利运营公司的专利无效行动。2015 年，A 公司在美国起诉专利运营公司。最终，A 公司与该专利运营公司就全球专利诉讼达成和解协议，A 公司同意支付超 2000 万美元用于换取双方有争议专利的永久非独占许可。此事件反映，A 公司遇到专利侵权与被侵权风险、知识产权滥诉风险、知识产权临时执法强化风险、知识产权边境海关执法扩张风险等。

事件三：2016 年，美国商务部开始对 A 公司实施出口限制措施，导致公司暂时停牌交易。2017 年，A 公司宣布与美国政府就出口管制调查案达成和解，同意接受处罚，支付 11.9 亿美元罚款。2018 年 4 月，美国商务部重新激活拒绝令，禁止美国企业向 A 公司出口敏感产品，为期 7 年。A 公司被美国"封杀"，受限于没有核心技术专利的原因，不得不放缓了自身的发展步伐。6 月，美国政府与 A 公司达成协议，须后者再缴纳 10 亿美元罚款，改组董事会，并另行支付 4 亿美元的代管资金。2022 年 3 月，A 公司收到法院判决，裁定其缓刑期和监察官任期将于原定时间届满，且不附加任何处罚。此事件反映，A 公司遇到知识产权环境动态风险、知识产权体系不完备风险、知识产权许可壁垒风险、知识产权交易限制性风险等。

事件四：2012 年，美国某数字集团对 A 公司发起专利侵权诉讼，要求启动"337 调查"。2014 年，美国国际贸易委员会（ITC）最终裁决，认定 A 公司没有违反"337 条款"，不侵犯该数字集团的专利权。2016 年，新加坡某公司对 A 公司等 8 家企业发起专利侵权诉讼并要求启动"337 调查"，随后 ITC 发布初裁，判决涉案的专利无效。"337 调查"是国际上最具变通性和杀伤力的贸易保护手段，凡被认定侵权行为存在的外国产品，将被直接禁止进口和在美国市场的销售，甚至在全球范围可被追诉。A 公司自 2011 年来积极应诉"337 调查"，截至目前已成功应诉 7 起，其中 5 起取得诉讼胜利，1 起逼迫原告撤诉，1 起实现低价和解。此事件反映，A 公司遇到知识产权制度差异化风险、知识产权民事与行政执法强化风险、专利侵权与被侵权风险等。

2. 案例风险分析

在上述案例内容基础上，研究设计了 A 公司在面向数字产业化创新的知识产权保护风险的分类框架下风险分析一览表，以二级风险为视角开展分析，根据风险发生情况从"符合实际、逐渐显现、防患于未然"三个程度对风险进行程度界定，根据风险特征从"容易防范、可控但须不断调整、较难防范"三个程度评估风险防范程度，如表12-9所示。

（三）案例二：产业数字化——B公司知识产权保护风险分析

1. 案例内容

事件一：起重机械是B公司的主营业务，美国则是该业务最大的目标市场。2013年，美国某起重机公司向ITC提出申请，声称B公司的履带式起重机及组件侵犯其"可变位置配重技术"专利权，并盗用商业秘密设计和制造相关产品，要求启动"337调查"，同时发布有限排除令和禁止进口令，边境环节禁止该产品进口。据悉，B公司在研发涉案履带式起重机时，已进行了深入的专利预警分析。7月，ITC宣布启动"337调查"，B公司积极着手准备应诉。2015年，B公司以充分的证据获得了ITC的支持。此事件反映，B公司遇到知识产权制度差异化风险、专利侵权与被侵权风险、未披露信息侵权与被侵权风险、知识产权民事与行政执法强化风险、知识产权临时执法强化风险、知识产权边境海关执法扩张风险等。

事件二：德国某汽车公司于2005年开始对B公司提起商标侵权诉讼。随后，B公司全球各国和地区启动大规模的商标申请计划，混合采用了马德里注册体系和单一国家注册体系。由于B公司车标与德国汽车公司标志相似，德国汽车公司累计5次把B公司告上法庭，虽均以失败告终，但多次诉讼仍在一定程度上影响和拖慢B公司的发展进度。此事件反映，B公司遇到商标侵权与被侵权风险、知识产权布局不全面风险等。

事件三：B公司在工程机械行业发展起步时，其路径包括两种：花费巨资引进国外高水平技术；与国外企业合资，以市场换技术。对于B公司而言，两条路均不适用：购买技术，缺乏资金且发达国家行业巨头对输出技术设置技术壁垒；合资之路，受制于当时中国企业尚未掌握工程机械核心技术。目前，B公司正加速数字化、电动化、国际化转型，

表 12—9　A 公司面向数字产业创新的知识产权保护风险分析

风险类别	风险程度			防范程度		
	符合实际	逐渐显现	防患于未然	容易防范	可控但须不断调整	较难防范
A1：知识产权立法环境风险						
B1：知识产权制度风险	已遇到风险，美国"337条款"与我国知识产权法律有较大差异性，国外企业利用规则制度对 A 公司发起调查，导致多起诉讼				可以控制，但知识产权制度存在不确定性，各国知识产权规则差异性较大，须熟悉全球知识产权法律法规，不断调整应对策略	
A2：知识产权执法环境风险						
B2：知识产权环境风险	已遇到风险，由于缺乏核心技术且美国敏感器件突然断供，知识产权环境动态使 A 公司放缓发展步伐				可以控制，但知识产权整体环境日趋向更高标准升级，且动态变化，须加速突破核心技术限制，并不断调整对整体环境变化的应对、防范策略	
B3：知识产权地区执法风险	已遇到风险，部分国家实行更强化的民事与行政、临时执法，知识产权滥诉事件、"337 调查"事件都给 A 公司带来损失				可以控制，但知识产权全球执法日渐强化，须加强对不同国家执法规则的了解，不断调整应对、防范策略	

续表

风险类别	风险程度			防范程度		
	符合实际	逐渐显现	防患于未然	容易防范	可控但须不断调整	较难防范
	A2：知识产权执法环境风险					
B4：知识产权边境执法风险	已遇到风险，A 公司遭知识产权滥诉事件中，多国在边境实施海关扣押措施，A 公司承受较大损失				可以控制，但知识产权边境执法日渐扩张，须加强对边境环节执法规则的了解，不断调整应对、防范策略	
	A3：知识产权管理风险					
B5：知识产权组织风险	已遇到风险，A 公司遭出口禁令事件中，由于自身缺乏完备的知识产权体系，遭禁令后应对能力有限，迫使 A 公司放缓发展步伐			容易防范，取决于企业自身加强知识产权管理，完善知识产权组织体系，健全知识产权各项业务模块		
B6：知识产权运作风险			在自主经营发展过程中，A 公司注重知识产权管理运作，对于运作风险防患于未然	容易防范，取决于企业自身加强知识产权管理，遵防商业秘密等知识产权泄露，加强知识产权监管		

335

续表

风险类别	风险程度		防患于未然	防范程度		
	符合实际	逐渐显现		容易防范	可控但须不断调整	较难防范
A4：知识产权运营风险						
B7：知识产权布局风险			在自主经营发展过程中，A公司注重知识产权布局的及时性和全面性，对布局风险防患于未然	容易防范，取决于企业自身加强知识产权战略布局，注重布局的提前性、全面性，谨防风险事件的发生		
B8：知识产权壁垒风险	已遇到风险，美国向A公司设置知识产权壁垒，由于缺乏核心技术，在美国敏感器件突然断供后A公司承受巨大损失					较难防范，有不可控性，面对竞争对手构建的知识产权壁垒，一可以通过风险评估进行预警，二应加强核心技术的开发和提升
B9：知识产权交易风险	已遇到风险，A公司遭出口禁令事件中，美国向A公司设置知识产权交易中的限制，给企业带来巨大损失				可以控制，须企业完善知识产权战略和管理，进行专业化价值评估，完善合同建制，谨防交易中的不公平和限制	

续表

A5：知识产权保护风险

风险类别	风险程度			防范程度		
	符合实际	逐渐显现	防患于未然	容易防范	可控但须不断调整	较难防范
B10：知识产权被侵权权风险	已遇到风险，A公司因知识产权保护存在漏洞，引发专利侵权，知识产权"337调查"事件，给企业带来巨大损失				可以控制，企业须不断完善知识产权保护机制，加强对不同地区法律法规、知识产权规则的研究，谨防侵权与被侵权事件的发生	
B11：知识产权诉讼风险	已遇到风险，A公司遭遇知识产权滥诉，在全球多战场应对专利诉讼，人力、财力、物力损失代价巨大					较难防范，有不可控性，面对知识产权诉讼事件，一可以通过风险评估进行预警，二应加强应对实力，谨防滥诉事件的发生

资料来源：由笔者整理。

积极构建智能制造"新灯塔"。知识产权壁垒构成，一方面通常由于发达国家为保护本国市场，制定严格的标准法规，以各种认证、技术规范及标准的形式设置技术标准化壁垒；另一方面通常由于发达国家企业对输出技术设置较高技术许可费，从而构成技术许可壁垒。此现象反映，B 公司遇到知识产权许可壁垒风险。

2. 案例风险分析

在上述案例内容基础上，研究设计了 B 公司在面向数字产业化创新的知识产权保护风险的分类框架下风险分析一览表，以二级风险为视角开展分析，根据风险发生情况从"符合实际、逐渐显现、防患于未然"三个程度对风险进行程度界定，根据风险特征从"容易防范、可控但须不断调整、较难防范"三个程度评估风险防范程度，如表 12-10 所示。

二　面向数字产业创新的知识产权保护风险防控的案例研究启示

通过对两个典型数字产业创新主体进行案例研究，从中发现：

（1）A 公司是数字产业化的典型代表，所属软件和信息技术服务业，核心技术的创新突破是其提升科技竞争力的主要发展目标。知识产权标准化壁垒风险、知识产权许可壁垒风险、专利侵权与被侵权风险、知识产权滥诉风险等为数字产业化创新主体主要面临的知识产权保护风险。一方面，由于全球数字经济、科技实力竞争日益激烈，先发企业通过知识产权标准化、许可等方式构建新型知识产权壁垒阻碍了后发企业创新发展，急需数字产业化创新主体加强自身核心技术开发，通过增强科技实力抵御知识产权壁垒风险。另一方面，数字技术上的竞争势必会引发专利、软件著作权、集成电路布图设计等知识产权侵权与被侵权问题，竞争对手利用知识产权规则进行滥诉也会使创新主体面临巨大损失，数字产业化创新主体亟须不断完善知识产权战略和体系，对知识产权尤其是数字专利技术加强保护，防范各类诉讼。对于 A 公司这样的数字产业化龙头企业而言，必须注重在自主经营发展过程中自身核心技术开发并培育相对完整、稳健的产业链，同时加强知识产权诉讼的防范和应对能力。专利作为企业科技创新的载体，既是企业走向数字化、国际化、智能化的通行证，也是企业在面对激烈竞争进行自我保护的一把"利剑"。由于专利权具有地域性和排他性，一方面企业依一国法律取得的专利权只在该国领域受到保护，在其他国家则不受保护，除非两国

表 12—10　B公司面向数字产业创新的知识产权保护风险分析

风险类别	风险程度			防范程度		
	符合实际	逐渐显现	防患于未然	容易防范	可控但须不断调整	较难防范
A1：知识产权立法环境风险						
B1：知识产权制度风险	已遇到风险，美国"337条款"与我国知识产权法律有较大差异性，国外企业利用规则制度对B公司发起调查，导致多起诉讼				可以控制，但知识产权制度存在不确定性，各国知识产权规则差异性较大，须熟悉全球知识产权法律法规，不断调整应对策略	
B2：知识产权环境风险		知识产权整体环境动态变化，向更高保护标准升级，对B公司等制造业创新主体而言，环境风险逐渐显现			可以控制，但知识产权整体环境日趋向更高标准升级，且动态变化，须不断调整对整体环境变化的应对、防范策略	
A2：知识产权执法环境风险						
B3：知识产权地区执法风险	已遇到风险，部分国家实行更强化的民事与行政、临时执法，"337调查"事件给B公司带来损失				可以控制，但知识产权全球执法日渐强化，须加强对不同国家执法规则的了解，不断调整应对、防范策略	

续表

风险类别	风险程度		防范程度		
	符合实际	逐渐显现	容易防范	可控但须不断调整	较难防范
A2: 知识产权执法环境风险					
B4: 知识产权边境执法风险	已遇到风险，知识产权边境执法呈现扩张趋势，"337调查" B公司有遭禁止进口令的风险，面临相应损失			可以控制，但知识产权边境执法日渐扩张，须加强对边境环节执法规则的了解，不断调整应对、防范策略	
A3: 知识产权管理风险					
B5: 知识产权组织风险		在自主经营发展过程中，B公司已建立较完备的知识产权组织体系，较健全的知识产权业务，对于组织风险防患于未然	容易防范，取决于企业自身加强知识产权管理、完善知识产权各组织体系，健全知识产权各项业务模块		
B6: 知识产权运作风险		在自主经营发展过程中，B公司注重知识产权管理运作，维持与监管，对于运作风险防患于未然	容易防范，取决于企业自身加强知识产权管理、谨防商业秘密等知识产权泄露，加强知识产权监管		

续表

风险类别	风险程度		防范程度		
	符合实际	逐渐显现	容易防范	可控但须不断调整	较难防范
A4：知识产权运营风险					
B7：知识产权布局风险	已遇到风险，B 公司由于在自主经营发展中对商标的注册和布局缺乏全面性，引发商标诉讼事件带来损失		容易防范，取决于企业自身加强知识产权战略布局，注重布局的提前和全面，谨防风险事件的发生		
B8：知识产权壁垒风险	已遇到风险，B 公司在发展前期遇到由于竞争对手对输出技术设置较高风险，阻碍了企业的快速发展				较难防范，有不可控性，面对竞争对手构建的知识产权壁垒，一可以通过风险评估进行预警，二应加强核心技术的开发和提升
B9：知识产权交易风险		在自主经营发展过程中，与知识产权有关的交易日渐增多并更复杂化，B 公司对于交易风险防患于未然		可以控制，须企业完善知识产权战略和管理，进行专业化价值评估，完善合同建制，谨防交易中的不公平和限制	

续表

风险类别	风险程度			防范程度		
	符合实际	逐渐显现	防患于未然	容易防范	可控但须不断调整	较难防范
A5：知识产权保护风险						
B10：知识产权侵权与被侵权风险	已遇到风险，B公司因知识产权保护存在漏洞，引发"337调查"和商标诉讼事件，侵权与被侵权风险会给企业带来巨大损失				可以控制，企业须不断完善知识产权保护机制，加强对不同地区法律法规、知识产权规则的研究，谨防侵权与被侵权事件的发生	
B11：知识产权诉讼风险			在自主经营发展过程中，国际知识产权保护加强知识产目规则复杂化，诉讼事件屡有发生，B公司需对各类诉讼导致的人力、财力、物力损失防患于未然			较难防范，有不可控性，面对知识产权诉讼事件，一可以通过风险评估进行预警，二应加强应对实力，谨防溢诉事件的发生

资料来源：由笔者整理。

之间有双边的专利（知识产权）保护协定，或共同参与有关保护专利（知识产权）的国际公约。另一方面专利权人对其拥有的专利享有独占或排他的权利，企业在使用他有专利时必须经其许可，否则构成侵权。当今数字经济快速发展，全球知识产权专利保护规则呈现保护客体范围扩大、保护期限可调整延长等趋势，各国对专利的保护愈加注重和强化。我国数字产业化企业在开拓市场的过程中将不断面临 TRIPS-plus 规则的挑战，或遭遇 "337 调查" 引发的诉讼，或遭遇知识产权滥诉，然而目前我国企业应诉比例较低，多数企业因缺乏足够的应诉资源吃了诉讼的 "哑巴亏"，积极应诉的企业也可能陷入诉讼的泥潭，风险损失巨大。数字产业化创新主体必须进一步提高创新，把核心技术掌握在自己手中，加强知识产权保护与防范意识，积极了解并利用知识产权保护规则，合理应对诉讼。

（2）B 公司是产业数字化的典型代表，所属专用设备制造业，扩大全球市场份额是自主经营和发展的主要目标。知识产权布局不及时风险、知识产权布局不全面风险、专利侵权与被侵权风险、商标侵权与被侵权风险等为产业数字化创新主体主要面临的知识产权保护风险。一方面，创新主体在积极谋求扩大市场份额的同时，须谨防竞争对手利用知识产权规则发起的诉讼与调查，应加强研究知识产权立法、执法规则，建立相应的风险防控策略。另一方面，为更好地参与市场竞争，企业应加强自身科技实力培养或引进高端技术，不断完善知识产权战略和体系，对发明专利和实用新型专利做好全面保护。当今数字经济快速发展，全球知识产权规则变革保护标准提升，各国对知识产权的保护愈加注重和强化，且执法力度逐渐加强、措施逐渐严格。我国的产业数字化创新主体在 "走出去" 进程中频遭知识产权攻击，由于知识产权保护意识匮乏，许多企业没能建立完善的知识产权布局，面对猝然而至的攻击应对不力。B 公司积极构建了相对完善的专利预警机制，在产品研发初期就考虑到规避专利侵权的风险，对企业的知识产权工作进行全方位布局，在遭遇 "337 调查" 后，针对关键问题有的放矢，用知识产权保障了自身在市场竞争中的地位。我国产业数字化创新主体必须进一步加强知识产权全方位布局，建立完善的专利预警机制，规避侵权风险的发生，同时选择核心技术创新为突破口，大力开发技术壁垒高、市场竞争强具备高可靠性的高品质产品，以实现产业数字化水平持续提升。

（3）在数字经济快速发展和知识产权规则变革的重要时代背景下，无论是数字产业化还是产业数字化，创新主体均须谨防主要由制度差异化引起的制度风险、环境高标准引起的环境风险、民事与行政和临时执法强化引起的地区执法风险、边境海关执法扩张引起的边境执法风险、竞争对手通过技术许可等方式构建的壁垒风险、专利商标未披露信息版权等保护不当引起的侵权与被侵权风险、竞争对手利用知识产权规则进行滥诉形成的诉讼风险等。值得强调的是，由于研究选取的案例研究企业为数字产业的代表性企业，已具备较大规模、较成熟的自主经营发展模式，知识产权管理方面多已建立较完备的组织体系以及较系统的业务，因此知识产权内部管理层面问题引发的风险在案例研究中没有体现为高频和中频风险。然而，对于在我国数字产业中占很大比例的中小企业而言，其往往缺乏成熟的知识产权管理模式，面临知识产权人才、专业团队等体系不完备，企业各个业务流程知识产权战略布局不系统，商业秘密保护不够严谨，监管部门缺失或监管模式有待提高等问题，须谨防知识产权组织体系、运作方面可能引起的风险。

简言之，在数字经济快速发展和知识产权规则变革背景下，加强数字产业创新主体科学识别、评估、防控知识产权保护风险对企业健康经营发展具有重要的意义。

三　数字产业创新主体知识产权保护风险具体防控策略

随着数字经济的快速发展，知识产权常规风险都带上了"数字基因"，知识产权保护风险防控成本显著增加。在形成和影响面向数字产业创新的知识产权保护风险的众多因素中，知识产权制度差异化、知识产权执法强化、知识产权规则滥用、知识产权新型壁垒构成等客观风险因素，以及知识产权制度不熟悉、知识产权布局不足或滞后等主观风险因素被认为是相对重要的。同时，在数字贸易发展过程中，知识产权和数字贸易规则体系容易出现国际规则协调性、兼容性等问题，存在边境后规则"长臂管辖"纠纷，权威监管空白、缺失、滞后等问题频出。因此，必须注意到的是数字产业催生出的新技术新业态中暗含着高隐蔽性、高传染性风险，不可预测性程度高，加上缺乏相关历史案例和处置经验，一旦发生很容易应对失措产生"蝴蝶效应"等更大风险。目前，我国大多数数字产业创新主体知识产权保护仍较为薄弱，为更好地应对面向数字产业创新的知识产权保护风险，应需要从外部、内部同时着力，识别知识产权保护风险真正形成和影响的因素，评估不同类别知识产权保护风险的重要程度，找对角度针对相关风险做好精准防控。

（一）研究知识产权立法执法规则，加强保护风险预警机制

一是深入知识产权立法执法规则研究，通过行业联盟及时有效分享规则信息。数字产业创新主体若想要在全球竞争中占得一席之地，势必需要密切关注、深入研究知识产权立法执法规则，不仅包括对国际规则中的知识产权细则说明，还需要了解各贸易目的国自身所订立的知识产权法律法规及其国内实践。数字产业中同行企业应通过行业联盟加强知识产权规则信息及时有效的联系互通，发挥行业整体性优势，节约规则研究的成本。

二是强化创新主体知识产权保护风险预警机制，识别同行企业所遇高频风险。为了健康良好地经营发展，企业必须建立、强化风险预警机制，识别数字产业本行业内其他企业遇到的高频知识产权保护风险，预先管理相关风险，根据自身内外部风险因素及时对风险发生的概率进行监控，提高应对风险的能力，并在行业联盟内分享风险数据，帮助同行企业进行预警。同时，数字产业创新主体应对不同类别风险的应对措施进行梳理，根据实际情况对措施进行组合，以较低的投入来获得高效的面向数字产业创新的知识产权保护风险防控。

（二）强化知识产权行业联盟，积极应对知识产权风险和诉讼

强化知识产权行业联盟，开展行业态势研究，实现信息集群管理，完善知识产权信息服务平台建设与集群共享机制，积极应对知识产权风险和诉讼。我国数字产业创新主体知识产权战略管理发展起步晚，面临动态知识产权环境与激烈知识产权竞争诉讼，常表现出应诉不积极、经验不足、深陷诉讼泥沼等现象，究其根本是因为企业自身的力量有限，缺乏相应的支持和帮助，导致人力、财力、物力损失代价巨大。同行企业应达成知识产权行业联盟，一方面重点开展行业知识产权态势研究，尤其在技术创新、专利创造与标准研制等方面发挥整体优势，携手构建高质量发展的知识产权生态体系，赋能数字化转型升级。另一方面重点实施知识产权信息集群式管理和共享机制，合作构成知识产权信息网，

不仅包含技术服务平台，有效提供技术资源支持，并能贯通政府部门、社会中介、律师事务所及企业层面的知识产权风险和诉讼信息，互通有无，团结降低风险概率与诉讼成本，实现"双赢"。同时，政府部门应进一步探索知识产权多元纠纷解决机制建设，建立知识产权投诉、调解、咨询集中式处理平台，促进争议解决；建立知识产权维权援助平台与仲裁专业化平台，加大援助力度，支撑数字平台企业获得更多的应诉资源以及专业化信息，有效应对数字知识产权保护风险。

（三）聚焦数字核心技术研发，攻关知识产权壁垒

加强自主创新研发，依托自主创新攻关数字核心技术壁垒，以先进核心技术打造知识产权生态基础支点。缺乏自主创新能力一直是数字产业创新主体频繁遭遇知识产权诉讼的主要原因，加强自主核心知识产权建设，掌握独创技术，优化提升数字基础设施建设，利用构筑专利护城河等方式，从根本上渐进提升自身知识产权能力。聚焦集成电路产业的光刻机、通信装备产业的高端芯片等"卡脖子"劣势技术问题的攻克和研发；依托量子通信、未来网络、类脑计算、虚拟现实等新技术的基础研发和前沿布局，从而获取全球市场占有率，抢占新技术领域知识产权生态构建的先发优势。同步加快我国大数据、云计算、物联网、移动互联网、高端软件、区块链、人工智能等优势新兴新一代信息技术的迭代升级，构建优势技术领域的引领性知识产权体系，支撑领域内龙头企业以优势开源技术或产品为基础，打造全领域高质量的知识产权生态系统。

（四）注重知识产权运营，全面布局知识产权战略

一是重视知识产权成果管理和运用，形成"知本风险"管理制度，即针对知识资本在自主经营发展中遇到的知识产权保护风险制定的管理制度。通过优化管理体系，激励企业的知识创新、完善企业的知识运营，强化云计算、大数据、区块链等数字核心领域全球知识产权布局，保持企业知识资本运行的最佳状态和最大活力。同时尤其谨防以"保护知识产权"为名义的知识产权新型壁垒可能导致的进口限制、独占垄断等引发的不公平知识产权交易现象。

二是完善自身知识产权战略规划，统筹"以终为始"发展模式。数字经济全球化背景下，企业积极"走出去"是发展我国开放型经济

的必由之路。目前，数字经济快速发展，知识产权强保护在全球盛行，数字产业创新主体要完善自身知识产权战略规划，优化知识产权顶级设计，以最终价值实现为目标，统筹"以终为始"发展模式。同时，面对激烈的市场竞争环境，数字产业创新主体应克服发展初期的心理畏惧，做到知识产权战略布局抢时间、争地域、全产业链覆盖。通过全局式知识产权布局，数字产业创新主体一方面获得市场准入或参与行业竞争的敲砖石，另一方面对核心战略资源进行全方位的保护，提升、巩固自身在全球市场的良性竞争优势，具备应对知识产权保护风险的底气和实力，最终适应数字贸易规则重构。

三是加强新技术新业态知识产权保护力度，完善数字产业的整体布局。知识产权密集型产业应加强保护"智能制造""互联网+""开源创新"等新业态数字产业知识产权，不断加快数字化、智能化转型升级。与政府部门、行业联盟形成动态良性沟通，掌握最新动态，有力占据全球产业链中高端位置，并促进数字产业与其他产业协同发展。

第十三章

面向数字产业创新的知识
产权双元战略选择机制研究

在数字产业动态市场下，如何协调内外创新资源，兼顾渐进式与突破式变革，平衡短期收益与长期收益，是企业身临数字产业创新情境首要解决的战略问题。知识产权双元战略用以描述成功企业如果要在日益复杂动态环境中突出重围，需同时兼具有效运作当前事业和适应未来变革的双重能力，即企业不仅要了解自身在现阶段的角色，也必须清楚自身在以后的角色，在获得市场的认可和利润增长的同时，也必须为以后长期的可持续增长做准备和打基础。面向数字产业创新的知识产权双元战略必须适应大数据、人工智能、云计算与移动互联等新兴数字技术在经济社会各个层面上的快速渗透造成的组织变革、技术变革和社会关系变革，因此面向数字产业创新的知识产权双元战略选择必须充分考虑企业的组织生命周期、技术研发模式和数字水平差异。

第一节　面向数字产业创新的知识
产权双元战略内涵模式

双元战略是企业在动态市场下协调内外创新资源，兼顾渐进式与突破式变革，平衡短期收益与长期收益的战略，是创新基础观的企业能力基础，是企业自身战略感知能力、战略领导力与组织结构适应能力的综合，可以帮助企业在渐进式与激进式创新、短期收益与长期收益等双向战略目标间实现均衡，甚至通过创造动态创新流量（Tushman et al.,

2010)，实现"持续创新"的战略目标，帮助企业获得持续竞争优势。双元战略是企业追求平衡利用与探索两种能力，兼顾改良与革新两类目标，通过提升企业双元战略布局实现企业短期目标和长远发展的战略设计。

一 面向数字产业创新的知识产权双元战略内涵

双元战略是企业在动态市场下协调内外创新资源，兼顾渐进式与突破式变革，平衡短期收益与长期收益的规划方式（陈劲，2021）。双元战略研究最早可以追溯至权变理论中关于组织通过的论断（Burns et al.，1961），为保证组织在稳定环境与动态环境中均能适应，Duncan（1976）提出，为兼顾创新设计与创新实践的战略目标而同步建立的有机与机械结构称为双元组织结构。Tushman等（1996）则认为，组织内长期存在复杂矛盾的目标与相关的利益冲突，其中最典型的有短期利益与长期利益的冲突，上下级之间、不同部门之间、不同项目之间资源争夺的冲突，个人利益与组织利益的冲突。因此，企业如何管理与协调这些冲突，搭配注意相辅的能力，是决定企业能够获得持续竞争优势的重要基础。在此基础上，Tushman等（1998）在《创新制胜》一书中将双元组织与双元战略的概念进行明确，认为双元战略是同时"领导进化性的与革命性的变革"的战略布局。进一步地，Tushman等（2002）指出，双元战略要求和帮助企业充分发挥主观能动优势，不断塑造演变迭代式和跨层跃迁式的创新流，实现渐进式创新与激进式创新的协同。

知识产权双元战略是知识基础观下企业获取各项能力的基础方式，是企业自身战略感知能力、战略领导力与组织结构适应能力的综合，可以帮助企业在渐进式与激进式创新、短期收益与长期收益等目标之间实现战略均衡，同时通过不断创造创新流（Innovation Stream）（Tushman et al.，2010），实现"持续创新"的战略目的，帮助企业获得可持续竞争优势。随着知识周期的缩短、技术更迭的加快、产业集聚的增长和全球市场竞争的加剧，为了应对生存环境的动态性和竞争性，可持续竞争力的获取变得尤为重要。为了回应这种高度的竞争状况，企业不仅需要充分发挥利用现有资源和技能以确保当前的高效盈利，也需要意识到研发突破的重要性，保证未来发展与转型。

面向数字产业的知识产权双元战略正是兴起于全球性竞争与新技术

革命迫使下企业在动态外部环境中不断进行转型与升级的过程，这之中具有产业先见的创新型企业在逐步占领上风。然而，现实中企业创新和变革过程常常会面临两难抉择困境：在利用式创新（Exploitative Innovation）和探索式创新（Exploratory Innovation）之间难以抉择。前者致力于对现有知识资源、技术手段、管理方式的更新升级，是指开发和利用现有资源和能力来提高运营效率；后者与复杂搜寻、基础研究、创新、变异、风险承受有关，是指探索与发现新机会来创造可持续竞争优势。因此，在动态复杂变化的数字产业环境压力下，企业如何有效管理可能互相冲突的创新活动，平衡目标矛盾、获取持续竞争优势成为关注的焦点。

在此矛盾性目标的压力下，相互耦合的结果就是企业追求平衡利用与探索两种能力及兼顾改良与革新的双元战略（Tushman et al.，1997）。双元战略用以描述成功企业如何在日益复杂的动态环境中突出重围，需要同时兼具有效运作当前事业和适应未来变革的双重能力，即企业不仅要了解自身在现阶段的角色，也必须清楚自身在以后的角色，在获得市场的认可和利润增长的同时，也必须为以后长期的可持续增长做准备和打基础。

同时，利用能力和探索能力并不是完全对立竞争的，企业在进行双元战略的实施时需要意识到它们之间的互相促进强化作用。当企业具备较强的利用能力时，其进行探索新知识和培育新资源从而进行突破创新的效力也将大幅度提高，因为对现有知识和资源的高效利用的前提是组织已经进行清晰的内部管理和规划，这种组织内部环境的梳理定位能帮助管理者敏锐识别市场中的新机会，并加强企业对外部新知识和资源的敏锐度。反过来，高探索能力也同时能够增强企业的利用创新能力，因为实现新技能和资源的突破，能够长远增加企业效益和长期可持续竞争力，为企业内部能力开发利用奠定了基础，实现现有资源的进一步改善。

二　面向数字产业创新的知识产权双元战略模式

实施面向数字产业创新的知识产权双元战略的三种主要模式包括结构扁平化双元、情境平台化双元和领导"数治化"双元。结构扁平化双元是指企业通过内部结构的分离和降维，在不同部门有计划地开展互相独立的利用和探索性活动，即专门从事利用式创新的机械式结构和专门从事探索性创新的有机式结构，来应对环境变化（He et al.，2004）。结构扁平化双元实质是将企业面临的矛盾性人物进行区分与整合，首先，这种结构上的任务区分保证了企业在针对矛盾性需求时能够保持多元化的竞争能力，降低了新旧要素间的冲突。其次，任务的整合又能够帮助企业将这些矛盾性的任务进行有机融合以保证其一致性。

情境平台化双元，是指企业通过情境因素（如系统、流程等）的设计，建立一种管理绩效和关系支持的组织情境和场景平台来影响员工，让员工自行在探索与利用这类竞争性活动中做出选择，从而整个业务单位内同时实现协同性（Alignment-oriented，即组织内部业务单元这些活动都为着同一个组织目标而存在）和适应性（Adaptation-oriented，业务单元活动能够在复杂环境中快速地重构）（Gibson et al.，2004）。英国管理学教授查尔斯·汉迪（Charles Handy）在《第二曲线》中也提出，第二曲线必须在第一曲线到达巅峰（失速点）之前就开始准备（布局点）并尽快促进破局成长（起速点）的实现，只有这样才能有足够的资源（人才、资金、时间等）承受在第二曲线初步投入期间而导致的下降。

领导"数治化"双元，是指能够同时处理探索性和利用性活动，协调不同文化和结构，兼具开放型与保守型策略，并能在其间灵活转换，最优化将使不同类型的管理者与管理活动进行匹配（O'Reilly et al.，2004；Jansenetal，2006）。在数字治理场景下，管理者与管理活动应当具有数字的、逻辑的、一贯的、持续的、发展的管理原则，并通过对治理活动的自动化、高效化改造，创造管理效率竞争优势。领导"数治化"双元通常具有以下特征：在战略决策上，同时兼顾控制与自主，激发员工能动性；在战略执行时，强调高标准和灵活性的统一，满足员工的自主选择；在工作氛围营造上，为下属营造公平的工作氛围，同时允许其个性化发展，帮助个体创新和团队创新同时达到高水平。

双元战略管理是企业构建的一种有效的资源整合范式，这种战略范式有效地将利用式创新和探索式创新的资源进行协同管理、匹配与平衡，从而避免"现有能力陈旧过时"和"创新两难困境"的难题。其中，双元思想将企业解决管理悖论的思路从传统的"非此即彼"转向

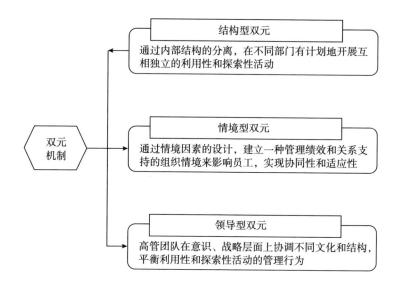

图 13-1　面向数字产业的知识产权双元战略机制

资料来源：由笔者整理。

了"亦此亦彼"，认为组织可以同时追求看似矛盾的目标，利用张力从中获得持续的竞争优势。在稀缺的组织资源面前，平衡机制是双元型组织建构和设计的难点，也是实现双元战略的关键所在。

"万物负阴而抱阳，冲气以为和"，讲究的是阴阳互动，互动才能得到和谐。同样，以实现利用和探索能力培养为目标的结构型双元、情境型双元和领导型双元三者之间必然是相互流通、交互存在的。结构型双元通过建立不同的组织结构方式来处理当前企业面临的矛盾任务；情境型双元则通过情境工具为组织解决双元需求；领导型双元则是通过领导特质来帮助双元战略布局，即从空间分离、情境设计和双元领导三个层面进行双元战略的实施。

首先，企业可以基于组织设计的方式在不同事业部内实施不同类型的创新，如把利用式和探索式活动放入内部不同的组织单元中。但需要注意的是，组织结构本身并不具有双元特质，只有当组织结构的设计能实现任务分离和整合的功能时，才能为组织双元的实现提供组织架构上的准备。结构扁平化双元的实现路径通常有两种：一方面是对组织结构进行严格意义上的分离处理，又被称为结构分离，即在同一组织内部有专门进行利用式创新和探索式创新的部门，它们分别在独立的管理制度下运营。与此同时，管理成本和人力成本都将有所增加。另一方面是组织结构主观上灵活处理，又被称为平行处理，组织仍然由原来的部门构成，但这些部门会完成不同时期下的组织改良或创新的任务，但对员工能力要求较高，需要其不断在革新和改良任务中切换和移动。

其次，基于组织情境平台在整个组织内部设计同时体现内部业务单元活动的一致性和快速重构组织内部业务单元的适应性。基于组织情境平台的设计手段可以从两个层面进行构建：分别是硬环境和软环境，硬环境主要是企业绩效系统和工作流程的改进，例如，通过流程改进，引导并激励员工主动承担创新性任务，公平考核员工业绩，构建动态能力应对环境变换。组织软环境则是支持与信任工作氛围的构建，例如，建立完善的员工职业培养系统、增强员工之间的知识共享和互帮互助，实现在企业共同愿景下员工间的高效协同合作，实现企业可持续竞争力的创新。

最后，为了实现管理者类型与风格能够与企业适应数字产业化转型进程的管理活动互相匹配和因材施测的目标，高管团队通过协调不同的文化和结构，在权衡短期效率和长期效益之间的冲突后有针对性、适应性地调整领导风格。高管团队作为企业战略的制定者，激活组织双元的前提是，领导者自身是双元型领导，要具有在认知和行为上对相互冲突的问题做出反应的复杂能力。这类领导者不仅是变革型领导和交易型领导的简单相加，更是两者的有机结合。不仅能进行突破创新，同时也能进行改良优化，并且在认知和行为上有对冲突进行整合的能力。

在管理领域中存在许多悖论：如战略模式的深思熟虑（Deliberate）与即兴（Emergent）、变革型和交易型领导、效率与柔性、渐进与突变、合作与冲突、利用与探索、协同与适应、老事业与新事业、大规模与小规模、低成本与差异化、全球化与本土化、集权与分权、短期与长期等，企业必须在看似悖论的两难困境中进行最优化选择。由于资源的稀缺性，同时实现利用和探索活动可能会导致投入产出不配比的非经济行为，无形中为企业戴上了一个决策困境镣铐。双元战略的意义在于为企业寻求长期可持续竞争力的构建和扩大化运营提供了可以实施的路径。因此，在"利用与探索""稳定与突破"等一系列管理悖论中寻求平衡与协调显得尤为重要。总而言之，当企业面临日益复杂的环境挑战时，企业既要强调控制和稳定以通过利用式创新实现短期财务绩效，也要鼓励冒险与创造以通过探索式创新获取长期收益，以利用式和探索式创新的平衡获得持续竞争优势。

三 面向数字产业创新的知识产权双元战略决策因素

组织生命周期是影响企业决策面向数字产业创新的知识产权双元战略方向和路径的首要因素。范旭、梁碧婵（2021）指出，有效的机会识别与双元性战略组合是企业构建核心竞争力的关键因素，机会识别和双元战略的组合搭配能够推动企业资源行动沿着"内敛型""外拓型""共享开放型"递进发展，同时也能推动资源行动模式按照"拼凑—编排—协奏"的固有印象演化。进一步地，机会识别、双元战略、资源行动的交互统一，能够激活用户交互、快速响应和跨界整合机制，推动组织能力、资源配置方式和行动模式的渐进调整，从而引致商业发展模式的迭代创新，最终呈现"技术探索型发展模式—市场开拓型发展模式—协同创新型发展模式"的迭代创新发展路径。尤其对于面向数字产业创新的知识产权双元战略而言，有效的机会识别必须围绕数字产业创新发展的技术性、组织性、产业性发生，因此面向数字产业创新的知识产权双元战略避不开对数字产业或数字产品生命周期的审查和识别。

陈红等（2021）认为，企业在缺乏互补资产时应优先考虑通过增加研发投入而非实施双元战略来实现高创新绩效，并通过分析5种跨时间稳定路径发现，企业在缺少任意一种或两种互补资产时都可以通过高研发投入来实现高创新绩效。由此可以得出的结论是，面向数字产业创新的知识产权双元战略并非组织生命周期内的长期唯一选择。在数字产业组织由低端向高端，由初创向成熟，由节点向全链发展的过程中，知识产权双元战略对企业能力和竞争优势的构建应当处于间断平衡状态（晏梦灵等，2020）。尤其在资源基础观、知识基础观视角下，如果通过竞争与合作的战略设计，实现企业间技术研发的合作网络，对双元战略的布局机制具有重大意义。

数字水平差异决定了不同企业采纳面向数字产业创新的知识产权双元战略时的侧重与驱动不同。卢艳秋等（2021）认同"实施双元战略

354

是企业获得持续竞争优势的重要途径"的基本观点，进而创造性地提出双元战略下的知识耦合模型，分别探究了现有领域知识耦合与新旧领域知识耦合的机理差异。一方面，现有领域知识耦合的案例中往往耦合所涉及的外源性知识与企业自持的内源性知识及知识领域相同或相关，知识（或技术）距离近，耦合产生的新知识与现有知识对比呈现跃迁跨度小的特点，主要用于支持渐进式创新战略，如进行旧产品的升级、补丁或漏洞的修复等。另一方面，新旧领域知识耦合的案例中往往耦合所涉及的外源性知识与企业自持的内源性知识差异度大，知识（或技术）距离远，耦合产生的新知识与现有知识对比呈现跃迁跨度大的特点，主要用于支持突破式创新战略，如进行新产品研发、大版本更新等。换言之，在不同技术属性、不同技术族群和不同数字技术水平下，企业实施双元战略的动机和目的也会有所差异。

第二节　面向数字产业创新的知识产权双元战略选择机制

面向数字产业创新的知识产权双元战略必须适应云计算、大数据、移动互联与人工智能等前沿数字技术在经济社会各个层面上的高压渗透造成的组织变革、技术变革和社会关系变革。要想充分发挥数字技术应用创新赋能作用的改造潜力，就必须充分调动和调用组织现有资源和能力，力求将现有资源和能力与企业战略态势的动态演化相匹配。也因此，必须考虑不同阶段生命周期时组织在制定战略目标、享有创新意愿和建设资源能力等方面存在的较大差异；数字技术的出现以及快速发展使得企业无法仅仅依赖自身的资源和能力进行创新，合作研发已经成为企业克服自身不足的重要途径；数字化发展既是企业创新绩效提升的重要推力，也是企业持续发展的重要动力，双元创新能力在数字化水平与企业新产品开发绩效之间起间接传导作用，数字化发展能够激发两类创新能力。

一　基于组织生命周期的知识产权双元战略选择机制

随着5G、人工智能、区块链、云计算、大数据等前沿数字技术在政治、经济、社会等各方面各层面的快速渗透，人类正加速快步走进数字经济时代。数字技术与实体经济的深度融合，不断催生新的业态和新的商业模式，改变甚至重构了传统工业经济的价值创造逻辑，为经济社会高质量发展提供了新的动能。在数字技术革命（第四次工业革命）的大潮下，数字化转型因为在建立全新竞争优势、实现组织可持续成长等方面的突出效果，被越来越多的企业引作发展核心战略。可以预见，数字技术应用引发了社会人才配置、物资配置、财富配置的不断变化，并对生产创新活动的各个环节产生了深远影响。

目前学术界和产业界普遍赞同的观点认为，能够快速处理非结构化、非标准化的海量信息是数字技术，尤其是大数据技术的重要优势（陈庆江等，2020）。在此基础上，企业能够实现准确识别技术演替的潜在可能，并做出科学可信的创新决策。同时，企业还能通过对数字创新模块化设计理念的转用，改造原有的技术范式、业务流程与组织结构，推动创新活动的根本性变革。数字孪生技术还可以帮助企业或研发机构精准模拟物理实体产品或工艺的各项参数，将设计、生产和使用产品的过程迁移到网上，减少研发过程的资源浪费和不确定性。数字技术的自我迭代特性同样打开了产品售后环节的重大变革，IaaS、PaaS、SaaS 等业态模式彻底打开售后增值服务的商业模式创新。综合来看，在给定的要素资源条件下，数字技术一方面能够通过加快研发进程、减少资源浪费等方式提高企业创新效率，另一方面能够提升组织内创新网络的工作效益和组织间创新网络的集聚水平。通过跨领域的知识和技术合作，数字技术实现了小微创新主体间的广泛合作。进一步地，依托数字创新生态系统的共生竞合关系网络，各类创新主体能够在协同中实现创新价值。

根据组织双元理论，企业实现创新的方式主要有探索式创新和利用式创新两大类。探索式创新是指企业脱离现有技术轨迹，通过广泛搜索新知识、拓展新的业务领域实施的激进型创新活动。这种创新方式存在较大的风险和不确定性，因为它要求组织不断获取外部异质性资源。同时，这种方式有助于提升企业长期绩效。利用式创新是组织在现有技术知识的基础上对产品以及业务流程进行持续性改善的创新活动。这种创新方式能够提高内部资源的使用效率，有效降低新产品研发风险并提升组织绩效，是对现有技术的渐进性改进。对于以上两类创新活动而言，数字技术应用都存在潜在的促进作用。一方面，数字技术所具备的通用性，实现了企业跨越技术轨道的颠覆性创新。另一方面，数字技术应用能够持续优化企业创新活动，改进和重组组织业务流程。然而，上述两类创新活动具有不同的资源需求、技术轨迹和风险收益，数字技术应用对这两类创新活动也具有不同的改进和重组影响。现有数字技术应用研究主要关注其对组织创新活动整体的赋能效应，未能深入考察其对两类创新活动的异质性影响和作用机理。

为了充分发挥数字技术应用的创新赋能作用，必须考虑组织现有的资源和能力，以及企业战略态势的动态变化。不同的生命周期阶段下，组织会具有不同的创新意愿、战略目标和资源能力。处于成长期的企业，主要关注信息、知识与技术等创新要素，注重提升核心技术和创新能力，以此实现组织生存和发展目标。这一时期，企业的高成长性促进了数字技术的渗透，提升了数字技术的扩散速度，充分发挥了其信息资源整合优势与创新促进作用。处在成熟期的企业，具有相对稳定的经营模式、丰富的研发经验、优秀的人才资源，以及多样化的融资渠道。数字技术能够充分发挥这一发展阶段企业的资源优势并释放其创新潜力。综上所述，在企业不同的生命周期中，数字技术应用对组织创新活动的影响可能会存在差异。要完整揭示数字技术应用对企业双元创新影响的动态变化，需要系统性地考虑企业生命周期的不同阶段。

相对而言，转入成长期的企业，在快速发展的前景激励下，会更注重异质、异源、异样的知识、技术与资源积累，探索新的技术和市场机会。而这样积极、动性的发展态势会同样作用于数字技术应用对探索式创新的正向激励。所以，成长期企业需要不断完善组织的知识和技术体系，跨领域吸收和借鉴知识与技术，保持组织技术架构的灵活性、先进性和开放性。同时，成长期企业对知识、技术与资源的强烈需求还会放大数字技术在搜寻和整合异质性资源时的效率和效益，提高了技术跃迁的概率，促进了探索式创新的发生。另外，对成长期企业而言，进入新的技术市场并建立先发优势是企业实现核心能力快速建立和提升的主要战略任务。数字创新具有的强大的使能、赋能效果和成长期企业积极进取的战略方针更为契合。基于此，本章提出以下命题：

命题 13-1：数字技术应用对双元战略中探索式创新的促进作用在

成长期企业中更显著。

　　进入成熟期后，企业已经具备相对丰富的技术积累和资源储存，因此企业对数字技术的应用策略也由早期的价值开采转向后期的价值挖掘，增加了利用式创新的权重。具体来看，成熟期企业已经拥有相对成熟的可盈利技术储备，同时技术开发和维护能力处于较高水平，对学习新知识、开发新技术的诉求较弱。同时，成熟期企业往往具有高于行业平均水平的财务和劳务状况，融资渠道畅通，盈利状况稳定，现金储备丰富。因此，整体而言成熟期企业采取风险冒进策略的可能性和冲动性会远低于成长期企业。对于成熟期企业而言，沿着已经成型的技术发展路径，对企业已有知识和技术储备进行扩展和丰富，并为此消耗企业创新资源才是理智而稳健的选择。因此，成熟期企业在数字技术和资源的分配中会展现出强烈的路径依赖性，会沿着特定的资源渠道和信息渠道，完成数字赋能存量要素或技术赋能数字要素的创新活动，推动利用式创新进程。基于此，本章提出以下命题：

　　命题13-2：数字技术应用对双元战略中利用式创新的促进作用在成熟期企业中更显著。

二　基于技术研发模式的知识产权双元战略选择机制

　　自2018年以来，为了遏制中国高新技术行业的快速崛起，美国发动了数轮贸易争端，其中包括对华"301"事件、"中兴事件"等。朝迁市变的国际局势充分显示我国企业正处于不断变化的动态环境之中。除了复杂多变的地缘政治经济因素，数字技术和数字内容革命的发展和演变也在催生"短平快"的创新周期新规律，迫使企业更快地产生新技术，以获得持续竞争优势。在此背景下，仅仅依靠组织内部资源自主研发新技术对企业而言已经远非上上之选，与组织外部的知识进行整合从而有效缩短新技术的研发时间才是数字技术竞争大背景下的通行战略。因此，企业需要快速吸收利用外部引进的技术以保持企业自身的竞争优势。换言之，识别、消化外部技术并对其进行商业化应用的速度是决定企业能否适应复杂多元环境的重中之重。Cohen等（1990）将企业"识别、消化和利用外部知识的能力"定义为吸收能力。现有研究多是从静态的角度研究企业吸收能力的影响因素，认为企业的吸收能力将受到先验知识基础、研发投入的程度、学习强度与学习方法、组织内部结构的影响。然而面对高速变化的市场，时间对于企业制定战略来说至关重要，仅仅关注企业吸收能力的影响因素忽视了引进技术吸收过程的时间维度，因而对解释外部技术的吸收过程存在局限性。为此，学者开始聚焦于吸收能力的速度维度，将企业对于外部引进技术的吸收速度定义为企业吸收外部技术知识并将其转化为自身知识生产的时间间隔，目前关于对吸收速度产生影响的前因变量以及相关的情境变量并不明确。

Cohen 等（1990）指出，研发模式的选择对于企业如何培育以及培育何种吸收能力甚至能否实现外部知识的快速整合而言至关重要。数字技术的出现和数字内容的快速发展使企业已经很难甚至无力独自进行完整的、系统的创新研发，合作成为企业客服研发壁垒的重要方法。当然，合作研发就像一把"双刃剑"。一方面，合作研发可以为参与合作的企业提供资源互补的机会和窗口。另一方面，合作研发也会为参与合作的企业带来政治、经济、文化、组织等多方面的协调沟通问题。有研究已经证实，影响企业整合外部知识速度的因素是多方面的，涵盖了个人层面、企业层面、网络层面等。然而，目前关于企业外部知识吸收速度的研究却缺乏关于研发模式的探讨。此外，对于研发模式在外部技术吸收过程中的作用机制所依赖的情境因素也缺乏充分的理解。

综上所述，合作研发作用于企业吸收速度的机制可以从三个方面进行解释。首先，在合作研发的过程中，合作伙伴可以为企业提供互补的知识和资源。通过合作研发企业扩展了自身认知极限，增加了异质知识资源，提高了企业自身知识基础的丰富性，从而降低企业理解新知识新技术的阻力，提升同化和利用外部技术的效率。其次，合作研发可以通过合作伙伴之间的明码或暗码交流促进显性知识与隐性知识的转移。已有研究表面，缄默知识是企业保持竞争优势的重要武器，而缄默知识之所以具有如此效用，很大程度上得益于其难以编码、难以转达、难以传播的独特性质。企业要实现对外部技术内涵的快速充分理解就需要得到隐性知识的支持。合作研发可以通过企业与外部机构深层多维、全面立体的交流交换，促进隐性知识显性化，这在提升企业内部知识基础多样性的同时，还有助于企业发现一些潜在的创新机会，从而缩短研发周期和资源消耗。最后，企业之间合作伙伴的关系还可以分担双方在新产品研发过程中的资源投入，规避新产品研发中的风险，同时减少创新中的不确定性，增强企业学习新技术的动机，从而加快企业利用外部技术进行新产品研发的进程。

命题13-3：合作研发对双元战略中探索式创新的负向效果明显。

命题13-4：合作研发对双元战略中利用式创新的正向效果明显。

三　基于数字水平差异的知识产权双元战略选择机制

现有文献探讨了数字化建设对企业创新绩效的影响，发现数字化水平与创新绩效并非呈现绝对的线性关系，可能会因区域内装备接入与应用水平不同而对企业创新绩效产生倒"U"形影响。Arquette从信息传播技术基础设施建设水平、接入情况和使用能力三个方面，衡量地区间的"数字鸿沟"。随后，有学者指出，"数字鸿沟"除在生产活动前的建设和接入阶段有所体现外，还包括运用数字技术后产生的收益。从数字化内涵与发展进程出发，企业数字化发展大体经历了信息技术设施建设、互联网网络接入、信息通信技术学习以及数字产业化发展四个阶段。本章在现有研究的基础上，将数字化水平划分为数字化建设水平、接入水平、应用水平和流通水平，深入分析数字化各维度水平与企业新产品开发绩效间的关系。其中，数字化流通水平是应用水平的体现与延伸，两者内涵具有一定的相似之处，但侧重点不同。数字化应用水平突出数字技术掌握程度，而流通水平突出掌握数字技术后的市场表现。

数字化建设水平是指能够体现数字经济特征的基础设施完善程度，这类基础设施以信息网络为基础，并融合新兴数字技术。一方面，数字基础设施可以为科技进步和产品创新提供全新的零距离接触平台，加快区域企业之间的资源流动，提升信息透明度，促进产业结构升级。数字基础设施能够跨越多个系统和设备收集、存储及利用数据，为企业提供必要的网络资源，强化产品供需间的联系，为企业掌握用户需求信息，针对性地开发产品提供信息和技术支持。另一方面，基础设施过度饱和意味着大量人力、物力和财力投资并不能给区域创新主体带来持续收益，数字基础设施架构建设也需要新形式的平台治理，一味增加数字设施投入会加大企业资源管理难度，进而影响企业新产品开发绩效。基于此，本章提出以下命题：

命题13-5：数字化建设水平与企业新产品开发绩效呈倒"U"形关系。

数字化接入水平是指网络连接水平，通常表现为宽带互联网接入或通信技术接入水平。数字网络接入能够帮助企业进行生产管理，良好的网络覆盖情况是企业实现有序生产和互联互通的重要前提。拥有宽带互联网接入的企业能够参与多样化在线媒体活动，有助于培育更多数字技能。可见，互联网对信息获取及运用具有显著积极作用。Alhassan 以宽带互联网接入衡量数字包容，发现通信技术接入对通信技术使用具有积极影响，可以增强信息资源获取能力。信息技术、资源可以为企业创新提供支持，为新产品开发提供基础条件。同时，也有学者认为，通信技术获取与使用虽然可以给个人、企业带来发展机会和创新效益，但较高的通信技术成本是主要障碍。数字化接入需要付出较高的技术改造成本，由于数字化技术对新产品开发绩效的影响具有滞后效应，企业数字化初期的成本效应往往高于创新补偿效应，总体表现为负向作用。当数字化接入水平提升到一定程度时，数字化接入水平的创新溢出和促进效应涌现，能够抵消数字技术接入的成本效应，从而有利于企业新产品开发活动开展和创新绩效提升。不同的数字化接入水平对企业新产品开发绩效的影响有所差异，二者之间并不是简单的线性关系。基于此，本章提出以下命题：

命题 13-6：数字化接入水平与企业新产品开发绩效之间呈"U"形关系。

数字化应用水平是指 IT 技术掌握程度和普及程度，信息技术使用能力会影响新产品开发任务熟练程度，改善新产品开发流程，从而促进新产品销售增长以及市场份额提升。数字技术应用能够为企业提供全新的价值创造方式，企业通过信息技术与物理组件融合促进新工艺与产品开发。特木钦通过实证发现，技术交流对迭代创新与新产品开发绩效具有显著积极影响。然而，数字网络接入和数字技术普及会占用企业员工的时间、精力，海量数据需要进行辨别处理，进而分散企业注意力。随着时间推移，企业对技术的使用更加熟练，信息提取效率会更高，其价值体现也更加显著。基于此，本章提出以下命题：

命题 13-7：数字化应用水平与企业新产品开发绩效之间呈"U"形关系。

数字化流通水平能够反映数字产业化发展程度，商品经过区域生产、分配、交换与消费环节，不断循环往复。数字化流通是消费环节的重要体现，其流通速度与体量一定程度上能够反映区域企业电子商务的繁荣程度。"工业 4.0"时代，数字化步伐加快，新兴信息技术被用来实现物联网和服务连接，业务流程和工程流程深度集成，生产方式更为灵活、高效。智能连接的数字技术被大规模应用于物流业，能够加强企业和供应链合作伙伴间的横向与纵向资源整合，新产品开发也可获得更大的市场愿景。数字化流通新平台能够改变消费模式，促进消费升级，辅助企业识别顾客需求，提升资源整合力度和市场流通效率，从而促进企业新产品开发绩效提升。基于此，本章提出以下命题：

命题 13-8：数字化流通水平提高有利于企业新产品开发绩效提升。

基于组织双元创新能力理论，March 按照不同程度将创新能力划分为渐进式和突破式创新能力。渐进式创新能力是一种改良性的创新能力。它基于已有知识和资源对产品、技术和服务等进行升级完善，不断满足用户需求并提升顾客体验，通常是从 1—N 的变化。突破式创新能力主要源于新想法和新创意，是一种变革式创新能力，或称根本性技术创新，强调对现状的彻底颠覆，往往是从 0—1 的突破。

数字化发展既是企业创新绩效提升的重要推力，也是企业持续发展的重要动力。本章认为，双元创新能力在数字化水平与企业新产品开发绩效之间起间接传导作用，数字化发展能够激发两类创新能力。随着数字化水平的提升，企业可以获得成熟的知识和精确的客户信息以捕捉市场机会，实现渐进式创新和突破式创新。较高的数字化建设水平既能够为企业发展提供坚实的物质基础，也可以为渐进式和突破式创新能力提升提供良好的基础设施。已有研究证实，信息基础设施对企业双元创新能力具有显著正向促进作用。渐进式创新能力可以帮助企业不断优化现有产品，突破式创新能力通过革新技术促进产品开发，从而提升企业竞争力。数字化接入水平和应用水平分别体现信息主体的网络连通性与 IT 技术普及程度。经济全球化背景下，企业不再是独立的个体，而是逐步从传统封闭式创新走向全球开放式创新。数字技术接入与应用能够帮助企业整合创新资源，拓展技术研发能力体系，从而提升渐进式创新水平。另外，数字技术可以提升组织信息搜索与整合能力，促进异质性知识与资源融合，培育突破式创新能力，从而拓展创新边界（陈庆江，

2021)。信息网络越通畅、IT 技术普及程度越高，企业就越能够获取并整合顾客、供应商、政府及社会公众的相关信息，提高市场机会敏感度，准确把握市场机遇。两类创新能力因此得到激发，从而促进新产品开发绩效提升。数字化经历了社会生产和再生产过程，数字化流通过程属于生产和消费过程的中间环节，不仅可以推动电子商务等产业发展，而且能够实现区域经济要素、科技要素、知识要素及人才要素流动。随着企业与用户的频繁交流，企业凭借与用户间的弱关系实现异质性知识共享，冲击现有知识体系，从而为突破式创新提供良好的契机。随着时间的推移，弱关系衍化为稳定的强关系，后者会持续推动知识传递与共享，完善现有知识体系，促进企业渐进式创新能力提升。

两类创新能力均可以促使企业开展生产经营，但其发挥的作用并不完全一致。一方面，渐进式创新突出维持功能，为稳定现有产品与市场作贡献，确保系统按照预定方向和规则运行。渐进式创新能够促使企业在当前领域更好地满足客户需求，既可以巩固企业现有竞争优势，也能够强化新的竞争优势。另一方面，突破式创新突出创新功能，有助于企业研发新的技术与产品。突破式创新具有高风险、高收益特征，一旦成功便有助于企业形成差异化竞争优势，提高行业进入壁垒并强化同行风险抵御能力。尽管两类创新行为的作用方式并不完全一致，但均在不同维度的数字化水平与新产品开发绩效间发挥中介作用。基于此，本章提出以下命题：

命题 13-9：渐进式创新能力在数字化水平各维度与企业新产品开发绩效关系间起中介作用；突破式创新能力在数字化水平各维度与企业新产品开发绩效关系间起中介作用。

第三节　面向数字产业创新的知识产权双元战略实现路径

沿着生命周期的不同发展阶段，企业战略态势会持续、长久地发生改变，往往会导致组织的资源冗余水平水涨船高，并最终引导企业走向沉寂、低活甚至衰退的末路。然而，在数字产业创新过程中，企业通过正确的战略认识，合理的战略选择，以及准确的战略布署，有可能跨越成长壁垒，进入积极、正面的生命新周期。通常来说，进入成长期的企业如果选择更加积极的双元战略，就更具备打破现有惯例的可能性，实现强化数字技术应用对探索式创新的促进作用；而进入成熟期的企业也可以充分利用相对丰富的冗余资源，为数字技术应用推动利用式创新赋能作用的充分实现提供资源基础。考虑到不同生命周期选择对应的、合适的知识产权战略是实现企业长远发展的必经之路。

一　基于生命周期适应的知识产权双元战略路径

成长期企业因为自身原因，往往更倾向于通过开创性的创新发现赢取竞争优势，也往往倾向于利用数字技术创造突破性创新成果，增强自身竞争力。为了实现开辟新的竞争市场的诉求，成长期企业会将数字技术应用于新产品、新服务，为探索式创新提供禀赋支援。与之相对，成熟期企业拥有相对丰富的资源冗余，能够更好地兼顾到利用式创新中，为改善、改良已有技术储备提供物力支持。进入这一阶段的企业同时已经具备相对稳定的组织发展战略，这也会反向引导企业将数字技术用于挖掘现有资源的创新潜力，并以此推动利用式创新。

陈庆江等（2021）利用 2008—2018 年中国 A 股市场的制造业上市公司数据，考察数字技术应用对企业双元创新的影响。研究发现：第一，数字技术应用对企业探索式创新存在显著促进作用。从学理上看，数字技术应用本身具有的数字技术属性能够充分沟通传统工业技术的知识存量，实现异质性知识与技术的融合，推动企业脱离原有的知识和技术依赖，促进探索式创新活动的发生。第二，数字技术应用对企业利用式创新存在显著促进作用。从学理上看，数字技术应用本身具有可编写、可交互的动态特征，能够加速产品和服务的迭代更新，促进企业利用式创新。第三，数字技术应用对探索式创新的促进作用在成长期企业中更显著。从学理上看，成长期企业对探索式创新的热情更高，而数字技术应用本身具备较强的信息属性和破壁价值，能为探索式创新提供更强的发展空间。第四，数字技术应用对利用式创新的促进作用在成熟期企业中更显著。从学理上看，成熟期企业能够充分发挥数字技术应用的可供性和逻辑性，挖掘冗余资源的潜在价值。

二　基于竞合关系选择的知识产权双元战略路径

第一，企业在吸收引入的外部技术时应重视合作研发的积极作用。

虽然在实际的生产和生活中，因为文化障碍、组织障碍、机会认识等原因，合作伙伴之间可能会产生诸多冲突，但合作研发可以同时为双方或多方企业提供多元化、差异性的知识和技术资源，促进显性知识与隐性知识的转移，以技术联盟形式出现的合作研发模式还可以帮助企业分担技术研发过程中的不确定性。总之，合作研发可以帮助企业提升对外部技术的吸收效率，并实现复杂多变的外界环境的目标。

第二，对于数字创新主导的产业来说，应当将更多眼光投入到具有高度通用性的技术中去。外部技术通用程度指的是外部技术可用于开发另一种技术的程度，它的概念与通用技术类似，是指该技术在多个行业中被普遍使用。从这个意义上讲，通用程度更高技术可以为企业提供潜在的创新机会来进一步开发新技术。然而，潜在的创新机会并不等同于可以开发新技术，先前的研究指出进一步利用外部知识开发新技术，还需要与互补性资源和其他技术的结合。在这个意义上，通用程度更高的技术可以扩大企业资源的可应用范畴，使得合作研发的企业伙伴可以更加有效地利用异质性的知识和资源，进一步提高了企业吸收外部知识的效率、促进了新技术的创造。

通用程度较高的技术具有明显的使能价值，能够为企业带来巨大的潜在创新价值。因此，在吸收这类技术时，企业应该更加注重合作研发模式的采用，增强使能价值的运用。此外，与高度依赖当地环境且专业程度更高的专有技术相比，通用程度更高的技术往往意味着技术具有较强的底层特性和跨领域特质，难以通过纯粹的显性知识传播和扩散。在此基础上，合作研发可以提升隐性知识传播的门槛，提高知识转换过程的效率，推动外部技术的吸收和利用。

相反，通用程度较低的技术往往涉及专业面更窄、专业性更强的特定领域，并且难以与其他企业现有的知识资源进行融合。因此，选择合作研发，合作双方仍然需要投入相当质量的资源和精力。同时，出于知识和技术独占性的考虑，为防止失去其他具有战略价值的资源，企业往往不愿意在研发合作中投入过多。这就降低了企业学习外部技术知识的动机。尽管如此，在学习通用程度较低的技术时选择独立研发模式可以降低失去竞争优势的风险。

第三，在面对动态和不确定性较高的环境时，选择合适的战略时机对于企业制定合适的战略来说尤为重要。企业在引进外部技术时，不应该盲目地选择快步大走的战略方针，而应该重视外部技术的特征。譬如，外部技术的通用程度就会影响企业理解、学习和再开发的难度，从而影响企业利用外部技术开发新产品、新服务以获得持续竞争优势的效率。

三　基于技术同源属性的知识产权双元战略路径

新技术知识吸收和利用的难易程度取决于外部知识的特征以及内部知识与外部知识的重叠程度。因此，本书研究将外部技术的通用程度以及外部技术知识与企业内部知识基础的技术距离定义为技术同源属性的情境变量，Cohen 指出通用程度较低，与企业知识基础距离较远的技术更难以被企业吸收利用。本书以 Moreira 所定义的吸收速度的概念为出发点，探讨如下问题：外部知识与企业内部知识基础的技术距离如何改变研发模式与企业吸收速度之间的关系？

关于吸收速度的研究可追溯到"吸收能力"理论的相关研究，Cohen 等（1990）提出企业识别、吸收并应用外部信息于商业目的的能力对于企业提升创新能力而言至关重要。学者在此基础上对吸收能力进行了广泛的研究，认为吸收能力可以分为外向和内向两个维度：外向维度指的是企业识别和获取外部知识的能力；内向维度是指企业消化和利用外部知识的能力。针对前者，Cohen 和 Levinthal 提出，从内向维度看，组织内部已有知识和技能的特征是决定企业吸收能力的决定因素之一，即企业现有的知识基础会影响企业吸收外部知识能力的高低快慢。外部知识的技术领域以及吸收的难易程度各不相同，企业内部拥有多领域的专业知识可以成功地转化为外部技术。此外，企业用于吸收外部技术的知识资源并不是一成不变的，组织之间良好的交流交换机制有助于企业之间进行非同源属性的知识与资源置换，突破企业内部现有知识资源壁垒，缩短消化外部技术的时间。因此，本书认为，企业是以企业内部知识的特征和组织之间的沟通结构为基础来提升其吸收外部技术知识的速度。

除了知识固有属性的客观要素外，要实现外部知识的转化与利用，还需要参与知识转化的企业双（多）方对知识有共同的理解，这种情况也被称为企业间知识库的重叠。认知距离的概念在组织研究中应运而生。认知距离是指两个创新实体之间的知识和技能或认知框架的差异。时至今日，认知距离概念已经被应用在技术、营销和组织等多个维度进，但大部分实证研究的关注点仍然聚焦在技术认知距离，即技术知识领域的距离。

当面对技术距离较远的技术知识时，合作研发的作用更强。具体而言，企业往往具有局限于内部知识相关的领域学习的惯性，在面对技术距离较远，与内部知识相关程度较低的知识时，企业则需要进行量大面广的知识补习。在这种情况下，合作研发可以为企业提供异质性的专业知识，增加被吸收技术知识与研发团队知识基础重叠的概率，更丰富的知识可以帮助企业缩短吸收技术距离相对较远知识所需的时间。此外，外部知识与内部知识距离较远也会给企业吸纳、学习外部知识的过程带来理解、掌握上的无形困难。在此意义上，合作研发可以降低企业间的沟通门槛，分担研发时的技术风险，减少学习成本和研发过程的不确定性，进而提升企业吸收远距离知识的速度。

当面对技术距离较近的技术知识时，合作研发的促进作用偏弱。这是因为技术距离较近意味着学习的外部知识与企业现有的内部知识高度重合或相似，因此，企业在解决与熟悉相关的问题时，并不十分依赖从外部获取知识与资源。此外，对于企业而言，相对熟悉的技术与企业内部知识基础有很大的重叠部分，因此更加容易被企业所理解，其吸收能力已经很高，因此企业不太需要与其他企业进行合作来促进对熟悉知识的理解。

第四篇

面向数字产业创新的知识产权战略实施

引　言

　　数字产业创新主体在选择合适的知识产权战略后迫切需要进行精准有效的实施。在实施面向数字产业创新的知识产权战略的实施过程中需要聚焦于知识产权运用战略、知识产权管理战略、知识产权服务战略、知识产权治理战略的深度嵌入，促进知识产权与数字产业创新紧密协同，实现数字产业高质量发展，不断提升其可持续竞争优势。在面向数字产业创新的知识产权战略实施专题中，重点探索了知识产权运用、管理、服务、治理战略深度渗透到中国高校科研院所科技成果转化、知识产权服务平台演化、中小企业知识产权战略管理、知识产权数字治理等过程，充分关注上述战略过程中的作用模式、运行机制和策略支撑，为数字产业创新主体提供运用策略的动态组合，构建服务策略的协同共享，探寻管理策略的最优选择，并触发治理策略的创新思路。本篇着眼于中国高校科研院所、中小企业两大典型数字产业化、产业数字化创新主体，着重强调了新型知识产权服务平台的演化趋势和知识产权数字化治理战略理论框架构建的紧迫性、必要性，旨在将知识产权战略充分融入数字产业创新的进程中，激发知识产权战略发挥其真正的竞争优势，为在完善知识产权全链条战略体系基础上推动数字产业的可持续创新跃迁提供新的探索。

第十四章

面向数字产业创新的中国高校
科研院所科技成果转化研究

科技成果转化是我国创新驱动发展战略的核心内容。习近平总书记对科技成果转化有重要论述，2020 年 11 月在浦东庆祝大会上强调"加强基础研究和应用基础研究，打好关键核心技术攻坚战，加速科技成果向现实生产力转化，提升产业链水平"。高校科研院所不仅是国家创新体系的重要组成部分，也为我国数字信息企业源源不断输送前沿性科技成果，成为我国数字产业创新和高质量发展的坚实支撑。本章从中国数字产业高校科研院所科技成果转化的发展概况出发，在阐明高校科研院所科技成果转化的学理基础上，通过分层次、分类别的实证分析探究数字产业高校科研院所科技成果转化的作用机制。

第一节　数字产业创新下高校科研院所
科技成果转化的影响因素

高校和科研院所在过去 10 年已经成为中国专利申请的重要力量，研发投入经费和科技人力均不断增加，有效专利占比大幅提升。然而，这些体量大、多样化的前沿技术成果只有通过有效转化才能为企业和产业带来实际的知识吸收和技术贡献。在国家及各地政府多项政策举措的推动下，我国高校科研院所科技成果转化活跃度不断提升，但总体转化率仍徘徊于较低水平，大量发明专利闲置造成资源浪费，我国高校科研院所科技成果转化存在"不会转""转不出""转不好"问题。对此，亟须加强面向数字产业创新的中国高校科研院所科技成果转化的相关研究。

本节拟从理论角度界定高校科研院所科技成果转化的概念，并构建高校科研院所科技成果转化的分层次模型，同时基于该模型分别探讨外部环境、高校科研院所作为技术供给方、企业作为技术需求方以及技术本身四个模块下数字产业高校科研院所科技成果转化的具体影响因素，为后续科技成果转化的异质性机制研究奠定文献基础。

一 高校科研院所科技成果转化的基本理论框架

（一）高校科研院所科技成果转化的概念定义

Brooks（1966）将科技成果转化定义为人们传播科学和技术的过程。Parker 等（1993）认为，科技成果转化是高校和科研院所的基本知识、信息与创新流向私人及准私人部门的个体或公司的过程。Tan（1996）将科技成果转化定义为某一个组织的创新，被其他组织获得、使用或发展的过程。Bozeman（2000）认为，科技成果转化是技术知识从一个组织架构到另一个组织架构的移动。我国学者认为，高校科研院所科技成果转化是将高校和科研院所的技术产品化、商品化、产业化，最终实现其市场价值的过程（章琰，2004；俞风雷等，2011）。

（二）高校科研院所科技成果转化的分层次理论模型

本章综合探讨高校科研院所科技成果转化的影响因素，针对市场制度外部环境、高校技术供给、企业技术需求和技术本身四个维度进行系统性的梳理。构建了高校科研院所技术成果转化的分层次理论模型，包括宏观层面的市场制度环境，中观层面的高校科研院所技术供给侧因素和企业视角的技术需求侧因素，以及微观层面的技术特征和转移模式特征。共分为四个模块：一是市场制度环境；二是技术的提供者，即技术的研发者和转让方；三是技术的接受者，即技术的接受者和引进方。四是技术本身。具体包括技术类型、技术内容、技术复杂度、技术新颖程度等。

二 外部环境影响因素

（一）科技成果转化制度差异性

为了鼓励高校科研院所开展技术转移，许多国家都制定了相应的科技成果转化政策（Rosenberg et al.，1994；Grimaldi et al.，2011）。这些政策通过赋予高校对政府资助发明的所有权，推动高校直接向企业

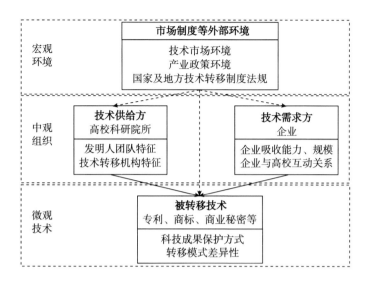

图 14-1　高校科研院所技术成果转化分层次模型

资料来源：由笔者整理。

转让许可技术，降低技术转移的交易成本。现有文献研究了技术转移政策对高校专利申请的数量、结构和质量的影响，而且大部分文献是欧美学者对《拜杜法案》影响的研究（Baldini，2009；Mowery et al.，2001；Mowery et al.，2001；Agrawal et al.，2002）。技术转移政策是否能促进高校专利申请活动，现有研究尚未达成共识。

就技术转移政策对大学专利申请结构影响而言，Shane（2004）研究发现《拜杜法案》实施后，在许可有效性强的技术领域，大学的专利申请比例有了显著提高，仍然有很多研究聚焦在基础科学领域（Leydesdorff et al.，2010）。就技术转移政策对高校专利质量的影响而言，Henderson 等（1998）发现《拜杜法案》实施后，具备重要性和通用性的高质量专利的比例有所下降。但也有研究表明高校专利质量本身并未下降（Sampat et al.，2003），并且这些大学申请的专利重要性逐步提升（Mowery et al.，2001；Thursby et al.，2002）。

（二）产业政策与市场环境差异性

就产业政策而言，政府对企业产学研合作的资助力度影响技术转移的效率（樊霞等，2011）。高校科研院所的技术转移还受到多方面市场环境因素影响（夏丽娟等，2017）。例如，技术交易市场（Kani et al.，2012）、技术领域差异等。从地区层面来看，Chapple 等（2005）认为，地区经济发展水平、研发强度显著影响高校技术转移的效率。范柏乃等（2015）发现，地区发展水平等区域因素对所在地区的高校技术转移效率存在显著影响。也有学者注意到不同区域间关系的影响（Buenstorf et al.，2013）。

三　高校科研院所技术供给侧影响因素

从高校和科研院所的视角来看，已有文献从发明人团队特征、高校营销活动和技术转移机构的作用等方面讨论了科技成果转化的影响因素。

（一）发明人团队特征

高校科研院所专利的成功转让取决于发明人团队成员的特征，包括科研人员性别、受教育水平以及学术地位等特征（Giuliani et al.，2010）。已有研究表明发明人的参与能够加速高校科研院所专利技术的商业化进程（Markman et al.，2005；Muscio，2010），发明人的企业界网络、学术声誉以及营销能力决定了技术转让的潜力（张胜等，2016）。

可从横向和纵向两个维度来剖析发明人团队对专利转让的影响（李兰花等，2021）。从横向来看，专利转让的搜索活动依赖于发明人所提供的联系网络，发明人数量越多，转让的渠道则越多（Fong et al.，2018）。从纵向来看，专利转让活动受到发明人团队以往专利交易经验影响（Elfenbein，2007；Hellmann，2007）。此外，交易经验也可以加强与相关企业的联系，并在产业界积累起一定的科研声誉，从而促进后续专利交易的达成。

（二）高校技术转移机构特征

技术转移也受到高校科研院所组织层面因素的影响，包括高校规模（Thursby et al.，2002）、高校基础设施如是否拥有医学院、科技园（Caldera et al.，2010）和高校声誉等（Sine et al.，2003）。技术转移中心模式兴起于1970年美国斯坦福大学。高校和科研院所通过技术转移中心任务专业化的机制，建立起广泛的合作网络，并且通过对专利技术的专业评估，快速匹配潜在的买方，降低交易成本。另外，技术转移中心通过对高校和科研院所技术的战略性整合管理，建立起良好的声誉，有利于缓解技术市场的信息不对称问题，提升技术买方对技术质量的期望值，买方的购买意愿及支付的交易金额也会随之上升（Stadler et al.，2007）。另外，高校和科研院所技术转移过程涉及多方利益相关者（Siegel et al.，2004）。技术转移中心可以拉近相关方认知距离、组织距离，有效促进高校科研院所的技术转移活动。国外的实证研究表明技术转移办公室的规模和年龄（Chapple et al.，2005）、人员构成（Siegel et al.，2004）、许可收入分配机制（Siegel et al.，2003）等对高校技术转移绩效有显著的影响。李攀艺等（2007）同样得出，高校技术转移中心合理设计许可收入分配机制能够提升专利实施的效率。值得注意的是，国内外高校技术转移政策的差异也导致了技术转移机构的实践差异（陈海秋等，2007）。

四 企业等技术需求方影响因素

在进行技术创新时，企业有两种选择，一是通过组织内部研发产生新的技术，二是从组织外部的知识源获取技术。外部的知识来源可以是其他企业、高校和科研院所。目前存在交易成本、知识观和开放式创新三种理论视角解释企业选择技术来源的决策。交易成本理论和开放式创新都侧重分析企业许可和购买技术时潜在的成本（Walker et al.，1984；Chesbrough，2003），而企业知识观则强调了从组织外部获取技术为企业带来的收益（Poppo et al.，1988）。企业从高校科研院所获取技术成果的成本和风险受到企业本身能力、双方合作特征等因素的影响。

（一）企业内部特征

企业的吸收能力是促进技术转移活动的重要内部特征因素。国内外学者对企业吸收能力在技术转移中的重要地位进行广泛研究（Cohen et al.，1990；Agrawal，2001；Cockburn et al.，1987；Lim，2009；樊霞，2013；叶伟巍，2014；程华等，2015）。企业规模是另一主要因素。大企业更倾向于同时从组织内部和外部获取新技术（Veugelers et al.，1999）。相比于小企业，我国大型企业与高校进行技术交易的积极性更高（樊霞等，2013）。此外，企业研发战略的开放度（樊霞，2013）、获取技术资源的动机（Lai，2011）、在某技术领域的专业知识、评估外界技术的能力（Agrawal，2001）、企业在制造阶段的学习能力（Dechenaux et al.，2008）以及企业自身的技术许可经验（Bruneel et al.，2010）也会影响技术转移的发生概率和效果。

（二）企业与高校互动关系

除了企业内部特征，企业与高校的互动匹配关系也对科技成果转化效果有显著影响。高校和科研院所的发明人已取得的学术成就能够吸引潜在企业的注意，但是并不会显著影响企业对该发明人所持有的技术的质量的评估（Elfenbein，2007）。相应地，企业更青睐和产业界有联系的技术发明人，也看重高校科研院所的技术转移经验和能力（Kotha et al.，2013；Wu et al.，2015）。另外，企业与高校的互动关系也反映在校企之间的信任水平。缺乏信任可能导致技术转移双方不愿意投入技术转移所需的必要资源（刁丽琳等，2015）。

近年来，技术转移的研究越来越重视企业和高校科研院所之间能力和资源的匹配。Mindruta（2013）研究表明，企业和高校的专利申请能力和论文发表能力影响技术转移过程中的价值创造。高校和企业之间知识资源的互补性影响技术转移的稳定性（曹霞等，2015）。另外，受企业资助的高校科技成果更有可能最终转移至提供资助的企业（Agrawal，2001）。在数字产业创新的特殊情境下，企业与高校的协同互动关系对科技成果转化成功与否更为重要。由于数字产业创新呈现出较高的前沿性、整合性和动态性特征，企业更需要加强与高校科研院所的产学研深度合作，通过资源能力耦合实现生态价值共创。

五　科技成果特征及转移模式影响因素

（一）科技成果本身因素

由于不同技术领域知识特性的不同，高校和科研院所对科技成果采用不同的保护方式，主要考虑两个因素：第一，交易成本的高低（Mowery et al.，2002；Teece，1977）。专利作为显性知识，可以减少转移成本。第二，技术及其相关知识的特性。隐性知识相比显性知识更需要配合相应的专利共同进行转移（Levin et al.，1987）。

作为高校科研院所科技成果广泛采纳的保护形式，专利能否成功转让取决于自身的技术及法律特征。第一，就技术特征而言，技术的通用性、先进性是专利能否成功转让的重要因素（Nerkar et al.，2007；Barirani，2017）。技术的质量（Sohn et al.，2013；Arora et al.，2006）、技术的成熟度和潜在市场价值（Dechenaux et al.，2008）也影响企业许可高校技术的决策。另外，由于技术的市场价值随时间动态变化，专利的年龄也会影响技术转移的可能性。

第二，就法律特征而言，专利独占性（Appropriability）也是专利转让的重要因素。具体而言，企业更倾向于许可已获得专利授权的高校技术（Elfenbein，2007），而且专利技术的保护强度正向影响企业许可高校技术的概率（Shane，2004；Dechenaux et al.，2008）。另外，因专利权的地域性，在重要海外市场已经进行布局的专利，可以帮助企业降低产品出口等国际化经营活动中的知识产权法律风险，因而更易于获得成功转让（Gambardella et al.，2007）。因而，专利的家族规模越大，其地域保护范围越广，越有利于后续转化。

（二）转移模式差异性

转移模式，又称转移载体，通常分为直接或间接两种。直接的技术转移是技术提供方与接受方点对点的直接投资或者商品贸易。间接的技术转移是指科学家和企业技术人员之间的非正式交流（Grosse，1996；Nataraajan et al.，1994）。非正式交流虽然不能直接产生经济利益，但能间接增加技术接受者的技术能力。

由于数据可得性和典型性特征，本节主要关注专利交易这一广泛采纳的高校技术转移模式。一方面，高校和科研院所将科研成果申报专利保护，向企业许可或出售获取收益，能够激励高校科研院所尽快公开其研究成果，促进知识技术的传播。另一方面，购买技术的企业会快速展开后续的技术开发，研发成果可较快地实现商业价值，而非在高校和科研院所实验室中长期闲置。专利交易主要包括许可和出售两种模式，这两种模式的本质区别在于专利所有权是否被转让，不同模式所涉及的技术转移风险成本和收益水平存在差异，最终转移效果也不同。相比于专利出售，专利许可合同的谈判和实施更为复杂，专利许可的交易成本更高（Chiesa et al.，2008；Jeong et al.，2013）。

第二节 外部技术市场环境特征对高校专利维持决策影响的实证研究

第一节系统性综述了高校科研院所科技成果转化的多层次影响因素，并提出外部市场环境是决定高校技术转移效果的重要情境。本节进一步聚焦校企专利交易市场，从交易活跃度、交易速度、市场不确定性和竞争度四个维度刻画外部技术市场环境特征，提出技术市场需求与供给态势将影响高校科研院所持有专利的期权价值，进而影响专利权人的维持决策。

一 研究理论回顾与研究框架

Myers（1977）首次提出实物期权的概念，他认为一个投资方案所能创造的价值，不仅来自现有资产使用带来的现金流，也包括该投资方案所产生的未来投资机会或交易机会。目前，实物期权理论已广泛用于企业金融投资、战略管理等众多研究领域。Pakes（1986）将该理论引入专利研究领域，提出将专利管理视为一项投资活动，需要投入申请维护成本，其回报也具有一定不确定性，并且在实施上具有较高灵活性，符合实物期权的基本特征（Marco，2005；Bosworth，2006；Ziedonis，2007）。

高校发明人在评估专利的期权价值时，专利本身质量等特征是其考虑的首要因素。以往研究充分检验了专利固有特征对维持决策的影响，包括权利要求数量、专利族规模、发明人数量等（乔永忠，2011；肖冰，2017）。虽然专利的各项基本属性保持不变，但发明人在不同年份所处的外部环境不断变化。近年来，技术市场成熟度（Baudry et al.，2016）、区域技术差异（宋爽等，2016）等外部环境特征逐渐受到关注，但仍缺乏系统性的研究框架。

高校发明人由于缺乏专利自行实施的动机以及客观条件，主要通过专利交易来获取科技成果转化收益。本节将技术市场界定为高校为专利供给方、企业为需求方的"高校—企业"专利技术交易市场。图 14-2 展示了技术市场特征对高校专利维持决策的影响框架，将专利基本特征作为专利维持的控制变量，聚焦于专利交易活跃度、交易时间、市场不确定性等市场特征对专利期权价值以及维持决策的影响。总体而言，若技术市场发展态势良好，未来通过专利交易产生收益的可能性较高，专利具备较高的期权价值，高校发明人将选择继续维持专利（乔永忠，2011），保持专利的有效性才能保留未来通往技术市场的"入场券"。另外，如图 14-2 所示，专利维持和交易存在潜在的正向循环。一方面，市场中专利交易愈加活跃，能够促使高校发明人清晰认识专利未来商业化机遇，促进专利的后续维持。另一方面，高校发明人不断提升专利维持率和维持时间，才能保留未来的专利交易权，从而维持技术市场中高校专利的供应水平，有利于技术市场的可持续发展。

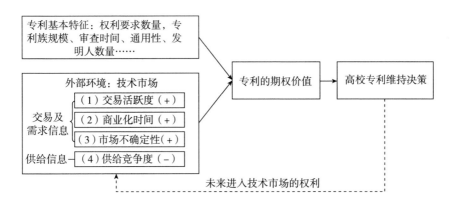

图 14-2　外部技术市场环境特征对高校专利维持决策的影响框架

资料来源：由笔者整理。

二　研究假设

为从不同维度详细刻画技术市场的动态特征，根据市场设计理论（Roth，2007）、产业组织理论（Bain et al.，1987）等相关文献，本节提出技术市场涵盖交易活跃度、专利交易速度、市场不确定性以及供给竞争度四个方面的特征，前三项反映技术市场的总体交易和需求态势，后一项特征体现市场中高校专利供给特征。

首先，交易活跃度能够体现技术市场的总体发展水平，该指标常用于金融股票市场研究（李思瑞等，2019），本节使用相关技术领域近年来的专利交易量来衡量。根据市场设计理论，交易活跃度可作为技术市场厚度（Market Thickness）的表征。所在领域以往专利交易量较大，意味着潜在技术买方数量较多且专利需求较高，高校专利更容易找到匹配的买方（Gans et al.，2010），一定厚度的技术市场能够增强高校发明人对未来交易的期望值，进而提升其专利维持意愿。另一方面，较为活跃的市场交易表明高校已与行业内企业建立起频繁的技术转移联系，正式与非正式的校企交流和技术转化活动有利于提升高校科研人员从创造、保护到运用的全链条知识产权意识（Srivastava et al.，2015），更加重视专利维护和商业化价值的开发利用。据此，本节提出以下假设：

H14-1：技术市场中专利交易总体活跃度正向影响高校专利维持时间。

其次，专利交易速度反映了技术市场的交易畅通度（Non-Congestion）。根据市场设计理论的以往文献（Agrawal et al.，2015；Roth，2008），畅通度是指市场应当保持适当的交易速度以避免阻塞，从而实现市场出清。专利交易时间较长意味着该领域专利从高校实验室发明到技术转化需要经历较长时间。即使相关专利在短期内未实现交易也将被决策者视为正常情况，专利权人将根据以往专利交易速度推断未来交易预期时间，相应调整专利维持时间（全锋等，2009）。另外，专利交易经历的平均时间较长，表明该领域技术生命周期较长，迭代更新较慢。因此，随着时间增长专利价值降低的速度较慢，专利更有可能被长期维持（Schankerman，1998）。据此，本节提出以下假设：

H14-2：技术市场中专利交易时间正向影响高校专利维持时间。

任何市场均具备不同程度的不确定性和不可预测性（Beckman et al.，2004）。由于无形资产交易中信息不对称问题更为突出（Arrow，1962），专利技术市场传统商品市场更具动态性和风险性。因此，本节引入市场不确定性作为技术市场特征的第三项维度（Gordon，1991；Luo，2003；Rajagopalan et al.，1996）。实物期权理论的核心观点为期权价值随着不确定性增加，其内在逻辑为投资期权的负面影响（Downside Risk）是有限的，而后续期权实施收益存在不确定性，维持期权的正面影响（Upside Opportunity）是不可估量的（Gunther et al.，2004；Ziedonis，2007），因此期权所有者更有动力去维持期权。专利这一实物期权也符合上述特征。高校专利权人的维持成本是固定且易于计算的，而未来交易收入并未存在固定上限，尤其在市场不确定性较高的情况下，更容易出现收益远超于专利权人预期的极端案例，专利所有者更愿意在不确定的市场中继续维持专利。另外，不确定性强化等待价值，促进专利期权的继续维持。据此，本节提出以下假设：

H14-3：技术市场中专利交易的不确定性正向影响高校专利维持时间。

最后，除了上述从交易和需求角度描述技术市场特征，本节提出技术供给特征也会影响专利权人的维持决策。供给竞争强度作为外部环境特征已受到管理学者的广泛关注（Barnett，1997；Luo，2003）。在某一技术领域内，不同高校可能并行开展技术研发，从而产生具有竞争关系的替代性技术（Arora et al.，2003）。本节认为若专利所有权分散于不同高校，技术供给强度较高，买方选择焦点专利（Focal Patent）的可能性降低，该专利的期权价值因此较低。Folta 等（2002）也证实，越独特稀缺的实物期权对投资者越有吸引力，更有可能受到关注和投资。另外，供给竞争度较高意味着高校权利人在专利交易协商中的议价能力较低，因此更不愿意长期维持该项专利。应对竞争压力时等待的机会成本上升，竞争会削弱等待期权的价值（Smit et al.，2007）。综上所述，本节提出以下假设：

H14-4：技术市场中高校专利供给的竞争强度负向影响高校专利维持时间。

三 研究方法和数据分析

（一）研究样本与测量

本节选取 112 所国家"211"工程重点建设高校作为研究样本，"211"高校专利产出数量较高，同时也是专利交易的主力军，能够有效反映我国高校的专利交易和维持总体特征。笔者从合享新创数据库（IncoPat）检索了样本高校所有发明专利的申请、维持和交易信息，截止日期为 2018 年 6 月 30 日。另外，从教育部《高等学校科技统计资料汇编》中整理汇集各所高校的基本信息作为控制变量。最终样本包括 112 所"211"高校的 282904 项已获得授权的发明专利。

本节以专利为基本单位分析高校专利维持决策的影响因素。由于样本中大部分专利在观测截止日期前尚未失效，所观测的维持时间存在

"右归并"问题，传统线性回归结果将产生系统性偏误，因此本节采用生存分析回归模型开展实证检验。本节将因变量专利维持时间（Renewal Time）定义为申请日至失效日的时间间隔，单位为年，针对观测时还未失效的专利，该变量取申请日至截止日的时间跨度。另外，本节将继续维持定义为专利生存事件，到截止日期前仍继续维持生存变量取值为 1，否则取 0。由于维持时间取非负数，若直接回归得出的预测值将出现不符合现实情况的负数，因此对该变量取自然对数作为最终解释变量。

模型包括 4 项描述技术市场特征的解释变量，分别为：①技术市场专利交易活跃度（Market Activeness），使用专利所属 4 位 IPC 主分类号下近一年内专利交易数量来衡量，包括被转让和被许可的专利之和；②技术市场的专利交易时间（Commercial Time），使用所在技术领域近一年内专利被交易时的平均年龄衡量，若专利在授权后很快被售出，说明该领域商业化速度较快；③技术市场不确定性（Market Uncertainty），根据以往文献（Folta et al.，2002；原长弘等，2012），本节采用所在技术领域近三年来每年专利交易数量的方差来测量市场不确定性，若不同年份交易数量的方差较大，说明专利交易具有较高波动性；④技术市场中专利供给竞争度（Market Competition）：专利所属技术领域不同高校持有专利数量的赫芬达尔指数（Herfindahl-Hirschman Index）的相反数，该变量取值越大意味着竞争强度越高。模型中还加入高校规模、专利族规模、审查时间等高校特征以及专利固有属性作为控制变量，以验证外部技术市场特征对高校专利维持影响的净效应。

（二）研究结果

本书对主要变量展开了描述性和相关性分析，结果显示主要解释变量的相关系数均低于标准阈值 0.7（Liu，2013），并且各变量的方差膨胀因子 VIF 远低于标准阈值 10（Cohen et al.，2003），说明实证结果不存在多重共线性问题。根据 AIC 信息准则的拟合程度评估，本节最终汇报 Generalized Gamma 模型的回归结果。如表 14-1 所示，模型 1 为基准模型，模型 2-5 在该模型基础上分别加入 4 项技术市场特征，以检验上文所提 4 项假设，模型 6 为全模型。所有模型汇报的卡方统计量均显著，说明模型整体拟合效果较优。

表14-1 基于 Generalized Gamma 生存模型的高校专利维持时间影响因素回归结果

解释变量	模型 1	模型 2	模型 3	模型 4	模型 5	模型 6
Market_Activeness		0.000836***				0.000667***
		(5.09e-05)				(6.03e-05)
Commercial_Time			0.0149***			0.0144***
			(0.00128)			(0.00129)
Market_Uncertainty				4.83e-05***		0.000034***
				(3.16e-06)		(3.69e-06)
Market_Competition					-0.181***	-0.351***
					(0.0356)	(0.0361)
University_Size	0.0399***	0.0406***	0.0399***	0.0398***	0.0398***	0.0402***
	(0.00160)	(0.00160)	(0.00160)	(0.00160)	(0.00160)	(0.00159)
Num_Claims	0.0143***	0.0140***	0.0143***	0.0141***	0.0144***	0.0140***
	(0.000391)	(0.000392)	(0.000391)	(0.000392)	(0.000391)	(0.000392)
Family_Size	0.0972***	0.0984***	0.0977***	0.0979***	0.0970***	0.0986***
	(0.00323)	(0.00326)	(0.00324)	(0.00326)	(0.00323)	(0.00330)

续表

解释变量	模型 1	模型 2	模型 3	模型 4	模型 5	模型 6
Grant_Lag	0.000529***	0.000528***	0.000526***	0.000531***	0.000529***	0.000526***
	(0.000005)	(4.88e-06)	(4.90e-06)	(4.88e-06)	(4.89e-06)	(4.88e-06)
Generality	-0.00941***	-0.00961***	-0.00950***	-0.00855***	-0.00895***	-0.00817***
	(0.00166)	(0.00166)	(0.00166)	(0.00166)	(0.00167)	(0.00166)
Num_Inventor	0.0103***	0.0100***	0.0104***	0.0102***	0.0102***	0.00997***
	(0.000575)	(0.000576)	(0.000575)	(0.000576)	(0.000575)	(0.000575)
Constant	0.763***	0.748***	0.711***	0.760***	0.753***	0.679***
	(0.0157)	(0.0157)	(0.0163)	(0.0157)	(0.0158)	(0.0164)
Techclass_Dummies	控制	控制	控制	控制	控制	控制
No. Observations	1540528	1540528	1540528	1540528	1540528	1540528
LR Chi (2)	16240.58***	16507.84***	16375.78***	16464.03***	16265.96***	16790.34***
Log Likelihood	-127930.16	-127796.53	-127862.56	-127818.43	-127917.46	-127655.27

注: 括号内为标准差值; *、**、***分别表示在<90%、<95%和<99%的置信水平下显著, 下同。

资料来源: 由笔者整理。

模型 1 结果显示高校规模、权利要求数量、发明人数量等高校及专利固有特征对专利维持时间均存在正向影响，专利通用性对维持时间存在显著的负向影响，这些实证结果均与以往研究保持一致，证实了本节所采用的专利样本能够反映中国高校专利维持的总体情况，数据可靠性较高。模型 2 加入专利交易活跃度变量，回归系数为正向显著（$\beta = 0.000836$，$p<0.01$），说明专利交易活跃度对专利维持时间存在积极的影响，假设 14-1 成立。模型 3 和模型 4 分别加入专利交易时间和市场不确定性两项变量，系数均为正向显著，说明这两项技术市场特征对专利维持时间也有显著的正向影响，假设 14-2 和假设 14-3 均得到支持。模型 5 加入专利供给竞争度，回归系数为负向显著（$\beta = -0.181$，$p<0.01$），证实技术市场中供给竞争度越高，高校发明人的专利维持动机降低，专利维持时间缩短，假设 14-4 成立。模型 6 的结果与前述模型结果基本一致，说明回归结果具有较高的稳健性（李兰花等，2021）。

四 研究结论与讨论

本节一定程度上拓展了现有专利研究和实物期权理论。本节将实物期权理论纳入高校专利价值评估与维持决策的分析框架中，拓宽了专利维持研究的理论内涵。本节沿袭主流战略管理的研究思路，详细剖析了外部技术市场特征对高校专利期权价值的影响机制。值得关注的是，国际主流战略管理期刊上多项研究均提出实物期权价值与不确定性存在正向相关关系（Gunther et al.，2004；Ziedonis，2007）。本节将该理论逻辑进一步应用于高校专利维持的现实情境，有利于加深专利实证研究与主流管理学理论研究的对话。

另外，本节详细刻画技术市场特征并对其影响专利维持决策的机制展开实证检验，是对目前缺乏专利维持外部影响因素系统性研究的一项补充。以往研究大多关注专利固有特征对其价值评估以及维持时间的影响，对技术市场等外部环境特征的关注较少。已有文献通常使用专利交易数量作为高校技术转移绩效的结果性指标。本节首次提出并检验了技术市场交易活跃度、供给竞争度等指标对高校专利技术管理与维护的反向关系，具有一定的创新意义。

第三节　高校技术转移机构对专利
交易速度影响的实证研究

　　基于高校科研院所科技成果转化分层次模型，高校作为技术供给方，其组织结构及发明人团队等方面特征的影响不可忽视，高校技术转移机构在科技成果转化过程中也扮演着重要的中介角色。本节基于"211"高校技术转移机构及专利交易数据，从技术供给视角进一步探究高校技术转移机构对校企专利交易速度的异质性影响。实证结果显示技术转移机构对不同地域保护范围、发明人规模以及经验的专利均存在异质性影响。值得注意的是，专利质量的调节作用未得到支持，原因可能在于专利质量的评估仍是高校技术转移部门面临的难题，数字化转型可帮助提升高校技术转移机构的专利质量识别与差异化管理能力。

一　研究理论回顾与研究框架

　　目前对国内技术转移机构的实证研究相对匮乏，定量及定性研究的广度和深度都有待提高。已有实证研究大多以发达国家高校科研院所的技术转移为背景，忽略了中外技术转移政策及技术转移机构在实践中的巨大差别。中文文献大多聚焦于国外技术转移中心成熟运作模式的介绍（原长弘等，2012），以及对国内高校技术转移的问题（聂继凯等，2015）及对策分析（王谋勇，2010；张宏伟，2016）。还有少量针对某一高校或科研院所技术转移机构的单案例研究，如中国科学院（冯锋等，2017；何斌，2008；倪静云等，2014）、武汉大学（陈套、冯锋，2014）等，分析其运作模式、优劣势及发展趋势。

　　高校专利转让过程较为复杂，涉及科学家、高校和企业三类不同层次和类型的主体，因此受到多方面因素的交叉影响。已有文献主要关注专利固有属性、发明人团队特征等微观层次因素的影响，总体上确认了专利质量、专利族规模等专利本身特征对专利转让的正向促进作用（Arora et al.，2006；Gambardella et al.，2007），以及发明人团队参与、发明人数量、以往转让经验等发明人团队特征的积极影响（Markman et al.，2005；Muscio，2010）。本节将进一步分析技术转移机构作为中观因素对高校专利转让的影响效应以及对不同特征专利的潜在异质性影响。另一方面，专利转让问题也包含不同维度，除了是否转让，转让的速度和时机也不可忽视（Llor，2007；Markman et al.，2005）。本节将聚焦于专利转让速度问题，构建包含专利质量特征、发明人团队特征以及技术转移机构等影响因素的研究模型，如图14-3所示。

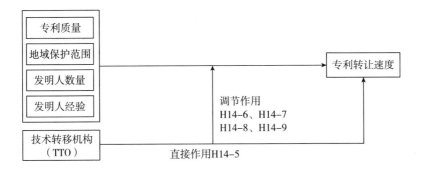

图14-3　技术转移机构对高校专利转让速度的影响框架

资料来源：由笔者整理。

二　研究假设

（一）技术转移机构对高校专利转让速度的直接影响

高校技术转移存在两方面障碍，其一，高校大量科研成果均属于基础科学范畴，企业难以识别技术机会和价值，专利交易涉及的信息搜寻成本较高；其二，科学家、高校和企业三类主体的技术转移目标、资源和能力方面存在较大差异，导致专利交易成本较高。技术转移机构可以从任务专业化机制（Hellmann，2007）、提升企业对专利质量的期望（Stadler et al.，2007）、简化交易流程以下途径促进高校专利转让。本节提出以下假设：

H14-5：技术转移机构可显著缩短高校专利转让时间。

（二）技术转移机构在高校专利转让中的调节作用

由于技术转移机构规模、资源和能力限制无法对每一项技术成果给予同等程度的重视，高校技术转移机构对不同专利转移速度可能存在异质性影响。

首先，针对专利质量这一特征，基于成本收益综合考量高校技术转移机构倾向于重点关注高质量专利，优先推动高价值专利交易，以提升其资源利用效率。另一方面，聚焦高质量专利的推广转化有利于建立技术转移机构的行业声望（Siegel et al.，2007）。最后，从管理实践角度看，高校技术转移机构作为专业化的服务机构，其职能责任通常强调对专利质量进行评估并识别出高价值专利，进一步推动这些专利的商业化。综上所述，本节提出以下假设：

H14-6：高校技术转移机构使专利质量对专利转让时间的负向影响更加显著。

其次，针对地域保护范围这一特征，高校技术转移机构一般更重视全球广泛布局专利的转化工作。只有少数科研人员选择付出高昂费用在不同国家对同一技术发明展开专利保护布局，目的在于保证专利技术在全球范围内的独占性，也可促进潜在的国际专利交易。由于专利族的申请及维持需要付出较高成本，为了保证技术转移的投入产出效率（Wu et al.，2015），技术转移机构更有可能重点推进此类专利的转化工作。另外，专利的地域保护范围越广对企业具有较高的应用价值，可以帮助企业规避国际化进程中的知识产权风险，更有可能受到大型跨国企业的青睐，然而此类交易过程也更为复杂。国际化企业通常已建立专业化的知识产权部门（Arahi，2000），而高校科研团队的组织正式度相对较低，两者的组织和认知差异较大，因此交易中协调沟通可能存在阻碍。技术转移机构作为跨组织边界的技术转移中介，能够协助高校发明人团队与规范化程度较高的企业对接，加速专利技术的转让过程。综上所述，技术转移机构能够更好地推动国际布局较广的专利转让活动，本节提出如下假设：

H14-7：技术转移机构使地域保护范围对专利转让时间的负向影响更加显著。

针对发明人团队特征，较多发明人可以在技术转让中提供丰富的产学研渠道和网络联结，技术转移机构在此基础上通过专业化评估服务协助高校科研人员选择最佳的技术转让渠道和技术受让方，加速专利交易的决策过程。另外，技术转移机构提供的中介服务能够减少因发明人数量过多产生的沟通成本和潜在利益冲突，降低专利交易成本。因此，技术转移机构的存在可以强化多个发明人带来的正面资源效应，并缓解多主体沟通的协调问题，总体上强化了发明人数量对专利转让的促进作用，本节提出以下假设：

H14-8：技术转移机构使发明人数量与专利转让时间的负向关系更加显著。

现有文献提出发明人团队以往技术转移经验对后续专利交易产生积极的影响（Elfenbein，2007），本节认为，该效应在技术转移机构成立后将有所减弱。技术转移机构对所在高校的专利交易活动进行系统化管理，发明人在明确专利转让需求后可直接联系该校技术转移机构启动交易协商及专利转让程序，不再需要通过实践学习逐步积累专利交易管理的相关经验知识，专利转让过程得以加速。另外，技术转移机构作为高校科技成果转化的"名片"，替代高校科技人员"个体户"经营模式下对个人技术转化经验的依赖。另外，技术转移机构作为连接高校和产业界的桥梁，弥合组织间认知和组织距离（Villani et al.，2017），缓解因科研人员技术转移经验不足引发的合作冲突。综上所述，本节提出以下假设：

H14-9：技术转移机构将削弱发明人以往交易经验与专利转让时间的负向关系。

三 研究方法和数据分析

（一）研究样本与测量

本节选取我国 116 所"211"工程重点建设高校为研究样本。从各所高校官方网站、媒体报道等公开资料收集了高校技术转移机构的建设情况，在公开资料缺失的情况下通过电话联系高校相关部门核实信息，包括是否建立技术转移机构、成立年份等信息。本节界定技术转移机构为技术转移办公室、技术转移中心、技术成果转化中心等高校内部设立的技术转移专职机构，基于部门名称、组织隶属关系及工作范围判断其是否符合技术转移机构的内涵。高校基本特征来源于教育部《高等学校科技统计资料汇编》。另外，本节从合享新创数据库（IncoPat）检索了各所高校历年专利申请及交易信息，截止日期为 2018 年 6 月 30 日。专利转让交易信息包括交易双方名称、转让日期等。通过专利信息与高校信息的匹配，本节构建了我国"211"高校专利转让交易数据库。

专利转让事件具有动态性，专利转让数据存在"右归并"问题。

因此本节采用生存分析回归模型。专利的生存事件定义为未发生转让，变量取值为1，若专利在截止日期前发生转让变量取值为0。另外，专利转让时间为专利申请日到转让失效日的时间间隔，单位为年。若观测期内未发生转让的专利，该变量则取专利申请日到截止日或专利失效日之间的时间跨度。按照生存分析回归模型的设定，对该变量进行对数处理。模型中的解释变量包括高校技术转移机构 TTO。若专利转让时该校技术转移机构已经建立，变量取值为1，否则取值为0。针对观测期内尚未发生转让的专利，则测量在观测期内该校是否建立 TTO。本节使用专利权利要求数量 Num_ Claims 来衡量专利质量，使用专利族规模 Family_ Size 来测度专利的地域保护范围。其他解释变量还包括专利发明人数量 Num_ Inventors、发明人团队的以往专利交易经验 Experience，后者使用发明人在该专利被转让之前或截止日期前已经转让的专利数量来衡量。本节最后加入高校规模、技术领域等控制变量提升回归模型的拟合程度。

（二）研究结果

研究样本共包括 5177287 项高校发明专利，其中 13527 项专利在观测期被转让，占总样本的 2.61%，这些专利的平均转让时间为 3.8 年。基于生存分析方法本节绘制了专利转让的风险函数曲线。如图 14-4 所示，专利转让概率呈现先增后减的趋势，在申请第五年前后专利转让的概率达到峰值 1%，随后开始下降。本节认为，两方面原因导致该趋势，一是我国发明专利需要经历实质审查过程，一般在申请 3 年后才能获得授权，确权后专利更容易向企业转让。二是技术发展初期应用前景不明，技术和市场均存在不确定性，买方的转让需求较低，随着市场和技术走向成熟，专利商业化价值上升，更容易发生转让。然而，一定期限后随着替代技术涌现以及专利生命期缩短，专利价值降低，转让的可能性也逐渐下降。

本节对主要变量展开描述性统计和相关系数分析，验证了实证研究不受多重共线性问题的影响，再使用加速失效时间模型开展生存回归分析，结果如表 14-2 所示。模型 1 为基础模型，模型 2 加入高校技术转移机构的解释变量以验证假设 14-5，后续四个模型分别加入四项交互项以检验对应的调节效应，模型 7 为全模型，以验证回归结果的稳健性。

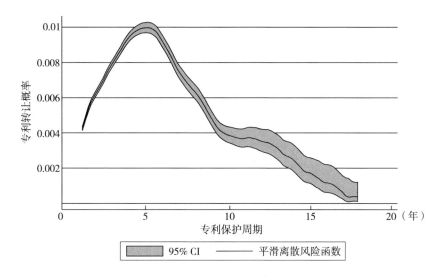

图 14-4 高校专利转让的平滑离散风险函数

资料来源：由笔者整理。

模型 1 结果显示，权利要求数量、专利族规模、发明人数量以及发明人专利交易经验均对专利转让时间有显著的负向影响，符合理论预期。模型 2 中 TTO 解释变量的系数不显著，说明技术转移机构的建立对专利转让时间未产生显著的直接影响，假设 14-5 未得到支持。模型 3 加入权利要求数量与技术转移机构的交互项，系数为负向不显著，说明技术转移机构对专利质量的影响未起到调节作用，假设 14-6 未得到证实。模型 4 加入专利家族规模的交互项，其系数为-0.113（p<0.01），与专利族规模的系数方向一致，表明技术转移机构的建立使地域保护范围与专利转让时间的负向关系更为显著，为假设 14-7 提供了支持。模型 5 中发明人数量的交互项系数也为负向显著，说明技术转移机构加强了发明人数量与专利转让时间的负向关系，证实了假设 14-8。模型 6 加入专利交易经验的交互项，系数为 0.0421（p<0.01），与主效应相反，说明技术转移机构削弱了以往技术转移经验对专利转让时间的负向影响，假设 14-9 也获得了支持（李兰花等，2020）。模型 5 与前述模型结果一致，说明回归结果具有一定的稳健性。

表14-2　专利转让时间影响因素的回归分析

专利转让时间	Generalized Gamma 加速失效时间模型						
	模型 1	模型 2	模型 3	模型 4	模型 5	模型 6	模型 7
Num_ Claims	-0.0090***	-0.0091***	-0.0065*	-0.0092***	-0.0092***	-0.0090***	-0.0090***
	(0.0020)	(0.0020)	(0.0034)	(0.0020)	(0.0020)	(0.0020)	(0.0034)
Family_ Size	-0.259***	-0.259***	-0.260***	-0.193***	-0.259***	-0.258***	-0.192***
	(0.0181)	(0.0182)	(0.0181)	(0.0261)	(0.0181)	(0.0179)	(0.0259)
Num_ Inventors	-0.0361***	-0.0361***	-0.0361***	-0.0359***	-0.0252***	-0.0352***	-0.0235***
	(0.0029)	(0.0029)	(0.0029)	(0.0029)	(0.0049)	(0.0029)	(0.0049)
Experience	-0.0337***	-0.0338***	-0.0338***	-0.0336***	-0.0338***	-0.0713***	-0.0711***
	(0.0012)	(0.0012)	(0.0012)	(0.0012)	(0.0012)	(0.0036)	(0.0036)
TTO		0.0039	0.0024	0.0056	0.0041	-0.0094	-0.0075
		(0.0148)	(0.0149)	(0.0148)	(0.0148)	(0.0149)	(0.0149)
Num_ Claims×TTO			-0.0039				-0.0003
			(0.0042)				(0.0042)
Family_ Size×TTO				-0.113***			-0.112***
				(0.0339)			(0.0338)
Num_ Inventor×TTO					-0.0165***		-0.0175***
					(0.0060)		(0.0060)

续表

专利转让时间	Generalized Gamma 加速失效时间模型						
	模型 1	模型 2	模型 3	模型 4	模型 5	模型 6	模型 7
Experience×TTO						0.0421***	0.0420***
						(0.0037)	(0.0037)
University_Size	0.0079	0.0074	0.0080	0.0081	0.0074	0.0060	0.0067
	(0.0083)	(0.0085)	(0.0085)	(0.0085)	(0.0085)	(0.0085)	(0.0085)
Techclass_Dummies	控制	控制	控制	控制	控制	控制	控制
Ln_Sig	0.790***	0.791***	0.789***	0.780***	0.790***	0.775***	0.764***
	(0.0315)	(0.0318)	(0.0318)	(0.0320)	(0.0318)	(0.0311)	(0.0313)
Kappa	−0.452***	−0.454***	−0.450***	−0.433***	−0.451***	−0.423***	−0.402***
	(0.0604)	(0.0608)	(0.0608)	(0.0604)	(0.0607)	(0.0583)	(0.0578)
Constant	5.363***	5.366***	5.347***	5.286***	5.315***	5.392***	5.257***
	(0.0833)	(0.0843)	(0.0866)	(0.0869)	(0.0861)	(0.0843)	(0.0901)
Observations	517287	517287	517287	517287	517287	517287	517287
LR Chi (2)	1482.88***	1482.95***	1483.84***	1493.94***	1490.41***	1618.11***	1637.63***
Log Likelihood	−65344	−65344	−65344	−65339	−65340	−65276	−65266.753

注：括号内为标准差值；*、**、***分别表示在<90%、<95%和<99%的置信水平下显著。

资料来源：由笔者整理。

四　研究结论与讨论

（一）研究结论

本节以"211"高校专利申请及转让数据为研究样本，使用生存分析方法从微观层面探究了我国高校专利转让速度及其影响因素。实证结果表明，当前技术转移机构的主要职责在于高校专利的评估和信息传播，因此对高校专利转让速度的直接提升作用并不显著，然而对不同专利技术的转让速度存在异质性影响。技术转移机构有利于地域保护范围较广、发明人数量较多的专利快速转让，同时降低了对发明人以往技术转移经验的依赖。

（二）讨论分析

本节对已有文献的潜在贡献包括以下两方面。第一，深入挖掘了高校专利转让速度的影响因素，丰富了现有技术转移机理的研究。第二，从专利层面构建了高校技术转移机构的影响机制模型，揭示了技术转移机构的微观作用机理，拓展了技术转移机构对不同特征专利的"选择性"效应。值得注意的是，技术转移机构对专利质量的调节作用未得到支持，原因可能在于专利质量的评估相对复杂，在目前阶段资源和能力的限制下，如何准确识别高质量专利并开展差异化管理和推广是高校技术转移机构面临的实践挑战。本节认为高校技术转移机构可联合学校相关学院部门构建"数治化"专利管理与交易平台，积极探索机器学习等前沿数字技术在专利信息挖掘中的应用，结合法律、理工学科背景知识，对不同领域不同层次的专利进行差异化管理和影响，从而加速高校专利产业化过程。

第四节　企业及技术特征对专利许可模式影响的实证研究

上述两节分别讨论了外部环境、技术供给方在高校科研院所科技成果转化中的作用机制，本节将进一步实证检验企业作为技术需求方，其地理与经验特征如何影响技术转移模式的选择，具体包括排他性和非排他性这两类专利许可模式。另外，人工智能等数字前沿技术还处于基础研究与开发的初期阶段，如何在技术尚未成熟、风险较高的情境下保证技术转移的最终效果亟待研究。因此，本节也将技术成熟度等科技成果本身特征纳入分析框架，检验企业特征对不同类型技术的差异性影响。

一 研究理论回顾与研究框架

专利许可作为高校科技成果转化的另外一种重要形式，相对于专利转让，其谈判和实施过程更为复杂，涉及的交易成本更高（Jeong et al.，2013）。在此情境下，许可模式选择和合同设计对双方技术合作、知识扩散和最终技术转移效果起着关键作用（Poppo，2002）。具体而言，专利许可分为排他性许可和非排他性许可两种模式。目前，排他性条款已成为数字产业高校技术转移实践中的核心议题（Soucy，2006）。已有文献大多研究技术特征、高校发明人团队特征、企业特征以及外部制度环境等特征对高校开展技术许可倾向性（何爽，2010；Wu，2015）。亦有学者基于产业组织理论（Anand，2000）和交易成本理论现（岳贤平等，2009）对排他许可进行研究，但对排他性许可策略的研究未得出统一的结论（熊磊等，2014）。

技术特征（Jiang，2007；Aulakh，2010）、企业特征（Somaya，2011）及制度环境特征（Anand，2000）是影响企业排他性许可模式的重要因素。Somaya（2011）认为，当许可双方开展联盟合作时需要共同投入互补性资产推动技术商业化，许可方愿意选择排他性许可模式。高校企业之间的专利许可符合上述逻辑，由于技术商业化过程存在不确定性，除了签订专利许可合同，企业需要高校科研人员提供必要的隐性知识、紧密协作以提升技术开发效率。如果高校向其他企业同时许可其专利，由于精力分散难以在特定合作中提供充足支持。本节认为，高校可以利用独占性许可来创造共同承诺，缓解企业在技术转移中面临的多维度风险。结合上述专利许可的情境因素和作用机制，本节将进一步探究技术及企业特征如何影响高校专利排他性许可模式选择，具体包括技术成熟度、企业与高校地理距离以及双方以往合作经验等因素，研究框架如图14-5所示。

二 研究假设

（一）技术成熟度对高校专利排他性许可的影响

高校的基础科学研究属性使其技术成果的应用成熟度较低（Buenstorf，2013）。而成熟度较低的技术还未获得广泛应用，大多仅包含科

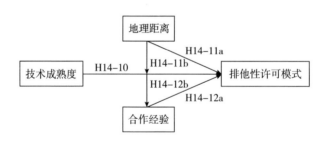

图14-5 企业及技术特征对高校专利许可模式的影响框架

资料来源：由笔者整理。

研团队内部积累的隐性知识，企业难以从产业渠道获取这些知识，因此更需要高校持续提供互补性的技术支持。因此，企业在转化成熟度较低的技术时更需要高校共同参与技术开发、共担技术和市场风险的承诺，在此情境下高校应选择排他性许可模式来创造充分的共同承诺促进科技成果转化合作的达成，本节提出以下假设：

H14-10：技术成熟度负向影响高校排他性专利许可模式的选择。

（二）校企地理距离对高校专利排他性许可的影响

已有研究证实地理距离是高校与企业能否开展技术许可的决定因素之一，但尚未挖掘其对校企专利许可模式的影响。本节提出，地理邻近性可以提升校企之间信息传递和知识交换的效率，从而降低校企技术转移的合作风险。一方面，因信息传输的空间因素制约（Buenstorf，2013；Mowery，2015）；另一方面，地理邻近性能够实现校企间科研人员的合作效率（Friedman，2003）。相反地，地理距离较远的高校与企业开展技术许可的合作风险较高，高校专利权人基于理性思维应采取排他性许可作为风险共担的合作承诺，保证被许可企业在地理阻碍下获得足够的互补性资源投入和技术支持，因此，本节提出以下假设：

H14-11a：地理距离正向影响高校排他性专利许可模式的选择。

地理距离也可作为技术成熟度与高校排他性专利许可模式之间负向关系的调节因素，地理邻近性优势可以减少开展不成熟校企技术产业化过程中的风险。前文指出，技术成熟度较低的科技成果转化困难在于处于初级阶段的技术难以得到准确评估、对企业获取隐性知识和高校后续投入要求更高。在此情境下，地理距离的邻近性能够有效提升企业对高校专利技术的评估能力，并且有助于隐性知识从高校向企业的传播，同时可以增加高校的产学研参与度。相反地，当企业与高校地理距离较远时，许可转化尚未成熟的技术风险显著增加，高校不得不采用排他性专利许可模式来激励企业增加技术产业化投入共同克服不确定风险，因此本节提出以下假设：

H14-11b：地理距离使技术成熟度与高校排他性专利许可的负向关系更为显著。

（三）校企合作经验对高校专利排他性许可的影响

企业与高校截然不同的组织目标、文化及管理模式导致的认知距离成为校企科技成果转化的主要阻碍之一（夏丽娟，2017），而高校与企业已建立的合作关系能够突破组织与认知阻碍。本节进一步提出高校专利排他性许可模式的选择也受到校企合作经验的影响。高校可以与企业联合组建各类正式和非正式的校企合作关系，上述合作经验影响校企开展专利许可的风险程度，进而决定排他性专利许可模式的选择（Chesbrough，2003）。另外，随着高校与企业之间的合作不断深入，技术转移中的沟通协调成本降低，企业能够更为有效地吸收各类隐性知识。相反地，尚未与高校开展合作的企业在科技成果转化中面临较高风险，由于组织信任的缺乏只能采取排他性许可的硬性契约规制校企双方后续投入的共同承诺。基于上述分析，本节提出以下假设：

H14-12a：校企合作经验负向影响高校排他性专利许可模式的选择。

校企合作关系除了直接效应，也能调节技术成熟度对排他性专利许可的负向影响。当许可涉及的高校专利技术成熟度较低时，企业能够凭借以往合作形成的沟通和协作能力有效地获取和吸收高校在技术转移过程中释放的隐性知识，从而降低尚未成熟专利转化中的不确定风险，因此，本节提出以下假设：

H14-12b：校企合作经验削弱技术成熟度对高校排他性专利许可的负向影响。

三 研究方法和数据分析

（一）研究样本与测量

本节选取各主流大学排行榜中排名前100的中国高校作为研究对

象，收集这些高校作为专利许可方在国家知识产权局登记的专利许可备案记录开展实证研究，截止日期为 2017 年 6 月 30 日。根据我国《专利实施许可合同备案办法》，在国家知识产权局进行专利许可登记时需要提供许可方、被许可方、许可日期、许可类型和期限、专利号等信息等。专利许可类型包括独占许可、排他许可和普通许可等。通过专利号搜索专利申请日期、IPC 技术分类号、专利引证等具体专利信息，同时根据备案的企业名称，在线搜索公开资料补充企业所有制、行业代码、与相关高校的合作关系等企业信息。研究样本包括 156 所高校与 3967 家企业产生的 6660 条专利许可记录。

本节的因变量为排他性许可模式。参考以往文献（Aulakh，2010），若许可类型为"普通许可"，该变量取值为 0，排他性许可和独占性许可均具有排他性特征，取值为 1。按照国家知识产权局规定，排他许可是指许可方允许技术买方在有效期内独家实施该专利权，但许可方仍保留自身实施该专利的权利。独占许可的排他性更为严格，是指排斥许可方在内的一切主体使用该技术的权利，仅被许可企业一家能够实施该专利权。

本节的自变量包括技术成熟度，使用许可合同生效日期与所包含专利平均申请日期的间隔来衡量（熊磊，2014）。校企地理距离使用高校和企业是否处于同一省份的哑变量来衡量，若两者来自同一省份，变量取值为 1；反之取 0。合作经验也通过哑变量来衡量，本节通过收集高校与企业合作的公开信息，若在许可发生前两者存在合作研发、共同举办会议、共建实验室等合作联系，该变量取值为 1；反之取值为 0。另外，本节还控制了权利要求数量、专利族规模、专利类型等专利特征以及企业所有制、技术领域等哑变量的潜在影响。

（二）研究结果

本节对主要变量开展了描述性及相关系数分析，结果表明解释变量的相关系数绝对值均处于 0.4 以下，表明研究结果不受多重共线性问题的干扰。由于被解释变量排他性专利许可模式为虚拟变量，本节采用二值 Logistic 回归模型开展实证检验，计量软件为 Stata 14。在验证调节效应时，本节对模型中的连续型数值变量进行标准化处理。

表 14-3 汇报了高校专利排他性许可影响因素的二值选择模型回归

表14-3 高校专利排他性许可他性影响因素的 Logistic 模型回归结果

因变量：许可排他性	模型 1	模型 2	模型 3	模型 4	模型 5	模型 6	模型 7
技术成熟度		-0.742***	-0.734***	-0.706***	-0.800***	-0.598***	-0.694***
		(0.124)	(0.118)	(0.0967)	(0.133)	(0.0756)	(0.0929)
地理距离			0.866**	0.668**	0.171	0.647**	0.242
			(0.388)	(0.309)	(0.269)	(0.293)	(0.253)
合作经验				-1.030**	-0.998**	-0.488**	-0.550**
				(0.490)	(0.467)	(0.239)	(0.243)
技术成熟度×地理距离					0.263*		0.222*
					(0.148)		(0.124)
技术成熟度×合作经验						-0.248	-0.210
						(0.204)	(0.192)
权利要求	0.0492	0.0485	0.0371	0.0254	0.0197	0.0185	0.0146
	(0.0398)	(0.0334)	(0.0295)	(0.0263)	(0.0251)	(0.0246)	(0.0240)
专利族	-0.113	-0.129	-0.186*	-0.133	-0.125	-0.149*	-0.141
	(0.101)	(0.106)	(0.0981)	(0.0948)	(0.0931)	(0.0894)	(0.0865)
专利类型	-0.487*	0.249	0.246	0.263	0.302	0.278	0.313
	(0.261)	(0.269)	(0.265)	(0.249)	(0.253)	(0.255)	(0.259)

续表

因变量：许可排他性	模型 1	模型 2	模型 3	模型 4	模型 5	模型 6	模型 7
外资企业	0.125	-0.363	-0.382	-0.517	-0.480	-0.512	-0.482
	(0.658)	(0.592)	(0.627)	(0.606)	(0.602)	(0.578)	(0.580)
港澳台资合企业	1.080*	0.800	0.762	0.548	0.533	0.576	0.559
	(0.558)	(0.547)	(0.552)	(0.521)	(0.517)	(0.518)	(0.517)
国有企业	1.614*	1.227	1.138	0.966	0.917	0.802	0.782
	(0.830)	(0.793)	(0.715)	(0.650)	(0.621)	(0.608)	(0.588)
常数项	-1.457	4.143***	4.211***	4.993***	2.358**	1.879*	2.202**
	(1.555)	(1.139)	(1.122)	(1.136)	(1.067)	(1.072)	(1.036)
模型显著性	0.00	0.00	0.00	0.00	0.00	0.00	0.00
观测值	6630	6630	6630	6630	6630	6630	6630

注：括号内为标准差值；*、**、***分别表示在<90%、<95%和<99%的置信水平下显著。

资料来源：由笔者整理。

结果。模型 1 只包括控制变量，模型 2 在模型 1 的基础上加入技术成熟度，回归系数为-0.742，在 1%的统计水平显著，说明被许可专利的成熟度越高，校企专利许可越不可能采取排他性许可模式，假设 14-10 成立。模型 3 加入地理距离的解释变量，系数为 0.866（p<0.05），该变量为哑变量，计算得出其风险比率为 2.37，显著高于 1，说明位于同一省份的高校与企业，地理距离较近，两者的专利许可更不可能采取排他性许可模式，假设 14-11a 得到支持。模型 4 加入合作经验变量，回归系数为-1.030，在 5%的统计水平显著，说明相较于以往未产生合作的校企，拥有合作经验的校企采取排他性许可的倾向性更低，假设 14-12a 也得到证实。模型 5 和模型 6 分别加入地理距离和合作经验与技术成熟度的交互项，以验证两项特征的调节效应，调节变量的一次性和交互项系数未同时出现显著的结果，说明 H14-11b 和 H14-12b 阐述的调节效应未被证实（沈慧君等，2019）。

四　研究结论与讨论

（一）研究结论

本节提出被转移专利的技术成熟度、高校企业间地理距离和以往合作经验对专利许可模式的选择存在显著影响。具体而言，高校选择排他性专利许可模式向企业展示后期支持等共同承诺，能够缓解技术不成熟、校企存在地理隔阂和缺乏合作经验给企业专利转化造成的风险，提升企业与高校深入合作的意愿和技术成果转化效率。实证结果表明，被许可专利技术若处于发展初期，高校越有可能采取排他性许可模式。被许可企业与高校不在同一省份，技术转移越有可能采取排他性许可模式。相对于已建立丰富合作经验的企业，高校对初次合作的企业更有可能采取排他性许可模式。

（二）讨论分析

本节结合校企技术转移的情境因素，提出排他性许可模式是激励校企后续技术产业化资源投入和提升合作效率的有效机制，拓展了现有高校科研院所专利许可模式决策的相关研究。同时，本节的实证研究为高校制定技术转移政策和校企专利许可实践提供重要参考。高校科技成果的价值转化不仅仅是高校向企业单方面授权专利，也需要高校与企业共同投入互补资源，积极协作解决技术开发和产业化中面临的诸多不确定性挑战。本节提出排他性专利许可作为一种潜在解决方法，能够在技术有待发展、校企地理距离较远以及缺乏合作经验的情境下，通过创造共同承诺和契约规制提升技术转移效果。另外，本节研究结论对人工智能等数字产业创新的技术转移合作具有借鉴意义，本节所提出的排他性专利许可能够发挥更为显著的作用，提升数字产业产学研协同创新的效率。

第十五章

面向数字产业创新的知识产权服务平台研究

知识产权服务业是支撑创新驱动发展的重要支柱，加快知识产权服务业发展、推进知识产权服务平台建设是促进经济结构调整、加快转变经济发展方式的重要举措。围绕面向数字产业创新的知识产权服务平台建设，在对知识产权服务业及平台发展建设分析基础上分析平台发展模式特征，探讨面向数字产业创新的知识产权服务平台演化趋势。

第一节 面向数字产业创新的知识产权服务的溯源及发展

作为知识服务的高端环节，知识产权服务业是推动产业创新的重要推动力量。以数字技术为支撑的知识产权服务平台对于数字产业创新资源集聚及价值共创的数字创新生态具有积极意义。通过溯源知识产权服务的发展历程，分析国外知识产权服务业的发展特征及国内知识产权服务业的发展现状，结合知识产权服务业存在的问题深入探讨知识产权服务平台在平台投入、信息传播、政策供给等方面存在的不足。

一 知识产权服务的内涵

知识产权服务是指对包括专利、商标、版权、著作权、软件、集成电路布图设计等智力成果所进行的商用化和产业化活动，包含了代理、法律、信息、商用化、咨询、培训六大领域内容。知识产权服务在科技进步与经济发展中具有"促进技术转让投资、推动研发创新、催生新产业与商机、积聚并交易知识资产"等作用。知识产权服务属于知识服务的高端环节,具有知识资本密集、高交互性、高集聚性、高附加值等特征。

知识产权服务体系按大类划分包括知识产权信息与分析服务、代理与法律服务、决策与管理、咨询服务和人才培训服务五大领域(姜胜建,2011)。从知识产权产业化的链条来说,知识产权服务包含知识产权产业链前端的信息检索、货权与确权代理、技术合作服务;知识产权产业链中端的知识产权认证、许可和交易转让、出资拍卖、价值评估、知识产权抵押和投融资等中介服务;以及知识产权产业链后端的知识产权咨询与维权保障和知识产权纠纷的法律服务等。陈宇萍等(2015)从技术创新直接服务、外围服务以及要素条件提供的各类服务机构来看,知识产权服务主要包括为技术创新提供直接服务的生产力促进中心、创业服务中心、工程技术研究中心等,为技术创新提供外围服务的科技评估中心、科技招投标机构、情报信息中心和各类科技咨询机构等,以及为科技创新提供各种要素条件的技术市场、人才市场等(王勉青,2010)。从知识产权服务信息咨询和整合、代理和商业化的功能出发,知识产权服务是为国民经济中各产业的技术研发提供信息咨询、专利代理和专利商业化等服务的,其中,信息咨询和专利商业化尤为重要。

平台是为一种能在新兴的商业机会和挑战中构建灵活的资源、惯例和结构组合的组织形态。平台组织不仅具备技术架构,而且拥有互补者的治理机制。平台组织的硬件主要包括核心底层技术、交互版面设计及互补性模块等方面;平台组织的软件主要包括互补者进入机制、互补者运营与合作机制等方面。2020年11月发布的《关于平台经济领域的反垄断指南(征求意见稿)》中将平台界定为互联网平台,即通过网络信息技术,使相互依赖的多边主体在特定载体提供的规则和撮合下交互,以此共同创造价值的商业组织形态。基于相关学者研究的分析,知识产权服务平台是以数字技术为支撑,由政府主导的信息传递机制和管理机制,以维护公共利益为目的,由知识产权政府管理部门、社会第三部门、市场等多元主体提供,企业或政府或其他组织作为焦点组织主导平台运行,利用网络效应聚合多主体开展知识产权运营活动以及知识产权创造、运用、保护、管理和服务的新型商业组织形态。平台不仅开展知识产权创造、管理、增值、保护及运用等，还聚集了人才、资本、用户等多主体，形成资源共享、价值共创的平台创新生态系统。其显著特征为：平台规划、设计、建设、运营和管理等工作基本依靠政府职能部门或下属单位完成：运营资金来源于政府预算；管理人员大多具有行政、事业编制；平台通常是事业单位或国企性质，其有较强的公益性、战略性和社会性。

二　国内外知识产权服务业发展现状

国外基本形成了"双轨制"为典型的知识产权服务业的管理体制与运行机制，如日本官方、地方公共团体以及民间各种服务机构，可分为两类：一类是公立机构，另一类是民营私营机构。从服务层次来说，大都形成了由政府部门、公益法人和民间盈利机构组成的完整的、多层次的服务体系（徐峰，2008）；从服务机构的性质来说，非营利性机构和营利性机构共存（熊小奇，2007）。美国对科技创新及知识产权的法律保护由来已久，已建成完善知识产权行政管理、司法保护和中介服务体系。美国运行模式主要是以市场为主，政府提供制度保障，扶持产业正常发展，知识产权服务业以技术转移为核心，风险投资为特色。英国的知识产权服务运营模式分为三个层面，分别是政府机构、公共单位和私营公司，政府发布保障知识产权服务业稳定发展的政策法规，大学、科研所等公共单位将已有的研究成果推向市场（钱明辉、黎炜祎，2015）。欧洲最具代表性的是专利代理师制度，内容涵盖专利代理人的职业资格规定、活动范围和职业模式等。日本具备完善的知识产权服务机构（体系），包括知识产权法律制度、执法机构和行政管理、代理机构、行业协会、信息提供机构等多个主体。韩国知识产权服务主要以知识产权局、专利信息研究所、发明促进协会和工业产权信息中心为重要支撑。印度主要以国家知识产权组织、服务网站、工商会联合会、Xellect知识产权解决方案公司为服务主体（陈宇萍等，2015）。

国内知识产权服务业在《国家知识产权战略纲要》颁布后取得了实质性进展，企业作为创新主体的趋势愈加明显，知识产权服务业形成由传统代理逐步向确权、维权、诉讼以及风险预警、质押转让、资产评估和知识产权投融资等高端服务拓展（吴桐、刘菊芳，2012）。各地区、各行业纷纷组建知识产权联盟，行业多集中于信息技术领域（龚亚麟、刘菊芳等，2012），联盟为维护产业安全、增强对外竞争力提供服务和支撑。具体来看，北京市初步形成由代理服务、法律服务、信息服务、商用化服务、咨询服务和培训服务等组成的全方位知识产权服务体系，相应的政府文件不断推出，2012 年 11 月，国家知识产权局、国家发改委等九部委联合制定《关于加快培育和发展知识产权服务业的指导意见》（国知发规〔2012〕110 号）。2011 年 12 月，北京市政府发布《北京市人民政府关于促进首都知识产权服务业发展的意见》，成为全国首个引导和促进知识产权服务业发展的政府文件。广东省在知识产权创造、管理、运用和保护等方面都取得了显著成绩，专利申请量和授权量显著增长，总量位居全国前列，PCT 国际专利申请量连续多年保持全国首位，广泛推进广东省版权兴业示范基地建设，形成区域版权产业集群，软件产品收入和系统集成收入名列前茅。上海除国家颁布实施的《中华人民共和国专利法》《中华人民共和国商标法》《中华人民共和国著作权法》等一系列法规，根据自身发展状况颁布了一些地方性法律法规如《上海市知识产权保护条例》《上海市知识产权质押评估实施办法》等，在知识产权保护与管理方面，形成包括专利管理、审查、研究、教育、执法、中介服务以及专利信息服务等组织机构在内的专利工作体系和运行机制，司法和行政执法两条途径协调运作。江苏企业专利申请量与授权量等五项指标曾几年蝉联全国第一，取得了积极的成效。

三　知识产权服务业发展存在的问题

近年来，我国知识产权服务能力逐步增强，知识产权服务机构与人员数量快速增长，促进了知识产权资源的有效市场化利用。但知识产权服务业整体发展水平有待提高，知识产权服务业发展还存在不少困难和问题，知识产权服务平台的发展还存在很多制约因素，这对提升知识产权服务业质量和水平提出了新的挑战，必须立足现有基础，根据已有条件解决突出矛盾和问题。

第一，知识产权服务业发展中存在比较明显的供需矛盾，体现知识产权服务需求正随着创新的实施而快速增长，但是知识产权供给的效率和高端化供给还不足。数字产业创新的快速推进，带来了相关产业的快速发展，也促进了以专利、商标和软件著作为代表的知识产权需求的大幅度提升，需要相关服务的跟进。针对区域的数据调查显示，随着数字产业的发展，高技术产业的发明专利申请量、境外专利授权、注册商标等的数量分别呈现 4 倍、8 倍、4 倍以上的增速，在此局面下 90% 以上的高新技术企业具有较强的知识产权服务需求，出现了对于知识产权申请、诉讼、交易等服务的"倍增"效应。但是从知识产权服务的供给来看，知识产权服务在内容上围绕专利和商标的业务较多，围绕版权、商业秘密、植物新品种等的信息数据库服务和培训服务供给不足，在知识产权创新引导、预警分析、信息数据库、知识产权评议、知识产权维权、海外知识产权布局等高端服务方面还需要跟进。

第二，知识产权服务与优势产业融合发展的制度保障滞后。知识产权服务业当前已经呈现集聚趋势，例如，自从 2012 年国家启动知识产权服务集聚区后，在北京、苏州、上海、深圳、郑州、成都、杭州、青岛、武汉等地分别产生了 3 家国家知识产权服务业集聚发展示范区以及 6 家国家知识产权服务业集聚试验区，并且形成了以知识产权代理服务机构、知识产权投融资机构以及技术转移示范机构和公益性服务平台为代表的多层次的知识产权服务体系，在物理和功能上实现了集聚，但是知识产权的制度保障相对不足，出现了知识产权服务市场规范性不高、服务收费偏低、缺乏行业标准等一系列问题。推动知识产权服务与优势产业融合发展的财政、金融和税收政策支持和制度保障仍然滞后，缺乏推动知识产权证券化、知识产权保险、知识产权经营等新兴模式的政策指导和有效衔接。大部分知识产权服务机构整体规模偏小（10 人以下的机构占 64.8%），市场规范性不高，70% 的服务机构表示缺乏行业标准，很难享受到相关税收优惠政策。公共服务供给对知识产权服务机构仍存在不足，知识产权服务机构获得基础信息资源途径单一，成本较高，缺乏针对知识产权服务的宣传和文化建设。

第三，知识产权服务业的高端人才供给有待加强。随着知识产权服务模式的不断创新以及知识产权服务领域的体制机制改革推进，知识产权服务在专业要素的需求上需要及时跟进以保证业务的顺利实施。尤其是随着知识产权服务业的国际化发展，在服务外包、境外设展、海外投资、品牌输出、专利纳入标准等活动中提供专业化和多元化服务需要有专业化和高端化人才的跟进。但是调查数据显示一些区域的知识产权服务机构从业人员基本为本科学历，其中七成以上没有中高级技术职称，有七成人员没有律师、专利代理人、资产评估等执业资格，知识产权服务机构从业人员的专业化水平不足，高端人才匮乏，综合服务能力不强。专业化服务机构与人才发展的滞后，缺乏高水平知识产权评估与交易人才，为知识产权服务行业走向高端化和国际化造成了很大的障碍，亟待着力加强知识产权专业人才的培育发展。在围绕市场、资源、人才、技术、标准的竞争更加激烈的今天，尤其需要不断适应战略性新兴产业、文化创意产业、小微企业成长、高端创新创业人才引进、企业品牌培育等日益增长的知识产权服务新需求，打造高水平的知识产权服务机构与人才，逐步增强知识产权服务业的知识供给优势。

第四，知识产权服务平台服务有了一定的发展，但依旧难以满足市场主体和全社会日益增长的高层次实际需要。主要表现在服务平台投入相对短缺，总量供应相对不足，平台服务的结构和布局有待优化，平台服务的覆盖范围仍需扩大，知识产权信息传播、运用的能力较弱，政府主导、社会参与的知识产权公共服务合作供给格局尚未有效形成等。

第五，知识产权服务平台的发展服务政策不到位，与法律法规不够配套，相关标准缺乏。未来还需要政府加强制度供给，加强公共服务的投资建设，支持知识产权服务重点项目，培育品牌机构，加速知识产权服务业集聚发展，促进知识产权服务业的业态成熟。因此，需要建立知识产权服务标准和质量规范，良好的服务标准能够激励服务机构健康发展。政府需要加快培养知识产权实务人才，建立人才职业资格制度和职称评聘制度，相应扩大知识产权代理人才队伍规模，提高代理人专业素质，发展知识产权管理、咨询、运营、评估、保险、信息分析人才队伍，支持引进懂技术、懂法律、懂经济、懂管理的复合型国际高端人才。

第二节　面向数字产业创新的知识产权服务平台的模式特征

在产业发展的实践中，围绕着知识产权服务的发展及职能的提升，已经形成园区依托型运营服务平台、政府主导型运营服务平台、网络载体型运营服务平台、业态联盟型运营服务平台等知识产权服务平台模式，不同的模式依托相应载体的基础设施或资源基础，提升知识产权服务业的发展能力和水平，并进一步促进了数字创新的动力及资源优化配置效果，对于数字产业创新的提升起到积极的推进作用。

一 园区依托型运营服务平台

依托产业园区发展起来的知识产权服务平台往往具有良好的基础设施，通过高质量的服务来吸引企业和科研机构。园区开放大学和科研院所中的科技资源，为区域经济的发展起到推动作用。核心产业的集聚会派生出其他相应配套产业，如金融机构、法律机构、咨询机构的相应发展，从而推动园区的发展。这种平台具有较高的集聚效应，并且园区内部企业之间的联系较为紧密。

这类模式典型的如美国的硅谷依托高新技术产业发展起来知识产权运营服务体系，硅谷地区被称为目前世界上最具创新能力的高技术产业集聚，其全球领先的技术包括生物技术、网络信息技术、半导体、通信等，集聚了一大批如微软、网景、英特尔、雅虎等世界知名企业。这样知识产权服务平台具有以下特征：一是由于硅谷中聚集了大量的大学、研究机构、高新技术企业，这些机构之间常通过信息、知识的流动来促进彼此的创新活动以及知识产权成果产生，因而产生了较大的信息放大功能，使知识产权服务从供需角度来看都具有较为优质的信息基础优势。同时，也便于利用园区的企业创新发展经验以及社会关系网络帮助知识产权服务机构提升服务优势和服务能力。二是硅谷中有包括银行业、律师业、会计师事务所、行业公司等生产性服务业的存在，这些中介机构的存在很大程度上促进了创新资源向知识产权服务机构的流动，一些大型的核心企业比如微软、英特尔、雅虎的集聚不断吸引更多的产业创新主体和服务机构形成了功能相对完善的产业集聚创新形态，为知识产权服务进行知识产权服务的整合和提升以及优质创新成果的筛选提供了关键的基础，使知识产权服务平台能够借助园区的优势提高管理和服务水平。在英国，依托生物技术产业园区形成的知识产权服务平台具有以下几个特征：一是园区一流的研发服务体系、金融服务体系等为知识产权服务的提升提供了较多的便利条件。类似伦敦生物技术协会、分子生物实验室和欧洲生物信息协会这类机构的存在，为相关产业企业提供了较多的专利技术信息，而园区较为完善的金融服务体系则促进了创新发展不同阶段的科技企业的融资需求确保其有效的创新成果产出以及知识产权成果的及时申请。二是在生物协会、律师、招聘和咨询顾问等专业化服务机构的合力作用下，知识产权服务平台能够加强同企业等客户的联系，为企业提供知识产权政策咨询、知识产权创造和运营服务咨询，对于产业的创新发展和集聚发展具有推动作用。三是在园区相对健全的用人机制和劳动力市场的存在，促进了大量的创业专业人才集聚，也推进了专业人才向知识产权服务机构的流动，较为密切的人才链接关系促进了产业的创新发展，进一步推动了知识产权服务和创新发展的互动。

我国中关村园区主导型知识产权服务运营平台也是一个典范。中关村是我国第一个国家自主创新示范区，是我国体制机制创新的试验田。中关村科技园区覆盖了北京市科技、智力、人才和信息资源最密集的区域。园区内有清华大学、北京大学等高科院校 39 所，在校大学生约 40 万人，中国科学院为代表的各级各类的科研机构 213 家，其中国家工程中心 41 个、重点实验室 42 个，国家级企业技术中心 10 家。中关村技术交易额达到全国 1/3 以上，其中 80% 以上输出到北京以外地区，为区域经济的发展起到引领和推动的作用。中关村的集聚优势主要表现在以下几个方面：第一，金融与科技紧密结合。中关村建立了创业投资、天使投资、境内外上市、代办股份转让、并购重组、技术产权交易、担保贷款、信用贷款、企业债券和信托计划 9 条投融资渠道，健全了资本随科技、人才、创新要素流动的机制。目前，境外 43%、国内 37.5% 的风险投资金额投放中关村企业。第二，促进同质产业的集群式发展，培育了一大批重点领域的产业技术联盟，集聚了数字电视、下一代互联网等新兴产业集群，创造了人才发展的集成优势。第三，服务体制刺激国内外人才的共同发展，鼓励和支持非公有制经济组织的高端人才参与国家和北京市的重大科技专项、重点工程项目，并为企业提供一定额度的配套支持资金，拓展人才事业平台。第四，实施了"十百千工程""高端领军人才集聚工程"，鼓励创业企业做大做强，加快扶持一批产值上百亿元乃至上千亿元的企业。管委会在负责搭建吸引和聚集高端领军人才创新创业的服务平台，吸引国际一流人才团队和科研机构，推动建立有利于创新工作的学术环境和与国际接轨的创新创业服务体系等方面，成效显著，影响久远。按照上述集聚模式的划分，中关村集聚模式类似于美国的硅谷，是属于中心辐射模式。

依托高园区建立的知识产权服务平台，基于知识产权的创造、保护、管理和运用全链条的综合作用，通过与创新链和产业链各个环节的耦合互动，推进了数字产业创新中的大型企业与中小型企业的产品和服务的相互匹配，有利于产业链上下游的各类企业的技术和服务的相互支撑以及信息资源共享，对推进产业实现创新能力提升从低端走向高端提供了有益的支撑。就知识产权服务平台本身的发展而言，充分利用园区的产业集聚、要素集聚、专业服务机构的集聚，为知识产权在资源交流、转化、交易，为企业专利运营提供便捷通道，有利于构建起"评保贷投融"五位一体的知识产权运营金融服务体系并为园区内的企业提供全方位知识产权服务支持，反过来促进了知识产权服务平台的壮大和发展。

二　政府主导型运营服务平台

政府主导型运营服务平台是由政府主导建立知识产权公共服务机构的集聚，例如在大学城、产学研合作园区建立的知识产权公共服务机构集聚。

美国俄亥俄州政府实施的"托马斯·爱迪生工程"，是由州政府和工业界与大学合作，建立起完备的企业技术网络，加强企业技术创新的服务环境。共建立了 11 个孵化器，相对独立，各有侧重，在活动和服务的提供上又互相支持、互通信息，这种统一协调的结果使爱迪生孵化器系列成为全美知名度最高的政府支持的孵化器项目。托马斯·爱迪生计划的战略是将"孵化器"和高技术研究所与全国所有的研究所、大学和国内大多数工业公司联合起来，吸取最新的制造技术、计算机技术及生物技术，通过合作产生新的技术思想，新的产品，新的公司，甚至会产生新的工业，最后产生新的就业机会并促进俄亥俄州的经济增长。爱迪生计划的信息技术研究中心（AITRC）是一个由科研、教育和商业机构创办的非营利联合体，通过试验室网络和商业管理机构提供项目研究和开发服务。AITRC 的成员可以享用开发的产品、服务和技术，并得到技术援助。按生产性服务业集聚模式划分，该爱迪生工程属于政府主导模式，大学和研究机构对集群较为重要。瑞典"能力中心计划"建立的 28 个能力中心和"国家中小企业技术转移计划"建立的一批向中小型科技企业提供技术转化服务的机构是典型的以政府为主导支持建立的技术创新和成果转化服务网络。

在全新科技服务技术创新和产业化的科技中介服务创新体系模式下，以政府、研究机构、企业、中介等共同构成的紧密的网络型组织，促进了资源的高效流动和知识的生产过程，也推进了知识产权服务持续服务业技术创新和产业化活动。以政府为主导的知识产权服务平台，通过借助于政府的公共权力或者公共资源，围绕着产学研用的创新资源集聚和发展以及知识创造过程，由包括知识产权政府管理部门、社会第三部门、市场来提供知识产权的相关服务。在此过程中，政府进行宏观战略指导和科学的发展规划，政府职能部门、下属单位、平台均具有不同的定位和职能分工，总体围绕着企业权益的保护、基础设施的提供、产学研用之间的知识资源流动和知识产权交易提供有效服务，具有较强的公益性和社会性特征。

三　网络载体型运营服务平台

网络载体型知识产权服务平台依靠互联网络基础设施，不受地域、国家、区域限制，在网络平台上构建知识产权虚拟服务平台及服务体系。

2014 年大数据技术、移动互联网技术、云技术、物联网技术等深度融合，助推了许多新的商业模式。西方国家政府积极推进科技中介服务等网络化进程，包括城市网络、区域性网络和国际化网络。网络作为一种虚拟的服务形式，实现了虚拟空间中不同信息资源的高度整合和对接，提高了创新要素于运行主体的效益和竞争水平。

网络载体的典型模式之一是覆盖全欧洲的创业和创新中心网的欧洲互联网虚拟集聚。1995 年依据欧洲委员会的"创新和中小企业计划"而建立起来的欧洲互联网创新网络，重点围绕加强公司和研究机构之间的密切联系，在此基础上向中小企业的创新发展提供更多的创新资源以及研究成果和技术，以企业竞争力的提升为重要职责所在。在创新网络的影响下，企业在创新能力、网络化发展、品牌化发展等方面的能力得到极大的提升，并在企业创新效应的影响下机构的服务能力得到提升和加强，并以标准化能力的提升成为区域重要的科技服务组织。

中国互联网虚拟的集聚模式最为典型的是阿里巴巴电子商务平台，信息产业的发展助推了制造业和生产性服务业的融合，形成"集群+专业市场"两业融合的典型模式。浙江省已拥有各类国家级和省级信息产业基地（园区）30 家，形成通信和计算机、电子机电、电子元器件及材料、软件和信息服务 4 个超千亿产业集群和 7 个超百亿元的基地（园区），电子信息产业已成为重要的支柱性、战略性产业和国民经济发展的重要增长点。在知识产权保护方面，阿里巴巴最为突出的是推出知识产权服务平台，利用大数据为基础开展假货防控模式。2013 年，阿里巴巴建立专业的图片侵权假货识别系统，通过图片算法技术实时扫描，通过检测图片中局部 Logo 来识别图片中商品的品牌，进而判断商品是否为假货，目前淘宝收集的各类违规假货样本的图库在 100 万左右，系统每天调用超过 3 亿次，可以对平台上的售假者进行多个维度的定位，在地图上标示出制假、售假区域，使平台假货得到管控。阿里巴巴建立了信用评价机制，于 2015 年 12 月推出了"全网举报"系统，实名认证的用户可以举报卖家的包括售假在内的违规行为。举报入口有三个，即商品结果页、商品详情页和专门的举报平台。举报成功后，工作人员将在 7—8 个工作日内处理完毕。此外，阿里 2015 年推出权利人共建平台，是对诚信维权机制的升级。目前，诚信维权机制已吸引 700 多个品牌加入。按照上述生产性服务业集聚模式划分，阿里巴巴的知识产权保护服务平台模式属于中心辐射模式，其中阿里巴巴属于其中核心大型企业，其余入驻平台的企业属于小型企业，核心企业与小型企业具有较为紧密的联系。

网络载体型知识产权服务平台的发展，对于打破既有的数字产业创新中可能的封闭环节，加强创新链与产业链关键环节的纵向耦合以及实现创新链重要主体的开放式创新行为，实现优质创新资源集聚基础上的新模式、新业态形成并以此带动传统产业的转型升级具有重要的知识信息促进作用。在此过程中，进一步突破产业的区域同构，实现异构的产业重新整合，推进知识产权服务的城市网络、区域性网络和国际化网络的建设和发展。

四　业态联盟型运营服务平台

业态联盟型运营服务平台是通过促使知识产权服务的标准化、一体化，提升各创新主体的知识产权的创造、运用、保护和管理能力而形成对一种知识产权服务业的联盟模式。联盟的成立有助于推动知识产权服务业与科技创新的融合，有效整合知识产权服务业上中下游的资源，为企业提供优质高效的知识产权全流程专业服务，激发创新活动、增强创新动力，推进企业创新发展。根据联盟的成员组成，可以将其分为半官方的联盟组织和企业间的联盟组织。

成立于 1974 年的美国联邦实验室技术转让联合体（FLC）属于典型的半官方的联盟组织，由 700 多家联邦实验室所组成，是以开发和施行与技术转移有关的技术及培训、为技术转移计划的应用提供咨询和帮助、处理来自产业和企业的技术援助请求、利用相关联邦机构的专门的知识服务、帮助实现大学和企业的技术需求和知识咨询的全国性技术转移网络组织。在美国，几乎雇员在 10 人以上的联邦实验室、中心及它们所隶属的联邦部门和机构都成为 FLC 的成员。企业间联盟组织的典型代表是美国营利性的中介机构知识风险公司（Intellectual Ventures，IV），该组织由微软前首席技术官（CTO）的 Nathan Myhrvold 与前英特尔总法律顾问助理 Peter Detkin 等 4 人于 2000 年成立，主要通过具有市场前景的创新技术成果的筛选，以及新技术的知识产权的发现、购买并与发明者的合作推动创新技术成果成为具有国际水平的发明专利，并通过专利授权等知识产权的运作实现知识产权成果市场化，实现利润创造和分享。

以联盟的方式推进创新主体知识产权的创造、运用、保护和管理能力提升，有利于促进不同企业和产业之间的关键优势资源实现互补，推动数字技术和传统产业的融合及数字创新的实现，对于产业的高质量发展具有积极的意义。同时，通过联盟组织的作用，推动知识产权服务业高质量发展和科技创新知识提升，有利于整合知识产权服务相关的资源的整合，有利于知识产权服务全产业链的功能发挥，以联盟内部企业之间的密集联系为知识产权服务的能力提升提供便利，反过来有利于知识产权平台以创新性的知识产权服务为激发企业的创新活力、推进企业的创新发展提供支撑。

第三节 面向数字产业创新的知识产权
服务平台的演化趋势

随着信息与数字技术的发展，知识产权服务平台经历了传统信息技术主导、服务网络化主导、运营智能化主导的发展阶段及演化趋势，并且在知识产权运营的商业模式、组织边界以及运营壁垒方面呈现不同特征。

一 传统信息技术主导阶段

传统信息技术主导阶段是知识产权运营平台形成的前期状态，主要特征表现为以 PC 为代表的计算机技术终端应用，实现知识产权信息电子化并进行联机检索，有效解决知识产权信息的数据存储、收集与检索难题。20 世纪 80 年代中国专利局获取美国、德国、法国等国家赠送的大批专利文献，从而整合形成了 1300 万份全文专利文献资料库，开展专利文献手工检索、查询服务等传统服务方式。

该阶段的例子比如当时由各省市科研单位或大专院校的科技情报部门脱胎而来的专利代理机构，这些机构主要通过知识产权文献的电子化来实现业务流程、信息查询、管理能力的提升，并通过平台的作用为发明和专利有需求的企业提供高效的知识产权检索服务以提高研发效率。在专利和商标的服务中，典型的服务类型比如帮助企业充分利用专利数据的信息、帮助企业实现专利的查新检索、帮助实现商标的检索和注册，帮助实现版权的登记及相关信息备案等。

这个阶段的知识产权服务平台的主要特征体现在：知识产权平台以电子技术的应用推动了知识产权服务效率的提升。随着企业创新速度的加快，提现企业创新成果的包括专利、商标等的知识产出越来越多，商标专利的申请量具有急剧增长的态势，同时伴随着相关创新成果纠纷的各类知识产权维权和保护的要求也逐渐提高。利用计算机技术的作用，知识产权服务平台呈现电子化发展趋势。主要体现在电子合同、电子签名、网络信息检索、专利信息挖掘等可以快速实现知识产权相关业务的效率提升，极大地便利了知识产权业务的实施，实现了通过计算机技术帮助实现知识产权服务传递的功能。虽然当时的知识产权服务平台的市场化程度偏低、业务创新能力偏低、共同服务属性比较明显、组织之间的壁垒也比较明显，但是对于后期知识产权服务平台的发展提供了基本的基础设施探索。

二　服务网络化主导阶段

服务网络化主导的知识产权运营平台，是伴随着互联网的普及和发展以及基于网络平台的知识产权信息流通而实现的。该阶段的平台发展不仅停留于互联网技术的硬件应用，更加广泛地探索了互联网技术软件应用对于知识产权服务的运用及价值创造功能。这个阶段的典型例子如分别于 2007 年、2009 年成立的江苏智慧芽以及上海新诤信等。当时的江苏智慧芽充分利用互联网信息技术所带来的便利，聚焦于技术创新情报的生成以及知识产权的信息化服务，将知识产权的转让、许可、作价投资等服务从线下转移到线上，并通过知识产权数据库服务、管理服务、专利信息分析服务等的实现，使对于知识产权信息的加工从初级加工模式实现了向内涵式发展的突破。上海新诤信则创新性地提供在线维权、电子政务和商务服务，扩大了知识产权服务的范围，不断延伸知识产权服务领域，实现了线上、线下"一站式"的服务，为客户提供更加丰富的移动信息化产品与服务。

该阶段知识产权服务平台的特征体现在：依托于互联网技术的运用和创新，知识产权服务的内容得以广泛扩展，从传统的停留于电子化的管理实施模式演变为知识产权自身价值的探索以及知识产权包括金融等在内的全方位服务开拓。在业务内容上，从知识产权的管理和检索延伸至知识产权的分析、情报服务、专利预测等，从而为企业提供更有价值的服务，以数据库为企业提供全面的中文和英文检索，并以专利信息的快速检索和访问结果发现技术领域以及专利权人的知识产权变化趋势。同时，知识产权服务的客户也更加广泛，在地域范围上从国内业务延伸至国外业务，在主体上从企业延伸至包括高校和科研机构、金融机构等在内的全方位服务。这个阶段，知识产权运用中的信息不对称现象得到了极大的缓解，企业和外部机构之间的融合程度随着知识产权服务能力的提升而得到提升，知识产权服务的内容更加丰富并创新了外延式的服务内容，知识产权服务的价值从广度和深度上得到探索和实现。

三 运营智能化主导阶段

数字经济和数字技术的发展，为知识产权服务平台实现运营智能化发展提供了可能。在数字技术的作用下，知识产权服务从传统的检索、服务升级基础上实现飞跃，形成了基于协同创新、价值共创的服务发展模式。

这个阶段的典型案例比如中国汽车产业知识产权投资运营服务平台于 2019 年推出六棱镜大数据平台，这个平台充分利用云计算、大数据、人工智能等基础设施，将包括产业、企业、技术、人才、资本等多源异构数据资源进行关联和整合，实现了知识产权服务与企业柔性定制需求的高效率对接，提供了包括数字智库、组装式数据分析、数据编织、探索分析、动态建模、智能决策等的创新性服务模式，并在此基础上实现了知识产权服务的数字化、智能化、生态化发展。

该阶段知识产权服务平台的特征体现在：以 ABCD（大数据、区块链、人工智能、云计算）为代表的数字技术的广泛运用不仅创造了知识产权服务的内容，而且以创新性的知识产权服务模式促进了数字产业的发展。数字技术的应用，知识产权关联信息的分析和挖掘能力得以提升，知识产权服务实现了快速精准定位，知识产权的技术情报信息洞察、多场景模式下的智能决策成为可能，深化知识产权信息的价值拓展了知识产权应用的场景。进一步在知识产权服务平台的运营下，聚焦于企业发展中的产品、技术、专利、人才等的资源要素流动，推进围绕知识和技术生产创造的资源优化配置，助力企业上下游资源的整合和价值实现，助力产业链的高效协同和智治。在这个阶段，传统的信息困境和知识壁垒等问题得到极大缓解，围绕知识产权服务的创新生态正在形成，促进企业研发经营需求所需要的资本、技术、人才、服务等要素资源在企业、高校、科研院所、服务机构之间得以匹配撮合，形成围绕价值共创的网络服务模式。

第十六章

面向数字产业创新的中小企业知识产权战略管理研究

数字经济作为一种新经济形态正以前所未有的速度向前发展，推进数字产业化水平提升及产业数字化转型升级。数字经济已然成为辐射全球资源要素、影响国际经济结构、改变全球竞争格局的重要力量。21世纪以来，中小企业作为数字技术创新的新生力量正在成为促进数字经济持续增长的主要推动力，在数字经济发展中占据着不可替代的重要地位。《知识产权强国建设纲要（2021—2035 年）》明确指出，要深入实施中小企业知识产权战略推进工程。知识产权战略管理成为中小企业在数字经济迅猛发展的浪潮中不可或缺的战略手段。以中小企业为落脚点，探索面向数字产业创新的中小企业知识产权战略管理体系构建、战略选择与具体策略，旨在为中小企业选择合适的知识产权战略提供依据。

第一节 数字产业中小企业知识产权战略管理体系构建

数字技术驱动下的数字产业化稳步提升和产业数字化加速转型使中小企业面临着结构调整和转型升级的挑战，促使知识产权战略成为中小企业经营战略的关键战略之一。企业知识产权战略是知识产权战略体系的基石，构建适合的知识产权战略对于企业数字创新发展至关重要。

一 中小企业知识产权战略与数字产业创新发展的关系

中小企业是国民经济和社会发展的生力军，在促进增长、保障就业、活跃市场、改善民生方面发挥着重要作用，是推动实现数字经济高质量发展的重要基础。以 2020 年规模以上企业（包括规模以上工业、服务业，有资质的建筑业，限额以上批发和零售业、住宿和餐饮业企业）为例，中小企业户数达 90.0 万户，占全部规模以上企业的 95.68%，营业收入 137.3 万亿元，占全部规模以上企业的 60.83%呈逐年稳步增长态势，凸显出中小企业重要的地位。同时，中小企业也是推动技术创新和模式创新的新生力量，2020 年规模以上工业企业中，有研发活动的小微企业占全部有研发活动企业的比重为 81.1%，研发经费比 2015 年增长 102.5%，有效发明专利数比 2015 年增长 233.2%。再者，随着企业营商制度以及环境的不断改善，各类互联网信息服务平台高效建设，数字化赋能专项行动深入开展，中小企业数字化、网络化、智能化水平稳步提升。但是，在充分肯定数字经济发展良好状态的同时，也必须意识到在面临我国经济三重压力、全球疫情依然严峻、全球贸易壁垒加剧的多重背景之下，中小企业仍然存在一些发展问题，例如中小企业面临数字创新发展"瓶颈"、缺乏平等待遇的有效保障、尚未缓解融资困难、亟待完善工作机制体制等。

进入"十四五"时期，我国数字经济将转向深化应用、规范发展、普惠共享的新阶段。《"十四五"数字经济发展规划》展望到 2025 年，数字经济迈向全面扩展期；2035 年，数字经济将迈向繁荣成熟期，这要求我们把握数字化发展新机遇，拓展经济发展新空间，推动数字经济健康发展。在数字经济快速发展和高新科技快速迭代下，中小企业面临着结构调整和转型升级的挑战，是否拥有自主知识产权成为推进企业发展的关键因素。数字创新是培育企业核心竞争力、获得竞争优势的重要源泉。良好的数字创新环境为中小企业知识产权战略管理的深入构建提供了必要条件，而完善的知识产权战略管理机制，又能反过来促进中小企业的创新能力和可持续经营能力，两者相辅相成，形成良性循环。由此可见，中小企业运用、实施知识产权战略在数字产业创新和产业数字化融合创新方面都发挥着举足轻重的作用。

面向数字产业创新的知识产权战略从数字产业整体和系统视角研究

知识产权与数字产业创新协同发展，可划分为国家知识产权战略、区域知识产权战略、产业知识产权战略和企业知识产权战略。其中，面向数字产业创新的企业层面的知识产权战略是知识产权战略体系的基础和核心，是整个知识产权战略体系的基本保障。企业知识产权战略可定义为企业为获取与保持数字技术市场竞争优势，运用知识产权全链条保护谋取最佳数字经济效益而进行的整体性筹划和采取的一系列策略与手段。

数字产业的中小企业知识产权战略是中小企业经营发展战略的一部分，目的是实现企业愿景，如图 16-1 所示。数字产业中小企业知识产权战略的目标和作用包括数字价值创造和数字价值获取两部分。前者是后者的基础，是知识产权的创造过程；后者是前者的发展，是为了在现有知识产权的基础上获取更多的价值。中小企业通过实施知识产权战略，增加企业核心价值，预测企业及行业的未来发展，"创造"企业的美好前景。由此可知，知识产权战略是与企业目标愿景、战略决策紧紧地联系在一起的。

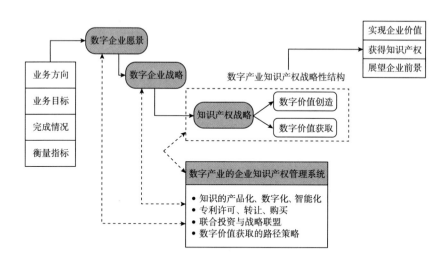

图 16-1 面向数字产业创新的中小企业知识产权战略与企业愿景、战略联系

资料来源：由笔者整理。

数字经济发展和知识经济繁荣使中小企业的资本结构发生了很大变化，企业固定资本、金融资本的重要性已让位于"数字资本"和"知识资本"。企业的"数字资本"是指数据生产要素、数字化生产条件及数据生产要素和生产条件的"新组合",涵盖诸如云计算、大数据、区块链、人工智能等数字基础支撑技术。企业"知识资本"通常包括商誉、信誉等体现企业市场竞争力的知识资本,专利、商标、著作权等体现智力劳动的知识资本,企业文化、经营管理模式等体现企业内在发展动力的知识资本,以及企业员工知识能力、创新能力等体现人力资源的知识资本。企业"知识资本"是以知识产权为核心相互转化、相互促进的。关于知识产权在数字经济时代的重要地位,政府部门和相关专家学者达成一种共识,即在数字经济和知识经济时代,知识产权对于国家、产业和企业竞争力的提升具有战略意义。

在新的数字经济和知识经济时代,知识产权在一个国家中的创造、优化配置、有效利用,离不开这个国家实施富有成效的知识产权战略,就企业而论也莫不如是。目前,全球数字贸易竞争日趋激烈在国际层面上,国家之间的竞争越来越集中于知识产权保护、科技实力的竞争;在企业层面上则突出地表现为专利技术、商标信誉、著作版权等知识产权资产的竞争。而专利技术、高信誉商标、软件著作权等知识产权资产的开发与有效利用,离不开知识产权战略的有效实施。众多国际知名企业获得成功的原因之一就是特别注重开发、有效利用知识产权,提高自主知识创新能力,建设知识产权管理团队,全方位实施知识产权战略。

在数字经济快速发展的今天,知识产权的意义已远远超出了保护企业、个人等主体的财产权这一狭隘范围,在很大程度上脱离了其最初的制度设计者的初衷,成为企业发展的战略武器。企业通过聚结知识资产和开展知识产权许可和转让而获益,同时促进市场竞争,提供就业机会,创造营利性商机。2021 年世界知识产权日的主题是"知识产权和中小企业:把创意推向市场"。世界知识产权组织(WIPO)总干事邓鸿森表示推动经济复苏,发挥中小企业的作用至关重要。在全球疫情严峻的形势下,需要帮助中小企业利用知识产权打造成更有竞争力且更有韧性的企业,中国中小企业从战略、全面的角度保护和运用知识产权,取得不错进展。由此可见,在数字经济时代,知识产权作为一种无形资产,成为一个企业提升可持续发展竞争优势的关键战略资源,在企业经营管理中发挥越来越重要的作用。

面向数字产业创新的中小企业知识产权战略实施通常是通过对知识产权资源的充分利用，与数字技术创新战略、数字市场创新战略和数字技术标准战略紧密结合、协同发展，实现数字企业战略目标和发展愿景。为促进中小企业知识产权的战略性运用，需要提高企业经营者的知识产权意识，将知识产权作为企业竞争力的源泉，置于企业经营战略的核心，实行全球化知识产权战略。在数字经济和知识经济时代背景下，通过构建中小企业的知识产权管理体系，把握数字化、网络化、智能化的发展新机遇，真正将知识产权的优势转化为企业创新主体的竞争优势。

二 数字产业中小企业知识产权战略管理体系的构建

在数字经济时代，市场倒逼演化出一大批具有数字技术创新和转型升级能力的成长性企业。中小企业走"专新特精"发展之路，在某一细分市场或高端领域取得优势，成为该行业的"小巨人"和"冠军"。制造业与生产性服务业的"两业"融合发展通过信息化和工业化"两化"融合正成为传统中小企业转型升级的主要趋势。中小企业利用互联网开展个性化定制和柔性化生产，取得良好的经济效益；运用智能制造缓解用工紧张状况，优化用工结构，显著提升劳动效率，节能降耗，扩大企业获利能力，促进产业数字化转型。

在数字经济时代和企业数字化转型升级的浪潮中，为促进中小企业充分发掘知识产权价值，并加以利用，为企业创造出更多的价值，建立知识产权战略管理系统已经成为当务之急。要实现有效的面向数字产业创新的中小企业知识产权战略管理，应包括以下几个步骤：第一，中小企业要深刻地了解知识产权的价值层次，确定中小企业目前知识产权所处的管理水平；第二，明确知识产权战略目标，并将知识产权战略和数字技术创新战略、数字市场创新战略和数字技术标准战略紧密结合，协同发展；第三，找出中小企业需要改进的知识产权战略管理的步骤；第四，制定相应的知识产权战略管理系统。根据以上这些步骤进一步设计面向数字产业创新的中小企业知识产权战略管理体系，如图16-2所示。图16-2中的①表示"防御"，②表示"成本控制"，③表示"利润中心"，④表示"整合"，⑤表示"远见"。具体到每个企业的实际情况不同，所制定的企业知识产权战略管理体系也会有一定的差异。

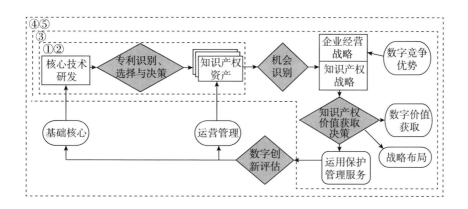

图 16-2 面向数字产业创新的中小企业知识产权战略管理体系

资料来源：由笔者整理。

三 数字产业中小企业知识产权战略管理的实施模式

随着数字经济快速发展，在构建面向数字产业创新的中小企业知识产权战略管理体系的基础上，数字产业中小企业可以开展知识产权的综合性管理。知识产权的综合性管理，是指把数字产业中小企业所有的知识产权相关项目都纳入管理范围，贯穿知识产权的创造培育、归类整理、开发经营、控制保护等全链条，涉及知识产权的创造者、所有者和管理者。综合性管理从实用性和综合性角度出发，充分激活数字产业中小企业的知识产权创新机制，全面提高可持续发展竞争优势。面向数字产业创新的中小企业知识产权战略具体实施步骤如下：

1. 阐明和转化数字产业中小企业知识产权战略

面向数字产业创新的中小企业知识产权战略是中小企业经营发展战略的一部分，目的都是实现企业愿景，其与数字技术创新战略、数字市场创新战略和数字技术标准战略协同发展，共同推进企业的良好运行。

2. 构建数字产业中小企业知识产权战略管理平台

数字产业中小企业首先需要构建知识产权管理平台，通过机构、制度、人员的逐步完善，为知识产权战略管理的有效实施打下良好的基础。企业要想在世界未有之大变局中站稳脚跟，在数字经济蓬勃发展中赢得竞争优势，应当从长远目标、大局视角出发，配备专门的知识产权管理人员，设置专业的管理机构，制定完善的管理制度，把知识产权战略管理与企业总体发展战略结合起来，充分发挥知识产权的经济效用，提高企业自身的竞争力。同时，中小企业还要加强知识产权管理人才库的建立和培养，加强对全体职工知识产权方面的培训。

3. 开展数字产业中小企业知识产权战略的运作

面向数字产业创新的中小企业知识产权战略的运作包括知识产权的归类整理、开发经营、控制保护以及管理效果的评价等，其具体运作模式如图 16-3 所示。

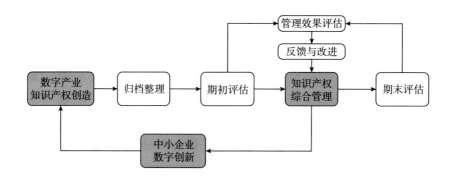

图 16-3　面向数字产业创新的中小企业知识产权战略运作

资料来源：由笔者整理。

数字产业中小企业知识产权的核心作用在于形成和培育数字企业创新机制，特别是数字技术创新。要培育数字产业中小企业的创新能力，关键在于激活科研人员的创新热情和团队协作精神，把员工个人发展计划融入企业总体发展战略，从决策层到管理层，再到操作层，都嵌入数字企业创新机制，不断地开展自主创新活动，创造高质量知识产权。中小企业知识产权的归类整理，是把企业全部知识产权建档管理，特别是核心技术、专利、商业秘密、商标、软件著作权、版权等。数字产业中小企业知识产权的开发经营，涉及技术或专利的转让和许可、商标的标注和利用、商业秘密的运作和保护、人才的挖掘和引进等，其开发经营所取得的经济效用，能更好地激发企业的数字技术创新，进一步促进管理创新，从而形成良性循环，推动知识产权的创造，全面提升企业的核心竞争力。

4. 评估和反馈数字产业中小企业知识产权战略

有效实施面向数字产业创新的中小企业知识产权战略的重要一环是建立一套优质的管理效果评价体系。中小企业知识产权战略管理效果的评价体系实质在于把管理从一般的定性指标转向定量指标，便于评估和科学化管理。通过对中小企业知识产权战略管理期初、期末评价效果的对比，从而加强和改善管理效果，并激发对知识产权的创造。

第二节　数字产业中小企业知识产权战略现状及问题

在高新科技创新发展和数字经济高速演进的新形势下，知识产权在国民经济、社会发展和科技进步中的战略地位进一步增强。面向数字产业创新的知识产权战略已成为企业日常决策的关键性考虑因素，成为企业经营战略的一部分，甚至是主导战略。中小企业实施知识产权战略是促进技术创新，提高企业竞争力，适应竞争环境的重要保证。但由于数字产业中小企业生存和发展的内外部环境差异，企业必须选择适合的知识产权战略，才能真正提高企业的竞争力和战略优势。

一　数字产业中小企业面临的国际竞争环境分析

（一）知识产权政策与法律环境分析

随着数字经济加快推进，高新技术逐步提升，发达国家不断通过国家知识产权战略推进数字产业中小企业知识产权战略的实施，并不断调整知识产权法律保护的范围和内容。发达国家知识产权法律保护的共同特点是，在国际知识产权保护法律框架的基础上，强化对本国企业知识产权的保护，阻挠抑制他国企业的知识产权进攻。

1. 经济发达国家的知识产权战略实施特点

欧盟和美国作为发达经济体，利用在现存国际多边经济贸易体系中的优势，将符合自身利益的数字规则、条款添加至区域贸易协定中，逐步形成对国际数字经济治理体系的支配态势。美国于 2018 年 11 月与墨西哥、加拿大两国签署《美国—墨西哥—加拿大协定》（USMCA）协定，反映了被《全面与进步跨太平洋伙伴关系协定》（CPTPP）搁置的高标准知识产权条款，对商业秘密给予了最强有力的保护，也说明开始奉行超 TRIPS 协定标准，将知识产权与贸易政策结合并进行国际推广，以建立一套有利于美国国家利益的新的国际贸易规则。日本于 2018 年 3 月主导完成了 CPTPP 的签署，保留原《跨太平洋伙伴关系协定》（TPP）超过 95% 的项目，其知识产权规则更加宽松，给予政府更多自主裁决权。新加坡、智利、新西兰 3 国于 2020 年 6 月 12 日签署全球首个数字经济国际规则《数字经济伙伴关系协定》（DEPA），对推动数字经济健康有序发展具有重要意义。

2. 对我国企业发展有重大影响的国际知识产权规则

当今国际知识产权保护的多边框架以 WTO 的 TRIPS 协定为基础，要求所有成员国适用统一的知识产权标准。TRIPS 变革性地成为各国缔约方必须履行的国际义务，也为国际贸易争端中的知识产权领域解决机制提供了法律依据。然而，发达经济体认为 TRIPS 协定的最低保护标准降低了知识产权保护的整体效率，为更好地确保自身利益诉求，转而在双边、区域等场域利用 FTA 在知识产权规则领域推行 TRIPS-plus 标准，在 TRIPS 框架之外寻求更高标准体制。TRIPS-plus 的主要特征包含知识产权保护客体范围扩大、保护力度提高、保护期限延长和执法措施强化等，显示出全球知识产权保护向高水平递进的趋势。

发达国家频繁以高标准国际经贸新规则向我国施压，我国现已加入 RCEP，正在申请加入 CPTPP 和 DEPA。我国数字产业中小企业要在正确理解我国现实国情的情况下，善于运用国际知识产权规则来维护我们的利益，同时履行国际知识产权规则规定的义务。

3. 不能忽视的"特别 301 条款"和"337 条款"

对我国企业知识产权保护影响比较大的还有美国的"特别 301 条款"和"337 条款"。"特别 301 条款"专门针对那些美国认为对知识产权没有提供充分有效保护的国家和地区。"337 条款"主要针对的是企业层面的技术和知识产权领域的竞争，是美国重要的贸易保护手段之一。程序简便、周期较短，加上缺席判决和"普遍排除令"等特征使得"337 条款"成为美国企业打击国外竞争对手的常规武器。2001 年美国第一次对中国发起了"337 调查"，随着中美贸易往来加强，中国高新技术产品出口增多，中美贸易在知识产权领域的摩擦纷争不断加深，美国对中国企业的"337 调查"的案件数量和涉华申请数量都呈上升趋势。根据大数据监测，2012—2021 年，涉及中国企业的"337 调查"案例约占美国 337 调查总量的 1/3，主要诉由包括侵犯专利权、商标权、商业秘密、版权和不正当竞争等。

综上所述，在数字经济全球化和国际化发展进程中数字产业中小企业逐步融入国际知识产权保护的法律法规政策体系已是大势所趋。数字产业中小企业必须尽快熟悉知识产权的国际竞争规则，全面理解知识产权的各种制度体系，善于利用知识产权的法律法规来保护自身权益，积极应对知识产权国际诉讼，为企业的数字化、国际化、智能化发展打下坚实的基础。

（二）技术创新环境分析

美国、日本和欧洲发达国家企业经历了长时间的发展和积累，技术水平总体很高，在行业内往往处于技术领先地位。根据世界知识产权组织（WIPO）发布的《2021 年全球创新指数报告》，瑞士、瑞典和美国继续领跑创新排名，注重数字化、技术和创新的产业表现出惊人的韧性。

衡量创新活动广泛使用的指标之一是通过 WIPO 的《专利合作条约》（PCT）提交的专利国际申请量。2021 年，中国成为 PCT 的最大用户，连续三年位居申请量排行榜首位，共提交 69540 件申请，同比增长 0.9%。美国共提交 59570 件申请，同比增长 1.9%，处于领先位置。根据 WIPO 数据，全球 PCT 申请中计算机行业申请比例最大，其中，中国华为技术有限公司以 6952 件已公布 PCT 申请成为最大申请人；美国高通公司申请量达 3931 件，申请数量增长最快（80.9%）。这说明数字经济发展已驶入"快车道"，正成为重组全球要素资源、重塑全球经济结构、改变全球竞争格局的重要推动力。

美国专利和商标办公室（USPTO）公布的专利数据也是衡量创新能力的重要指标。高科技企业在美国市场上的申请专利数成为数字技术创新的重要参考。根据 USPTO 数据，2020 年 IBM 蝉联了美国专利第一，获得 9435 件专利；韩国三星、LG 电子分别位居第二、第三；中国华为位列第七，同比增长 9%。电子数字数据处理和数字信息传输成为最受欢迎的两个技术类别，凸显了人们对人工智能的极大兴趣。

根据全球创新指数研究，全球创新地理格局差异仍然存在，北美洲和欧洲在全球创新格局中继续领先；在过去十年中东南亚、东亚和大洋洲的创新表现越发活跃，努力缩小与领先者的差距。但是，由于创新战略的差异，东亚后发国家和经济合作与发展组织（OECD）中的经济发达国家在创新能力培育和发展模式上存在一定的差异。经济发达国家和地区的创新通常更加关注对产品、工序或抽象知识方面的技术领先；对于后发国家而言，主要目标是赶上发达国家，更注重于加快技术进步和加强创新管理。

面对高速发展的数字技术迭代和日趋激烈的国际市场竞争，我国政府在《中华人民共和国国民经济和社会发展第十四个五年规划和二〇三五年远景目标纲要》中展望 2035 年，我国将进入创新型国家前列。要坚持创新在我国现代化建设全局中的核心地位，把科技自立自强作为国家发展的战略支撑，深入实施创新驱动发展等各项战略，加快建设科技强国。

（三）经济贸易环境分析

1. 发达国家善于利用知识产权贸易获取高额的收益

在国际贸易方面，知识产权国际贸易快速增长，贸易额从 2000 年的 1500 亿美元逐步扩大至 2020 年的近 1 万亿美元，已占到全球服务贸易总额的 9%。目前，知识产权贸易额最高的是美国，其次是荷兰、日本、德国。发达国家提高进口贸易壁垒，阻碍他国企业进入，扩大知识产权贸易比重。发达国家知识产权的运用不仅是进行技术保护，更重要的是利用知识产权贸易实现经济价值的增加。为了实现"中国智造"和"中国创造"的转变，我国数字产业中小企业与国际化接轨势在必行，在此过程中必将会受到来自发达国家知识产权贸易的强烈冲击，企业要提前做好应对措施。

2. 发达国家善于利用知识产权布局和贸易措施阻碍竞争对手

发达国家的跨国企业一方面从知识产权创造中获取创新资源，另一方面又利用知识产权保护手段来提高自身的垄断地位和竞争力。目前，我国推进知识产权领域国际合作与竞争，已成为全球知识产权贸易的重要参与者。我国知识产权进出口规模从 1997 年的不足 10 亿美元发展到 2020 年的 463 亿美元，占同期国际服务贸易总额的 8%，与全球水平相当。面对中国的巨大市场，发达国家跨国企业纷纷在中国设立知识产权部，对其在华知识产权活动进行系统管理。外国跨国企业凭借在高新技术领域的知识产权优势，通过品牌输出和技术发展等手段对市场实施垄断，以知识产权壁垒严密地保护自己的利益。跨国企业密集的专利布局体现了发达国家施行以专利预先分割我国市场的战略，这也是在经济全球化时代企业竞争的一个所谓"赢者通吃"的竞争规则。

我国数字产业中小企业是经济贸易活动的重要组成部分，企业的经济贸易活动也必然会受到国际贸易竞争趋势的影响。我国企业必须深刻认识跨国企业在知识产权运营管理方面的策略和手段，做到"知己知彼"，通过强化我国企业的知识产权战略的实施力度来积极应对国际竞争的机遇和威胁。

二 数字产业中小企业面临的国内竞争环境分析

（一）知识产权政策与法律环境分析

2021 年国务院发布《国家知识产权强国建设纲要（2021—2035年）》，提出到 2025 年，知识产权强国建设取得明显成效，知识产权保护更加严格；到 2035 年，我国知识产权综合竞争力跻身世界前列，基本建成中国特色、世界水平的知识产权强国。该纲要对于统筹推进知识产权强国建设，全面提升知识产权创造、运用、保护、管理和服务水平具有重要作用。它是中小企业推进知识产权战略的基础和依据，也为中小企业知识产权的推进创建了好的政策基础和平台。

目前，我国对数字产业中小企业知识产权战略日益重视，企业创新政策的制定涵盖了激励知识产权创造、保护、服务和成果转化的相关内容，对激励创新、打造品牌、规范市场秩序、扩大对外开放具有积极作用。但是，我国知识产权工作仍然面临不少问题，主要表现为：缺少关键核心技术领域高质量的知识产权创造，未根本改变产业链供应链受制于人的局面，须不断完善行政执法和司法衔接机制，知识产权侵权现象仍层出不穷，须加强知识产权转移转化成效，须提升知识产权服务供给，缺乏海外知识产权纠纷应对能力，须进一步发挥知识产权制度促进经济社会高质量发展的作用等。

（二）技术创新环境分析

《中国制造 2025》指出新一代信息技术与制造业深度融合，全球产业竞争格局正发生重大调整，我国经济发展进入新常态，为建设制造强国，必须要紧紧抓住当前机遇，积极应对挑战，以创新驱动、质量为先、绿色发展、结构优化、人才为本为基本方针，实现制造强国的"三步走"战略。在此背景下，我国中小企业大都面临着结构调整和转型升级的挑战。同发达国家相比，中国数字产业中小企业存在以下特征：规模较小，国际化程度低；自主创新能力较弱，严重的市场同质化现象加剧了恶性竞争；新产品、新技术的转化能力差，缺少自主知识产权的产品中试、放大技术平台，仍处于高投入、高消耗、高排放的传统发展模式。

由此，加强自主创新，突破重点领域关键技术，促进企业数字化转型，已经成为我国数字产业中小企业未来发展的必由之路。数字产业中小企业作为创新主体，需要不断提升自己的资源和要素禀赋，提高企业创新能力；推进信息化与工业化深入融合，推进企业数字化网络化智能化赋能发展。企业数字化转型的核心目标是"降本增效提质"，即提高生产运营效率，重构组织管理方式；有效应对市场波动，提升企业韧性；驱动企业提升创新能力，保障市场竞争优势等。

近年来，我国以企业集聚为特征的产业集群发展迅速。企业产业集群的创新发展需要依赖于相关产业的知识产权积累和集成区域内外知识产权资源，在产业集群内中小企业以网络化协同弥补单个企业资源和能力不足，通过协同制造平台整合分散的制造能力，实现技术、产能、人才共享。龙头企业发挥带动作用，强化中小企业特色产业集群专业化协作和配套能力，促进数字产业创新的良性发展，进而提升企业的综合竞争力。

（三）经济贸易环境分析

数字经济全球化对我国知识产权战略产生了重大而深刻的影响。一方面，我国数字产业中小企业知识产权创造能力薄弱，服务供给不足，知识产权保护和运用水平有待提高。另一方面，我国数字产业中小企业面临的市场竞争环境日益严峻，出现了国内市场竞争的国际化和国际市场竞争的全球化局面。国内外企业竞争的焦点也从贸易壁垒转移到技术壁垒上，以知识产权及其派生内容为手段，已突破产品层面而成为国际竞争的利器。

上述事实说明数字产业中小企业不仅要认清国际上的竞争格局，也要把握国内市场的发展趋势，只有通过加强知识产权战略的建设和发展，将知识产权战略与企业的数字技术创新战略、数字市场创新战略、数字技术标准战略相互结合、协同发展，才能培育具有自主知识产权的技术和产品，使企业在数字经济迅猛发展的浪潮中求得生存和发展。

三 数字产业中小企业知识产权全链条能力分析

（一）数字产业中小企业知识产权数量逐步增长，但质量优势有待强化

数字产业中小企业通常采用申请和运用专利、商标、软件著作等知识产权促进企业自主创新能力提升，但是目前大多数创新仍属于集成创新，知识产权质量需要提升。数字产业中小企业要甄别和把握创新方向，加大数字研发投入，攻关关键核心技术；提高专利质量，构建专利导航，发掘目标专利、加强核心技术与关键环节的专利布局，利用知识产权战略提高企业自身研发效率。

截至 2020 年底，全国中小企业的专利授权总量为 1022.7 万件，商标注册量共 1724.2 万件，软件著作权登记量共 478.0 万件，集成电路布图设计登记量共 2.7 万件，知识产权数量呈总体上升趋势。商标注册量增速明显，专利授权量、计算机软件著作权、集成电路布图设计需不断提升。同时，全国中小企业海外布局专利总量共 21.2 万件，海外布局显著扩展，有利于发展知识产权国际化战略。目前，数字产业中小企业借助知识产权数量优势提升创新创业活力，高效率占领市场份额。但是，与专利授权总量相比，我国数字产业中小企业的知识产权质量优势有待强化，高价值专利培育配套措施有待完善，从而促进"专精特新"中小企业高质量发展。

（二）数字产业中小企业知识产权运用稳步推进，但布局有待改进

数字产业中小企业进行新技术的研发往往需要消耗大量的时间成本，为赢得时间抢占市场份额，部分企业会采取授让专利的方式获得专利权，以期获得高价值技术方案，同时完善专利全球布局。截至 2020 年底，全国战略性产业集群中小企业转让专利 52.6 万件，专利实施许可次数 5.5 万次，专利质押次数 6.7 万次，且均呈稳步上升趋势。但是，部分数字产业中小企业缺乏明确的知识产权战略规划和布局，企业

不善于利用知识产权手段对数字技术创新的未来走势进行预见和判断，导致创新不足或失败。也有一些企业虽意识到自主创新的重要性，但大都表现为急功近利，知识产权的申请和使用都是短期行为，缺乏立足当前、着眼长远高效利用知识产权布局的战略规划。此外，数字产业中小企业在创新人才和创新技术储备上都比较缺乏，创新激励制度的建设还有待完善，整合推进、综合利用各种资源提升自主创新能力有待加强。

（三）数字产业中小企业知识产权战略管理建设有待提高，需要全面运营

目前数字产业中小企业对知识产权战略意识已经增强，制定知识产权战略规划的中小企业占多数，知识产权战略重点大都在专利和技术秘密的创造和保护上，对知识产权的投资交易和控制预防流失方面的战略规划有待加强。知识产权管理在企业有一定的工作基础，但还停留在制度建设层面，管理水平相对较低，对知识产权的战略管理和规划仍需加强。

另外，数字产业中小企业需要将知识产权与企业经营管理方面的重要问题相结合，系统地开展知识产权战略及管理，进一步完善在产学研合作方面的知识产权制度的建设，培养运营知识产权的意识，提高在生产和经营活动中综合运用各种手段来保护和利用知识产权的能力。完善知识产权交易平台的建设，加强专利技术供需对接服务，促进知识产权服务机构为中小企业提供成果转化、知识产权托管、质押融资等服务。

（四）数字产业中小企业知识产权服务体系有待完善，需要发挥整合优势

政府公共服务和知识产权机构商业服务对推动数字产业中小企业知识产权发展具有重要作用。目前，中小企业对知识产权公共服务需求更为迫切，需求最多的三项是公益培训、信息咨询、专利分析。知识产权政策方面需求最大的是关于知识产权质量提升，其次是关于知识产权运营和企业知识产权管理。但是数字产业中小企业接受高校知识产权信息服务中心、知识产权快速维权中心、技术与创新支持中心（TISC）服务相对较少，知识产权公共服务覆盖面有待提高。数字产业中小企业的知识产权服务支撑体系存在进一步发展的空间和需求，需要全方位整合

优势。

（五）数字产业中小企业知识产权全链条保护能力有待加强，需要建立战略协同发展的观念

数字产业中小企业应根据对知识产权价值和自身竞争能力的客观评估有侧重地选择适合企业的知识产权战略，优化知识产权战略的类型。中小企业只有提高综合运用知识产权战略的能力，在技术创新过程中，吸收、培育出自己的研发能力，开展基础研究，才能使企业和实际应用不会产生脱节，并带动企业可持续发展。但是，目前数字产业中小企业没有在数字技术创新的过程中将知识产权制度较好地嵌入，还不能很好地实施以市场为导向的知识产权战略，且尚未能高效贯穿知识产权创造、运用、保护、管理、服务全链条。在数字贸易全球化进程中，美国贸易保护主义抬头严重影响中国对外贸易增长，数字产业中小企业遭遇"337调查"等知识产权壁垒越发频繁，中小企业需尽早在全球市场进行专利布局，加快建设应诉协调机制。同时，中小企业作为数字技术创新的主体，在提高自身竞争力的进程中，必须关注数字技术标准战略、数字市场创新战略、数字技术创新战略与知识产权战略的协同发展。

第三节 数字产业中小企业知识产权战略分析与推进

一 数字产业中小企业知识产权战略分析

知识产权战略作为数字产业中小企业竞争战略的职能子战略，是在企业战略的框架下制定和实施的。在技术跟随和市场驱动的企业战略下，进一步分析知识产权战略是非常有必要的。SWOT分析法，是一种综合考虑内外部各类因素，进行系统评价，制定战略的基本方法。其中，S是指数字产业中小企业内部的优势，W是指数字产业中小企业内部的劣势，O是指数字产业中小企业外部环境的机会，T是指数字产业中小企业外部环境的威胁。根据前面对我国数字产业中小企业内外部竞争环境分析，运用SWOT分析法分析我国数字产业中小企业实施知识产权战略的优势、劣势、机会和威胁。

（一）数字产业中小企业实施知识产权战略的优势

数字产业中小企业的专利申请量保持快速增长态势，有利于企业通过这些专利技术抢占国内和国际市场。数字产业中小企业的技术创新能力逐步提升，在技术产品的实用新型、外观设计等方面积累了一定的经验，具有一定的吸收和学习能力，具有一定的知识产权战略的攻守结合能力。数字产业中小企业的信息基础设施建设加速推进，云计算、大数据、区块链、人工智能等数字技术运用广泛。数字产业中小企业的专利实施率在逐步提高，说明企业的市场运用能力在不断增强。企业是创新市场主体，一般情况下，企业拥有越多的职务发明专利就越有利于知识产权战略的开展。

（二）数字产业中小企业实施知识产权战略的劣势

数字产业中小企业拥有发明专利的质量有待提高；企业数字创新实力较弱，缺乏长效的产学研合作。跨国专利申请数量较少，不利于企业参与国际市场的竞争。企业数字化转型不够充分，"融资难、融资贵"问题尚未得到有效缓解，研发投入还不能满足技术发展的需要，缺少优秀的科研人员、先进的生产技术和丰富的管理经验。数字产业中小企业对知识产权综合运用的能力还有待提高，知识产权的运营意识仍需加强。数字产业中小企业的知识产权战略管理体系有待完善，仍需要从组织、人员、企业制度、信息平台等方面构筑综合战略管理体系，确保战略的实施。

（三）数字产业中小企业实施知识产权战略的机会

企业数字技术不断发展，使得数字产业中小企业可以利用专利技术进入、控制他国市场。同时，国内知识产权制度不断完善，有利于知识产权战略的实施；知识产权制度对国内企业的强保护性，有利于阻止国外企业知识产权进攻。另外，我国深入实施数字经济发展战略，积极推动中小企业知识产权战略与数字化转型升级相结合，有助于提高企业市场竞争优势。

（四）数字产业中小企业实施知识产权战略的威胁

其他国家知识产权制度对本国企业的强保护，给我国数字产业中小企业进入国际市场带来了不利影响。出于对本国企业的保护，其他发达国家可能通过知识产权制度来限制或延迟我国中小企业的专利、商标、软件著作权等的申请。其他发达国家企业的强竞争力，对我国企业进入该市场形成强对抗性。美国、日本等企业具备很强的竞争力，尤其是在国际市场，面对我国企业技术创新、知识产权保护的崛起，必定会采取相应的战略阻击。

（五）数字产业中小企业实施知识产权战略的综合 SWOT 分析

通过对我国数字产业中小企业在国内和国际的知识产权战略环境分析，列出知识产权战略的 SWOT 战略匹配矩阵如表 16-1 所示。

表 16-1　　数字产业中小企业实施知识产权战略的综合分析矩阵

数字产业中小企业战略匹配矩阵	数字产业中小企业内部环境分析	
	优势 S 1. 企业具有较强学习和吸收能力 2. 企业的基础研究不断加强 3. 企业的数字基础设施建设加快 4. 专利申请量保持快速增长态势 5. 专利技术实施率逐步提高 6. 企业拥有大量的职务发明专利	劣势 W 1. 专利质量有待提高 2. 专利、商标等国外申请、注册量不高 3. 企业数字化转型不够充分 4. 企业融资困难，研发投入不足 5. 生产技术和管理水平有待提高 6. 企业知识产权管理体系有待完善 7. 知识产权综合运用能力不高
数字产业中小企业外部环境分析 机会 O 1. 我国促进中小企业的创新发展的政策不断完善 2. 企业具有产业集聚的技术创新优势 3. 国际贸易知识产权保护力度加强 4. 我国深入实施数字经济发展战略	SO 战略 1. 专利技术预见，加大基础研究（S2、O1、O2） 2. 利用企业较强的学习和吸收能力，开发差异化产品满足市场需求（S1、O1、O2） 3. 加强对企业知识产权管理制度的建设（S5、S6、O1） 4. 优化升级企业的数字基础设施（S3、O4）	WO 战略 1. 共同研发获取知识产权（W1、W4、W7、O2、O3） 2. 利用追随战略，改进和提高数字技术创新能力（W1、W2、O1、O4） 3. 购买先进专利技术（W1、W2、O1、O3） 4. 开展产学研合作（W1、W4、O1、O3、O4）

数字产业中小企业外部环境分析	威胁 T 1. 知识产权战略管理制度尚未完善 2. 发达国家企业的不断进入带来市场竞争度的提高 3. 国际知识产权贸易措施对企业发展的不利影响 4. 企业产业集聚带来的知识产权保护的不利	ST 战略 1. 加强对核心技术、商标等的知识产权保护和控制（S5、S6、T1） 2. 与技术先进国家的企业进行技术合作（S1、S2、T2） 3. 以高性价比产品获得市场竞争力（S2、S4、T3） 4. 构建数字技术创新战略、数字市场创新战略、数字技术标准战略与知识产权战略的协同发展	WT 战略 1. 加强面向数字产业创新的知识产权战略管理（W3、W5、W6、T1） 2. 利用知识产权交叉许可获取市场竞争力（W1、W2、W3、T3） 3. 与竞争对手合作，绕开知识产权壁垒（W6、W7、T2） 4. 寻求中介援助，积极应对知识产权贸易壁垒或贸易措施调查

资料来源：由笔者整理。

通过对数字产业中小企业实施知识产权战略的 SWOT 分析，可以看出：数字产业中小企业数字技术竞争力虽然不断提升，但比发达国家（诸如美国）的水平要落后；数字产业中小企业拥有专利的数量还不够多，质量参差不齐，具有国际领先水平的专利仍较少；知识产权战略管理制度有待完善，不同产业领域的技术水平差异较大；数字产业关键领域创新能力不足，异质性突出，"数字鸿沟"未能有效弥合。因此，数字产业中小企业在知识产权战略类型的选择上要有差异，根据不同知识产权价值和数字技术水平高低，选择防守型知识产权战略、以进攻为主的知识产权战略或攻守兼备的混合知识产权战略来巩固市场，提高数字产业产品和技术的核心竞争力。

二　数字产业中小企业知识产权战略的选择策略

（一）数字技术比较优势不明显的企业实施以防御为主的知识产权战略

对于数字技术比较优势不明显的中小企业，由于与其他同类企业在数字技术领域的差异逐渐缩小，企业竞争力相当，知识产权战略的地位可能还尚未处于主导，因此，这一类企业在实施知识产权战略时，通常选择防御型知识产权战略，通过市场跟随战略和实用工程战略获得市场发展。数字产业中小企业形成以生产率为重点的战略目标体系，着眼于延长技术的使用价值，改善产品的品种结构，实行集约化生产实施规模经济，以高效率、低成本提升市场竞争优势。

数字产业中小企业防御型知识产权战略和进攻型专利战略是相对而言的，是指中小企业在市场竞争中受到其他企业或单位的知识产权战略进攻或者竞争对手的知识产权对企业经营活动构成妨碍时，采取的打破市场垄断格局、改善竞争被动地位的策略。数字产业中小企业防御型知识产权战略可以保护自身的利益或将损失降低到最低限度，是利用知识产权捍卫自己的知识产权阵地，防止受他人知识产权的制约，或对他人知识产权实施战略性防卫的手段。其基本功能在于以有效的方式阻止竞争对手的知识产权进攻，摆脱自己所处的不利境况和地位，为自己的发展扫清障碍，因而可以说是为应对竞争对手的挑战而采取的战略。

1. 防御型专利策略

专利策略是知识产权策略中最常见和最常使用的，数字产业中小企业在进行防御时常采用如外围专利策略、专利交叉许可策略、追随专利策略、失效专利策略等防御型专利策略。

外围专利策略是指企业围绕专利技术，开发与之配套的外围技术；并及时就开发的外围技术申请专利，获得专利权的一种策略。数字技术比较优势不明显的企业可使用外围战略。专利交叉许可策略的主要动因在于与领先技术型企业进行合作，通过共同开发专利技术和技术交流，促进企业竞争力的增强，使许可双方获得"双赢"。技术追随型专利策略是指先观察技术先驱的创新活动，研究开拓者的技术动向，选择成功的创新技术进行改进，从而节约时间和研究开发经费，降低风险，可以以较高的水平为起点，为下一步的技术创新造条件。失效专利策略是从专利权已过保护期或因故提前终止的失效专利中有针对性地选择相关技术进行研究开发、生产的一种策略。

2. 商标申请策略

数字产业中小企业大多以市场为导向，而商标为产品质量、信誉和知名度的载体，引导消费导向，所以企业需要具有强烈的商标保护意识，做到及时注册与防御注册相结合，必要时进行国际注册，防止他人抢注。

3. 商业秘密策略

商业秘密是指不为公众所知悉、具有商业价值并经权利人采取保密措施的技术信息、经营信息等商业信息。商业秘密保护是优化营商环境的核心要素，是数字产业中小企业保持技术创新竞争优势的关键。数字产业中小企业可以综合采用商业秘密策略来保护知识产权核心成果，防御竞争对手的侵权。

4. 著作权及软件著作权策略

著作权的保护主要是指对科技文献著作权和计算机软件的保护。著作权人依法享有的权利，包括发表权、署名权、修改权、复制权、发行权、出租权、信息网络传播权、翻译权等。数字产业中小企业应根据国家颁布的《中华人民共和国著作权法》和《计算机软件保护条例》，制定相关的管理办法，比如对于计算机软件，企业软件开发者首先要具有版权意识，建立企业内部软件版权登记制度并及时向软件著作权登记机关进行软件著作权登记，防止他人抢先；并建立内部软件管理制度，定期检查单位的计算机系统，并及时对企业的软件作品加注著作权标记。

5. 积极应诉策略

在知识产权侵权诉讼中，相当一部分是不能被认定为知识产权侵权的。当数字产业中小企业受到他人的知识产权侵权指控时，应当以积极的态度参与诉讼程序。数字产业中小企业需要在律师和专业技术人员的帮助下剖析知识产权技术特征，采取对症策略，也可以申请宣告对方知识产权无效，以及使用合法抗辩等方式。针对国外企业知识产权滥用和垄断等不公平知识产权策略攻势，我国数字产业中小企业更需要用法律手段来积极捍卫自己的权益，在必要时实施诉讼策略。在国外跨国企业知识产权"包围战"中，数字产业中小企业突破重围的根本途径是强化知识产权战略与数字技术创新战略、数字市场创新战略、数字技术标准战略的协同运用。

（二）数字技术领先的企业实施以进攻为主的知识产权战略

数字技术领先企业通常采用进攻型知识产权战略，即以知识产权战略为企业进攻市场的主导战略。数字技术领先企业以创新技术研究开发为特征，积极、主动、及时地申请高质量专利或获取其他知识产权，在知识产权保护的基础上，以专利技术进攻加持，不断提高市场份额，以使数字产业中小企业在激烈的市场竞争中取得主动权。

1. 进攻型专利策略

专利策略也常用于进攻型知识产权战略，包括基本专利策略、专利有偿转让策略、专利购买策略、专利投资与产品输出策略、专利诉讼策略、专利组合策略等。

基本专利策略是以开发高新数字技术为基础，通过预测未来技术发展趋势，为保持自己新技术、新产品竞争优势，将关键技术核心基础研究作为基本专利保护，从而最大限度地占领、控制技术市场，尽可能"封杀"竞争对手进入市场的通道，并向对方已有市场进行进攻，实现"垄断"市场的目的。专利有偿转让策略是指企业将自行开发的专利技术所有权转让、出售来获得经济效益，包括专利权有偿转让策略和专利有偿许可使用策略两种类型。专利购买策略是指数字产业中小企业从发明人或企业那里购买专利权达到独占市场的战略，通常企业以专利权人的身份与其他企业签订专利实施许可合同，收取高额专利使用费；或以专利权为武器，控告侵犯其专利权的其他企业，获得高额赔偿费；或作为对抗竞争对手，摆脱被动地位的重要手段。专利投资与产品输出策略是指企业向准备投资或输出产品的国家申请专利，进行保护投资并获得未来专利产品输出垄断权的策略。专利诉讼策略指的是利用法律赋予的专利保护权限，收集竞争对手专利侵权的可靠证据，及时向竞争对手提出侵权警告或向司法机关提起诉讼，迫使竞争对手停止侵权，支付侵权赔偿费，以达到及时维护自身合法权益，有力打击竞争对手，确保自己的市场竞争优势的策略。专利组合的主要目的是根据企业所拥有专利的使用率与潜在价值，配合专利分析来寻找核心技术，并以核心技术为中心，构建特定核心技术领域的专利组合，使竞争对手无法利用专利回避进入市场。

2. 标准与专利池策略

由于技术标准所包含的数字技术日益复杂，且数字技术的研发需要巨额投入，数字产业中小企业更愿意结成技术联盟共推技术标准，一旦技术联盟共同研发的技术成为技术标准，专利池随即形成。专利池消除了专利实施中的授权障碍，有利于专利技术的推广应用；降低了专利许可中的交易成本，实行"一站式"打包许可，采用统一的标准许可协议和收费标准，节约了双方的交易成本；减少了专利纠纷，降低诉讼成本。

3. 专利和商标结合策略

数字产业中小企业采用单一商标、多商标、主副商标等运用方法，动态调整制定适合自身的商标战略。进一步，数字产业中小企业将商标战略和专利战略紧密结合，通过开发专利技术来增加商标的市场价值。在商标保护的基础上再加以专利保护，利用专利的信誉及市场垄断性，以获取更大的市场利益。此外，利用商标承接专利垄断权策略也是非常有效的进攻策略。数字产业中小企业利用专利权在保护期内的专有性形成产品优势市场，结合商标权在专利保护期届满前及届满后的延续对专利产品市场进行持续控制，以获得专利技术的长期效益。

4. 技术措施和权利信息策略

在数字经济时代，技术保护手段对著作权保护具有重要作用，其中技术措施是指诸如利用加密技术以制止未经许可或者未由法律准许而采取的解密行为等有效的技术性方法和手段，它是权利人为了防止他人非法接触、使用其作品而采取的技术手段，显然是网络空间著作权保护的重要手段之一。技术措施确保了著作权人对在线作品内容的控制，有利于改善在数字和网络环境下著作权人对其著作权的保护所处的劣势地位，并有效地保护其作品著作权。其本质特征主要表现在双重性、依附性、有效性和正当性四个方面，当具备这四个本质特征时，技术措施将受法律保护。数字产业中小企业可利用技术措施，强化自主核心软件技术，提升企业竞争力。

著作权的权利管理信息指作品向公众传播时附随于作品或作品的复制品所显示的用以确认作品、作品的著作权人、作品的任何权利人或使用该作品的期间和条件及足以显现任何该项目的数字、数码等信息。在数字和传媒技术发展日新月异的当代社会，权利管理信息在保护版权利益方面日益彰显其重要性，所以数字产业中小企业要在数字信息时代对作品进行充分有效的保护，就必须对权利管理信息加以保护。

此外，避风港原则也常用于著作权管理，它是指在发生著作权侵权案件时，网络服务提供者为服务对象提供搜索或者链接服务时，在接到权利人的通知书后，根据《信息网络传播权保护条例》的规定断开与侵权的作品、表演、录音录像制品的链接，不承担赔偿责任。避风港原则的适用减少了网络空间提供型、搜索链接型等互联网企业的经营成本，刺激了众多互联网企业的发展壮大。

（三）有一定数字技术基础或市场基础的企业实施攻防兼备的知识产权战略

攻防结合的知识产权战略模式将上述两种战略模式中的几种类型结合使用，适用于我国大部分数字产业中小企业。我国数字产业中小企业具有一定的技术基础，拥有一定市场知名度的商标，但直接参与高新数字技术领域的市场竞争仍显薄弱，尚未能与大型企业或国外跨国企业进行全面抗衡。因此，攻防结合、防守为主的知识产权战略成为我国数字产业中小企业知识产权战略的主要模式。

针对数字产业中小企业所处的内外部环境影响因素的特点，结合企业所处的产业类型、技术创新层次、自身发展需求和企业知识产权管理水平的差异来选择和构建企业知识产权战略，是推进知识产权战略实施的重要策略和方法。

三　数字产业中小企业知识产权战略的推进策略

数字产业中小企业必须依据企业发展阶段选择有效的策略推进知识产权组合战略的动态实施，以促进自主创新成果的产出、保护和扩散，最终实现数字产业中小企业的跨越式发展。

（一）加强知识产权战略意识，推进战略协同发展

数字产业中小企业知识产权战略的成功运用，离不开企业家及全体员工明确的知识产权战略意识。企业要将知识产权战略融入企业经营战略，通过执行团队来推动知识产权战略与数字技术创新战略、数字市场创新战略、数字标准创新战略有效结合，使知识产权战略成为组织推进数字创新的一个持续的过程。

（二）逐步提升企业知识产权综合管理效能，动态推进知识产权战略

提升数字产业中小企业创新主体知识产权综合管理效能，一是要加强企业知识产权战略的制定和推进，有效依据企业创新能力强弱和专利价值高低，组合选择各种知识产权策略。二是提升运用知识产权制度的能力，掌握国内外同类产品的技术发展水平和专利权状况，避免低水平重复研究和侵犯他人的专利权。三是建立完善的知识产权管理制度，对

创新成果采取有效的知识产权保护方式，并在机构、人员、经费等方面予以保障。四是落实技术要素参与收益分配的政策，深化内部分配制度改革，激励专利技术的发明人和设计人。五是及时评估和反馈知识产权战略的实施效果，根据技术进步水平和企业发展阶段动态调整知识产权战略的实施。

（三）建立多元化知识产权创造和开发体系，培养运营知识产权的能力

数字产业中小企业实施知识产权战略的目的就是促进自主创新成果的产出和保护，协调自主创新成果的扩散。数字产业中小企业加大科研投入，多领域交叉融合创新，建立知识产权战略联盟，构筑产业专利池。利用"政产学研金服用"的合作机制，突破关键领域核心技术，加速知识产权的数字化、市场化和商业化。数字产业中小企业通过多元化知识产权创造和开发体系不断提升知识产权价值，通过与数字技术标准结合、与商业品牌结合等策略，形成基于 R&D 投资取得知识产权，知识产权获得许可收入，许可收入再用作研发投资的动态循环过程，培养运营知识产权的能力。培育发展综合性知识产权运营服务平台，建立完善专利开放许可制度和运行机制，拓宽专利技术供给渠道，推进专利技术供需对接，促进专利技术转化实施，使知识产权在技术转移和投资的过程中获得最大效益。

（四）加大政府支持力度，完善知识产权公共服务体系

加大政府支持力度，营造良好的外部环境，使数字产业中小企业知识产权战略同地方和国家的知识产权战略相融合。一要完善大数据、云计算、区块链、人工智能等数字技术的相关立法。积极学习、借鉴国际上数字技术立法的先进经验，制定和完善关于专利转让与许可、中介机构建设、风险投资、中小型科技企业借贷担保等方面的法律法规，有利于促进数字技术的研发；并根据数字技术领域知识产权发展情况，及时制定和修订国家技术标准。二要优化知识产权保护环境，切实有效地维护市场秩序，将知识产权保护纳入社会诚信体系建设，严格整治和规范市场秩序。三要提供多元化的知识产权平台建设，提高知识产权公共服务水平。通过建立健全区域知识产权援助体系，开放知识产权服务市场，建设一批知识产权援助的骨干中介机构，集成知识产权信息资源，

整合专利数据库、标准数据库、知识产权政策等专业信息，依托知识产权服务体系和信息平台，加大知识产权基础数据开放力度，促进数据资源共享，为数字产业中小企业提供高附加值的知识产权服务。

（五）完善知识产权保护制度，提升数字成果转化效率

推动知识产权战略融入数字产业创新发展。一是加强数字知识产权保护，探索数字成果转化新模式。数字产业中小企业在电子信息、通信网络、智能制造、生物医药等领域产生了一批具有国内外领先水平和自主知识产权的创新成果，在创新成果转化效率的提升方面做出了巨大贡献。因此，要完善知识产权保护政策，健全大数据、人工智能、边缘算法等新领域新业态知识产权保护制度。加强数字产业知识产权理论和实践研究，分析数字时代知识产权保护的边界以及新型竞争知识产权保护与反垄断的关系，设计数据采集和使用管理保护方案，探索数字创新成果转化的新模式和积极应对方案，研究构建数据知识产权保护规则。二是打造高校科技成果转化中心，提升数字成果转化效率。借鉴广东经验，由政府牵头成立高校科技成果转化中心，形成"管理中心+线上服务平台+高校转化基地"的"1+1+N"模式的建设和运营。鼓励高校创新成果转化基地引进第三方科技成果转化团队，提高高校数字科技成果的转化效率。三是推进数字成果转化项目实施。完善基于区块链技术的科技成果市场交易机制，鼓励金融投资机构参与，探索数字科技成果转化渠道和利益分配机制。实施数字产业领域重点成果转化项目，形成重点科技成果的分类评价机制，推进数字技术成果积极转化为现实生产力。

（六）健全多层次人才培养体系，促进知识产权高质量创造

一是完善知识产权人才分类培育体系，健全人才保障机制。采用稳定、引进、培养三管齐下的数字产业中小企业知识产权、数字创新人才培育机制，吸引一批复合型人才充实到知识产权、数字创新活动中，为企业创新注入新的活力；建立产学研合作培育人才的新机制，提高知识产权人才专业能力；积极营造良好的引人、育人、留人、用人的环境和制度。二是优化升级数字基础设施建设，提升数字创新水平，促进知识产权高质量创造。加快推进大数据、云计算、互联网、人工智能等数字技术基础设施建设，积极引导中小企业数字化、信息化运用，为促进开

源软件、工业机器人等新技术，创新个性化定制、网络众包、云制造等新型制造模式提供动力，支撑中小企业知识产权高质量发展。

（七）推进知识产权国际合作，实现高水平对外开放

一是加强知识产权国际合作机制建设，优化知识产权国际合作环境。通过"一带一路"、RCEP 等知识产权合作途径，与贸易往来国建立良好的企业知识产权事务沟通协调机制。数字产业中小企业作为数字产业创新主体要合理利用 WIPO 全球服务体系，利用专利导航决策机制进行海外知识产权布局。二是要建立国际知识产权风险预警和应急机制，完善知识产权涉外风险防控体系，加强知识产权海外维权援助。积极发挥贸易投资促进机构作用，不断加强知识产权海外服务保障工作，有效推进高水平对外开放。

四　数字产业中小企业知识产权管理规范贯标

数字产业中小企业是国家知识产权战略实施的重要主体和基础力量，在国家知识产权战略中处于核心地位。国家知识产权战略目标的实现，很大程度上体现在企业运用知识产权制度能力的提高和企业知识产权核心竞争力的大幅提升。大力提高数字产业中小企业知识产权创造、保护、运用、管理和服务能力，推动企业在数字创新道路上持续发展是实施国家知识产权战略的一项重要任务，这也是数字产业中小企业知识产权管理规范贯标的根本目的所在。

《企业知识产权管理规范》提出了战略导向、领导重视和全员参与的指导原则，从战略、领导和操作三个层面对标准的实施提出了要求，强调知识产权管理体系不是独立的体系，需要企业总体策划，最高管理者承诺和全体员工参与，才能确保其系统运行和持续改进，形成良性的循环发展。数字产业中小企业要建立自己的知识产权管理体系，形成文件，运行并持续改进，保持其有效性。知识产权管理体系文件是描述知识产权管理体系的一整套文件，是数字产业中小企业建立并保持开展知识产权管理的重要基础，是知识产权管理体系审核和认证的主要依据，包括形成文件的知识产权方针、知识产权目标、知识产权手册、知识产权管理程序以及最终形成的知识产权活动记录。体系文件的层次结构如图 16-4 所示。

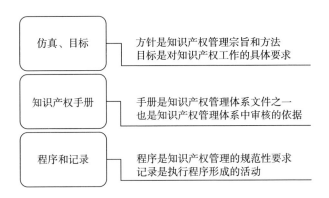

图 16-4　面向数字产业创新的中小知识产权管理体系文件结构

资料来源：由笔者整理。

《企业知识产权管理规范》是国家推荐标准，其目的是规范企业知识产权管理活动，提升企业知识产权管理能力，为更好地运用知识产权、降低企业风险奠定基础，实现企业创新力和竞争力的提升。标准的实施过程是通过设定知识产权方针目标，建立知识产权管理部门，制定知识产权管理职责，配备知识产权管理资源，建立知识产权文件，实施知识产权管理体系，持续完善实现的，其过程符合管理的 PDCA（计划—执行—检查—行动）循环。贯彻实施标准可运用知识产权管理诊断、构建知识产权管理体系框架、编写知识产权管理体系文件、开展宣贯培训等方法，并持续改进知识产权管理体系，实现企业知识产权管理的良性循环，提升数字产业中小企业的创新力和竞争力。

第十七章

面向数字产业创新的知识产权数字治理战略研究

当前，以人工智能、大数据、云计算为代表的新一轮产业变革正蓬勃兴起，面向数字产业创新的知识产权数字治理是有效应对新业态知识产权高动态性、高异质性和高度不确定性特征的重要知识产权保护策略。面向数字产业创新的知识产权数字治理体现多元共治、数字赋能的治理特征，是践行国家知识产权保护战略中"大保护""同保护""严保护""快保护"的重要手段。因此，本章在探究美国、欧盟、日本、韩国等知识产权治理发达国家地区的数字产业领域知识产权治理战略及特征，准确把握面向数字产业创新的知识产权数字治理战略国际发展趋势的基础上，从知识产权数字治理战略实施流程、知识产权数字治理战略实施主体和知识产权数字治理战略实施特色内容三个视角，构建了以知识产权数字化治理、知识产权多元主体共治和数据产权治理为主要内容的面向数字产业创新的知识产权数字治理战略理论框架。在全面解析三种战略模式的内涵和治理机制的基础上，为我国面向数字产业创新的知识产权数字治理战略治理提供新框架和新思路。

第一节　面向数字产业创新的知识产权数字治理战略国际趋势

当前，美国、欧盟、日本、韩国在内的许多国家和地区均针对数字产业新兴业态新领域知识产权制定多样性、适应性、高效性的治理战略，提出适合国情和制度情境的治理模式，推动新兴业态下的高质量和责任式创新（梅亮、陈劲，2015）。回顾发达国家及地区的数字产业知识产权治理战略和模式，总结知识产权数字治理战略国际发展趋势，探究其治理经验，可为我国新时期知识产权战略调整提供国际经验。

一 美国面向数字产业创新的知识产权数字治理战略内容及特征

（一）美国面向数字产业创新的知识产权数字治理战略内容

美国知识产权战略作为最重要的国家长期发展战略之一，通过鼓励企业技术创新，以实现知识产权运营市场利润最大化，使美国经济、科技等多技术领域均位居世界前列。美国知识产权战略通过不断完善相关法律法规，相继颁布《美国创新战略》《知识产权企业与政府权执法联合战略计划》《美国发明法案》《专利法条约》《美国国家创新战略》，构建了高效运行的知识产权顶层治理战略。美国知识产权战略在高效政策体系支撑下，围绕新兴产业业态领域构建知识产权法律法规和配套制度，通过多元主体参与共治、专利标准化战略和知识产权国际数字治理"单边主体"和"自由霸权主义"等治理措施，在数字产业领域国际市场中维护自身利益，占据新兴产业知识产权主导权。

（二）美国面向数字产业创新的知识产权数字治理战略特征

美国数字产业知识产权治理，聚焦数字新兴领域，加强人工智能、大数据等数字产业化立法和物联网、车联网等产业数字化领域知识产权制度构建。通过政府主导，企业、行业协会和社会团体共治，形成多层级、多层次的数字产业知识产权治理体系。在此基础上，充分运用专利标准化战略，加强知识产权市场化扩散，使知识产权运营利润最大化的同时取得新兴产业市场竞争优势地位。下面将从新兴领域立法、多层次知识产权治理和专利标准化战略论述美国面向数字产业创新的知识产权治理战略特征。

1. 加强新兴领域立法

美国通过在新兴产业领域及时建立科学、全面的法律法规和配套相关制度，保障数字产业等新兴领域高质量发展。新兴领域立法主要围绕加强知识产权布局和新技术知识产权保护来促进产业发展。例如，在物联网、车联网等产业数字化领域，出台了《物联网网络安全改进法》、车辆安全先导计划和车辆安全通信计划，促进产业数字化领域快速转型。又如：在数字版权领域，相继发布了《公平竞争及薪酬法案》以及《CLASSICS 法案》等法律，极大程度保障了版权著作权人和利害关系人的利益。

2. 多层次知识产权治理

（1）政府治理主体。美国数字产业领域知识产权战略另一特征是多层次、多主体的知识产权治理。在政府主导产业知识产权治理的同时，美国知识产权战略十分注重美国企业和联盟等社会组织的协同参与共治，将非政府力量作为国家知识产权战略的重要资源。以政府出台法律制度作为宏观知识产权主导治理，辅以企业和其他社会组织协同共治，且根据美国自身国情，政府层面会针对性出台不同数字产业领域的知识产权治理政策。擅用政企以及社会组织的多元知识产权合作治理机制已成为美国在数字经济时代巩固其知识产权领先地位的主要方式。美国政府是新兴产业知识产权制度实施的主导力量，主要负责国家、地区和产业层面的知识产权制度制定和宏观知识产权方向的治理指导。

（2）企业治理主体。美国企业知识产权战略与治理是美国多元治理机制的重要组成部分。企业的知识产权战略在整体产业知识产权治理战略中起到了关键作用。美国企业将自身与全球性贸易环境和国家知识产权制度环境综合匹配分析，选择灵活多样的知识产权治理策略，把知识产权同时作为商业竞争武器和"双赢"策略的成砝码，使知识产权权益市场效益最大化。美国企业参与知识产权治理主要采取两类知识产权治理策略：防御型知识产权策略和进攻型知识产权策略。

3. 专利融入标准

专利标准化战略是美国知识产权治理战略的核心组成部分，强调专利与标准融合战略成为知识产权扩散的重要手段，标准化成为专利技术追求的最高形式。专利标准化战略可阻碍其他国家商品进入美国市场，并为美国商品占领国外市场提供方便，实现知识产权运营利润最大化，同时亦可获取新兴产业市场竞争优势。例如，美国将芯片、传感器等数字基础性优势技术知识产权标准化，成为国际标准，垄断全球化市场。此外，美国积极组建产业联盟、知识产权联盟和标准联盟，成为联盟的主导者，将技术做成国家标准甚至国际标准，形成技术性贸易壁垒，最终占领市场。进一步推动联盟等机构与国际标准化组织、国际电工技术委员会等国际组织建立合作关系，从而获取更为有利的专利全球化主导地位。

二　欧盟面向数字产业创新的知识产权数字治理战略内容及特征

（一）欧盟面向数字产业创新的知识产权数字治理战略内容

欧洲是现代知识产权制度的发源地，也是世界上区域性知识产权制度发展最快的地区之一。欧盟知识产权战略作为欧盟整体发展战略，在协调成员国国内知识产权立法差异和成员国间的政治立场和法律差异的同时，还要充分考虑国际和时代背景，创新知识产权战略，提升欧盟各成员国的协作效率和市场竞争力，完善欧盟知识产权制度已成为欧盟各成员国创新发展的重要措施。但随着"工业4.0"时代的到来，在产业数字化生态背景下，传统的欧盟知识产权战略面临知识产权框架碎片化、数字技术知识产权侵权行为盛行等挑战。因此，欧盟针对数字时代问题亟待改进，出台了《数字服务法》《数据治理法/条例》《知识产权行动计划》等一系列针对性的数字产业知识产权治理战略。

（二）欧盟面向数字产业创新的知识产权数字治理战略特征

欧盟面向数字产业知识产权治理战略，充分考虑知识产权全球背景和治理诉求，聚焦知识产权整体治理一体化和数字化，旨在提升欧盟各成员国的协调能力和新兴产业市场竞争力，重点体现出数字版权治理、协同治理和知识产权数字治理三方面特征。

1. 数字版权治理

欧盟将知识产权作为商业价值增值和行业创新的重要基石。欧盟知识产权战略十分注重版权的治理，在较早时期就发布了《数据库保护指令》与《信息社会版权指令》等政策，对著作权进行规制的同时，降低版权交易成本和制度障碍，促进版权的商业化应用。欧盟委员会自2013年开始探索符合数字化环境的版权制度，并于2015年在满足数字市场一体化情境下，提出了欧盟新版权法《数字化单一市场版权指令》，为现代化著作权保护提供了新型法律制度框架和治理体系，明确规定了在著作权运用中增加"版权过滤""链接税""文本与数据挖掘例外"等条款，这一版权新规定，采用了严谨的数字监管措施，对于数字时代科技巨头知识产权运用的法律约束和内容创作者的合法权益保护有着重要历史意义。

2. 协作治理

欧盟知识产权制度过于碎片化和知识产权框架分散性和复杂性问题在人工智能和区块链等新技术的背景下尤为突出。因此，欧盟各成员国为减少现有知识产权治理框架的分散性，开展成员国间、欧盟各组织间以及欧盟和其他国际组织的协作治理，有效提高知识产权治理效率。首先，在各成员国间建立数字产业可持续合作协作网络，在协作性合作性更强的网络合作范式下，制定更为全面的协作规范体系和统一的知识产权数据库，保障各成员国利益相关者权益最大化。其次，构建数字知识产权信息平台，并将欧盟税收透明度规则扩展至数字化知识产权平台，有效协同跨国家、跨领域的知识产权保护、执法等工作效率。最后，欧盟还将与其他第三国和世界知识产权组织等其他国际组织进行协作治理，开展数字产业知识产权的双边或多边合作。

3. 知识产权工作数字赋能

利用数字技术进行现有知识产权工作模式和系统改进等知识产权数字化转型是欧盟知识产权治理战略另一主要特征。欧洲专利局不断强化大数据、云计算、人工智能和区块链等数字技术的应用，在保证规制一致性的前提下，强化数字技术的前沿应用，旨在构建高效、安全的知识产权系统。具体将通过打造"欧洲知识产权信息中心"等"一站式"服务平台和制定"地平线"等制度目标，强化知识产权数字基础设施，使知识产权服务工作高效化和便利化。同时，制订了解决数字技术融入产业数字化中产生的新兴知识产权保护问题的治理方案。另外，还将数字技术应用于新兴车联网产业标准必要专利纠纷等知识产权保护问题的解决中，构建稳定、公平和高效的知识产权治理体系。

三 日本面向数字产业创新的知识产权数字治理战略内容及特征

（一）日本面向数字产业创新的知识产权数字治理战略内容

日本是最早实施国家知识产权战略的国家。于2002年提出"知识产权立国"战略指导思想，基于该指导思想同年发布了《知识产权战略大纲》和《知识产权基本法》。以上述基本制度法规作为基础，重点围绕四大阶段目标内容，每年陆续出台年度《知识产权战略推进计划（2003—2022）》。四大阶段目标内容分别为，构建知识产权立国相关配套知识产权政策、将国家知识产权制度转化升级为世界一流的知识产权制度、知识产权制度体系数字化网络化，最后通过专利标准化，引领日本知识产权全球化。其中，由于数字化和绿色化的国际竞争背景愈演愈烈，《知识产权战略推进计划》等相关制度的修订也更为倾向数字产业的知识产权治理和知识产权的数字治理，并体现出重点数字产业内容数据知识产权治理、多元主体知识产权共治、知识产权国际化战略三方面治理特征。

（二）日本面向数字产业创新的知识产权数字治理战略特征

日本在严密的顶层知识产权战略布局的基础上，通过不断制定相关知识产权战略推进数字产业领域知识产权工作高质量发展。知识产权创造方面，积极构建"社会5.0"为基础的知识产权数字网络。知识产权运用方面，积极探索快速检索、开放共享的知识产权数字化档案体系。知识产权服务方面，积极构建数字化、网络化和"一站式"的知识产权服务平台等知识产权数字基础设施。在知识产权全链条工作数字化治理内容中，重点关注数据知识产权治理、多元主体知识产权共治和知识产权标准化国际化的治理特征。

1. 数据知识产权治理

日本十分重视数字时代基础要素数据的知识产权保护。以制（修）订大数据有关立法，通过客体规则和行为规则两方面保护手段并施，提高数据安全性和利用率。首先，建立数据相关政策法规实现数据治理，主要内容包括：个人隐私保护、建立数据使用相关契约和出台数据自由流动相关政策措施。其次，通过修订传统法律实现数据治理。针对日本《反不正当竞争法》中商业秘密保护、技术保护等措施存在数据保护漏洞问题进行改法，促进数据和人工智能的合理应用同时减少因法律法规不完善带来的数据自由流通安全问题。在立法改法之余，以行为规制方法弥补数据权利客体界定问题，重点针对大数据技术保护，提出禁用规避技术保护措施及相关获得内容和建立安全港，充分利用数据平台，促进数据合规使用，改善数据使用的知识产权环境。

2. 多元主体共治

日本数字产业领域知识产权多元治理，主要从政府主体、企业主体和社会主体三方面实现多元知识产权治理。日本企业普遍重视知识产权的保护和管理工作，知识产权保护意识较强，通过设置知识产权管理机构，提升企业知识产权申请、保护、运用、管理等知识产权工作流程效率。在技术劣势领域，日本企业通常采用法律提供的便利条件申请大量的外围专利，构建专利网和企业知识产权防御性战略，同时积极采用专利管理分析与规划系统（PATENT MAPS）等专利导航方式，为专利申请战略和有效专利布局战略提供适当的、有价值的指导。在重视知识产权政府治理和企业治理的同时，日本社会各界业也在积极参与到知识产权战略实施过程中，例如，民营检索机构也是日本知识产权保护社会化的重要手段。

3. 知识产权标准国际化

知识产权标准国际化治理战略是日本提升新兴产业领域知识产权国际竞争力的重要措施，也是日本知识产权战略的关键组成内容。知识产权标准国际化战略主要包括制定标准国际化战略、参与国际标准合作两个方面。首先，制定知识产权与标准联结一体的战略性知识产权标准化战略。发布《支持知识产权纠纷处理系统的运用》《加强官民的标准化体制》《加强产学官标准化人才的培养》《个别领域的标准化战略》等知识产权制度作为知识产权标准国际化指导。其次，通过战略联盟、标准组织等国际合作形式，参与国际标准制定，促进知识产权国际认证认可，提升数字产业领域中小企业标准化意识和增加其标准国际化活动，有效推进标准在国际市场中的战略性应用，进一步提高知识产权管理质量，实现知识产权战略价值的最大化。

四　韩国面向数字产业创新的知识产权数字治理战略内容及特征

（一）韩国面向数字产业创新的知识产权数字治理战略内容

韩国知识产权政策体系以国家知识产权战略为纲，《知识产权强国实现战略》和《知识产权基本法》为顶层战略指导，围绕实现韩国国家知识产权强国制度目标，出台了《第一次知识产权基本计划（2012—2016）》《第二次知识产权基本计划（2017—2021）》等具体配套政策。制（修）订了《专利法》《实用新案法》《设计保护法》等一系列基础性知识产权法律。在数字产业等细分产业知识产权领域出台了《防止不正当竞争法》和半导体直接电路的配置、设计相关法律，为促进数字产业技术转让和产业数字化提供保障。伴随以智能化技术为代表的第四次工业革命悄然袭来，加之新冠肺炎疫情的影响，以大数据、物联网、人工智能为代表的数字产业新生业态大量涌现。据韩国国家知识产权局统计，2021 年韩国全国知识产权申请量总计 592615 件，创历史申请量最高纪录，其中，人工智能、移动购物、视频通信等技术领域专利申请分别以 14.4%、13.9% 和 9.5% 位于专利技术领域专利申请量排名前三位。但传统知识产权战略的不确定性和制度缺失难以满足数字产业领域知识产权的保护和创新发展，迫使韩国建立健全人工智能、视频设计等数字产业领域的知识产权治理体系，增强韩国数字产业竞争力。韩国通过加强数字产业知识产权法律和相关政策的建设，促进数字新技术知识产权保护总体战略布局和规划。同时将多元主体参与共治，知识产权工作数字化转型等治理手段贯穿于数字产业知识产权创造、保护、管理、运用、服务全过程中，将专利、产业数据等知识产权信息贯穿至整个数字产业链中，提升数字产业知识产权竞争优势。

（二）韩国面向数字产业创新的知识产权数字治理战略特征

韩国面向数字产业创新的知识产权数字治理在聚焦知识产权创造、保护、服务、运用全链条治理过程中，体现出政策立法支撑、多元主体共治和数字技术赋能三大治理特征。

1. 政策立法支撑

建立健全数字新技术针对性、科学性的知识产权保护体系。韩国国家知识产权局于 2021 年制定了《基于人工智能和数据的数字化知识产权创新战略》，同步制定了一系列涵盖人工智能、数据等数字技术创造、保护等知识产权战略，以"数字技术知识产权创新、实现数字化强国"为知识产权治理目标。在《基于人工智能和数据的数字化知识产权创新战略》指导下，进行了相关领域知识产权法律及制度的革新。具体将现行《商标法》《著作权法》《反不正当竞争法》依据人工智能、视频设计、全息商标等数字技术的国际趋势，重新修订上述法律，确定新的制度方向。例如，在《专利法》中增加数字融合领域"专利审查委员制度"，在《发明促进法》中为知识产权数据使用建立支持基础。为促进数字技术发展，在《著作权法》中将用于数据挖掘的作品设置著作权侵权免责规定。在《商标法》中增加在线提供防止商标侵权义务以及在《反不正当竞争法》中引入防止未经专利权人授权使用数据等侵犯的新规定。在修订基础法律的同时，完善了数字内容版权保护体系，建立数字侵权反应系统和数字环境下的权利人补偿制度，加强标准专利战略在数字产业中的应用。

2. 多元主体参与共治

目前，韩国知识产权治理已形成以政府为主，企业、行业中介等非政府组织和驻外经商机构共同参与的多元联动治理机制。韩国政府将建设知识社会作为政府管理目标，并实施积极的知识产权发展战略，同时将知识产权制度发展作为强化新技术新业态知识产权竞争力的重要抓手。在政府主导知识产权制度建设的同时，也为保护韩国企业和社会主体知识产权采取了一系列积极措施推动知识产权制度的实践。例如，韩国政府积极推进韩国企业海外知识产权援助维权政策，制定了《关于为了保护海外产业财产权提供审判与诉讼费用补贴的规定》等相关政策法规，通过提供侵权调查费、审判及诉讼费等费用补贴，援助有出口业务或海外投资的国内中小企业或者个人。

韩国企业主体是知识产权治理的重要主体。20世纪80年代中期的韩美知识产权争端危机后，韩国政府和企业大力实施灵活的知识产权战略。主要包括采取层层围堵方法，在跨国企业技术含量较高的专利周围编织专利网，申请一系列技术含量较低的配套专利，以此遏制跨国企业垄断市场，同时加强韩国专利技术的国际地位。另外，韩国企业比较注重加强专利商业化，在政府《促进技术转让法》的保障下，通过政府设置的知识产权市场和网上专利技术交易平台促进专利技术的扩散，同时韩国企业还积极运用核心专利技术的购买、许可等知识产权战略，扩大知识产权市场竞争力。

3. 数字技术赋能

一方面，韩国国家知识产权局通过构建知识产权数据基础设施，以专利大数据作为技术支撑，充分结合人工智能知识产权分析系统，将知识产权数据分析应用于数字产业全产业链的计划、生产、销售全流程中，增强数字产业的战略分析能力和数字产业链柔性。同时，积极鼓励产业数字化领域企业建立知识产权数据基础设施，将数字技术充分应用于知识产权创造、保护、运用全链条中。另一方面，积极构建知识产权数据平台，以平台为载体将数字技术嵌入平台应用中，为数字产业创新主体提供精准专利战略布局和科学及时的知识产权高质量服务。

五 知识产权数字治理国际战略对我国的启示

一是加强数字产业重点领域制度支撑。美国、欧盟、日本、韩国等知识产权竞争发展领先国家地区，在全面研判自身发展情况和国际发展动态形式基础上，聚焦新兴产业领域知识产权，进行知识产权战略布局和未来发展规划，对数字产业等新兴业态领域提供了重要的制度支撑体系和法律框架，促进知识产权与数字技术双向驱动，引领产业未来发展。美国通过加强新兴产业领域立法，围绕人工智能、大数据等数字产业化领域和物联网、车联网等产业数字化领域出台了《美国人工智能战略与政策研究》《数据质量法》《物联网网络安全改进法》等法律和配套相关制度，保障数字产业等新兴领域高质量发展。欧盟知识产权战略十分注重版权的治理，制定了《信息社会版权指令》《数字化单一市场版权指令》等政策，降低版权交易成本和制度障碍，促进版权的商业化应用。日本针对第四次工业革命构建知识产权体系，加强数据流通和数据安全相关制度保障。韩国通过建立健全数字新技术针对性、科学性的知识产权保护体系，加强数字产业领域政策立法支撑治理。总体来看，我国基础性《中华人民共和国专利法》多沿袭西方知识产权法律框架，因此，我国亟待加强适合本国数字产业发展的知识产权战略，在充分研判知识产权外部环境之余，构建与战略环境相适应的知识产权战略管理支撑体系，加强数字产业领域传统知识产权法律法规和制度体系的修订，增加新兴产业的制度支撑，同时确保知识产权战略的实施效率，提高数字产业国际竞争力。

二是加强多元主体参与共治。当前，美国、日本、韩国、欧盟在内的许多国家和地区都在尝试数字产业新兴业态新领域的多元知识产权治理模式。一般都以政府出台法律制度作为宏观知识产权主导治理，辅以企业和其他社会组织协同共治，通过政府、市场、社会，相互作用、相互制约、相互补充，形成知识产权多元共治网络，以弥补动态性较弱的新业态知识产权政策系统治理失灵问题。且不同国家地区根据自身国家国情不同，政府层面会针对性出台不同数字产业领域的知识产权治理政策。企业层面会根据自身的强技术优势知识产权和弱技术劣势知识产权，采取防御型或进攻型的市场知识产权治理战略。同时，不同国家的社会组织根据国情和国际知识产权规制变化，形成联盟、知识产权中介组织、知识产权中心等形式多样的社会层面治理组织，拓宽了国家新兴业态知识产权国际竞争力，成为数字产业领域知识产权治理过程中促进知识产权合理扩散的重要社会力量。因此，我国应积极融入数字产业领域多元主体参与共治治理战略和治理理念，提升治理效率，满足数字产业多样化和专业化的治理需求。

三是数字技术赋能知识产权工作。美国、日本、韩国、欧盟在内的许多国家和地区都在发展数字技术的同时，将数字技术应用于知识产权创造、保护、管理、运用全生命周期工作中，以大数据、云计算、人工智能和区块链等数字技术赋能知识产权工作，推进知识产权工作数字化转型，提高知识产权工作效率和精准性。具体包括构建数字知识产权信息平台，打造知识产权信息中心等"一站式"服务平台等方式将数字技术嵌入知识产权工作中。因此，我国也应将数字技术应用于知识产权工作治理中，为数字产业创新主体提供精准专利战略布局和科学及时的知识产权高质量服务。

四是加强专利融入标准战略。美国将专利标准化战略作为知识产权治理战略的重要内容。日本则通过专利融入标准后，将标准国际化作为知识产权扩散，占据产业国际竞争力的重要手段。在当前"技术专利化—专利标准化—标准垄断化"的全球技术许可战略中，技术创新是促进企业发展的根本，知识产权制度是技术创新的激励制度，技术标准更需要创新技术的依托。标准化作为专利技术追求的最高形式，占据标准就是拥有了技术话语权。因此，我国应积极构建数字产业领域标准化战略，将标准化战略融入数字产业领域知识产权治理战略中，与企业的竞争战略、技术创新战略、市场创新战略和技术标准战略紧密结合，知识产权战略管理体系的构建是一个复杂的系统工程，所以，要与企业的竞争战略、技术创新战略、市场创新战略和技术标准战略紧密结合，协同发展。

第二节　构建面向数字产业创新的知识产权数字治理战略

在分析面向数字产业创新的知识产权数字治理的紧迫性基础上，回顾以往对知识产权数字治理策略的文献研究，发现尚未形成面向数字产业创新的知识产权数字治理系统性、全面性、多元参与的内涵特征。因此，本节基于既往文献分析，提出面向数字产业创新的知识产权数字治理内涵，即知识产权多元数字治理、数字产业领域知识产权治理及数据知识产权治理三方面治理内容构成面向数字产业创新的知识产权数字治理战略。

一 面向数字产业创新的知识产权数字治理的紧迫性

当前，全球范围内以人工智能、智能制造、工业互联网、芯片、新材料为核心的新一轮科技革命和产业变革正蓬勃兴起，新技术、新业态、新模式下知识产权侵权违法行为呈现新型化、复杂化等特点（黄灿等，2015），滥用知识产权、不正当竞争行为、恶意破坏产业生态问题频发，知识产权保护面临侵权易、维权"举证难、周期长、成本高"等问题。传统知识产权单向性、一维性治理规则面对上述新型化、复杂化知识产权侵权违法行为呈现低效治理和混乱治理效果。与此同时，知识产权国际规则正呈现国际公约嵌入程度升级，规则保护客体、保护内容不断丰富，保护期限不断延伸，执法立法不断深化等趋势特征。高标准的国际数字知识产权规则，极大程度限制了我国数字产业发展和海外市场开拓能力，增加我国数字产业创新主体海外知识产权执法、海外侵权与被侵权风险，为我国数字产业跨境贸易营商环境和创新环境构建诸多知识产权壁垒。

因此，在严峻、错综复杂的国内外数字产业知识产权保护背景下，我国面向数字产业创新的知识产权战略工作亟须确立新的发展理念和治理方向，创新我国知识产权治理战略思路和战略规划，为我国数字产业高质量发展予以高质量知识产权工作保驾护航。"十四五"时期国家知识产权发展规划明确指出，以知识产权治理现代化为主要抓手，构建多元参与、安全智慧、开放共享的知识产权数字治理体系，推动数字产业创新高质量发展。因此，面对数字产业环境高动态性和高不确定性，应积极构建多元主体参与的数字治理体系。一方面，打造知识产权保护多元共治、社会共治机制，明确多元主体治理的定位和职责，完善多元纠纷解决机制构建多元主体共治的高效合作机制。另一方面，积极调整知识产权工作数字化改革，将大数据、云计算、区块链等数字技术赋能于多元主体治理体系中，以知识产权数字化保护工作交融多元治理模式

"双轮并驱"，提升数字产业重点领域治理能力和治理效能，为知识产权大国向知识产权强国跃迁提供有力支撑。

二　面向数字产业创新的知识产权数字治理研究述评

有关面向数字产业创新的知识产权数字治理尚未形成清晰的概念界定。首先，国内外学者多从知识产权工作数字化治理全过程来定义知识产权数字治理内涵。具体从大数据、人工智能、云计算等数字技术驱动视角，探究知识产权创造、保护、管理、运用、服务全链条各环节知识产权工作数字化，形成知识产权工作数字化治理。马蕾等（2021）通过梳理中国知识产权运营平台的智能化演进，总结归纳中国知识产权运营平台呈信息化、精准化、生态化和智能化发展趋势，认为数字化赋能的知识产权平台，可促进知识产权平台创新生态系统的构建。王黎萤等（2021）认为，将数字技术嵌入知识产权工作中会提高知识产权治理水平，技术标准裹挟的知识产权会推进数字产业创新。亦有学者提出，基于区块链技术的知识产权保护治理方案（宁梦月等，2020；俞锋、谷凯月，2021）。其次，学者聚焦数字产业技术领域的相关知识产权创造、保护、管理、运用、服务工作提出诸多治理建议和方案（黄灿等，2019）。Greenstein 等（2013）提出，加强数字产权版权治理。张颖等（2022）则聚焦版权产业数字化转型，提出优化数字版权标准、优化确权授权工作等版权产业的知识产权数字化工作的三元治理模式。王黎萤等（2021）将大数据结合数字云平台形成"数字大脑"应用于知识产权工作的协同和调节中。还有学者从知识产权国际化角度探究数字产业知识产权治理内涵及模式。Wang 等（2020）围绕知识产权平台服务开展知识产权治理研究。刘珊等（2019）从知识产权国际化视角围绕中美创新合作中专利法律风险问题，提出有关知识产权国际化面向新兴产业和产业知识产权联盟协同治理的内涵解释。刘珊等（2018）进一步对数字产业领域版权保护治理模式内涵探究，提出建立版权当然许可制度，完善避风港规则、引入版权内容过滤机制、有条件地赋予网络服务提供商一定审查义务等版权治理模式。

另有一些学者聚焦数据要素治理，探索数字产业领域知识产权数字治理体系与方案。数据作为新生产要素被誉为数字经济时代的"石油"，数据的价值化和资产化在数字产业创新过程中发挥至关重要的作用（郑磊，2020）。李卫东（2020）提出，数据在数字市场交易中面临数据产权确认、数据共享、数据保护等方面挑战。尹西明等（2022）从数据价值五个动态阶段的多维度价值创造探究，提出数据规范化确权作为数据价值创造的重要途径。刘然等（2021）通过联盟案例分析认为我国数据要素知识产权存在数据要素产权界定不明、数据交易监管安全等问题，并提出强化数字产业知识产权数据安全防控的治理建议。汤琪（2016）主要针对数字产业中数据交易的授权合法性、交易成本、交易安全等问题出发，提出数据治理相关政策法规及产权环境改善的治理建议。何隽等（2018）聚焦数据采集、传输、授权过程探究大数据知识产权问题，并提出大数据知识产权立法建议。莫家辉、俞锋（2019）以现代化的治理理念为指引，提出数据平台的综合治理战略。还有学者对大数据治理研究进行综述分析，发现国外相关研究侧重于管理和决策，而国内研究更侧重于技术和应用，人工智能领域的数据治理将是亟待解决的现实问题（萧文龙等，2020）。

由此可见，目前有关面向数字产业创新的知识产权数字治理内涵研究，主要关注知识产权数字化治理、重点数字技术领域知识产权保护及数据产权治理问题研究，但尚未形成面向数字产业创新的知识产权数字治理系统性、全面性、多元参与的内涵特征。为此，本节研究将面向数字产业创新的知识产权数字治理分为知识产权多元数字治理、知识产权数字化治理两个维度来刻画数字产业知识产权治理体系内涵。以数据知识产权治理作为基础核心治理内容，将知识产权多元数字治理和知识产权工作数字化转型治理作为数字治理体系主要内容，构建具有全面性、系统性、科学性特征的面向数字产业创新的知识产权数字治理体系的内涵框架。

三 面向数字产业创新的知识产权数字治理战略理论框架

面向数字产业创新的知识产权数字治理战略理论框架是基于知识产权创造、保护、管理、运用、服务、国际化的知识产权全流程数字化治理战略视角，以数据产权作为知识产权数字治理的战略实施特色内容，将政府、行政单位、司法机关、知识产权服务机构、高等院校专家、企业、技术鉴定机构、大型电商平台、知识产权权利人及利害关系人等治理主体深度融合参与到知识产权数字治理战略中，建立全面治理、重点治理、多元治理的全新知识产权数字治理战略理论框架（见图 17-1）。面向数字产业创新的知识产权数字治理战略是基于战略实施流程、战略实施主体、战略实施特色内容三个理论视角，从知识产权实施全链条数字化治理、知识产权多元数字治理和数据产权治理三方面内容，深入贯彻"大保护""严保护""快保护""同保护"的知识产权保护战略体系，探究知识产权数字治理推进数字产业创新发展的新框架、新路径和新思想，旨在建设全面、科学的知识产权共治战略体系，打造多维立体、可持续引领的平台知识产权共治生态圈。

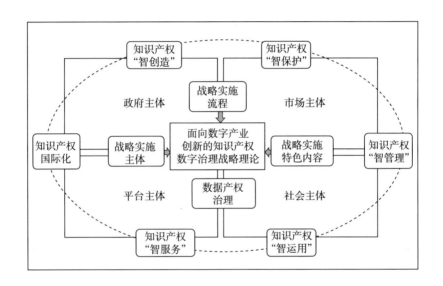

图 17-1 面向数字产业创新的知识产权战略理论框架

资料来源：由笔者整理。

首先，面向数字产业创新的知识产权战略理论核心是基于知识产权创造、保护、管理、运用、服务、国际化的知识产权全流程数字化治理的战略内容。知识产权战略实施流程数字化转型是将大数据、人工智能、云计算等数字技术嵌入于知识产权创造、保护、管理、运用、服务、国际化全链条各环节的知识产权工作中，构建出面向数字产业创新的知识产权"智创造""智保护""智管理""智运用""智服务"国际化数字治理的知识产权战略流程治理体系，形成知识产权全链条的线上、线下融合数智治理，增强跨地域、跨部门多元主体治理协调性，深入推进知识产权全方位工作的国际化数字化智慧治理，有效推进知识产权工作高效运行、系统集成，以知识产权整体智治，提升知识产权治理能力和治理水平，从而构建开放性、共享性、协作性、高效性、安全智慧的知识产权数字治理体系。数字赋能下的高效、精准、科学的知识产权工作数字化治理，是践行国家知识产权保护战略中"严保护"和"快保护"的重要手段，有效推进知识产权工作高效运行、系统集成，以知识产权整体智治，提升知识产权治理能力和治理水平。

其次，面向数字产业创新的知识产权战略理论充分结合数字产业领域新生业态的广域性、虚拟性和及时性特点，以及数字产业知识产权侵权形式的多样性、隐秘性特征，将战略实施多主体参与的知识产权多元数字治理战略作为面向数字产业创新的知识产权数字治理战略理论框架中的重要内容之一。面向数字产业创新的知识产权多元数字治理是政府治理主体、市场治理主体和社会治理主体等多元治理主体参与治理，利用大数据、云计算、区块链等数字技术，以优化数字产业新业态新模式生态为治理目标，组织、协调、控制有关数字产业知识产权保护相关宏观治理和微观治理工作的总和。多元治理主体分工治理以政府主导，其他知识产权治理主体参与治理的全链条动态精准实施知识产权治理工作，最终形成跨区域、跨部门的系统集成、多元参与、安全智慧、高效协同、开放共享的面向数字产业创新的知识产权多元数字治理体系。另外，将平台知识产权多元治理模式作为一种重要的多元治理战略模式，以数字技术赋能的开放平台为载体，联动政府、企业、行业协会、知识产权权利人及其利害关系人，将政府执法、行政与刑事手段结合，实现线上到线下一体化的知识产权治理，是知识产权保护政府管理数字化、精准化，社会治理高效化的一种创新型知识产权治理模式，该治理模式可极大程度提高知识产权保护效率。

最后，面向数字产业创新的知识产权战略理论将数字产业的重要生产要素数据作为战略实施特色内容，探究数据产权的治理战略。数据要素作为数字产业的核心引擎，其知识产权创新治理是保障我国数字产业高质量发展的基本底线。现阶段数据产权国际法尚未形成，在传统知识产权法对数据保护适用的局限性和国际知识产权规则保护升级的双重压力下，我国数据产权保护面临多方面知识产权制度风险和治理挑战。面向数字产业创新的知识产权数字治理战略需要构建数据产权保护制度，明确数据权属，在激励数据采集加工的同时，鼓励数据处理者创新数据的利用方式，促进数据流通交易、实现数据资产化，推进我国数字产业可持续创新发展。

第三节　面向数字产业创新的知识产权数字治理战略模式

知识产权数字化治理、知识产权多元治理和数据产权治理是面向数字产业创新的知识产权数字治理战略理论框架的三种数字治理战略模式，三种战略模式纵横交错形成全面性、系统性、科学性的面向数字产业创新的知识产权数字化治理战略体系。本节从知识产权战略实施流程、战略实施主体和战略实施特色内容三个角度，分别解析知识产权数字化治理战略模式、知识产权多元治理战略模式和数据产权治理战略模式。

一　面向数字产业创新的知识产权数字化治理战略模式

（一）知识产权数字化治理战略模式内涵特征

面向数字产业创新的知识产权数字化治理战略是将 5G、区块链、大数据、云计算、物联网、人工智能等新技术充分贯彻于知识产权创造、保护、管理、运用、服务、国际化全链条各环节的知识产权战略实施流程中，有效推进知识产权工作高效运行、系统集成，以知识产权整体智治，提升知识产权治理能力和治理水平，旨在构建开放性、共享性、协作性、高效性、安全智慧的知识产权数字治理体系。面向数字产业创新的知识产权数字化治理战略以全生命周期为核心，充分体现数字化、网络化、全面性的治理特征。下面将从知识产权创造、保护、管理、运用、服务、国际化六个层面的知识产权数字化治理，探究知识产权数字化治理战略模式。

（二）知识产权数字化治理战略模式机制

面向数字产业创新的知识产权数字化治理战略模式主要包括知识产权"智创造""智保护""智管理""智运用""智服务"和协同数字治

理、国际化数字治理七种知识产权数字化治理机制。

1. 知识产权"智创造"治理机制

数字产业裹挟的数字技术具有技术迭代更新快、应用周期短等特点。因此，知识产权创造的数字化改革主要聚焦在数字产业专利、商标、版权、集成电路布图设计等发明创造授权过程的智能化、标准化、高效化转型。将数据挖掘、人工智能、云计算、机器学习等数字技术充分应用于知识产权授权过程中初步审查和实质审查的全过程中，增加发明创造新颖性、创造性及实用性判断的准确性和时效性，降低审查授权周期，加快数字产业技术的更新和应用，有效促进高质量专利的快速迭代及推广。知识产权创造工作智能化可有效提升知识产权创造保护效率，改变既有的知识产权创造保护工作落后于数字产业发展的窘迫现状，使数字产业创新与知识产权高质量发展齐驱并进。

2. 知识产权"智保护"治理机制

将大数据、人工智能、云计算等数字技术赋能知识产权保护工作的各环节，实现知识产权保护全过程智慧化治理，以"智能化、标准化、全链条"为基本工作要求，增强数字产业知识产权保护的公平性、高效性和规范性，提高知识产权综合保护水平和知识产权保护社会满意度水平，着力解决传统知识产权保护工作过程不严、保护力度不强，部门衔接不足和资源共享传递困难等现实问题。知识产权保护数字治理主要体现在知识产权案件受理审理智治、知识产权案件审判智治、知识产权案件执法智治三大知识产权保护工作维度中，并将数字产业知识产权"智治优势"贯彻到知识产权调解组织、行政部门、人民法院多跨部门的知识产权保护工作中，以坚持严格保护、统筹协调、重点突破为工作原则，以数字技术为依托，聚焦知识产权保护的事前预防、事中化解和事后救济，不断改革创新知识产权保护模式和手段，促进数字产业知识产权保护能力和水平整体提升。

3. 知识产权"智管理"治理机制

面向数字产业创新的知识产权"智管理"治理主要围绕知识产权大数据库构建管理和知识产权数字监管两方面内容展开。首先，构建工业互联网、物联网、人工智能等重点数字产业知识产权大数据库。主要围绕重点数字产业领域的知识产权信息、知识产权相关服务工作人员信息、数字产业市场创新主体知识产权信息，构建重点数字产业领域知识产权大数据库。采用数字化技术手段处理信息，对各类知识产权资源、资产进行分级分类管理，充分挖掘和分析知识产权信息，并将处理后的知识产权信息加以利用，推动知识产权数据融合利用，加强数字产业海外知识产权风险大数据预警分析，拓展知识产权数据场景化多业务协同应用。搭建知识产权数字驾驶舱，用于数字产业专利导航和知识产权信息服务平台建设。其次，完善数字产业知识产权数字监管机制。以数字产业知识产权大数据库为依托，打通省市县各层级、各条线业务系统协同监管渠道，用数据链串起监管链、风险链、责任链、赋能链，推进知识产权数字管理的高效性、整体性、系统性和及时性。

4. 知识产权"智运用"治理机制

数字技术因其具有复杂性、交互性等特点，因此，在知识产权许可、转让、质押等传统知识产权运用环节中增加了很多因许可转让产权不明晰、质押登记过程不合规带来的专利纠纷风险和隐患。因此，知识产权运用过程的数字化转型，可利用数字技术简洁、有效判断知识产权普通许可、排他许可、独占许可及交叉许可的程序性问题，以及在知识产权质押融资中，增加知识产权价值评估有效性，进而减少因知识产权运用而产生的程序性的成本浪费和权利纠纷。

5. 知识产权"智服务"治理机制

面向数字产业创新的知识产权"智服务"治理主要致力于为数字产业创新主体提供"全链条、一站式"的知识产权综合智能服务平台，构建"数字监测、数字培育、数字服务"云平台体系，打造专业知识产权信息大脑，有效推动数字产业的产业链、创新链、服务链"三链"融合发展，为专利权人和专利需求者建立知识产权管理、投诉、维权、保护等服务工作的数字化平台桥梁，全面实现知识产权服务业务线上、线下"联办"和省市区跨地域、跨部门"协办"，系统性提升知识产权服务工作的综合服务能力和服务水平。

6. 知识产权国际化的数字治理机制

知识产权国际化的数字治理是将数字技术应用于知识产权领域国际合作以及开展数字产业领域知识产权国际治理工作中。其中，数字技术应用于知识产权领域国际合作具体体现为数字产业知识产权海外数据库建设、数字产业知识产权国际信息服务平台建设及数字产业知识产权海外执法、保护、维权等信息平台建设。数字产业领域知识产权国际治理主要是数字产业海外跨区域、跨法域知识产权执法协同机制建设，文书送达与互认、证据共认等方面海外知识产权治理。

二 面向数字产业创新的知识产权多元治理战略模式

（一）知识产权多元治理战略模式内涵特征

面向数字产业创新的知识产权多元数字治理是政府治理主体、市场治理主体和社会治理主体等多元治理主体参与治理，利用大数据、云计算、区块链等数字技术，以优化数字产业新业态新模式生态为治理目标，组织、协调、控制有关数字产业知识产权保护相关宏观治理和微观治理工作的总和。多元治理主体分工治理以政府主导，其他知识产权治理主体参与治理，强调国家与非国家主体、正式与非正式主体、传统治理主体和新兴平台治理主体的扁平化、多维、全面治理，以法律、行政法规、制度政策、行业规范、标准为强制性治理工具，以推荐性标准、数字技术、平台运营为软性治理手段，综合运用多元治理网络中各治理主体的信息、资源、治理能力，从知识产权审查授权、知识产权司法保护、知识产权行政执法、知识产权仲裁调解全链条动态精准实施知识产权治理工作，最终形成跨区域、跨部门的系统集成、多元参与、安全智慧、高效协同、开放共享的面向数字产业创新的知识产权多元数字治理体系。本节主要从面向数字产业知识产权多元数字治理各主体内涵，多元治理主体治理机制和治理效果等方面展开研究。

（二）知识产权多元治理战略模式机制

面向数字产业创新的知识产权多元数字治理主体分为政府治理主体、市场治理主体和社会治理主体。其中政府治理主体包括政府组织、法律法规授权组织和政府授权组织。市场治理主体包括数字产业化和产业数字化企业主体。社会主体主要包括平台组织、行业协会、联盟等。政府主体治理层次主要立足于宏观层面，从制度保护、行政保护、执法保护、海外保护四个方面，聚焦集成电路布图设计、软件著作权、商业秘密及海外数字产业知识产权侵权执法，以制定数字产业知识产权治理法律法规及配套政策为主，为多元协同治理提供指导、公共服务等知识产权治理工作。市场治理主体以数字产业创新主体企业为中心，根据企业知识产权目标和需求，在政府主体治理环境下，在企业知识产权战略与国家、地区和产业知识产权治理战略衔接基础上，辅以市场治理。社会主体治理以平台组织、知识产权保护中心、联盟为代表，通过知识产权保护平台运营、建立重点数字产业领域知识产权保护联盟、数字产业海外知识产权防控平台体系，形成多元社会主体的知识产权保护治理机制。

1. 政府主体治理机制

在数字产业知识产权多元数字治理中，政府发挥着指导者和监督者的作用，对其他主体知识产权市场行为进行引导和规范。政府治理主体在数字产业知识产权共治模式中主要存在制度供给、知识产权执法和宣传支撑三个方面的治理机制。首先，政府治理主体通过制定数字产业知识产权治理相关法律法规、同步构建知识产权治理的国家层面、地区层面和企业层面的政策体系，加强不同层级不同领域政策的衔接和融合，并制定具有宣誓性和激励性的行业规范实现制度供给参与数字产业知识产权数字治理。其次，政府是创新多元主体知识产权数字治理司法和执法的重要主体。主要通过有效利用技术标准，加强知识产权的保护和执法工作，将行政执法与司法有效对接，完善部门间、区域间和跨境执法协作机制等方式实现知识产权执法司法保护。最后，政府为多元主体知识产权数字治理提供平台和支持。政府部门通过鼓励、宣传、投入专项资金等方式，积极推进数字产业知识产权多元治理模式，吸纳企业、平台组织、产业知识产权联盟、权利人和公众参与数字产业知识产权多元共治，提供多元知识产权数字治理平台，在治理过程中，不断跟踪治理平台进展与问题，推动平台建设和发展，为政社共治提供平台和制度基础。

2. 市场主体治理机制

企业是数字产业知识产权多元数字治理中的主要市场治理主体。由于数字产业领域知识产权保护具有高特异性、较弱地域性、较高流动性和侵权复杂性特点，因此单一政府治理模式在环境高动态性的数字产业知识产权治理中，难免遭遇知识产权治理市场失灵的问题。企业等市场主体主要以企业自制度知识产权治理、平台企业数字化治理、企业知识产权治理意识三方面参与到数字产业创新的知识产权多元数字治理中。

在数字技术更新迭代快及数字产业领域知识产权法律制度不完善的情况下，企业作为数字产业知识产权创造、运用的重要市场治理主体，通过企业自身技术实践形成对数字产业市场调节能力和企业知识产权保护与管理措施，聚焦知识产权事前、事中、事后全面预防保护，形成的企业知识产权治理规范可以有效弥补政策硬治理的弹性问题和传统政策跟踪监管不及时产生的市场失灵问题。除此之外，新生态下的知识产权数字治理，充分体现扁平化和去中心化的治理特点，企业治理主体的电商评价机制、等级评价、信用评价、黑白名单机制等自我规制体系易在多元治理网络中形成市场治理体系，降低市场治理不信任和交易成本风险。另外，随着数字产业知识产权治理诉求的增加，涌现出六棱镜和阿里巴巴平台等知识产权保护、管理、运用一体化企业。通过将大数据平台和区块链技术融合，建立侵权线索通报、证据搜查、联合案件协查、定案结果互认等制度，并依托电商平台的网络交易大数据，共同治理侵权违法行为。此外，作为知识产权保护重要治理主体，企业的自我约束、减少知识产权恶意侵权和恶性竞争，也是新业态知识产权保护工作的重要内容。

3. 社会主体治理机制

面向数字产业创新的知识产权多元数字治理体系中，社会治理主体主要包括知识产权保护中心和数字产业知识产权联盟。社会治理主体作为多元数字治理主体中不可或缺的组成部分，是重要参与者、协调者和服务者。与政府治理主体和市场治理主体，构成"协商—合作"的多元治理体系，充分发挥政府监管、市场主体自律和社会监督，实现多元参与有序合作。社会主体治理机制主要包括知识产权保护中心治理机制和联盟治理机制。其中，第一种社会主体治理机制是知识产权保护中心。知识产权保护中心是联合政府部门、企业、社会组织多方力量，聚焦数字产业创新主体间的知识产权协同保护、知识产权部门与法院检察院纠纷多元化解决、知识产权维权援助、诚信体系建设等问题，结合线上、线下多渠道知识产权保护，有效整合行政保护和司法保护力量，形成化解纠纷、保护智力成果的合力，有效完善数字产业领域知识产权纠纷多元化解决机制。第二种社会主体治理机制是联盟机制。联盟是社会治理主体的重要形式。一方面是数字产业创新主体在知识产权管理过程中自发形成的知识产权保护联盟，规范市场秩序、优化营商环境。另一方面，由于技术领域较强的交叉性和融合性，加大企业间对数字领域知识产权的交叉许可，知识产权联盟和专利池是企业间为降低知识产权保护、运用成本和风险，而自发组织而成的知识产权社会治理主体。产业知识产权联盟通过建立联盟许可费率和联盟专利运营机制等制度规范，对参与联盟主体知识产权保护和运用规范治理，从而实现对全社会知识产权运营的治理与规范。

4. 平台多元治理机制

面向数字产业创新的知识产权多元数字治理是数字产业情境下知识产权的重要治理机制。当前，平台经济作为数字产业催生下的新业态，为维护平台自身利益及发展业务，平台组织积极投身知识产权保护工作中，平台利用其高效、精准的数字技术，使投诉流程和投诉材料审批规范化，为知识产权保护工作减少形式审查的工作成本，以平台为载体，政府、社会团体、行业协会等各治理主体深度参与的平台多元治理模式是知识产权多元治理战略的重要机制之一。平台多元治理机制特征是将大数据、算法、模型等数字技术赋能于平台多元治理模式中，对知识产权侵权行为进行分析和识别，将知识产权侵权上诉、侵权分析、侵权判定全链条建立在网络数字技术框架下，科学精准地进行知识产权保护。以"数字技术+算法模型"驱动，分析识别侵权行为，检索侵权证据的真实性、关联性和合法性，数据检测合法获取基础上，提高证据获取广度和精度，实现电子数据证据云端提取，为司法鉴定机构和执法部门提供在线鉴定环境。再与相关政府部门联动，线上、线下共同出击，协助执法机关线下执法，将互联网的技术手段和传统线下的执法力量结合，为公安、工商、质检、食药监等政府部门提供大量准确的头部线索，是一体化的社会政企高效联动知识产权线上保护机制，实现了知识产权全链条保护。

三 面向数字产业创新的数据产权治理战略模式

（一）数据产权治理战略模式内涵特征

面向数字产业创新的数据产权治理战略是面向数字产业创新的知识产权数字治理战略的重要特色内容。数据要素是数字经济的核心引擎，是数字产业知识产权治理的基础底层资源。党的十九届四中全会把数据与劳动、资本、土地、知识、技术、管理并列为第七大生产要素。数据要素作为数字产业创新的基础底层资源，其知识产权创新治理是保障我国数字产业高质量发展的基本底线，数据知识产权保护、管理是保障国家数字主权、数字产业安全、数字产业创新主体高价值专利创造基石。但当前我国尚未形成数据知识产权单独立法保护，因网络开放性、隐蔽性等技术和环境影响，数据知识产权保护尤为困难，数字产业创新因数据知识产权治理制度体系匮乏而频频遭遇创造受阻和侵权风险。现阶段数据知识产权国际法尚未形成，在传统知识产权法对数据保护适用的局限性和国际知识产权规则保护升级的双重压力下，我国数据知识产权保护面临多方面知识产权制度风险和治理挑战。为保障数字产业知识产权治理水平和治理能力提升，推进数字产业高质量创新发展，亟须构建推进知识产权数字治理的支撑体系和保障措施。因此，面向数字产业创新的数据产权治理战略模式需要完善数据产权法律和相关制度治理机制和数据流动治理机制。其中，数据产权法律和相关制度支撑治理机制通过构建数据产权保护制度，明确数据权属，在激励数据的采集加工同时，鼓励数据处理者创新数据的利用方式，促进数据流通交易、实现数据资产化，推进我国数字产业可持续创新发展。数据产权流动治理模式则从技术、数据基础设施和法律制度保障三方面出发，营造安全、高效的数据产权国内国际流通环境。

（二）数据产权治理战略模式机制

1. 数据产权法律制度支撑治理机制

目前，我国法学理论界普遍认为数据属于财产，因此数据产权应属于财产权治理范围。我国《中华人民共和国民法典》中规定财产权包括债权、物权和知识产权三种类型。由于数据产权与知识产权同具有无形性、相似的客体和国际相似保护模式，数据产权保护与知识产权保护具有相似可借鉴的治理模式。当前，《欧盟数据库指令》和日本《著作权法》也均将数据产权保护纳入知识产权保护法律体系中。但数据产权并非完全等同于知识产权，现行知识产权法律体系不能满足数据产权的治理需求。我国尚未形成数据知识产权单独立法保护，现针对不同数据类型仍沿用现有法律进行保护，如个人数据纳入个人隐私权保护范畴、商业数据采用商业秘密保护、公开数据根据《中华人民共和国反不正当竞争法》（以下简称《反不正当竞争法》）保护。但其中会存在很多知识产权现行法律体系不能完全适配数据产权治理的问题。数据信息一般体现智力活动规制和方法，因此不满足专利权授权客体要求，用现行专利法保护数据产权尚不完备。不具备独创性的数据信息则不能用现行著作权法进行保护。数据信息的更新快、类型多以及体量大等特点，无法针对性匹配适用的《反不正当竞争法》规制，因此现行《反不正当竞争法》也不是保护数据产权的有效法律。而且我国除知识产权法律外多部法律法规对数据产权概念界定和相关规定相对零散，无法适应数据产权的复杂性和多变性特征。因此，建立健全数据产权的法律法规和制度体系，在明确数据产权客体和主体的基础上，围绕数据获取、存储、流通全过程，明晰数据产权创造、保护、运用、管理等治理流程的治理标准，从数据产权公共利用、侵权纠纷、数据流动等方面细化数据产权制度规制。加强与知识产权法律等其他领域法律和制度的相互衔接，构建数据产权"大保护"格局。充分解决传统知识产权法对数据保护缺乏条款系统性和保护局限性问题，旨在以数据产权现行法律制度为支撑，塑造更为规范的数字产业创新环境。

2. 数据流动治理机制

数据流动治理是数字产业创新和数字产业国际化的关键治理内容，亦是数据产权治理的重要战略组成部分。当前，我国数字技术尚未达到自主可控水平，数据流动治理存在数字基础设施安全技术体系尚不健全，数据分级分类管理制度不完善，数据监管评估细则和法律依据不明晰等治理问题，使我国国内数据自由流动和域外数据安全流动面临技术保障和制度环境保障。以网络主权和国家安全利益为核心的保守数据流动治理理念降低了数据要素价值和利用率，影响了贸易便利化程度。因此，应强化数据流动治理，明确数据治理理念，提升数据资源掌控力，强化数字基础设施建设，通过数据体系融合、异构异地数据源协同等治理措施，为数据跨境流动提供安全可信、开放包容的数据生态。

第五篇

面向数字产业创新的知识产权战略协同

引　言

　　面向数字产业创新的知识产权战略协同专题是基于现实产业背景，以协同论为理论基础，涉及人工智能、物联网、工业互联网等典型数字产业知识产权战略与标准战略层面的交互式多元协同特征与模式。面向数字产业创新的知识产权战略协同专题是从多元协同视角深入探究知识产权创造、运用、保护、服务、国际化、联盟等战略与标准协同推进数字产业创新发展的新特征、新模式、新路径。面向数字产业创新的知识产权战略协同从人工智能产业创新生态中的知识产权与标准协同战略、物联网产业创新的专利融入标准化战略、工业互联网产业创新的知识产权联盟战略以及数字产业创新的区域知识产权协同战略和我国数字产业的知识产权国际化战略等多维视角深入剖析了典型的新一代信息技术数字产业领域技术标准、知识产权、联盟主体在国内外双元市场竞争环境下的发展模式与路径。提出了面向人工智能产业创新生态的四种知识产权和标准协同推进数字产业创新的新业态新模式，提出了面向工业互联网产业创新的三种知识产权联盟运行模式。区域知识产权战略也从实施目标和实施行动两方面促成战略系统内部各个主体实现有机融合，并从系统性、整体性以及协调性出发建立区域知识产权战略实施协同机制。通过对国际知识产权环境的研判，提出我国数字产业国际竞争力提升的战略对策。

第十八章

面向人工智能产业创新生态的
知识产权与标准协同战略研究

现阶段数字经济被定义为物联网、人工智能等数字技术驱动下产生的各种共享经济现象（张化尧等，2020）。数字经济的发展亦加速了各产业间以人工智能技术为核心的创新生态构建，加强人工智能知识产权保护与运用、技术标准主导与引领对于加速推进人工智能产业创新至关重要。本章深入分析了人工智能产业创新的内涵与外延，结合人工智能产业的数字经济特征，提出了四种知识产权和标准协同推进数字产业创新的新业态新模式，并针对产业发展现状提出相关政策建议，以期推动标准与知识产权战略协同发展，提高我国人工智能产业的国际竞争力。

第一节　基于标准演进的人工智能产业
创新生态的演化发展

本节从人工智能产业创新生态系统的内涵出发，通过系统分析人工智能产业生态的演化趋势，从知识产权和标准协同的视角，总结了人工智能产业创新生态的演化特征与规律。

一　人工智能产业创新生态系统的内涵

信息化和全球化的普及，颠覆了传统创新来源、创新方式及创新治理，并朝着开放、共生、系统的方向演化（詹爱岚、陈衍泰，2021），高科技企业以技术标准为创新耦合纽带，在全球范围内形成了基于构件/模块的知识异化、协同配套、共存共生、共同进化的创新生态系统

（张利飞，2009）。人工智能是利用数字计算机控制的机器模拟、延伸和扩展认知智能，感知环境、获取知识并使用知识获得最佳结果的理论、方法、技术及应用系统。人工智能产业涉及跨领域的多技术融合，其发展需要机器设备、产品、服务、场景之间的连接和数据交换，深度学习算法的突破和海量数据，因而技术标准与测试基准具有基础性的作用（陈健等，2016），技术标准、技术创新、产业发展之间存在着相互依存、相互制约的内在联系，共同推进了人工智能产业新业态的演进。因此，人工智能产业创新生态系统是多领域内的标准链、创新链和产业链有机联结，通过技术标准主导机制、知识产权独占机制及联盟载体互补机制协同作用形成的多维交互、多元架构、多阶段共生竞合的复杂系统。标准链、创新链、产业链的有机结合对于人工智能产业的发展具有关键性的作用，如图 18-1 所示，首先，基于人工智能技术的研发合作，核心企业、高校、研究院所、科技中介、竞争对手、金融机构之间形成横向的技术创新链。其次，由于创新环境之间协同互动、开放循环、共生演化的关系，从而促使产业链上下游基础层、智能层、应用层参与人工智能的创新族群，以数据交互和延伸业态创新的方式，形成纵

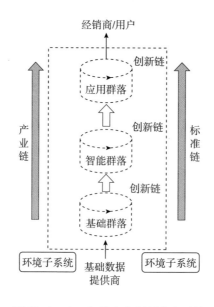

图 18-1　人工智能产业创新生态系统

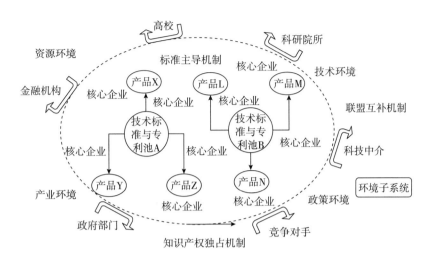

图 18-1　人工智能产业创新生态系统（续）

资料来源：由笔者整理。

向的协同产业链。最后，标准链作为引领创新链和产业链发展方向的重要标志和纽带，促使创新链和产业链间的融合不断加深，形成了开放式创新环境下以"知识产权许可、协作 R&D、技术标准合作"为核心的技术标准化战略，构建基于技术创新和产品平台的创新发展模式（张运生，2009）。

　　基于人工智能创新链多功能组合、标准链多阶段演进、产业链多元主体互动以及环境子系统的协同作用的特点，可将人工智能生态系统划分为基础群落、智能群落和应用群落三个核心子系统和环境支撑子系统。基础群落核心技术与产品包含基础设施和基础技术，这是人工智能发展的基础，主要涉及传感器、互联网、物联网共同保障的大数据的收集和智能芯片、分布式计算框架、服务器共同保障的云计算的数据运算；智能群落的核心技术和产品主要依托基础层的数据资源和运算平台运用人工智能核心算法进行不断的机器学习，从而逐步实现感知智能和认知智能；应用群落核心技术与产品是人工智能与终端和垂直行业不断融合，对传统的机器人、运载工具、智能终端、金融、交通、安防等领域进行重塑，产生嵌入不同的应用场景的应用产品、行业解决方案及通用技术平台。因此，在每个创新群落中，在各自技术、资源、产业、政策等环境子系统的作用下，围绕着不同特点和阶段技术标准布局核心产品产生了众多的核心企业，与创新链上不同的高校、科研院所、技术中介、政府与金融部门、产业联盟等知识产权创新主体之间进行研发和标准合作，由此产生了标准、知识产权和联盟交互机制各异的人工智能产业系统中基础群落、智能群落、应用群落。

综上所述，人工智能创新生态系统是由基础群落、智能群落、应用群落和环境群落构成，多领域内创新链、标准链和产业链协同融合发展的复杂系统。由图 18-2 可见，人工智能产业从基础群落、智能群落再到应用群落的专利申请量呈现不断增长的趋势，且与基础和智能群落技术相比，我国企业对于智能终端、智能机器人、智能安防、智能驾驶等应用群落的产品和服务的专利申请量占全球的比重更高，这也和人工智能产业链中代表性企业反映了同样的特点。以美国为首的先发企业，拥有 EDA、半导体设备、芯片架构等先进的生产技术和深厚的产业基础，人工智能产业创新生态遵循从基础硬件到 AI 技术再到产业应用的演进路径。而我国人工智能产业创新生态推动垂直行业与人工智能技术的融合发展，带动了智能层技术和基础硬件的不断学习、开发和迭代，形成了从产业数字化应用到 AI 技术和基础硬件迭代创新的演进路径。

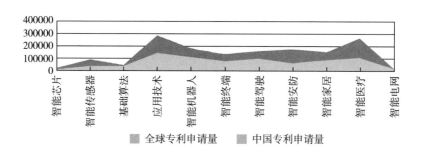

图 18-2　人工智能产业全球及中国专利申请量对比

资料来源：由笔者整理。

二　基于标准演进的人工智能产业生态的演化趋势

回溯人工智能产业近 70 年在波折中不断发展的历程，先后经历了诞生期、上升期、衰退期、突破期和重生期（王振，2016），人工智能技术诞生于 1956 年的达特茅斯会议（李修全，2017），国际标准化组织和国际电工委员会第一联合技术委员会（ISO/IEC JTC 1）、国际电信联盟（ITU）、电气和电子工程师协会（IEEE）先后在人工智能词汇、人机交互、生物特征识别、计算机图像处理等关键领域，以及云计算、大数据、智能传感等人工智能技术支撑领域开展了一系列标准化工作。2017 年 ISO/IEC JTC 1 批准成立 JTC 1/SC 42 人工智能分技术委员会，围绕基础标准、计算方法、可信赖性和社会关注等方面开展国际标准化工作以推动人工智能产业创新生态的可持续发展（王立军，2016）。如图 18-3 所示，全球人工智能产业技术标准经历了基础共性标准、网络支撑标准、关键技术标准、产品和服务应用标准四个阶段，随着标准的代际的不断演进，标准制定主体不断多元和丰富，其制定的国际标准、国家标准、行业标准、事实标准等亦呈不断增长之势，引领了人工智能产业的技术创新和发展，推动了人工智能产业创新生态系统由基础群落、智能群落到应用群落的演进。

三 人工智能产业创新生态的演化特征

人工智能基础层和智能层的芯片、ICT 产业、大数据、人工智能技术等产品或服务为数字经济的发展提供技术、产品、服务和解决方案，表现出数字产业化的特征。人工智能应用层与垂直产业融合的车联网、智能制造、智能安防的新模式新业态，应用数字技术提高了传统产业的生产数量和效率，是产业数字化的典型代表，人工智能的产业创新具有以下三项特征。

第一，多维交互的标准、知识产权和联盟载体的互动机制是推进人工智能产业创新生态演进的关键动因。Teece 的 PFI 理论强调主导设计、独占机制和互补性资产都对创新主体的获益具有重要影响，不同演进阶段具有不同的整体创新获益能力。在人工智能产业创新生态中，标准与知识产权协同策略转变，引发创新生态系统变局。从智能芯片的标准垄断到智能感知技术等开源协议推动标准开源平台组建，知识产权作为独占机制的作用不断转变，不仅没有削弱标准在人工智能产业的主导作用，而且通过联盟载体互补机制优势削弱了知识产权独占机制垄断性，促进了事实标准的衍生兼容，同时扩大标准创新主体来推动事实标准的优胜劣汰。随着人工智能产业创新生态系统演化，PFI 框架下开源知识

人工智能创新生态演进

标准代际演进 → / **年代** →

应用群落

- 国际机器人联盟
- 电子产业协会联盟
- 国际智能网联汽车合作联盟

- 国际智能制造产业联盟
- 国际智能机器人联盟

- Microtoft
- 博世
- Panatenie

- 中国智能交通产业联盟
- 中国人工智能产业发展联盟
- 中国机器人产业联盟

- 京东
- 科大讯飞
- 北京微博机器人

- 阿里中科院自动化所
- 沈阳自动化研究所

- ISO/TC 299 机器人技术

产品与服务标准（应用群落）：
- ISO 10218-2:2011机器人和机器人设备工业机器人的要求…（2010s）
- ISO/DIS 18646-4机器人技术服务机器人性能标准相关试验方法…（2020s）
- 工业和信息化北京机械工业自动化研究所
- DB/T 36008-2018 机器人与机器人装备工业协作机器人（2010s）
- JQ/T 14108-2020 包装用Delta并联型机器人通用技术条件（2020s）

智能群落

- Artelniet-OperAN 全球移动通信系统
- 微软件-CNTK/CMTK Nuaenta-NuPIC
- ISO/IEC JFC I/SC 新用户界面
- ISO/TC 215健康信息学

关键技术标准（智能群落）：
- ISO/IEC 30122-4:2016…语音浏览器环境中使用ECMA-323（2000s）
- ISO/IEC 30122-3:2017信息技术、用户界面 语音命令、翻译和其他应用（2010s）
- SO/TR 74291:2021健康信息学、机器学习技术在成像和其他医疗应用（2020s）

- 腾讯
- 阿里巴巴
- 云天励飞

- 中国电子技术标准化研究所
- 中国电子工业标准化技术协会

- GB/T 5271 29-2006信息技术、词汇、人工智能、语音识别与合成（2000s）
- T/CESA 1035-2019信息技术、人工智能、机器学习模型…（2010s）
- QMS QI2-2020基于手机器学习多语音多维交互识别系统（2020s）

基础群落

- 蓝牙技术联盟
- 中国网络技术协议
- 开放智能联盟

- TC 47/SC 47h-集成电路
- TC SA/SC 58C-光纤系统和有源器件

网络支撑标准：
- IEC 60748-4:1997第四部分、接口集成电路（1990s）
- IEC 60748-4-3:2006逻辑数字集成电路I/O接口模拟规范（2000s）
- ISO/IEC 74727-1:2014识别卡集成电路编程接口体系结构（2010s）
- IEC 62149-11:2020纤维光学有源元件多模光-纤接口…芯片级射器（2020s）

- 中国高端芯片联盟
- 中国半导体投资联盟

- 中国电子技术标准化研究院
- 清华大学
- 大牛

- GB/T 14479-1993传感器图用图形符号（1990s）
- SJ/T 11230-2001集成电路卡通用规范…接口规范（2000s）
- SJ/T 11702-2018半导体集成电路串行外设接口测试方法（2010s）
- YD/T 3794-2020数字移动通信终端集成电路…接口技术要求（2020s）

- IC 47/SC 47A-集成电路
- 高通
- 英伟达

基础共性标准：
- IEC 60748-20:1988半导体器件集成电路…总规范（1980s）
- IEC 60748-2:1997半导体器件集成电路第2部分、数字集成电路（1990s）
- IEC 62132-5:2005集成电路150kHz至10Hz电路抗扰度的测量…（2000s）
- IEC/TE 62433-2-1:2010 EMC IC建设传导发射电路建设理论（2010s）
- ISO/IEC 7816-4:2020集成电路电阻开发射量…欧姆直接耦合法（2020s）

- 中国航天标准化所
- 清华大学
- 海康威视

- GB/T 9178-1988集成电路术语（1980s）
- SJ/T 10416-1993半导体分立器件芯片总规范（1990s）
- YD/T 1886-2009移动终端芯片安全技术要求分和测试方法（2000s）
- GB/T 35010-2:2018半导体芯片产品数据交换格式（2010s）
- YD/T 3792-2020数字移动通信终端通用集成电路卡数据交换格式（2020s）

年代：1980s 1990s 2000s 2010s 2020s

图18-3 全球人工智能主要技术标准演进

资料来源：由笔者整理。

产权协议削弱了知识产权价值独占机制的影响，强化了标准创新主体间的相互依存关系，引发了联盟载体正式或非正式治理联动效应，有意识地增加标准系统技术的可及性。从智能芯片到智能语音技术的标准更替例证了标准、知识产权和联盟载体的多维互动机制的转变。人工智能产业标准、知识产权、联盟载体之间并不是多个并行的简单主体关系，而是呈现出各环节的多维交互作用，协同发展的非线性关系。人工智能产业创新生态的持续演进，取决于上述各个维度的交错式创新平衡发展，并最终实现技术知识产权化、知识产权标准化、标准产业化全周期演进。

第二，多元架构的联盟载体作用差异是影响标准与知识产权协同推进人工智能产业创新生态演进的重要因素。人工智能产业创新生态系统涉及两层重要关系，其一为利益集团内外的合作竞争关系，其二为技术、产品、服务之间的互补与替代关系。多元架构的联盟载体对优化人工智能产业创新生态起到重要作用。Teece 的 PFI 理论强调，当独占机制对获取收益不利时企业会专注于互补性资产。例如，阿里巴巴人工智能实验室一直到 2017 年 7 月才首次公开亮相，错过前期发展，相比于科大讯飞等 1999 年即专注于技术研发的企业来看，其丧失了系统技术优势。因此，阿里巴巴人工智能实验室退而将研发战略转移至组建联盟加大互补性技术和产品的共享，积极参与中国人工智能产业联盟等组织载体的标准化活动，并由此在交换子系统技术和产品方面建立起优势。标准实践进一步揭示联盟载体作为互补机制差异下，企业存在标准与知识产权协同策略与路径选择的差异。处于互补机制劣势的企业可通过研发策略重塑自己，并抓紧独占机制来实现从创新中获利。占据互补机制优势地位的企业，如阿里巴巴人工智能实验室通过交叉许可和开源协议的标准化来削弱竞争标准的独占机制。多元架构的联盟载体包括行业领先企业、竞争性跟随企业、产业链上的各类互补企业以及第三方联盟组织等，这些利益相关者掌握着先进标准制定中所需的各类标准必要专利，对于创新生态的整体创新收益与效果有着极其重要的影响。人工智能产业创新生态是各参与主体的协同体，是通过标准与知识产权进行协同，沿着标准的制定内容进行分工，协调好各利益相关者之间的关系，实现创新成果的充分整合与共享，是实现创新收益增值的重要途径。

第三，多阶段共生竞合是标准与知识产权协同推进人工智能产业创新生态演进的发展路径。良性的创新生态系统是不断向前发展进化的，以持续接近动态最优目标。标准的形成具有持续的深度迭代过程，涉及多领域标准必要专利的交叉融合，形成了纵向和横向模块化分解与集中，呈现出模块网络化链状结构。由于各创新主体在创新资源、创新环境等方面所占据的不同地位和功能，导致主要链条和辅助链条交叉融合，形成多阶段模式共生竞合的局面。共生使不同创新主体通过资源整合、优势互补，带来创新成本和风险的降低，提高创新成功率和收益率，从而表现出更好的竞争能力和适应能力。竞争导致不同的创新主体通过改变资源利用方式或运作模式使自身产生相对优势，实现不同阶段标准内涵的调整和拓展，促进标准不断向高阶循环演进。标准与知识产权协同演进由介于集成式创新系统与分散型市场组织之间的半开放式向更开放多元化发展。标准作为主导设计既可通过市场机制建立事实标准，也可通过管理机制制定法定标准。知识产权作为专有性资产逐步成为标准主导人工智能产业创新生态演进的重要手段。从智能芯片的高许可费以知识产权垄断市场，到音视频编解码技术标准中企业创新主体以交叉许可换取更大市场规模，再到人工智能产业联盟通过开源协议逐渐成为标准竞争与合作之间的基于多机制组合的开放式结构升级。联盟载体作为标准协调机构由区域性向全球性组织发展。标准、知识产权与联盟载体的协同作用推进了人工智能产业创新生态系统内部要素、多元主体、产业族群在相互作用、相互适应中不断发展变化，创新成为这些多元主体的自觉行为。

第二节　人工智能产业创新生态中的知识产权与标准协同机制

人工智能产业是标准引领产业发展的典型代表，随着人工智能标准主导机制的推进，带来了基础群落、智能群落、应用群落，知识产权独占机制、标准主导机制与联盟载体的互补机制的协同交互作用，三种机制的不同作用差异和协同发展演化推进了人工智能产业创新生态持续演进。

一　人工智能产业基础群落中标准与知识产权的协同机制

基础群落是人工智能产业生态的内核，基础群落创新生态系统如图

18-4 所示，其核心企业包括智能芯片、中央处理器（CPU）、图形处理器（GPU）、分布式计算框架等保证计算能力的基础硬件供应商，以及对购物、身份、医疗、交通等大数据信息采集的基础数据提供商。其中，人工智能芯片是人工智能发展的基石；是驱动智能产品的大脑；是数据、算法、算力在各类场景应用落地的基础依托。

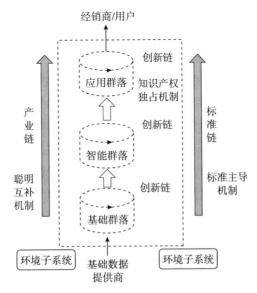

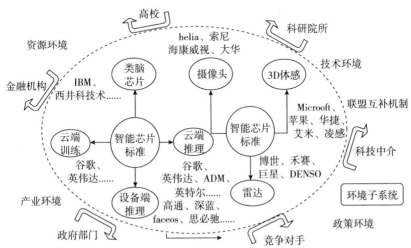

图 18-4 人工智能产业基础群落创新生态系统

资料来源：由笔者整理。

随着智能芯片相关标准的制定，人工智能企业通过隐性契约协调标准中的知识产权独占机制问题，标准必要专利的数量获得迅猛增长。目前在国际主要标准组织申明的标准必要专利数量已超过 23 万件，覆盖中美欧日韩等主要国家地区。随着越来越多的专利独占机制与标准主导机制的互利发展，导致人工智能产业实施严格的市场管制，垄断性市场保护盛行。例如设计电子芯片必需的软件 EDA 被 3 家美国公司 Synopsys、Cadence、Mentor 高度垄断 95% 以上的中国芯片设计市场，而中国最大的 EDA 厂商只占 1% 的市场份额。此时先发公司通过知识产权组合申请和发起知识产权诉讼来巩固市场竞争优势，英特尔和 IBM 等传统半导体处理器设计公司通过构建防御性和进攻性知识产权组合申请策略来强化事实标准主导机制，而谷歌、微软、Graphcore、Cerebras、寒武纪和亚马逊等非传统半导体公司也通过标准必要专利的组合策略获得一定的市场份额，而中国的云天励飞通过快速激增的专利数量成为 AI 芯片领域后起之秀，如图 18-5 所示，同时先发企业为了遏制后发竞争对手，则运用知识产权诉讼推进事实标准演进。根据 2019 年 IPlytics 发布的《人工智能专利诉讼趋势》报告，2007—2018 年，美国人工智能相关领域专利诉讼案件共计 958 起，其中 2012—2013 年的增幅尤为显著。

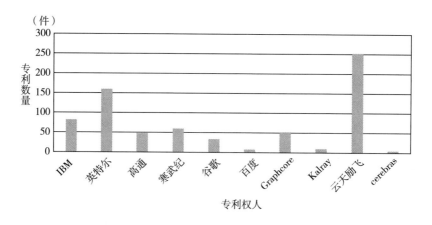

图 18-5　2015—2019 年重要人工智能芯片专利家族数量

资料来源：国家知识产权局专利数据库。

基础群落产业生态中的企业主体通过组建封闭式联盟载体的方式，1987 年为鼓励改进美国的半导体生产技术，在美国政府资助下惠普、IBM、英特尔、三星、联电等 14 家在美国半导体制造业中居领先地位的企业组成 R&D 战略技术联盟，即 Sematech 半导体制造技术战略联盟，遵循技术主导逻辑，构建知识产权与标准协同战略，运用标准必要专利池进行防御性保护和进攻诉讼，收取高额专利池许可费用。例如，苹果集团通过收购 Lighthouse（灯塔）公司的 3 项人工智能专利和 3 项视频捕捉专利实现对人工智能基础支撑技术事实标准制定的话语权，高通等智能芯片制造商实行低芯片价格、高许可价格策略，一方面打压其他芯片生产商的获利空间，以维持和扩大垄断地位；另一方面通过断供芯片向合作伙伴施加压力来挤压竞争对手的市场空间，维护和扩大垄断地位。

二 人工智能产业智能群落中标准与知识产权的协同机制

智能群落是人工智能产业生态的核心，其创新生态系统如图 18-6 所示，主要依托基础层的数据资源和运算平台运用人工智能核心算法进行可持续的机器学习，逐步实现具有机器快速运算和存储能力的运算智

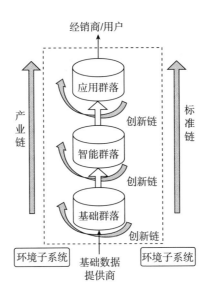

图 18-6 人工智能产业智能群落创新生态系统

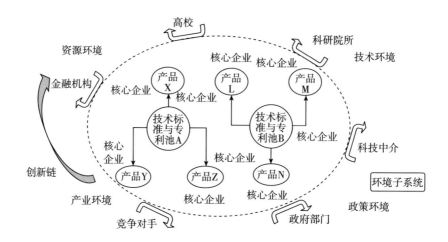

图18-6 人工智能产业智能群落创新生态系统（续）

资料来源：由笔者整理。

能、基于大数据和人机交互建模数据的感知智能、最终实现依托类脑科技的机器能理解会思考的认知智能。随着互联网兴起产生的海量数据，以及摩尔定律带来的计算力的突飞猛进，推动深度学习技术在人工智能领域的普及，并促进语音识别、图像识别等技术发展并且迅速产业化，其中机器学习、神经网络、深度学习等基础技术全球专利申请量49506项，中国申请量占73.5%，代表性的国际核心企业有微软、苹果、Sensigtech、Cloud foundary。国内技术层核心企业发展势头也随之迅猛，包括科大讯飞、格灵深瞳、捷通华声（灵云）、地平线、SenseTime、永洪科技、旷视科技、云知声等。

在人工智能产业关键技术标准的引领下，由先发优势公司或机构运用知识产权独占机制主导关键技术事实标准的制定和推广，我国人工智能作为后发追赶技术，2010—2019年人工智能技术专利申请年平均增长率为32.4%，稳居世界第一位，视觉感知、语音感知和自然语言处理三个技术分支上原创专利申请量占据世界首位，如表18-1所示分别占全球总量的40.07%、35.44%和45.9%，其中人脸识别等技术已达到国际先进水平，但从PCT专利占比上来看，优势技术向全球输出能力仍有待加强。同时，随着人工智能专利技术的快速布局，我国在人工智能领域标准建设不断完善，《中国人工智能标准化白皮书》显示，截至

2018 年年底我国标准化委员会已发布或在研人工智能相关标准 177 项，其中 2017—2018 年集中发布 10 项涉及人脸识别、指纹识别等生物识别的国家标准，旷视科技、商汤科技、中国科学院自动化所、科大讯飞等企事业单位参与了涉及人脸识别、语音识别与合成的多项标准的制定，不断获取标准先发企业标准主导优势。

表 18-1 中美人工智能重点技术 PCT 申请对比

国家	视觉感知		语音感知		自然语言处理	
	申请占比（%）	PCT 占比（%）	申请占比（%）	PCT 占比（%）	申请占比（%）	PCT 占比（%）
中国	40.07	10.53	35.44	13.60	45.9	14.83
美国	21.83	45.17	28.83	46.45	26.01	42.08

资料来源：国家知识产权局专利数据库。

人工智能关键技术的事实标准还呈现出运用开源协议组建开放性标准联盟或平台，协调开源标准兼容性和互操作性，放松市场管制，实行开源产品或服务采购政策，为了推进人工智能关键技术的事实标准，先发企业大量采用知识产权许可战略，推行标准必要专利交叉许可策略，运用公平、合理、无歧视的标准必要专利许可原则来增强关键技术标准的市场竞争地位，如表 18-2 所示，人工智能领域的十大开源技术深刻影响着人工智能产业生态的演进，通过开放源代码等开源协议推动二次开发和优化扩散，并通过引入开源平台组建开放式联盟载体。后发企业通过进入由先发企业组建的开放式联盟载体，遵循产品服务主导逻辑，通过不同标准联盟和"专利池"间良性竞争，降低许可费同时吸引更多智能层生态的多样化市场主体。例如，在计算机视觉领域，智能音视频技术是计算机视觉的重要分支，已逐步成为人工智能领域应用最为广泛的技术之一，国际上音视频编解码标准主要有两大系列：ISO/IEC JTC 1 MPEG 制定的 MPEG 系列标准，广泛应用于数字电视领域，ITU 制定的 H.26x 系列视频编码标准和 G7 系列音频标准主要用于多媒体通信。同时，2003 年我国信息产业部数字音视频编解码技术标准工作组（AVS 工作组）制定 AVS 系列标准，竞争性标准的强势入局，导致不同的标准联盟和"专利池"间良性竞争，费用下降。

表 18-2　　　　人工智能领域的十大开源技术及开放式联盟载体

序号	开源工具	联盟载体	序号	开源工具	联盟载体
1	Caffe	伯克利视野和学习中心（BVLC）	6	Mahout	Apache 基金会
2	CNTK	微软	7	MLlib	Apache Spark
3	Deeplearning4j	Skymind	8	NuPIC	Numenta
4	DMTK	微软	9	OpenNN	Artelnics
5	H2O	Apache Spark	10	OpenCyc	Cycorp

资料来源：https：//www.douban.com/note/711047338/.

三　人工智能产业应用群落中标准与知识产权的协同机制

应用群落是人工智能产业生态的外延，如图 18-7 所示，其建立在基础群落和智能群落基础上，是人工智能终端和垂直行业融合发展的新业态，对传统的机器人、运载工具、智能终端、制造、家居、医疗、金

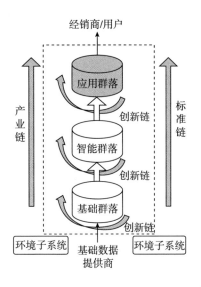

图 18-7　人工智能产业应用群落创新生态系统

486

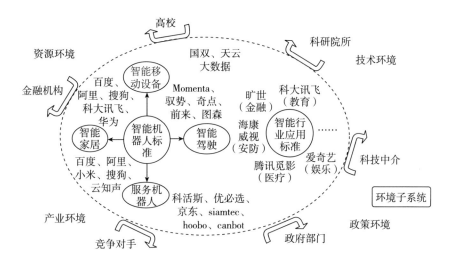

图 18-7　人工智能产业应用群落创新生态系统（续）

资料来源：由笔者整理。

融、交通、安防、物流等领域进行重塑，产生嵌入到多跨场景的产品和行业解决方案及通用技术平台（刘洋等，2021）。IBM 最早布局人工智能行业解决方案；"万能 Watson"推动人工智能通过技术平台变革；谷歌实现多跨场景人工智能产品的创新，包括 AlphaGo、无人驾驶汽车、智能手术机器人等；中国百度推出"百度大脑"计划，重点布局无人驾驶技术平台和自动驾驶行业的综合解决方案；智能安防产业也逐步成为人工智能技术衍生出的新兴产业，旷视、商汤、依图、云从、特斯联、海康威视、东方网力等都在运用人工智能技术与各垂直行业融合发展。

在人工智能应用群落中，为了推进人工智能产品和服务的事实标准，产业生态中大量企业采用知识产权许可和运用战略，扩大专利联营交叉许可广度和深度，提升人工智能专利运用转化能力，截至 2020 年年底，统计我国物联网产业专利许可备案数据，按照备案的专利许可次数统计，物联网全产业链共发生专利许可 11635 次，涉及专利共 9206 件。从产业链上中下游来看，专利许可交易主要集中在 AI 及大数据领域，专利许可达到 5606 次；其次为网络层的网络传输设备、网络与信息安全；感知层的芯片、传感器、传感类设备；应用层的消费电子、智能家居、车联网、智能监控等应用领域。同时，运用高价值知识产权推进产业创新生态布局，知识产权成果转化和质押融资爆发式增长，据《2020—2021 中国工业应用移动机器人（AGV/AMR）产业发展研究报告》显示，2020 年，中国市场新增工业应用移动机器人（AGV/AMR）41000 台，较 2019 年增长 22.75%，市场销售额达 76.8 亿元，同比增长 24.4%，知识成果的转化大大推动了智能机器人产业的发展。

人工智能产业创新生态演进到应用层阶段，由国际标准化委员会协调多样性产品和服务事实标准的兼容性和互操作性，后发公司运用联盟载体等互补性资产优势削弱先发公司的知识产权独占机制。作为人工智能产业产品和应用的主要形式，智能终端设备的创新生态系统也体现了这一特点，如表 18-3 所示，中国机器人产业联盟、中国人工智能产业联盟、中国智能交通产业联盟、开放智联联盟、中国人工智能物流联盟等产业联盟积极投身人工智能事业，积极制定行业和团体标准，作为国家标准化委员会工作的有益补充，一定程度上削弱了先发国家基于基础硬件的知识产权独占性问题，同时开源平台促进标准与知识产权良性互动和协同，开放市场竞争促进事实标准竞争与合作，形成优胜劣汰的良性演进。企业通过组建生态式联盟载体，遵循生态主导逻辑，整合技术、产品和服务构建产业链、创新链、价值链融合的标准联盟，推进开源平台与事实标准的兼容，基于"共赢"价值导向推进联盟发展，进一步推进人工智能产业创新生态演进和发展。

表 18-3　　　　我国人工智能主要产业联盟及团体标准制定

序号	联盟名称	成立时间	发起人	制修订的相关标准
1	中国智能交通产业联盟	2013 年	英特尔、大众汽车、中国电信、华为、高德软件、万集、金溢等大型知名智能交通企业发起	截至 2020 年联盟共发布团体标准 132 项，涉及公共交通、出行服务、智能驾驶、信息安全等领域，2021 年联盟将重点推进 46 项团体标准研究

续表

序号	联盟名称	成立时间	发起人	制修订的相关标准
2	中国机器人产业联盟	2016 年	沈阳新松、广州数控、安徽埃夫特等国内机器人行业骨干企业,库卡、史陶比尔、柯马等在华国际品牌企业,沈阳自动化所、哈尔滨工业大学等高校与研究院所一起发起	牵头会员单位制定智能机器人行业联盟标准 16 项
3	中国人工智能产业发展联盟(AIIA)	2017 年	联盟由中国信息通信研究院、百度、阿里中科院自动化所、沈阳新松、中兴通讯、航天科工集团、中国联通、电子四院、电子一所等发起	AIIA 评估认证工作组已开展相关标准、评估规范的起草编写,并正在向 CCSA、ITU 等标准组织输出,积极与电力、金融、医疗等行业共享、互认测评结果
4	开放智联联盟(OLA)	2020 年	阿里、小米、华为、百度、海尔、京东、中国电信、中国信通院、中国移动共同发起	联盟致力于制定万物智联相应标准,并实现与全球标准互认互通,促进相关科技和产业发展
5	中国人工智能物流联盟	2020 年	旷视与精星、富勒、国药物流、伍强、优乐赛、北邮联合发起	拟推进行业相关团体标准建设

资料来源:根据联盟网站数据整理。

第三节 知识产权与标准协同推进人工智能产业创新生态的演化路径

数字产业创新环境下,知识产权独占机制、联盟载体互补机制以及标准主导机制之间的内在联系与相互协同深刻揭示了人工智能产业创新生态的演化特征。标准主导机制、知识产权独占机制在联盟载体互补机制的作用下推动人工智能产业基础群落、智能群落以及应用群落共同组成的产业创新生态呈现三条演化路径,分别是技术创新路径、数字赋能路径和融合再造新业态路径。三大机制协同推进人工智能产业创新生态演化路径如图 18-8 所示。

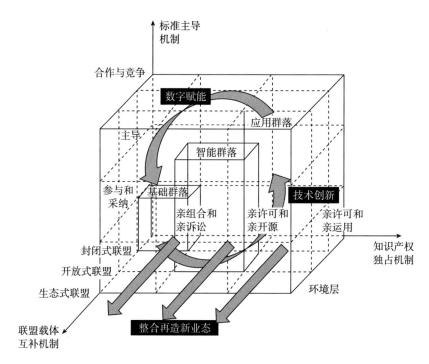

图18-8 三大机制协同推进人工智能产业创新生态演化路径

资料来源：由笔者整理。

一 人工智能产业创新生态的技术创新演化路径

（一）人工智能产业创新生态的技术创新演化路径特点

标准主导机制、知识产权独占机制与联盟载体互补机制协同推进了先发国家主导的人工智能产业创新生态的技术创新演化路径。人工智能产业创新的先发国家是技术创新路径发展的典型代表，例如美国、日本等芯片制造强国。人工智能产业创新生态技术创新路径主要体现为"基础群落→智能群落→应用群落"的演化路径。因此，先发国家的产业创新生态特征主要体现为芯片、云计算等底层软硬件发展强势，在全球产业分布中体现为垄断之势。智能芯片、CPU、GPU等基础硬件供应商和数据提供商是基础群落的主要组成企业，也是人工智能创新生态中技术群落的重要组成部分。在人工智能产业创新生态形成的技术创新演化过程中，基础群落企业主体实现了自身对产业的地基作用。基础群落企业从底层实现了数据存储空间的赋能、数据分析对象的收集，软硬件设备的市场化过程。随后，逐步发展智能群落的算法和应用群落的场景应用。从标准主导机制、知识产权独占机制与联盟载体互补机制的三维互动来看，人工智能产业创新生态技术赋能演化过程中，知识产权独占机制竞争较为激烈，一开始就表现出亲组合和亲诉讼的行为特征。例如，芯片企业关于自身的专利和产业布局往往采取许可和诉讼方式进行下游伙伴的覆盖和竞争对手的打击。直到整个人工智能产业创新生态形成较为稳定的基础群落头部企业后，底层技术的技术标准开始盛行，基础群落企业不再完全依赖于知识产权进行自身市场优势的构建，而是通过自身技术标准的推广搭建自己的企业优势，在这一过程中，由先发公司或机构成立特别工作组，参与和采纳网络支撑标准制修订，同时先发主体会建立封闭式联盟载体互补机制，遵循技术主导逻辑，运用标准必要专利池进行防御性保护和进攻诉讼，该阶段专利池许可费用普遍较高。

（二）人工智能产业创新生态的技术创新演化路径典型案例

1. 公司简介及创新情况

谷歌公司（Google Inc.）成立于 1998 年 9 月 4 日，由拉里·佩奇和谢尔盖·布林共同创建，被公认为全球最大的搜索引擎公司。谷歌是一家位于美国的跨国科技企业，业务包括互联网搜索、云计算、广告技术等，同时开发并提供大量基于互联网的产品与服务，其主要利润来自 AdWords 等广告服务。谷歌在 2011 年成立 AI 部门，目前已经有 100 多个团队用上了机器学习技术，包括 Google 搜索、Google Now、G mail 等，并往其开源 Android 手机系统中注入大量机器学习功能（如用卷积神经网络开发 Android 手机语音识别系统）。谷歌目前产品和服务依靠主要 AI 技术驱动，如谷歌使用深度学习技术改善搜索引擎、识别 Android 手机指令、鉴别其 Google+社交网络的图像。

2. 企业知识产权战略和保护情况

根据公开数据，从 2009 年到 2016 年，Google 的专利申请数量为 10467 项，Google 迫切需要更多的专利来捍卫自己的免费移动操作系统。尽管 Android 是全球最流行的智能手机操作系统，但 Google 和 Android 终端制造商正面临着越来越多的法律挑战。2013 年 10 月，一家代表苹果、微软及黑莓的公司控告 Google 侵权，其中涉及的一项专利申请时 Google 甚至还没有产生。而 Android 的最大设备制造商三星也刚刚在侵权案中被判向苹果支付 2.9 亿美元的赔款。因此，Google 实施专利战略。去年，Google 在其有史以来最大单的收购案（125 亿美元收购摩托罗拉移动）中获得了 17000 项专利及 7000 项专利申请。Google 还向 IBM 购买了超过 1000 项专利，并从其他的电信公司和汽车零部件制造商处选购了其他专利。Google 声称自己目前控制着超过 51000 项专利及专利申请。Google 已经发出信号，表明自己的意图是防御性的。该公司支持旨在提高软件专利认可及用来作为法律武器难度的专利改革立法行动。还通过将数十项专利免费开放给开源项目来塑造自己的正面形象，保证不会诉讼"除非首先受到攻击"。当前，Google 技术涉及领域尤为广泛，在 AI、量子计算、数字社区隐私、VR 等领域都涉及牵头和鼓励标准制定工作。

3. 企业人工智能技术未来发展方向

谷歌是一家全球性公司，宣布在印度投资 100 亿美元，这表明了谷歌向全球扩张的决心。对于谷歌及其包括谷歌云、教育等众多服务来说，印度市场是一个巨大的机会。对于谷歌本身来说，发展就需要扩大自己的版图。而印度作为世界上最大的民主国家，从印度开始布局全球化，无疑是一个很好的选择。谷歌正在非常积极地推动医疗保健。目前谷歌正在帮助医疗保健系统快速提取患者数据，这些数据经由谷歌算法计算后可以得出符合 HIPPA 要求的结论。谷歌开始与 Amwell 合作，推出运行在谷歌云上的医疗保健解决方案。

总体来看，Google 主打的是软硬件结合，开源系统构建 AI 生态。谷歌大数据检索核心技术领先于全世界，并建立了全球最大的数据库系统。广告盈利是谷歌的主要盈利模式，目前九成以上营收来自其广告系统。2015 年 8 月，谷歌宣布架构重组，设立母公司 Alphabet，谷歌由搜索引擎公司全面转向为覆盖诸多领域的高科技企业。谷歌主要通过覆盖更多用户使用场景，从互联网、移动互联网等传统业务延伸到智能家居、自动驾驶、机器人等领域，积累更多数据信息；同时，积累底层人工智能技术，研发更高级的深度学习算法，增强图形识别和语音识别能力，对信息进行更深层加工、处理。谷歌试图将 AI 渗透到旗下各产品，为用户带来更多使用场景及更智能化功能。谷歌认为，智能家居领域将是未来 AI 应用的一个重要市场，目前世界各国的智能家居渗透率均较低，为此 Google 正加速以 Nest、Google Assistant 为基础智能家居生态系统建设，通过一系列并购、开放平台的建立、软件硬件一体化来打造这个生态系统。

二　人工智能产业创新生态的数字赋能演化路径

（一）人工智能产业创新生态的数字赋能演化路径特点

标准主导机制、知识产权独占机制与联盟载体互补机制协同推进了后发国家主导的人工智能产业创新生态的数字赋能演化路径。人工智能产业创新的后发国家是数字赋能路径发展的典型代表，例如中国、印度等场景应用强国。人工智能产业创新生态数字赋能演化路径主要体现为"应用群落→智能群落→基础群落"的演化路径。因此，后发国家的产业创新生态特征主要体现为智能驾驶、智慧医疗、城市大脑等多场景多领域发展迅速，充分展示了后发国家强大的市场需求。垂直行业与人工智能算法结合产生的智慧医疗、智能驾驶、数字化工厂等智能应用是后发国家大力发展的主要场景，也是人工智能创新产业生态中应用群落的集中地。在人工智能产业创新生态形成的应用解决路径演化过程中，应用群落企业主体实现了自身对产业的价值赋能作用。应用群落企业从实际的应用场景出发实现了人工智能技术对人类生活、工作效率的全方位提升，解放人脑和体力劳动。从标准主导机制、知识产权独占机制与联盟载体互补机制的三维互动来看，人工智能产业创新生态应用解决路径演化过程中，知识产权独占机制呈现亲许可和亲应用的特征，应用群落企业通过加入联盟载体组织，扩大专利联营交叉许可广度和深度实现自身利益的保障。开放市场竞争促进事实标准竞争与合作，形成优胜劣汰的良性演进。联盟载体互补机制开始发挥重要作用，生态式联盟为技术标准与知识产权协同推进人工智能创新生态发展提供强大助力。应用群落企业活跃阶段的联盟载体通过集合产业生态的各类主体共同对技术标准的推广发挥作用，并通过社会网络的连接作用实现生态能力的全面覆盖和激烈市场竞争，最终实现创新生态多元主体的共同获利。

标准主导机制、知识产权独占机制与联盟载体互补机制协同推进了人工智能产业创新生态迭代发展的融合再造新业态演化路径。随着联盟载体的多样化发展、开源知识产权的协议生态不断活跃、国家政策环境的不断完善，人工智能产业创新生态逐渐衍生出一系列新业态，最终导致人工智能创新生态中新业态群落的产生。同时，新制度变化下，人工智能产业创新生态标准治理问题得到解决，联盟生态能力实现跃迁。

（二）人工智能产业创新生态的数字赋能演化典型案例

1. 企业简介及创新情况

深圳市优必选科技有限公司成立于 2012 年，是一家集人工智能和人形机器人研发、平台软件开发运用及产品销售为一体的全球性高科技创新企业。优必选科技以智能机器人为载体，人工智能技术为核心，为各行各业的客户提供"一站式"服务，致力于打造"硬件+软件+服务+内容"的智能服务生态圈。优必选科技研发了高性能伺服驱动器及控制算法、运动控制算法、面向服务机器人的计算机视觉算法、智能机器人自主导航定位算法、ROSA 机器人操作系统应用框架、语音等核心技术。

2. 企业知识产权战略与标准制定

首先，在知识产权创造与保护方面，优必选"强化知识产权保护将为企业创新发展插上腾飞翅膀"，深圳市优必选科技股份有限公司首席技术官熊友军表示，优必选科技一直重视知识产权保护，公司被认定为深圳市知识产权优势企业、广东省知识产权示范企业。截至 2019 年11 月 30 日，深圳市优必选科技股份有限公司在全球范围内有效专利申请 1500 余件，已授权专利约 500 件，其中发明专利约 100 件。此外，累计登记软件著作权 100 余件。其次，在知识产权管理与运用方面，优必选科技在知识产权工作上建立起一套适合行业发展、符合自身特点的知识产权管理体系，全面开展专利、商标、版权、商业秘密保护等知识产权工作。此外，公司构建了知识产权信息平台，制定了完善的知识产权流程，全面覆盖知识产权的创造、管理、运用和保护环节，实现知识产权工作的在线管理及知识产权的生命周期管理。截至目前，优必选科技在中国、美国、欧洲、日本、韩国等国家/地区布局专利超过 2600件，其中发明专利占比 70%以上，涵盖了人工智能和人形机器人核心技术领域。未来优必选科技将继续坚持智能机器人核心技术研发及商业化落地，为社会可持续发展注入新动能，让具有自主知识产权的中国智能机器人惠及全球。最后，在标准采纳和制定方面，优必选专利申请

2600 余件，发明专利 1800 余件，海外专利 400 余件，知识产权奖项 8 项，国际国家标准 20 余件。目前，国内人工智能机器人产业发展增速快，行业细分层次丰富，产业人才缺口巨大。据最新调研数据，目前国内人工智能机器人企业数量已超 8600 家，产业发展迅速。而根据工信部披露数据，截至 2021 年，伴随人工智能机器人产业规模的急速发展，相关人才缺口高达 500 万人。2019 年至今，人社部拟发布 47 个新职业，其中 15 个与人工智能/机器人直接相关。而在高校端，人工智能与机器人相关专业的开设数量也在近 3 年迎来"井喷式"发展，以此匹配产业发展所带来的人才缺口。

3. 企业人工智能技术未来发展方向

由于人工智能阶段技术的不成熟，场景应用处于初级尝试阶段，服务机器人行业深受传统市场营销思路桎梏，行业里频频出现落地难现象。而优必选作为深扎行业十年的落地优秀代表，已经形成自己清晰的原则和思路。优必选科技从 2016 年开始探索教育领域，推出了"软件+硬件+内容+服务"的人工智能教育解决方案，包括课程、竞赛、师资培训、空间建设、科创云平台。优必选的品牌文化是让智能机器人走进千家万户，让人类的生活方式变得更加便捷化、智能化、人性化。并在 3—5 年，成为中国智能机器人行业的领袖企业，5—10 年，打造全球智能服务机器人优秀品牌。优必选科技目前围绕新基建战略做出了全面的业务规划：以智能机器人为载体，人工智能技术为核心，打造"硬件+软件+服务+内容"的智能服务生态圈，推动经济、社会的智能化升级。作为人工智能和人形机器人的领先企业，优必选科技将以永不懈怠的精神状态和一往无前的奋斗姿态，继续推动和引领人工智能及机器人技术的创新及产业化进程。

三 人工智能产业创新生态融合再造新业态演化路径

（一）人工智能产业创新生态融合再造新业态演化路径特点

人工智能产业创新生态融合再造新业态演化路径主要体现为能级跃迁的特点，其中，联盟载体作为互补机制决定高阶生态演进。因此，无论是先发国家还是后发国家，随着联盟载体价值和环境层影响要素的不断丰富和完善，整个人工智能产业生态会根据环境要素的变化发展呈现规模和能级跃迁。从标准主导机制、知识产权独占机制与联盟载体互补机制的三维互动来看，人工智能产业创新生态融合再造新业态演化过程中，知识产权独占机制的竞争趋于弱化，诸多算法"亲开源亲许可"而非"亲独占"。算法研发企业自身算法的性能指标显示自身的技术实力，获得上下游企业和市场顾客的青睐，往往由先发优势公司或机构运用知识产权独占机制主导推进事实标准。随着人工智能产业创新生态能级跃迁，联盟载体互补机制得到优化，参与主体规模和质量得到提升，开放式联盟载体开始活跃，生态式联盟不断形成，并逐步推进融合再造新业态的产生，新业态企业成为联盟载体的新主体。

因此，标准主导机制、知识产权独占机制和联盟互补机制对于人工智能产业的发展具有协同推进的作用，为提高我国人工智能产业的国际竞争力，亟须推动标准与知识产权的协同发展，具体建议有：一是提高我国人工智能领域专利质量，加强高质量专利的全球布局，提升专利市场价值，重视专利组合，特别是高价值专利组合的培育，提高专利的战略价值，此外人工智能领域是发展相对快速的领域，技术生命周期相对传统行业较短，更应该重视专利技术的快速转移转化。二是应加强我国标准联盟组织的多元化构建。人工智能被认为是一项综合性的"原力技术"，其治理也需要多学科、多领域和多部门的共同参与。人工智能产业的标准化工作重点关注紧跟全球标准趋势，且要加强联盟组织的多元化构建，尤其是围绕标准对于整个产业的引领和布局方面要亟待加强。三是创建国家技术标准创新基地，促进技术、标准和产业"三位一体"同步发展。国家技术标准创新基地是促进创新成果转化为技术标准的服务平台，是以标准化助推创新技术和产品市场化、产业化和国际化的孵化器。截至目前，国家标准化管理委员会已批准筹建30多个国家技术标准创新基地，覆盖先进制造、现代能源、重要消费品、生态文明等国民经济和社会发展重点领域。因此，对于我国人工智能产业的发展，应从国家层面统筹规划，成立核心联盟组织，助推科技成果产业化和我国新一代信息制造业高质量发展。四是加快人工智能开源技术发展，着力营造良好的开源生态。重点攻关计算机视觉、机器学习、自然语言处理、机器人和语音识别等人工智能技术，遵循开源开放原则，联合建设国家和联盟主导的开源社区，促进开源标准的制定和完善，形成人工智能核心生态圈；完善资金支持机制，建立以算法框架为核心的人工智能科技创新体系，进一步加强和完善知识产权系统，构建良好的人工智能开源生态系统。

（二）人工智能产业创新生态融合再造新业态演化路径典型案例

1. 企业简介及创新情况

目前，以科大讯飞为中心的人工智能生态已经逐步构建。中国的人工智能已经处于国际第一梯队，以科大讯飞为代表的中国人工智能企业已经在引领技术的发展。下一步，科大讯飞将加大产教融合力度，加强人才培养。据了解，科大讯飞已经与行业内 10 家顶尖的合作伙伴正式开始筹建国家智能制造中心，后续将通过标准制定，对行业解决方案进行认证和测试。科大讯飞将通过标准体系、测试平台、认证体系、培训平台、低代码开发平台、开发者大赛 6 大举措对 2.0 战略提供支撑。科大讯飞开放平台从 1.0 到 2.0，升级的不仅是平台结构，还有商业生态。它不仅能让开发者高效开发，也能给开发者带去丰厚回报。

2. 企业知识产权战略和保护情况

首先，在知识产权创造方面，目前公司及全资、控股子公司累计获得国内外有效专利 1000 余件。公司根据实际需要开展专利申报等工作，科大讯飞人工智能关键核心技术领域始终保持国际领先水平。2021 年 6 月，第二十二届中国专利金奖获奖名单公布，科大讯飞"语音识别方法及系统"发明专利荣获金奖。其次，在知识产权保护方面，2018 年 4 月 20 日，科大讯飞正式发布新品讯飞翻译机 2.0，支持中文与 33 种语言互译。这款翻译机包含 100 余项专利，涉及算法、外观等方面。作为中国语音产业的领军者，科大讯飞以知识产权专业部门为依托，为源源不断的创新成果提供系统性保障。再次，知识产权管理方面，在保护创新方面，科大讯飞一直十分注重知识产权保护和风险管控，从知识产权挖掘、布局、申请、运用等各方面不断完善管理制度，激励全体员工进行自主创新，使核心技术得以不断发展与延伸，已经建立体现行业特点和公司特色的知识产权工作体系。最后，企业标准采纳和制定情况方面，截至目前，科大讯飞主持和参与制定国家已发布标准 23 项，主导和参与 6 项国际标准和国际标准技术报告项目，其中 1 项国际标准已正式发布，填补了国际空白。

3. 企业人工智能技术未来发展方向

2021 年科大讯飞在各项核心技术上取得了创新突破，刷新语音、图像、认知多个领域的世界纪录，坚持源头创新，持续引领人工智能发展。通过数据标注开放、算法研究合作、能力星云开放，未来将保持 AI 能力全面开放拓展总数超 500，共同打造人工智能开发者生态。AI 开放平台全面升级 2.0，科大讯飞联合行业龙头构建行业基线底座，联合开发者三方合作打造行业优质方案，赋能智慧金融、智慧农业、智慧电力等行业场景方案落地。为满足开发者的需求，创造更多有价值的行业场景，科大讯飞将开放多项技术包括覆盖全球、灵活定制的多语种，安全可靠、部署轻快、保护用户隐私安全的全离线多模交互和让个性化 AI 定制更浅易的 AI 自训练。发布虚拟人交互平台 1.0 和讯飞企业数字化平台，加速企业数字化进程。今后，科大讯飞致力于教育和人工智能融入城市智慧生态发展方向。

第十九章

面向物联网产业创新的
专利融入标准化战略研究

作为互联网的延伸，物联网利用通信技术把传感器、控制器、机器、人员和物等通过新的方式联系在一起，从而形成人与物、物与物相连的巨大网络。而标准和专利则是技术创新成果的重要载体，专利是提高标准水平的重要基础，标准是专利转化运用的有效手段。标准化是指为了在既定范围内获得最佳秩序，促进共同效益，对现实问题或潜在问题确定共同使用和重复使用的条款以及编制、发布和应用文件的活动。专利与标准融合是指，在标准制定的活动中，将专利技术转化为技术标准，或者在技术标准中包含专利技术，使标准成为专利技术的推广载体。物联网产业专利融入标准化成为占据产业价值链高端的重要战略，支撑产业高质量发展的重要手段。

第一节　国内外物联网产业专利融入
标准化的发展态势

随着物联网产业内涵和外延不断发展，其海量设备互联，引领进入一个万物感知、万物互联、万物智能的全新世界。当前，技术标准与专利融合的趋势越来越明显，标准为满足市场现实需求，必然需要将先进适用的技术纳入标准中，为此也进一步推进了物联网产业的专利融入标准化的发展。

一 全球物联网产业知识产权发展态势

据 IoT Analytics（物联网产业分析）报告，2020 年全球物联网连接数超 117 亿个，首次超过非物联网连接数，并且过去十年里保持了 30.8%的年复合增速。物联网产业作为典型的专利密集型产业，专利创新与市场规模扩大相辅相成，截至 2020 年底，全球物联网产业累计公开发明专利总量达到 4864977 件，有效发明专利达到 1657489 件，近十年（2011—2020）发明专利公开量复合增速达 9.0%，2020 年当年全球公开物联网产业发明专利 525920 件，是 2010 年的 2.4 倍。全球物联网产业专利布局呈现出较高的地理集中度，63.1%的发明专利公开量、64.8%的有效发明专利量集中在中、美、日、韩、英、德、法七个国家。按照发明来源国统计，来自中国的全球发明专利公开量达 137.1 万件，美国 86.1 万件、日本 41.5 万件、韩国 15.8 万件、德国 14.3 万件、法国 7.5 万件、英国 5.0 万件，占全球物联网产业发明公开量的比重分别为 28.2%、17.7%、8.5%、3.2%、2.9%、1.5%和 1.0%。截至 2020 年底，按照专利权人国别来看，美国在全球范围内拥有的物联网产业有效发明专利最多，达到 41.0 万件，其次为中国（34.8 万件）、日本（16.9 万件）、韩国（6.6 万件）、德国（4.7 万件）、法国（3.1 万件）和英国（1.7 万件）。2011—2020 年，中国在全球范围内的物联网产业发明专利公开量复合增速高达 23.2%，是物联网产业全球平均增速的 2.6 倍。发明专利公开量复合增速第二梯队为美国（9.8%）、韩国（9.7%），高于全球平均增速。发明专利公开量复合增速第三梯队依次为英国（6.4%）、德国（6.2%）、日本（2.4%）和法国（1.0%）。

从专利布局来看，全球物联网产业近七成有效发明专利布局在中美欧三大市场，随着中国物联网市场规模的高速增长，全球主要国家面向中国的物联网产业专利布局也持续加速。从发明专利申请布局来看，在中国市场的物联网产业发明专利公开量累计有 148.8 万件，占全球物联网产业发明专利公开量的 30.6%，近十年复合增速高达 20.6%，超过全球平均增速 11.6 个百分点。德国近十年在华发明专利公开量复合增速达到 14.5%，是德国在全球物联网产业发明专利平均增速（6.2%）的 2.3 倍。从发明专利资产储备来看，截至 2020 年底，全球物联网产业 165.7 万有效发明专利中，针对中、美、欧三大市场的物联网有效发明专利共 110.9 万件，占全球总量的 67.0%。其中，在美国市场的物联网产业有效发明专利为 57.7 万件，占全球物联网产业有效发明专利的 34.8%；在中国市场的物联网产业有效发明专利为 40.5 万件，占全球物联网产业有效发明专利的 24.5%；在欧洲市场的有效发明专利为 12.7 万件，占全球物联网产业有效发明专利的 7.7%。

二　全球物联网产业专利融入标准化的发展趋势

随着物联网应用的普及，越来越多的行业选择将设备和基础设施通过互联网连接起来，如自动驾驶、医疗健康等，这一趋势必然会改变传统的专利许可模式。标准必要专利的许可会愈加复杂，许可磋商也会愈加困难。在物联网产业的产品生命周期日益缩短、产品专利高度密集的情况下，标准必要专利纠纷可能会成为物联网产业的常态化议题，如何高效解决标准必要专利的许可谈判纠纷，将会成为物联网产业整体发展的需求。

在 ETSI（欧洲电信标准化协会）、ISO（国际标准化组织）、ITU（国际电信联盟）、IEC（国际电工委员会）、IEEE（电气和电子工程师协会）、ANSI（美国国家标准学会）等国际标准组织申明的标准必要专利数量已超过 23 万件，覆盖中美欧日韩等主要国家地区，其中布局在美国的标准必要专利数量最多（44817 件），其次为中国（30576 件）。此外，欧洲标准必要专利为 26778 件、日本标准必要专利为 20112 件、韩国标准必要专利为 18403 件。以 ETSI 为例，2000 年各标准持有人在 ETSI 共声明了 799 件标准必要专利，至 2006 年达到 8480 件，2007 年超过 1 万件，并且申明量快速增长，至 2016 年平均每年申明的专利量在 2 万件左右。2016—2020 年平均每年申明的专利量在 3.8 万件左右。值得注意的是，标准持有人在 ETSI 申明的标准必要专利中，我国专利数量自 2009 年起超过 1000 件，2009—2016 年每年平均申明量大约 1800 件，2016—2020 年平均每年申明的专利量约为 7000 件。2020 年 7 月，国际标准组织 3GPP 宣布 R16 标准冻结。5G 应用包含三大应用场景，增强宽带场景（eMBB）、超低时延高可靠通信场景（uRLLC）和海量机器通信场景（mMTC）。R15 标准作为 5G 的基础版本，主要面向 eMBB，而 R16 标准则主要针对 uRLLC 和 mMTC。R16 标准完成意味着

5G 从人与人的连接，扩大到了人与物的连接、物与物的连接，同时自动驾驶、工业互联网等应用将加快落地。根据 2021 年 3 月欧洲电信标准协会（ETSI）披露的全球 5G 标准必要专利的最新数据，来自全球 17 个国家的 67 个企业共披露了 29316 族、100421 件 5G 标准必要专利。从申明专利国别看，包括美国专利 19343 件、中国专利 17227 件、欧洲专利 11112 件、韩国专利 7274 件、日本专利 6673 件、澳大利亚专利 1700 件、俄罗斯专利 1556 件、加拿大专利 1532 件、巴西专利 1452 件、西班牙专利 1224 件。从企业数量来看，涉及美国企业 21 个，占比为 33.87%；中国企业 17 个，占比为 27.42%；韩国企业 15 个，占比为 24.19%；法国企业 9 个，占比为 14.52%；日本企业 6 个，占比为 9.68%。从专利族来看，中国企业申报的 5G 专利族（11173）占比为 38.11%，居全球各国首位；韩国企业专利族占比为 20.83%，美国企业专利族占比为 12.68%，芬兰企业专利族占比为 11.32%，瑞典企业专利族占比 7.02%，日本企业专利族占比为 6.55%。华为以 4834 个 5G 标准必要专利族排名全球第 1 位，作为 5G 标准制定的核心成员，华为是贡献最大的成员之一，拥有最多的 5G 标准必要专利，其次为三星、诺基亚、中兴通讯、LG、爱立信、高通、夏普、OPPO 和 VIVO。

美国、欧盟、英国、日本、韩国等主要国家和地区已经开展提出多项措施应对标准必要专利纠纷问题，为专利权人和专利实施者之间的标准必要专利的许可谈判提供参考依据、提高许可谈判效率，也为本国企业参与新一轮物联网产业发展和竞争排除障碍。

（一）美国物联网产业专利融入标准化的发展趋势

美国将物联网和制造业结合，逐渐扩展到智慧城市和网络安全，美国专利体系根据物联网的全球专利竞赛以及构建产业生态链的需求进行适应性调整。通过司法实践确保标准必要专利与 FRAND 原则在产业实践中的平衡。根据物联网时代的全球专利竞赛以及构建产业生态链的需求，美国专利法制度体系进行了一系列的适应性调整。例如，对于软件专利的申请，从可专利性上采取严格的认定标准，更加注重发明的技术效果。在物联网技术商业化的阶段，标准必要专利与 FRAND 原则之间的平衡尤为重要，美国通过司法判例，来确保两者在产业实践中的平衡，同时还倾向于采用全球专利许可认定标准，以维护专利实施者的合法利益。美国提出"智慧地球、物联网和云计算",把物联网作为推动美国成为新一轮技术革命"领头羊"的重要支撑,将物联网发展和重塑制造业优势相结合,希望借此重新占领全球制造业制高点。2020 年 9 月,美国众议院通过《物联网网络安全改进法案》,为美国政府机构购买的所有物联网设备设定最低安全标准。2021 年 12 月,美国司法部(DOJ)、美国专利和商标局(USPTO)、国家标准与技术研究所(NIST)联合发布《关于以合理和非歧视性或公平、合理和非歧视性承诺下(FRAND)开展标准必要专利(SEPs)许可谈判与补救措施的政策声明草案》(以下简称《草案》)征求公众意见通知。该草案提供一个促进 SEPs 所有者和潜在被许可人之间诚信许可谈判的框架,并讨论当 FRAND 承诺下 SEPs 受到侵犯时可采取的补救措施,主要概述了 SEPs 专利权人和实施者进行诚信谈判的步骤,如果谈判失败,法院应分析考虑每个案件的相关事实。在上述政策积极影响下,近十年美国物联网产业技术创新高度活跃,发明专利申请快速增长,2020 年物联网产业全球发明专利公开量达到 96285 件,是 2010 年的 2.5 倍,近十年复合增速达到 9.8%,截至 2020 年年底全球有效发明专利数量达409575 件,居全球各国首位。美国高度重视在华专利布局,2020 年物联网产业在华发明专利公开量 6297 件,是 2010 年的 2.3 倍,近十年复合增速达到 8.8%,截至 2020 年底拥有在华有效发明专利 29080 件,居所有来华国家之首位。

(二)欧盟物联网产业专利融入标准化的发展趋势

为加速物联网在欧洲社会经济领域的快速应用,欧盟将构建蓬勃发展的物联网生态系统作为推进物联网产业发展的战略核心。通过投资开展国际化研究项目、构建可信任的政策监管体系、制定统一标准的法规协议、降低行业管制成本等措施,致力于让欧洲成为全球物联网创新和应用中心。在 Horizon 2020 下,欧盟在 2014—2020 年投资近 5 亿欧元,用于支持物联网技术创新和应用部署。2020 年 3 月,欧盟发布《新欧盟工业战略》指出,要升级知识产权政策,全面加强欧洲物联网等技术主权。2022 年 1 月,欧盟知识产权局(EUIPO)上诉委员会(BoA)主席团通过了 BoA 于 2021 年 11 月提交的行动计划(2021—2026),获得各成员和观察员的积极反馈和全面支持,该行动计划确定了 BoA 在未来几年将采取的方向和系列举措。欧盟致力于创造标准必要专利的透明、可预测的制度环境，打造全球"谈判、诉讼、禁令"三位一体的标准必要专利的实施主战场。为了构建欧盟创新企业的全球创新竞争优势，充分发挥物联网、5G 等产业的发展潜力，也为标准必要专利的实施创造更加透明和可预测的制度环境。2020 年，欧洲委员会发布新的《充分利用欧盟的创新潜力支持欧盟复苏和恢复的知识产权行动计划》（以下简称《计划》）。该计划主要目标是更新欧盟的知识产权法规，以更好地应对数字化、气候变化以及疫情大流行等新挑战。该行动计划将改变欧盟知识产权框架，尤其将影响未来涉及标准必要专利较多行业的竞争格局。提出建立起一套能够更加透明、可信的第三方公信体系，建立由独立第三方机构实施的标准必要专利必要性检查制度，进一步澄清和改进适用于标准必要专利的申报、许可和执行框架，从制度根源上解决标准必要专利（SEP）许可纠纷问题，这项改革很有可能会改变未来标准必要专利的游戏规则，使欧洲在全球标准必要专利领域的话语权大大提升。2019 年 2 月，德国发布《国家工业战略 2030》，旨在有针对性地扶持重点工业领域，保证德国工业的全球竞争力。德国物联网产业政策特别重视底层技术创新，一方面投入大量资源支持 ICT 等前沿技术研发，另一方面为创新活动设定框架条件，为价值链上游的创新活动制定高效有益的规章制度，为市场导向型的价值链下游活动创造公平的营商环境。近十年德国物联网产业技术创新高度活跃，发明专利申请快速增长，2020 年物联网产业全球发明专利公开量达到 13512 件，是 2010 年的 1.8 倍。截至 2020 年年底全球有效发明专利数量达 47311 件，位居欧洲各国首位。德国高度重视在华物联网专利布局，2020 年物联网产业在华发明专利公开量 1381 件，是 2010 年的 3.8 倍。截至 2020 年年底拥有在华有效发明专利 4422 件，仅次于美国、日本、韩国，位居欧洲所有来华国家首位。法国电信运营商对 5G 的探索始于 2015 年，最早 Orange 获得 Arcep 授权。2017 年，Free Mobile 等运营商紧随其上，纷纷开展了 5G 实验。根据法国政府计划，预计到 2025 年，法国应有 12000 个 5G 运营点，为法国 2/3 的人口提供 5G 服务。近十年法国物联网产业全球发明专利公开量年均保持在 5400 件左右，近几年略有回落，2020 年为 5185 件，截至 2020 年年底全球有效发明专利数量达 30554

件。法国 2020 年物联网产业在华发明专利公开量 369 件，截至 2020 年年底拥有在华有效发明专利 2212 件，仅次于德国位居所有欧洲来华国家第二。

（三）英国物联网产业专利融入标准化的发展趋势

英国聚焦物联网硬件、智慧城市、医疗、物联网安全等领域，建立物联网生态体系，扩大物联网产业规模。2015 年 9 月英国政府斥资 3200 万英镑成立国家物联网推动计划 IoTUK，由政府出资成立的 Digital Catapult 与智慧城市加速器 Future Cities Catapult 共同推行。IoT 安全研究计划 PETRAS 由 Digital Catapult 与英国伦敦大学、剑桥等多所大学成立了物联网安全研究中心 PETRAS，开展物联网隐私道德、可靠性、可接受性等研究。英国也是欧洲 5G 领域中最先进的国家，自 2019 年 5 月开始，英国已在工业、汽车、医疗、媒体、旅游等市场逐步应用了 5G 技术。近十年英国物联网产业发明专利申请呈快速增长态势，2020 年物联网产业全球发明专利公开量达到 4221 件，是 2010 年的 1.9 倍。截至 2020 年年底全球有效发明专利数量达 16596 件。英国 2020 年物联网产业在华发明专利公开量 231 件，较 2019 年（260 件）略有降低。截至 2020 年年底拥有在华有效发明专利 911 件。

（四）日本物联网产业专利融入标准化的发展趋势

日本汽车销量在全球范围内占据较大份额，根据国际知名市场调研机构 Focus2Move 全球汽车销售数据，销量排名前十位的车型中日本占据五席。由于日本整车厂商较多，而夏普、NEC、富士、NTT 等日本老牌通信厂商在 5G、车联网领域的标准专利持有量处于第二梯队，所以日本希望从促进本国车联网产业健康发展的角度明确标准专利相关许可规则。2018 年日本专利局出台《标准专利许可谈判指南》，聚焦于许可谈判流程、许可费计算方法等实操性规则。2020 年 4 月，日本政府结合本国产业发展制定标准专利许可规则的指导性意见，发布《多组件产品标准必要专利的合理价值计算指南》，主要就多组件产品的标准专利许可费计算规则进行明确，从实施者角度对标准专利许可中争议性较大的诸如许可对象、许可费累积、许可费计算基准等问题发表了解决办法。2021 年 7 月，日本内阁府知识产权战略本部发布了《2021 年知识产权促进计划》，主要就促进标准的战略性使用以扩大主导市场，重新打造"魅力日本"（Cool Japan）战略等提出计划。日本先后推出 e-Japan、u-Japan 和 i-Japan2015 等信息化战略来推动物联网在社会各领域的运用，从积极推动"工业 4.0"发展到"社会 5.0"。2019 年，考虑到物联网专利申请激增情况，日本特许厅在国际专利分类体系中专门设立了下属分类 G16Y 来表示物联网相关技术，并宣布将从 2020 年 1 月开始专门对物联网专利进行分类标记。2020 年，日本政府主导进行数字管理准则与数字转型评价制度。在上述政策积极影响下，近十年日本物联网产业技术创新高度活跃，发明专利申请快速增长，2020 年物联网产业全球发明专利公开量达到 30638 件。截至 2020 年年底，全球有效发明专利数量达 168608 件，仅次于美国和中国，位居全球第三。日本将物联网产业专利在华布局作为重要战略。2020 年物联网产业在华发明专利公开量 4849 件，是 2010 年的 1.3 倍。截至 2020 年年底拥有在华有效发明专利 27495 件，位居所有来华国家第二（第一为美国）。

（五）韩国物联网产业专利融入标准化的发展趋势

韩国实施"标准专利战略"增强标准专利竞争力。2019 年，针对当前贸易保护主义强化、标准技术加速扩散的国际形势，韩国政府颁布了《增强标准专利竞争力方案》，对"标准技术开发"和"标准专利战略"提供三年以上的支持，主要包括加强对标准专利申请的支持，增强标准专利纠纷应对力量，构建政产学研标准专利合作体系，加强标准必要专利基础设施建设，向产业界扩大标准必要专利信息服务。2020 年 2 月，韩国特许厅发布《标准专利纠纷应对指南》，以帮助中小企业解决标准专利许可谈判问题。2021 年，韩国知识产权局发布《标准必要专利指南 2.0》，意义在于，它是一项数据资料，帮助人们在研究和工业领域轻松理解和利用标准必要专利，有助于提升专利竞争力。韩国构建开放式物联网生态，并致力于智能工厂和智慧政府。近十年韩国物联网产业技术创新高度活跃，2020 年物联网产业全球发明专利公开量达到 22373 件，是 2010 年的 2.5 倍。截至 2020 年年底全球有效发明专利数量达 66160 件，位居全球第四。韩国高度重视在华专利布局，2020 年物联网产业在华发明专利公开量 2325 件，自 2010 年以来保持稳步增长趋势。截至 2020 年年底拥有在华有效发明专利 5943 件，居所有来华国家之首位。

三 我国物联网产业专利融入标准化的发展态势

我国政府高度重视物联网产业发展，建立了中央整体规划、部委专项扶持和地方全面落实的物联网政策体系，政策驱动是中国物联网产业发展的最强动力。2020 年，工信部发出《关于推动 5G 加快发展的通知》，推动 5G 物联网发展。以创新中心、联合研发基地、孵化平台、示范园区等为载体，推动 5G 在各行业各领域的融合应用创新。2021年，我国提出《物联网新型基础设施建设三年行动计划（2021—2023）》，聚焦发展基础好、转型意愿强的重点行业和地区，加快物联网新型基础设施部署，提高物联网应用水平。截至 2020 年，中国市场物联网产业规模已经突破 1.7 万亿元，"十三五"时期物联网产业规模保持 20% 的年均增长率，产业规模增长速度统领全球。在美国市场的物联网产业发明专利公开量累计有 101.7 万件，占全球物联网产业发明专利公开量的 20.9%；近十年复合增速为 7.8%，增速略低于全球平均水平 1.2 个百分点。在欧洲市场的物联网产业发明专利公开量累计有29.1 万件，近十年复合增速为 6.2%。随着科技的不断发展以及产品的更新换代，我国物联网各层级已进入成熟期。我国对于传感器的研制、生产和应用的企业已超 2000 家，但其中的小型企业超过七成，基础层在国内发展相对成熟，竞争度较为集中，虽然在应用环节具有一定的优势，但主要从事的还是低端产品，表明我国在基础芯片设计、高端传感器制造和智能信息处理等环节仍受制于国外。平台层的参与者是各式的平台服务提供商，所提供的产品与服务可以分为物联网云平台和操作系统，完成对数据、信息进行存储和分析。应用层包括智能硬件和应用服务，智能硬件根据面对的对象不同可以分为 2C 和 2B，应用服务则可根据应用场景不同进行细分。政策红利下我国物联网产业集群效益逐步显现，产业生态体系逐步完善，正处于产业蓄力期向产业增长期过渡的阶段。我国物联网产业集群效益逐步显现，在物联网产业中的生态体系建设也逐步完善。例如，由中国产业链主导的 NB-IoT 成为全球蜂窝物联网技术的重要分支，2020 年 7 月，随着 NB-IoT 正式纳入全球 5G 标准，NB-IoT 技术的生命周期和应用场景也将得到极大扩展，NB-IoT 将成为5G 产业生态不可或缺的一个组成部分。

近十年我国物联网产业技术创新高度活跃，发明专利申请快速增长，2020 年物联网产业全球发明专利公开量达到 240281 件，是 2010 年的 8.1 倍。截至 2020 年年底全球有效发明专利数量达 347514 件，仅次于美国位居全球第二。从国内专利看，2020 年国内发明专利公开量达到 213152 件，国内有效发明专利量达到 317233 件。我国物联网产业有效发明专利 90%以上布局在本土，在美专利布局仅为日本的 1/5，在欧专利布局仅为美国的 1/5，但境外专利申请增速居全球首位。美日韩德英法等国高度重视物联网产业的全球化专利布局，尤其重视中美欧三大市场。截至 2020 年，针对美国市场，除美国以 297649 件有效发明专利具有本土优势外，在美发明专利拥有量前三国家为日本 90303 件、韩国 37806 件和中国 17442 件。针对中国市场，除中国以 317233 件物联网有效发明专利具有本土优势外，来华专利布局前三国家依次为美国 29080 件、日本 27495 件和韩国 9884 件。针对欧洲市场，美国以 37352 件有效发明专利位列第一；其次依次为日本 29009 件、德国 10689 件、法国 7486 件、中国 7233 件。

　　我国是 ITU（国际电信联盟）相应物联网工作组的主导国之一，但我国物联网产业全球专利布局程度相对较弱，90%以上的物联网产业有效发明专利布局在中国本土，而相比之下，美国仅 72.7%的有效发明专利布局在美国本土，美国在中国、欧洲市场布局的有效发明专利数量位居所有国家之首，而我国在欧洲市场布局的物联网有效发明专利仅为美国的 1/5。相对于日韩德等国家，我国在美国市场布局的有效发明专利仅为日本的 1/5、韩国的 1/2。尽管我国物联网产业境外有效发明专利存量规模不具备明显优势，但近十年境外专利布局保持高速增长，我国近十年在美国、欧洲市场发明专利公开量复合增速分别达到 30.8%、21.5%，均居全球首位。近年来，我国在物联网国际标准化中的作用越来越明显，例如，国内很多企业就参与制定了首个国际物联网总体标准《物联网概览》、深入参与 3GPPMTC 相关标准的制定、制定了物联网综合标准化体系指南等。同时，我国对传感器网络、M2M、物联网体系架构等标准话语权也在增加。我国物联网生态目前面临的最大问题就是碎片化，在此背景下，工信部指导并支持物联网生态的协同与整合，并在 2020 年 12 月 1 日成立了开放智联联盟。开放智联联盟，致力于充分发挥国内物联网产业优势，构建符合中国产业特点的、技术领先的物联网统一连接标准和产业生态圈，并向全球开放和推广。

我国物联网产业的专利输出率极低，而专利接收率却较高，一方面反映出我国的物联网技术发展国际化水平还是不够，另一方面也体现了我国强大的市场潜力。对于我国，拥有强大的市场潜力并吸引着世界各地进行专利布局，但自身专利国际化水平仍然较低，技术实力不足。从物联网的专利布局角度来说，我国可以重点关注市场潜力较大的其他海外市场，并提前进行针对性的专利布局，保护原创核心技术。我国和美国、欧洲、日本、韩国等国家和地区的物联网产业发展受政策扶持力度都较大，但我国在专利保护措施，尤其是物联网产业标准与商业方法保护方面的政策相对较弱。而美国已通过对物联网安全保障立法的方式，增加对物联网产品相关标准的限制，欧盟也发布了物联网与5G产业的标准必要专利许可指南，其涉足物联网标准构建。我国由于核心技术的不完善以及相关法律政策的滞后，导致物联网产业整体发展程度及标准制定，与其他国家存在一定差距。要应对物联网产业的国际竞争，成为未来物联网时代的主导者，掌握物联网产业国际标准制定的话语权很有必要。从物联网产业标准体系的建设角度来说，为保持国内标准和国际标准的同步，物联网产业还需要积极地参与国际标准制定。我国应有针对性地提出对当地物联网产业的政策支持，在政府的监督下，根据市场动态变化和技术发展情况，来制定和完善物联网产业的技术标准，构建有权威的线上物联网交流平台，使物联网产业技术专家的研究成果可以在企业中实践。重要的是，要根据中国的实际情况，去完善相应的技术标准。

第二节 物联网产业专利融入标准化战略的模式分析

物联网产业专利融入标准化战略模式根据主体不同分为四种模式，分别为主导企业模式，其通常为占据主导地位的企业独自完成标准化活动；企业联盟模式是由行业中的少数优势企业构成并主导；产业联盟模式的参与主体类型和数量较多，通常由产业链各环节的企业、机构、高校和科研院所等构成；技术标准联盟模式则结构复杂，目的是使本联盟所支持的技术标准不断得到接受，并最终获得市场认可。

一　产业联盟模式

物联网产业专利融入标准化战略产业联盟模式的参与主体类型和数量较多，大多为运营多个标准技术池的机构，涉及多个领域，其中代表性的产业联盟模式有 MPEG-LA、VIA Licensing 和 SISVEL，即使是在同一个领域中，采用的标准也各不相同，但主要还是 ISO、IEC 标准。

第一，MPEG-LA 运营机构：涉及的领域包括视频编解码、数字广播、电力、连接端口；旗下专利池为 QI 无线充电、电动汽车快速充电、EVS 音频编码器、HEVC/H.265、DisplayPor 显示端口、AVC/H.264、ATSC、VC-1、MPEG-4 VISUAL、MVC、MPEG-2、1394；标准的范围为视频编解码器标准，如 MPEG-2、MPEG-4、H.264/AVC、H.265/HEVC。

第二，VIA Licensing 运营机构：涉及的领域包括音频编解码、数字广播、蜂窝通信、Wi-Fi、位置信息；旗下的专利池为 Advanced Audio Coding（AAC）、LTE、MG-Multi-Generational、Wireless Program、W-CDMA、AGORA-C、802.11（a-j）、MPEG-4 SLS、MPEG Surround、OCAP tru2way；标准的范围为与无线通信相关的标准（如 LTE 和 Wi-Fi）与音频编解码器相关的标准，如 AAC。

第三，SISVEL 运营机构：涉及的领域包括视频编解码、音频编解码、数字广播、蜂窝通信、Wi-Fi、位置信息、遥测；旗下专利池为 MCP、Wireless、Wi-Fi、W-LAN、MIOTY、MPEG Audio、Video Coding、DVB-T2、DVB-S2X、DVB-S2、DVB-SIS、DVB CSA、JPEG-XT、DSL；标准的范围为 3G、LTE Wi-Fi 等无线通信相关标准 MEPG-Audio 等音频编解码器相关标准。

表 19-1　　　　　　　　产业联盟模式的不同标准

领域	专利池	标准名称	标准
视频编解码	MPEG-LA	H.264/AVC	ISO/IEC 14496-10：2008，第 4 版（2008-09-15）； ISO/IEC 14496-10：2014，第 8 版（2014-09-01）
		H.265/HEVC	ISO/IEC 23008-2：2013（E）； ITUT H.265 建议书（04/2013）； 建议书中定义的视觉标准 ITU-T H.265 v2（10/2014）； ITU-TH.265 v3 议书（04/2015）和/或 ITU-TH.265 v5 建议书（02/2018）

续表

领域	专利池	标准名称	标准
视频编解码	MPEG-LA	MPEG-4 Visual	—
		VC-1	SMPTE 421M-2006
		EVS	3GPP TS 26.441 "增强语音服务（EVS）的编解码器；总体概述"； 3GPP TS 26.442 "增强语音服务（EVS）的编解码器；ANSI C 代码（定点）"； 3GPP TS 26.443 "增强语音服务（EVS）的编解码器；ANSI C 代码（浮点数）"
		MVC	ISO/IEC 14496-10：2010（2010 年 12 月 15 日第 6 版）的以下部分：（a）附件 H 第 2—9 条（b）附件 A、B、C 和 E（c）附件 D.1，D.1.1—D.1.24，D.1.26，D.2.1-D.2.24
	SISVEL	Video Coding Platform	—
		JPEG XT	ITU T.81 ISO/IEC 10918-1
音频编解码	VIA LICENSING	AAC	—
		MPEG-4 SLS	MPEG-4 SLS
		MPEG-H 3D AUDIO	ISO / IEC 23008-3
	SISVEL	MPEG Audio	ISO/IEC 11172-3（MPEG-1 音频）和 13818-3（MPEG-2 音频）
数字广播	MPEG-LA	ATSC	A/53ATSC 数字电视标准第 1 部分 - 数字电视系统； A/53ATSC 数字电视标准第 2 部分 - 射频/传输系统特性； A/53ATSC 数字电视标准第 3 部分 - 服务复用和传输子系统特性
	SISVEL	DVB-S2X	ETSI EN 302 307 第 2 部分
		DVB - SIS	ETSI TS 103615
		DVB-S2	ETSI EN 302 307 第 1 部分

续表

领域	专利池	标准名称	标准
通信	VIA LICENSING	LTE	3GPP LTE
		MG	—
		W-CDMA	—
	SISVEL	MCP	—
		MIOTY	ETSI 标准 TS 103 357（"TS-UNB 规范"）
		Wireless	—
		Wi-Fi/W-LAN	IEEE 标准 802.11-2007； IEEE 标准 802.11n-2009； IEEE 标准 802.11-2012； IEEE 标准 802.11ac
位置信息	VIA LICENSING	AGORA-C	ISO 标准 17572-3 智能交通系统（ITS）-地理数据库定位参考-第 3 部分
	SISVEL	LBS	—
电力	MPEG-LA	EV Charging	联合收费系统 1.0 规范-CCS 1.0［版本 1.2.7（2017-01-26）］； 巴拉特电动汽车充电标准 AIS-138（第 1 部分和第 2 部分）； CHAdeMO 发布为 IEEE 标准 2030.1.1TM-2015
		MPEG LA—Qi	Qi 标准规范版本 1.2.4 中定义的一个或多个标准
连接端口	MPEG-LA	Display Port	VESA DisplayPort 标准版本 1，2006 年 5 月 1 日； VESA DisplayPort 标准版本 1.1，2007 年 3 月 19 日； VESA DisplayPort 标准版本 1，修订版 1a，2008 年 1 月 11 日
		IEEE 1394	—

资料来源：由笔者整理。

二　主导企业模式

物联网产业专利融入标准化战略的主导企业模式可以分为三种类型：

第一，通过购买标准必要专利来学习掌握专利标准融合运用方法。在前期还不具备标准制定能力时，通过购买标准必要专利，有助于了解专利融入标准的规则，掌握专利池的定价机制等。例如，海康威视购买标准必要专利加入专利池，作为许可方之一参与了 H.265 专利池利益分配规则商定，需要掌握专利族数量、专利族内专利数量、专利覆盖国家数量及具体国家情况等。海康威视目前正在围绕 H.266 标准加速专利布局，除了在美国、欧洲等主要地区专利布局外，在南美、非洲、东南亚等地区的专利布局也很重要。而海康威视作为国际电工委员会（IEC）成员，参与了新一代国际视频编码标准 VVC 标准（ISO/IEC 23090-3）开发工作，相关技术提案被纳入 VVC 标准，围绕这些提案已申请布局 22 件专利。

第二，企业专利部门和标准化部门协同开展工作，通过协调统筹企业内部资源，实现科技研发创新、高价值专利培育、技术标准研制"三同步"。例如，趣链科技作为新兴创业型公司，非常重视专利和标准融合，专门设有标准部门来推进相关工作。趣链科技已申请专利 500 余项，参与制定区块链国际标准 60 余项，国家标准 10 余项，行业标准、团体标准 60 余项。

第三，从技术创新出发使专利和标准融合，进行技术推广的时候把核心专利技术转化成标准，是专利标准化可行的实现方式。例如，大华在推进专利融入标准化过程中，一是基于技术集群对应的技术路线方向积累大量核心专利，当技术路线成为实质性、普适性的行业底座时，再转化为标准。二是从解决方案入手，大部分标准的出发点从应用场景出发，把行业优秀的、独创性的解决方案转化为标准，然后在产业领域全面推广。

三 企业联盟模式

物联网产业专利融入标准化战略的企业联盟模式可通过构建专利池实现，运用标准必要专利许可优势，其中许可费用实施方式的简单或复杂程度可以划分为两种类型：

第一，由爱立信、高通、中兴通讯等五大 IT 巨头联手推出的 Avanci 专为汽车和物联网制造商提供"一站式"解决方案的无线专利授权平台，采用的就是固定费率定价模式，许可费用模式简单，主要基于无线技术为产品带来的价值进行定价。如仅限紧急电话，每辆车 3 美元；3G（包括 2G 和紧急电话），每辆车 9 美元；4G（包括 2G/3G 和紧急电话），每辆车 15 美元。

第二，现有 40 个许可方的 HEVC Advance 专利池，作为 HEVC 三个主流专利池之一，主要提供 HEVC/H.265 全球标准必要专利的许可，HEVC Advance 的许可费用就很复杂：主要基于地域费率、授权设备类别以及是否选择高级配置这三个要素来确定。其中，地域费率是销售指定国家和地区以外的其他国家和地区专利费可以打折，折扣率为 50%。授权设备类别包括移动设备、联网的家居设备及其他设备、4K UHD 超高清电视、数字媒体存储设备。高级配置是指各类授权设备的具体专利费率中若被许可方选择了高级配置，则需要缴纳更多的专利费。HEVC Advance 机构在不同许可阶段为被许可方提供了优惠方案，主要包括：优惠方案中的折扣是在合规的专利使用费上的折扣；折扣不适用于售价 80 美元及以下的联网的家居设备及其他设备；合规专利使用费率以及上限对未来销售额适用的条件要满足被许可方保持合规且合规的被许可方可以享受 10% 的折扣，否则就要适用标准费率。

四　技术标准联盟模式

物联网产业专利融入标准化战略的技术标准联盟模式的参与主体是指以拥有较强实力和关键技术的企业为核心，并联合其他企业、高校或科研院所，围绕技术标准化各环节有效运行而组建的联盟。如国际上的 WIFI 标准联盟和我国的 AVS 标准联盟。

第一，WIFI 标准联盟：负责 Wi-Fi 认证与商标授权的工作，主要目的是在全球范围内推行 Wi-Fi 产品的兼容认证，发展 iEEE802.11 标准的无线局域网技术。该联盟成员单位超过 200 家，其中 42% 的成员单位来自亚太地区，包括中国区的 5 名会员。

第二，AVS 标准联盟：在 6C 联盟和 3C 联盟高昂的专利费压力下，我国政府组建了 AVS 标准工作组，通过走自主研发标准的道路来应对困难。AVS 标准联盟可以分为三个组织模块：AVS 标准工作组、专利管理委员会和 AVS 产业联盟，各模块间既相互独立又相互关联，独立性可以保证专业化分工、提高效率，而关联性则有助于实现协同，共同完成复杂的系统性创新。从独立性来看，一方面，AVS 标准联盟不存在统一的领导层和隶属关系；另一方面，AVS 标准联盟三个模块的职能相互独立，其中，AVS 标准工作组主要负责标准的制定，专利管理委员会主要负责对标准中的专利进行独立审核，找出并对外授权打包必要专利，而 AVS 产业联盟则负责制定战略并推动其产业化发展。从相互关联性来看，一是 AVS 标准联盟是以标准为基础的联盟，联盟中各个模块以标准相互连接，例如，专利管理委员会管理的专利来自 AVS 标准工作组，对外许可专利的对象包括 AVS 产业联盟中的成员；同时，AVS 标准联盟的目标是基于 AVS 标准产业链的整体发展，而其发展需要标准制定、专利管理和产业化推广的相互协调。二是三模块的成员存在交叉，例如，AVS 产业联盟的 12 家发起单位中，有 8 家单位也是 AVS 标准工作组的成员。

在某种程度上，AVS 标准工作组可以看作由政府撮合而成的战略性技术组织。AVS 标准工作组目前有成员 112 名，其中组织包括企业、研究所和大学等在内。政府如果没有介入，或是没有一个明确的信号可以表明对 AVS 发展的支持，那么各组织之间将无法联结，其发展将变得非常困难，政府的相关措施如表 19-2 所示。

表 19-2 AVS 联盟的政府措施

时间（年）	政府措施
2002	原信息产业部主导的"数字视音频编解码技术标准化工作组"成立
2009	国家发展和改革委员会批准成立"数字视频编解码技术国家工程实验室"
	国务院发布《国家 2009—2011 年电子信息产业调整和振兴规划》，强调"大力推进……数字音视频编解码……等标准产业化进程"
2010	国家广电总局科技司同意在广州开展国家首个 AVS 3D 电视技术试验项目
2012	广电总局和工信部成立"AVS 技术应用联合推进工作组"
2013	北京市民政局发出了"行政许可决定书"，准予中关村视听产业技术创新联盟（AVS 产业联盟）筹备成立，并在 6 个月内向登记管理机关申请成立登记
	国家新闻出版广电总局颁布了《AVS+高清编码器技术要求和测量方法》行业标准（GY/T 271—2013）
2014	工业和信息化部与国家新闻出版广电总局联合发布《广播电视先进视频编解码（AVS+）技术应用实施指南》
2016	国家新闻出版广电总局颁布《高效音视频编码第 1 部分：视频》为广电行业标准
2021	中央广播电视总台发布《中央广播电视总台 8K 超高清电视节目制播技术要求（暂行）》，明确视频编码标准采用 AVS3

资料来源：由笔者整理。

第三节　物联网产业专利融入标准化
战略的推进机制

加强物联网产业专利融入标准化战略的规范机制、激励机制和保障机制的建设，有利于加强对物联网产业专利融入标准化战略的条件、路径和方法的了解，加强某种符合组织期望的行为，该行为应有反复强化和不断增强的作用，在这样的作用下，组织、企业不断发展、壮大和成长，也有助于提供物质和精神条件保障。

一　物联网产业专利融入标准化战略的规范机制

（一）物联网产业专利融入标准的条件

从参与标准制修订的企业来看，一是推进专利融入标准具有起点门槛。含有专利技术的相关提案能否被采纳并形成标准，取决于企业的技术研发实力、知识产权能力以及企业市场地位。只有当技术积累和市场地位达到能参与标准制定成员的门槛后，才有可能具备将专利融入标准的资格。二是通过购买标准必要专利进而学习掌握专利标准融合运用方法也是后发者的一种加速路径。三是企业专利部门和标准化部门最好放在一起开展工作，更有利于协调统筹企业内部资源，实现科技研发创新、高价值专利培育、技术标准研制"三同步"。专利融入标准的主体通常是技术标准的提案人。一般而言，只有标准提案人自己拥有的专利，才会被纳入技术标准，因为一旦其专利技术被纳入技术标准，标准提案人将从强制实施技术标准中获得利益。总而言之，专利融入标准是一个单向、不可逆的过程，除非该标准被废止，或者专利权人放弃该专利的保护权利。专利技术与技术标准的融合主要表现为技术层面的融合，技术标准是核心专利技术为主的相关专利技术的组合，最终形成包含专利技术的技术标准。

（二）物联网产业专利融入标准的路径

专利和标准融合最好的出发点还是来自技术创新，进行技术推广的时候把专利核心技术转化成标准，是专利标准化可行的实现方式。在具体推进路径上，以市场自主制定的标准为重点，将专利与团体标准融合，合理利用专利技术提高团体标准的技术先进性，提升产业技术创新实力，通过标准升级促进产业转型升级和高质量发展。有共同利益的企业，可以共同组成企业联盟，横向联合，相互抱团，共同制定团体标准。推进专利融入团体标准，通过逐层示范应用，扩大占领市场份额，为了成为国际标准，要把涉及专利技术的团体标准推向国际标准化组织。

（三）物联网产业专利融入标准的方法

技术标准是对标准化领域中需要协调统一的技术事项所制定的标准。对标准中规定的需求、架构和方案进行研究，并把已有的专利融合到标准中，一般有"需求写入"、"框架写入"和"方案写入"三种类型。需求写入即标准描述的技术方案中，不包括专利限定的技术特征，仅表达一种愿望。框架写入为标准描述的技术方案中，包含了专利技术方案中的部分特征，即标准中的技术要素内容有一部分与专利的某项或某些权利要求重叠。方案写入为专利权利要求被写入标准，标准描述的技术方案与专利技术方案的全部技术特征重合，即包含某项专利技术的全部技术特征，而且技术特征内容与某项专利的内容完全重叠，标准描述的技术方案本身就是一项完整的专利技术方案。需求写入相对于专利的方案仅表达一种愿望，框架写入一般只涉及一部分权利要求，方案写入即权利要求被写入。潜在的必要专利对应于"需求写入"或"框架写入"。例如，在机械、电子、通信等技术标准中，多个相同或不同的功能单元相互配合，以完成标准的整体功能，这些反映特定结构及其相互关系的技术方案可能会融入专利权利要求。相对于标准来说，方案等同的专利是狭义的必要专利，无论专利的方案与标准形式等同或实质等同，说明实施标准必然使用该专利的方案。相对于标准来说，需求等同或架构等同的专利是潜在的必要专利。在这些专利中，技术特征一般多于标准中与解决相同技术问题有关的那些特征，因此专利的方案构成了实现标准的可选方案。考虑到这样的标准并不是一个完整的方案，如果实现方案存在较多技术路线的时候，很难确认其中某一项专利是否是必要专利。专利的"必要性"则该由相互有竞争关系的多项专利的集合来维持。

标准必要专利和非标准必要专利从专利产生过程的细节上来看没有什么区别，无非是标准必要专利的研发是标准技术研发，其他是产品研发。通常一个发明构思演变为标准必要专利，需要经历标准制定和专利申请两个并行的过程。标准制定过程包括预研、立项、起草、征求意见、审查、批准和出版等几个阶段。与标准制定流程并行的是专利申请人的专利申请过程。要在标准制定中实现专利融入，需要处理好专利与标准演进过程中的互动关系，参与标准制定的标准化人员与知识产权人员始终需要密切配合。标准制定和修订的阶段分为：标准酝酿阶段、标准草案阶段、标准审查和批准阶段，每个阶段的专利布局策略各有侧重。标准酝酿或提案阶段，就需要开始进行专利布局工作。通常，一项新技术形成标准之前，相关企业就已经有初步针对特定应用场景或业务需求而产生的技术方案，应就这些技术方案提交专利申请。在标准酝酿过程中，标准化人员应与知识产权工作人员共同研究标准化提案、制修订计划，并制订配套的专利申请布局计划。专利人员结合标准制定的各阶段开展专利发掘布局的工作，如表 19-3 所示。

表 19-3　　　　　　推标过程不同阶段的专利布局工作内容

专利标准化工作	
方案论证	了解项目技术背景及要解决的问题，围绕各项关键技术检索国内外专利；风险预警和规避设计
提案准备	围绕标准提案发掘专利，布置临时申请
起草	围绕征求意见稿发掘专利组合，制定专利申请策略，布置临时申请
征求意见	每次修改征求意见稿后调整相关临时申请和/或布置新的临时申请
审查	修改送审稿后，调整相关临时申请和/或布置新的临时申请
批准	确定最终的专利组合范围和每件专利申请文件的保护范围，布置正式申请

资料来源：马天旗：《专利布局》，2016 年版。

　　标准制定和专利权获得均是不断修改的过程，标准制定过程到最后标准定版，通常会经历较长甚至数年时间，最后写入标准的方案与最初的提案可能会存在较多区别。专利申请过程中能否获得授权存在不确定，即使获得授权，其授权文本的权利要求能否与发布的标准匹配，也存在不确定性。只有标准中的方案与授权的专利权利要求保持对应一致，才能产出标准必要专利。这就意味着专利布局要及时适应标准制修订过程的变化，在标准制定过程中，每一阶段标准草案的技术方案发生修改变化后，都需要知识产权人员及时了解跟进，在专利申请过程中通过优先权、修改、分案等方式来调整其权利要求的保护范围，以求达到最佳的覆盖状态。

二 物联网产业专利融入标准化战略的激励机制

鼓励学会、协会、商会和产业技术联盟等社会团体制定发布满足市场和创新需要的团体标准，合理引入专利技术升级标准，聚焦重点领域开展专利标准融合试点示范。引导标准组织制定和完善知识产权政策，明确必要专利的定义和范围，确立专利信息的披露义务和披露程序，要求提供所披露专利的许可承诺，形成配套工作文件。引导团体标准制定组织监督、协调组织成员的专利信息披露、实施许可声明、许可谈判等活动。鼓励团体标准制定组织协助标准实施者及时获得专利披露与许可声明等相关信息。可优先考虑支持战略性新兴产业、专利密集型产业相关领域专利融入标准。鼓励组建专利联盟与标准联盟。支持将团体标准上升为国际标准。引导团体标准制定组织确定团体标准范围，明确团体标准国际化的对标和采标组织（管子怡等，2020）。支持团体标准制定组织掌握国际标准组织的标准制定规范、程序及相关领域的技术、政策信息，使自身工作模式和运行机制与国际标准组织接轨。引导团体标准制定组织合理吸引外资企业专家或外国专家参与标准制定活动。鼓励团体标准制定组织积极参加或主动承办国际标准组织的活动，主动提交标准提案和相关意见，争取承担国际标准组织的职位及任务。

鼓励和引导企业制定适应自身发展的专利标准融合战略，明确战略目标、定位和实施路径。支持企业建立专利与标准联动机制，实施专利微导航，靶向布局培育标准必要专利，改变专利与标准管理相互分离的现状。鼓励企业加入标准制定组织，参与标准制定活动或牵头提出标准方案，掌握标准制定组织的知识产权政策，促进自有专利技术融入标准。引导企业掌握标准制定组织的知识产权政策，明确应当履行的义务，基于公平、合理且无歧视原则实施标准必要专利许可。优化企业制修订标准的奖励政策，将企业专利融入团体标准以及国际标准、国家标准、行业标准纳入政策奖励支持范围，提供专项定向奖励。

　　鼓励采购专利与标准融合的第三方服务。鼓励发展和引进高端专业服务机构，强化标准必要专利服务供给能力，推进专业服务机构品牌建设。培育专利与标准结合的知识产权服务市场，支持专业服务机构开发和提供相关服务。引导各类标准化组织在标准立项、审批阶段开展标准化项目的专利风险评估等工作。支持标准必要专利的第三方评价。支持熟悉标准知识产权政策、标准所涉技术领域及必要专利评估方法的专业服务机构开展标准必要专利评估，协助各类标准化制定组织及创新主体评估相关专利的必要性。加强专利融入标准专家人才库建设，在现有专家团队基础上，形成一支专注于专利与标准化工作并且相对稳定的专家团队，长期为专利融入标准工作及标准必要专利纠纷应对工作提供智力支持。

三　物联网产业专利融入标准化战略的保障机制

（一）组织保障

　　对于社会团体来说，首先应该建立明确的团体标准专利规则，包括定义团体标准必要专利、规定团体标准必要专利的披露和许可规则、制定专利信息披露和专利许可承诺书等各类文件。在团体标准公布之后，对社会团体来说，应加强专利运营的引导工作，引导标准必要专利的持有人合理开展专利许可。如 MPEG，在标准实施的初期，多方共同成立专门开展专利许可的第三方机构，协同开展专利运营能够更有效地进行技术推广、降低许可成本，从而更好地实现更多的企业参与到团体标准的实施。

（二）制度保障

　　专利是受法律法规保护并拥有专有权的发明创造，是一种具有独占排他性的权利，如果非专利权人想要使用他人的专利技术，就必须依法征得专利权人的授权许可。所以，专利是创新的、专有的技术，而标准则是成熟的、兼容的、通用的技术，这两个对立的价值取向导致两者的结合产生必然的冲突。为解决标准与专利之间可能的冲突，制定了标准制定过程中的专利处置规则，通过会员合同的方式，对标准制定程序中的必要专利权提出要求。一旦一个公司达成了 FRAND 许可，他们必须向任何企业或人士提供，而这些被提供者可以不是会员。如果没有这个协定，会员可能会凭借其垄断地位，利用标准，向其他企业或个人提供不公平、不合理和带歧视性的许可，对合理的竞争造成伤害。其核心就是要求参与标准制定的专利权人尽可能地如实披露其所拥有和知悉的标准必要专利，同时希望专利权人做出 FRAND 的许可声明，即专利权人承诺将来会在 FRAND 原则的基础上许可标准使用者实施其专利技术。

第二十章

面向工业互联网产业创新的知识产权联盟战略研究

本章从知识产权联盟战略组织主体和知识产权联盟战略运营形式两个方面分析界定了工业互联网产业知识产权联盟的特征，并基于以上特征对工业互联网产业领域现存的法人式知识产权培育模式、社会团体式知识产权运营许可模式、知识产权与标准协同模式进行内涵分析和案例讨论，并提出了面向工业互联网产业创新的知识产权联盟运行机制。

第一节　工业互联网产业知识产权联盟战略的特征分析

近年来，以工业互联网为代表的新一代信息技术正在深度重构全球产业模式、企业形态和价值分工，并推动全球工业体系发生深刻变革。根据中国工业互联网研究院测算，2020 年我国工业互联网产业经济总体规模达到 3.57 万亿元，融合带动经济增加值 2.62 万亿元。工业互联网是新一代信息通信技术和工业技术深度融合的产物，是制造业数字化、网络化、智能化的重要载体，也是全球新一轮产业竞争的制高点。工业互联网通过构建连接机器、物料、人、信息系统的基础网络，实现工业数据的全面感知、动态传输、实时分析，形成科学决策与智能控制，提高制造资源配置效率，正成为领军企业竞争的新赛道、全球产业布局的新方向、制造大国竞争的新焦点。作为新一代信息技术与制造业深度融合的产物，工业互联网日益成为新工业革命的关键支撑，政策红利下我国工业互联网产业集群效益逐步显现，已形成环渤海、长三角、珠三角、中西部地区四大物联网区域发展格局，江苏无锡、浙江杭州、深圳等地运用配套政策，成为推动工业互联网产业发展的重要基地。

知识产权战略联盟是国外企业为加强合作越来越普遍采取的手段，国外学术界对这种企业联盟现象的研究从 20 世纪 80 年代逐渐展开。由于技术创新是现代企业提高竞争力的主要手段，且现代企业也主要是在高技术领域通过共同技术创新来实现战略联盟的，因此，知识产权联盟成为人们研究企业战略联盟的关注焦点，知识产权联盟战略对指导工业互联网产业创新中知识产权利益相关者共同防御知识产权风险具有重要作用。

在部分发达国家，知识产权运营已形成相对完善的运作产业链。既涉及例如 IBM，高盛、微软，谷歌、苹果、三星、华为、中兴等国际新兴产业与高端技术领域的跨国公司，还包含众多的中小型专利运营公司，特别是以美国高智等为典型代表的被称为"非专利实施主体"（NPE）的职业专利投资公司，这些创新主体形式具有共同的商业目的就是实现产业链相关知识产权价值的最大化。近年来，西方一批跨国专利运营公司试图抢占中国市场，这对我国知识产权界产生很大的冲击，政府和产业创新主体对这类知识产权投资公司开展了广泛讨论。总体而言，虽然知识产权运营存在投机行为的可能性，诸多无意义的诉讼可能会极大地浪费稀缺的司法资源，增加了生产制造企业的经营成本，加剧了专利丛林现象的出现。但整体而言，我国政府和产业界在与西方知识产权机构对垒锤炼中，通过知识产权联盟战略扩大了资本积累和促进了效益的提升，激发了创新活力和能力，推动了知识产权的商用化进程，实现了规模化经营和增加了技术存量，优化了资源配置并加速了体制建设。

企业开展知识产权联盟的形式多种多样，根据不同的分类标准可以对知识产权联盟进行不同的分类，日本学者把企业知识产权联盟分为五个类别，该分类是以企业创新主体在相互之间技术资源方面的异质性置换方式为标准，可以将其视为一种具体的知识产权联盟分类。五种知识产权联盟类型是：交叉型知识产权联盟（不同行业企业互换技术资源），竞争战略型知识产权联盟（竞争对手企业在特定研究开发领域结成联盟），短期型知识产权联盟（拥有先进技术的企业与拥有市场优势的企业联盟），环境变化适应型知识产权联盟（多个企业为适应市场环境变化、大规模合理调配技术资源而进行的联盟），开拓新领域型知识产权联盟（多个企业共同提供某种新技术资源，开发新产品领域）。另外，还有美国学者根据企业在技术创新主要阶段，研究开发阶段选择的不同性质的联盟伙伴将知识产权联盟分为五种类型：与产品用户组成的共同研究开发的知识产权联盟、与零部件的供应商组成的共同研究开发知识产权联盟、与以往竞争对手企业组成的共同研究开发的知识产权联盟、与和本企业技术关联密切的企业组成的共同研究开发的知识产权联盟、与政府有关部门/学校等非企业组织组成的共同研究开发的知识产权联盟。

工业互联网产业作为新一代信息通信技术和工业技术深度融合的产物，在知识产权联盟战略层面表现突出，以车联网、物联网、低压电器、生物医药等为代表的工业互联网产业已经通过知识产权联盟战略开展了一定探索，从联盟的组织主体和联盟运营方式可以简单对工业互联网产业知识产权联盟战略特征做出界定，具体如表 20-1 所示。

表 20-1　　　　　　　　知识产权联盟战略特征分析

组织主体	联盟运营目标		
	知识产权培育	知识产权运营许可	知识产权标准协同
企业法人	通过打造专利数据库，开展专利导航，提供知识产权服务与培训来实现高价值知识产权的技术共研和培育工作	通过对联盟自有专利池的建设与管理，不断开展对外的技术共护，转让许可以及对内的技术共享，交叉许可工作	通过搭建标准库，实现联盟内外创新主体的技术共通，开源开放，产业创新
社会团体			
政府主导机构			

资料来源：由笔者整理。

随着新兴技术的系统性和复杂性日益增强，异质性资源与知识整合集成在技术创新活动中的作用日趋显著，知识产权联盟成为国内外成熟的技术研发组织模式。尤其是涉及国家战略性关键核心技术研发部分，为了降低研发风险、减少机会成本和促进产业标准化活动，政府在一定程度上介入了知识产权联盟战略活动中，借用公共政策工具激励和干预企业创新主体的创造性行为。中国关键核心技术研究发展计划是由国家相关部门主体制定并推动的指令性关键核心技术研究发展计划，它的组织管理模式体现了数字经济背景下中国关键核心技术研究发展的典型特性，表明了政府介入集成创新的共性特点。在工业互联网领域，较为突出的就是通过知识产权联盟开展的一系列知识产权培育工作、继而通过共同研发开展知识产权的内外部交叉许可和运营许可模式，并最终通过标准化协同实现产业整体创新。

第二节 工业互联网产业知识产权联盟战略的模式比较

本节介绍了工业互联网产业知识产权联盟战略的三种典型模式，分别是法人式知识产权培育模式、社会团体式知识产权运营许可模式和知识产权与标准协同模式，并通过工业互联网领域较为活跃区域的知识产权联盟运营案例加以解释。

一 法人式知识产权培育已成为工业互联网产业竞争新方式

（一）知识产权培育孵化模式

以知识产权培育孵化模式为主要特征的知识产权联盟重点关注以高效能知识产权运用助力工业互联网产业转型升级。一是专利赋能，助力企业创新主体加速上市。导入专利审查快速通道，与省知识产权研究与服务中心、省市知识产权保护中心等组织寻求合作，对接配置工业互联网产业相关专利优先审查、预审等资源，通过快速审查、快速确权的方式，以专利赋能助企科创板上市；开展企业上市知识产权体检服务，提供专利检索、知识产权预警、专利导航、商业秘密保护等公共服务，为相关企业提供知识产权状况综合分析，举办企业科创板上市知识产权专题培训会。二是专利培育，助力"双链"深度融合。以知识产权联盟内多家龙头企业为牵引，聚焦工业互联网产业链关键核心技术领域，尤其是针对具备代表性标准化成果的部分，实施高价值专利培育工程，打造一批高价值专利组合，促进创新链与产业链的深度融合。三是专利质押，助力价值快速变现。鼓励金融属性的联盟成员单位开展知识产权质押融资、"投贷联动"等新模式，推广知识产权保险，推进知识产权证券化工作，促进知识产权价值快速实现。

（二）知识产权培育孵化模式的知识产权联盟案例

中国低压智能电器产业知识产权联盟是浙江省首家通过国家知识产权局备案的企业法人式产业知识产权联盟。联盟旨在从构建专利数据库、开展专利导航工作、构建高价值知识产权培育平台、知识产权服务与培训方面，助力中国低压智能电气行业高质量发展。中国低压智能电器产业知识产权联盟成立于 2017 年 8 月，同年 10 月通过国家知识产权局备案（备案号：国知联备 2017012），是浙江省首家通过国家知识产权局备案的企业法人式产业知识产权联盟。联盟运营公司为温州正合知识产权服务有限公司，会员单位涵盖企业、高等院所、服务机构、金融机构等，现有企业会员 12 家、高校院所和协会 4 家、服务机构 1 家、金融机构 1 家，共 19 个会员单位。其中，国家知识产权示范企业 1 家、国家知识产权优势企业 3 家、国家专利导航运营试点企业、国家工信部知识产权运营试点企业 1 家、知识产权贯标企业 5 家。

目前，联盟会员单位累计申请专利 9000 余件，其中，发明专利占 38.9%，PCT 申请 130 余件，授权及审查中专利 6000 余件，联盟会员单位获得中国专利奖累计 13 件，其中专利金奖 1 项。联盟内部设有专门的联盟专利池，截至目前，专利池共收储 500 余件专利，涵盖低压电器及工程塑料、触头合金等技术与产品。

中国低压智能电气产业知识产权联盟案例
——中国低压智能电气产业知识产权联盟的培育孵化模式

（1）专利数据库。专利数据库是开展专利技术路线分析、风险评估预警、专利布局等各项工作的重要基础，低压联盟依托会员单位的优势资源，推进建成了低压电器产业专利数据库。依托行业龙头企业优势资源，建成行业精细化专利数据库，通过将专利基础数据实现本地化，以及多个数据库检索、人工逐件阅读，对低压电器相关的专利按技术分支进行分类标引，并动态跟踪新公开的专利数据，截至目前，已累计投资超 1000 万元，完成 30 余类、27 万余件行业相关专利分类标引,其中 2020 年完成标引 2 万余件,为联盟各类专利检索提供良好的数据支撑,其在联盟专利导航分析项目、日常检索分析工作中发挥重要作用,显著提高了专利分析检索效率。

(2)专利导航。积极开展专利导航分析工作,2020 年完成"数字化断路器产业专利导航"、"新基建用电接触材料"等项目并申报温州市专利导航项目备案,截至目前,已建成 5 个省市级专利导航项目,依次是"数字化断路器产业专利导航""新基建用电接触材料""万能式断路器触头灭弧系统应用研究""重合闸断路器专利导航""智能继电器专利导航",正泰电器、诺雅克等会员单位已建立成熟的专利导航企业决策的工作机制,在研发、改进、投融资、重大技改项目等经营活动中,先后参照或部分参照《企业运营类专利导航项目实施导则》、《专利导航指南》(GB/T 39551)系列国家标准的工作思路,开展专利导航分析、知识产权布局等工作。参照或部分参照国知局《企业运营类专利导航项目实施导则》的工作思路,开展专利导航分析、专利风险评估、知识产权布局等工作。其中,正泰电器 2018 年完成省科技厅专利战略推进项目"万能式断路器触头灭弧系统应用研究"并获优秀等级后,承接并完成省专利导航项目"重合闸断路器专利导航"、"智能继电器专利导航"。联盟成立后,在联盟会员技术合作中,积极开展专利导航分析,例如,正泰电器与福达等公司在技术项目合作中,开展了电触头材料等重点技术专利导航分析,为梳理研发路线、规避风险、布局专利提供信息支持,提高了合作项目的工作效率和质量。

(3)高价值知识产权培育平台。具备较强控制力的知识产权是产业知识产权联盟发挥作用的基础,低压联盟积极开展优势资源整合行动,不断赋能会员单位企业高价值知识产权培育平台。组织开展低压电器领域高价值知识产权评价体系研究,逐渐完善培育与评价标准,完成低压联盟《专利分级管理办法》起草与试行、《专利价值评估技术规范》草案。牵头组织开展智能低压电器相关的标准必要专利研究,与相关会员单位企业分享高价值知识产权培育、评价、运用、管理的流程与方法,指导企业结合自身发展实际状况,逐步建立起符合低压电器行业标准的高价值知识产权评价体系。截至目前，已经开始编制高价值知识产权判定标准试行稿，累计新申请专利 1534 件，其中发明专利 1028 件，PCT 申请 46 件，商标注册 189 件，软著登记 50 件，高价值知识产权超过 200 件，完成阶段性指标，累计获中国专利奖 13 项，其中专利金奖 1 项。

（4）知识产权服务与培训。为整合会员单位优势资源，不断提高会员单位企业专业能力和知识产权能力，2020 年低压电器联盟秘书处通过知识产权培训帮助 1 家会员单位企业培养了一批知识产权管理体系建设和运营人才，累计提供专业咨询 10 次，辅导 3 家企业知识产权管理体系贯标，举办培训、研讨会、论坛等各类活动 30 余次，累计参加人数超过 2000 人，提供知识产权咨询服务 100 余次。

资料来源：由笔者整理。

二 社会团体式知识产权运营已成为工业互联网产业竞争新战略

（一）知识产权运营许可模式

以知识产权运营许可模式为主要特征的知识产权联盟重点关注以高标准知识产权运营优化工业互联网产业营商环境。一是辅助建设相关工业互联网产业知识产权交易中心。与相关知识产权交易中心合作，依托联盟资源优势加速推进工业互联网领域知识产权交易运营中心建设，由此构建起公开、专业、高效的全国性工业互联网知识产权交易平台，打造囊括专利、商标、科技成果、股权债权、数据等交易品种的一体化平台，大幅提升创新成果的转化金额。二是加强知识产权大数据利用。鼓励知识产权联盟研发"工业互联网产业专利—企业精准匹配系统的专利交易平台"，以知识产权大数据为基础支撑，以专利竞争情报分析为基本依托，完善重点企业专利导航和知识产权信息利用与预警分析机制，引导承担或实施重大项目的工业互联网领域企业自主开展知识产权评议工作，加强重大项目全过程知识产权管理，有效规避、化解知识产权系统性风险；研究发布工业互联网产业知识产权白皮书等行业性知识产权发展趋势报告，加强知识产权竞争态势的监测、研判，为工业互联网领域"卡脖子"技术相关的重点产业、企业建设以及高价值知识产权提供预警服务。三是构建知识产权涉外风险防控体系。着力国际知识产权预警分析，开展海外知识产权纠纷应对指导和援助机制建设，为工业互联网领域企业"走出去"提供更加高效、便捷的海外知识产权风险防范和纠纷应对服务。联盟专家为联盟成员单位企业提供法律支持，同时为企业相关发明专利申请对接绿色通道，帮助相关企业成功避开或解决海外纠纷，为国内企业拓展海外市场提供可复制的服务保障。

（二）知识产权运营许可模式的知识产权联盟案例

杭州钱塘新区生物医药产业知识产权联盟（Qiantang Area Intellectual Property Alliance for Biological Medicine Industry，QA-IPABMI）是浙江首个生物医药产业知识产权联盟，也是浙江省首个社会团体性质的知识产权联盟，更入选浙江省市场监管局 2021 年发布的第一批"省级产业知识产权联盟推荐名单"。纵观其踪，联盟通过建专利池、建服务线、建管理组、建标准库等方式，推进"信息共享、资源共通、风险共担、创新共促"的知识产权团体战略，促进联盟成员协同发展，整体提升生物医药产业知识产权核心竞争优势。

自 2019 年 10 月 21 日正式宣告成立，QA-IPABMI 就步入快速发展阶段。2021 年 1 月，QA-IPABMI 召开联盟大会，新增加 4 家成员单位、选举法定代表人单位和副理事长单位、修改《杭州钱塘新区生物医药产业知识产权联盟章程》；4 月 15 日，联盟成功注册为公益性社团法人，独立运营；4 月 23 日，钱塘新区生物医药知识产权联盟正式注册成立，自此开启实体化运作生涯。9 月 29 日，联盟协办第五届国际生物医药（杭州）创新峰会之"创业中华—2021 侨界精英创新创业"。QA-IPABMI 致力于成为围绕国家和区域生物医药产业政策与规划，结合技术、人才、资本和知识产权的发展趋势，汇集钱塘新区生物医药产业、企业以及高校、科研机构、金融机构和知识产权服务机构，开展资源共享、协同创新和"产、学、研、融、知"全方位的服务型、开放性、非营利性的行业合作型组织，联盟现有成员单位46 家。

杭州钱塘新区生物医药产业知识产权联盟案例
——杭州钱塘新区生物医药产业知识产权联盟运营许可模式

（一）建专利池，技术共享

联盟通过平台优势和渠道优势，指导企业利用专利导航提升检索能力，确定企业的研发方向，规避已有专利侵权等发挥了重要的作用。如表1所示，已有不少企业积极运用专利导航开展研发项目。

表1　　　　　　　　　　专利导航项目

序号	拟立项项目	拟立项单位
1	动力电池监控芯片专利导航项目	杰华特微电子（杭州）有限公司
2	有源天线系统（AAS）专利导航项目	三维通信股份有限公司
3	GLP-1手提激动制剂药物专利导航分析	杭州九源基因工程有限公司
4	阀控制蓄电池	浙江南都电源动力股份有限公司
5	齿科3D数字化设备专利导航	先临三维科技股份有限公司
6	单层氧化石墨烯专利导航	杭州高烯科技有限公司
7	功能安全系统中高可用性技术专利导航	浙江中控技术股份有限公司
8	智能家居领域网络通信技术专利导航项目	浙江大华技术股份有限公司
9	应用于无人驾驶汽车的新型制动系统	万向钱潮股份有限公司
10	抗重症感染药物专利导航	杭州中美华东制药有限公司

（二）建服务线，技术共研

杭州钱塘新区生物产业知识产权联盟通过一系列的服务线，为企业培养所需要的专业人才，提升生物医药企业知识产权保护意识，促进了企业的知识产权高质量发展。从表2可以看出，联盟内企业的知识产权创造成果优异。

表2　　　　　　联盟主要生物医药企业的专利和注册商标

企业	专利		注册商标（项）	软件著作权（项）	作品著作权（项）
	申请（项）	授权（项）			
九源基因	53	33	36	0	2
杭州圣石科技有限公司	21	17	6	0	0
杭州国光药业股份有限公司	63	56	53	0	0

续表

企业	专利		注册商标（项）	软件著作权（项）	作品著作权（项）
	申请（项）	授权（项）			
杭州巴洛特生物科技有限公司	33	12	1	0	0
艾博生物医药（杭州）有限公司	292	193	0	2	6
浙江霍德生物工程有限公司	14	12	23	1	2
杭州铭善生物科技有限公司	57	53	20	0	2
浙江道尔生物科技有限公司	13	1	14	2	0
浙江惠松制药有限公司	27	18	14	0	18
杭州奕安济世生物药业有限公司	29	4	20	3	0
浙江和泽医药科技股份有限公司	29	14	80	1	0
杭州奥泰生物技术股份有限公司	96	81	71	1	0

资料来源：由笔者整理。

联盟中的知识产权机构，律师事务所以及金融投资机构为企业在知识产权管理和运用方面，提供了专业的知识产权服务，如专利检索分析，许可，转让和运营、金融服务、标准服务、人才培养等方面工作，更好地服务联盟成员，助推钱塘区生物医药产业创新发展。

企业知识产权管理和运用能为企业带来良好的经济效益和社会效益。以九源基因为例，该公司极为重视专利研究，善于将专利研究综合运用于企业经营全过程。经过系统的专利信息分析，该公司通过无效宣告使 5 项国外授权专利被无效，通过异议驳回专利申请 10 余项，为公司项目开发扫清法律障碍。以该公司自主研发的药物亿喏佳的知识产权布局和运用为例。亿喏佳通用名为依诺肝素钠注射液，原研厂家为法国赛诺菲公司。在专利到期后，赛诺菲公司围绕依诺肝素申请了多项工艺方法专利并授权，形成了较高的技术壁垒。九源基因对依诺肝素钠进行 8 年的技术攻关，解决了纯化工艺难题。公司于 2006 年将该纯化方法申请发明专利，2008年6月获得授权，与中科院上海有机所合作，开发一种依诺肝素钠毛细管电泳检测方法，绕开欧洲药典6.0标准中隐藏的多糖1，6-成环率测定方法的专利限制，于2012年申请该测定方法的发明专利，2013年7月获得授权。在专利工艺的基础上，经多次验证试验证明九源公司生产的依诺肝素钠产品质量与进口品基本一致。通过严密的专利技术布局和有效的市场营销相结合，使九源公司以媲美原研药的质量标准、相对较低的生产成本和价格，具有较强的市场竞争力，促使本品在国内占有较高的市场份额，2011—2019年累计实现销售额近8亿元，出口创汇近3000万美元，实现了较好的经济效益和社会效益。

（三）建管理组，技术共护

杭州市钱塘新区生物医药产业知识产权联盟组织结构如下，杭州生物医药创新研究中心担任的联盟理事长单位；温州医科大学校长、研究中心主任李校堃教授为联盟名誉理事长；中国计量大学知识产权学院彭飞荣博士为联盟秘书长单位负责人；还有各生物医药企业，高校科研单位，知识产权服务机构、律师事务所和金融投资机构共同组成。通过这个组织结构杭州市钱塘新区生物医药产业联盟将生物医药企业、高校、科研机构、金融机构和知识产权服务机构汇集起来，为成员生物医药企业提供资源共享、协同创新和"产、学、研、融、知、用"全方位的服务。而在生物医药企业层面，各公司根据自身情况，从创造、保护、管理和运动等方面综合制定符合企业发展的知识产权战略，并推行其战略，从而以产业知识产权战略推动生物医药产业的可持续发展与创新。联盟与钱塘新区生物医药企业一起，建立知识产权保护自律机制，团结联盟内企业，构建生物医药产业知识产权风险应对机制，增强风险防范和处理能力，保障产业发展安全。主要通过以下措施来达成：

为了提升生物医药企业的知识产权布局和保护的重视程度，联盟通过不同途径的培训来实施。联盟多次邀请专家、律师开展专题讲座，为联盟企业送上专利创造、维权服务等专业性指导课程。同时，通过培训不断向企业传递重要的知识产权保护方面的知识和措施，如专利和商标在申请中的注意事项和布局、商业秘密的保护的重要性和误区，以及如何通过制度管理和隔离管理实施保护等。

作为最早加入联盟的杭州九源基因工程有限公司就是联盟中极为优秀的一个例子。九源基因公司极为重视知识产权战略建设，设有专业的知识产权管理部门，制定了多种鼓励技术创新和知识产权保护的政策，对研发项目进行全面的专利布局，目前已申请发明专利53项，已获得授权33项（包含3项国外授权专利），其中3项专利获得"中国优秀专利奖"。

联盟通过产教融合高端知识产权人才项目，为企业培养所需要的专业人才，这为企业实施知识产权保护提供了人才保障。同时，在企业面对海内外的诉讼时，联盟积极安排专家到企业指导，一起制订方案等。杭州奥泰生物技术有限公司成功应对美国企业提出的"337调查"，与联盟内的专家及时跟进开展指导、拟订应对方案、服务企业决策等因素不无关系。

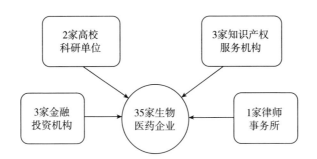

图1 杭州市钱塘新区生物医药产业知识产权联盟组成

资料来源：由笔者整理。

（四）建标准库，技术共通

联盟内的生物医药企业主要分为两类：一类是以生产或研发药品为主的企业，如九源基因、杭州国光药业股份有限公司。另一类为医疗器械企业，包括体外诊断试剂和医疗器械，如艾博生物医药（杭州）有限公司、杭州铭善生物科技有限公司等。这两类企业因产品线大类的不同而采纳和制定的标准有所差别。第一类，以生产或者研发药品的生物医药企业，在生产上采用的标准体系一般为 ICH-Q7A 或 GMP；在质量管理体系上一般采用 ISO9000 或 ISO13485 质量管理认证体系；在产品的 QC 标准上，一般采用中国药典、美国药典或者欧洲药典作为产品质量检测以及通过标准；在环境保护和废弃物排放方面，一般使用国家环境管理体系；在知识产权方面，一般采用企业知识产权管理体系认证。第二类，以生产医疗器械为主的企业，在生产管理阶段一般采用医疗器械质量管理体系，属于第三类医疗器械企业一般遵守国家药品监督管理局管理体系，属于第二类医疗器械的企业一般遵守产品注册申请的属地省级药品监督管理局管理体系，属于第一类医疗器械的企业一般遵守属地市级药品监督管理局管理体系；在质量管理体系上，一般采用 ISO9000 或 ISO13485 质量管理认证体系；在知识产权方面，一般采用企业知识产权管理体系认证。

资料来源：由笔者整理。

三　知识产权与标准协同已成为工业互联网产业竞争新规则

（一）知识产权与标准协同模式

知识产权与标准协同战略为工业互联网产业创新提供保护和激励，并已成为工业互联网产业竞争新规则。全球工业互联网产业正处在产业格局规模化扩张的窗口期，美、德、日等国围绕核心标准、技术、平台等加速布局。与工业发达国家相比，中国数字产业的工业互联网标准体系不完善成为数字产业创新发展的最重要"短板"。工业设备网络化难、数据采集标准不兼容、多平台间互联互通的接口规范有待建立、工业互联网平台标准亟须统一、缺乏工业 APP 标准研制和产业化推广等问题严重制约我国数字产业创新发展。为此，高度重视和发挥知识产权与技术标准协同战略，推进工业互联网产业创新发展已成为政产学研各界共同关注战略变革新主题。知识产权协同战略关注知识产权战略与工业互联网产业创新中相关战略的互动融合和协作发展，其中知识产权战略与技术标准战略协同为数字产业创新提供保护和激励。知识产权联盟战略是推动工业互联网产业创新主体开展关键领域知识产权运营，包括建立订单式知识产权研发体系、构筑和运营产业专利池、推进开源创新中知识产权利益相关者共同防御知识产权风险。做精联盟并以高质量知识产权支撑构建工业互联网产业创新生态。一是探索知识产权与标准有效融合路径。以联盟为载体，探索打造专利与标准融合发展示范区，打通高价值专利布局、高效益成果转化、高层级标准制定全链条，鼓励联盟成员企业建立技术研发、专利申报和标准制定同步推进机制，完善研发成果转化全链条体系。在工业互联网产业关键核心领域选取优势企业，鼓励企业主导参与各类标准的制修订，支持企业将优势技术转化为各类标准，开展专利与标准融合发展的专利池建设，为后续专利转化运用打下基础。二是健全知识产权相匹配人才支撑体系。依托联盟智库人才引流，加大高端知识产权人才引育力度，借助联盟成员单位资源优势，探索设立高端知识产权战略研究院等智库机构和国际化知识产权人才培养基地，开展产学研联合培养新模式，系统性培养高素质、复合型、国际化的知识产权高层次专业人才。三是走出知识产权专业化托管服务实践。针对联盟成员单位部分中小企业缺少专门知识产权管理团队的现实问题，联盟内服务机构积极推广知识产权托管服务，帮助企业在专利创造、管理、纠纷应对等方面提供支撑，为其提供托管服务，成为企业创新路上的"智慧管家"。

（二）知识产权与标准协同模式的知识产权联盟案例

2015 年 11 月 17 日，杭州高新区（滨江）成立了"物联网产业知识产权联盟"，联合高新区物联网产业的优势企业、高校、科研院所、知识产权服务机构、投融资机构等单位，建立了知识产权的信息共享平台，首批的联盟成员共有 44 家，联盟主要的任务是建立和开放一个专利数据库，并搭建企业知识产权的管理平台及系统。联盟成员企业不仅可以在库中自助查找到专利相关的各种文献信息，还可以快速建立规范的知识产权管理体系，实现知识产权全生命周期管理的自助或半自助式服务，并以创新知识产权孵化的模式，为企业单位提供专利技术的二次开发和产业化，加快研发创新、市场开拓及专利资产增值的运营。

杭州高新区（滨江）物联网产业知识产权联盟案例
——物联网产业知识产权联盟的知识产权与标准协同模式

第四次工业革命的到来加速了各产业间以信息通信（ICT）技术为中心的融合，实现互联互通的连接技术和协议标准对于物联网至关重要，ICT等相关标准必要专利的影响力正在由传统通信行业向所有行业扩散，将在物流、制造、能源、基础设施、医疗保健、仓储、运输和汽车等新兴产业领域发挥决定性作用。近年来，标准必要专利引发的专利诉讼纠纷越来越多，有关公平合理无歧视原则（FRAND）、许可费率、标准必要专利禁令救济、反垄断等成为专利事务中被高频关注的热点，标准必要专利权利人和实施人之间持续上演不同法律与专利议题的攻防大战。随着物联网产业的加速发展，标准必要专利纠纷以及专利与标准有效融合将是未来物联网产业知识产权创造、保护和运用的常态化议题。

中国物联网产业知识产权联盟充分发挥杭州高新区（滨江）千亿级物联网产业资源集聚和运营要素齐备的优势，以"知识产权+标准"双轮驱动战略为引领，以数据要素驱动物联网产业知识产权资本化和产业化、以数字化变革加速物联网产业知识产权要素市场化流转与价值实现为基本思路，将力争通过3年建设运营，基本建成知识产权要素齐全、物联网产业创新生态健全、"知识产权+产业+资本+机构+人才"一体化融合发展的国家级产业知识产权运营枢纽，助力我国物联网产业抢占国际科技竞争高地。依托中国物联网产业知识产权运营中心、浙江高技术产业高价值知识产权培育平台、物联网产业知识产权联盟等平台载体，充分发挥六棱镜、中国科学院大学、浙江大学、中国计量大学、浙江工业大学、之江实验室、长三角标准技术研究院、省知识产权研究与服务中心等专家学者和专业团队力量，目前相关运营组织已经探索核心专利与技术标准有效融合的阶段性路径。

（一）研究专利与标准融合路径并夯实数字基础

深入研究国内外专利与标准融合现状、机理与实施路径，掌握物联网、区块链等重点领域全球专利池现状、许可费率安排、运行机制以及许可政策要求，编制《专利融入标准现状调查报告》。组织产学研专家学者研讨和企业实地调研 10 余次，为专利标准融合工作提供坚实理论基础。建设全球标准必要专利数据库，收录涵盖 ISO、ITU、IEC、ETSI 等主要标准组织披露的 20 多万件标准必要专利。发布《全球物联网产业知识产权发展白皮书 2020》等研究成果。重点针对物联网、数字安防等产业相关的新一代视频编解码 H.266 标准（VVC 标准）开展全景分析，掌握 JCT-VC 视频编码联合协作组、MPEG LA、HEVC Advance 和 Velos Media 等专利池动态，编制《多功能视频编码（H.266/VVC）专利全景分析报告》，为企业研制和实施标准提供了有力支撑。

（二）专利导航试点企业开展专利标准融合探索

成立了以专利与标准融合为工作重点的杭州高新区（滨江）物联网产业知识产权促进会，组织实施了数字安防、人工智能、智慧检验检疫等产业规划类专利导航项目。聚焦物联网、区块链等产业，选择海康、大华、宇视、趣链、PingPong 5 家企业开展专利与标准融合试点，建立科技研发创新、高价值专利培育、技术标准研制"三同步"工作机制，转化形成 4 项国际标准和 6 项团体标准并融入 45 件专利（相关详细成果见本报告附件）。分别包括：海康作为 IEC 成员，在参与制定的新一代国际视频编码标准 VVC 标准（ISO/IEC 23090-3）（H.266 标准）中纳入 22 件专利。趣链将区块链一体机、Baas、区块链招投标等相关专利融入 IEEE 国际标准制定中，在牵头制定的三项 IEEE 国际标准中计划纳入 7 件专利。大华在主导制定的《电子防范产品绿色包装技术规范》（T/ZJAF 9—2021）《5G 视频监控系统网络峰值动态控制技术规范》《5G 视频监控摄像机模组技术规范》《基于 5G 的视频监控流媒体增强总体技术要求》4 项团体标准中融入 12 件专利。PingPong 在牵头制定的"跨境电商交易真实性保障标准""跨境电商交易逐笔还原标准"两项团体标准中融入 4 件专利。

（三）总结提炼专利融合标准经验并开展培训交流

在专利标准融合试点工作推进中，不断理清专利标准化全生命周期路径以及堵点难点问题，总结专利与标准融合可复制推广的经验、路径和工作方法，研究梳理专利标准融合政策精准支持方向。及时向区内企业分享交流试点工作成果，举办"专利融入标准工作研讨""全球智慧物联专利池现状及发展动态"等交流活动。

资料来源：由笔者整理。

第三节　面向工业互联网产业创新的
知识产权联盟运行机制

本节介绍了面向工业互联网产业创新的三种知识产权联盟运行机制，分别是通过联盟专利培育，高质量产出知识产权成果；借助联盟为产业赋能，高效益实现知识产权运用；以及完善知识产权联盟运营方式，高规格布局知识产权服务。

一　通过联盟专利培育，高质量产出知识产权成果

（一）强化工业互联网领域关键核心专利技术攻关

坚持需求导向和问题导向，围绕打造工业互联网产业重点产业链，组织实施一批强链补链延链作用明显、行业带动性强的协同攻关项目，加快突破一批关键核心技术和战略性产品。支持鼓励联盟牵头开展重大技术攻关，加强联盟专利池源头供给，强化数字经济、生命健康、新材料核心赛道专利布局，提升产业集群核心竞争力。如台州市智能轨道交通产业知识产权联盟内企业的"轨道交通振动与噪声控制技术专利导航""汽车动力系统热管理技术高价值专利组合培育""城际铁路轨道振动控制系统高价值专利组合培育"等项目，2020年以来，相继获得台州市立项。工业互联网产业知识产权联盟可以通过以上专利技术攻关机制不断推进自身产业共同创新，解决现实技术难题。

（二）实施工业互联网领域高价值专利培育工程

加强高价值专利培育，打造一批高价值专利组合，促进创新链与产业链的深度融合。如钱塘区生物医药产业知识产权联盟以九源基因、奕安济世、艾博生物、贝瑞和康和泽医药等科创龙头为牵引，聚焦抗体药物、重组蛋白药物、新型疫苗等新型生物技术类药物，恶性肿瘤、神经退行性疾病、心脑血管疾病、代谢性疾病、自身免疫性疾病等重大疾病防治，以及中药产业所取得高层级、有代表性标准化成果的"优质机会"。

（三）推动工业互联网领域核心专利加速转移转化

鼓励支持高等院校、科研院所、金融机构、服务机构加入联盟，将工业互联网产业创新成果向企业转移，加速专利应用和转化。依托联盟深入开展各类专利试点、示范工作，为联盟成员的专利技术转化和产业化，提供知识产权运营和保护服务，全面提升专利运用和应对专利竞争的能力。如浙江平衡车知识产权联盟吸纳平衡车企业 40 多家，组建专利池 1 个（含专利 46 件），通过专利许可转化实现联盟盈利。

二 借助联盟为产业赋能，高效益实现知识产权运用

（一）主动进行工业互联网领域产业专利布局

发挥联盟直接面向产业链优势，加强优势产业重点技术领域情报检索、分析和研究，找准技术发展的空白点和战略重点，积极主动进行专利布局，并建立常态化备案机制，滚动迭代专利池清单。推动重点产业知识产权联盟创新主体深度参与专利导航项目凝练、设计和研发实施全过程。

（二）打造工业互联网领域产业专利导航基地

依托知识产权联盟建立完善专利风险预警机制，加强专利情报的检索、分析和研究，综合研判产业发展方向，及时向联盟企业推送相关专利信息，引导产业专利布局，实时监控专利风险，为联盟成员参与国际竞争赢得战略主动。如成立湖州电梯产业知识产权联盟，为电梯企业专利技术发展探索最佳路径，发布全国首个智能电梯产业专利导航报告：《浙江智能电梯产业专利导航报告》，同时协办"2021 首届泛长三角暨浙江省知识产权（电梯产业）创新创业大赛"，联盟影响力不断扩大。

（三）推动工业互联网产业知识产权联盟发展

支持各地立足特色发展的产业组建知识产权联盟，根植特色产业发展需要，形成以杭州为核心的数字安防、生命健康产业集群知识产权联盟，以杭州、宁波、台州为核心的节能与新能源汽车产业集群知识产权联盟，以杭州、宁波、温州、嘉兴、绍兴为重点的现代纺织产业集群知识产权联盟，以宁波、舟山为核心的炼化一体化与新材料产业集群知识产权联盟。

三 完善知识产权联盟运营方式，高规格布局知识产权服务

（一）加大工业互联网领域知识产权保护力度

以产业知识产权联盟建设为抓手，构建"严保护、大保护、快保护、同保护"工作格局。推进联盟实体化运作，为联盟成员专利创造、维权提供专业化指导。如考虑到绍兴柯桥区（全球纺织业重要集聚地）花样图案设计等知识产权培育和保护的强烈需求，绍兴市先后成立现代纺织产业知识产权联盟、墙布产业知识产权联盟、转移印花产业知识产权联盟共3家联盟，通过柯桥（纺织）知识产权快速维权中心对外观设计专利的快速预审、快速确权、快速维权，从根本上解决了小商品、快销品专利保护滞后于当季流行期的问题，企业面料花型外观设计专利保护授权时间由过去6—8个月压缩到7天内。

（二）做好工业互联网领域企业知识产权托管

在自愿、平等、互利、合作基础上，联盟联合区域优势企业、服务机构、专利代理机构等单位赋能传统产业转型升级。如依托桐乡羊毛衫行业协会，发起并成立桐乡针织产业知识产权联盟，该联盟与盟内11家企业签订《知识产权托管协议》，负责知识产权保护和运营、专利管理、商标管理、著作权管理等服务业务。

（三）强化工业互联网领域知识产权金融支持

鼓励各地与产业知识产权联盟联合设立产业发展基金，重点支持企业不同阶段的产品研发，加强对关键技术发展的资金支撑。创新金融服务模式，大力推进知识产权质押融资增量扩面。支持联盟企业上市、扩大再融资、并购重组、跨境投资。如温岭市工量刃具产业知识产权联盟的全省首笔制造业集体商标"温西工具"，质押融资授信额度达10亿元，惠及温岭市工量刃具行业协会会员企业200余家。温岭泵与电机知识产权产业联盟以省级专利转化专项计划"温岭泵与电机产业专利技术供需对接项目"为起点，推动一批高价值发明专利获得大额质押融资，目前，温岭泵与电机产业知识产权质押融资达10.8亿元，实现了金融创新"反哺"万众创新。

第二十一章

面向数字产业创新的区域
知识产权协同战略研究

　　面向数字产业创新的区域层面知识产权战略是为地方数字产业创新
发展提供知识产权分析规划，着重解决重点数字产业和数字企业创新发
展的共性问题。推行区域知识产权战略旨在从实施目标和实施行动两方
面促成战略系统内部各个主体实现有机融合，并从系统性、整体性以及
协调性出发建立区域知识产权战略实施协同机制，以期达到战略实施推
进效果最优，这是一项同时具备多层次、多主体、动态关联等特性的系
统工程（金明浩，2013）。鉴于此，研究基于系统协同理论，尝试将区
域知识产权战略从过程形成角度设计为由外部支撑环境、高校院所知识
产权运营、平台组织知识产权服务以及企业技术创新知识产权吸收四个
子系统构成的系统，采用序参量法分析区域知识产权战略系统协同运行
模式的理论框架，运用系统有序度模型和复合系统协同度模型实证分析
2009—2018 年长三角三省一市相关原始数据，比较分析子系统有序度、
子系统间及系统协同度，以此测度和评价长三角三省一市区域知识产权
战略系统协同运行状况，科学反映区域知识产权战略实施效果，加快推
进长三角数字产业创新实现跨越式发展。

第一节　长三角区域知识产权战略
系统协同发展体系构建

　　长三角区域是我国经济发展最活跃、自主创新能力最强、产学研一

体化最好的区域之一，也是数字产业化发展的前沿阵地，作为连接长江经济带与"一带一路"的重要纽带，在沪苏浙皖以及相关部门努力下屡创佳绩，各方面呈现蓬勃之势，尤其在知识产权发展与保护方面更取得了显著成效。近年来，长三角区域通过科学制定并有效实施知识产权战略，充分释放知识产权的能量，凝聚更强大的合力，在创新成果开发和共享方面硕果累累。2020年长三角专利转移数量达到17741件，合作发明专利3010件，相比2011年分别增长了16倍和6倍，增速明显。区域知识产权战略作为一种中观性质的知识产权战略（唐恒、朱宇，2011）不仅能够指导和规范所属地区企业知识产权工作，而且也是国家知识产权战略的延伸与细化，是实施国家知识产权战略的重要领域（金明浩，2013）。但在全面推进知识产权战略实施的过程中，亟须突破的难点与关键点还在于区域知识产权战略系统协同发展问题，区域知识产权战略系统的协同发展运行，是将区域技术、人才等资源转变为市场竞争优势的前提与保证，而且会有效提升知识产权战略系统的运行效果（陈伟、张永超等，2011）。

一　长三角区域数字产业创新发展现状与挑战

近年来，数字经济迎来爆发式增长，在长三角，数字经济带来的"新动能"汹涌澎湃。长三角区域抢占全国数字技术发展先机，成为我国数字创新高地，发展速度进一步提升。2018年6月，《长三角地区一体化发展三年行动计划（2018—2020年）》发布，指出到2020年长三角地区要基本形成世界级城市群框架，打造全球数字经济发展高地。长三角三省一市将聚力建设现代化经济体系，大力发展互联网、大数据、人工智能、集成电路、物联网、智能制造等核心产业，以此打造覆盖长三角全境的数字经济产业集群，助推长三角地区高质量发展。在网络基础设施建设方面，重点布局5G网络建设，以新一代信息基础设施建设引领长三角数字经济发展。据中国信息通信研究院统计，2018年长三角地区数字经济规模最大，达到8.63万亿元；长三角地区数字经济新模式、新业态创新活跃，数字经济增长最快，增速达到18.3%；长三角地区数字经济占GDP比重达到40.9%。在《长三角数字经济发展报告（2021）》中，据中国信息通信研究院和浙江清华长三角研究院统计，2020年长三角数字经济规模占区域GDP比重约为44%，占全国数字经济规模总量约

28%，其中数字产业化占比达 26%，产业数字化占比达 74%。长三角"三省一市"数字经济增速均高于同期 GDP 增速 5 个百分点以上，数字经济在第三产业渗透率均高于 40%。长三角已然成为数字产业化示范者、数字化治理推动者、数据价值化探索者和新时代数字贸易践行者，数字经济新优势成为推动长三角高质量一体化发展的关键动力。

但长三角区域数字产业创新发展仍面临着不同的挑战与难题，主要来自商业领域，要解决的核心问题是新兴技术、商业模式、多边市场与金融资本等要素的最优化协同，而通过强化区域知识产权战略使其贯穿于长三角数字产业创新发展的全过程能够切实有效疏解这些堵点。

二 长三角区域知识产权战略系统协同发展存在主要问题

随着长三角区域一体化的深入发展，数字产业创新发展问题层出不穷，因此通过强化长三角区域知识产权战略纾解此类困难显得尤为迫切，目前沪苏浙皖已全面开启引领型知识产权强省强市建设，正共同将长三角打造成知识产权保护高地。2020 年，长三角三省一市的知识产权质量出现明显提升，诸多指标居全国前列，从有效发明专利拥有量来看，截至 2020 年年底，上海市 14.56 万件，同比增长 12.20%；江苏省超 29 万件，浙江省达 20 万件，安徽省 9.82 万件。从万人发明专利拥有量来看，上海市达 60.21 件，居全国第二位；江苏省 36.14 件，浙江省 34.1 件，均远远超过全国 15.8 件的平均水平；只有安徽省较低，为15.4 件，居全国第七位。不断增强的知识产权意识也带动了 PCT 专利和马德里商标申请出现大幅增长。譬如 2020 年，江苏 PCT 专利申请量9606 件，同比增长 44.78%；浙江新增 4307 件，同比增长 70.6%；上海 3558 件，同比增长 29.85%；安徽 616 件，同比增长 45.3%。江苏马德里商标国际注册申请量达 1398 件，同比增长 66.83%；浙江企业新申请马德里商标注册 740 件，占全国总量近 1/10。与此同时，长三角地区知识产权运营也十分活跃，浙江省专利质押融资金额达 401.07 亿元，同比增长 132.29%，商标质押融资金额达 200.54 亿元，均居全国第一；江苏知识产权质押融资项目数达 1799 笔，同比增长 60.91%，数量居全国第 1 位，融资金额同比增长 72.37%。知识产权证券化、知识产权保险等方面也均有创新突破。

长三角区域一体化层面的知识产权保护协作在持续深化，知识产权保护作为长三角一体化发展中的重要内容，虽然已取得显著成效，但发现区域性知识产权协同发展保护机制的构建当前仍处于探索实践阶段，尤其在立法、执法及司法等方面尚存在一些问题亟待解决，首先区域性法规执行标准不一，阻碍协同发展效果。具体来看，不同省市的行政执法部门及司法审判部门对于法规适用尺度不一，而伴随案件数量激增，同类争议处置结果不一严重影响了区域知识产权保护效果，阻碍了区域协同发展稳定性。其次，知识产权侵权案件往往发生在跨区域范围内，但因行政边界的存在，跨区域不同执法监管部门之间信息不对称，影响跨区域知识产权侵权执法的查处速度与力度。以知识产权违法和犯罪两类案件为例，现有知识产权管理部门与侦查机关之间缺乏信息交流途径，致使相关违法或犯罪行为因未能有效移送，导致权利人合法权益受到严重侵害。最后，从全国范围看，只有极少数城市设立了知识产权法庭，难以满足此类案件数量尤其是新型疑难案件迅猛增长。2019年广东区域审结知识产权案件数超15万件，相较江苏、浙江等地2020年审结数量仅为1.9万件、2.4万件，可见专门审判机构能极大地提升案件审理效率。

由此来看，加大力度构建长三角区域知识产权协同发展保护机制迫在眉睫，重点工作是形成区域知识产权保护的新格局，即由政府率先搭桥，社会层面实现协作，每个公众积极参与，而将长三角区域知识产权联席会议作为连接的纽带是基础工作，这种联席合作发挥着举足轻重的作用尤其是在跨区域沟通和区域良好合作中，因为以往江浙沪知识产权合作单单由政府来主导缺乏多主体参与，民间多元主体的参与恰恰弥补了这一缺憾。随着长三角区域城市群将安徽省纳入发展对象之后，应该主动出击把握机会，以此作为一个契机融入多元主体，发挥众多企业自身具备的资源禀赋，借着民间组织的高效性等优势补齐长三角三省一市知识产权协同合作机制的劣势，打造长三角三省一市知识产权协同保护机制，提高长三角区域知识产权高水平保护的能力。

三 长三角区域知识产权战略系统协同发展体系的构建

从上述长三角三省一市知识产权发展现状及取得的绩效来看，如要实现为数字产业创新提质增效的目标，仍需不断健全完善长三角区域知识产权体制机制，知识产权保护制度的加强和完善是国际潮流，这是因为知识经济和全球化时代，市场竞争就是知识产权的竞争。但就构建的知识产权协同发展保护机制而言，长三角区域明显缺乏一个整体的知识产权战略系统，成熟的区域知识产权战略，一定是一种可以趋利避害的中性博弈工具，它可以最大限度应对由于现行知识产权政策不到位而产生的壁垒。区域知识产权战略作为承前启后的连结点存在于国家知识产权战略和企业知识产权战略之间，隶属中间层次。具体而言，可以将区域知识产权战略定义为区域性组织通过使用专利、知识产权情报信息、研究市场发展趋势、了解竞争对手的技术等方式，结合自身胜势，充分运用知识产权制度提供的法律与政策环境，有针对性地优化配置相关资源，以谋求核心竞争力和可持续发展而进行的总体战略谋划，其目标在于寻求本地区在知识竞争以及市场竞争中的独特优势（罗爱静等，2010）。随着长江三角洲区域一体化发展上升为国家战略，近年来，在知识产权领域推动区域协同创新发展成为新形势下长三角推进一体化高质量发展的重要方向，通过强化长三角区域知识产权战略协同发展，释放出巨大的乘数效应。协同或协同作用是指事物在一起所发挥的作用，属于协同学最基本的概念，Haken（1983）提出协同学概念，认为协同学是由各子系统构成，各子系统亦可进一步细分为不同的要素，各要素之间的非线性相干作用是促进系统演化、产生协同效应的重要力量，各子系统间相互协调、相互配合实现整体作用效果，使得系统朝着有序结构发展，产生"1+1>2"的协同效应，如果一个由许多子系统构成的系统在子系统之间互相配合产生协同作用和合作效应，那么系统便处于自组织状态，协同效应完美阐释了系统自组织现象的观点。而本研究构建的区域知识产权战略系统由于同时具备开放性与复杂性的特征，这便决定了在区域知识产权战略系统研究中应用协同学原理具有可行性。鉴于此，基于协同理论将区域知识产权战略协同界定为知识产权战略实施的主体在合理使用相关协同的管理思想与方法的同时再充分利用组织与内外部合作获得的丰富资源，达到各个层次、环节以及部门之间的协作，由此最大限度地使战略实施实现最优效果的过程（金明浩，2013）。若以知识产权战略管理过程作为分析视角，区域知识产权战略系统可以被视为一个有机整体由知识产权开发战略、知识产权保护战略、知识产权运营战略三个子系统构成。但从构成区域知识产权战略协同发展的两大要素体系来看，政府部门、企业、中介机构、大学以及科研院所等组织要素作为实施区域知识产权战略协同发展的主体，其在实施过程中发挥着举足轻重的作用，这些组织要素与基础设施、生产结构、政策体系等资源要素的协调能够最大限度提升区域知识产权战略实施的资源产能绩效。因此本研究尝试拓展出一条创新思路即从区域协同层面研究区域知识产权战略系统运行情况，将区域知识产权战略系统与区域创新相结合，以长三角三省一市为研究区域，以区域知识产权战略系统协同发展为研究内容，考虑从政府、服务平台与企业主体三个维度入手研究长三角三省一市知识产权战略协同发展现状。与此同时，将区域知识产权战略系统划分为外部支撑环境、高校院所知识产权运营、平台组织知识产权服务以及企业技术创新知识产权吸收四个子系统并构建评价指标体系，全面评估区域知识产权战略系统的协同度。

随着数字经济的发展和互联网技术的应用，生产要素跨区域流动成为常态，技术跨区域转移、人才资金等在区域间流通促使区域知识产权战略的辐射范围进一步扩大，区域知识产权战略系统内的多主体交互、多链条融合、多模式并存的特征越发显著。在区域知识产权战略系统中主体由技术供给方、技术需求方、服务机构以及政府所构成，创新要素包括技术、资金、人才、信息等，区域知识产权战略系统协同发展离不开各主体交互与要素的流通，本研究将以协同学、协同创新、区域创新系统等理论为依据对区域知识产权战略系统协同发展展开分析。根据协同学理论和协同创新理论，协同是指子系统间的协调性，通过政府调控、市场推动等手段，协调配置内部资源，使子系统最终实现共同目标。各子系统由构成区域知识产权战略系统的各个主体构成，包括高校、科研院所、企业内部研究机构、其他个人等为主体的技术供给方，以知识产权交易中心为主体的知识产权交易服务平台以及企业、产业等为主体的技术需求方，以上三个主体构成了区域知识产权战略系统的核心层。从区域创新生态系统范式出发，任何组织的发展不能孤立无援，需要与其他辅助系统和支撑系统等组织进行紧密结合，形成"创新生态"，区域创新系统理论强调了政府管理的作用，在区域知识产权战略系统技术供需以及服务机构主体之外，政府的支撑管理作用也必不可少，因此在区域知识产权战略系统核心层外，以政府支持为代表的外部支撑环境也是区域知识产权战略系统的主要组成部分。从区域创新系统理论的功能视角分析，区域知识产权战略系统协同发展还包括各主体之间的分工协作，推动技术从研发到扩散转移最终实现科技成果转化推动创新发展。因此，区域知识产权战略系统协同发展也具有全链条、全流程、跨区域的系统特征，区域知识产权战略系统协同则是指区域知识产权战略系统内各主体间进行交互从而实现优势互补，技术供给方通过人力资本、金融资本投入，将其嵌入技术中进而通过技术需求方成果产出，沿着"研发—转移—转化"创新链推动经济发展的目标。

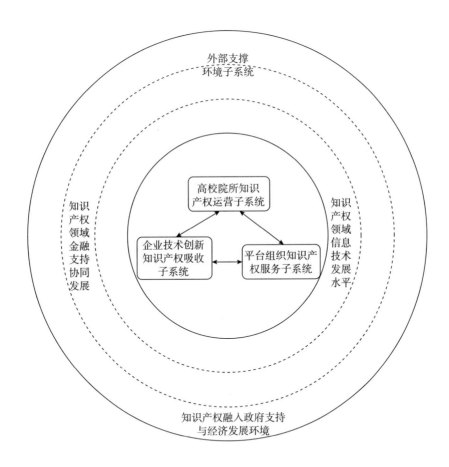

图 21-1 区域知识产权战略系统协同模型

资料来源：由笔者整理。

本研究将区域知识产权战略系统划分为外部支撑环境子系统、高校院所知识产权运营子系统、平台组织知识产权服务子系统以及企业技术创新知识产权吸收子系统。区域知识产权战略系统协同发展不仅取决于各类资源投入的影响，还受到系统内结构性因素的制约，高校院所知识产权运营能力、平台组织知识产权服务能力、企业技术创新知识产权吸收能力和外部支撑环境之间的协同度一定程度上影响区域知识产权战略系统功能的发挥。

第二节　长三角区域知识产权战略系统的协同发展机理

进一步地对核心层和协同层之间协同发展机理进行深入研究，区域知识产权战略系统核心层包括高校、科研院所、企业、服务机构等主体，核心层的协同是指企业与高校或科研机构利用各自的要素占有优势，分工协作共同完成一项技术创新的行为。

一　长三角区域知识产权战略系统核心层内各系统的协同发展机理

（一）高校院所知识产权运营子系统

作为区域知识产权战略系统中的重要行为主体之一，高等院校及科研机构在其中主要扮演供给者的角色，借力区域知识产权战略系统将核心技术向企业和产业进行转移，再通过深入实施知识产权战略，推进科技成果保护与转移转化工作。目前已有清华大学、上海交通大学、西安交通大学等7所大学建立了国家技术转移中心，国家技术转移中心与相关知识产权机构深入合作共同发起成立高校知识产权运营专业委员会，依托知识产权发展联盟枢纽作用，加快建设高校知识产权运营服务体系，共同打造开放、多元、融合、共生、互利的知识产权、成果转化生态体系，进而助推高校院所的知识产权运营与技术成果转化工作。高校和科研院所作为一个子系统，拥有完备的投入产出系统。首先，高校和科研院所主要通过创新人才培养、创新团队建设以及合作交流参与区域知识产权战略系统的运行，为区域知识产权战略系统的供给端注入创新活力。高校院所通过人才和资本的投入，将知识、技能等隐性知识进行显性化，实现科技创新的产出，并构建完善的知识产权运营服务体系，打通知识产权创造、运用、保护、管理、服务全链条。大学和科研院所的成果在区域知识产权战略系统中的转移模式分为商业性转移和非商业性转移，在大学和科研院所系统中，产生的科技成果主要包括发表的论文著作、申请的专利、人才的培养等，这一类成果转移方式为非商业化技术转移，而商业化的技术转移则需要通过技术交易平台实现。其次，高校院所的参与能够促进企业创新和区域产业机构优化升级，企业创新成果产生的商业化价值为高校院所的技术创新注入资本。高校院所的成果产出尤其是商业化成果产出，通过区域知识产权战略系统与企业建立联系，为企业解决技术瓶颈，产生新产品的产出。通过文献分析归纳，高校知识产权运营能力的强弱受技术要素投入包括人员投入、资金投入影响，同时高校院所规模的大小对其运营能力也有影响，非商业化产出主要包括论文的发表和专利的申请。

（二）平台组织知识产权服务子系统

技术交易平台是进行技术交易对接实现科技成果商业化的场所。通过技术交易平台，合作研发、技术交流、技术许可转让、技术咨询等技术转移工作得以顺利展开。技术交易的核心是知识产权，近年来，在国家政策的大力支持下，各种类型的知识产权交易平台应势而生并随着国际环境的复杂化、信息传递的网络化态势，知识产权交易平台的功能逐渐丰富，综合性全方位服务的知识产权交易平台不断涌现，这些机构主要为产权交易双方提供必要的场所与设施及交易规则，保证产权交易过程顺利进行，本身不参与产权交易依据当前知识产权交易平台功能的多样化和综合化，本书根据平台组织发挥的功能不同，将平台组织知识产权服务能力划分为知识产权资源配置能力、知识产权组织管理能力以及知识产权风险规避能力。首先，知识产权资源配置能力是指知识产权交易平台开展的产权对接，促进区域内知识产权交易活动的顺利开展，实现高校院所技术供给与企业需求的精准对接，实现科技资源的最优配置。这些活动包括通过"研发代工"等模式对接高校与企业、科研院所与企业开展知识产权创新合作，通过"难题招标"等模式将研究机构"技术供给"与企业"技术难题"直接对接实现产学研高效合作，通过开展技术拍卖活动将科技成果进行推广，促成企业与高校院所的对接。其次，平台的知识产权组织管理能力和风险规避能力是指区域知识产权战略系统通过搭建实体知识产权交易平台对其实行统一管理，切实保障知识产权交易主体的合法利益。平台的知识产权组织管理能力表现为组织开展并推广各种形式的产权交易活动，做好指导、协调以及营销工作，进行产权合同的认定登记、规范知识产权交易行为，促进知识产权服务平台的健康发展。由于产权交易存在难以定价、交易承接性差、知识产权更新迭代快、交易成本高等风险，通过知识产权服务平台，产权交易主体的权益得到保障，部分交易风险得以规避。

（三）企业技术创新知识产权吸收子系统

企业技术创新过程与专利技术、商业秘密、商标等知识产权密切相关，知识产权制度是推动和保护企业技术创新的法律制度和有效保证。企业是区域知识产权战略系统中重要的主体，其既需要与高校院所对接达成强有力的合作，同时又需要将相关科技创新成果进行产业化，实现科技创新成果的市场价值，由此增强企业的市场竞争力，而知识产权所扮演的角色是作为企业科技创新成果的法律保护手段，为企业发展保驾护航，知识产权使得企业如虎添翼。企业与高校院所和平台一样，在区域知识产权战略系统中也是一个子系统，自身具备完整的投入产出功能，同时与区域知识产权战略系统中的其他系统实现对接，企业技术创新知识产权吸收子系统包括与知识产权相关的知识获取、消化吸收以及成果转化三个方面。首先，企业技术创新的过程不仅是企业内部知识创造的过程，同时也是企业不断吸收外部信息和获取外部知识的过程。企业技术创新的来源包括企业自主研发和企业技术引入，在其他条件相同的情况下，企业获取信息的能力与其所拥有的与高校联系数量成正比。因此，在开放的市场环境下，技术获取能力强的企业更倾向于与高校和科研院所进行开发合作，促进高校与企业之间的融合。其次，通过消化吸收，渐进式改进，企业可以在引进技术的基础上由模仿性分解技术来开发新产品，经有效整合和转化实现产品升级。企业对技术的消化转化能力与经济产出密切相关，体现企业以及区域知识产权战略系统协同的创新价值。最后，成果转化是科技成果转化的最终环节也是最重要的环节，技术转移的成果与否也取决于其经济价值的实现。企业作为营利组织，是资金的主要提供者，区域知识产权战略系统协同发展的各个主体依据设定的战略目标开展创新活动，构建合理的利益协调制度，促使区域知识产权战略系统协同创新发展高效运转。

高校院所和企业为实现共同利益，以技术转移合约为纽带，以知识产权运用与吸收为保障，在共同投入、资源共享、优势互补、风险共担的条件下，将技术成果转化为现实生产力。核心层的协同是企业、高校院所、中介机构和用户等为了实现重大科技创新而开展的、知识增值为核心的、大跨度整合的创新组织模式。协同的关键是形成以高校、企业、研究机构为核心要素，以政府、金融机构、中介组织、创新平台、非营利性组织等为辅助要素的多元主体协同互动的网络创新模式，通过知识创造主体与技术创新主体进行深入合作、资源整合，产生"1+1+1>3"的非线性效用。企业充分调动高校、研究机构等主体的积极性，围绕市场需求，使各个主体内部的人、财、物、知识产权等有形及无形资源得到充分的优化配置，通过计划、组织、协调、控制等方式进行全面协作的一种新的创新组织形态，逐渐建立起以企业为主体、以市场为导向、三大主体相结合的合作创新体系（陈劲、阳银娟，2012）。政府通过政策指引、科技计划实施对其他主体产生推动作用，高校与科研机构利用其自身的文化、知识、组织创新能力满足企业的创新发展需求，形成创新互补的良性循环。区域知识产权战略系统核心层的协同动机主要来源于企业、高校之间的能力"异质性"、节省交易费用、独占知识技术四个方面，通过产学研合作，企业获得研究专家的技术支持，裂解技术发展趋势，高校为企业提供接近共性技术和新兴技术的窗口。

二 长三角区域知识产权战略系统核心层与协同层的协同发展机理

根据区域创新系统理论，区域创新系统包括创新主体、环境、资源三个方面，其中创新主体包括政府、企业、高校科研机构以及平台组织等。区域知识产权战略系统作为创新体系的重要组成部分，符合区域创新系统理论的创新主体划分。除此之外，还需要制度、技术、管理和服务的创新为主体的活动提供支持，从区域知识产权战略系统演化过程分析，目前的区域知识产权战略系统已发展为由高校、科研机构、企业、知识产权交易服务平台等核心层以及知识产权领域信息技术发展、金融扶持、政府机构等环境层组成的系统。在生态系统视角下，创新主体已从产学研三螺旋逐渐演化为涵盖所有创新主体的四螺旋结构，区域知识产权战略系统范围也在扩大。进一步结合协同创新理论，区域知识产权战略系统是由各个子系统构成，各子系统间相互协调性、相互配合实现整体作用效果。在区域知识产权战略系统核心层之外，协同层的配合和支持保障区域知识产权战略系统的高效运行，消除知识溢出的顾虑，提高科技成果转化效率。

（一）知识产权领域信息技术发展水平

信息技术发展水平的高低是一个地区现代化水平与综合实力的重要标志，提升知识产权信息化水平能够助力区域知识产权战略系统实现协同发展。尤其是在数字经济背景下，社会信息化趋势日益凸显，形如构建完备的知识产权大数据中心与保护监测信息网络都已成为区域知识产权战略协同必备的发展工具。通过建立知识产权大数据中心为长三角区域更好地开展知识产权工作提供基本信息与数据，从而为制定知识产权政策、实施知识产权制度等提供有效的信息支撑。信息技术发展还重点体现在强化人工智能、大数据等数字化技术在知识产权审查和保护领域的应用影响区域知识产权战略系统协同发展。作为区域知识产权战略系统交易功能、信息匹配、服务功能、协调管理四大基本功能之一，信息技术的匹配功能对区域知识产权战略系统协同起着至关重要作用，信息技术与区域知识产权战略系统的互联互通能够弹性调节诸如信息资源滥用等问题，这归功于知识产权的私有性、合法垄断性与信息资源开放性达成的调和效应。在强化数字化技术在知识产权审查和保护领域的应用方面：首先，新一代数字信息交换媒介的产生提升区域知识产权战略系统内交易效率。区域知识产权战略系统进行技术交易的本质也是数字技术等相关信息的交换，区域知识产权战略系统的数字信息交换更具有私密性、隐蔽性、对接精准性和高度流动性，传统的信息交换方式被颠覆，信息的私密性、不可篡改以及永久性存储等得以实现。其次，互联网数字技术的发展改变了原有的技术交易模式，随着互联网数字技术的成熟，区域知识产权战略系统成为无边界的技术交易场所，各地相关资源可以为全国所用，推动了科技资源的互联互通。随着大数据、"云"平台的应用，各个平台均可通过设置链接和窗口与其他系统进行对接，通过对接金融窗口和人才窗口可以有效提升资本、人才和技术的对接，进一步推动区域知识产权战略系统协同发展。数字信息技术的日渐成熟和数字化水平的不断提升，加速了信息系统的升级和转型。随着全球数字化浪潮加速，数字信息技术与实体经济的融合进一步加深，且在成交的技术合同中比例也逐渐增大。但由于数字信息技术相比于传统技术具有更高的技术复杂性、风险不确定性、模糊性和不完整性，在数字信息技术转移过程中用户的参与程度更高，创新产出为用户需求驱动的产品产出，因此在推动数字信息技术转移时，高校院所、企业和服务机构需要全面配合，通过层次多样且异质性的互动实现数字信息技术的转化。

（二）知识产权领域金融支持协同发展

金融在配置资源、协同发展等方面发挥着重要作用。当前，长三角区域知识产权战略协同发展面临着知识产权转移转化成效低，缺乏金融资本有效支撑，服务供给不够充分等壁垒，亟待通过加强知识产权与金融的有效融合，发展知识产权金融，促进金融支持区域知识产权转化与协同等措施推动知识产权服务长三角区域经济高质量发展的良性循环。知识产权金融通过多元资本投入机制，扩散技术创新成果，促进知识产权转移转化，以金融杠杆盘活知识产权资产，促进无形资产价值提升，有效拓宽长三角区域各主体的融资渠道。金融资本在支撑和引导科技创新进程中的关键作用体现在科技金融与科技创新的深度融合将会迅速带动金融资本增值和技术成果转化，两者之间互促互补、协同发展。首先，金融市场是推动区域知识产权战略发展的重要保障。金融市场是促使人力资本和知识资本实现市场价值的重要途径，由于技术和知识产权价值实现具有较大的不确定性，金融市场为知识产权交易和科技成果产业化提供了风险规避、超前预防和化解风险的工具和路径。金融市场进入区域知识产权战略系统核心层的途径有政府对创新发展的经费支出，技术研发经费投入，技术转化经费投入，以及政府、高校院所与企业之间合作的经费支出，主要通过以上四条路径实现创新链与资金链的融合。其次，资本市场对区域知识产权战略系统的互促互补还体现在利用知识产权交易体系实现资本市场的转型升级，区域知识产权战略系统为金融市场健康发展提供有力的法律支撑。区域知识产权战略系统的发展推动科技创新，科技创新进一步促进金融市场交易方式的调整和内部结构的优化，创新的发展也加速了金融市场的国际化进程。区域知识产权战略系统协同发展需要金融市场的支撑，金融市场规模会影响区域知识产权战略系统协同程度，金融机构贷款可以弥补企业创新研发资金的不足，是风险资金引入的重要形式。

（三）知识产权融入政府支持与经济发展环境

科技政策环境、宏观政府调控等因素与区域知识产权战略协同发展产生交互作用、共生发展，政府通过宏观调控、政策引导、财政支持作用于区域知识产权战略系统中的功能实现，是区域知识产权战略生态系统的重要组成部分。政府通过直接财政支持、间接税收优惠以及创新政策等对区域知识产权战略系统核心层提供支撑和保障。首先，政府通过科技财政投入直接资助高校院所、企业进行科技研发和科技成果转化，或者通过划拨科技经费对科技创新人员或者企业进行激励。其次，企业通过减税降费以及公共基础设施建设等途径，优化创新环境，为技术创新提供平台和良好的发展环境。

经济社会越发展，知识产权越重要。经济发展主要是指市场的经济活力，与一个地区生产发展和经济繁荣有关，地区经济发展水平很大程度上决定协同创新的基础条件，同时区域经济发展水平的高低会影响地区与创新有关的基础设施的建设，Furman 等（2002）研究发现基础设施对创新发展具有推动作用。长三角区域经济发展呈现出结构优化、动力转换的特征，更加需要发挥知识产权制度保障和激励创新的重要作用。推动知识产权与经济发展深度融合，为长三角区域高质量、跨越式发展提供更加有力的支撑。

第三节 长三角区域知识产权战略系统协同发展实证研究

本节针对前文对长三角区域知识产权战略系统协同发展现状及协同发展机理的分析结果，结合协同学等理论，将区域知识产权战略系统划分为高校院所知识产权运营子系统、平台组织知识产权服务子系统、企业技术创新知识产权吸收子系统以及外部支撑环境子系统，根据四大子系统构建区域知识产权战略系统协同评价指标体系，使用相关系数矩阵法，确定指标权重，构建系统有序度模型和复合系统协同度模型，对长三角区域知识产权战略系统协同度进行测量，并分析实证结果。

一 区域知识产权战略系统协同发展评价指标体系构建

（一）区域知识产权战略系统协同发展评价指标体系构建原则

区域知识产权战略系统协调发展指标体系遵循科学性原则、代表性原则、可行性原则、系统性原则和连续性原则，科学客观地选取指标，建立全方位、连续性的三省一市知识产权战略系统协同发展的体系。

（二）区域知识产权战略系统协同发展评价指标体系设计

根据四大子系统构建区域知识产权战略系统协同评价指标体系，使用相关系数矩阵法，确定指标权重，运用系统有序度模型和复合系统协同度模型，对长三角三省一市知识产权战略系统协同度进行测量。依据科学性、代表性、可行性、系统性以及连续性等原则，选取区域知识产权战略系统协同发展水平序参量的衡量指标，通过梳理学习前人文献所做贡献，选取外部支撑环境子系统指标具体如表 21-1 所示。

表 21-1 协同发展水平测度体系

子系统	序参量	指标
外部支撑环境子系统（E1）	信息市场发展	每百人拥有互联网端口接入数量（个）（e_{11}）
		互联网普及率（%）（e_{12}）
	金融市场发展	金融机构贷款总额（亿元）（e_{13}）
	政府支持	地方政府科技支出（亿元）（e_{14}）
	经济发展	人均 GDP（万元）（e_{15}）
高校院所知识产权运营子系统（E2）	研发投入	高校院所数量（个）（e_{21}）
		高校院所 R&D 课题数（项）（e_{22}）
		高校院所 R&D 人员全时当量（人年）（e_{23}）
	成果产出	高校院所 R&D 经费内部支出（万元）（e_{24}）
		高校院所发表科技论文数（篇）（e_{25}）
		高校院所专利申请数（件）（e_{26}）
平台组织知识产权服务子系统（E3）	资源配置	高校院所与政府合作研发经费支出（万元）（e_{31}）
		高校院所与企业合作研发经费支出（万元）（e_{32}）
	市场热度	政府与企业合作研发经费支出（万元）（e_{33}）
		技术输出地域合同金额（万元）（e_{34}）
		技术流向地域合同金额（万元）（e_{35}）

续表

子系统	序参量	指标
企业技术创新知识产权吸收子系统（E4）	知识获取	高新技术企业 R&D 人员全时当量（人年）（e_{41}）
		高新技术企业 R&D 经费内部支出（万元）（e_{42}）
		高技术产业技术获取及技术改造经费支出（万元）（e_{43}）
	消化吸收	高新技术企业新产品开发经费支出（万元）（e_{44}）
		高新技术企业新产品开发项目数（项）（e_{45}）
	成果转化	高新技术企业新产品销售收入（万元）（e_{46}）

资料来源：由笔者整理。

二　区域知识产权战略系统协同发展模型构建

研究借鉴孟庆松等（2000）、樊华等（2006）和吴笑等（2015）学者的研究，使用复合系统协同度模型对长三角三省一市知识产权战略系统协同发展程度进行测量。系统有序度模型是对系统耦合协调度进行量化以测算和评估系统内部有序程度一种实证方法，其中有序度是衡量系统有序结构与状态的程序。系统内部各要素相互协调，在从低级走向高级的演化过程中会出现协同度提高的现象。当各要素协同度提高到某一程度时，各变量的作用便会出现分化的情况，当中有一部分变量则对系统状态的变化起决定性作用，即为序参量（陈玉玲等，2021）。假设系统在发展的过程中有 i 个序参量，设序参量为 $e_j = (e_{j1}, e_{j2}, \cdots, e_{ji})$ 且 $i \geq 2$，如式（21-1）所示。

$$u_j(e_{ji}) = \begin{cases} \dfrac{e_{ji} - \alpha_{ji}}{\beta_{ji} - \alpha_{ji}}, & i \in (1, k) \\[3mm] \dfrac{\beta_{ji} - e_{ji}}{\beta_{ji} - \alpha_{ji}}, & i \in (k+1, n) \end{cases} \qquad (21-1)$$

其中 $\alpha_{ji} \leq e_{ji} \leq \beta_{ji}$，$j \in [1, n]$，$\beta_{ji}$ 表示序参量的最大值，α_{ji} 表示序参量的最小值，前 k 个序参量代表正向序参量，表示 $\mu_j(e_{ji})$ 的取值随着 e_{ji} 的增大而增大，对应的系统有序程度也会提高。后 $n-k$ 个序参量为负向序参量，表示 $\mu_j(e_{ji})$ 的取值随着 e_{ji} 的减小而减小，对应的系统有序程度也会降低。序参量功效数值 $\mu_j(e_{ji}) \in [0, 1]$ 越大，$\mu_j(e_{ji})$ 对整个系统有序贡献就越大（万冬君等，2007）。总贡献度通

常用 $\mu_j(e_j)$ 表示，可以通过 $u_j(e_{ji})$ 的集成来实现，常用集成方法包括几何平均法和线性加权法，本文采用后者，具体计算见式（21-2）。

$$u_j(e_j) = \sum_{i=1}^{n} \lambda_i u_j(e_{ji}) \tag{21-2}$$

其中，$\lambda_i \geqslant 0$ 且 $\sum_{i=1}^{n} \lambda_i = 1$。

系统协同度反映了各子系统和要素由无序走向有序的趋势和程度。复合系统协同度增长方向与子系统有序度增长方向一致，若各个子系统有序度的增长方向均为正，则系统协同度呈现出正向增长；而各个子系统有序度出现负增长，则系统协同度呈下降趋势。当检验在观察期内整体系统协同度对比基准期的变化趋势，则需动态分析与预测整个系统协调情况。假设已知 t_0 时刻的有序度为 $u_0^0(e_j)$、$u_1^0(e_j)$、$u_2^0(e_j)$，则在 t_1 时刻的有序度为 $u_0^1(e_j)$、$u_1^1(e_j)$、$u_2^1(e_j)$，则可以通过类似"集成"有序度的方法实现协同度（Degree of Whole Synesis，DWS）的加总，常见方法包括几何平均法和线性加权法。本书采用后者，具体计算如式（21-3）所示。

$$DWS = \theta \sum_{j=1}^{n} \omega_j \left| u_j^1(e_j) - u_j^0(e_j) \right| \tag{21-3}$$

其中，$\theta = \dfrac{\min[u_j^1(e_j) - u_j^0(e_j)]}{|\min[u_j^1(e_j) - u_j^0(e_j)]|} \in \{-1, 1\}$，$\sum_{j=1}^{n} \omega_j = 1$。

显然，$DWS \in [-1, 1]$，且值越接近于 1 说明区域知识产权战略复合系统的整体协同度越高，反之越低。参数 θ 表明当且仅当 $u_j^1(e_j) \geqslant u_j^0(e_j)$ 对任意 $j \in \{1, 2, 3, 4\}$ 均成立时，复合系统才有正的协调度。经过综合分析所有子系统的情况，发现如果子系统有序度的提高幅度与其他子系统相比较下降，说明区域知识产权战略整体复合系统没有处于较好的协调状态，此时 $DWS \in [-1, 0]$。

研究设定时间维度为 2009—2018 年，各指标数据主要源于《中国科技统计年鉴》《中国统计年鉴》《中国金融统计年鉴》《中国高技术产业统计年鉴》，通过国家统计局官网、中国科技数据库、中国教育数据库、中国金融数据库以及中国高技术企业数据库进行搜集整理。为保证测算结果的准确性，将通过熵值法来确定每个指标的权重（蔺鹏等，

2019)。熵值法主要是通过熵值信息体现出各个指标所具有的效用价值，具有较高的可信度。具体步骤如下：

（1）非零标准化。利用离散标准化对原指标（x_{ij}，其中 i 代表指标数，j 代表受试数）进行标准化和非零化处理，即将所有数据离散标准化后加 0.0001 以避开零值，得到 y_{ij}。

$$z_{ij} = \frac{x_{ij} - \min\limits_{j} x_{ij}}{\max\limits_{j} x_{ij} - \min\limits_{j} x_{ij}} + 0.0001 \tag{21-4}$$

（2）定义熵值。面对非零标准化后的样本，定义第 i 个指标的熵为同款指标下总计 n 个不同受试个体间的差异程度，得到 h_i。

$$h_i = -\frac{1}{\ln n} \cdot \sum_{j=1}^{n} \frac{y_{ij}}{\ln y_{ij}} \tag{21-5}$$

其中 $y_{ij} = \dfrac{z_{ij}}{\sum\limits_{j=1}^{n} z_{ij}}$，$i$ 代表指标数，j 代表受试数，n 代表受试个体总数。

（3）求熵权。在明确总计 m 项二级指标的熵值后，可以得到各项二级指标的熵权 λ_i。

$$\lambda_i = \frac{1 - h_i}{m - \sum_{i=1}^{m} h_i} \tag{21-6}$$

经上述三步，研究得到外部支撑环境子系统（$E1$）、高校院所知识产权运营子系统（$E2$）、平台组织知识产权服务子系统（$E3$）和企业技术创新知识产权吸收子系统（$E4$）的二级指标（序参量指标）的熵权（见表 21-2）。

表 21-2　　区域知识产权战略复合系统协同发展评价指标体系

子系统	序参量	指标	权重
外部支撑环境子系统（E1）	信息市场发展	e_{11}	0.1971
		e_{12}	0.1594
	金融市场发展	e_{13}	0.2849
	政府支持	e_{14}	0.1969
	经济发展	e_{15}	0.1617

续表

子系统	序参量	指标	权重
高校院所知识产权运营子系统（E2）	研发投入	e_{21}	0.1380
		e_{22}	0.1670
		e_{23}	0.1706
		e_{24}	0.1761
	成果产出	e_{25}	0.1787
		e_{26}	0.1696
平台组织知识产权服务子系统（E3）	资源配置	e_{31}	0.1862
		e_{32}	0.197
	市场热度	e_{33}	0.1414
		e_{34}	0.2571
		e_{35}	0.2183
企业技术创新知识产权吸收子系统（E4）	知识获取	e_{41}	0.1739
		e_{42}	0.2033
	消化吸收	e_{43}	0.1837
		e_{44}	0.1306
		e_{45}	0.1158
	成果转化	e_{46}	0.1927

资料来源：由笔者整理。

得到二级指标（子系统序参量）的熵值与熵权后，仍旧适用熵权法迭代得到一级指标（子系统有序度）的熵权。

三 区域知识产权战略系统协同发展的实证分析

实证研究可以看出，长三角三省一市知识产权战略系统的协同发展程度保持增长态势，且区域知识产权战略协同度不断优化，但各个子系统的有序度呈现差异性，发展速度不一致。区域知识产权战略系统的协同不仅取决于各类资源投入的影响，还受到系统内结构性因素的制约，高校院所知识产权运营能力、平台组织知识产权服务能力、企业技术创新知识产权吸收能力和外部支撑环境之间的协同度一定程度上影响区域知识产权战略系统功能的发挥。研究通过复合系统协同度模型测量长三角三省一市知识产权战略系统的协同度，结果显示，长三角三省一市知识产权战略系统的协同度逐渐提升，但协同发展水平还未达到高度协同，在2009—2015年区域知识产权战略系统协同发展程度为低协同状态，2016—2018年区域知识产权战略复合系统协同发展程度为中度协同，距离高度协同和完全协同还有一定的距离，说明协同发展中共治机制不完善和创新要素流通不畅问题仍然存在。

表21-3　上海市知识产权战略复合系统的子系统有序度及协同度

年份	$u(e_1)$	$u(e_2)$	$u(e_3)$	$u(e_4)$	DWS
2009	0.192	0.161	0.071	0.329	—
2010	0.315	0.240	0.151	0.253	0.090
2011	0.138	0.294	0.225	0.353	0.088
2012	0.325	0.405	0.312	0.435	0.178
2013	0.328	0.529	0.345	0.502	0.235
2014	0.357	0.568	0.461	0.621	0.309
2015	0.479	0.627	0.496	0.629	0.366
2016	0.622	0.612	0.557	0.688	0.429
2017	0.745	0.685	0.686	0.684	0.508
2018	0.907	0.800	0.894	0.807	0.658

资料来源：由笔者整理。

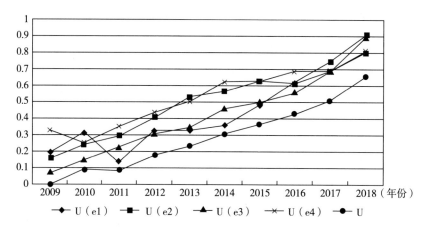

图21-2　上海市知识产权战略复合系统的协同度增长趋势

资料来源：由笔者整理。

表 21-4   江苏省知识产权战略复合系统的子系统有序度及协同度

年份	$u（e_1）$	$u（e_2）$	$u（e_3）$	$u（e_4）$	DWS
2009	0.120	0.079	0.091	0.103	—
2010	0.161	0.151	0.174	0.134	0.056
2011	0.212	0.265	0.239	0.392	0.179
2012	0.341	0.381	0.380	0.547	0.314
2013	0.347	0.414	0.491	0.592	0.361
2014	0.407	0.568	0.498	0.616	0.423
2015	0.464	0.642	0.562	0.645	0.479
2016	0.745	0.683	0.547	0.750	0.587
2017	0.728	0.755	0.651	0.757	0.626
2018	0.906	0.797	0.892	0.824	0.754

资料来源：由笔者整理。

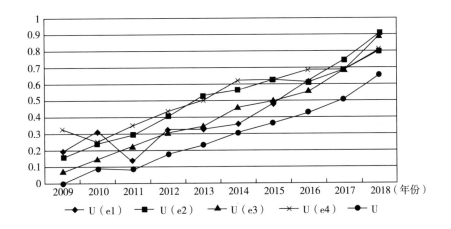

图 21-3   江苏省知识产权战略复合系统的协同度增长趋势

资料来源：由笔者整理。

表 21-5   浙江省知识产权战略复合系统的子系统有序度及协同度

年份	$u（e_1）$	$u（e_2）$	$u（e_3）$	$u（e_4）$	DWS
2009	0.219	0.106	0.078	0.166	—
2010	0.212	0.190	0.119	0.120	0.044

续表

年份	$u(e_1)$	$u(e_2)$	$u(e_3)$	$u(e_4)$	DWS
2011	0.219	0.227	0.204	0.280	0.089
2012	0.289	0.318	0.336	0.378	0.185
2013	0.322	0.330	0.332	0.458	0.217
2014	0.370	0.371	0.373	0.552	0.273
2015	0.465	0.515	0.418	0.629	0.364
2016	0.499	0.678	0.501	0.675	0.445
2017	0.679	0.744	0.660	0.672	0.544
2018	0.903	0.863	0.885	0.888	0.739

资料来源：由笔者整理。

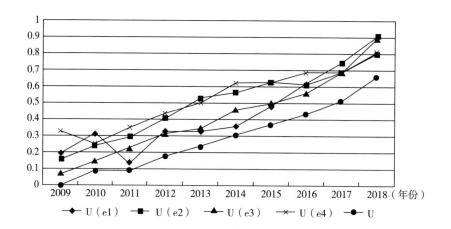

图21-4 浙江省知识产权战略复合系统的协同度增长趋势

资料来源：由笔者整理。

表21-6 安徽省知识产权战略复合系统的子系统有序度及协同度

年份	$u(e_1)$	$u(e_2)$	$u(e_3)$	$u(e_4)$	DWS
2009	0.081	0.103	0.071	0.066	—
2010	0.118	0.246	0.151	0.098	0.072
2011	0.182	0.352	0.183	0.190	0.147

续表

年份	$u(e_1)$	$u(e_2)$	$u(e_3)$	$u(e_4)$	DWS
2012	0.263	0.491	0.256	0.250	0.235
2013	0.329	0.614	0.399	0.294	0.327
2014	0.373	0.656	0.430	0.353	0.372
2015	0.491	0.708	0.490	0.450	0.454
2016	0.731	0.693	0.570	0.562	0.560
2017	0.760	0.765	0.699	0.680	0.646
2018	0.904	0.789	0.880	0.897	0.787

资料来源：由笔者整理。

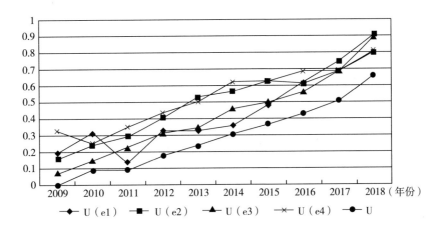

图 21-5 安徽省知识产权战略复合系统的协同度增长趋势

资料来源：由笔者整理。

将长三角三省一市知识产权战略系统的各子系统有序度结果代入式（21-3），对长三角三省一市知识产权战略复合系统协同度加以评价，得到 2009—2018 年长三角区域知识产权战略复合系统协同度计算的结果。

如表 21-8 和表 21-9 所示，从四大子系统的有序度分析结果看，外部支撑环境子系统有序度的提升是推动区域知识产权战略复合系统协同发展的主要动力，强化数字化技术在知识产权审查和保护领域的应用对区域知识产权战略复合系统有较大影响。但平台组织知识产权服务子

563

系统有序度低，高校院所知识产权运营子系统有序度是制约区域知识产
权战略复合系统协同度提升的"短板"。由此可见，长三角三省一市知
识产权战略各子系统发展速度不一致，长三角区域资金、研发资源等流
通存在问题，共建共享的技术转移服务体系尚未建设完善。进一步对三
省一市各个子系统的协同度和有序度分别展开具体分析，得出安徽省知
识产权战略系统四个子系统之间相互协作水平较高，浙江省协同度为
0.739 略低于江苏省知识产权战略系统协同度；上海知识产权战略系统
协同程度最低为 0.658，2010 年区域知识产权战略系统协同水平在三省一
市中最高，但随后几年内，协同度增长速度缓慢，甚至呈现出下降趋势，
上海市知识产权战略系统协同度年均增长速度为 24%，低于其他三个省
份；江苏省知识产权战略系统协同度高于浙江和上海两地，其年均增长
速度最快，四个子系统协同态势也较为良好。在外部支撑环境子系统有
序度方面：上海市有序度从低协同增长到高度协同；江苏省在 2013—
2015 年有序度水平较低，增长速度较慢，2016 年增长速度加快，2018 年
外部支撑环境子系统有序度有提升；浙江省有序度的增速虽然不高，却
呈现出逐渐上升的趋势；安徽省有序度大幅提升，带动区域知识产权战
略系统协同度的后续增长提升。高校院所知识产权运营子系统有序度方
面：上海市在 2011—2013 年增长迅速，但从增长趋势来看，高校院所知
识产权运营子系统的协同度有待进一步提升；江苏省前期有序度增长速
度较快，其中 2010 年增长率高达到 90%；浙江省也呈增长趋势，2012 年
增长速度最快，2013 年、2014 年增长速度放缓，发展趋势仍为缓慢增长
状态；安徽省有序度在 2016 年出现负增长，表明三省一市高校院所流通
机制尚未建立完善。平台服务子系统有序度方面：上海市有序度提升速
度也较快，子系统有序度在 2018 年也有明显提升；江苏省有序度增长速
度较快，但增长速度不平稳，在 2016 年和 2017 年有序度提升幅度不明显
甚至有下降趋势；浙江省有序度增长速度最快，在 2015 年之后明显提升；
安徽省有序度较低，反映出服务平台在推进技术开发的专业研发人才以
及推进技术转让的资金流通方面仍存在问题。企业技术应用吸收子系统
有序度方面：上海市有序度增长逐渐减缓，年均增长速度在四个子系统
中最低，仅为 9%；江苏省有序度较高；浙江省有序度增速呈缓慢上升趋
势；安徽省有序度增长速度明显，四个系统全方位地发展，协同推进安

徽省知识产权战略系统的发展，使其有序度快速提升。

表 21-7 协同程度划分依据

DWS 区间	[-1, 0]	[0, 0.5]	[0.5, 0.8]	[0.8, 1]	1
协同度	不协同	低协同	中度协同	高度协同	完全协同

资料来源：由笔者整理。

表 21-8 长三角区域知识产权战略复合系统的协同度

年份	$u(e_1)$	增速(%)	$u(e_2)$	增速(%)	$u(e_3)$	增速(%)	$u(e_4)$	增速(%)	DWS
2009	0.1511	—	0.0970	—	0.0728	—	0.1066	—	—
2010	0.1974	31	0.2000	106	0.1545	112	0.1123	5	0.058
2011	0.1724	13	0.2734	37	0.2294	48	0.3391	202	0.146
2012	0.2870	67	0.3974	45	0.3422	49	0.4737	40	0.268
2013	0.3075	7	0.4616	16	0.3912	14	0.5241	11	0.313
2014	0.3533	15	0.5479	19	0.4809	23	0.5754	10	0.381
2015	0.4488	27	0.6272	14	0.5190	8	0.6277	9	0.448
2016	0.6274	40	0.6612	5	0.5784	11	0.7147	14	0.539
2017	0.7091	13	0.7329	11	0.6911	19	0.7290	2	0.607
2018	0.9026	27	0.7983	9	0.9061	31	0.8932	23	0.766

资料来源：由笔者整理。

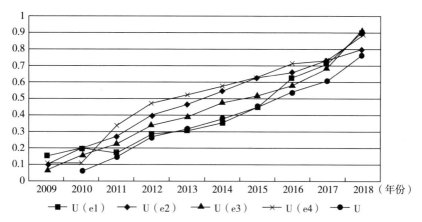

图 21-6 长三角三省一市知识产权战略复合系统的协同度增长趋势

资料来源：由笔者整理。

表 21-9　　　　三省一市知识产权战略复合系统的整体协同度

年份	长三角	上海	江苏	浙江	安徽
2010	0.058	0.090	0.056	0.044	0.072
2011	0.146	0.088	0.179	0.089	0.147
2012	0.268	0.178	0.314	0.185	0.235
2013	0.313	0.235	0.361	0.217	0.327
2014	0.381	0.309	0.423	0.273	0.372
2015	0.448	0.366	0.479	0.364	0.454
2016	0.539	0.429	0.587	0.445	0.560
2017	0.607	0.508	0.626	0.544	0.646
2018	0.766	0.658	0.754	0.739	0.787

资料来源：由笔者整理。

　　分析影响区域知识产权战略系统协同发展有序度增长的主要原因为：上海市复合系统协同度水平较低是由于高新技术产业逐渐向长三角其他区域转移，导致企业技术创新知识产权吸收子系统的有序度增长逐渐减缓。江苏省局限于相关配套资源、支持力度、金融市场和信息技术未能较好满足相关经济活动要求的问题，从而致使其只实现了复合系统的中度协同。浙江省未能实现良好协同的主要原因在于外部支撑环境子系统增速缓慢。安徽除去高校院所流通机制尚未建立完善，科研力量"短板"尚未补足外，其服务平台在推进技术开发的专业研发人才以及技术转让的资金流通方面也存在问题。

四　长三角区域知识产权战略系统协同发展的对策建议

　　根据以上的实证分析结论，发现数字化背景下，外部支撑环境子系统是影响长三角三省一市知识产权战略系统协同发展的最主要因素，高校院所知识产权运营能力、企业技术创新知识产权吸收能力也影响着长三角三省一市知识产权战略系统的协同发展。基于此，本研究从外部环境、高校、平台以及企业四个角度为推动长三角三省一市知识产权战略系统协同发展提出以下对策建议。

　　（一）积极推动外部环境优化，切实加强科技创新发展的支撑体系建设

　　一是数字经济与区域知识产权战略相结合，打破"信息孤岛"。推

动数字化基础设施搭建以及数字化机构设置，通过 5G、大数据、人工智能等数字技术赋能区域知识产权战略的发展，逐步试验推广区块链在区域知识产权战略系统中的应用，实现技术交易的数字化转型，提升交易透明度和监管的全面性。二是推动金融市场与区域知识产权战略进行对接融合，实现创新链与资金链的融通。加快金融市场对外开放，放宽银行业外资市场准入，与区域知识产权战略进行衔接，促进资本跨区域自由流动，鼓励地方政府联合设立长三角区域知识产权战略发展投资专项资金，促进风险较高的技术进行转让。三是加强政府创新政策扶持力度和财政支持力度。完善科技创新财税政策，从税收激励、金融支持、政府采购、知识产权、人才培养等方面，健全完善激励科技创新的财税政策体系，为科技创新营造良好政策环境。四是围绕国际经济、金融、科技创新"三个中心"建设，提升长三角综合经济实力、金融资源配置功能，为长三角区域知识产权战略系统协同发展和参与国际竞争提供服务。

（二）重视高校院所创新能力培养，从供给端发力补齐"短板"

一是培育引进大院名校，汇聚优质创新资源。支持长三角高校的"双一流"建设，推动高校联合发展，加强与国际知名高校合作办学，依托国际知名高校的学科和人才优势，深化长三角高校科技创新供给能力，以高校教育合作带动科技创新等全方位合作。二是加强专业型人才的培养，优化人力资源结构。三省一市共同发展职业教育，搭建专业型人才一体化协同发展平台，培养高技能人才，兑现相关人才政策，全力引才、留才；建立一体化人才保障服务标准，实行人才评价标准互认制度，允许地方高校按照国家有关规定自主开展人才引进和职称评定。三是深化产学研合作，形成"一圈多点、以点带面"校地合作新格局。发挥高校的人才团队以及专业优势，以重点科技成果转化项目为基础，把项目合作、产学研合作与人才引进有机结合，务实高效地推进校地合作，以点带面形成突破，不断深化全方位、宽领域、多层次的交流合作，实现互利共赢。

（三）着力推动创新服务平台一体化建设，促进创新要素整合

一是打破行政壁垒，推动平台一体化建设，实现资源融合。打破资源条块分割现象，放宽市场准入条件，为长三角区域资源整合消除制度

性障碍，推动长三角资源共享、要素共生和共建，实现资源在更大范围内优化配置。二是进一步完善"三级运作"议事机制，对不同行政区资源统筹规划。第一级决策机制涉及战略产业以及重大技术攻关与创新平台合作，第二级协调机制开拓分项领域的互通，第三级是执行机制负责具体机制的设计和落实，通过"三级运作"实现资源统筹规划，保障创新要素资源最大限度地在区域内流通。三是加强与国际一流创新服务平台的系统化合作，融入全球创新服务网络。对标世界三大湾区，积极推动创新服务平台的市场化、开放化、多元化建设，加强与国内外知名创新服务平台的对接与互联，减少技术转化和技术扩散过程中的全球壁垒。

（四）加强协同创新产业体系建设，促进创新链与产业链的深度融合

一是推动形成基础研究、技术开发、成果转化和产业创新全流程创新产业链。建立政学产研多方参与机制，开展跨学科跨领域协作攻关，支持龙头企业跨区域整合科研院所研究力量，鼓励科研人员深度参与产业创新活动，切实提升企业的技术研发转化能力。二是支持企业联合科研机构建设新型研发平台，打造全国重要的创新型经济发展高地。充分发挥科研机构创新资源集聚优势，协同推动企业进行原始创新、技术创新和产业创新，合力打造长三角科技创新共同体，形成具有全国影响力的科技创新和制造业研发高地。三是坚持市场机制主导和产业政策引导相结合，引导产业合理布局。完善区域产业政策，强化中心区产业集聚能力，推动产业结构升级，优化重点产业布局和统筹发展。建立与产业转移承接地间利益分享机制，加大对产业转移重大项目的土地、融资等政策支持力度。

第二十二章

我国数字产业的知识
产权国际化战略研究

随着知识产权规则越来越多地出现在国际贸易政策中，自由贸易协定（FTA）中知识产权规则的变化越发明显地呈现超越 TRIPS 条款严格程度的趋势（TRIPS-plus 趋势），国与国之间的贸易摩擦进入激烈的知识产权竞争。为了阐明知识产权规则如何影响出口贸易结构，并为重构知识产权自由贸易规则提供理论和实践建议，本书对 2000—2018 年亚太地区重要经济体签署的 63 项自由贸易协定进行了差距分析和引力建模。研究发现，FTA 知识产权规则将增加专利密集型和商标密集型产品在出口贸易总额中的比例。出乎意料的是，与欠发达国家相比，提高知识产权保护力度对优化发达国家的出口贸易结构更为重要。

第一节　知识产权国际规则保护强度差异分析

通过明确定义的指标体系，准确评估知识产权保护强度是实证研究的基础，也是理论模型的前提。本书不仅基于 TRIPS 协定，而且还吸收了《全面进步跨太平洋伙伴关系协定》（CPTPP）中典型的 TRIPS 附加条款，并参考了现有研究设计的知识产权保护强度评估方法和准则，构建了 FTA 中的知识产权保护强度，为第二节进一步探讨 FTA 中知识产权规则对出口贸易的影响的不同强度如何发挥作用奠定了基础。

一　知识产权国际规则保护强度的评价研究

在全球经济和国际贸易的全球性变化下，保护知识产权呼声日渐高涨，出现了越来越多的区域自由贸易协定。自由贸易协定是两个或两个以上国家或地区之间的多国法律合同，旨在通过消除关税和非关税壁垒来促进经济一体化。统计显示，超过 90% 的新签署的自由贸易协定包含知识产权保护条款，其中一些条款强调保护比基于 TRIPS 的预期水平更严格。也因此引出围绕 TRIPS-plus 规则合理性的争议，即欠发达经济体在知识产权保护方面承担的义务比 TRIPS 协定下的义务更多。最近的一个争端案例是中美之间备受瞩目的贸易摩擦（中美贸易摩擦），这两个最大经济体之间的贸易争端更多是发达国家和欠发达国家之间的知识产权的竞争。尽管在社会实践中经常出现争议，但学术界对此的反应却非常冷淡。以往关于知识产权保护对出口贸易影响的研究主要集中在国家层面的知识产权规则或自贸区对出口贸易的影响。然而，很少有研究涉及自由贸易协定中知识产权保护对出口贸易结构的影响。通过提供评估知识产权保护强度的适当方法，并澄清知识产权保护的普及将如何影响发达经济体和欠发达经济体之间的贸易平衡，这项研究将有助于 FTA 参与者获得适当的策略，以涵盖严格知识产权保护的副作用，并发展更好的产业结构。

胡方、曹情（2016）收集了 2001—2014 年中国出口的面板数据，并根据静态和动态分析得出结论，知识产权保护在促进出口方面发挥了重要作用，而出口也受到地区差异的显著影响。随着贸易和投资从边境规则向边境后规则的迁移，自贸区将对各国的贸易和投资格局产生更深远的影响，自贸协定中知识产权保护条款对贸易流动和结构的影响也越来越显著。类似地，有学者讨论了自由贸易协定的经济决定因素，并为自由贸易协定的形成提供了系统的实证分析；有学者应用 CGE 模型分析了东盟自由贸易协定如何改变了东亚的贸易格局，发现具有强大知识产权保护的部门具有明确的出口增长；有学者则提出了另一种观点，即不同程度的知识产权保护可能会鼓励或延缓扩散速度。有研究通过对 40 年内 96 个国家关于自由贸易协定和双边贸易流动的面板数据的改进的重力建模，声称两个成员之间的自由贸易协定可以在 10 年内使双边贸易量翻一番；但不同的研究调查发现，知识产权保护的增加刺激了进口，特别是知识密集型产品。

自由贸易协定中的知识产权保护规则无法简单直接进行比较，必须构建一个科学完善的知识产权保护强度测评指标体系用于更好地量化各个自由贸易协定文本中的知识产权保护强度。通过明确定义的指标体系，准确评估知识产权保护强度是实证研究的基础，也是理论模型的前提。目前，衡量知识产权保护强度的方法主要有三种：调查评分、立法评分和综合评分。Sherwood（1997）、Yang 等（2002）和 Hong 等（2011）就曾使用调查评分方法来衡量知识产权保护的强度，得到海内外学者的广泛认同和积极引用。立法评分是对知识产权的立法文本进行评分。学者在这一领域已经做出成熟成绩，Rapp 等（1990）将知识产权保护的衡量分为五类，并沿用至今；Shen（2010）则根据经济和贸易格局的变化改进了立法评分方法。

综合评分是上述两者的结合。一些学者注意到颁布和实施的重要性。Ostergard 等（2018）提出了一种衡量知识产权保护（包括知识产权立法和执法力度）的替代方法。部分其他学者则试图通过增加新的因素来表明执法。然而，由于发达国家认为自由贸易协定可以改善知识产权保护，获得贸易便利，并保持竞争优势，因此 TRIPS-plus 已成为发达国家贸易规则的主要特征。越来越多的研究开始围绕指标评估体系，对 FTA 知识产权保护力度进行澄清。早期学者以 TRIPS 为基准，估计了美国和欧洲联盟主导的贸易协定中的知识产权保护强度。近十年来，基于 TRIPS 提出了一系列最能反映 FTA 知识产权结构和保护强度关键点的独特指标，并独立设计了 FTA 知识产权保护强度定量评价体系。

表 22-1 评级指标体系

一级指标	二级指标	三级指标（是否加入/是否包含）
国际协定 AI（3分）	版权（1分）	①《世界知识产权组织版权条约》（WCT）；②《世界知识产权组织表演和录音制品条约》（WPPT），0.5 分/个
	专利（1分）	①《专利合作条约》（PCT）；②《保护植物新品种国际公约》（UPOV）；③《布达佩斯条约》，0.33 分/个
	商标（1分）	①《商标国际注册马德里议定书》；②《商标法新加坡条约》，0.5 分/个

续表

一级指标	二级指标	三级指标（是否加入/是否包含）
知识产权规则权利广度 W_t（3分）	版权（1分）	①是否要求复制权范围延伸至临时复制行为；②是否有专有权保护；③是否包含技术措施和权利管理信息的保护，0.33分/个
	专利（1分）	①专利申请授予条件是否降低；②对生命形式（动物和植物）和已知产品的二次用途予以专利保护；③是否限制专利撤销，限制强制许可的授予及限制药品的平行进口；④是否对药品和农用化学品测试数据专有权保护，0.25分/个
	商标（1分）	①商标权的客体扩大到声音、气味；②对驰名商标予以特别关照；③地理标志延伸至普通产品；④规定地理标志保护例外情形，0.25分/个
知识产权规则期限长度 L_t（3分）	版权（1分）	计算方法：采用连续衡量专有权期限的指标采用数值计算方法，即用每个相关指标涉及的专有权实际期限除以一个标准基数。
	专利（1分）	基准：版权（95年，参考美国）；专利（是否存在专利权保护期以补偿方式延长情况，存在计1分）；商标（10年，参考WIPO）
	商标（1分）	
知识产权规则执法深度 D_t（5分）	一般义务（1分）	执法信息的公开、司法资源的分配，及版权存续的推定等方面提出额外要求，或扩大执法措施的适用范围，0.25分/个
	民事程序及救济（1分）	采取宽泛的计算损害赔偿的模式；法定赔偿的强制化；销毁侵权商品的常态化、模式化，0.33分/个
	临时措施（1分）	要求迅速处理不听取对方当事人陈述的救济请求；引入玛瑞瓦禁令，0.5分/个
	边境措施（1分）	扩大可适用边境措施的货物范围；增加可适用边境措施的侵犯知识产权的类型；规定主管机关无须正式的起诉，0.33分/个
	刑事程序（1分）	通过对"商业规模"的界定降低刑事程序的适用门槛；规定主管机关可以依职权主动发起法律行动，0.5分/个
强制性 S（2分）		若某知识产权条款（以Hofmann贸易协定数据库中TRIPS及IPR分值为参照，取均值）不仅在文字表述方面给出了明确承诺，还具有完善的争端解决机制，则其法律可执行性为2；若仅仅只是给出承诺但被排除在争端解决机制的适用范围之外，则其法律可执行性为1；如果在文字表述上也是模糊不清，未做出明确承诺，则其可执行性为0

资料来源：由笔者整理。

二 知识产权国际规则保护强度的指标构建

本书不仅基于 TRIPS 协定，而且还吸收了 CPTPP 中典型的 TRIPS 附加条款，并参考了现有研究设计的知识产权保护强度评估方法和准则。鉴于 FTA 发展中条款细节的逐步深入，出现了相应的争议解决机制，以提高条款明确表达下的法律可执行性，因此出现了强制性指标。此外，Hofmann 等（2017）提供了一个贸易协定数据库，以便可以计算知识产权规则的强制性指数。最终，我们构建了 FTA 中的知识产权保护强度，如下所示：

$$S = F(IA, W_t, L_t, D_t, S)$$

S_t 表示 FTA 属性中知识产权保护的总体强度，这是五个变量的处理结果：IA，W_t，L_t，D_t 和 S（如表 22-1 所示）。这五个变量一级指标，代表了国际协定和知识产权保护的广度、长度、深度和可执行性，分拆为若干二级指标。因为现有研究已经表明，在 G-P 模型下，各种指标对权重不敏感；此外，本研究中的所有指标对于 FTA 中的知识产权规则都是必不可少的，因此所选指标与权重无关。指标评分规则是每个二级指标的全部得分为 1 分（强制性指标为 2 分），每个一级指标的得分是所有从属指标的总和，标准化如下：

$$S_{ti}^{k^*} = \alpha + \frac{(1-\alpha)\ (S_{ti}^k - S_{ti,10\%}^k)}{(S_{ti,90\%}^k - S_{ti,10\%}^k)}$$

S_{ti}^k 表示一级指标，S_{ti}^k 上的星号表示转换后的值。如果一级指标的分数超过其组的 10%，则 $S_{ti}^k = S_{ti,10\%}^k$，最终分数是 α（本文借鉴已有研究，在处理亚太地区相关贸易协定时假设 α 等于 0.5）。最终，将对所有一级指标具有相同权重的标准化评估结合起来，得到：

$$S_{ti} = \sum_k S_{ti}^{k^*}$$

三 知识产权国际规则保护强度的差距分析

本书衡量了 63 项包含知识产权保护的自由贸易协定的知识产权保护强度。研究表明，最佳知识产权保护力度会随着经济特征的变化而变化。根据结果，63 个自由贸易协定将分为三个梯队。

第一梯队主要包括发达国家之间签署的自由贸易协定。例如，美国在前七个高分自由贸易协定中占主导地位。美国与韩国、欧盟、新加坡等其他发达国家和地区签订的 FTA 坚持"高标准"原则，是国际知识产权保护高度先进的重要推动力。

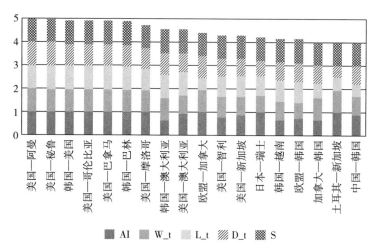

图 22-1　第一梯队 FTA 文本知识产权规则保护强度

资料来源：由笔者整理。

第二梯队主要由发展中国家与发达国家签订的 FTA 组成，知识产权保护力度波动较大。以中国为例，自由贸易协定的主要目标是小型经济体。与此同时，中国最近签署的自由贸易协定显示出发达经济体目标的趋势。然而，中国与发达国家签署的 FTA 的知识产权保护力度远高于中国和欠发达国家。有些经济体之间的自由贸易协定比不发达经济体之间的自由贸易协定更严格，特别是新签署的中国—瑞士自由贸易协定和中国—韩国自由贸易协定。

第三梯队多是前期发达国家之间的自贸协定和知识产权保护力度较弱的欠发达国家之间的自贸协定。例如，日本在早期（2008 年之前）与韩国和美国签署的自由贸易协定，在知识产权保护方面与目前现有的自由贸易协定相去甚远。此外，东盟和印度缔结的自由贸易协定没有纳入 CPTPP 等具体标准的知识产权保护实施，但其中一些甚至没有包括单独的知识产权章节。

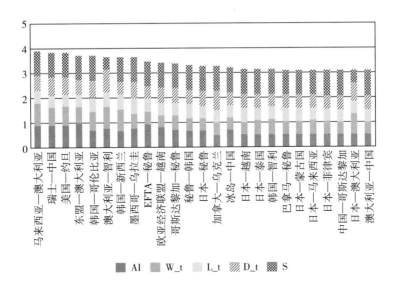

AI ■ W_t ■ L_t ▨ D_t ▨ S

图22-2 第二梯队FTA文本知识产权规则保护强度

资料来源：由笔者整理。

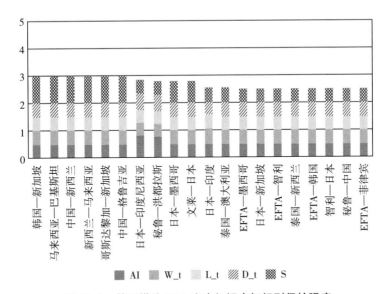

AI ■ W_t ■ L_t ▨ D_t ▨ S

图22-3 第三梯队FTA文本知识产权规则保护强度

资料来源：由笔者整理。

本书进一步选择了亚太地区七个重要经济体签署的自由贸易协定，

以进行更详细的分析。其中，无论发达程度如何，知识产权保护强度均超过 0.5，在某些方面超过了 TRIPS 的最低保护要求。随着多边（或双边）合作的不断深入，主要经济体及其贸易伙伴在逐步提高知识产权保护和贸易合作便利化力度方面正在取得重大进展。

在具体的二等指标方面，各国都有不同的优先次序。美国签署的 FTA 中知识产权规则的保护强度显示了高度的标准化和一致性，即无论在国际接受度或知识产权条款的广度、长度、深度和可执行性方面，所有知识产权章节中强调的要求都领先于其他国家。澳大利亚和韩国在与贸易伙伴的知识产权合作方面与美国有着相似的特点。此外，在大多数指标中，他们获得的高分仅次于美国。即便如此，这两个国家在具体指数上还是存在一些差异。澳大利亚非常重视纳入国际公约（AI：0.7459），并依靠国际公认的协议来提高其知识产权要求。韩国对执行知识产权规则的要求更高，即对争议解决有更高的要求（S：0.9583）。

至于日本，在 2008 年之前，它与欠发达国家签署了自由贸易协定，并在实施知识产权保护方面，特别是在早些时候提出的边境措施和刑事制裁方面，强调了 TRIPS-plus 的规模。自 2009 年以来，日本—瑞士自由贸易协定是日本与发达国家签订的第一个自由贸易协定，极大地提高了知识产权保护的力度，特别是在简化和提高专利和其他行政程序的透明度方面。

中国、秘鲁和马来西亚的地位大致相同。秘鲁在国际公约数量（AI：0.698）和知识产权执法深度（DT：0.617）方面得分高于中国和马来西亚。从自贸协定的数量和对象可以看出，秘鲁与发达国家的合作较多，因此发达国家广泛关注的国际公约和知识产权执法问题具有更为显著的影响。马来西亚在知识产权保护的广度方面得分最高，与中国在知识产权保护期限方面的平均得分一致，仅为 0.5 分，勉强达到 TRIPS 要求的最低标准。FTA 知识产权保护体系的构建，为第二节进一步探讨 FTA 中知识产权规则对出口贸易的影响的不同强度如何发挥作用奠定了基础。

第二节　知识产权国际规则对我国数字产业出口结构的影响

基于 FTA 文本知识产权保护强弱差异评测数据，对 FTA 知识产权保护强度对我国出口产品贸易结构的影响进行实证研究，为我国未来在国际自由贸易中更好开展知识产权保护强度对接和谈判场域的转移提供决策支撑。

一　知识产权国际规则影响我国数字产业出口结构的研究

不断深化的全球经济一体化，越来越引起学术界和工业界对知识产权保护对国家出口贸易影响的关注。大多数学者一致认为，知识产权保护通过两种方式影响出口贸易：市场扩张效应（在较大的市场中，也可能存在降低成本效应）和市场支配力效应。前一种概念是指加强国外知识产权保护，减少市场模仿和假冒，从而扩大对本国产品的需求导致出口增加的现象。同时，后者是指外国更严格的知识产权保护会通过减少市场模仿和假冒来减少其垄断出口的现象，从而扩大对来自本国的产品的需求。虽然这些定义与纯贸易领域给出的定义并不完全相同，但它们更适合，并显示出对知识产权保护与贸易流动之间关系的更多见解。研究人员通过在交易研究中引入吸收和模仿能力来进一步做出贡献（Campi et al.，2019）。Mödlhamer（2020）宣布，创新能力塑造了自由贸易协定中对知识产权的需求，从而引发了以下问题：自由贸易协定中的知识产权保护如何影响贸易以及在多大程度上影响贸易。

尽管明确并声称贸易流动的路径依赖性，但几乎不可能从市场效应的理论水平确定知识产权保护对贸易流动的影响的具体最终方向，而且很难说哪些影响在某些情况下发挥了更加显著的作用。此外，通过经验方法澄清处于不同发展水平的贸易机构如何达到不同程度影响也是重要的研究方向。基于博弈论，从创新和利润理论中获得了一个知识产权保护分析框架。该框架的重点是将创新作为出口促进的驱动力，并将边际转变作为贸易波动的主要原因。在知识产权保护规则是否以及如何在贸易流动中发挥作用的框架内，模仿的能力、机会和阻碍发挥了主要作用。

　　根据由市场效应和模仿潜在威胁组成的框架，对于遭受更高被模仿风险的经济体来说，TRIPS-plus 知识产权保护的市场扩张效应要显著得多，因为加强知识产权保护将保护进口产品免受简单复制品的侵害，以防止简单、粗糙、原始的技术模仿。相比之下，由于其高科技特性而很少被模仿的经济体更有可能获得市场力量并获得更多的出口机会。从更积极的角度来看，知识产权保护往往在具有较高模仿能力的经济体中具有市场力量效应，但在没有或缺乏模仿能力的经济体中，知识产权保护往往具有市场扩张效应。此外，对模仿能力较低的经济体来说，加强知识产权保护往往与市场扩张挂钩，但很少导致市场力量。它也符合我们的市场效应和模仿能力框架。从信息理论来看，具有更高模仿能力的经济体将发出信号，将潜在的贸易伙伴拒之门外，保持国内市场的主导地位。相比之下，模仿能力较低的经济体无法选择其贸易地位并获得更多进口。

　　并非学术审查中的所有案例都适合这个框架，甚至并非学术评论中的所有案例都全面支持这个框架。最大的问题是，许多评论都集中在国家层面的交易问题上，最近一些文章试图在公司层面找出与交易相关的因素。例如，Chalioti 等（2020）认为，创新型出口商将通过制定利润微薄且销售量较大的营销策略来赚取更多收入，这与市场力量效应相反。很少有作者通过以工业视角作为分析体来为框架做出贡献，因此这个主题是创新的。

　　有学者建立了一个因子比模型，以实证分析专利制度对国家出口的影响，发现专利保护强大的国家将向美国出口更多的专利密集型产品。这给本研究留下了另一个问题，即知识产权保护是否以及如何影响贸易出口，以及它也如何受到工业特征的影响。Maskus 等（2016）发现，带有知识产权保护条款的自由贸易协定的签署对整体贸易和高科技产品贸易具有重大影响，这种影响比 TRIPS 约束下的影响更为重要。遵循市场扩张/权力效应框架和模仿的核心作用，最终导致我们考虑行业如何对理论假设做出反应。同样有学者揭示了知识产权的影响因不同类型的产品而异，这给了本研究一个提示，将行业分为高科技和低技术标签；前者比后者更难在没有帮助的情况下复制，因为尽管人口急剧下降，但劳动力比知识更容易获得。由于更难模仿，专利密集型产业将更适合 TRIPS-plus 趋势下的市场扩张效应。更具体地说，专利密集型产业在集团内部也有所不同。那些严重依赖专业技术、复杂工艺和独特工业品外观设计的国家将面临更多挑战，但那些从品牌效应中受益最大的人可以从知识产权保护中有效地获得更多收益。在这里，我们提出本节第一个命题。

H22-1：知识产权保护对出口的影响因产业而异。

H22-1a：知识产权保护对专利密集型产业出口的影响比其余产业的影响要更显著。

H22-1b：知识产权保护对商标密集型产业出口的影响比专利密集型产业的影响更显著。

20 世纪的研究已经通过第二阶段计量经济学模型证明，增加专利保护会影响小型和大型发展中经济体的双边制造业进口。然而，这自然会让人想起一个悬而未决的问题，即增加影响贸易出口的知识产权保护是否以及如何因国家的发展程度和收入水平而异。后来学者以美国的出口作为经验样本，发现出口依赖于进口商的专利权保护，但模仿的威胁缓和了依赖的方向。类似地，有学者发现，专利指数对食品等知识松散行业的影响在发展中国家是积极的，但在发达国家是消极的，而对化学等知识密集型产业的影响在发展中国家是积极的，但在其他国家是消极的。这些发现更好地支持了我们的推测，即知识产权保护的收益因发展而异（Shin et al.，2016）。在这里，本研究假设更高的发展伴随着更严格的交易规则和更复杂的市场法规，这表明知识产权保护水平更高。对这些国家来说，TRIPS-plus 贸易协定最终带来的差异很少，边际改善也更少。相反，欠发达国家将遭受更具挑战性的适应期和更剧烈的贸易浮动。

有研究将欠发达国家专利权的实力与发达国家的出口联系起来，发现更实质性的专利权提高了发达国家对发展中国家的高科技出口。它表明，贸易流动中存在着民族特征和工业特征的二元性而非元论。后续研究揭示了经济意义的相似性如何影响优惠贸易协定下贸易流动的变化，挑战了欠发达国家最终可以通过与工业国家签署贸易协定获得进入更突出和利润丰厚的出口市场的门票的看法。欠发达国家由于缺乏完善的工业设计和先进的技术基础，最终在模仿战中失败了。沈国兵、张学建

（2018）对知识产权保护强度与出口竞争力之间的关系进行了实证研究，表明适当的知识产权保护有助于改善中国的出口竞争能力，而过于严格的知识产权规则将阻止出口增长，这完全符合经济理想的知识产权保护取决于情况的猜想。在更复杂的现实中，国家和公司层面的影响将同时包括生效和技术因素成为焦点。在这里，我们提出本节第二个命题：

H22-2：知识产权保护对出口的影响因处于不同发展阶段的国家而异。

H22-2a：知识产权保护对欠发达国家知识产权密集型产品出口的影响比发达国家的影响要更积极。

H22-2b：发达国家知识产权保护对商标密集型产品出口的影响比欠发达国家的影响要更积极。

综上所述，现有研究大多以国家为对象来衡量知识产权保护强度，制定《自贸区知识产权保护强度评价指标》的研究较少。因此，本研究旨在弥补不足，选择 TRIPS 作为衡量自由贸易协定知识产权保护力度的基准，并分析自由贸易协定知识产权保护规则的变化对亚太地区重要经济体出口贸易结构的实际影响。

尽管通过对梳理文献的回顾，可以清楚地将引力模型确定为贸易研究的主流，但在实践中存在一些挑战，这可能会对本研究主题产生重大影响甚至偏离。贸易协定的内生性是我们必须克服的第一个问题。许多研究人员就知识产权保护对出口贸易结构的影响进行了争论，尽管他们在处理内生因素时有不同的意见，因此得到了非常相似的经验证据的支持。由于内生性，贸易协定的影响不时被低估或高估，混淆了结论。值得注意的是，当关注 OLS 诱导的估计偏差风险并应用于对数线性规范时，内生性被认为是一个重大问题（Wang et al.，2022）。

此外，零值流动，非线性和省略项都可能导致偏离事实。在类似研究中常见的问题包括：大多数欠发达国家采取 TRIPS 的几项措施不是作为对国内创新的内生反应，这对本研究来说也是一个潜在的警告。本研究构建了两种方法来解决问题。首先，本研究采用具有固定效应的个体级面板数据分析和重力模型框架来修复和减小内生性的影响，从而进行差中差（DID）估计，这也是分析重点的主要处理方法。由于采用广泛的数据集，本研究过滤并剔除每个回归中存在零流量的国家/地区采用，以避免零流量的偏差。其次，本研究执行泊松伪最大似然（PPML），也称为准泊松分布上的一般最大似然估计（Pfaffermayr，2020），在稳健性测试部分，以证实本研究的结论。

二　知识产权国际规则影响我国数字产业出口结构的引力模型

20 世纪 60 年代，最早出现将重力模型应用于国际贸易的实证研究。Linnemann 通过首次将人口和政策作为新变量进行介绍，为重力建模做出了杰出贡献。如今，人们经常解释各国出口贸易在收入、双边距离和其他变量方面的横截面变化。新的学术成果引入了虚拟变量，以区分自由贸易协定是否签署和生效。本书不仅以收入（GDP）和人力资本为控制，介绍了 FTA 的虚拟变量，还应用了新的变量来衡量知识产权保护的强度，探讨了 FTA 中知识产权保护强度对出口贸易的影响。

相比之下，出口贸易结构由出口产品占比或产业结构等不同指标提供。本文旨在发现产品出口的变化，以反映出口贸易结构的数据特征。基本回归模型如下：

$$\ln EXP_{ijt} = \beta_1 \ln GDP_{it} + \beta_2 \ln GDP_{jt} + \beta_3 \ln hc_{it} + \beta_4 \ln hc_{jt} + \beta_8 X_{ijt} + \beta_c C_{ij} + \gamma_{it} + \gamma_t + \eta_{ijt}$$

下标 i、j 和 t 分别代表签署自由贸易协定的国家/地区、签署该协议的合作伙伴以及 2000 年至 2018 年之间的年份。EXP_{ijt} 是指 t 年份从 i 到 j 的出口贸易，X 可以是 FTA_{ijt} 或 $FTA_{ijt} \times IPR_{ijt}$，这取决于我们的建模方向。$FTA_{ijt}$ 是一个虚拟变量，用于衡量 i 和 j 签署的自由贸易协定是否在 t 年生效，并且自协议生效以来等于 1。IPR_{ijt} 表示 t 期间 i 和 j 签署后 FTA 的知识产权保护强度。hc_{it} 和 hc_{jt} 分别代表 t 期间 i 和 j 的人力资本指数。GDP_{it} 和 GDP_{jt} 分别代表 t 周期 i 和 j 的 GDP。C_{ij} 是用于稳健性测试的控制变量，包括两国之间的地理距离、共同边界以及两国共享的共同官方语言。γ_{ij} 和 γ_t 分别表示国家和年份的时间固定效应，η_{ijt} 表示随机误差。

该样本包括 2000—2018 年重要经济体和亚太地区签署的自由贸易协定中的 63 份知识产权规则文本，涉及 126 套。考虑到联合国商品贸易统计数据库中的一些常见错误，我们使用的出口贸易数据来自 BACI-CEPPII。考虑到时间跨度较长，本研究选择了由国际贸易标准分类第三修订版编码的出口贸易数据。国内生产总值来自世界银行世界发展指标数据库。此外，为了进一步使用，研究收集了被占领国的收入信息，并将参与亚太自由贸易协定的 68 个国家分为发达国家组（至少一次被列入高收入国家名单的国家）和欠发达国家组（其余所有国家）。每个国家的人力资本指数来自 Penn World Table 版本 10.0，其中类似的研究表明，平均受教育年限和教育回报率将在一定程度上反映特定国家生产和消费的标准水平，更多的是一个国家的能力和模仿行为的可能性（Campi et al.，2019）。FTA 中的知识产权保护力度由上一节介绍的评估体系组成。简化和多变量使我们的评估比其他索引数据库［如贸易协定设计（DESTA）数据库］更具可执行性（Surbeck，2019；Morin et al.，2020）。研究目标是为贸易协定中的知识产权保护创建一种可行且直接的评估方法，然而，必要的稳健性测试将使 DESTA IP 规定指数成为替代的标记资源。一些缺失的数据也将在每个国家发布的数据中再次搜索，详见表 22-2。

三　知识产权国际规则影响我国数字产业出口结构的评价结果

定量处理显示了该主题和本文中的许多见解。具有知识产权规则的自由贸易协定的生效不会促进所有产品的出口贸易。根据 Maskus 等（2016）提出的分类规则，SITC Rev. 3 编码的产品分为专利（IP）密集型产品、商标（TM）密集型产品和非知识产权密集型产品。为找到对 FTA 中知识产权保护强度最敏感的产品，验证 FTA 中知识产权保护的加强是否有利于出口贸易结构，我们对 SITC Rev. 3 编码的 65 类商品的出口贸易比例进行了回归。

结果表明，具有知识产权规则的 FTA 生效可以显著促进 40 种产品的出口流量。相比之下，自贸协定的生效可以解释 37 种产品出口流量的增加（见表 22-2）。在所有 17 个专利密集型行业中，有 11 个在重要性清单上。该清单包括 09（杂项食用产品和预涂装）、51（有机化学品）、53（染色、鞣制和着色材料）、54（医药产品）、55（香水精油和清洁预涂）、59（化学材料和产品，未另作说明）、62（橡胶制造商，未另作说明）、75（办公设备和自动数据处理机）、76（电信和录音设备）、77（电气机械、仪器和电器，未另作说明）和 78（光影、光学产品、手表和钟表）。在所有 9 种商标密集型产业中，有 5 种在重要性清单上，包括 02 种（乳制品和鸟蛋）、25 种（纸浆和废纸）、57 种（初级形式的塑料）、69 种（金属制造，未另归于何种程度）和 78 种（道路车辆）。结果显示，从某种程度上说，具有知识产权规则的自由贸易协定的生效，有利于在专利（IP）密集型或商标（TM）密集型产品出口方面有所作为。

表 22-2 基于产业分类的回归分析

SITC Rev. 3	Class	FTA			FTA×IPR		
		Estimate	Likelihood	Significance	Estimate	Likelihood	Significance
02	TM	0.2332	0.0003	***	0.0858	0.0000	***
09	IP	0.2010	0.0000	***	0.0580	0.0000	***
23	TM	0.0255	0.6647		0.0019	0.9003	
25	TM	−0.2624	0.0035	**	−0.0684	0.0028	**
27	IP	0.0054	0.9170		−0.0059	0.6534	
51	IP	0.1264	0.0070	**	0.0419	0.0004	***
52	IP	−0.0024	0.9598		−0.0099	0.4090	
53	IP	−0.1078	0.0039	**	−0.0275	0.0040	**
54	IP	0.1224	0.0021	**	0.0308	0.0024	**
55	IP	0.1662	0.0000	***	0.0449	0.0000	***
57	TM	0.0923	0.0208	*	0.0287	0.0048	**
59	IP	0.1013	0.0020	**	0.0316	0.0002	***
62	IP	−0.0790	0.0216	*	−0.0235	0.0073	**
64	TM	0.0475	0.2421		0.0153	0.1401	
69	TM	0.0776	0.0110	*	0.0238	0.0022	**
72	IP	−0.0283	0.4276		−0.0095	0.2962	
73	IP	−0.0373	0.3988		−0.0091	0.4152	
74	IP	0.0070	0.8185		0.0071	0.3622	
75	IP	−0.3102	0.0000	***	−0.0732	0.0000	***
76	IP	−0.2687	0.0000	***	−0.0686	0.0000	***
77	IP	−0.0697	0.0288	*	−0.0181	0.0266	*
78	TM	0.0955	0.0171	*	0.0216	0.0343	*

SITC Rev. 3	Class	FTA			FTA×IPR		
		Estimate	Likelihood	Significance	Estimate	Likelihood	Significance
82	TM	0.0440	0.2700		0.0034	0.7406	
85	TM	−0.0372	0.4576		−0.0211	0.0955	.
87	IP	0.0371	0.2695		0.0120	0.1624	
88	IP	−0.1130	0.0124	*	−0.0247	0.0314	*

注：.、*、**、***分别代表10%、5%、1%、0.1%的显著性。

资料来源：由笔者整理。

在模型中加入知识产权保护指标后，结果表明，通过加强FTA中的知识产权保护，17种知识产权相关产品将提高其在出口中的比重。其中，专利密集型产品显著正系数的有5种，包括09（杂项食用产品和制剂）、51（有机化学品）、54（医药产品）、55（香水和清洁制剂精油）和59（化学材料和产品，未另作说明）；有六种类型的具有显著负系数的专利密集型产品包括53（染色，鞣制和着色材料）、62（橡胶制造商，未指定）、75（办公机器和自动数据处理机）、76（电信和录音Appa-Ratus）、77（电气机械，仪器和电器，未另作说明）和88（光电，光学产品，钟表）；有四种类型的商标密集型产品具有显著的正系数，包括02（乳制品和鸟蛋）、57（初级形式的塑料）、69（金属制造商，未注明）、78（纸浆和废纸）和两种类型的商标密集型产品具有显著负系数包括25（鞋类）、85（道路车辆）。

上述研究表明，知识产权保护对出口的影响因产业而异。专利密集型产业和商标密集型产业受到知识产权保护的显著影响，支持H22-1a的假设。这些正面和负面的估计表明，专利密集型产业往往在出口方面遭受损失，而商标密集型产业更有可能获得额外的出口流量，因为自由贸易协定中的知识产权保护更高、更严格，支持H22-1b的假设。此外，自由贸易协定和FTAIPR的回归减轻了本研究的担忧，即FTA而不是FTA知识产权规则是促成出口的唯一原始有效原因，这表明FTA知识产权规则的表现至少与FTA一样好（见表22-3）。

表 22-3

基于产业类型的回归分析

Model	(1)	(2)	(3)	(4)	(5)	(6)	(7)	(8)
Dependent	IP	TM	Non-IP	Total	IP	TM	Non-IP	Total
GDP_i	0.6017 ***	0.2546 ***	0.3115 ***	0.4127 ***	0.6017 ***	0.02542 ***	0.3107 ***	0.4129 ***
hc_i	1.3159 ***	2.1731 ***	1.1899 ***	1.5057 ***	1.3085 ***	2.1802 ***	1.1936 ***	1.5098 ***
GDP_j	0.5949 ***	0.6760 ***	0.8541 ***	0.8158 ***	0.5946 ***	0.6739 ***	0.8535 ***	0.8160 ***
hc_j	-0.8809 ***	-0.7455 ***	-0.0553 (0.777)	-0.8219 ***	-0.8875 ***	-0.7333 ***	-0.0515 (0.792)	-0.8176 ***
FTA					-0.0384	0.1531 ***	0.0855 **	0.0171 (0.444)
$FTA \times IPR$	-0.0112 .	0.0415 ***	0.0232 ***	0.0052 (0.365)				
Country pair	Fixed							
Time dummy	Yes							
R^2	0.49	0.43	0.49	0.55	0.49	0.43	0.49	0.55
Adj R^2	0.47	0.40	0.46	0.53	0.47	0.40	0.46	0.53
F test	Significant effects							
Hausman Test	One model is inconsistent							

注:、*、**、***分别代表10%、5%、1%、0.1%的显著性。

资料来源:由笔者整理。

豪斯曼检验表明，国家对存在固定效应。这一结果与许多本地研究人员一致。亢梅玲等（2016）收集了1995—2010年中国对其他国家出口的面板数据，发现在出口目的地没有证明知识产权保护的强度可能导致中国的出口贸易流动，特别是在专利密集型行业。值得一提的是，并非所有部门都与TRIPS-plus自由贸易协定提供的知识产权保护直接和显著相关，这与宣称"更强有力的专利法会带来更大的出口，这种影响在所有部门都普遍存在"的部分研究结论相反。为了进一步测试处于不同发展阶段的经济体中，自由贸易协定中知识产权保护的强度如何对出口贸易结构产生影响，并观察其中哪种产品对自由贸易协定中知识产权保护的变化更敏感，本研究将样本分为发达组和欠发达组（见表22-4），得到了相当精确的结果，支持H22-2的假设。结果表明，在发达国家集团中，FTA知识产权对商标密集型产品出口、剩余产品出口和出口总额产生了显著的积极影响。相比之下，在欠发达国家，FTA知识产权规则对专利密集型产品出口产生了重大和消极的影响，对商标密集型产品出口产生了重大而积极的影响。此外，FTA知识产权的估计参数在模型（13）中比模型（9）中的参数重要得多，支持H22-2a的假设；模型（10）中的估计参数高于模型（14）中的估计参数，支持H22-2b的假设。

　　结果表明，加强自由贸易协定中的知识产权保护，即使没有得到优化，至少可以显著改变（如果不是优化的话）任何处于不同发展阶段的经济体的出口贸易结构，为专利密集型产业、商标密集型产业或其余产业做出贡献。然而，与欠发达国家相比，发达经济体的改善速度更快、更显著。

　　鲁棒性测试主要在建模中进行了三个显著的更改。一是将知识产权保护标记规则更改为TRIPS-plus的知识产权（Morin et al.，2020）。通过这种替换，本研究有机会测试建模的有效性，并有机会重新检查已标记规则的合理性，这对于进一步的继承和修改是必要的。二是将估算方法从DID切换到PPML，后者也是分析重力模型的标准工具（Campi et al.，2019）。PPML更擅长处理零值和Jason不等式，减轻了数据处理的负担。三是在老模型中添加一些常见和必要的元素，以提高可靠性。

　　稳健性测试结果（见表22-5）基本上支持了本研究的观点，即专利

表22-4 　基于国家发展水平的回归分析

Dependent	Developed country				Less developed country			
	IP (9)	TM (10)	Non-IP (11)	Total (12)	IP (13)	TM (14)	Non-IP (15)	Total (16)
GDP_i	0.5455 ***	0.0605 (0.202)	0.3364 ***	0.4030 ***	0.5592 ***	0.2404 **	0.1246 .	0.2363 ***
hc_i	-0.2088 (0.319)	1.1898 ***	0.4606 .	0.2241 (0.247)	4.2333 ***	3.324 ***	2.0958 ***	3.2210 ***
GDP_j	0.6673 ***	0.7929 ***	0.8053 ***	0.7995 ***	0.4747 ***	0.6687 ***	1.0601 ***	0.9422 ***
hc_j	-0.5756 **	-0.7963 ***	0.1191 (0.596)	-0.4083 *	-1.5260 ***	0.9757 .	0.2621 (0.526)	-0.9579 *
$FTA \times IPR$	-0.0026 (0.685)	0.0488 ***	0.0296 ***	0.0116 .	-0.0425 **	0.0454 *	0.0237 (0.153)	0.0057 (0.712)
Country pair	Fixed							
Time dummy	Yes							
R^2	0.44	0.38	0.46	0.53	0.65	0.56	0.55	0.61
Adj R^2	0.41	0.35	0.43	0.50	0.63	0.53	0.52	0.59
F test	Significant effects							
Hausman Test	One model is inconsistent							

注：.、*、**、***分别代表10%、5%、1%、0.1%的显著性。
资料来源：由笔者整理。

表 22-5　　稳健性检验

	Full sample			Developed country			Less developed country		
	IP	TM	Other	IP	TM	Other	IP	TM	Other
ln$dist$	-0.196 ***	-0.190 ***	-0.176 ***	-0.178 ***	-0.129 ***	-0.211 ***	0.4217 ***	1.1630 ***	0.7094 ***
lnGDP_i	0.0936 ***	0.1015 ***	0.0373 ***	0.0963 ***	0.1041 ***	0.0475 ***	0.0912 ***	0.1208 ***	0.0440 ***
lnGDP_j	0.0793 ***	0.0598 ***	0.0368 ***	0.0762 ***	0.0472 ***	0.0409 ***	0.0608 ***	0.0416 ***	0.0265 ***
lnhc_i	0.1680 ***	0.1535 **	0.0878 ***	0.1150 ***	0.1313 **	0.0391 (0.22)	0.2395 **	0.1745 *	0.1518 ***
lnhc_j	-0.070 .	-0.026 (0.61)	0.1043 ***	-0.096 **	-0.134 **	0.0825 **	-0.011 (0.88)	0.1822 .	0.1497 ***
$contig$	-0.400 ***	-0.192 *	-0.358 ***				1.3192 ***	3.094 ***	1.6394 ***
$comlang$	0.2237 ***	0.1614 *	0.340 ***	0.2006 ***	0.0674 (0.24)	0.3809 ***	-0.148 **	-0.104 (0.15)	0.1577 ***
$FTA×IPR$	0.0005 *	0.0011 **	0.0002 (0.12)	0.0004 .	0.0012 ***	0.0007 ***	0.0011 *	0.0013 *	-0.001 .
i and j fixed				Yes					
Year dummy				Yes					

注：.、*、**、***分别代表10%、5%、1%、0.1%的显著性。

资料来源：由笔者整理。

集型产品出口受自由贸易协定中知识产权保护的影响小于商标密集型产品，专利密集型产品出口在欠发达国家受到的影响更大。商标密集型产品出口在发达国家受到的影响更为严重。

本书基于亚太地区重要经济体签署的 63 项双边自由贸易协定文本，构建了自贸区知识产权保护力度评价体系，基于 126 组贸易数据，对知识产权保护力度和出口结构进行了比重模型。根据上述研究，本书得出了以下三个结论：

首先，亚太地区主要经济体所有自由贸易协定的知识产权保护力度达到了 TRIPS 的最低要求。然而，不同的国家有不同的优先事项。知识产权保护和强制性指标的长度两极分化，而美国、欧盟和韩国在这些指标上的得分明显较高，最终形成"峰值"形态。国际协定的指标、知识产权保护的广度和执法的深度分布不均。本书基于自贸区知识产权规则保护力度的计算结果，研究了自贸区知识产权规则保护力度对出口贸易结构变化的实际影响。

其次，对于亚太地区的重要经济体，特别是具有先进工业基础的经济体，自由贸易协定的生效可以提高专利密集型产品的比重，优化出口结构。更具体地说，实证结果表明，自由贸易协定的签署可以有效地帮助成员交换其专利密集型产品。再走一步，就能有效保障知识产权保护的增强，有利于优化出口结构，沿产业链向上游转移。这一结果部分符合 Ivus 等（2019）的观点，即高专利密集型产品的出口在 TRIPS 规则下获得更好的增长，而 TRIPS-plus 自由贸易协定将在专利密集型产业中做出更积极的出口变化，为高专利密集型产品出口商提供令人鼓舞的环境。这一结果部分不利于宣称"没有发现 TRIPS 实施后发生结构性变化的证据"的其他研究。然而，本研究指出，TRIPS-plus 自由贸易协定确实对出口结构产生了影响。特别值得一提的是，专利密集型产业（有时相当于高科技产业）的出口比例得到了有希望和令人印象深刻的提高，这也可能是由于 TRIPS-plus 规则比 TRIPS 更广泛和更严格。

最后，与欠发达国家相比，加强自由贸易协定中的知识产权保护对发达国家出口结构的优化具有更显著的影响。结果支持发达国家从自由贸易协定的知识产权保护中获得更多利益。已有研究也证明了知识产权对发达国家的国内创新有更实质性的影响，甚至可能对欠发达国家的创新产生负面影响。这个结论符合本研究的期望和解释。发达国家（如美国）拥有较好的技术，因此它们在出口产品中知识产权密集型产品的比例较高，尤其是专利密集型产品。

第三节　数字产业知识产权国际化的推进策略

当前，国际上形成由多边、诸边或区域、双边 FTAs 组成的多层次国际知识产权保护复杂体系，知识产权保护整体上呈现明显的区域主义，以及向 TRIPS-plus 更高保护标准发展的态势。已有研究成果对"海外知识产权风险"的分类，根据风险来源大致可以区分为以下研究视角：①外部环境相关引发的风险，包括知识产权制度、知识产权执法等；②内部管理相关引发的风险，包括知识产权泄露等；③内部运营相关引发的风险，包括知识产权运营、知识产权交易与评估、知识产权壁垒等；④内部保护相关引发的风险，包括知识产权侵权与被侵权、知识产权诉讼等。本书根据已有成果基础，结合上文对 FTA 知识产权规则文本进行分析及比较，基于已得出规则呈现保护客体范围扩大、保护期限延长、权力内容丰富、执法力度加强等特点的结论，整理得到 FTA 知识产权规则变革背景下的、出口企业层面的"国际知识产权保护风险"分类框架。

一　数字产业知识产权国际化的战略需求

在传统产业向现代产业转型的过程中，企业的自主创新不仅承受着来自产业内部的知识产权压力，还承受着来自产业外部的国际竞争的知识产权压力。在开放经济条件下，TRIPS 协定的实施和国际知识产权保护的加强意味着企业在国际市场上的竞争难度将进一步加剧。技术领先企业在市场上的垄断权力将进一步加强，而其他跟进或仿制企业则难以收获知识产权保护带来的收益，甚至降低了发展速度。

随着国际技术转移和技术扩散向国内加速渗透，国内技术创新及其市场变革呈现出国际化的趋势。国外跨国企业出于战略考虑，以知识产权为利剑，在我国设置了一道道知识产权的"封锁线"和"地雷阵"，严重制约了我国产业技术的生存和发展空间。同时，在国际市场上，随着外国对我国企业的产品关税和数量限制等传统贸易壁垒大幅度降低，它们转而利用其占优势的知识产权作为技术壁垒阻挡我国产品和服务的出口。知识产权日益成为国外跨国企业争夺我国国内外市场份额、遏制我国企业参与竞争的重要战略。

由于发达国家企业在知识产权战略的运用方面起步较早，企业的市场竞争优势在知识产权的保护下发挥得淋漓尽致。例如，美国、日本和欧盟等先后制定和实施的知识产权战略，将知识产权的创造、保护和利用置于产业的基础地位，旨在提升国家和产业竞争力。在政府的支持下，这些发达国家的企业通过研究开发不断扩大其科技优势，并把这种优势尽可能地以"知识产权"的形式加以巩固，把科技优势提升为知识产权优势，并将市场的垄断权力进一步加强。企业在国际竞争中由于知识产权保护所带来的经济损失主要体现在以下两个方面：首先，法律的完善和执行力度的加强将扩大知识产权保护在本地企业所在市场的有效覆盖面，使许多原本免费使用的国外技术置于知识产权保护的范围内。技术使用者不得不支付专利许可费用，这会造成本地企业的生产成本上升，从而导致国内供给曲线的上移以及市场均衡价格的上升。其次，对已受保护的专利技术来说，加强知识产权保护会提高专利的价值。由于本地企业是潜在的模仿者，因而国外发明者会针对本地模仿成本的大小，选择一个专利许可费率恰好使本地企业放弃模仿而选择技术许可。而 TRIPS 的实施将导致本地企业模仿成本上升和模仿率减少，这使国外发明者能索取更高的专利许可费用，从而让专利权人得到更多的国际租金转移。例如，我国企业从 2002 年起就遭遇了 DVD、打火机、彩电等一系列涉外知识产权纠纷，而 2003 年年初又连续发生了美国思科起诉深圳华为、日本丰田将吉利告上法庭的专利侵权诉讼。这些事件使得我国企业在经济上和战略上频频遭受损失。外国企业凭借其拥有的自主知识产权的高新技术及其产品对我国企业和经济发展构成了巨大挑战。围绕知识产权发生的竞争关系已经成为国与国之间产业竞争的重要形式。

此外，在知识经济和信息经济格局加速形成的今天，技术标准正逐渐成为经济全球化竞争的重要手段，在"技术专利化—专利标准化—标准垄断化"的全球技术许可战略中，谁掌握了标准的制定权，谁的技术成为主导标准，谁就掌握了市场的主动权。技术发展是形成技术标准的立身之本，而技术创新又是推动技术发展的重要因素。由此可见，一方面是技术创新推动技术标准的发展，另一方面是技术标准直接或间接地推动技术创新。此外，技术标准又包含了专有技术，充分发挥知识产权的垄断属性和技术标准的强制属性，能够实现在技术和产品上的竞争优势。由此可见，技术创新是促进企业发展的根本，而据此设计的知识产权制度是对技术创新的激励，技术标准更需要创新技术的依托。因此，作为技术创新的主体，企业在提高自身竞争力的过程中，必须关注技术标准、知识产权与技术创新三大战略的协同发展。与此同时，现代服务的振兴还带来了服务标准化的盛行，而作为知识和信息的服务标准同样存在著作权等知识产权法律权益。将知识产权战略与服务标准的有效结合，对于推动现代服务业健康有序地发展具有举足轻重的意义，因此，在产业发展的大背景下，知识产权战略与标准战略的结合则是企业未来发展的大方向。

在全球化的背景下，围绕知识产权发生的竞争已经成为环球经济竞争的中心。企业的知识产权战略的推进和实施已经成为能否克服短期技术困境、促进企业转型升级的关键策略和手段。而企业国际化的发展趋势，也对知识产权战略的推进提出新的要求。一方面，知识产权战略的实施能够帮助企业积极应对和跨越知识产权贸易壁垒，通过知识产权、技术创新和技术标准三大战略协同发展，构筑企业的知识产权竞争优势；另一方面，企业还要发挥知识产权战略优势，推进知识产权贸易，通过知识产权的购、转、许、贷等多种形式获取和整合知识产权优势，实现企业在全球竞争市场上的优势地位。

二　数字产业知识产权国际化的战略目标

当前，国际上形成由多边、诸边或区域、双边 FTAs 组成的多层次国际知识产权保护复杂体系，知识产权保护整体上呈现明显的区域主义，以及向 TRIPS-plus 更高保护标准发展的态势。研究已经得出 TRIPS-plus 标准 FTA 知识产权规则主要呈现保护客体范围扩大、保护期限延长、权利内容丰富、执法力度加强等特点的结论，我国的知识产权法律体系在气味商标保护、驰名商标保护、域名保护、地理标志保护、已知产品二次用途保护、源自植物专利保护、专利保护期限、药品安全性数据保护、药品数据保护期限、工业设计保护、数字版权保护、版权及相关权保护期限、民事和行政执法损害赔偿方式、临时执法具体要求、边境执法范围和海关权力、刑事执法启动标准上都与 TRIPS-plus 标准 FTAs 尚存较大的差距。对于出口企业而言，现有研究成果已证实国际知识产权保护从弱到强的阶段明显影响企业绩效，对于发展中国家的出口企业而言，国际知识产权保护过于严苛会使效益下降、进口国的知识产权保护抑制出口国的总出口以及低技术行业企业出口，促进高技术行业企业出口。

从管理学角度出发，将出口企业作为研究对象，将"国际知识产权保护风险"界定为：在 FTA 知识产权规则变革背景下，由于规则呈现保护客体范围扩大、保护期限延长、权利内容丰富、执法力度加强等特点，企业在走向全球经营发展的过程中，可能会遇到的知识产权事项，甚至会给企业带来不利影响。

表 22-6　　　海外知识产权战略目标分类的相关研究成果

研究主题	战略目标来源	战略目标分类（代表学者）
知识产权国际化战略目标	适应环境	知识产权制度相关：国内外知识产权法律不一致的风险（卢海君等，2014）、知识产权法律制度的差异化风险（张婷等，2017）、制度差异风险（辜凌云，2018）、环境风险（许新承等，2019） 知识产权执法相关：海关过境查扣知识产权风险（张国玲，2017）
	管理目标	知识产权泄露相关：商业秘密泄露风险（卢海君等，2014；武伟，2016；方琳瑜、宋伟，2016）、信息交换风险（辜凌云，2018）、泄密风险（许新承等，2019）、知识产权泄露风险（Rajorshi，2019）
	运营目标	知识产权运营相关：商标海外运营风险（卢海君等，2014）、商标运营风险（武伟，2016；方琳瑜、宋伟，2016） 知识产权交易、评估相关：海外投资中知识产权价值评估风险（卢海君等，2014）、知识产权价值评估风险（武伟，2016）、跨国合资并购中的知识产权评估的风险（方琳瑜、宋伟，2016）、企业并购中的知识产权风险（董新凯，2017）、知识产权交易与合同风险（董新凯，2017） 知识产权壁垒相关：海外知识产权壁垒风险（卢海君等，2014）、"一带一路"国家知识产权壁垒风险（方琳瑜、宋伟，2016）、遭遇知识产权壁垒的风险（董新凯，2017）、知识产权与技术标准相结合形成的壁垒风险（张国玲，2017）、知识产权贸易壁垒风险（张婷等，2017）、贸易保护风险（辜凌云，2018）、壁垒风险（许新承等，2019）

续表

研究主题	战略目标来源	战略目标分类（代表学者）
知识产权国际化战略目标	保护目标	知识产权侵权与被侵权相关：出口货物专利侵权风险（卢海君等，2014）、海外自主专利被侵权风险（卢海君等，2014）、专利侵权风险（武伟，2016）、自主专利侵权风险（方琳瑜、宋伟，2016）、被控侵犯知识产权的风险（董新凯，2017）、自身知识产权遭受侵害的风险（董新凯，2017）、知识产权侵权与被侵权风险（张婷等，2017）、侵权风险（许新承等，2019） 知识产权诉讼相关：海外竞争对手滥诉风险（卢海君等，2014）、知识产权滥用风险（张国玲，2017）、知识产权诉讼风险（张婷等，2017）、侵权及诉讼风险（辜凌云，2018）

资料来源：由笔者整理。

　　已有研究成果对"知识产权国际化战略目标"的分类，大致可以区分为以下研究视角：一是与外部环境相关的目标，包括知识产权制度、知识产权执法等；二是与内部管理相关的目标，包括知识产权泄露等；三是与内部运营相关的目标，包括知识产权运营、知识产权交易与评估、知识产权壁垒等；四是与内部保护相关的目标，包括知识产权侵权与被侵权、知识产权诉讼等。

三　数字产业知识产权国际化的战略类型

　　在催生知识产权保护风险的众多因素中，客观因素包括 FTA 知识产权制度差异化、FTA 知识产权执法强化、FTA 知识产权规则滥用、知识产权海外新型壁垒构成，以及主观风险因素包括 FTA 知识产权制度不熟悉、知识产权海外布局不足或滞后等被认为是相对重要的因素。我国大多数出口企业知识产权保护较为薄弱，为更好地应对国际知识产权保护风险需要从外部、内部同时着力，构建如下战略：

　　一是防控 FTA 知识产权制度差异化、FTA 知识产权制度不熟悉可能引起的制度、环境、侵权与被侵权、诉讼等方面风险。应深入国际知识产权立法执法规则研究，通过行业联盟及时有效分享规则信息，预先式开展知识产权风险防控。FTA 知识产权规则变革的特征包含保护客体范围扩大、保护期限延长、权力内容丰富以及执法措施强化等，出口企业不了解贸易目的国与国际领域知识产权协定中关于知识产权制度环境、审批流程、救济措施等关键信息将严重影响出口贸易。出口企业若想充分打入全球市场，势必需要密切关注、深入研究国际知识产权立法执法规则，不仅包括 TRIPS、CPTPP、RCEP 等区域 FTA 中对知识产权的细则说明，各贸易国自身所订立的知识产权法律法规及其国内实践也值得关注。同属一个行业的出口企业应通过行业联盟加强知识产权规则信息及时有效的联系互通，发挥行业整体性优势，节约规则研究的时间和经济成本。了解规则，国际知识产权保护风险防控得以预先式开展。

二是防控 FTA 知识产权执法强化可能引起的地区执法、边境执法、侵权与被侵权、诉讼等方面风险。应强化出口企业国际知识产权保护风险预警机制，识别同行业出口企业所遇高频风险，组合式开展知识产权风险防控。FTA 知识产权规则变革背景下，我国出口企业触发国际知识产权保护风险主要涉及商标保护、专利保护、未披露信息保护、版权及相关权保护等领域，在民事、临时、边境、刑事执法强化扩张的形势下，出口企业面临进一步严格的损害赔偿和惩罚措施。为更好地在海外经营发展，企业必须建立、强化风险预警机制，识别本行业内其他出口企业遇到的高频国际知识产权保护风险，预先管理相关风险，根据自身外部风险因素与内部风险因素及时对风险发生的概率进行监控，提高应对风险的能力，并与行业联盟分享风险数据，帮助同行企业进行预警。同时，出口企业应对不同类别风险的应对措施进行梳理，根据实际情况对措施进行组合，以较低的投入来获得高效的国际知识产权保护风险防控。

三是防控 FTA 知识产权规则滥用可能引起的环境、侵权与被侵权、诉讼等方面风险。应达成知识产权海外行业联盟，开展行业海外态势研究，实现信息集群管理，团结式应对知识产权风险和诉讼。FTA 知识产权规则变革的背景下，不同行业出口企业所遇国际知识产权保护风险存在差异性，我国出口企业尤其是中小企业海外发展起步晚，面临海外动态的知识产权环境与激烈的知识产权竞争诉讼，常表现出应诉不积极、经验不足、深陷诉讼泥沼等现象，究其根本原因是企业自身的力量有限，缺乏相应的支持和帮助，导致人力、财力、物力损失代价巨大。同属一个行业的出口企业应达成知识产权海外行业联盟，一方面，重点开展行业知识产权海外态势研究，尤其在技术创新、专利创造与标准研制等方面发挥整体优势；另一方面，重点实施知识产权信息集群式管理，不仅包含技术服务平台，有效提供技术资源支持，并能贯通政府部门、社会中介、海外律师事务所及企业层面的知识产权风险和诉讼信息，互通有无，团结降低风险概率与诉讼成本。

四是防控知识产权海外新型壁垒构成可能引起的壁垒、交易等方面风险。应加强自主创新研发，形成"知本风险"管理制度，渐进式提升知识产权能力，谨防不公平知识产权交易。中国与 CPTPP、RCEP 等区域 FTA 成员国有着密切的贸易往来，TRIPS-plus 标准知识产权强保护趋势不可避免地为出口企业带来巨大挑战。缺乏自主创新能力一直是中国出口企业频繁遭遇知识产权诉讼的主要原因，加强自主核心知识产权建设，掌握独创技术，出口企业从根本上渐进提升自身知识产权能力，争取更大程度避免撞入知识产权壁垒。同时，重视知识产权成果管理和运用，形成海外"知本风险"管理制度，即针对知识资本在海外经营发展中遇到的国际知识产权保护风险制定的管理制度。通过优化管理体系，激励企业的知识创新、完善企业的知识运营，保持企业知识资本运行的最佳状态和最大活力。此外，尤其谨防以"保护知识产权"为名义的知识产权海外新型壁垒可能导致的进口限制、独占垄断等引发的不公平知识产权交易现象。

五是防控知识产权海外布局不足或滞后可能引起的布局、侵权与被侵权、诉讼等方面风险。应完善自身知识产权战略规划，统筹"以终为始"发展模式，全局式开展知识产权海外布局。经济全球化背景下，企业积极"走出去"是发展我国外向型经济的必由之路。国际化发展远见不足是中国出口企业应对海外贸易环境动态变化的"短板"，知识产权强保护在全球盛行，完善自身知识产权战略规划，以最终价值实现为目标，统筹"以终为始"发展模式。同时，面对激烈国际竞争环境，出口企业应克服发展初期的心理畏惧，做到知识产权战略布局抢时间、争地域、全产业链覆盖。通过全局式知识产权海外布局，出口企业一方面获得海外市场准入或参与行业竞争的机会，另一方面对核心战略资源进行全方位的保护，提升、巩固自身在国际市场的竞争优势，具备应对国际知识产权保护风险的底气和实力，最终适应 FTA 贸易规则重构。

为此，政府和产业协会等统筹机构应当加强担当。

第一，推动海外行业联盟达成，完善知识产权信息服务平台建设与集群共享机制，支撑出口企业强化国际知识产权保护风险预警体系。政府进一步推动海外行业联盟达成和发展，发挥行业整体性优势，联系具备政府支持、企业以及行业机构等参与的知识产权信息服务平台，重点实施知识产权信息集群式管理和共享机制，合作构成海外知识产权信息网。鼓励出口企业对可能遇到的国际知识产权保护风险进行预先管理，及时对风险发生的概率进行监控，提高应对风险的能力。

第二，探索海外知识产权多元纠纷解决机制，加大对出口企业应对国际知识产权保护风险援助力度。政府进一步探索海外知识产权多元纠纷解决机制建设，实现知识产权投诉、调解、咨询集中式处理平台，促进争议解决；建立海外知识产权维权援助平台与仲裁专业化平台，加大援助力度，支撑企业获得更多的应诉资源以及专业化信息，有效应对国际知识产权保护风险。

第三，加强海外新业态知识产权保护力度，完善国际上出口产业的整体布局。着力研究、支持我国知识产权密集型产业出口企业，加强保护我国"智能制造""互联网+""数字经济"新业态产业知识产权，实施分类培育和指导，不断加快相关产业的转型升级。在行业构建知识产权密集型产业海外动态监测体系，掌握国际最新动态，完善出口产业整体布局，有力占据全球产业链中高端位置并促进知识产权密集型产业与其他产业协同发展。

参考文献

曹勇等：《专利组合策略及其对技术创新绩效的影响研究》，《情报杂志》2015 年第 11 期。

陈光沛等：《开源社区：研究脉络、知识框架和研究展望》，《外国经济与管理》2021 年第 2 期。

陈健等：《创新生态系统：概念、理论基础与治理》，《科技进步与对策》2016 年第 17 期。

陈劲、李佳雪：《打造世界级创新企业——基于 BCG 全球最具创新力企业报告的分析》，《科学与管理》2020 年第 40 期。

陈劲等：《创新生态系统论》，科学出版社 2017 年版。

陈劲等：《底线式科技安全治理体系构建研究》，《科学学研究》2020 年第 8 期。

陈劲等：《后疫情时代中国产业全面数字化转型发展的思考》，《高技术发展报告（2020）》，科学出版社 2021 年版。

陈劲等：《基于系统整合观的战略管理新框架》，《经济管理》2019 年第 7 期。

陈劲等：《开放式创新视角下企业知识吸收能力影响因素研究》，《浙江大学学报》（人文社会科学版）2011 年第 5 期。

陈劲等：《跨国并购视角下，吉利整合式创新"逆袭"之路》，《清华管理评论》2019 年第 3 期。

陈劲等：《战略管理》，北京大学出版社 2021 年版。

陈劲等：《整合式创新：基于东方智慧的新兴创新范式》，《技术经济》2017 年第 12 期。

陈庆江等：《数字技术应用对企业双元创新的影响——基于组织生命周期的实证检验》，《软科学》2021 年第 11 期。

陈维琨：《企业知识产权战略的优化对策研究》，《天津城建大学学报》2015 年第 3 期。

陈伟等：《区域知识产权战略系统协同研究——基于东北三省的实证分析》，《情报杂志》2011 年第 6 期。

陈宇萍等：《广东省知识产权服务业发展对策研究》，《广东科技》2015 年第 20 期。

陈玉玲等：《区域创新要素协同发展水平测度及协同机制构建——以京津冀地区为例》，《工业技术经济》2021 年第 4 期。

陈子凤、官建成：《合作网络的小世界性对创新绩效的影响》，《中国管理科学》2009 年第 3 期。

池仁勇等：《中国中小企业景气指数报告》，中国社会科学出版社 2012 年版。

丁红林：《跨国制造企业在华知识产权战略研究》，硕士学位论文，长沙理工大学，2005 年。

段欣等：《产业领域专利合作状态与演化分析——以人工智能领域为例》，《情报科学》2020 年第 12 期。

范柏乃、余钧：《高校技术转移效率区域差异及影响因素研究》，《科学学研究》2015 年第 12 期。

范钧、王进伟：《网络能力、隐形知识获取与新创企业成长绩效》，《科学学研究》2011 年第 9 期。

范轶琳等：《BOP 电商包容性创新案例研究——社会中介视角》，《科学学研究》2015 年第 11 期。

方刚：《网络能力结构及对企业创新绩效作用机制研究》，《科学学研究》2011 年第 3 期。

冯晓青：《技术措施与著作权保护探讨》，《法学杂志》2007 年第 4 期。

付娜等：《开源中的知识产权风险分析》，《世界电信》2017 年第 2 期。

高蕾等：《我国人工智能核心软硬件发展战略研究》，《中国工程科学》2021 年第 3 期。

管子怡等：《团体标准国际化实施路径研究——以浙江制造为例》，《中国标准化》2020 年第 10 期。

关鹏等：《专利合作视角下技术创新合作网络演化分析——以国内语音识别技术领域为例》，《数据分析与知识发现》2021 年第 1 期。

郝帅：《IT 产业技术标准下的专利池及其规制研究》，硕士学位论文，华中科技大学，2011 年。

何宝宏：《开源法则》，人民邮电出版社 2020 年版。

何东杰、宋昊等：《开源许可证及其检测工具研究》，《计算机应用与软件》2018 年第 6 期。

何隽：《大数据知识产权保护与立法：挑战与应对》，《河南科技》2018 年第 18 期。

何婷、徐峰：《国外人工智能开源生态运营模式剖析》，《全球科技经济瞭望》2022 年第 1 期。

何文兵：《网络能力与企业创新绩效的关系研究》，硕士学位论文，苏州大学，2014 年。

贺团涛：《企业 R&D 国际化的知识产权保护战略研究》，博士学位论文，湖南大学，2014 年。

胡方、曹情：《中国知识产权保护对出口贸易的影响及其地区差异——基于省级面板数据的实证研究》，《国际商务（对外经济贸易大学学报）》2016 年第 5 期。

黄灿等：《中国高校和科研院所科技成果转化制度改革——基于专利技术交易数据的分析》，《科技导报》2020 年第 24 期。

黄鲁成等：《国外产业创新生态系统研究现状与趋势分析》，《科研管理》2019 年第 5 期。

黄鹏、李宏宽：《中国开源软件生态构建的风险及对策》，《科技导报》2021 年第 2 期。

黄先海、诸竹君：《新产业革命背景下中国产业升级的路径选择》，《国际经济评论》2015 年第 1 期。

贾益刚：《物联网技术在环境监测和预警中的应用研究》，《上海建设科技》2010 年第 6 期。

姜南等：《知识产权密集型产业对中国经济的贡献研究》，《科学学研究》2014 年第 8 期。

姜胜建：《推进浙江知识产权服务业发展》，《浙江经济》2011 年第 11 期。

解学梅、孙科杰：《产业技术创新战略联盟长效合作机制：基于 144 家联盟的实证研究》，《系统管理学报》2018 年第 3 期。

金珺等：《数字化开放式创新对企业创新绩效的影响研究——以知识场活性为中介》，《研究与发展管理》2020 年第 6 期。

金潇等：《企业专利申请类型的影响因素探析——来自中国工业企业的实证研究》，《科技管理研究》2020 年第 3 期。

亢梅玲等：《出口贸易流量与知识产权保护——来自中国的经验分析》，《商业研究》2016 年第 1 期。

李华威：《知识产权优势的理论与实证研究》，博士学位论文，武汉理工大学，2007 年。

李俊、崔艳新：《新一轮国际知识产权规则重构下的中国选择——以知识产权强国建设为目标》，《知识产权》2015 年第 12 期。

李兰花等：《技术转移办公室促进了高校技术转移吗?》，《科学学研究》2020 年第 1 期。

李兰花等：《实物期权视角下技术市场特征对高校专利维持决策的影响研究》，《管理工程学报》2021 年第 2 期。

李平：《基于区域产业创新的知识产权战略研究——关于深圳实践的考察和分析》，博士学位论文，电子科技大学，2006 年。

李平等：《中国经济新常态下全要素生产率支撑型模式转变》，《数量经济技术经济研究》2019 年第 12 期。

李蕊：《开放源代码软件的知识产权保护分析》，硕士学位论文，上海交通大学，2008 年。

李天赋、卿大宣：《国内技术标准联盟的组织和治理模式——基于 AVS 和闪联的案例分析》，《北京市经济管理干部学院学报》2012 年第 4 期。

李万等：《创新 3.0 与创新生态系统》，《科学学研究》2014 年第 12 期。

李卫东：《数据要素参与分配需要处理好哪些关键问题》，《国家治理》2020 年第 16 期。

林小爱、林小利：《欧盟知识产权战略新进展及其对我国的启示》，《电子知识产权》2008 年第 9 期。

林志坚等：《专利防御市场机制的设计与回报分析——以 License on Transfer 网络为例》，《中国科技论坛》2020 年第 12 期。

蔺鹏等：《区域金融创新与科技创新的耦合机理和联动效果评估——基于京津冀协同创新共同体的研究》，《南方金融》2019 年第 1 期。

刘斌等：《地理接近性对高校技术创新合作及创新绩效的影响》，《研究与发展管理》2016 年第 1 期。

刘冠华：《我国网络知识产权保护的困境及法治体系完善》，《中州学刊》2017 年第 5 期。

刘海波等：《日美贸易摩擦中知识产权的作用及其对我国的启示》，《中国科学院院刊》2019 年第 8 期。

刘建华：《物联网技术专利国际比较研究》，《知识产权》2019 年第 7 期。

刘立春、朱雪忠：《中国制药企业在美国市场中应对授权仿制药竞争的策略研究》，《中国药学杂志》2013 年第 14 期。

刘林青等：《市场信号、技术特征与中国国际高质量专利》，《经济管理》2020 年第 2 期。

刘然等：《知识产权运营领域数据要素市场化配置路径研究》，《科技进步与对策》2021 年第 24 期。

刘珊、黄琴：《网络用户生成内容版权侵权自治模式的法治化探索》，《中国出版》2018 年第 12 期。

刘珊、余翔：《基于 TMP 的中美清洁能源合作知识产权管理模式研究——突破、难点及对策》，《中国软科学》2016 年第 11 期。

刘珊、庄雨晴：《从冲突、融合到战略运用——专利与技术标准研究综述与展望》，《管理学报》2016 年第 4 期。

刘珊等：《中美合作创新中专利共有法律风险及对策》，《科研管理》2019 年第 2 期。

刘劭君：《知识产权国际规则的内在逻辑、发展趋势与中国应对》，《河北法学》2019 年第 4 期。

刘夏、黄灿：《专利审查的误差检测及影响因素分析》，《科学学研究》2019 年第 7 期。

刘夏等：《基于机器学习模型的专利质量预测初探》，《情报学报》2019 年第 4 期。

刘鑫、余翔：《标准必要专利与我国企业策略研究》，《知识产权》2014 年第 11 期。

刘洋等：《技术竞争与产业格局人工智能专利全景分析》，知识产权出版社 2020 年版。

刘洋等：《数字创新管理：理论框架与未来研究》，《管理世界》2020 年第 7 期。

刘宇：《RCEP 知识产权文本模式谈判进路及其选择》，《国际经贸探索》2018 年第 4 期。

刘志迎、谭敏：《纵向视角下中国技术转移系统演变的协同度研究——基于复合系统协同度模型的测度》，《科学学研究》2012 年第 4 期。

柳卸林等：《数字创新时代：中国的机遇与挑战》，《科学学与科学技术管理》2020 年第 6 期。

隆云滔等：《国际开源发展经验及其对我国开源创新体系建设的启示》，《中国科学院院刊》2021 年第 12 期。

卢艳秋等：《双元创新平衡战略下的企业知识耦合》，《图书情报工作》2021 年第 15 期。

陆首群：《开源、创新和新经济》，北京交通大学出版社 2017 年版。

罗爱静、龚雪琴：《区域知识产权战略研究》，《中国科技论坛》2010 年第 2 期。

马蕾等：《数字技术驱动下中国知识产权运营平台发展历程及演化趋势研究》，《中国科技论坛》2021 年第 10 期。

马天旗：《专利布局》，知识产权出版社 2016 年版。

马一德：《我国企业知识产权战略研究》，博士学位论文，上海财经大学，2006年。

马一德：《以知识产权严保护引领经济高质量发展》，《北京观察》2020年第1期。

马越峰、李建忠：《创新能力对高技术产业绩效影响测量实证研究》，《科学管理研究》2014年第5期。

马忠法：《国际知识产权法律制度的现状、演进与特征》，《安徽师范大学学报》2018年第3期。

马忠法、李依琳：《后TRIPS协议时代美国知识产权国际保护诉求之变及其影响》，《河北法学》2020年第8期。

梅亮、陈劲：《责任式创新：源起、归因解析与理论框架》，《管理世界》2015年第8期。

莫家辉、俞锋：《网络"洗稿"的法律属性、社会危害及治理策略》，《中国出版》2019年第24期。

倪新洁等：《企业知识产权运营模式探讨》，《江苏科技信息》2014年第24期。

宁梦月、刘东苏：《基于区块链技术的数字知识产权保护方案研究》，《情报理论与实践》2020年第43期。

柴江艺、许和连：《行业异质性、适度知识产权保护与出口技术进步》，《中国工业经济》2012年第2期。

齐佳音等：《开源数字经济的创新逻辑：大数据合作资产视角》，《北京交通大学学报》2021年第3期。

齐越等：《开源软件供应链安全风险分析》，《信息安全研究》2021第9期。

祁红梅等：《知识产权风险与创新联盟形成绩效：快速信任的调节作用》，《科研管理》2015年第1期。

秦颖男：《论知识产权战略与企业核心竞争力》，硕士学位论文，郑州大学，2006年。

申长雨：《全面开启知识产权强国建设新征程》，《知识产权》2017年第10期。

沈国兵、张学建：《行业知识产权保护对中国出口竞争力的影响——基于行业增加值市场渗透率的分析》，《浙江学刊》2018年第

2 期。

沈慧君等：《高校技术排他性许可影响因素的实证研究》，《科学学研究》2019 年第 6 期。

沈慧君等：《企业专利质押决策的影响因素》，《中国科技论坛》2020 年第 3 期。

沈慧君等：《知识来源的地理范围、研发模式与创新价值获取》，《科学学研究》2020 年第 7 期。

沈慧君等：《专利中介是否能够帮助企业克服专利交易的经验劣势》，《中国科技论坛》2019 年第 12 期。

史宇鹏、顾全林：《知识产权保护、异质性企业与创新：来自中国制造业的证据》，《金融研究》2013 年第 8 期。

宋河发等：《促进科技成果转化知识产权实施权制度研究》，《科学学研究》2016 年第 9 期。

宋永敏：《中国制造业技术创新理论与实证研究》，博士学位论文，武汉理工大学，2005 年。

宋志国、何莉莉：《浅论网络知识产权的保护》，《法制与经济（下旬刊）》2010 年第 12 期。

苏竣、陈玲：《政府介入战略技术联盟的知识产权制度安排模式研究》，《中国软科学》2002 年第 12 期。

孙嘉悦等：《研发模式与外部技术吸收速度：基于中国高技术产业的实证研究》，《科学学研究》2021 年第 8 期。

汤临佳等：《智能制造创新生态系统的功能评价体系及治理机制》，《科研管理》2019 年第 7 期。

唐恒、朱宇：《区域知识产权战略的实施与评价——江苏之实践与探索》，北京知识产权出版社 2011 年版。

唐亮：《我国物联网产业发展现状与产业链分析》，硕士学位论文，北京邮电大学，2010 年。

田颖等：《是否知识共享？——基于开源数字创新社区视角》，《科学学研究》2021 年第 8 期。

王博等：《产业技术标准和产业技术发展关系研究——基于专利内容分析的视角》，《科学学研究》2016 年第 2 期。

王德胜：《区块链产业专利合作网络及结构演化研究》，硕士学位论文，山东师范大学，2021年。

王吉：《基于专利产学研合作创新网络研究》，硕士学位论文，华中师范大学，2017年。

王黎萤：《中小企业知识产权战略与方法》，知识产权出版社2010年版。

王黎萤、池仁勇：《专利合作网络研究前沿探析与展望》，《科学学研究》2015年第1期。

王黎萤、胡黎玮：《东亚后发国家创新能力比较及对中国的启示》，《科技管理研究》2009年第7期。

王黎萤、金珺：《生物技术企业专利战略实施现状及对策分析——基于浙江的实证研究》，《科技进步与对策》2010年第14期。

王黎萤、张迪：《不同模式科技型中小企业专利合作网络构建及影响因素研究》，《科研管理》2019年第4期。

王黎萤等：《FTA知识产权规则对出口贸易结构的影响研究》，《科学学研究》2021年第12期。

王黎萤等：《RCEP知识产权议题：谈判障碍与应对策略——基于自贸协定知识产权规则变革视角的分析》，《国际经济合作》2019年第4期。

王黎萤等：《标准与知识产权推进数字产业创新理论与展望》，《科学学研究》2022年第3期。

王黎萤等：《长三角三省一市技术市场复合系统协同度研究》，《浙江工业大学学报》（社会科学版）2022年第1期。

王黎萤等：《杭州市高新技术企业实施知识产权战略及管理状况调查与对策》，《杭州科技》2007年第2期。

王黎萤等：《技术标准战略、知识产权战略与技术创新协同发展关系研究》，《中国软科学》2004年第12期。

王黎萤等：《技术性贸易措施对"一带一路"高技术产业的影响研究》，《技术经济》2022年第7期。

王黎萤等：《科技型中小企业专利合作网络演化分析》，《科技管理研究》2018年第5期。

王黎萤等：《企业专利合作网络模式及其对创新绩效的影响——以制药产业科技型上市中小企业为例》，《浙江工业大学学报》2016 年第6 期。

王黎萤等：《区域专利密集型产业创新效率评价及提升路径研究——以浙江省为例》，《科研管理》2017 年第 3 期。

王黎萤等：《区域自贸协定新规则"升级"还是"规锁"？——浅析知识产权国际规》，《科学学与科学技术管理》2019 年第 8 期。

王黎萤等：《数字经济产业技术标准与知识产权协同研究综述》，《创新科技》2020 年第 4 期。

王黎萤等：《数字贸易规则影响我国数字产业发展的风险识别与应对》，《中国社会科学内部文稿》2022 年 2 月。

王黎萤等：《我国出口企业国际知识产权保护风险评价与防控策略——基于 FTA 条款升级版》，《国际经济合作》2021 年第 3 期。

王黎萤等：《协同推进人工智能产业创新》，《中国社会科学报》2022 年 4 月 13 日。

王黎萤等：《影响知识产权密集型产业创新效率的因素差异分析》，《科学学研究》2018 年第 4 期。

王黎萤等：《浙江知识产权服务业发展现状与对策建议》，《浙江经济》2017 年第 9 期。

王黎萤等：《知识产权服务业集聚发展模式与提升路径研究》，《科技和产业》2017 年第 12 期。

王黎萤等：《知识产权管理》，清华大学出版社 2021 年版。

王黎萤等：《知识产权战略管理》，电子工业出版社 2011 年版。

王黎萤等：《知识产权制度与区域产业创新驱动——以促进长三角制造业提升为视角》，经济科技出版社 2014 年版。

王黎萤等：《制造型中小企业创新发展政策支持体系研究》，《浙江工业大学学报》2021 年第 2 期。

王黎萤等：《制造型中小企业创新发展政策组合模式研究——基于31 个省市的 QCA 分析》，《技术经济》2021 年第 10 期。

王黎萤等：《中国制造型中小企业创新发展路径与政策支持体系研究》，中国社会科学出版社 2020 年版。

王黎萤等：《专利合作网络影响科技型中小企业创新绩效的机理研究》，《科研管理》2021 年第 1 期。

王黎萤等：《自贸协定知识产权规则变革趋势及影响研究》，《浙江工业大学学报》2019 年第 5 期。

王勉青：《知识产权服务业发展述评》，《探索与争鸣》2010 年第 10 期。

王钦、高山行：《基于知识披露的开源软件创新博弈模型研究》，《管理工程学报》2010 年第 4 期。

王伟等：《全球开源生态发展现状研究》，《信息通信技术与政策》2020 年第 5 期。

王先林：《浅析竞争政策与反垄断战略问题》，《中国市场监督研究》2016 年第 1 期。

王晓冬：《我国开源软件产业面临的突出风险及对策研究》，《信息安全研究》2021 年第 10 期。

王岩：《浅议生产性服务业的产业集聚发展模式》，《消费导刊》2010 年第 3 期。

王雁：《FTA 变革下出口企业国际知识产权保护风险及防控策略研究》，硕士学位论文，浙江工业大学，2020 年。

王洋等：《技术标准产业联盟自律研究——以闪联为例》，《标准科学》2019 年第 2 期。

魏凤等：《重视知识产权保护加快标准化战略布局》，《中国科学院院刊》2021 年第 6 期。

文嫒、韩笑：《中间环节市场结构与价值链治理者的决定 以 2G 和 3G 时代中国移动通信产业为例》，《中国工业经济》2014 年第 3 期。

翁建兴：《美日技术型跨国企业知识产权战略探析》，硕士学位论文，长沙理工大学，2005 年。

吴汉东：《专利间接侵权的国际立法动向与中国制度选择》，《现代法学》2020 年第 2 期。

吴航、陈劲：《新兴经济国家企业国际化模式影响创新绩效机制——动态能力理论视角》，《科学学研究》2014 年第 32 期。

吴晓波、倪义芳：《世界制造业全球化的现状与趋势》，《中国机电工业》2003 年第 7 期。

吴笑等：《协同创新的协同度测度研究》，《软科学》2015 年第
7 期。

向希尧等：《跨国专利合作网络中 3 种接近性的作用》，《管理科
学》2010 年第 5 期。

萧文龙等：《国内外商务智能及大数据分析研究动态和发展趋势分
析》，《科技与经济》2020 年第 6 期。

谢小凤：《广西创新系统协调发展研究》，硕士学位论文，广西大
学，2014 年。

熊琦：《谁在左右知识产权国际化的利益棋局》，《电子知识产权》
2007 年第 12 期。

徐棣枫：《专业化与体系化结合的美国知识产权服务业》，《求索》
2013 年第 11 期。

许丽：《商标权滥用与竞争法规制》，硕士学位论文，安徽大学，
2006 年。

薛宝军、赫畅：《专利技术融入技术标准分析》，《中国标准化》
2021 年第 7 期。

薛原：《基于密切值法的长三角地区工业企业创新绩效评价》，《科
技创业月刊》2021 年第 1 期。

杨幽红：《揭榜挂帅，激发无限创新活力》，《求是》2021 年第
6 期。

杨幽红：《以高标准引领制造业高质量发展》，《经济日报》2021
年 2 月 19 日。

杨幽红：《质量观是质量管理创新的原动力》，《光明日报》2018
年 7 月 3 日。

杨幽红：《高标准与高质量》，《品牌与标准化》2021 年第 5 期。

杨幽红等：《全面创新质量管理——一个整合性概念》，《科技管理
研究》2019 年第 10 期。

杨幽红等：《企业知识产权与技术标准化结合案例研究》，《中国标
准化》2014 年第 1 期。

杨幽红：《创新质量理论框架：概念、内涵和特点》，《科研管理》

2013 年第 11 期。

杨幽红等：《基于波士顿矩阵的知识产权与技术标准化策略选择研究》，《中国标准化》2013 年第 12 期。

杨幽红：《能力导向的工科院校模块化课程体系设计与实施》，《高等工程教育研究》2011 年第 3 期。

杨妍：《长三角三省一市技术市场协同发展研究》，硕士学位论文，浙江工业大学，2020 年。

杨勇、王露涵：《我国发明专利合作网络特征与演化研究》，《科学学研究》2020 年第 7 期。

杨珍增：《知识产权保护、国际生产分割与全球价值链分工》，《南开经济研究》2014 年第 5 期。

叶伟巍等：《协同创新的动态机制与激励政策——基于复杂系统理论视角》，《管理世界》2014 年第 6 期。

易继明、初萌：《全球专利格局下的中国专利战略》，《知识产权》2019 年第 8 期。

尹西明等：《数据要素价值化动态过程机制研究》，《科学学研究》2022 年第 40 期。

于丽艳：《我国企业国际化经营知识产权战略系统研究》，博士学位论文，哈尔滨工程大学，2008 年。

余长林：《知识产权保护与中国出口比较优势》，《管理世界》2016 年第 6 期。

余江等：《数字创新：创新研究新视角的探索及启示》，《科学学研究》2017 年第 7 期。

俞锋、谷凯月：《网络版权保护体系变革：来自区块链技术的支持与想象》，《中国出版》2021 年第 2 期。

虞微佳：《科技型中小企业专利合作网络的形成机理与演化研究》，硕士学位论文，浙江工业大学，2017 年。

原长弘等：《政府支持、市场不确定性对校企知识转移效率的影响》，《科研管理》2012 年第 10 期。

原毅军、孙大明：《FDI 技术溢出、自主研发与合作研发的比较——基于制造业技术升级的视角》，《科学学研究》2017 年第 9 期。

苑泽明等:《政府创新补助的激励扭曲效应——基于我国上市公司研发操纵行为的检验》,《软科学》2020 年第 2 期。

韵江等:《开放度与网络能力对创新绩效的交互影响研究》,《科研管理》2012 年第 7 期。

曾庆彪:《加强发展中国家知识产权保护的经济分析》,硕士学位论文,南昌大学,2006 年。

詹爱岚:《新兴市场国家标准化与创新互动赶超模式及路径研究:以印度、南非为例》,《科研管理》2018 年第 8 期。

詹爱岚、陈衍泰:《标准创新生态系统治理与知识产权战略演化》,《科学学研究》2021 年第 7 期。

詹爱岚、王洁怡:《面向新一代 ICT 产业竞争的标准必要专利战略启示及应对》,《情报杂志》2019 年第 5 期。

詹爱岚、王黎萤:《国外基于专利情报网络分析的创新研究综述》,《情报杂志》2017 年第 4 期。

詹爱岚、王黎萤:《专利情报的社会网络学创新研究:视角、进展及述评》,《科研管理》2017 年第 4 期。

詹映:《试论新形势下我国知识产权战略规划的新思路》,《中国软科学》2019 年第 11 期。

詹映:《专利池的形成:理论与实证研究》,博士学位论文,华中科技大学,2007 年。

詹映、朱雪忠:《标准和专利战的主角——专利池解析》,《研究与发展管理》2007 年第 1 期。

张炳江等:《层次分析法及其应用案例》,电子工业出版社 2014 年版。

张迪:《自贸协定知识产权规则变革对中国出口贸易的影响及对策研究》,硕士学位论文,浙江工业大学,2020 年。

张化尧等:《数字经济的演进:基于文献计量分析的研究》,《燕山大学学报》(哲学社会科学版)2020 年第 3 期。

张晖明、丁娟:《企业技术创新战略联盟的理论分析》,《社会科学》2004 年第 8 期。

张慧颖、邢彦:《知识产权保护、外国直接投资与中国出口技术进

步研究——基于行业特征的实证分析》，《中国科技论坛》2018 年第
8 期。

张杰、郑文平：《创新追赶战略抑制了中国专利质量么?》，《经济
研究》2018 年第 5 期。

张兰：《华为知识产权战略研究》，硕士学位论文，北京邮电大学，
2018 年。

张利飞：《高科技产业创新生态系统耦合理论综评》，《研究与发展
管理》2009 年第 3 期。

张平：《市场主导下的知识产权制度正当性再思考》，《中国法律评
论》2019 年第 3 期。

张全有：《我国科技型中小企业创新环境建设研究》，硕士学位论
文，上海交通大学，2007 年。

张小波、李成：《论美国—墨西哥—加拿大协定背景、新变化及对
中国的影响》，《社会科学文摘》2019 年第 5 期。

张晓君：《国际经贸规则发展的新趋势与中国立场》，《现代法学》
2014 年第 3 期。

张迎春：《物联网产业发展背景下的物联网专业建设研究》，《无线
互联科技》2021 年第 20 期。

张颖、毛昊：《中国版权产业数字化转型：机遇、挑战与对策》，
《中国软科学》2022 年第 1 期。

张运生：《高科技产业创新生态系统耦合战略研究》，《中国软科
学》2009 年第 1 期。

张振刚：《开放式创新、吸收能力与创新绩效关系研究》，《科研管
理》2015 年第 3 期。

赵驰、周勤：《基于自组织视角的科技型中小企业成长研究》，《软
科学》2011 年第 10 期。

赵维哲：《网络知识产权保护问题研究》，硕士学位论文，河北师
范大学，2010 年。

郑成思：《中国知识产权研究的展望》，《电子知识产权》2011 年
第 10 期。

钟诚：《标准必要专利布局与企业标准化活动研究初探》，《标准科

学》2018 年第 2 期。

周向宇：《生产服务业的发展与制造业产业结构的升级》，硕士学位论文，湘潭大学，2007 年。

朱婳丹：《基于环境条件分析的企业知识产权主导战略有效性研究》，硕士学位论文，长沙理工大学，2006 年。

朱金英：《长三角区域知识产权保护协同机制研究》，《安徽科技》2018 年第 4 期。

祝树金等：《本国知识产权保护如何影响出口边际——基于技术创新和技术模仿的中介效应分析》，《湖南大学学报》（社会科学版）2018 年第 6 期。

邹琴等：《对自主可控当前发展的理解和认识》，《网信军民融合》2018 年第 4 期。

中国信息通信研究院：《中国数字经济发展报告（2022）》，2022 年 7 月。

Nonaka I.、Konno N.：《知识创造管理：适应未来组织发展的管理新模式》，人民邮电出版社 2020 年版。

Ostergard 等：《知识产权保护的量度》，《河北法学》2018 年第 4 期。

Al-aali A. Y., Teece D. J., "Towards the（Strategic）Management of Intellectual Property：Retrospective and Prospective", *California Management Review*, 2013, No. 55, pp. 15-30.

Alexy O., George G., "Category Divergence, Straddling, and Currency：Open Innovation and the Legitimation of Illegitimate Categorie", *Journal of Management Studies*, 2012, Vol. 50, No. 2, pp. 173-203.

Anderson James E., Yotov Yoto V., "Terms of Trade and Global Efficiency Effects of Free Trade Agreements, 1990-2002", *Journal of International Economics*, 2016, Vol. 99, pp. 279-298.

Arora A., et al., "The Paradox of Openness Revisited：Collaborative Innovation and Patenting by UK Innovators", *Research Policy*, 2016, Vol. 45, No. 7, pp. 1352-1361.

Bae Youngim, et al., "Efficiency and Effectiveness between Open and

Closed Innovation: Empirical Evidence in South Korean Manufacturers", *Technology Analysis & Strategic Management*, 2012, No. 24, pp. 967-980.

Barirani A., et al., "Can Universities Profit from General Purpose Inventions? The Case of Canadian Nanotechnology Patents", *Technological Forecasting and Social Change*, 2017, Vol. 120, No. 1, pp. 271-283.

Baron J., Pohlmann T. C., "Mapping Standards to Patents Using Declarations of Standard-essential Patents", *Journal of Economics & Management Strategy*, 2018, Vol. 27, No. 3, pp. 504-534.

Belderbos R., et al., "Co-ownership of Intellectual Property: Exploring the Value-appropriation and Value-creation Implications of Co-patenting with Different Partners", *Research Policy*, 2014, Vol. 43, No. 5, pp. 841-852.

Benfeldt O., et al., "Data Governance As a Collective Action Problem", *Information Systems Frontiers*, 2020, No. 22, pp. 299-313.

Benitez G. B., et al., "Industry 4. 0 Innovation Ecosystems: An Evolutionary Perspective on Value Cocreation", *International Journal of Production Economics*, 2020, No. 228, pp. 107-135.

Bilgeri D., et al., "Driving Process Innovation with IoT Field Data", *Mis Quarterly Executive*, 2019, Vol. 18, No. 3, pp. 191-207.

Bonadio E., "Standardization Agreements, Intellectual Property Rights and Anti - competitive Concerns", *Social Science Electronic Publishing*, 2013, Vol. 3, No. 1, pp. 22-42.

Brunsson N., et al., "The Dynamics of Standardization: Three Perspectives on Standards in Organization Studies", *Organization Studies*, 2012, Vol. 33, No. 5-6, pp. 613-632.

Campi Mercedes., Due ñ as Marco., "Intellectual Property Rights, Trade Agreements, and International Trade", *Research Policy*, 2019, Vol. 48, No. 3, pp. 531-545.

Campi Mercedes, et al., "Intellectual Property Rights, Imitation, and Development. The Effect on Cross-border Mergers and Acquisitions", *The Journal of International Trade & Economic Development*, 2019, Vol. 28,

No. 2, pp. 230-256.

Campi M., Dueñas M., "Intellectual Property Rights, Trade Agreements, and International Trade", *Research Policy*, 2019, Vol. 48, No. 3, pp. 531-545.

Chalioti Evangelia, et al., "Innovation, Patents and Trade: A Firm-level Analysis", *Canadian Journal of Economics*, 2020, Vol. 53, No. 3, pp. 949-981.

Chaturvedi T., Prescott J. E., "Dynamic Fit in an Era of Ferment: Product Design Realignment and The Survival-enhancing Role of Alliances and Acquisitions", *Research Policy*, 2020, Vol. 49, No. 6, pp. 1-19.

Chen L., et al., "Property Rights Protection and Corporate R&D: Evidence from China", *Journal of Development Economics*, 2010, No. 93, pp. 49-62.

Chen Y., et al., "Decentralized Governance of Digital Platforms", *Journal of Management*, 2020, Vol. 47, No. 5, pp. 1305-1337.

Chen Z., Guan J., "The Impact of Small World on Innovation: An Emprical Study of 16 Countries", *Journal of Informetrics*, 2010, No. 4, pp. 97-106.

Chu A. C., et al., "Intellectual Prop-erty Rights, Technical Progress and the Volatility of Economic Growth", *Economic Letters*, 2012, No. 34, pp. 749-756.

Coreynen W., et al., "Unravelling the Internal and External Drivers of? Digital Servitization: A Dynamic Capabilities and Contingency Perspective on Firm Strategy", *Industrial Marketing Management*, 2020, No. 89, pp. 265-277.

Corsaro D., "The Impact of Network Configurations on Value Constellations in Business Markets-The Case of an Innovation Network", *Industrial Marketing Management*, 2012, No. 41, pp. 54-67.

Crupi A., et al., "The Digital Transformation of SMEs: A New Knowledge Broker Called the Digital Innovation Hub", *Journal of Knowledge Management*, 2020, Vol. 24, No. 16, pp. 1263-1288.

Daniel F. , Spulber. , "Patent Licensing and Bargaining with Innovative Complements and Substitutes", *Research in Economics*, 2016, Vol. 70, No. 4, pp. 693–713.

Daniel Hoenig, et al. , "Quality Signals? The Role of Patents, Alliances, and Team Experience in Venture Capital Financing", *Research Policy*, 2015, Vol. 44, No. 5, pp. 1049–1064.

De Luca L. M. , et al. , "How and When Do Big Data Investments Pay off? The Role of Marketing Affordances and Service Innovation", *Journal of the Academy of Marketing Science*, 2021, No. 49, pp. 790–810.

Devarakonda S. V. , Reuer J. J. , "Knowledge Sharing and Safeguarding in R&D Collaborations: The Role of Steering Committees in Biotechnology Alliances ", *Strategic Management Journal*, 2018, Vol. 39, No. 7, pp. 1912–1934.

DiMasi, J. A. , et al. , "Innovation in the Pharmaceutical Industry: New Estimates of R&D Costs", *Journal of Health Economics*, 2016, No. 47, pp. 20–33.

Dosi G. , et al. , "What a Firm Produces Matters: Diversification, Coherence and Performance of Indian Manufacturing Firms", *LEM Working Paper Series*, 2019.

Dutfield Graham, "The Globalisation of Plant Variety Protection: Are Developing Countries Still Policy Takers?", *Intellectual Property and Development: Understanding the Interfaces*, 2019, pp. 277–293.

Emrah Karakilic, "Rethinking Intellectual Property Rights in the Cognitive and Digital Age of Capitalism: An Autonomist Marxist Reading", *Technological Forecasting & Social Change*, 2019, 2018, No. 147, pp. 1–9.

Galasso A. , Schankerman M. , "Patent Rights, Innovation, and Firm Exit", *Rand Journal of Economics*, 2018, Vol. 49, No. 1, pp. 64–86.

Gawer A. , Cusumano M. A. , "Industry Platforms and Ecosystem Innovation", *Journal of Product Innovation Management*, 2013, Vol. 31, No. 3, pp. 417–433.

Greenstein S. , et al. , "Digitization, Innovation, and Copyright:

What is the Agenda?", *Strategic Organization T*, 2013, Vol. 11, pp. 110-121.

Grimaldi M., et al., "Auditing Patent Portfolio for Strategic Exploitation: A Decision Support Framework for Intellectual Property Managers", *Journal of Intellectual Capital*, 2018, Vol. 19, No. 2, pp. 272-293.

Hofmann., et al., "Horizontal Depth: A New Database on the Content of Preferential Trade Agreements", *World Bank Policy Research*, 2017.

Hou J., et al., "Does Innovation Stimulate Employment? Evidence from China, France, Germany, and the Netherlands", *Industrial and Corporate Change*, 2019, Vol. 28, No. 2, pp. 109-121.

Huang C., et al., "Nanoscience and Technology Publications and Patents: A Review of Social Science Studies and Search Strategies", *The Journal of Technology Transfer*, 2011, Vol. 36, No. 2, pp. 145-172.

Huang C., Jacob J., "Determinants of Quadic Patenting: Market Access, Imitative Threat, Competition and Strength of Intellectual Property Rights", *Technological Forecasting and Social Change*, 2014, Vol. 85, pp. 4-16.

Huang C., Sharif N., "Global Technology Leadership: The Case of China", *Science and Public Policy*, 2015, Vol. 43, No. 1, pp. 62-73.

Huang C., Wu Y., "State-led Technological Development: A Case of China's Nanotechnology Development", *World Development*, 2012, Vol. 40, No. 5, pp. 970-982.

Huang C., "Recent Development of the Intellectual Property Rights System in China and Challenges Ahead", *Management and Organization Review*, 2017, No. 13, pp. 39-48.

Huang, Can., "Measuring China's Innovation Capacity: An Important Unmeasurable Factor and a New Contextual Factor", *Management and Organization Review*, 2021, No. 17, pp. 873-879.

Huang, Kenneth G. L., et al., "Assessing the Value of China's Patented Inventions", *Technological Forecasting and Social Change*, 2014, Vol. 170, pp. 120-868.

Huizingh E. K. R. E. , "Open Innovation: State of The Art and Future Perspectives", *Technovation*, 2011, No. 31, pp. 2-9.

Ivus Olena. , Park Walter, "Patent Reforms and Exporter Behaviour: Firm-level Evidence From Developing Countries", *Journal of the Japanese and International Economies*, 2019, Vol. 51, pp. 129-147.

Jin, J. , et al. , "Digital Transformation Strategies for Existed Firms: from the Perspectives of Data Ownership and Key Value Propositions", *Asian Journal of Technology Innovation*, 2020, Vol. 28, No. 1, pp. 77-93.

Johansson S. , et al. , "Digital Production Innovation Projects-The Applicability of Managerial Controls under High Levels of Complexity and Uncertainty ", *Journal of Manufacturing Technology Management*, 2020, Vol. 32, No. 3, pp. 772-794.

Jullien N. , et al. , "A Preliminary Theory for Open Source Ecosystem Micro-economics", *Singapore: Springer*, 2019.

Jun Jin. , et al. , "From the Host to the Home Country, the International Upgradation of EMNEs in Sustainability Industries—The Case of a Chinese PV Company", *Sustainability*, 2019, Vol. 11, No. 19, pp. 1-19.

Kabir Mahfuz. , Salim Ruhul, "Is Trade in Electrical and Electronic Products Sensitive to IPR Protection? Evidence from China's Exports", *Applied Economics*, 2016, Vol. 48, No. 21, pp. 1991-2005.

Kivimaa P. , Kern F. , "Creative Destruction or Mere Niche Support? Innovation Policy Mixes for Sustainability Transitions ", *Research Policy*, 2016, Vol. 45, No. 1, pp. 205-217.

Lee C. , et al. , "Intra-industry innovation, Spillovers, and Industry Evolution: Evidence from the Korean ICT Industry", *Telematics and Informatics*, 2017, Vol. 34, No. 8, pp. 1503-1513.

Lee C. , et al. , "Novelty-focused Patent Mapping for Technology Opportunity Analysis ", *Technological Forecasting&Social Change*, 2015, Vol. 90, No. 2, pp. 355-365.

Li S. , et al. , "Measuring Strategic Technological Strength: Patent Portfolio Model", *Technological Forecasting And Social Change*, 2020,

Vol. 157, pp. 119–120.

Liying Wang, et al., "The Influence of Patent Cooperation Network on Growth of Technology–based SMEs: An Example of the Pharmaceutical Industry in China", in Maureen McKelvey., Jun Jin., *Introduction to Innovative Capabilities and the Globalization of Chinese Firms*, 2020.

Lopez–Berzosa D., Gawer A., "Innovation Policy within Private Collectives: Evidence on 3GPPs Regulation Mechanisms to Facilitate Collective Innovation", *Technovation*, 2014, Vol. 34, No. 12, pp. 734–745.

Mödlhamer Christoph, "Innovativeness and the Design of Intellectual Property Rights in Preferential Trade Agreements: A Refinement of the North–South Explanation", *Journal of International Business Policy*, 2020, Vol. 3, No. 4, pp. 329–348.

Magnus Buggenhagen, Knut Blind, "Development of 5G–Identifying Organizations Active in Publishing, Patenting, and Standardization ", *Telecommunications Policy*, 2022, No. 46, pp. 1–18.

Marcus Holgersson, Lise Aaboen, "A Literature Review of Intellectual Property Management in Technology Transfer Offices: From Appropriation to Utilization", *Technology in Society*, 2019, Vol. 5, No. 2, pp. 10–15.

Maskus Keith, Ridley William, "Intellectual Property–Related Preferential Trade Agreements and the Composition of Trade", RSCAS Working Papers, 2016.

Moreira S., et al., "Knowledge Diversity and Coordination: The Effect of Intrafirm Inventor Task Networks on Absorption Speed", *Strategic Management Journal*, 2018, Vol. 39, No. 9, pp. 2517–2546.

Morin Jean–Frédéric, Surbeck Jenny, "Mapping the New Frontier of International IP Law: Introducing a TRIPs–plus Dataset", *World Trade Review*, 2020, Vol. 19, No. 1, pp. 109–122.

Murmann J., et al., "A Dynamic Perspective on Huawei", *Management and Organization Review*, 2017, Vol. 17, No. 5, pp. 1087–1100.

Nambisan S., et al., "Song M. Digital Innovation Management: Reinventing Innovation Management Research in a Digital World ", *Mis Quarter-*

ly，2017，Vol. 41，No. 1，pp. 223-227.

Nuccio M. ，Guerzoni M. ， "Big data：Hell or Heaven? Digital Platforms and Market Power in the Data-driven Economy "，*Competition & Change*，2019，Vol 23，No3，pp. 312-328.

Pagani M. ， "Digital Business Strategy and Value Creation：Framing the Dynamic Cycle of Control Points "，*Mis Quarterly*，2013，Vol. 37，No. 2，pp. 617-632.

Paier M. ，Scherngell T. ， "Eterminants of Collaboration in European R&D Networks：Empirical Evidence from a Discrete Choice Model"，*Industry and innovation*，2011，No. 18，pp. 89-104.

Paiola M. ，Gebauer H. ， "Internet of Things Technologies，Digital Servitization and Business Model Innovation in BtoB Manufacturing Firms"，*Industrial Marketing Management*，2020，No. 89，pp. 245-26.

Perkmann M. ，et al. ， "Academic Engagement and Commercialisation：A Review of the Literature on University - industry Relations"，*Research Policy*，2013，No. 42，pp. 423-442.

Pfaffermayr Michael， "Trade Creation and Trade Diversion of Economic Integration Agreements Revisited：A Constrained Panel Pseudo-maximum Likelihood Approach "，*Review of World Economics*，2020，Vol. 156，No. 4，pp. 985-1024.

Pohlmann T. ，et al. ， "Standard Essential Patents to Boost Financial Returns"，*R&D Management*，2016，Vol. 46，No. S2，pp. 612-630.

Qu Z. ，et al. ， "R&D Offshoring，Technology Learning and R&D Efforts of Host Country Firms in Emerging Economies"，*Research Policy*，2013，No. 42，pp. 502-516.

Quinton S. ，et al. ， "Conceptualising a Digital Orientation：Antecedents of Supporting SME Performance in the Digital Economy"，*Journal of Strategic Marketing*，2016，Vol. 26，No. 5，pp. 427-439.

Raiser K. ，et al. ， "Corporatization of the Climate? Innovation，Intellectual Property Rights，and Patents for Climate Change Mitigation"，*Energy Research & Social Science*，2017，No. 27，pp. 1-8.

Rajorshi Sen Gupta, "Risk Management and Intellectual Property Protection in Outsourcing", *Global Business Review*, 2017, Vol. 19, No. 2, pp. 393–406.

Reis D. A., et al., "The Linkage between Intellectual Property and Innovation in the Global Innovation Ecosystem", European Conference on Intangibles and Intellectual Capital, *Academic Conferences International Limited*, 2019, 218–XIII.

Sandberg J., et al., "Digitization and Phase Transitions in Platform Organizing Logics: Evidence from the Process Automation Industry", *MIS Quarterly*, 2020, Vol. 44, No. 1, pp. 129–153.

Sharif N., Huang C., "Innovation Strategy, Firm Survival and Relocation: The Case of Hong Kong–owned Manufacturing in Guangdong Province, China", *Research Policy*, 2012, Vol. 41, No. 1, pp. 69–78.

Shiau, W. L., et al., "Cognition and Emotion in the Information Systems Field: A Review of Twenty-four Years of Literature", *Enterprise Information Systems*, 2021.

Shiau, W. L., et al., "Understanding Fintech Continuance: Perspectives from Self-efficacy and ECT-IS theories", *Industrial Mangement & Data Systems*, 2020, Vol. 120, No. 9, pp. 1659–1689.

Shin Wonkyu, et al., "When an Importer's Protection of IPR Interacts with an Exporter's Level of Technology: Comparing the Impacts on the Exports of the North and South", *The World Economy*, 2016, Vol. 39, No. 6, pp. 772–802.

Sjödin D. R., et al., "Smart Factory Implementation and Process Innovation", *Research Technology Management*, 2018, Vol. 61, No. 5, pp. 22–30.

Sohn S. Y., et al., "Valuing Academic Patents and Intellectual Properties: Different Perspectives of Willingness to Pay and Sell", *Technovation*, 2013, Vol. 33, No. 1, pp. 13–24.

Spulber D. F., "Innovation Economics: The Interplay among Technology Standards, Competitive Conduct, and Economic Performance", *Journal of Competition Law & Economics*, 2013, No9, pp. 777-825.

Sternitzke C., "Interlocking Patent Rights and Value Appropriation: Insights From the Razor Industry", *IEEE Transactions on Engineering Management*, 2017, No. 99, pp. 1-17.

Surbeck Jenny, "Intellectual Property Rights in Preferential Trade Agreements: Mapping the Content, Analysing the Design", *Studying the Effects*, 2019.

Szalavetz A., "Industry 4.0 and Capability Development in Manufacturing Subsidiaries", *Technological Forecasting and Social Change*, 2019, No. 145, pp. 384-395.

Teece D. J., "Profiting from Innovation in the Digital Economy: Enabling Technologies, Standards, and Licensing Models in the Wireless World ", *Research Policy*, 2018, Vol. 47, No. 8, pp. 1367-1387.

Thomas L. D. W., et al., "Architectural Leverage: Putting Platforms in Context", *The Academy of Management perspectives*, 2014, Vol. 28, No. 2, pp. 198-219.

Tom Broekel, Ron Boschma, "Knowledge Networks in the Dutch Aviation Industry: The Proximity Paradox", *Journal of Economic Geography*, 2012, No. 12, pp. 409-433.

Toma A., et al., "Open Innovation and Intellectual Property Strategies", *Business Process Management Journal*, 2018, Vol. 24, No. 2, pp. 501-516.

Tushman M., et al., "Organizational Designs and Innovation Streams", *Industrial and corporate change*, 2010, Vol. 5, No. 19, pp. 1331-1366.

Venkatesh V., et al., "Governance and ICT4D Initiative Success: A Longitudinal Field Study of Ten Villages in Rural India1", *MIS Quarterly*, 2019, Vol43, No. 4, pp. 1081-1104.

Villani, E., et al., "How Intermediary Organizations Facilitate University-industry Technology Transfer: A Proximity Approach", *Technological Forecasting and Social Change*, 2017, Vol. 114, pp. 86-102.

Wang Lingying, et al., "The Impact of IP Protection on Export Trade:

Evidence from The Asia-Pacific FTAs", *Singapore Economic Review*, 2022.

Wang Liying, et al., "Impact of Different Patent Cooperation Network Models on Innovation Performance of Technology-based SMEs", *Technology Analysis & Strategic Managemen*, 2020, Vol. 32, No. 6, pp. 724-738.

Weckowska, D. M., "Learning in University Technology Transfer Offices: Transactions-focused and Relations-focused Approaches to Commercialization of Academic Research", *Technovation*, 2015, Vol. 41 - 42, pp. 62-74.

Wu Y., et al., "Commercialization of University Inventions: Individual and Institutional Factors Affecting Licensing of University Patents", *Technovation*, 2015, Vol. 36-37, pp. 12-25.

Yang Q., Minutolo M. C., "The Strategic Approaches for a New Typology Of Firm Patent Portfolios", *International Journal of Innovation And Technology Management*, 2016, Vol. 13, No. 02, pp. 165.

Yang W., et al., "A Survey on Services Provision and Distribution of Official and Commercial Intellectual Property Platform", *Security and Communication Networks*, 2020.

Yoo Y., "Computing in Everyday Life: A Call for Research on Experiential Computing", *MIS Quarterly*, 2010, Vol. 34, No. 2, pp. 213-231.